Conheça o Saraiva Conecta

Uma plataforma que apoia o leitor em sua jornada de estudos e de atualização.

Estude *online* com conteúdos complementares ao livro e que ampliam a sua compreensão dos temas abordados nesta obra.

Tudo isso com a **qualidade Saraiva Educação** que você já conhece!

Veja como acessar

No seu computador
Acesse o *link*
https://somos.in/MDPREV1

No seu celular ou tablet
Abra a câmera do seu celular ou aplicativo específico e aponte para o QR Code disponível no livro.

Faça seu cadastro

1. Clique em **"Novo por aqui? Criar conta"**.

2. Preencha as informações – insira um *e-mail* que você costuma usar, ok?

3. Crie sua senha e clique no botão **"CRIAR CONTA"**

Pronto!
Agora é só aproveitar o conteúdo desta obra!*

Qualquer dúvida, entre em contato pelo *e-mail* suportedigital@saraivaconecta.com.br

Confira o material do professor
Hermes Arrais Alencar
para você:

https://somos.in/MDPREV1

*Sempre que quiser, acesse todos os conteúdos exclusivos pelo *link* ou pelo *QR Code* indicados.
O seu acesso tem validade de 24 meses.

HERMES ARRAIS ALENCAR

Manual de Direito Previdenciário

2024

 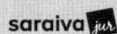

Av. Paulista, 901, Edifício CYK, 4º andar
Bela Vista – São Paulo – SP – CEP 01310-100

 sac.sets@saraivaeducacao.com.br

Diretoria executiva	Flávia Alves Bravin
Diretoria editorial	Ana Paula Santos Matos
Gerência de produção e projetos	Fernando Penteado
Gerência de conteúdo e aquisições	Thais Cassoli Reato Cézar
Gerência editorial	Livia Céspedes
Novos projetos	Aline Darcy Flôr de Souza
	Dalila Costa de Oliveira
Edição	Daniel Pavani Naveira
Design e produção	Jeferson Costa da Silva (coord.)
	Alanne Maria
	Rosana Peroni Fazolari
	Lais Soriano
	Tiago Dela Rosa
	Verônica Pivisan Reis
Planejamento e projetos	Cintia Aparecida dos Santos
	Daniela Maria Chaves Carvalho
	Emily Larissa Ferreira da Silva
	Kelli Priscila Pinto
Diagramação	SBNigri Artes e Textos Ltda.
Revisão	Paula Brito
Capa	Tiago Dela Rosa
Produção gráfica	Marli Rampim
	Sergio Luiz Pereira Lopes
Impressão e acabamento	Gráfica Paym

DADOS INTERNACIONAIS DE CATALOGAÇÃO NA PUBLICAÇÃO (CIP)
ODILIO HILARIO MOREIRA JUNIOR - CRB-8/9949

A368m   Alencar, Hermes Arrais

Manual de Direito Previdenciário / Hermes Arrais Alencar. – São Paulo: SaraivaJur, 2024.

360 p.

ISBN: 978-65-5362-899-1

1. Direito. 2. Direito Previdenciário. I. Título.

2023-3676

CDD 341.67
CDU 34:368.4

Índices para catálogo sistemático:
1. Direito Previdenciário — 341.67
2. Direito Previdenciário — 34:368.4

Data de fechamento da edição: 8-2-2024

Dúvidas? Acesse www.saraivaeducacao.com.br

Nenhuma parte desta publicação poderá ser reproduzida por qualquer meio ou forma sem a prévia autorização da Saraiva Educação. A violação dos direitos autorais é crime estabelecido na Lei n. 9.610/98 e punido pelo art. 184 do Código Penal.

CÓD. OBRA 721656   CL 608952   CAE 854223

OP 231234

Siglas

ADCT – Ato das Disposições Constitucionais Transitórias
AEPS – Anuário Estatístico da Previdência Social
APS – Agência da Previdência Social
CAGED – Cadastro Geral de Empregados e Desempregados
CAT – Comunicação de Acidente do Trabalho
CDP – Certidão de Dívida Pública
CEI – Cadastro Específico do INSS
CF – Constituição Federal
CID – Classificação Internacional de Doenças
CLPS – Consolidação das Leis da Previdência Social
CLT – Consolidação das Leis do Trabalho
CNAE – Classificação Nacional de Atividade Econômica
CNI – Confederação Nacional da Indústria
CNIS – Cadastro Nacional de Informações Sociais
CNPJ – Cadastro Nacional de Pessoas Jurídicas
CNPS – Conselho Nacional de Previdência Social
COFINS – Contribuição para o Financiamento da Seguridade Social
CPF – Cadastro Nacional de Pessoas Físicas
CPMF – Contribuição Provisória sobre Movimentação Financeira
CRP – Certificado de Regularidade Previdenciária
CRPS – Conselho de Recursos da Previdência Social
CSL – Contribuição Social sobre o Lucro
CTPS – Carteira de Trabalho e Previdência Social
DATAPREV – Empresa de Tecnologia e Informações da Previdência Social
DCB – Data de Cessação do Benefício
DDB – Data de Despacho do Benefício
DER – Data de Entrada do Requerimento
DIB – Data de Início do Benefício
DOU – Diário Oficial da União
DPVAT – Seguro de Danos Pessoais causados por Veículos Automotores de Vias Terrestres
DRU – Desvinculação das Receitas da União
EAPC – Entidade Aberta de Previdência Complementar
EC – Emenda Constitucional
EFPC – Entidade Fechada de Previdência Complementar
EGU – Encargos Gerais da União
EPU – Encargos Previdenciários da União

FAP – Fator Acidentário de Prevenção
FGTS – Fundo de Garantia por Tempo de Serviço
FNDE – Fundo Nacional de Desenvolvimento da Educação
FNS – Fundo Nacional de Saúde
FPAS – Fundo de Previdência e Assistência Social
FPE – Fundo de Participação dos Estados
FPM – Fundo de Participação dos Municípios
FUNDACENTRO – Fundação Jorge Duprat Figueiredo de Segurança e Medicina do Trabalho
GEX – Gerência Executiva
GFIP – Guia de Recolhimento do Fundo de Garantia do Tempo de Serviço e Informações à Previdência Social
GPS – Guia da Previdência Social
GRCI – Guia de Recolhimento do Contribuinte Individual
GRPS – Guia de Recolhimento da Previdência Social
IAPC – Instituto de Aposentadorias e Pensões dos Comerciários
IBGE – Fundação Instituto Brasileiro de Geografia e Estatística
IGP-DI – Índice Geral de Preços – Disponibilidade Interna
INPC – Índice Nacional de Preços ao Consumidor
INSS – Instituto Nacional do Seguro Social
IR – Imposto de Renda
IRSM – Índice de Reajuste do Salário Mínimo
LB – Lei de Benefícios (Lei n. 8.213/91)
LC – Lei Complementar
LOA – Lei Orçamentária Anual
LOAS – Lei Orgânica da Assistência Social
LOPS – Lei Orgânica da Previdência Social
MC – Ministério da Cidadania
ME – Ministério da Economia
MF – Ministério da Fazenda
MP – Medida Provisória
MPAS – Ministério da Previdência e Assistência Social
MPS – Ministério da Previdência Social
MR – Mensalidade Reajustada
MTPS – Ministério do Trabalho e da Previdência Social
NB – Número de Benefício
NFLD – Notificação Fiscal de Lançamento de Débito
NIT – Número de Identificação do Trabalhador
NTDEAT – Nexo Técnico por Doença Equiparada a Acidente do Trabalho
NTEP – Nexo Técnico Epidemiológico Previdenciário
OIT – Organização Internacional do Trabalho
PASEP – Programa de Formação do Patrimônio do Servidor Público

PBC – Período Básico de Cálculo
PcD – Pessoa com Deficiência
PEC – Proposta de Emenda Constitucional
PGBL – Plano Gerador de Benefícios Livres
PIB – Produto Interno Bruto
PIS – Programa de Integração Social
PNAD – Pesquisa Nacional por Amostra de Domicílios
PNS – Piso Nacional de Salários
PRISMA – Projeto de Regionalização de Informações e Sistemas
RAIS – Relação Anual de Informações Sociais
REFIS – Programa de Recuperação Fiscal
RFFSA – Rede Ferroviária Federal Sociedade Anônima
RGPS – Regime Geral de Previdência Social
RMI – Renda Mensal Inicial
RMV – Renda Mensal Vitalícia
RPPS – Regime Próprio de Previdência Social
RPS – Regulamento da Previdência Social
RSC – Relação de Salários de Contribuição
SAT – Seguro de Acidente do Trabalho
SB – Salário de Benefício
SB-40 – Formulário para Registro de Aposentadoria por Tempo de Serviço Especial por Insalubridade
SC – Salário de Contribuição
SEIPrev – Sistema Especial de Inclusão Previdenciária
SENAC – Serviço Nacional de Aprendizagem Comercial
SENACOOP – Secretaria Nacional de Cooperativismo
SENAI – Serviço Nacional de Aprendizagem Industrial
SENAR – Serviço Nacional de Aprendizagem Rural
SENAT – Serviço Nacional de Aprendizagem do Transporte
SESC – Serviço Social do Comércio
SESCOOP – Serviço Nacional de Aprendizagem do Cooperativismo
SESI – Serviço Social da Indústria
SEST – Serviço Social do Transporte
SIAFI – Sistema Integrado de Administração Financeira
SIMPLES – Sistema Integrado de Pagamento de Impostos e Contribuições das Microempresas e das Empresas de Pequeno Porte
SINPAS – Sistema Nacional de Previdência e Assistência Social
SISOBI – Sistema Informatizado de Controle de Óbitos
SM – Salário Mínimo
SPC – Secretaria da Previdência Complementar
SPS – Secretaria de Previdência Social

SRFB – Secretaria da Receita Federal do Brasil
SUB – Sistema Único de Benefícios
SUSEP – Superintendência Nacional de Seguros Privados
UF – Unidades da Federação
VGBL – Vida Gerador de Benefícios Livres

Sumário

Siglas V

Capítulo 1
SEGURIDADE SOCIAL

1. Introdução 1
2. Conceito 1
3. Direito Social 2
   3.1 Compreensão 4
4. Histórico da Seguridade Social 4
   4.1 Compreensão 6
5. Saúde 7
   5.2 Jurisprudência STF/STJ sobre saúde 8
   5.3 Compreensão 9
6. Assistência social 10
7. Benefício de Prestação Continuada (BPC) da Assistência Social (art. 203, V, da CF) 12
   7.1 BPC – LOAS. Histórico sobre a miserabilidade até o advento da Lei n. 13.982/2020 14
      7.1.1 Lei n. 13.981/2020. Critério de renda "inferior a 1/2 salário mínimo" 15
      7.1.2 Lei n. 13.982/2020 – Novidades 15
      7.1.3 Cumulação BPC 17
      7.1.4 Abono anual 18
      7.1.5 Principais notas do art. 20 da LOAS sobre o BPC 18
      7.1.6 Jurisprudência. TNU. LOAS 18
      7.1.7 BPC é devido a estrangeiros residentes no Brasil? 19
   7.2 Compreensão 20
   7.3 Síntese – Benefício de Prestação Continuada (BPC) da LOAS 21
8. Auxílio-inclusão 21
9. Pensão Especial destinada a crianças com Síndrome Congênita do Zika Vírus – Lei n. 13.985/2020 22
10. Pensão especial aos filhos e dependentes, crianças ou adolescentes, órfãos em razão do crime de feminicídio. Lei n. 14.717/2023 23
11. Previdência Social 24
    11.1 Histórico da Previdência. Aspecto mundial 26
    11.2 Histórico da Previdência no Brasil 27
    11.3 Compreensão 29

Capítulo 2
PRINCÍPIOS CONSTITUCIONAIS DA SEGURIDADE SOCIAL

1. Introdução 31

2. Princípio da solidariedade 31
3. Universalidade da cobertura e do atendimento 32
   3.1 Compreensão 35
4. Uniformidade e equivalência dos benefícios e serviços às populações urbanas e rurais 35
   4.1 Compreensão 36
5. Seletividade e distributividade na prestação dos benefícios e serviços 36
   5.1 Compreensão 38
6. Irredutibilidade do valor dos benefícios 39
   6.1 Manutenção do valor real dos benefícios 40
7. Equidade na forma de participação no custeio 43
   7.1 Compreensão 44
8. Diversidade na base de financiamento 44
   8.1 EC n. 103/2019. Segregação contábil (art. 194, parágrafo único, VI, da CF) e o fim da DRU nas contribuições sociais de seguridade social (art. 76, § 4º, do ADCT) 45
   8.2 Compreensão 50
9. Caráter democrático e descentralizado da administração 51
   9.1 Compreensão 52
10. Regras constitucionais – Art. 195 da CF 52
    10.1 Compreensão 54

Capítulo 3
LEGISLAÇÃO PREVIDENCIÁRIA

1. Conteúdo, fontes, autonomia 55
2. Validade, Vigência e eficácia 56
3. Aplicação das normas previdenciárias 59
   3.1 Eficácia da lei previdenciária no tempo: direito adquirido 59
   3.2 Eficácia da lei previdenciária no tempo: expectativa de direito 60
   3.3 Eficácia da lei previdenciária no tempo: regra de transição 60
   3.4 Eficácia da lei previdenciária no espaço 61
4. Interpretação das normas previdenciárias 62
   4.1 Interpretação autêntica 62
   4.2 Interpretação jurisprudencial 62
   4.3 Interpretação doutrinária 62
   4.4 Interpretação literal 63
   4.5 Interpretação histórica 63
   4.6 Interpretação sistemática 63
   4.7 Interpretação teleológica 63
   4.8 Interpretação restritiva 64
   4.9 Interpretação ampliativa 64
   4.10 Lei especial não revoga a geral (art. 85-A da Lei n. 8.212/91) 65
   4.11 *In dubio pro misero* 65
5. Integração 66

Capítulo 4
REGIMES DE PREVIDÊNCIA

1. Regime Geral e Próprio de Previdência Social 67
2. Agentes públicos e a filiação previdenciária 68

2.1 Agentes políticos	69
2.1.1 Compreensão	70
2.2 Servidores estatais	70
2.3 Servidores públicos	70
2.4 Cargos exclusivamente em comissão	71
2.5 Empregados públicos	72
2.6 Servidores temporários	72
2.7 Particulares em colaboração com a Administração Pública	72
2.8 Instituto Nacional do Seguro Social	73
2.8.1 Compreensão	74
2.9 Via recursal administrativa	74
2.9.1 Compreensão	76
2.10 Prévio requerimento administrativo: condição necessária para ajuizamento de ação	77
2.10.1 Jurisprudência. STF	78
2.10.2 Compreensão	78
3. Regime Próprio. Art. 40 da CF. Reforma da Previdência	79
3.1 Jurisprudência	83
4. Previdência complementar	83
4.1 Previdência complementar dos Servidores Públicos	86
4.2 FUNPRESP – Benefício especial	88
4.3 Jurisprudência STJ	89
5. Contagem recíproca	91

Capítulo 5
FINANCIAMENTO DA SEGURIDADE SOCIAL

1. Introdução	97
2. Contribuição da União	97
3. Outras receitas de Seguridade Social	97
3.1 Compreensão	99
4. Contribuições sociais para a Seguridade Social	99
4.1 Contribuições de Seguridade Social – referibilidade	101
4.2 Contribuição Social – espécie tributo – teoria pentapartida	102
5. Receita Federal do Brasil	104
6. Princípios tributários aplicáveis às Contribuições Sociais de Seguridade Social	105
6.1 Princípio da anterioridade	105
6.2 Princípio da legalidade	107
7. Princípio da legalidade. Principais embates judiciais	109
7.1 Remuneração – empresário e autônomos	109
7.2 Agentes políticos	110
8. Imunidade – contribuições previdenciárias	111
9. Isenção – contribuições previdenciárias	113
10. Reforma da Previdência. Moratória e parcelamento – contribuições previdenciárias	115
11. Anistia e remissão – contribuições previdenciárias	115

12. Prescrição e decadência	115
13. Contribuições previdenciárias	116
13.1 Compreensão	117
14. Contribuição da empresa incidente sobre a folha de salários	118
14.1 Aspecto subjetivo – sujeito ativo da relação tributária	118
14.2 Aspecto subjetivo – sujeito passivo da exação	119
14.3 Contribuinte e responsável tributário	120
15. Aspecto temporal	122
15.1 Fato gerador *in abstracto*	123
16. Aspecto espacial	123
17. Aspecto quantitativo	124
17.1 Base de cálculo – salário de contribuição	124
17.2 Compreensão	129
18. Base de cálculo diferenciada (Lei n. 13.202/2015: condutor autônomo de veículo rodoviário)	129
19. Alíquota – Cota patronal	131
19.1 Alíquota – Instituições financeiras	132
19.2 Serviços prestados por cooperativa de trabalho	132
20. Retenção – Lei n. 9.711/98 – art. 31 da Lei n. 8.212/91	134
21. Contribuição do SAT – Seguro de Acidentes do Trabalho (GILRAT/RAT)	136
22. Contribuição Adicional de Aposentadoria Especial (GILRAT)	137
23. Cota patronal substitutiva	138
24. Contribuição devida pelo empregador doméstico	140
25. Contribuição devida pelos segurados	141
26. Base de cálculo – Salário de contribuição	142
27. Alíquota Contribuição Previdenciária. Segurados	143
28. Contribuição dos aposentados do RGPS que retornam ou se mantêm em atividade laborativa	145
29. Contribuição – contribuinte individual e segurado facultativo – alíquota especial de 5% e de 11% – SEIPrev	146
30. Recolhimento fora do prazo: juros, multa e atualização monetária	148
31. Demais contribuições de Seguridade Social	150
32. Contribuição sobre a receita e o faturamento (COFINS e PIS/PASEP)	151
32.1 Jurisprudência – COFINS – STF e STJ	152
33. Contribuição Social sobre o Lucro Líquido (CSLL)	153
33.1 Jurisprudência – CSLL – STF	154
34. Receita de concursos de prognósticos	154
34.1 Compreensão	155
35. Contribuição do importador de bens ou serviços do exterior, ou de quem a lei a ele equiparar	155
36. Contribuição Social sobre bens e serviços – inciso V do art. 195. (EC n. 132, de 2023)	155
37. Contribuições residuais	156
38. Reforma da Previdência. Desvinculação de Receitas da União – DRU	157
39. EC n. 103/2019. Desoneração da Folha de salários (§ 9º e a exclusão do § 13, ambos do art. 195. da CF). Alteração promovida pelo Congresso Nacional	158

39.1 Desoneração da folha de salários	158
39.2 Contribuição Previdenciária sobre a Receita Bruta (CPRB) e o art. 30 da EC n. 103/2019	160
39.3 Regras constitucionais do art. 195 da CF	165

Capítulo 6
BENEFICIÁRIOS DA PREVIDÊNCIA

1. Proteção social	167
1.1 Pessoas transgêneras. Requisito etário para obtenção de benefício	170
2. Filiação e inscrição	170
3. Relação jurídica de proteção. Teoria unitária e escisionista	172
4. Segurados obrigatórios	173
4.1 Empregado	173
4.1.1 Compreensão	175
4.2 Territorialidade	175
4.3 Extraterritorialidade	176
4.4 Trabalhador avulso	176
4.5 Empregado doméstico	177
4.6 Contribuinte individual	179
4.7 Extraterritorialidade	180
4.7.1 Compreensão	180
4.8 Segurado especial	181
5. Segurados facultativos	184
5.1 Compreensão	186
5.2 Segurado facultativo – Especificidades	186
5.2.1 Compreensão	188
6. Dependentes	189

Capítulo 7
DISPOSIÇÕES COMUNS AOS BENEFÍCIOS PREVIDENCIÁRIOS

1. Introdução	195
2. Manutenção e perda da qualidade de segurado	195
3. Carência	198
4. Tempo de contribuição	202
5. CNIS	206
6. Decadência	206
7. Decadência e prescrição contra menores	208
8. Decadência para o INSS rever seus atos	208

Capítulo 8
CÁLCULO DA RENDA MENSAL DOS BENEFÍCIOS

1. Introdução	209
2. Benefícios não calculados com base no salário de benefício	210
3. Salário de benefício após a Lei n. 9.876/99. Regramento anterior à Reforma da Previdência de 2019	211

3.1 Fator previdenciário	212
4. Renda Mensal Inicial (RMI)	217
5. Reajuste da renda mensal	217
6. Limite mínimo do valor dos benefícios previdenciários	218
7. Limite máximo do valor dos benefícios previdenciários	218
8. Abono anual	219
9. Jurisprudência STJ	220

Capítulo 9
BENEFÍCIOS POR INCAPACIDADE PARA O TRABALHO

1. Generalidades	223
1.1 Valor do benefício	226
1.2 Subteto – Auxílio-doença	227
1.3 Estipulação prévia da duração do auxílio-doença	228
1.4 Atendimento domiciliar	228
1.5 Telemedicina. Lei n. 14.724, de 2023	229
1.6 Carência	229
1.7 Revisão periódica	229
1.8 Cessação	230
1.9 Auxílio-acidente integra SC da aposentadoria	232
1.10 Competência jurisdicional	232
2. Benefícios decorrentes de acidente do trabalho	233
2.1 Acidente – Conceito. Equiparação	234
2.2 Segurados – Acidente do trabalho	237
2.3 Carência – Acidente do trabalho	237
3. Reflexos trabalhistas	238
3.1 Estabilidade no emprego – Acidente do trabalho	238
4. Ação regressiva acidentária	239
5. Ação regressiva por violência doméstica	241
6. Jurisprudência STJ. Auxílio-acidente	243

Capítulo 10
APOSENTADORIA PROGRAMÁVEL APÓS A REFORMA DA PREVIDÊNCIA DE 2019

1. Introdução	245
2. Aposentadoria por idade após a EC n. 103/2019	248
3. Aposentadoria por tempo de contribuição após a EC n. 103/2019	250
4. Reafirmação da DER	251
5. Aposentadoria por tempo de contribuição com idade mínima redutível. Aposentadoria de pontos (tc + id). Art. 15 da EC n. 103/2019	252
6. Aposentadoria por tempo de contribuição com idade mínima progressiva. Art. 16 da EC n. 103/2019	253
7. Proteção ao direito iminente à aposentadoria (há menos de 2 anos). Aposentadoria sem atrelamento à idade mínima. Pedágio 50%. Filiado antigo. Art. 17 da EC n. 103/2019	254
8. Aposentadoria por tempo de contribuição com idade mínima e período adicional de 100%.	

Art. 20 da EC n. 103/2019.. 256
9. Aposentadoria especial após a EC n. 103/2019... 256
10. Jurisprudência STJ.. 260
11. Aposentadoria diferenciada de professor após a EC n. 103/2019.............. 261
12. Aposentadoria por idade rural após a EC n. 103/2019 265
13. Aposentadoria híbrida.. 265
14. Aposentadoria diferenciada do segurado pessoa com deficiência (PcD) após a EC n. 103/2019 267
15. Tempo de contribuição e a Reforma da Previdência de 2019..................... 268
16. Cálculo do valor da aposentadoria após a Reforma da Previdência de 2019.... 269
17. Direito adquirido. Art. 3º da EC n. 103/2019... 270

Capítulo 11
BENEFÍCIOS DECORRENTES DE ENCARGOS FAMILIARES
1. Salário-maternidade 271
   1.1 Compreensão 273
2. Salário-família.. 273
   2.1 Compreensão 273
   2.2 Operacionalização 274
      2.2.1 Compreensão 275

Capítulo 12
BENEFÍCIOS DEVIDOS A DEPENDENTES
1. Pensão por morte 277
   1.1 Duração de quatro meses de pensão por morte (Regra 1)................... 279
   1.2 Duração limitada da pensão por morte (Regra 2) 279
2. Coeficiente de cálculo da pensão por morte... 281
3. Direito de acrescer 282
4. Valor da pensão. pensionista inválido ou com deficiência intelectual, mental ou grave 282
5. Carência.. 283
6. Qualidade de segurado do falecido... 283
7. Data de Início do Benefício (DIB) 283
   7.1 Morte presumida... 284
   7.2 Habilitação tardia 284
   7.3 Aplicação da lei mais benéfica... 285
   7.4 Competência jurisdicional... 285
8. Cessação 286
   8.1 Dependente com deficiência e a atividade remunerada 287
   8.2 Compreensão 287
9. Auxílio-reclusão... 287
   9.1 Baixa renda.. 288
   9.2 Coeficiente de cálculo... 290
   9.3 Carência... 290

Capítulo 13
SEGURO-DESEMPREGO 293

Capítulo 14
SERVIÇO PREVIDENCIÁRIO
1. Reabilitação profissional.. 299
2. Serviço social... 300

Capítulo 15
CUMULAÇÃO DE BENEFÍCIOS
1. Introdução 303
2. Auxílio-doença (auxílio por incapacidade temporária)................................... 305
3. Auxílio-acidente 306
4. Aposentadorias.. 307
5. Pensão por morte 307
6. Acumulação do valor da pensão por morte com pensão e aposentadoria (EC n. 103/2019) 308
7. Auxílio-reclusão 309
8. Benefício assistencial de prestação continuada.. 310
9. Regras constitucionais do art. 201 da CF 310

Capítulo 16
COMPETÊNCIA PARA APRECIAR AÇÕES JUDICIAIS
1. Jurisprudência 313
   Ação acidentária 317
   Ação previdenciária 317
   Benefícios previdenciários.. 317
   Desistência de ação 318

ANEXOS
1. Súmulas do STF... 319
2. Súmulas do STJ 320
   2.1 STJ. Súmulas. Previdência privada 324
3. Súmulas da Advocacia-Geral da União 325
4. Súmulas da Turma Nacional de Uniformização – TNU 327
5. Enunciados aprovados na I Jornada de Direito da Seguridade Social, realizado pelo CJF em 22 e 23 de Junho de 2023 334

Referências 341

CAPÍTULO 1
SEGURIDADE SOCIAL

1. INTRODUÇÃO

Caro leitor, o foco desta disciplina é o de levar até você o conhecimento necessário para o estudo do Direito Previdenciário.

Como etapa inicial, indispensável se faz localizar (topografia) a Previdência em nossa Constituição Federal de 1988.

A Previdência, conhecida como Seguro Social, é encontrada na atual Carta Política no contexto denominado Seguridade Social.

Conforme se vê no art. 194 do Texto Supremo de 1988, Seguridade Social é o mecanismo constitucional criado para combater os males que afligem a pessoa natural em território brasileiro e compreende ações que se concretizam em três ramos de proteção social: Previdência, Saúde e Assistência Social.

Sintetizando, Seguridade Social objetiva garantir "segurança" social, traduzida como proteção do indivíduo e de sua família nas situações de necessidade social, tais como aquelas que decorram perda ou redução de rendimentos.

Vamos aos estudos!

2. CONCEITO

O Texto de 1988 é a primeira Constituição em nosso país a trazer a expressão "Seguridade Social".

Seguindo os ditames constitucionais traçados no art. 194, a Seguridade Social **compreende um conjunto integrado de ações de iniciativa dos Poderes Públicos e da sociedade, ações essas destinadas a assegurar os direitos relativos à saúde, à previdência e à assistência social**.

Desse introito, constata o leitor que Previdência Social **não é sinônimo** de Seguridade Social, esta é gênero enquanto aquela (Previdência) é um dos ramos de proteção social.

Do conceito, constata-se que a Seguridade Social compreende apenas três ramos de proteção: Previdência, Assistência Social e Saúde, de modo que, por exemplo, o ramo da Educação não faz parte desse sistema protetivo!

A principal diferença entre os ramos de proteção social que compõem a seguridade social está no caráter contributivo, ou seja, a necessidade de pagamento de tributo (contribuição social) como condição para o indivíduo ser protegido.

Os ramos da Saúde e da Assistência Social são denominados **políticas não contributivas de seguridade social**, porque são acessíveis independentemente de pagamento de contribuição social.

Já a Previdência é **política contributiva de seguridade social** e, por ser um seguro social, exige comprovação de pagamento de contribuição social, denominada contribuição previdenciária, para que a pessoa possa ser protegida neste ramo.

A **Previdência**, conforme determina o art. 201 da CF, possui caráter contributivo, tendo por missão proteger a pessoa, denominada "segurado", nas hipóteses de necessidade social, que é ativada a partir da constatação de perda ou redução, temporária ou definitiva, dos rendimentos imprescindíveis ao sustento familiar. Exemplo de proteção previdenciária é a aposentadoria para o segurado.

A **Saúde**, direito fundamental do ser humano, que, conforme art. 196 da CF, é direito de todos e dever do Estado, garantido mediante políticas sociais e econômicas que visem à redução do risco de doença e de outros agravos e ao acesso universal e igualitário às ações e serviços para sua promoção, proteção e recuperação. A saúde pública é representada pelo acesso ao Sistema Único de Saúde (SUS).

A **Assistência Social**, direito do cidadão e dever do Estado, também é política não contributiva de Seguridade Social que busca prover os mínimos sociais independentemente de contribuição (art. 203 da CF). A Assistência busca garantir o atendimento às necessidades básicas, de modo a socorrer pessoas ou famílias em situação de vulnerabilidade. O programa Bolsa Família é um dos mais famosos programas da Assistência Social (atualmente previsto na Lei n. 14.601/2023).

Outro importante programa constitucional de proteção é o Benefício Assistencial devido ao Idoso e à Pessoa com Deficiência (PcD) no valor certo de um salário mínimo mensal. Previsto no art. 203, V, da CF, é benefício assistencial, por conseguinte, para receber essa proteção não se exige prova de pagamento de contribuição social. Pode ser requerido pelo idoso (de ambos os sexos, com sessenta e cinco anos ou mais de idade) ou pela pessoa com deficiência, desde que em situação de miserabilidade (hipossuficiência), ou seja, que comprovem não possuir meios de prover a própria manutenção ou de tê-la provida por sua família.

O objetivo desta obra será trazer à baila os conhecimentos a respeito da Previdência Social, motivo pelo qual será dada atenção superficial às políticas não contributivas da Seguridade Social, apresentando apenas os principais aspectos com relação à Saúde e à Assistência Social.

3. DIREITO SOCIAL

O momento de estreia em nosso Texto Constitucional de 1988 do signo "previdência", devidamente adjetivado de "social", está no art. 6º, dispositivo que revela **prestações positivas exigíveis do Estado** (direitos de **segunda geração** consistentes em obrigação de dar ou de fazer, conhecidas por prestações sociais), direitos compreendidos como **fundamentais da pessoa humana**, denominados **direitos sociais**[1]:

> Art. 6º São direitos sociais a educação, a saúde, a alimentação, o trabalho, a moradia, o transporte, o lazer, a segurança, **a previdência social**, a proteção à maternidade e à infância, a assistência aos desamparados, na forma desta Constituição.

As gerações dos direitos fundamentais[2] é possível sintetizar nos seguintes moldes:

- direitos de **primeira geração** (o foco é a liberdade) – conhecidos por direitos negativos, são aqueles que impõem ao Estado o dever de se abster de atuar (não agir), assegurando liberdade ao indivíduo; consistem em direitos civis e políticos, a exemplo da liberdade de expressão e de religião;

---

[1] A expressão Direito Social é epíteto que designa o Direito do Trabalho e o Direito Previdenciário e Acidentário do Trabalho (DELGADO, Mauricio Godinho. *Curso de direito do trabalho*. 3. ed. São Paulo: LTr, 2004, p. 1281).
[2] MARMELSTEIN, George. *Curso de direitos fundamentais*. 2. ed. São Paulo: Atlas, 2009.

- direitos de **segunda geração** (lastreados na igualdade) são **direitos sociais**, econômicos e culturais (de uma coletividade), **direitos positivos** porque impõem obrigação de fazer (prestar serviços, por exemplo, serviços médicos realizados no Sistema Único de Saúde) e obrigação de dar (exemplo: pagar benefício previdenciário de aposentadoria);
- há ainda os direitos de **terceira geração** (alicerçados na fraternidade), que dizem respeito a toda a humanidade, como o direito ao desenvolvimento, ao meio ambiente sadio, à paz.

No Brasil, vê-se do art. 194 do Texto Supremo de 1988 a panaceia constitucional eleita a combater os males que afligem a pessoa natural em território brasileiro, instrumental jurídico denominado **Seguridade Social**.

Jediael Galvão Miranda conceitua seguridade social como sistema de proteção social constituído por um feixe de princípios e regras destinado a acudir o indivíduo diante de determinadas contingências sociais, assegurando-lhe o mínimo indispensável a uma vida digna, mediante a concessão de benefícios, prestações e serviços[3].

O sistema[4] de Seguridade Social, expressão maior do *Welfare State* (Estado do Bem-Estar Social) no direito pátrio[5], foi concebido para realizar proteção social na concepção beveridgiana[6]: proteção "do berço ao túmulo" (*from cradle to the grave*)[7], que, na conformação atribuída pelo Texto Maior, compreende ações não restritas à atividade estatal do seguro social, mas **ações integradas, de iniciativa dos Poderes Públicos e da sociedade**, destinadas a assegurar direitos relativos **à saúde, à previdência e à assistência social**.

No texto constitucional brasileiro, de 1988, a Seguridade Social está alocada no Título reservado à **Ordem Social**, que tem, por sua vez, como base o **primado do trabalho** e, como **objetivos, o bem-estar e a justiça sociais**.

Justiça social. Como enfatiza Alceu Amoroso Lima[8], há situações humanas merecedoras de especial atenção, é falar **justiça distributiva**, justiça não baseada na equivalência (justiça comutativa, aplicável nas relações entre sujeitos com iguais direitos); mas, na **lei da necessidade**, os mais necessitados têm mais direitos diante dos locupletados. Arnaldo Süssekind[9] explica que a ideia de justiça esteve por muito tempo estigmatizada no conceito de Justiniano, para quem ao direito cumpre garantir "a cada um o que lhe pertence", no entanto, a fórmula hodierna de justiça social objetiva "dar a cada um o que necessita". O substrato conceitual de **justiça social** é bem evidenciado por Perelman[10]: compreende-se a noção de justiça distributiva, no sentido de **dar a cada um segundo suas necessidades**.

---

[3] MIRANDA, Jediael Galvão. *Direito da seguridade social*. Rio de Janeiro: Elsevier, 2007, p. 9.

[4] "Institucionalizando a dimensão possível da proteção social, na medida em que lhe fixa os limites e contornos, cumpre ao Sistema atuar na desordem social – que o constituinte identifica e reconhece – com o escopo de transformá-la e conformá-la em plano mais elevado" (BALERA, Wagner. *Sistema de seguridade social*. 3. ed. São Paulo: LTr, 2003, p. 13).

[5] "Já se sabe que é o bem-estar a marca registrada do Estado contemporâneo que passou a ser cognominado, acertadamente, Estado do bem-estar (*Welfare State*)" (BALERA, Wagner. *Noções preliminares de direito previdenciário*. São Paulo: Quartier Latin, 2004, p. 10).

[6] William Henry Beveridge, economista britânico, elaborou, em 1942, durante a Segunda Guerra Mundial, o Plano Beveridge, visando libertar o homem da necessidade e combater os cinco grandes males da sociedade: a necessidade, a doença, a ignorância, a miséria e o desemprego (ORIONE, Marcus; CORREIA, Érica Paula Barcha. *Curso de direito de seguridade Social*. 3. ed. São Paulo: Saraiva, 2007, p. 8-9).

[7] "Falava o notável Beveridge, numa proteção 'do berço ao túmulo'" (BALERA, Wagner. *A seguridade social na Constituição de 1988*. São Paulo: Revista dos Tribunais, 1989, p. 35).

[8] *Os direitos do homem e o homem sem direitos*. 2. ed. Rio de Janeiro: Vozes, 1999, p. 176.

[9] *A previdência social brasileira*. Rio de Janeiro: Livraria Freitas Bastos, 1955, p. 41.

[10] PERELMAN, Chaim. *Ética e direito* [Éthique et droit]. Trad. Maria Ermantina G. G. Pereira. São Paulo: Martins Fontes, 1996.

A topografia constitucional revela perfeita sintonia entre os Títulos VII, Da Ordem Econômica e Financeira, e VIII, Da Ordem Social; aquele (Título VII) fundado na valorização do trabalho humano, enquanto este (Título VIII) assentado no valor supremo do **primado do trabalho**. O Texto Republicano, ao estabelecer, no art. 170, os postulados da ordem econômica, admite a intervenção estatal, dentre outros fundamentos, com finalidade de reduzir as desigualdades sociais (que, inclusive, constitui objetivo fundamental da República Federativa do Brasil, art. 3º, III, da CF) e no intento de garantir a satisfação do ideal do pleno emprego.

3.1 Compreensão

1) Responda[11]. Os ramos denominados políticas não contributivas de seguridade social são:
   A) Saúde e Assistência Social
   B) Assistência Social e Seguridade
   C) Saúde e Previdência Social
   D) Seguro Social e Saúde
   E) Previdência e Assistência Social

2) (ASSISTENTE PREVIDENCIÁRIO – CEPERJ – RIOPREVIDÊNCIA – 2010)[12] Dentre os direitos que dizem respeito à segunda geração, não se inclui aquele relativo:
   A) ao meio ambiente equilibrado
   B) à educação
   C) ao trabalho
   D) à previdência social
   E) à assistência social

4. HISTÓRICO DA SEGURIDADE SOCIAL

Seguridade[13] é termo não encontrado na língua portuguesa, neologismo[14] que deita suas raízes nas expressões *seguridad*, do espanhol, *securité*, do francês, e *security*, do inglês, a significar "**segurança**".

Assim, seguridade social objetiva garantir "segurança" social, traduzida como proteção do indivíduo e de sua família nas situações de necessidade social, consideradas como tais aquelas que promovam a perda ou redução de rendimentos.

Em breve resgate histórico quanto às origens dessa expressão, verifica-se que, após a depressão econômica iniciada em 1929 (crise da bolsa de valores), desencadeou-se nos Estados Unidos da América a edição, **no ano 1935**, do ato normativo intitulado Social Security Act, concebido no contexto do novo pacto social (New Deal) entabulado no **Governo Roosevelt**.

Arnaldo Süssekind[15], ao discorrer especificamente sobre esse ato normativo, esclarece que o Social Security Act **caracteriza-se como uma ação eficaz de combate às necessidades hu-

---

[11] Resposta: "A". A alternativa está correta, pois, conforme art. 201 da CF, somente a Previdência Social tem caráter contributivo.
[12] Resposta: "A".
[13] Como nos ensina Aloísio Teixeira. In: *A previdência social e a revisão constitucional*: debates. Brasília: MPS, 1994, v. II, p. 37.
[14] De outra toada, Sergio Pinto Martins refuta a ideia de neologismo, esclarecendo que "Seguridade" provém do latim *securitate*(m), decorrente de *securitas*. Não se trata, portanto, de castelhanismo, mas de palavra que caiu em desuso e foi agora empregada na Constituição (MARTINS, Sergio Pinto. *Direito da seguridade social*. 36. ed. São Paulo: Saraiva, 2016, p. 57).
[15] SÜSSEKIND, Arnaldo. *A previdência social brasileira*. Rio de Janeiro: Livraria Freitas Bastos, 1955, p. 28.

manas que decorrem da assistência e dos seguros sociais, numa concepção até então desconhecida de fixar **dever do Estado na luta contra a miséria**.

Importante ressaltar que, anos mais tarde, na Europa, o economista inglês **William Beveridge** foi convocado pelo governo da Inglaterra para elaborar estudo sobre *segurança social*.

Os planos (*Report on Social Insurance and Allied Services*) apresentados por *Sir* Beveridge no ano de 1942 buscaram erradicar as necessidades sociais de toda a população (**proteção social do berço ao túmulo**, sintetizada na frase: *Social Security from the cradle to the grave*), deflagrando a política do Estado do Bem-estar Social (*Welfare State*), contendo ideais que repercutiram em diversas legislações do mundo no pós-guerra.

Da leitura do art. XXV da Declaração Universal dos Direitos Humanos (1948), podemos constatar a preocupação com a segurança social:

> Toda pessoa tem direito a um padrão de vida capaz de assegurar a si e a sua família **saúde e bem-estar**, inclusive alimentação, vestuário, habitação, cuidados médicos e os serviços sociais indispensáveis, e **direito à segurança em caso de desemprego, doença, invalidez, viuvez, velhice ou outros casos de perda dos meios de subsistência fora de seu controle**.

> **Atenção!** O ato embrionário da **Seguridade Social** é considerado por boa parte da doutrina como o **Plano Beveridge, em 1942, na Inglaterra**, por contemplar verdadeiro estudo técnico de proteção social, enquanto Social Security Act, **de 1935**, é aclamado como **primeiro diploma** normativo a trazer **a nomenclatura** Seguridade Social.

Finalizando o contexto histórico, a Organização Internacional do Trabalho (OIT), criada em 1919, aprovou em Genebra, no ano de 1952, a Convenção n. 102, conhecida como Normas Mínimas de **Seguridade Social**. Este instrumento internacional foi submetido à análise do Brasil no século XX, mas somente (56 anos depois), **em 2008, o Congresso Nacional aprovou o texto da Convenção n. 102 da OIT**, por intermédio do Decreto Legislativo n. 269, tendo a Presidência da República ratificado, na órbita internacional, em 15 de junho de 2009.

A Convenção n. 102 da OIT foi incorporada ao ordenamento jurídico brasileiro com força de **lei ordinária** e estabelece no campo da saúde o dever de o Brasil assegurar prestações de serviços médicos de caráter **preventivo ou curativo** às pessoas amparadas quando seu estado de saúde assim o exigir. As prestações devem abranger, no mínimo:

I) serviços de médicos que exerçam **clínica geral**, inclusive visitas domiciliares;
II) os **serviços de especialistas prestados em hospitais** a pessoas hospitalizadas;
III) fornecimento de **produtos farmacêuticos** indispensáveis **mediante receita** passada por médico;
IV) hospitalização, quando necessária.

Em **caso de gestação**, parto e suas consequências:

I) assistência pré-natal, assistência durante o parto e assistência após o parto, prestada por médico ou parteira diplomada;
II) hospitalização, em caso de necessidade.

Na órbita do seguro social, a Convenção n. 102 da OIT traz a obrigatoriedade de a legislação interna contemplar ao menos as seguintes espécies de benefícios:

- auxílio-doença;
- prestações de desemprego;
- aposentadoria por velhice;
- auxílio em caso de acidentes de trabalho e de doenças profissionais;
- prestações de família;
- prestações de maternidade;
- aposentadoria por invalidez;
- pensão por morte.

4.1 Compreensão

Responda (JUIZ DO TRABALHO – TRT 8ª REGIÃO – PA e AP – 2014)[16] Ao âmbito da Seguridade Social brasileira, são incorporadas convenções da OIT que tratam de normas de seguridade. Sobre as normas mínimas de Seguridade Social na Convenção n. 102, de 1952, da Organização Internacional do Trabalho (OIT), é constitucionalmente CORRETO afirmar:

A) **que desde 27/4/55 (data da vigência no plano internacional) ingressaram na ordem jurídica brasileira** com natureza de legislação ordinária, e naquilo que em não são incompatíveis com as normas jurídicas do direito interno relativas à Seguridade Social, são aplicáveis porque o Brasil é País-Membro da Organização Internacional do Trabalho e, nessa condição, sujeita-se a convenções dessa organização.

B) que as Normas Mínimas de Seguridade Social da Convenção n. 102, de 1952, podem integrar o conjunto de normas relativas à Seguridade Social brasileira com natureza **e força de Lei Complementar**, porque dependem de ato declaratório privativo de validade pelo Congresso Nacional, competente para a edição de Lei Complementar federal (LC).

C) que a Convenção n. 102, de 1952, da OIT, aprovada pelo Decreto Legislativo n. 269, de 19-9-2008, do Congresso Nacional, passou a integrar o conjunto de normas relativas à Seguridade Social porque foi ratificada em 15-6-2009 pelo Brasil, sendo que as prestações devem abranger no mínimo: a) em casos mórbidos: I) os serviços de médicos que exerçam a clínica geral, inclusive visitas domiciliares; II) os serviços de especialistas prestados em hospitais a pessoas hospitalizadas ou não e ainda os que podem ser administrados fora dos hospitais; III) fornecimento de produtos farmacêuticos indispensáveis mediante receita passada por médico; IV) hospitalização, quando necessária; b) em caso de gestação, parto e suas consequências: I) assistência pré-natal, assistência durante o parto e assistência após o parto, prestada por médico ou parteira diplomada; II) hospitalização, em caso de necessidade.

D) que as Normas Mínimas da Seguridade Social da Convenção 102/1952 são aplicáveis porque, mesmo possuindo **a natureza de Lei Complementar** federal declarada pelo Congresso Nacional, **dependem de declaração de constitucionalidade pelo pleno do STF**, em razão da cláusula de reserva relativa ao controle difuso de constitucionalidade.

E) que as Normas Mínimas da Seguridade Social da Convenção n. 102/1952, ratificadas em 15-6-2009 pelo Brasil, no que se refere às prestações de auxílio-doença, o evento coberto deve abranger a incapacidade de trabalho decorrente de um estado mórbido que **não** acarrete a suspensão de ganhos, conforme for definida pela legislação nacional.

---

[16] Resposta: "C". Principais erros das demais alternativas: Letra "A": afirmar que "desde 27-4-1955 – data da vigência no plano internacional – ingressaram na ordem jurídica brasileira"; Letra "B": **afirmar que a Convenção n. 102 possui força de Lei Complementar**; Letra "D": **afirmar que dependem de declaração de constitucionalidade pelo pleno do STF**; Letra "E": afirmar que "não" acarreta suspensão de ganhos.

5. SAÚDE

Política de Seguridade Social **não contributiva**, a saúde está consagrada pelo Poder Constituinte como direito fundamental do ser humano assegurado a todos, ditando o art. 196 da CF que:

> A saúde é direito de todos e dever do Estado, garantido mediante políticas sociais e econômicas que visem à redução do risco de doença e de outros agravos e ao **acesso universal e igualitário** às ações e serviços para sua promoção, proteção e recuperação.

Do Preâmbulo da Constituição da Organização Mundial da Saúde (OMS) há uma definição de saúde consistente no mais "completo bem-estar físico, mental e social, e não somente a ausência de doenças ou enfermidades".

No Brasil, o ramo do direito responsável pelo estudo do complexo de normas que envolvem a saúde é o Direito Sanitário.

Por força do disposto no art. 198 da Constituição Federal e nas Leis n. 8.080, de 19 de setembro de 1990, e 8.142, de 28 de dezembro de 1990, **cabe ao Sistema Único de Saúde (SUS) administrar a saúde no território nacional**.

O conjunto de ações e serviços de saúde, prestados por órgãos e instituições públicas federais, estaduais e municipais, da Administração direta e indireta e das fundações mantidas pelo Poder Público, constitui o Sistema Único de Saúde (SUS).

As populações indígenas devem ter acesso garantido ao SUS, em âmbito local, regional e de centros especializados, de acordo com suas necessidades, compreendendo a atenção primária, secundária e terciária à saúde. Trata-se do Subsistema de Atenção à Saúde Indígena, componente do Sistema Único de Saúde (SUS).

> **MEMORIZE**
> A assistência à saúde é livre à iniciativa privada.
> Porém:
> a) é vedada a destinação de recursos públicos para auxílios ou subvenções às instituições privadas **com fins lucrativos**;
> b) é vedada a participação direta **ou indireta** de empresas ou capitais estrangeiros na assistência à saúde no País, salvo nos casos previstos em lei.

> **Atenção!** A regra é no sentido de ser "vedada a participação" de capital estrangeiro no ramo da Saúde em nosso país. A exceção deverá ser prevista em lei, que terá rol taxativo, *numerus clausus*. A atuação de capital estrangeiro apenas será tolerada nas estritas hipóteses definidas em lei, de modo que, enquanto não editada a norma, prevalece a vedação total[17].

A lei disporá sobre as condições e os requisitos que facilitem a **remoção de órgãos**, tecidos e substâncias humanas para fins de transplante, pesquisa e tratamento, bem como a coleta, processamento e transfusão de sangue e seus derivados, sendo **vedado todo tipo de comercialização**[18].

---

[17] A Lei n. 9.656/98 dispõe sobre os planos e seguros privados de assistência à saúde: "Art. 1º (...) § 3º As pessoas físicas ou jurídicas residentes ou domiciliadas no exterior podem constituir ou participar do capital, ou do aumento do capital, de pessoas jurídicas de direito privado constituídas sob as leis brasileiras para operar planos privados de assistência à saúde".

[18] Não ofende esse dispositivo constitucional a garantia dada por lei estadual de meia entrada aos doadores regulares de sangue. *Vide*: ADI 3.512, Rel. Min. Eros Grau, *DJ* 23-6-2006: "4. A Constituição do Brasil em seu art. 199, § 4º, veda todo tipo de comercialização de sangue, entretanto estabelece que a lei infraconstitucional disporá sobre as condições e requisitos que facilitem a coleta de sangue. 5. O ato normativo estadual não determina recompensa financeira à doação ou estimula a comercialização de sangue".

Desse modo, comprar ou vender tecidos, órgãos ou partes do corpo humano, como um rim, é crime previsto no art. 15 da Lei n. 9.434/97, com pena de três a oito anos de reclusão.

E a doação de um rim a um parente? A doação de órgão e partes do próprio corpo vivo será permitida quando feita por pessoa juridicamente capaz, para fins de transplantes em cônjuge ou parentes consanguíneos até o quarto grau, quando se tratar de órgãos duplos, de partes de órgãos, tecidos ou partes do corpo cuja retirada não impeça o organismo do doador de continuar vivendo sem risco para a sua integridade e não represente grave comprometimento de suas aptidões vitais e saúde mental e não cause mutilação ou deformação inaceitável, e corresponda a uma necessidade terapêutica comprovadamente indispensável à pessoa receptora (art. 9º da Lei n. 9.434/97).

A Lei n. 9.434/97 traz o regramento relativo à remoção de órgãos, tecidos e partes do corpo humano pós óbito para fins de transplante e tratamento.

A retirada *post mortem* de tecidos, órgãos ou partes do corpo humano destinados a transplante ou tratamento deverá ser precedida de **diagnóstico de morte encefálica**, constatada e registrada por **dois médicos não participantes das equipes de remoção e transplante**, mediante a utilização de critérios clínicos e tecnológicos definidos por resolução do Conselho Federal de Medicina.

> **Atenção!** Não confundir morte "encefálica" com "CEREBRAL", são coisas diversas!

As manifestações de vontade relativas à retirada *post mortem* de tecidos, órgãos e partes, constantes da Carteira de Identidade Civil e da Carteira Nacional de Habilitação, **perderam a validade** desde o ano 2000 (art. 2º da Lei n. 10.211/2001).

Desde o advento da Lei n. 10.211/2001, que deu nova redação ao art. 4º da Lei n. 9.434/97[19], **a retirada de tecidos, órgãos e partes do corpo de pessoas falecidas para transplantes** ou outra finalidade terapêutica, **dependerá da autorização do cônjuge ou parente, maior de idade**, obedecida a linha sucessória, reta ou colateral, até o segundo grau inclusive, firmada em documento subscrito por duas testemunhas presentes à verificação da morte.

É da essência do ramo da saúde a oferta de **serviços** (obrigação de fazer), malgrado isso, compete-nos registrar a oferta de **benefícios** (obrigação de dar, prestação pecuniária), criado pela Lei n. 10.708/2003. Esta lei consagra o benefício denominado auxílio-reabilitação psicossocial. O auxílio é parte integrante de um programa de ressocialização de pacientes internados em hospitais ou unidades psiquiátricas, denominado "De Volta Para Casa", sob coordenação do Ministério da Saúde.

É benefício dedicado aos pacientes acometidos de transtornos mentais, com história de longa internação psiquiátrica que, mediante alta planejada, passam a usufruir de reabilitação psicossocial assistida, para assistência, acompanhamento e integração social, fora da unidade hospitalar.

O benefício do auxílio-reabilitação psicossocial, conforme a Lei que o instituiu, representa o pagamento mensal de um auxílio pecuniário **inferior ao salário mínimo**, com a duração de um ano, podendo ser renovado caso necessário aos propósitos da reintegração social do beneficiário.

5.2 Jurisprudência STF/STJ sobre saúde

1) STF. **Tema de Repercussão Geral 500** (RE 657.718). **Tese firmada**: 1. **O Estado não pode ser obrigado a fornecer medicamentos experimentais**. 2. A ausência de registro

---

[19] Rezava a Lei n. 9.434/97, em seu art. 4º, que: "Salvo manifestação de vontade em contrário, nos termos desta Lei, presume-se autorizada a doação de tecidos, órgãos ou partes do corpo humano, para finalidade de transplantes ou terapêutica *post mortem*". A presunção legal causou celeuma em diversos segmentos da sociedade, inclusive na área médica. Para diminuir a pressão social, editou-se a Lei n. 10.211/2001, que deu nova redação ao art. 4º da Lei n. 9.434/97.

na ANVISA impede, como regra geral, o fornecimento de medicamento por decisão judicial. 3. É possível, excepcionalmente, a concessão judicial de medicamento sem registro sanitário, em caso de mora irrazoável da ANVISA em apreciar o pedido (prazo superior ao previsto na Lei n. 13.411/2016), quando preenchidos três requisitos: (i) a existência de pedido de registro do medicamento no Brasil (salvo no caso de medicamentos órfãos para doenças raras e ultrarraras); (ii) a existência de registro do medicamento em renomadas agências de regulação no exterior; e (iii) a inexistência de substituto terapêutico com registro no Brasil. 4. As ações que demandem fornecimento de medicamentos sem registro na ANVISA **deverão necessariamente ser propostas em face da União**.

2) STF. **Tema de Repercussão Geral 579**. Questão Submetida à apreciação do STF: Melhoria do tipo de acomodação de paciente internado pelo Sistema Único de Saúde (SUS) mediante o pagamento da diferença respectiva. Tese firmada: É constitucional a regra que veda, no âmbito do Sistema Único de Saúde, a internação em acomodações superiores, bem como o atendimento diferenciado por médico do próprio Sistema Único de Saúde, ou por médico conveniado, mediante o pagamento da diferença dos valores correspondentes.

3) STF. **Tema de Repercussão Geral 793** (RE 855.178). **Tese firmada:** Os entes da federação, em decorrência da competência comum, **são solidariamente responsáveis nas demandas prestacionais na área da saúde,** e, diante dos critérios constitucionais de descentralização e hierarquização, compete à autoridade judicial direcionar o cumprimento conforme as regras de repartição de competências e **determinar o ressarcimento a quem suportou o ônus financeiro**.

4) STF. **Tema de Repercussão Geral 6** (RE 56.6471). Julgado em 11-3-2020 (tese pendente de elaboração), conclusão do julgamento: O Estado não pode ser obrigado a fornecer **medicamento de alto custo** a portador de doença grave que não possui condições financeiras para comprá-lo.

5) STF. **Tema de Repercussão Geral 1.033**. Questão Submetida à apreciação do STF: Saber se a imposição de pagamento pelo Poder Público de preço arbitrado pela unidade hospitalar, para ressarcir serviços de saúde prestados por força de decisão judicial, viola o regime de contratação da rede complementar de saúde pública (art. 199, §§ 1º e 2º, da CF). **Tese firmada:** O ressarcimento de serviços de saúde prestados por unidade privada em favor de paciente do Sistema Único de Saúde, em cumprimento de ordem judicial, deve utilizar como critério o mesmo que é adotado para o ressarcimento do Sistema Único de Saúde por serviços prestados a beneficiários de planos de saúde.

6) STJ. **Tema Repetitivo 84**. **Tese firmada:** Tratando-se de fornecimento de medicamentos, cabe ao juiz adotar medidas eficazes à efetivação de suas decisões, podendo, se necessário, determinar até mesmo o sequestro de valores do devedor (bloqueio de verbas do Estado), segundo o seu prudente arbítrio, e sempre com adequada fundamentação.

7) STJ. **Tema Repetitivo 98**. **Tese firmada:** Possibilidade de imposição de multa diária (*astreintes*) a ente público, para compeli-lo a fornecer medicamento à pessoa desprovida de recursos financeiros.

5.3 Compreensão

1) Responda (JUIZ DE DIREITO – FCC – TJ-CE – 2014)[20] A retirada *post mortem* de tecidos, órgãos ou partes do corpo humano destinados a transplante ou tratamento:

    A) em nenhuma hipótese será permitida se se tratar de pessoa incapaz.

---

[20] Resposta: "E".

B) independe de autorização, se o doador não tiver descendente, ascendente ou cônjuge sobreviventes.
C) é sempre permitida do corpo de pessoas que não foram identificadas.
D) deverá ser precedida de diagnóstico de morte encefálica constatada e registrada por dois médicos, sendo necessariamente, um deles participante da equipe de remoção, e o outro da equipe de transplante.
E) deverá ser precedida de diagnóstico de morte encefálica, constatada e registrada por dois médicos não participantes das equipes de remoção e transplante.

2) Responda (INSS – FUNRIO – ANALISTA – SERVIÇO SOCIAL – 2009)[21] No tocante aos preceitos constitucionais pertinentes à saúde, é correto afirmar que:
   I. as instituições privadas poderão participar de forma complementar do sistema único de saúde, segundo diretrizes deste, mediante contrato de direito privado ou convênio, tendo preferência as entidades filantrópicas e as sem fins lucrativos.
   II. é vedada a destinação de recursos públicos para auxílios ou subvenções às instituições privadas com fins lucrativos.
   III. a lei disporá sobre as condições, os requisitos e a comercialização que facilitem a remoção de órgãos, tecidos e substâncias humanas para fins de transplante.
   IV. é vedada a participação direta ou indireta de empresas ou capitais estrangeiros na assistência à saúde no país, salvo nos casos previstos em lei.
   V. a lei estadual disporá sobre o regime jurídico e a regulamentação das atividades de agente comunitário de saúde e agente de combate às endemias.
   A) as assertivas I e III estão corretas.
   B) as assertivas II e V estão corretas.
   C) as assertivas III e IV estão corretas.
   D) as assertivas I e V estão corretas.
   E) as assertivas II e IV estão corretas.

3) Responda[22]. Qual Ministério é o responsável pela coordenação do benefício do auxílio-reabilitação psicossocial denominado "De Volta para Casa"?
   A) Ministério da Saúde
   B) Ministério da Integração e do Desenvolvimento Regional
   C) Ministério do Desenvolvimento, da Assistência Social, Família e Combate à Fome
   D) Ministério dos Direitos Humanos e Cidadania
   E) Ministério da Previdência Social

6. ASSISTÊNCIA SOCIAL

O complemento das ações estatais no âmbito da Seguridade conclui-se na Assistência Social, ramo destinado a amparar aos que se encontram na linha de pobreza, muitas vezes em estado de

---

[21] Resposta: "E".
[22] Resposta: "A". Conforme a Lei n. 10.708/2003, o auxílio-reabilitação psicossocial denominado "De Volta Para Casa" é coordenado pelo Ministério da Saúde.

miséria (abaixo do patamar da pobreza). Para estes, reserva-se a benemerência da sociedade, a solidariedade em sua expressão maior, atendendo as demandas básicas do ser humano.

A assistência social, **direito do cidadão** e dever do Estado, é Política de Seguridade Social **não contributiva**, que provê os **mínimos sociais**, realizada por meio de um conjunto integrado de ações de iniciativa pública e da sociedade, para garantir o **atendimento às necessidades básicas**.

Assistencialismo. O assistencialismo **privado** decorre da benemerência (altruísmo), de caráter facultativo, de pessoas em prol de outras menos afortunadas; é a sociedade que se auto-organiza, não raro por intermédio de instituições sem fins lucrativos. Ao passo que a Assistência Social **Pública** tem o Estado na qualidade de gestor-provedor, que diante das contribuições arrecadadas de toda a sociedade, com *status* de obrigatoriedade, distribui, por regras legais, benefícios e serviços aos necessitados (hipossuficientes) que habitam o país.

Aspecto Histórico. A Assistência Social Pública surgiu, pela primeira vez, no ano de 1601, **na Inglaterra**, com a edição da **Lei dos Pobres**. A Lei dos Pobres constitui evolução diante da fase da assistência privada.

No Brasil, a Assistência Social é realizada com recursos do orçamento da seguridade social[23], previstos no art. 195 da Constituição Federal.

> **Atenção!** Nenhum benefício ou serviço da Seguridade Social poderá ser criado, majorado ou estendido sem a correspondente fonte de custeio total. Trata-se de regra constitucional (art. 195, § 5º) plenamente aplicável à Assistência Social.

A instância coordenadora da Política Nacional de Assistência Social é o Ministério do Desenvolvimento, da Assistência Social, Família e Combate à Fome, conforme art. 6º, § 3º, da Lei n. 8.742/93, combinado com art. 27 da Lei n. 14.600/2023.

Dispõe a Lei das leis, no art. 203, que a **Assistência Social será prestada a quem dela necessitar, independentemente de contribuição à seguridade social**, e tem por objetivos:

I – a proteção à família, à maternidade, à infância, à adolescência e à velhice;
II – o amparo às crianças e adolescentes carentes;
III – a promoção da integração ao mercado de trabalho;
IV – a habilitação e reabilitação das pessoas portadoras de deficiência e a promoção de sua integração à vida comunitária;
V – a garantia de um salário mínimo de benefício mensal à pessoa portadora de deficiência e ao idoso que comprovem não possuir meios de prover à própria manutenção ou de tê-la provida por sua família, conforme dispuser a lei.

Faz parte da assistência social o **Programa Bolsa Família** (Lei n. 10.836/2004), destinado às ações de transferência de renda com condicionalidades às famílias em situação de pobreza (cuja ren-

---

[23] A EC n. 31/2000 introduziu ao Ato das Disposições Constitucionais Transitórias os arts. 79, 80 e 81, que tratam do Fundo de Combate e Erradicação da Pobreza. O objetivo desse Fundo é o de viabilizar a todos os brasileiros acesso a níveis dignos de subsistência, cujos recursos serão aplicados em ações suplementares de nutrição, habitação, educação, saúde, reforço de renda familiar e outros programas de relevante interesse social voltados para melhoria da qualidade de vida.
A Emenda Constitucional n. 67, de 2010, prorrogou, por tempo indeterminado, o prazo de vigência do Fundo de Combate e Erradicação da Pobreza a que se refere o *caput* do art. 79 do ADCT e, igualmente, o prazo de vigência da Lei Complementar n. 111, de 2001, que dispõe sobre o referido Fundo.

da mensal *per capita* seja inferior a meio salário mínimo) e de extrema pobreza (cuja renda mensal *per capita* seja inferior a 1/4 do salário mínimo). Os benefícios financeiros do Programa Bolsa Família serão pagos **preferencialmente** à mulher.

Abono anual. Os benefícios assistenciais apresentam no máximo 12 prestações mensais ao ano, não dão direito a gratificação natalina (vulgarmente chamado de "13º").

> **Atenção!** No ano de 2019, o Poder Executivo editou a MP n. 898/2019, admitindo o pagamento de abono anual aos beneficiários do Bolsa Família, mas a MP n. 898 teve sua vigência encerrada em 24-3-2020, por não ter sido votada no prazo constitucional pelo Congresso Nacional. Em suma, não houve aprovação da gratificação natalina a benefícios assistenciais.

A assistência social oferta também benefícios denominados "eventuais", a exemplo do: **auxílio-funeral e auxílio-natalidade**. O art. 22 da Lei n. 8.742/93 classifica por benefícios eventuais as provisões suplementares e provisórias que integram organicamente as garantias do Sistema Único de Assistência Social (SUAS) e são prestadas aos cidadãos e às famílias em virtude **de nascimento, morte, situações de vulnerabilidade temporária e de calamidade pública**.

> **Atenção!** O auxílio-funeral e o auxílio-natalidade não são "benefícios previdenciários", a natureza jurídica é de benefício assistencial.

À exceção do benefício assistencial previsto no art. 203, V, da CF (benefício assistencial devido a idosos e a deficientes em situação de miséria, que possui valor certo de um salário mínimo), podem os benefícios assistenciais apresentar valor inferior ao salário mínimo, haja vista tratar-se de salário de subsistência, restrito à satisfação das necessidades básicas (mínimo existencial).

7. BENEFÍCIO DE PRESTAÇÃO CONTINUADA (BPC) DA ASSISTÊNCIA SOCIAL (ART. 203, V, DA CF)

O inciso V do art. 203 traz o **Amparo Assistencial ao Idoso e à Pessoa com Deficiência (PcD)**, que é materializado pela Lei Orgânica de Assistência Social (LOAS), Lei n. 8.742/93, nos arts. 20, 21 e 21-A, e regulamentado pelo Decreto n. 6.214/2007 (com redação dada pelo Decreto n. 8.805/2016).

Compete à União responder pela concessão e manutenção do **Benefício de Prestação Continuada (BPC) da LOAS**, no entanto, por questões políticas, atribuiu-se a operacionalização do BPC ao INSS (art. 3º do Decreto n. 6.214/2007), por conseguinte é atribuição da Autarquia Previdenciária recepcionar os requerimentos formulados por idosos e PcD, proceder à análise do pedido, realizar perícia médica (nos casos de deficiência), efetivar pesquisa social (para constatação da situação de necessidade financeira), conceder o BPC, bem como manter os pagamentos mensais ao beneficiário.

Apesar de o BPC da LOAS não ostentar feição previdenciária (a natureza jurídica desse benefício é assistencial), **é operacionalizado pelo INSS**, por conseguinte, para requerer o amparo assistencial (BPC da LOAS), diversamente do que ocorre com os outros benefícios assistenciais da Lei n. 8.742/93, deve o idoso ou a PcD se dirigir a uma das agências da Previdência Social (ou pelo Telefone 135 ou pelo aplicativo Meu INSS).

Entretanto, **todas as despesas com o pagamento desse benefício não oneram os cofres da Previdência Social (art. 167, XI, da CF)**, competindo ao Ministério do Desenvolvimento, da Assistência Social, Família e Combate à Fome descentralizar recursos do orçamento do Fundo Nacional de Assistência Social ao INSS para as despesas de pagamento, operacionalização, sistemas de informação, monitoramento e avaliação do BPC (art. 38, V, do Decreto n. 6.214/2007).

Ações judiciais propostas por idosos ou PcD pleiteando a concessão do BPC da LOAS devem ter no polo passivo do processo unicamente o INSS, **não** cabendo falar de litisconsórcio passivo necessário com a União[24].

O benefício assistencial do art. 203, V, da CF, ora em estudo, apresenta valor mensal exato de um salário mínimo e pode ser requerido unicamente pelas seguintes pessoas:

a) idoso, de ambos os sexos, com 65 anos ou mais de idade;

> **Atenção!** Segundo o Estatuto da Pessoa Idosa, Lei n. 10.741/2003, arts. 1º e 34, temos duas definições. No art. 1º, afirma ser idosa a pessoa a partir dos 60 anos de idade. Malgrado isso, para efeitos específicos da percepção do BPC da LOAS, o art. 34 do Estatuto fixa expressamente 65 anos[25] de idade.

b) deficiente, considerada como tal a pessoa que tem **impedimentos de longo prazo**[26] de natureza **física, mental, intelectual ou sensorial**, os quais, em interação com diversas barreiras, podem obstruir sua **participação plena e efetiva** na sociedade **em igualdade de condições** com as demais pessoas.

Essa é a exata definição constante do art. 1º da Convenção Internacional sobre os Direitos das Pessoas com Deficiência, assinada em Nova York, em 30 de março de 2007 (Decreto n. 6.949/2009). Até então a **pessoa com deficiência** era considerada aquela que estivesse incapacitada para a vida independente[27] **e** para o trabalho.

Esse conceito novo foi incluído no § 2º do art. 20 da LOAS, pela Lei n. 12.470/2011. No ano de 2015 (com vigência fixada a partir de janeiro de 2016), foi editada a Lei n. 13.146, que se constitui a **Lei Brasileira de Inclusão da Pessoa com Deficiência (Estatuto da Pessoa com Deficiência)** e promoveu a alteração do conceito da PcD, unicamente para flexionar para o singular a expressão "impedimento(s)". Desde então há dois conceitos idênticos de PcD, aquele anotado no art. 1º da Convenção Internacional (contendo "impedimentos" no plural), e a atual definição cunhada no art. 20, § 2º, da LOAS (estabelecendo: "impedimento", no singular).

O Estatuto da PcD esclarece que a avaliação da deficiência, quando necessária, será biopsicossocial, realizada por equipe multiprofissional e interdisciplinar e considerará:

I — os impedimentos nas funções e nas estruturas do corpo;
II — os fatores socioambientais, psicológicos e pessoais;

---

[24] STJ. REsp 730.975/SE. Cabe ao Instituto Nacional do Seguro Social – INSS figurar no polo passivo das causas que versam a respeito do benefício assistencial previsto no art. 203, V, da Constituição Federal, sendo, com o advento do Decreto n. 1.744/95, ilegítima a participação da União Federal como parte nessas ações.

[25] O art. 20 da Lei n. 8.742/93 (LOAS) teve sua redação alterada pela Lei n. 12.435/2011, fixando a idade mínima de 65 anos de idade. Significa dizer, não houve nenhuma alteração da idade do BPC da LOAS; desde o Estatuto do Idoso, art. 34, a idade mínima é de 65 anos.

[26] **Impedimento de longo prazo é aquele que produz efeitos pelo prazo mínimo de dois anos** (art. 20, § 10, da Lei n. 8.742/93).

[27] **Tome cuidado:** Antes do novo conceito de pessoa com deficiência, trazido pela Lei n. 12.470/2011, já estava pacificado na JURISPRUDÊNCIA que a comprovação de incapacidade para o trabalho era suficiente para a caracterização da incapacidade para a vida independente. Não seriam dois requisitos, portanto, mas apenas um: incapacidade para o trabalho.

III – a limitação no desempenho de atividades; e

IV – a restrição de participação.

O idoso ou a pessoa com deficiência (PcD) apenas farão jus ao BPC da LOAS se atenderem ao requisito da **hipossuficiência econômica**.

O conceito de família é restrito ao **requerente (idoso ou PcD), e, desde que vivam sob o mesmo teto, o cônjuge ou companheiro, os pais e, na ausência de um deles, a madrasta ou o padrasto, os irmãos solteiros, os filhos e enteados solteiros e os menores tutelados**.

Sogro(a), cunhado(a), netos, tios, sobrinhos, filhos e irmãos casados, e avós, **ainda que vivam sob o mesmo teto** do idoso/PcD, não são considerados "família", para efeito de obtenção do BPC da LOAS. Assim, os rendimentos dessas pessoas não integram o orçamento familiar para efeito de apuração da renda *per capita*.

Para ter direito ao BPC da LOAS, a pessoa (idosa ou deficiente) deve ser de família humilde, de parcos recursos financeiros. Seguindo essa orientação, deve-se por primeiro saber quem é considerado "da família".

Miserabilidade. É benefício deferível apenas a pessoas em situação de miserabilidade (extrema pobreza), fixando a Lei n. 8.742, art. 20, § 3º, que se considera incapaz de prover a manutenção do idoso ou a PcD **a família** cuja **renda familiar mensal** *per capita* "igual" ou **inferior a 1/4 do salário mínimo**.

BPC da LOAS é benefício personalíssimo, finda com o óbito do titular, sem outorgar direito a pensão por morte a familiares.

> **Atenção!** Pensão por morte é benefício previdenciário, não existe na esfera da assistência social.

7.1 BPC – LOAS. Histórico sobre a miserabilidade até o advento da Lei n. 13.982/2020

A questão da constitucionalidade do conceito de hipossuficiência econômica do art. 20, § 3º, da Lei n. 8.742/93, para a concessão do BPC da LOAS, foi apreciada pelo STF por duas vezes, sendo a primeira em 1998, na Ação Direta de Inconstitucionalidade (ADI) 1.232-1, oportunidade na qual o Supremo Tribunal julgou improcedente a ADI, tratando como válida constitucionalmente a exigência de renda familiar mensal *per capita* **"inferior a 1/4"** do salário mínimo.

Em 18 de abril de 2013, o STF retomou essa mesma temática, ao apreciar a Reclamação (RCL) 4.374, e ao analisar os Recursos Extraordinários (REs) 567.985 e 580.963, ambos com repercussão geral. O Plenário do STF, em 2013, **declarou a inconstitucionalidade parcial, SEM PRONÚNCIA DE NULIDADE, do art. 20, § 3º, da Lei n. 8.742/93**.

O relator da Reclamação 4.374, Ministro Gilmar Mendes, por entender que o **critério estaria defasado para caracterizar a situação de miserabilidade**, defendeu em seu voto a possibilidade de o STF "exercer um novo juízo" sobre aquela ADI 1.232-1, considerando que atualmente o STF não tomaria a mesma decisão:

> É fácil perceber que a economia brasileira mudou completamente nos últimos 20 anos. Desde a promulgação da Constituição, foram realizadas significativas reformas constitucionais e administrativas com repercussão no âmbito econômico e financeiro. A inflação galopante foi controlada, o que tem permitido uma significativa melhoria na distribuição de renda.

Assim, de acordo com a JURISPRUDÊNCIA, o critério de miserabilidade, consistente na renda familiar mensal *per capita* **inferior a 1/4** do salário mínimo, foi declarado inconstitucional pelo STF, no entanto, SEM PRONÚNCIA DE NULIDADE, significa dizer, no âmbito do Poder Judiciário é admissível a concessão do BPC da LOAS sempre que o juiz ficar convencido da situação de miserabilidade do requerente, não ficando atrelado ao critério da renda *per capita* de 1/4 do salário mínimo, admitindo inclusive descontar da renda bruta familiar despesas imprescindíveis, tais como medicamentos (não fornecidos pela rede pública) e moradia (despesas de aluguel, contas de água e luz).

Por outro lado, o INSS, diante do princípio da legalidade estrita, somente pode atuar em conformidade com os dizeres da lei, devendo observar o requisito fixado no art. 20, § 3º, da LOAS.

A Lei n. 13.146/2015, admitiu, para concessão do BPC da LOAS, possa a Administração Pública (INSS) **utilizar outros elementos probatórios** da condição de miserabilidade do grupo familiar e da situação de vulnerabilidade, conforme regulamento.

7.1.1 Lei n. 13.981/2020. Critério de renda "inferior a 1/2 salário mínimo"

O **Congresso Nacional derrubou**[28] o veto presidencial ao Projeto de Lei n. 55, de 1996 (n. 3.055/97 na Câmara dos Deputados), o que resultou na publicação da Lei n. 13.981/2020, que elevou o limite de renda familiar *per capita* para fins de concessão do BPC, de "inferior a 1/4 de salário mínimo" para "inferior a 1/2 salário mínimo", ampliando, desse modo, o rol de pessoas (idosas e deficientes) abrangidas pelo benefício assistencial.

Ato contínuo, o Poder Executivo apresentou Ação de descumprimento de preceito fundamental junto ao Supremo Tribunal Federal (ADPF 662), tendo o Relator, Min. Gilmar Mendes, em 3-4-2020, deferido medida cautelar para suspender a eficácia da Lei n. 13.981, por vislumbrar potencial afronta ao art. 195, § 5º, da CF ("Nenhum benefício ou serviço da seguridade social poderá ser criado, majorado ou estendido sem a correspondente fonte de custeio total"). **Portanto, não se efetivou a elevação do critério de miserabilidade, mantendo-se a exigência de que** renda mensal *per capita* seja **"inferior a 1/4" do salário mínimo**.

7.1.2 Lei n. 13.982/2020 – NOVIDADES

A Lei n. 13.982/2020 trouxe diversas novidades, dentre elas, merecem especial destaque:

a) tornou cabível, "até 31 de dezembro de 2020", **a concessão do BPC quando o requisito de miserabilidade seja a renda familiar** *per capita* **"igual"** ou inferior a 1/4 do salário mínimo. Antes dessa Lei, o art. 20 da Lei n. 8.742/93 apenas permitia a concessão se comprovada a renda mensal *per capita* "inferior" a 1/4 do SM.

Assim, antes da Lei n. 13.982/2020, uma família composta de quatro pessoas: casal com dois filhos, sendo a mãe pessoa com deficiência e a única renda familiar decorrente de salário do marido, no importe exato de um salário mínimo. Nessa situação, mediante interpretação literal do texto que constava do § 3º do art. 20 da Lei n. 8.742/93, não havia direito ao BPC da LOAS, porque a renda familiar não era "inferior" a 1/4 do SM. Com o advento da Lei n. 13.982/2020, mantida a mesma ilustração, a esposa terá direito, porque a renda familiar é igual a 1/4 SM por cabeça (renda do marido, dividida pelos quatro integrantes da família).

---

[28] Para a rejeição do veto é necessária a maioria absoluta dos votos de Deputados e Senadores, ou seja, 257 votos de deputados e 41 votos de senadores, computados separadamente. Aprovada pelo Congresso Nacional a derrubada do veto, o projeto de lei é encaminhado ao Presidente da República para promulgação em até 48 horas ou, na omissão deste, pelo Presidente ou Vice-Presidente do Senado, em igual prazo (art. 66, § 7º, da CF).

Essa alteração era válida "até 31 de dezembro de 2020", porque o inciso II que seria incluído no § 3º do art. 20 da Lei n. 8.742/93 sofreu veto presidencial. Nesse inciso constava que, a partir de 2021, a exigência de renda mensal *per capita* seria igual ou inferior a 1/2 SM. Com o veto, subsistiria lacuna normativa após o ano de 2020.

Em dezembro de 2020, foi editada a Medida Provisória n. 1.023, convertida na Lei n. 14.176/2021, permitindo a concessão do BPC observado o **requisito de miserabilidade seja** *a renda* **familiar** *per capita* **"igual" ou inferior a 1/4 do salário mínimo**.

b) outro destaque trazido pela Lei n. 13.982/2020 refere-se à permissão para desconsiderar, da apuração da renda mensal *per capita*, a renda de um salário mínimo porventura recebida por outro integrante da família.

Essa segunda "novidade" foi, a bem da verdade, a legalização de interpretação judicial dada na naquele mesmo julgamento da RCL 4.374, e dos REs 567.985 e 580.963, o STF garantiu **interpretação extensiva** ao parágrafo único do art. 34 da Lei n. 10.741/2003. O Estatuto da Pessoa Idosa, no art. 34, parágrafo único, permite que a renda decorrente do BPC da LOAS já concedido a qualquer membro da família não será computado para os fins do cálculo da renda familiar *per capita*.

Importantíssima essa regra do Estatuto da Pessoa Idosa, antes dela não poderia um casal de idosos em situação de miséria receber cada um deles um BPC da LOAS, porque, uma vez concedido ao marido, a renda familiar *per capita* passava a ser de meio salário mínimo (superior a 1/4), e obstava a concessão do BPC à esposa. Diante da literalidade da norma do parágrafo único do art. 34 do Estatuto do Idoso, a Administração Pública valia-se da interpretação restritiva, não outorgando idêntico direito em prol da pessoa com deficiência, nem mesmo permitia a exclusão de renda decorrente de benefício previdenciário (aposentadoria: por idade e por invalidez, ou pensão por morte) de valor equivalente a um salário mínimo recebida por outro membro do núcleo familiar.

Com acolhida pelo STF da interpretação extensiva do parágrafo único do art. 34 da Lei n. 10.741/2003, o Poder Judiciário estava autorizado a desconsiderar a renda de um salário mínimo recebida por outro integrante da família do requerente do BPC, mas o INSS não estava autorizado, por ausência de lei.

Agora, com a Lei n. 13.982/2020, a Autarquia Previdenciária **não deve considerar na aferição da renda** *per capita* prevista no art. 20, § 3º, da Lei n. 8.742/93:

a) o benefício assistencial, no valor de um salário mínimo, recebido por outro idoso com 65 anos ou mais, que faça parte do mesmo núcleo familiar;
b) o benefício assistencial, no valor de um salário mínimo, recebido por pessoa com deficiência, que faça parte do mesmo núcleo familiar;
c) o benefício previdenciário consistente em aposentadoria ou pensão por morte instituída por idoso, no valor de um salário mínimo, recebido por outro integrante do seu núcleo familiar.

Síntese:

- Considera-se incapaz de prover a manutenção da pessoa com deficiência ou idosa a família cuja renda mensal *per capita* seja "igual" ou inferior a "1/4" do salário mínimo;
- O benefício de prestação continuada será devido a mais de um membro da mesma família sempre que atendidos os requisitos legais, cabendo realçar que benefício de prestação continuada ou o benefício previdenciário no valor de até um salário mínimo concedido a idoso acima de 65 anos de idade ou pessoa com deficiência não será computado, na aferição do critério de miserabilidade, para fins de concessão do BPC a outro idoso ou pessoa com deficiência da mesma família.

Novidade. Lei n. 14.809, de 2024 – indenização decorrente de rompimento e colapso de barragens. Por força da Lei n. 14.809, de 2024, os valores recebidos a título de indenização por danos sofridos em decorrência de rompimento e colapso de barragens não serão considerados renda para fins de permanência no Cadastro Único para Programas Sociais do Governo Federal (CadÚnico) ou em instrumento de identificação e caracterização socioeconômica de famílias de baixa renda que venha a sucedê-lo, **nem serão computados no cálculo da renda para fins de recebimento do BPC da LOAS.**

7.1.3 Cumulação BPC

A Lei n. 8.742/93, no art. 20, § 4º, estabelece que o BPC da LOAS não pode ser acumulado pelo beneficiário com qualquer outro no âmbito da seguridade social ou de outro regime, salvo o da assistência médica e da pensão especial de natureza indenizatória.

Desse modo, o idoso ou a PcD que recebe, por exemplo, benefício previdenciário (qualquer aposentadoria, auxílio-doença, auxílio-acidente, salário-maternidade, salário-família, seguro-desemprego, pensão por morte ou auxílio-reclusão) **não pode** receber o BPC da LOAS.

A LOAS fixa, no art. 20, § 4º, duas exceções, admitindo que o idoso ou a PcD possa receber o BPC cumulativamente com **benefício da assistência médica e da pensão especial de natureza indenizatória**.

A tônica no ramo da saúde é a prestação de serviços (obrigação de fazer, prestar serviços médicos). Existe, a título raro, também a concessão de benefício (obrigação de dar, pagamento em dinheiro), como ocorre com o benefício auxílio-reabilitação psicossocial (Lei n. 10.708/2003), este por ser **benefício da assistência médica pode ser recebido juntamente**[29] **com o BPC da LOAS**.

A próxima exceção a ser estudada é **aquela** trazida pela Lei n. 12.435/2011 e refere-se à pensão especial **de natureza indenizatória**. De início, anote que referida pensão **não se confunde com a pensão por morte** (benefício previdenciário não cumulável com o BPC da LOAS). Pensão especial de natureza indenizatória é deferível por lei diante de casos específicos, em razão de atuação vexatória do ente público, que, diante do arrependimento pela má atuação, indeniza os vitimados ou seus familiares. A título de ilustração, cabível a citação da pensão especial de natureza indenizatória destinada às vítimas do acidente nuclear[30] ocorrido em Goiânia (GO), entre outras situações similares[31].

A Lei n. 13.985/2020 instituiu pensão especial, no valor de um salário mínimo, destinada a crianças com Síndrome Congênita do **Zika Vírus**, nascidas entre 1º-1-2015 e 31-12-2019. Essa pensão especial **não poderá ser acumulada com o BPC da LOAS**.

---

[29] A Consultoria Jurídica do Ministério da Previdência Social emitiu o PARECER/MPS/CJ n. 3.271/2004, no sentido de que não há obstáculo legal para o recebimento cumulativo do BPC da LOAS e da bolsa do Programa "De Volta para Casa", dadas as características indenizatórias, de provisoriedade e de assistência à saúde desse Programa, cuja continuidade é assegurada pelo orçamento do próprio Ministério da Saúde.

[30] Goiânia (GO), 13 de setembro de 1987, dois catadores de papel e de sucata retiram do prédio abandonado, pelo Instituto Goiano de Radioterapia, um tambor lacrado. Rompem o lacre a marretadas e encontram uma peça de 20 gramas de CÉSIO-137, que produzia luz intensa e azul, fator que franqueou rápida publicidade da peça radioativa entre os munícipes. Poucos dias após, várias pessoas começaram a procurar os hospitais da cidade com sintomas de tontura e náusea, além de queimaduras no corpo, muitas morreram em decorrência da exposição prolongada à radiação. Dezembro de 1996: a Presidência da República sanciona a Lei n. 9.425, dispondo sobre a concessão de pensão especial, a título de indenização, às vítimas do acidente nuclear com a substância radioativa CÉSIO-137, ocorrido em Goiânia, Estado de Goiás.

[31] Pensão especial às pessoas atingidas pela hanseníase: Publicada no *Diário Oficial da União*, de 19 de setembro de 2007, a Lei n. 11.520 dispõe sobre a concessão de pensão especial às pessoas atingidas pela hanseníase. Apenas as pessoas que tiveram hanseníase e, comprovadamente, foram de maneira compulsória isoladas e/ou confinadas em hospitais-colônias, até 31 de dezembro do ano de 1986, têm o direito à Pensão Especial. *Vide* Lei n. 14.736/2023.

Pensão especial devida aos dependentes das vítimas da hemodiálise de Caruaru (PE), prevista na Lei n. 9.422, de 24 de dezembro de 1996.

7.1.4 Abono anual

O beneficiário do BPC da LOAS não recebe abono anual (gratificação natalina), significa dizer que no mês de dezembro aufere unicamente a prestação normal de um salário mínimo (12 prestações anuais de um salário mínimo).

> **Atenção!** No ano de 2019, o Poder Executivo editou a Medida Provisória n. 898/2019, admitindo o pagamento de abono anual aos beneficiários do Bolsa Família. Durante a tramitação dessa MP n. 898, a Câmara dos Deputados estendeu o direito ao percebimento em dobro no mês de dezembro ao BPC LOAS previsto no art. 203, V, da CF, mas a MP n. 898 teve sua vigência encerrada em 24-3-2020, por não ter sido votada no prazo constitucional pelo Congresso Nacional. Em suma, tanto no BPC da LOAS como no Bolsa Família não há gratificação natalina.

7.1.5 Principais notas do art. 20 da LOAS sobre o BPC

Art. 20, § 12, da LOAS: São requisitos para a concessão, a manutenção e a revisão do BPC as inscrições no **Cadastro de Pessoas Físicas** (CPF) e no Cadastro Único para Programas Sociais do Governo Federal (**Cadastro Único**).

Art. 21 da LOAS: O BPC deve ser revisto a cada dois anos para avaliação da continuidade das condições que lhe deram origem.

Art. 21-A, § 2º, da LOAS: A contratação de PcD como **aprendiz não acarreta a suspensão do BPC**, limitado a dois anos o **recebimento concomitante** da remuneração e do benefício assistencial.

Art. 20, § 9º: Os valores recebidos a título de **auxílio financeiro temporário ou de indenização por danos sofridos em decorrência de rompimento e colapso de barragens**, bem como os rendimentos decorrentes de **estágio supervisionado** e **de aprendizagem**, não serão computados para fins de cálculo da renda familiar *per capita* a que se refere o § 3º deste artigo (Redação dada pela Lei n. 14.809, de 2024).

Art. 20, § 5º, da LOAS: A condição de acolhimento em instituições de longa permanência **não prejudica o direito** do idoso ou da PcD ao BPC da LOAS.

Art. 21, § 3º, da LOAS: O desenvolvimento das capacidades cognitivas, motoras ou educacionais e a realização de atividades **não remuneradas** de habilitação e reabilitação, entre outras, não constituem motivo de suspensão ou cessação do benefício da PcD.

Art. 21-A da LOAS: O BPC **será suspenso**[32] pelo órgão concedente quando a PcD **exercer atividade remunerada**, inclusive na condição de Microempreendedor Individual (MEI).

Art. 21-A, § 1º, da LOAS: **Extinta a relação trabalhista ou a atividade empreendedora**, poderá ser requerida **a continuidade do pagamento** do benefício suspenso, **sem necessidade de realização de perícia médica** ou reavaliação da deficiência e do grau de incapacidade para esse fim, respeitado o período de revisão previsto no *caput* do art. 21.

7.1.6 Jurisprudência. TNU. LOAS

TNU. SÚMULA 11. A renda mensal, *per capita*, familiar, superior a 1/4 do salário mínimo não impede a concessão do benefício assistencial previsto no art. 20, § 3º, da Lei n. 8.742/93, desde que comprovada, por outros meios, a miserabilidade do postulante.

TNU. SÚMULA 22. Se a prova pericial realizada em juízo dá conta de que a incapacidade já existia na data do requerimento administrativo, esta é o termo inicial do benefício assistencial.

---

[32] Muita atenção: "suspenso", se o examinador modificar para "cancelado" estará incorreto o item! O BPC é apenas suspenso durante o período no qual a PcD exercer atividade remunerada, ao se desligar do emprego, o benefício assistencial deve ser simplesmente reativado. Caso se tratasse de cancelamento, depois da cessação do vínculo empregatício a PcD deveria dar entrada em novo requerimento de BPC, e comprovar novamente todos os requisitos, submetendo-se a nova perícia médica.

TNU. SÚMULA 48. Para fins de concessão do benefício assistencial de prestação continuada, o conceito de pessoa com deficiência, que não se confunde necessariamente com situação de incapacidade laborativa, exige a configuração de impedimento de longo prazo com duração mínima de dois anos, a ser aferido no caso concreto, desde o início do impedimento até a data prevista para a sua cessação.

TNU. SÚMULA 79. Nas ações em que se postula benefício assistencial, é necessária a comprovação das condições socioeconômicas do autor por laudo de assistente social, por auto de constatação lavrado por oficial de justiça ou, sendo inviabilizados os referidos meios, por prova testemunhal.

TNU. SÚMULA 80. Nos pedidos de benefício de prestação continuada (LOAS), tendo em vista o advento da Lei n. 12.470/2011, para adequada valoração dos fatores ambientais, sociais, econômicos e pessoais que impactam na participação da pessoa com deficiência na sociedade, é necessária a realização de avaliação social por assistente social ou outras providências aptas a revelar a efetiva condição vivida no meio social pelo requerente.

7.1.7 BPC é devido a estrangeiros residentes no Brasil?

A resposta é afirmativa.

A concessão desse benefício é devida não apenas em favor de nacionais idosos ou deficientes (físicos ou mentais), mas, por igual, a estrangeiros residentes no país, se presentes, por óbvio, os demais requisitos exigidos a qualquer brasileiro (hipossuficiência financeira aliada à idade avançada ou à deficiência).

Impositiva a garantia constitucional disposta no art. 5º da Norma Máxima[33], no sentido da inadmissão de quaisquer diferenciações na outorga de direitos entre brasileiros e estrangeiros residentes no país.

A nacionalidade não deve ser levada em consideração, mas sim a deficiência física ou mental, idade avançada e miserabilidade.

A orientação traçada pelo Poder Executivo[34], no entanto, era diversa! O Poder Público restringia a concessão do BPC unicamente ao brasileiro nato ou naturalizado. Excluído, de outra toada, o estrangeiro, ainda que residente no país. Havia uma única exceção em prol das pessoas de nacionalidade portuguesa. Na órbita administrativa, portanto, não era efetivada a concessão do BPC a estrangeiros residentes no país; o pedido era indeferido em razão da nacionalidade da pessoa requerente[35].

---

[33] Art. 5º da CF: "Todos são iguais perante a lei, sem distinção de qualquer natureza, garantindo-se aos brasileiros e aos estrangeiros residentes no país a inviolabilidade do direito à vida, à liberdade, à igualdade, à segurança e à propriedade, nos termos seguintes: (...)".

[34] Art. 7º do Decreto n. 6.214/2007: "O Benefício de Prestação Continuada é devido ao brasileiro, nato ou naturalizado, e às pessoas de nacionalidade portuguesa, em consonância com o disposto no Decreto n. 7.999, de 8 de maio de 2013, desde que comprovem, em qualquer dos casos, residência no Brasil e atendam a todos os demais critérios estabelecidos neste Regulamento" (redação dada pelo Decreto n. 8.805/2016).

[35] Apenas para registro histórico, anota-se que a preocupação que havia por parte da Administração Pública Federal era que esse benefício, uma vez concedido a estrangeiros residentes no país, seria capaz de incentivar a vinda ao Brasil de nacionais dos países vizinhos na América do Sul, máxime diante da grande extensão de fronteira "seca" que o nosso território possui, capaz de facilitar a imigração. Admitir, na prática, a concessão do BPC da LOAS a estrangeiros significaria **"importar miséria"**.

Entendia o Governo que a concessão ficaria dependente de **previsão em Tratado Internacional (Bilateral) para efeito de garantir o direito à reciprocidade aos brasileiros residentes no exterior**.

A inexistência de tratados internacionais seria óbice que, no entender do Poder Executivo, não poderia ser desprezado, pois do contrário jamais seria assegurado idêntico direito ao brasileiro (idoso, deficiente, em situação de miséria, conforme a legislação vigente no país de residência), quando domiciliado no exterior.

No âmbito da assistência social, não há tratados ainda firmados na esfera internacional. As despesas a serem custeadas com o pagamento de benefícios assistenciais a estrangeiros no território nacional ainda não encontram fonte de custeio subsidiada pelo país de origem do necessitado.

Diante das negativas de concessão, esse tema foi levado ao crivo do Poder Judiciário, tendo o Plenário do Supremo Tribunal Federal concluído, em 2017, o julgamento do Recurso Extraordinário (RE) 587.970, que, por votação unânime, decidiu que a condição de estrangeiro residente no Brasil não impede o recebimento do BPC, pago pelo INSS às pessoas com deficiência e aos idosos que comprovem não possuir meios de prover a própria manutenção ou ter o sustento provido por sua família.

STF. **Tema de Repercussão Geral 173** (RE 587.970). Tese firmada: Os estrangeiros residentes no país são beneficiários da assistência social prevista no art. 203, V, da CF, uma vez atendidos os requisitos constitucionais e legais.

O direito firmado pelo STF ao ádvena (pessoa que vem de fora, estrangeiro) também se estende ao *heimatlos* (indivíduo que não tem nacionalidade, apátrida).

Dessa feita, o estrangeiro pode usufruir de todos os ramos da Seguridade Social. Caso um turista sofra um acidente no Brasil, poderá ser atendido no Sistema Único de Saúde (SUS); se o estrangeiro trabalhar no Brasil, poderá se aposentar pelo INSS; e, como visto acima, se for idoso ou deficiente e estiver em condições de penúria, poderá receber o benefício mensal de um salário mínimo da Assistência Social.

Essa conclusão evidencia claramente sinais de mudança do termo "estrangeiro", cujo radical é alicerçado em "estranho" – tendo sido historicamente considerado, muitas vezes, como "inimigo" e "invasor", agora, é cada vez mais identificado como "igual", dando relevo e força à figura cosmopolita (cidadão do mundo).

7.2 Compreensão

Assinale Certo ou Errado.

Julgue os itens seguintes à luz do Decreto n. 6.214/2007, que regulamenta o BPC da assistência social devido à pessoa com deficiência e ao idoso.

(Técnico Seguro Social – INSS – CESPE – 2016)[36]
Um dos critérios para o idoso habilitar-se à concessão do BPC é não possuir outro benefício da seguridade social, excetuados o de assistência médica e a pensão especial de natureza indenizatória.

(Técnico Seguro Social – INSS – CESPE – 2016)[37]
O valor a ser pago ao beneficiário do BPC é de um salário mínimo mensal.

(Técnico Seguro Social – INSS – CESPE – 2016)[38]
É permitido ao beneficiário do BPC acumular o recebimento desse benefício com o do seguro-desemprego.

Enquanto não existente o indispensável tratado internacional, não haveria **reciprocidade de direito** em prol de brasileiros residentes no exterior, nem participação no custeio do país de origem do necessitado.

A reciprocidade Brasil-Portugal somente se concretizou após a celebração de acordo bilateral, que entrou em vigor para o Brasil, no plano jurídico externo, em 1º de maio de 2013 (Decreto Legislativo n. 582, de 26-12-2012, e Decreto Presidencial n. 7.999, de 8-5-2013), tornando, a partir de então, admissível ao cidadão português ser beneficiário no Brasil do sistema não contributivo abrangido pela LOAS e concedendo idêntico direito ao cidadão brasileiro de usufruir em Portugal do regime não contributivo do subsistema português de solidariedade do sistema público de segurança social.

Entretanto, toda a argumentação do Poder Executivo caiu por terra ao não ser acolhida pelo STF. O estrangeiro em território nacional pode ser beneficiário da prestação assistencial do art. 20 da Lei n. 8.742/93.

[36] Certo. Conforme art. 5º do Decreto n. 6.214/2007 e art. 20, § 4º, da Lei n. 8.742/93.

[37] Certo. De acordo com art. 1º do Decreto n. 6.214/2007, art. 20 da Lei n. 8.742/93 e art. 203, V, da CF.

[38] Errado. *Vide* art. 5º do Decreto n. 6.214/2007.

(Técnico Seguro Social – INSS – CESPE – 2016)[39]
O BPC do idoso que se encontre na condição de acolhimento de longa permanência em hospital será suspenso até a data da sua alta.

(Técnico Seguro Social – INSS – CESPE – 2016)[40]
A idade mínima para que um indivíduo passe a ter direito ao BPC do idoso é de sessenta anos.

7.3 Síntese – Benefício de Prestação Continuada (BPC) da LOAS

Natureza jurídica: **benefício assistencial** (integra a Assistência Social) de prestação continuada. Periodicidade: mensal.

Administração: conquanto **não seja benefício previdenciário**, por questões políticas atribui-se a incumbência de administração desse benefício assistencial ao INSS. Compete, portanto, a essa autarquia federal, a verificação dos requisitos para concessão e manutenção desse benefício de prestação continuada da Lei Orgânica da Assistência Social.

> **Atenção**! Os recursos decorrentes do pagamento do BPC não oneram as contas da Previdência, mas sim as da Assistência Social.

8. AUXÍLIO-INCLUSÃO

Criado pela Lei n. 13.146/2015, que institui a Lei Brasileira de Inclusão da Pessoa com Deficiência (Estatuto da Pessoa com Deficiência), e regulamentado em 2021, pela Lei n. 14.176/2021, o AUXÍLIO-INCLUSÃO é devido em favor da pessoa com deficiência **moderada ou grave** que:

I – receba o benefício de prestação continuada, de que trata o art. 20 da LOAS (Lei n. 8.742/93), e passe a exercer atividade:
   a) que tenha remuneração limitada a dois salários mínimos; e
   b) que enquadre o beneficiário como segurado obrigatório do Regime Geral de Previdência Social ou como filiado a regime próprio de previdência social da União, dos Estados, do Distrito Federal ou dos Municípios;

II – tenha inscrição atualizada no CadÚnico no momento do requerimento do auxílio-inclusão;

III – tenha inscrição regular no CPF; e

IV – atenda aos critérios de manutenção do benefício de prestação continuada, incluídos os critérios relativos à renda familiar mensal *per capita* exigida para o acesso ao benefício.

O auxílio-inclusão poderá ainda ser concedido, mediante requerimento e sem retroatividade no pagamento, ao beneficiário:

I – que tenha recebido o benefício de prestação continuada nos cinco anos imediatamente anteriores ao exercício da atividade remunerada; e

II – que tenha tido o benefício suspenso nos termos do art. 21-A da LOAS (quando a pessoa com deficiência exercer atividade remunerada, inclusive na condição de microempreendedor individual).

---

[39] Errado. Art. 6º do Decreto n. 6.214/2007.

[40] Errado. De acordo com o art. 1º do Decreto n. 6.214/2007, o art. 20 da Lei n. 8.742/93 e o art. 34 da Lei n. 10.741/2003.

O valor do auxílio-inclusão percebido por um membro da família não será considerado no cálculo da renda familiar mensal *per capita* de que trata o inciso IV, para fins de concessão e de manutenção de outro auxílio-inclusão no âmbito do mesmo grupo familiar.

O auxílio-inclusão será devido a partir da data do requerimento, e o seu valor corresponderá a 50% do valor do benefício de prestação continuada, significar dizer, corresponde a meio salário mínimo mensal.

Ao requerer o auxílio-inclusão, o beneficiário autorizará a suspensão do BPC (benefício de prestação continuada).

O pagamento do auxílio-inclusão não será acumulado com o pagamento de:

I – benefício de prestação continuada de que trata o art. 20 da LOAS;
II – prestações a título de aposentadoria, de pensões ou de benefícios por incapacidade pagos por qualquer regime de previdência social; ou
III – seguro-desemprego.

9. PENSÃO ESPECIAL DESTINADA A CRIANÇAS COM SÍNDROME CONGÊNITA DO ZIKA VÍRUS – LEI N. 13.985/2020

No ano de 2016, foi editada a Lei n. 13.301, dispondo sobre a adoção de medidas de vigilância em saúde quando verificada situação de iminente perigo à saúde pública pela presença do mosquito transmissor do vírus da dengue, do vírus chikungunya e do vírus da zika.

Referida lei garantiu direito ao benefício de prestação continuada temporário, a que se refere o art. 20 da Lei n. 8.742/93, pelo prazo máximo de três anos, na condição de pessoa com deficiência, a criança vítima de microcefalia em decorrência de sequelas neurológicas decorrentes de doenças transmitidas pelo Aedes aegypti.

Com a publicação da Lei n. 13.985/2020 (fruto de conversão da MP n. 894/2019), a proteção deixou de ser temporária, assegurando direito à pensão especial vitalícia e intransferível, de valor mensal de um salário mínimo, destinada a crianças com Síndrome Congênita do Zika Vírus, nascidas entre 1º de janeiro de 2015 e 31 de dezembro de 2019, beneficiárias do Benefício de Prestação Continuada (BPC) de que trata o art. 20 da Lei n. 8.742/93.

Conquanto não seja benefício previdenciário, esse benefício é operacionalizado pelo INSS, de modo que o requerimento da pensão especial deve ser realizado em uma das Agências da Previdência Social (ou pelos canais remotos de atendimento pela internet no *site* INSS.GOV.BR; ou pelo telefone 135). No entanto, todas as despesas correrão por conta exclusiva da União (na rubrica orçamentária de Indenizações e Pensões Especiais de Responsabilidade da União), não podendo onerar as contas da Previdência (art. 167, XI, e inciso VI do parágrafo único do art. 194, ambos da CF).

A constatação da relação entre a síndrome congênita adquirida e a contaminação pelo Zika Vírus poderá ser feita em exame médico pericial realizado por perito médico federal.

A pensão especial não poderá ser acumulada com indenizações pagas pela União em razão de decisão judicial sobre os mesmos fatos ou com o BPC, de que trata o art. 20 da Lei n. 8.742/93.

Na seara administrativa, o reconhecimento da pensão especial ficará condicionado à desistência de ação judicial que tenha por objeto pedido idêntico sobre o qual versa o processo administrativo.

A pensão especial será devida a partir do dia posterior à cessação do BPC (ou da data seguinte ao da cessação da indenização paga pela União em razão de decisão judicial sobre os mesmos fatos).

A pensão especial destinada a crianças com Síndrome Congênita do Zika Vírus não gera direito ao abono anual (gratificação natalina).

O benefício é vitalício e intransferível, não há direito a pensão por morte a qualquer eventual dependente (a IN n. 128, no art. 508, não permite o pagamento de resíduo familiares).

Em favor das mães de crianças nascidas até 31 de dezembro de 2019 (acometidas por sequelas neurológicas decorrentes da Síndrome Congênita do Zika Vírus), a Lei n. 13.985/2020 assegurou direito à licença-maternidade e ao salário-maternidade com prazo de 180 dias.

10. PENSÃO ESPECIAL AOS FILHOS E DEPENDENTES, CRIANÇAS OU ADOLESCENTES, ÓRFÃOS EM RAZÃO DO CRIME DE FEMINICÍDIO. LEI N. 14.717/2023

Proteção à mulher. No campo penal o agressor da violência doméstica encontra reprimenda estabelecida na Lei n. 11.340/2006, que criou mecanismos para coibir a violência doméstica e familiar contra a mulher. Essa lei possui a alcunha de Lei Maria da Penha, por ser pautada na história infelizmente vivida por Maria da Penha Maia Fernandes que, no ano de 1983, foi vítima de dupla tentativa de feminicídio por parte de seu marido[41].

No ano de 2015, a Lei n. 13.104 trouxe a previsão do feminicídio como circunstância qualificadora do crime de homicídio (alterando o art. 121 do Código Penal), e a inclusão do feminicídio no rol dos crimes hediondos (modificando o art. 1º da Lei n. 8.072/90).

O crime de homicídio quando praticado contra a mulher por razões da condição de sexo feminino (feminicídio), terá a pena entre 12 e 30 anos de reclusão. Considera-se que há razões de condição de sexo feminino quando o crime envolve violência doméstica e familiar, menosprezo ou discriminação à condição de mulher.

Em 1º novembro de 2023, foi publicada a Lei n. 14.717, que institui pensão especial aos filhos e dependentes menores de 18 anos de idade, órfãos da mulher vítima de feminicídio, cuja renda familiar mensal *per capita* seja igual ou inferior a 1/4 do salário mínimo.

A Lei n. 14.717/2023 autoriza a concessão desse benefício "provisoriamente", mediante requerimento, sempre que houver fundados indícios de materialidade do feminicídio, na forma definida em regulamento, vedado ao autor, coautor ou partícipe do crime representar a(s) criança(s) ou adolescente(s) para fins de recebimento e administração da pensão especial.

Valores pagos provisoriamente são irrepetíveis, ou seja, verificado em processo judicial com trânsito em julgado que não houve o crime de feminicídio, o pagamento da pensão especial aos filhos e dependentes cessará imediatamente, desobrigados os beneficiários do dever de ressarcir os valores recebidos, salvo má-fé.

Vedada cumulação. A pensão especial aos filhos e dependentes, ressalvado o direito de opção, não é acumulável com benefícios previdenciários recebidos do Regime Geral de Previdência Social (RGPS) ou dos regimes próprios de previdência social, nem com pensões ou benefícios do sistema de proteção social dos militares.

A Lei n. 14.717/2023 traz hipótese de exclusão do direito à pensão especial, asseverando será excluído definitivamente do recebimento do benefício a criança ou o adolescente que tiver sido condenado, mediante sentença com trânsito em julgado, pela prática de ato infracional análogo a crime

---

[41] Primeiro, o marido deu um tiro nas costas de Maria da Penha enquanto ela dormia. Como resultado dessa agressão, ela ficou paraplégica devido a lesões irreversíveis na terceira e quarta vértebras torácicas, laceração na dura-máter e destruição de um terço da medula à esquerda. No entanto, Marco Antonio declarou à polícia que tudo não havia passado de uma tentativa de assalto, versão que foi posteriormente desmentida pela perícia. Quatro meses depois, quando Maria da Penha voltou para casa – após duas cirurgias, internações e tratamentos –, ele a manteve em cárcere privado durante 15 dias e tentou eletrocutá-la durante o banho. Fonte: http://www.institutomariadapenha.org.br.

como autor, coautor ou partícipe de feminicídio doloso, ou de tentativa desse ato, cometido contra a mulher vítima da violência, ressalvados os absolutamente incapazes e os inimputáveis.

Hipótese de cessação. O benefício de pensão especial cessará quando o beneficiário completar 18 anos de idade, ou em razão de seu falecimento, e a respectiva cota será reversível aos demais beneficiários.

No campo patrimonial, importante anotar que a pensão especial não prejudicará os direitos de quem o receber, relativos ao dever de o agressor ou o autor do ato delitivo indenizar a família da vítima.

Ação regressiva. O condenado pelo crime de homicídio qualificado pelo feminicídio deve ressarcir ao INSS todas as despesas da Previdência derivadas do pagamento de benefícios previdenciários decorrente da agressão às vítimas de violência doméstica (despesas com pagamento de benefício por incapacidade temporária ou permanente, e de pensão por morte), por intermédio de ação regressiva, conforme preceitua o art. 120, II, da Lei n. 8.213/91. O direito à Previdência não exclui a responsabilidade civil do responsável pela violência doméstica de indenizar os familiares da mulher assassinada.

Aplicação retroativa. A Lei n. 14.717/2023 assegura a concessão da pensão especial, inclusive nos casos de feminicídios ocorridos anteriormente à publicação da Lei (1º-11-2023), porém sem efeitos financeiros retroativos.

Esse benefício, apesar de não ostentar natureza previdenciária, é administrado pelo INSS, determinando a Lei n. 14.717/2023 que as despesas decorrentes da pensão especial serão classificadas na função orçamentária Assistência Social e estarão sujeitas a previsão nas respectivas leis orçamentárias anuais.

11. PREVIDÊNCIA SOCIAL

As pessoas físicas que exerçam labor remunerado terão na Previdência Social[42] o modelo de proteção hábil a atenuar o amargor dos dissabores da vida, denominados pela doutrina[43] **riscos sociais**. Libertar o indivíduo da necessidade social é a função precípua imposta à Previdência Social, esta, por sua vez, consiste num dos instrumentais jurídicos da Seguridade Social.

A filiação dá-se em atenção ao comando constitucional, art. 201, que fixa a natureza **obrigatória** do vínculo ao Seguro Social, relação jurídico-previdenciária que evidencia a um só tempo, de um lado, a **relação de custeio**, justamente por versar política social contributiva, no sentido de serem devidas contribuições previdenciárias da pessoa física prestadora de serviço. A essa obrigação atrelam-se direitos, a iniciar pela nomenclatura de contribuinte a segurado, pessoa que ingressa no subsistema de previdência com direito a prestações previdenciárias nas hipóteses de necessidade social, que é ativada a partir da constatação de **perda** ou **redução**, temporária ou definitiva, dos rendimentos imprescindíveis ao sustento familiar.

A Previdência deve ainda observância aos critérios de preservação do equilíbrio financeiro e atuarial e é destinada a atender a cobertura dos eventos tais como: incapacidade temporária ou per-

---

[42] "A Previdência Social se tornou disciplina autônoma, com princípios doutrinários e regras jurídicas próprias. Mas é inegável que os beneficiários diretos são, em sua grande maioria, trabalhadores, que se vinculam obrigatoriamente à respectiva instituição seguradora, em virtude de celebração de contrato de trabalho com o empregador ou da prestação de serviços sob forma autônoma" (SÜSSEKIND, Arnaldo et al. *Instituições de direito do trabalho*. 22. ed. São Paulo: LTr, 2005, v. 1, p. 139).

[43] "A legislação social desde logo voltou-se para a proteção de determinadas espécies de riscos, cuja ocorrência traria desfalque patrimonial ao conjunto familiar do trabalhador, ou seja, a morte do segurado, ou a perda deste, por motivo de incapacidade laborativa, decorrente de doença, acidente e velhice. Contudo, o leque das atividades de amparo do Estado tornou-se mais amplo e abrangeu, em breve, certos eventos de que o seguro privado não cogitara, convencionando-se denominar riscos sociais" (COIMBRA, José dos Reis Feijó. *Direito previdenciário brasileiro*. 11. ed. Rio de Janeiro: Edições Trabalhistas, 2001, p. 17).

manente para o trabalho; idade avançada; maternidade; e desemprego involuntário, garantindo-se proteção de pensão por morte e de auxílio-reclusão ao dependente do segurado.

Considerada prestação máxima do ordenamento previdenciário, a aposentadoria ocupa, ao lado da pensão por morte, o epicentro do seguro social, e sua concretização é considerada, para o segurado, oportunidade de verdadeiro júbilo, momento de alegria, contentamento e satisfação.

O trabalho dignifica o homem, mas, diante do caráter efêmero da vida, o sistema do seguro social deve oportunizar **direito público subjetivo** em prol do trabalhador de se afastar, em definitivo, do ambiente de trabalho sem prejuízo financeiro. Dessa feita, direito social dos mais relevantes, a aposentadoria constitui direito constitucional[44] à inatividade, ao ócio remunerado, ao afastamento do labor com a percepção de proventos.

Cabe enfatizar que dentre os fundamentos de existência da prestação social denominada "aposentadoria" está o intuito de reciclagem do mercado de trabalho por questões de política de emprego (facilitando o acesso dos mais jovens ao labor remunerado).

Dentre os riscos constitucionalmente definidos no seguro social, verifica-se que, na hipótese de cessação de renda por motivo de morte ou reclusão (prisão) do segurado, protegidos estarão os respectivos dependentes pelos benefícios da pensão por morte e do auxílio-reclusão, cabendo enfatizar que, na atualidade, este último ficou restrito aos dependentes do segurado de baixa renda.

O rol completo de benefícios previdenciários encontra-se no art. 18 da Lei n. 8.213/91, que deve ser conjugado com os dizeres constitucionais advindos da Reforma da Previdência de 2019 (EC n. 103/2019).

O Decreto n. 3.048/99 foi atualizado pelo Decreto n. 10.410/2022, relacionando, no art. 25, o rol de benefícios previdenciários existentes no RGPS:

> Art. 25. O Regime Geral de Previdência Social compreende as seguintes prestações, expressas em benefícios e serviços:
> I – quanto **ao segurado**:
> a) aposentadoria por incapacidade permanente;
> b) aposentadoria programada;
> c) aposentadoria por idade do trabalhador rural;
> d) aposentadoria especial;
> e) auxílio por incapacidade temporária;
> f) salário-família;
> g) salário-maternidade; e
> h) auxílio-acidente;
> II – quanto **ao dependente**:
> a) pensão por morte; e
> b) auxílio-reclusão; e
> III – quanto ao segurado e dependente: reabilitação profissional.

Nesse rol deve ser incluído o Serviço Social, que é devido ao segurado e dependente. A MP n. 905/2019 havia excluído o serviço social do rol protetivo da Previdência. No entanto, referida MP n. 905/2019 foi revogada pela MP n. 955/2020.

---

[44] Art. 7º da CF: "São direitos dos trabalhadores urbanos e rurais, além de outros que visem à melhoria de sua condição social: (…) XXIV – aposentadoria".

11.1 Histórico da Previdência. Aspecto mundial

A Revolução Francesa, de 1789, colocou fim ao Estado Absolutista (época na qual o povo vivia sob os mandos e desmandos de um monarca), inaugurando o modelo do Estado Liberal, que por imperativo ideológico não interfere nas relações privadas, assentando a igualdade formal, segundo a qual o indivíduo (independentemente da classe social) é autossuficiente.

Conquanto Jediael Miranda defenda que:

> A Declaração dos Direitos do Homem e do Cidadão de 1789, expressão da ideologia política da Revolução Francesa, dispôs sobre o dever de o Estado socorrer aqueles que não têm meios de subsistência, fornecendo-lhes trabalho ou condições de sustento para que não possam desempenhar atividade laborativa, o que constitui disposição referente à assistência social[45].

Compartilhamos da compreensão apresentada por Marcus Orione e Érica Correia:

> Aliás, deve-se aqui discordar dos que entendem que a Declaração de Direitos do Homem e do Cidadão, fruto, em 1789, também da Revolução Francesa, tenha insculpido, dentre seus preceitos, 'a pedra fundamental da moderna seguridade social' (Feijó Coimbra, *Direito Previdenciário Brasileiro*. Rio de Janeiro: Ed. Trabalhistas, 1996, p. 6). Essa afirmação da liberdade individual deve ser, a despeito da redação da Declaração, vista com reservas. Afinal, ícone do liberalismo, a Revolução Francesa, ao buscar o afastamento do Estado e a afirmação da liberdade individual, certamente não tinha dentre seus objetivos a futura instauração de um sistema de seguridade social[46].

Iniciada em meados do século XVIII, a Revolução Industrial promoveu o deslocamento da população rural para as cidades, gerando a abundância na oferta de mão de obra, oportunidade por meio da qual a burguesia torna-se detentora dos meios de produção (máquinas que dão origem a fábricas) e, por conseguinte, concentra forte poder.

No Estado Liberal, destaca-se o contratualismo ("contrato faz lei entre as partes", mecanismo utilizado para exploração do mais fraco: o trabalhador). Operários e patrões eram livres para contratar, decorrendo desse cenário, a exploração do trabalho humano, porque o empregador impunha as regras sem qualquer ingerência estatal.

Nas fábricas, diminuta era a preocupação com as condições do ambiente de trabalho. A inexistência de equipamentos de proteção coletivos (EPC) e individuais (EPI) deflagrou o crescimento alarmante dos infortúnios laborais (acidentes de trabalho).

Com essas poucas considerações torna-se patente o fato de a igualdade jurídica e o não intervencionismo estatal terem deixado isolados e indefesos os operários.

Como toda ação exige uma reação, deu-se início às mobilizações de trabalhadores na busca de melhores condições da relação de emprego. A insatisfação da classe operária diante da passividade do Estado nas relações de trabalho aumentava a pressão social, que, somada ao crescimento da doutrina de Karl Marx e Friedrich Engels ao editarem o Manifesto Comunista de 1848, despertou a inevitável atenção dos governantes europeus, preocupados com revoltas populares. Promoveu-se, então, a nova configuração do Estado, de Liberal passou a Intervencionista, também conhecido por **Estado Social**.

Neste contexto **surge, na Alemanha, no ano de 1883**[47], a **Lei do Seguro Social**. Confeccionada pelo Chanceler Otto von **Bismarck**, estadista alemão, que a edita com o firme propósito de

---

[45] MIRANDA, cit., 2007, p. 4.
[46] ORIONE; CORREIA, cit., 2007, p. 4.
[47] Mesmo ano do falecimento de Karl Marx.

conter movimentos tendenciosos à revolução, a Lei do Seguro Social cria o seguro-doença obrigatório e, em 1889, o seguro-invalidez e velhice.

Para que fosse viável a criação do modelo securitário, a intervenção estatal nas relações privadas era imprescindível, a exemplo da imposição de contribuições para financiar a Lei do Seguro Social, exigência feita ao tomador do serviço (empregador) e ao prestador de serviço (operário), que somadas à participação financeira feita pelo próprio Estado, caracterizava a fonte tríplice de custeio (base de financiamento formada por empregadores, empregados e Estado).

Em face do sucesso da Lei do Seguro Social, ao garantir tranquila governabilidade, esse instrumento logo se difundiu em outras nações e é **considerado o ponto de partida da Previdência Social no aspecto mundial**.

Síntese: A Lei do Seguro Social de 1883, editada na Alemanha pelo Chanceler Otto von Bismarck, é considerada o marco de surgimento da Previdência Social no aspecto mundial.

A seguridade social constitui a evolução do **modelo bismarckiano** de seguro social, que era técnica protetiva restrita à classe de trabalhadores (solidariedade compulsória de grupo), para abranger a proteção das necessidades sociais de todas as pessoas (universalidade protetiva), desiderato decorrente do plano Beveridge, de 1942.

11.2 Histórico da Previdência no Brasil

No Brasil, tivemos em 1822 a Independência de nosso Estado-nação, e, em decorrência lógica, foi editada em 1824 a Constituição do Império. Carta Outorgada que trouxe apenas o art. 179, XXXI, digno de alguma nota, tratando de "socorros públicos", expressão que inaugura, na órbita constitucional, a fase da assistência pública.

O texto constitucional de 1824 nada trouxe acerca de previdência.

Com a abolição da escravatura, em 1888, seguiu-se a Proclamação da República, no ano de 1889, acompanhada no ano de 1891 da consagração da primeira constituição promulgada.

A Constituição da República previu, no art. 75, a aposentadoria por invalidez apenas em favor de funcionários públicos, desde que a invalidez decorresse de serviço à Nação. Independia esse benefício de contraprestação (os funcionários públicos, à época, não pagavam contribuições previdenciárias), razão pela qual era tida como **aposentadoria-prêmio**.

Inexistente contribuição por parte do beneficiário (funcionário público), esse benefício não é considerado "previdenciário", não fazendo parte esse dispositivo (art. 75) da história da Previdência.

O **marco da Previdência Social** no Brasil é convencionado no ano de 1923[48], com a edição da **Lei Eloy Chaves**.

A Lei Eloy Chaves consiste no Decreto Legislativo n. 4.682, que criava Caixas de Aposentadoria e Pensões (CAP) dos ferroviários. Por ser considerado o primeiro diploma normativo a tratar de previdência, é o dia da publicação desse Decreto, dia 24 de janeiro, o Dia da Previdência Social (a Lei n. 6.926/81 institui o **Dia Nacional do Aposentado**, a ser comemorado anualmente a 24 de janeiro).

As CAPs iniciaram-se nas companhias ferroviárias, porém, logo se estenderam a outras empresas. No entanto, em decorrência dos custos operacionais promoveu-se a criação de Institutos de Aposentadoria e Pensão (IAP), abrangendo os empregados de todo seguimento econômico. Surgiram na década de 1930 o IAPI (Instituto de Aposentadoria e Pensão dos Industriários), o IAPC (dos comerciários), o IAPB (dos bancários) etc.

---

[48] No ano de 2023 foi comemorado o centenário da Previdência Social.

No ano de 1930, o Brasil vivenciou o golpe de Estado que colocou fim na política "café com leite". Momento histórico da subida de Getúlio Vargas à Presidência da República.

Em 1934, é promulgada a Constituição que, por ser fenômeno já existente na sociedade (decorrente da Lei Eloy Chaves), traz, pela primeira vez em texto constitucional, o termo "previdência", e foi prevista a tripartição de base de financiamento (instituição de previdência, mediante contribuição igual da União, do empregador e do empregado, a favor da velhice, da invalidez, da maternidade e nos casos de acidentes de trabalho ou de morte).

Em 1936, o Presidente Getúlio Vargas decreta o Estado Novo e no ano de 1937 impõe à nação brasileira Carta outorgada, baseada na Constituição da Polônia, de forte traço autoritário. Houve a quebra da ordem instituída pela CF de 1934. A Carta de 1937 não traz avanços sociais, bem como não trouxe a tripartição de base de financiamento.

Em 1º de maio de 1943, é editada a Consolidação das Leis Trabalhistas (CLT), mais uma conquista para o trabalhador.

O ano de 1945 marca o final da Segunda Guerra Mundial e, também, o término do governo de Getúlio Vargas.

Em 1946, é promulgada Constituição que traz a expressão "Previdência Social". No Texto Constitucional as regras de previdência são alocadas no capítulo "Direitos sociais", impõe-se aos empregadores a obrigação de manter o seguro de acidente do trabalho em prol dos empregados, e cria-se a Justiça do Trabalho.

Em patamar constitucional, foi a Constituição de 1934 a primeira a trazer a expressão "previdência", enquanto a de 1946 foi a primeira a trazer o termo previdência devidamente adjetivado de "social".

Em 1960, temos a edição da Lei Orgânica da Previdência Social (LOPS), Lei n. 3.807, que **unificou a legislação** referente aos Institutos de Aposentadorias e Pensões.

Com o Golpe de Estado de 1964, os Militares ascendem ao poder.

A Emenda Constitucional n. 11, de 1965, traz a **regra da contrapartida**, que impossibilita criação de benefícios sem prévia fonte de custeio.

O ciclo dos IAPs chega ao final no ano de 1966, quando, após unificada a legislação previdenciária pela LOPS, de 1960, o Decreto-Lei n. 72, de 21 de novembro de 1966, reuniu os Institutos de Aposentadorias e Pensões no Instituto Nacional de Previdência Social (INPS). Cuidado: o Decreto-Lei n. 72 foi publicado no final do ano de 1966, tendo o INPS sido efetivamente criado no início do ano de 1967.

A Carta outorgada em 1967, repleta de perfil autoritário (e a Emenda Constitucional n. 1/69, com *status* de constituição outorgada), não obstante não focar a dignificação do ser humano, foi a primeira a constitucionalizar a expressão "seguro-desemprego" (a Constituição de 1946, art. 157, XV, fez referência de forma genérica a **"assistência aos desempregados"**, enquanto a Constituição de 1967, no art. 158, XVI, referiu-se a **seguro-desemprego**) e a estabelecer aposentadoria diferenciada para a mulher, aos trinta anos de trabalho.

Em 1977, temos a criação[49] do Sistema Nacional Previdência e Assistência Social **(SINPAS)**, que englobava[50]:

---

[49] Lei n. 6.439, de 1º de setembro de 1977, instituiu o Sistema Nacional de Previdência e Assistência Social (SINPAS), orientado, coordenado e controlado pelo Ministério da Previdência e Assistência Social.

[50] Dica do Professor: Para facilitar adote o método mnemônico: "DIFÍCIL", para recordar os nomes integrantes do SINPAS.

DATAPREV (Centro de Processamento de Dados da Previdência Social);
INPS (Instituto Nacional de Previdência Social);
FUNABEM (Fundação Nacional para o Bem-estar do Menor);
IAPAS (Instituto de Administração da Previdência Social);
CEME (Central de Medicamentos);
INAMPS (Instituto Nacional de Assistência Médica da Previdência Social);
LBA (Legião Brasileira de Assistência).

Com a promulgação da Emenda Constitucional n. 8/77, **as contribuições destinadas à Previdência deixaram de ostentar natureza tributária**.

No ano de 1981, constitucionalizou-se a aposentadoria diferenciada de professores, por intermédio da Emenda Constitucional n. 18. Aposentação aos 30 anos de serviço, se professor, e 25 anos de serviço, se professora.

Depois da campanha "Diretas já", no ano de 1985, houve a convocação da Assembleia Nacional Constituinte, resultando na Constituição Cidadã de 1988.

A Constituição Federal de 1988 é a primeira a trazer a expressão "Seguridade Social", calcada na definição anotada no art. 194: "compreende um conjunto integrado de ações de iniciativa dos Poderes Públicos e da sociedade, destinadas a assegurar os direitos relativos à saúde, à previdência e à assistência social".

Em dezembro de 1998, houve a primeira **reforma previdenciária**, por intermédio da Emenda Constitucional n. 20. As reformas continuaram com a promulgação das Emendas n. 41, de 2003, e 47, de 2005, mas a reforma mais profunda da Previdência foi a decorrente da Emenda Constitucional n. 103, promulgada em 12-11-2019.

A partir da data da publicação da EC n. 103, qual seja, dia 13-11-2019, o Brasil passou a conviver com a **Nova Previdência**. Diversas regras novas surgiram no cenário jurídico, na quase totalidade de natureza restritiva de direitos, tendo sido os benefícios de aposentadoria e de pensão os principais alvos, tanto na esfera do Regime Geral como dos Regimes Próprios. Nova realidade se impõe, mas sem descurar da ultratividade das normas anteriores em prol daqueles que implementaram todos os requisitos necessários para obtenção do benefício com base na legislação anterior, em respeito ao direito adquirido, garantido no art. 3º da EC n. 103/2019.

No campo infraconstitucional, a matéria previdenciária está disciplinada pelas Leis n. 8.212 e 8.213, ambas de 24 de julho de 1991, respectivamente, Lei de Custeio e Lei de Benefícios.

Em 18-6-2019, houve a publicação a Lei n. 13.846, caracterizada como **Minirreforma da Previdência,** diante da grande quantidade de alterações introduzidas na Lei n. 8.213/91.

Atualmente, as Leis de Custeio e de Benefícios são regulamentadas pelo Decreto n. 3.048, de 6 de maio de 1999.

Por fim, há a Instrução Normativa n. 128 INSS/Pres., de 2022, que normatiza, unifica e detalha todo o plexo de normas acerca de benefícios e serviços previdenciários para efeito de efetiva concretização perante as Agências de atendimento da Previdência Social, e a Instrução Normativa RFB n. 2.110, de 2022, que contempla as normas gerais de tributação previdenciária e de arrecadação das contribuições sociais destinadas à Previdência Social administradas pela Secretaria Especial da Receita Federal do Brasil (RFB).

11.3 Compreensão

1) (Técnico Seguro Social – INSS – CESPE – 2016)[51] Assinale Certo ou Errado: A Lei Eloy Chaves, que criou em cada uma das empresas de estradas de ferro existentes no país uma caixa de apo-

---

[51] Errado. Primeiro ato normativo a tratar de "previdência", não de "seguridade social" no Brasil.

sentadoria e pensões para os respectivos empregados, foi o primeiro ato normativo a tratar de seguridade social no Brasil.

2) (CEPERJ – Rioprevidência – 2012)[52] No Brasil, constitui um marco comum para a Previdência Social a denominada Lei Eloy Chaves, que instituiu:
   A) Caixas de Aposentadoria e Pensão.
   B) Fundações previdenciárias.
   C) Fundos de pensão de empresas públicas.
   D) Regimes geral e especial de previdência.
   E) Institutos de apoio aos servidores militares.

3) (CESPE – DPE-ES – 2012)[53] Assinale Certo ou Errado: A publicação, em 1954, do Decreto n. 35.448, que aprovou o Regulamento Geral dos Institutos de Aposentadorias e Pensões, é considerada, pela doutrina majoritária, o marco inicial da previdência social brasileira.

4) (Assistente Social – PaqTcPB – IPSEM – 2010)[54] Aponte a lei considerada como o marco/gênese da previdência social brasileira:
   A) Lei Paulo Delgado.
   B) Lei Eloy Chaves.
   C) Lei Beveridge.
   D) Lei dos Pobres.
   E) Lei Otto von Bismarck.

---

[52] Resposta: "A". Caixas de Aposentadoria e Pensão (CAP).

[53] Errado. A Lei Eloy Chaves é considerada, pela doutrina majoritária, o marco inicial da previdência social brasileira.

[54] Resposta: "B". Lei Eloy Chaves.

CAPÍTULO 2
PRINCÍPIOS CONSTITUCIONAIS DA SEGURIDADE SOCIAL

1. INTRODUÇÃO

No parágrafo único do art. 194 da Norma Suprema, são ditados os **objetivos, as normas principiológicas de aplicação diferida,** de observância obrigatória pelo legislador infraconstitucional na organização da Seguridade Social.

A simbologia "objetivos" trazida na **norma programática** do parágrafo único do art. 194 é sinônima de "princípios", verdadeiros **comandos-valores** que contém a pauta de programas que devem nortear a atuação do Poder Público.

São princípios constitucionais da Seguridade Social:

I – universalidade da cobertura e do atendimento;
II – uniformidade e equivalência dos benefícios e serviços às populações urbanas e rurais;
III – seletividade e distributividade na prestação dos benefícios e serviços;
IV – irredutibilidade do valor dos benefícios;
V – equidade na forma de participação do custeio;
VI – diversidade da base de financiamento, identificando-se, em rubricas contábeis específicas para cada área, as receitas e as despesas vinculadas a ações de saúde, previdência e assistência social, preservado o caráter contributivo da previdência social (**redação dada pela EC n. 103/2019**);
VII – caráter democrático e descentralizado da administração, mediante gestão quadripartite, com participação dos trabalhadores, dos empregadores, dos aposentados e do Governo nos órgãos colegiados.

2. PRINCÍPIO DA SOLIDARIEDADE

Calha anotar que o "princípio da solidariedade" não está relacionado no parágrafo único do art. 194 da CF, mas pode ser extraído do art. 3º, I, e do art. 195 da Carta Magna:

> Art. 3º Constituem objetivos fundamentais da República Federativa do Brasil:
> I – construir uma sociedade livre, justa e **solidária**;
> (...)
> Art. 195. A seguridade social **será financiada por toda a sociedade**, de forma direta e indireta, nos termos da lei, (...)

O seu significado é atrelado ao viés contributivo compulsório, de modo que o povo brasileiro por imposição constitucional é solidário às dores do semelhante, pois compete a "toda sociedade" financiar a seguridade social, por intermédio do pagamento de tributos que serão, nos termos da lei, convertidos em prestações sociais (benefícios e serviços) e endereçados ao amparo daqueles que satisfaçam os requisitos legais para fruição da proteção no âmbito da seguridade social.

Diante desse contexto, a doutrina consagra a **solidariedade** como princípio geral[1].

A despeito de não estar expresso no Título da Ordem Social (não positivado no art. 194 da CF), referência deve ser feita com relação ao art. 40 da CF, que versa acerca do Regime Próprio de Previdência Social (RPPS) dos Servidores Públicos.

Desde a EC n. 41/2003, além do caráter contributivo, o RPPS é expressamente "solidário". Essa solidariedade permitiu a imposição de contribuição previdenciária aos inativos (aposentados e pensionistas) do serviço público.

Conclui-se que, no regime próprio, o princípio da solidariedade está positivado no art. 40.

3. UNIVERSALIDADE DA COBERTURA E DO ATENDIMENTO

Postulado constitucional dirigido ao legislador ordinário, para o fim de a legislação infraconstitucional garantir a **cobertura (aspecto objetivo)** do maior número de riscos sociais (hipóteses de necessidade social, desventuras, por exemplo, invalidez, morte, desemprego involuntário, idade avançada etc.) e **atendimento (aspecto subjetivo)** a todos os abrangidos pela situação de risco (o rol de beneficiários deve ser o mais amplo possível).

Ampliação de direitos, essa é a tônica dessa norma programática.

Deve o legislador[2] não só evidenciar todas as contingências que carecem de amparo estatal, como esculpir a proteção na norma legal. Vislumbradas as hipóteses de cobertura, o rol de beneficiários deve ser o mais amplo possível.

Pedra angular[3] da Seguridade Social, a universalidade de cobertura e do atendimento é princípio que exige constante ampliação do rol de benefícios (e serviços) e dos beneficiários da Seguridade Social.

Em certa medida, não autoriza o retrocesso social, porque a marcha imposta pelo constituinte é a do avanço no terreno dos direitos sociais.

> Em 2002, o Tribunal Constitucional de Portugal julgou inconstitucional norma por violação a um mínimo de existência condigna inerente ao princípio do respeito à dignidade humana. Este tribunal pronunciou-se pela inconstitucionalidade da norma constante em decreto que, ao substituir o chamado rendimento mínimo garantido pelo rendimento social de inserção, estabeleceu, como critério para o gozo do novo benefício, a idade mínima de 25 anos, enquanto o diploma anterior reconhecia a titularidade do direito aos indivíduos com idade igual ou superior a 18 anos[4].

Apenas no ramo da saúde o legislador constitucional consagrou a universalidade do atendimento, ao estabelecer no art. 196 da CF que a saúde é direito de todos.

Nos demais ramos (Previdência e Assistência Social) compete à lei ordinária promover a universalização.

---

[1] CASTRO, Carlos Alberto Pereira de; LAZZARI, João Batista. *Manual de direito previdenciário.* 21. ed., rev., atual. e ampl. Rio de Janeiro: Forense, 2018, p. 81.

[2] "A interpretação desses diversos objetivos arrolados no parágrafo único do art. 194 depende da plena consciência do exegeta a respeito da extensão do papel do Estado nesse campo" (BALERA, *op. cit.*, p. 35).

[3] "Por superar a concepção estrita de um seguro, que somente beneficia aos que a ele aderem mediante contribuições adrede pactuadas, a seguridade social tem como pedra angular a universalidade. E que se trata de um esquema protetivo amplo, moldado a partir da constatação, até certo ponto óbvia, de que sem superação da miséria e das desigualdades não há bem-estar e nem justiça social" (BALERA, *op. cit.*, p. 34).

[4] LEIVAS, *op. cit.*, p. 131.

Na Previdência a **universalidade é mitigada**, por exigir contribuição previdenciária, assim, por exemplo, a Lei n. 8.213/91, fez a previsão do "segurado facultativo" justamente para atender a determinação constitucional da universalização, ampliação do aspecto subjetivo mediante pagamento mensal de contribuição.

Bem se vê que se tratará de princípio audacioso, a universalidade da cobertura e do atendimento trata de postulado constitucional que sinaliza ao legislador ordinário o desiderato do constituinte no sentido de alcançar a proteção social exauriente, sustentada por Wagner Balera[5] ao retratar a **proteção máxima**, correlata ao estágio no qual todas as situações de risco encontram esquemas protetores adequados e aptos à superação da necessidade do indivíduo.

No entanto, diversamente do que ocorre com os direitos de primeira dimensão (por vezes nominados "primeira geração"), que se caracterizam como imposição ao Estado de "não fazer" (exige-se a abstenção estatal, de forma a garantir a liberdade do cidadão), os direitos sociais protegidos no sistema de Seguridade Social ingressam em outra dimensão de direitos, os de segunda geração[6], que, por sua vez, são marcados pela exigência de lastro financeiro por parte do Estado-providência[7].

A relação entre a capacidade econômico-financeira de o Estado atender todas as contingências sociais (*the cost of rights*)[8] e a quantidade de pessoas residentes no território nacional carentes de amparo social estabelece o estágio de desenvolvimento econômico do país.

É bem verdade que essa afirmativa é inversamente proporcional às necessidades, uma vez que países de diminuto desenvolvimento econômico, a exemplo dos países lusófonos situados no continente africano que integram o rol de Países Menos Avançados (PMA), a exemplo de **Angola, Guiné-Bissau, Moçambique, São Tomé e Príncipe**[9], têm maiores (e sérias) necessidades sociais em comparação a nações desenvolvidas (à guisa de exemplo: Canadá).

Nesse exato sentido, pelo preciosismo do ensinamento, transcreve-se doutrina hispânica que evidencia a realidade mundial, segundo a qual os países mais desenvolvidos gastam menos, proporcionalmente, nas questões sociais, quando confrontados com países pobres:

> La polémica se inició con la tesis de Henri Aaron, según el cual los países muy desarrollados gastan menos, proporcionalmente, em seguridad social, que los países pobres; es decir que el porcentaje de PNB dedicado a la seguridad social disminuye a medida que aumenta el desarrollo económico. Felix Paukert matizaria enseguida la conclusión precedente y, con datos de 1963, de la OIT, conseguiria diferenciar grupos de países por niveles de desarrolo. Em aquellos, explica, en los que el producto interior bruto por habitante oscila entre 1.500 y 1.999 $, se destina a financiar la seguridad social una proporción ligeira-

---

[5] Introdução à seguridade social. In: MONTEIRO, Meire Lucia Gomes (Coord.). *Introdução ao direito previdenciário*. São Paulo: LTr, 1998, p. 39.

[6] "Note-se que a grande maioria da dogmática constitucionalista prefere utilizar-se da expressão 'gerações' para designar os vários grupos de direitos trazidos a lume ao longo dos tempos. Todavia cremos que a expressão geração traz em seu bojo a ideia de renovação e sucessão, o que o surgimento de novos direitos não exclui os anteriormente prestigiados, vindo, ao contrário, somarem-se a eles" (MIRANDA, Henrique Savonitti. *Curso de direito constitucional*. Brasília: Gráfica Senado Federal, 2004, p. 178).

[7] BALERA, *op.cit*, p. 34.

[8] "Ressalto, nessa perspectiva, as contribuições de Stephen Holmes e Cass Suntein para reconhecimento de que todas as dimensões dos direitos fundamentais têm custos públicos, dando significativo relevo ao tema 'reserva do possível', especialmente ao evidenciar a 'escassez dos recursos' e a necessidade de se fazerem escolhas alocativas, concluindo, a partir da perspectiva das finanças públicas, que 'levar a sério os direitos, significa levar a sério a escassez' (Holmes, Stephen; SUSTEIN, Cass. *The Cost of Rights:Why Liberty Dependes on Taxes*. Nova Iorque: W.W. Norton & Company, 1999)". Trecho do voto do Ministro Gilmar Mendes na apreciação da STA 175. Disponível em: http://redir.stf.jus.br/paginadorpub/paginador.jsp?docTP=AC&docID=610255. Acesso em: 12-11-2019.

[9] Lusófonos destacados em relatório sobre Países Menos Avançados. Disponível em: https://news.un.org/pt/story/2014/10/1490091-lusofonos-destacados-em-relatorio-sobre-paises-menos-avancados. Acesso em: 16-9-2019.

mente menor de su producto interior bruto por habitante que lo que se dedica a ello en los países em los que tal magnitud está compreendida entre los 1.000 y los 1.499 $; pero sin embargo, em los países super ricos, con producto interior bruto por habitante superior a 2.000 $ (USA, Nueva Zelândia y Canadá), El porcentaje dedicado a la seguridad social es aun menor[10].

Evidencia-se, assim, que a proteção social não pode desenvolver-se à margem das chamadas **questões econômicas fundamentais**.

Jeffrey Sachs[11] afirma que, na esfera global, o fim da miséria (pobreza extrema) é meta atingível, para tanto, basta que as grandes potências mundiais desloquem parte do vultoso orçamento militar para a satisfação da imprescindível ajuda internacional para erradicar a pobreza e visualizem o ser humano como objeto de proteção independentemente da nacionalidade. Desse modo, levem a efeito, de forma séria, o compromisso assumido em 2002 ao assinar a Declaração do Milênio[12] das Nações Unidas, documento que logrou aprovação pelos 191 Estados-membros da ONU.

> Em termos de definição, é importante distinguir três graus de pobreza, a extrema (absoluta), pobreza moderada e pobreza relativa. Pobreza extrema ou miséria significa que as famílias não podem satisfazer as necessidades básicas de sobrevivência. Elas sofrem de fome crônica, não têm acesso à saúde, não dispõem de água potável e esgoto, não podem oferecer educação para alguns ou todos os filhos e talvez não tenham um abrigo rudimentar – um teto para proteger da chuva, uma chaminé para tirar a fumaça do fogão – e artigos básicos do vestuário, como sapatos. Ao contrário das pobrezas relativa e moderada, a miséria só ocorre nos países em desenvolvimento. A pobreza moderada refere-se, em geral, a condições de vida em que as necessidades básicas são satisfeitas, mas com muita dificuldade. A pobreza relativa é, em geral, interpretada como sendo uma renda familiar abaixo de determinada proporção da renda média nacional. Os relativamente pobres, em países de alta renda, não têm acesso a bens culturais, entretenimento, recreação e à saúde e educação de qualidade, bem como a outros privilégios da mobilidade social ascendente[13].

Nessa ordem de considerações, de *lege ferenda*, imprescindível a conscientização da comunidade global, de modo a evoluir do egoísmo ao altruísmo.

Sensibilizar países desenvolvidos, onde a miséria não mais existe conforme previsão de Keynes[14], a acolher a demanda social dos menos favorecidos, com vistas a congregar recursos e endereçá-los à assistência dos desamparados da sociedade cosmopolita, garantindo-se o mínimo existencial a todos os seres humanos situados no patamar da pobreza extrema, é meta que se espera seja, de forma séria, colocada na pauta de discussão das grandes potências mundiais.

Além disso, o direito ao mínimo existencial é frequentemente fundamentado como corolário do direito à dignidade humana. Nesse sentido, Tugendhat diz que:

> a dignidade aponta para certo nível de satisfação das necessidades, uma vez que um ser humano precisa do mínimo de existência para que ele possa gozar os seus direitos e para que leve, neste sentido, uma existência humanamente digna. (...) A mais completa definição é formulada, contudo, por Corina Treisch: "O mínimo existencial é a parte do consumo corrente de cada ser humano, seja criança ou adulto, que é necessário para a conservação de uma vida humana digna, o que compreende a necessidade de vida física, como alimentação, vestuário, moradia, assistência de saúde etc. (mínimo físico existencial) e a necessidade espiritual-cultural, como educação, sociabilidade etc. Compreende a definição do mínimo

---

[10] VILLA GIL; BONETE, *op.cit.*, p. 40.

[11] *O fim da pobreza*: como acabar com a miséria mundial nos próximos vinte anos. São Paulo: Companhia das Letras, 2005.

[12] SACHS, *op. cit.*, p. 51.

[13] SACHS, *op.cit.*, p. 46.

[14] SACHS, *op. cit.*, p. 29.

existencial tanto a necessidade física como também cultural-espiritual, então se fala em um mínimo existencial cultural"[15].

Enquanto não há mecanismo internacional apto a garantir existência digna a todos os seres humanos independentemente de bandeiras e hinos, a cada Estado-nação compete adotar mecanismos de solidariedade social com vistas ao combate dos cinco gigantes[16] que destroçam a sociedade, relatados no Plano Beveridge[17]: a miséria (ou indigência); a doença (enfermidade); a ignorância (que nenhuma democracia pode tolerar nos seus cidadãos); a insalubridade (imundice) do ambiente de trabalho; e a ociosidade (desemprego)[18].

A aplicação da universalidade da cobertura é bem desenhada na Lei n. 10.421/2002, que ampliou a hipótese de cabimento do benefício salário-maternidade para abarcar "adoção". Antes dessa norma o salário-maternidade tinha por fato gerador apenas "parto", tornando restrita a concessão à segurada caracterizada como mãe-biológica.

Conquanto digna de louvor, ainda havia margem à universalização do atendimento, o que ocorreu com a publicação da Lei n. 12.873/2013, que assegurou direito não apenas a segurada (a) mãe biológica e (b) mãe adotiva, como também ao segurado (sexo masculino) que adote criança.

3.1 Compreensão

(TÉCNICO SEGURO SOCIAL – INSS – CESPE – 2016)[19] Assinale certo ou errado:

De acordo com o princípio da universalidade da seguridade social, os estrangeiros no Brasil poderão receber atendimento da seguridade social.

4. UNIFORMIDADE E EQUIVALÊNCIA DOS BENEFÍCIOS E SERVIÇOS ÀS POPULAÇÕES URBANAS E RURAIS

Patenteado no brocardo da igualdade, uniformidade significa os mesmos benefícios, e equivalência quer dizer benefícios no mesmo valor/proporção, de modo a, *verbi gratia*, não ser admissível a discriminação do empregado rural frente ao empregado urbano, a ambos deve ser disponibilizado o alcance às mesmas espécies de benefícios sociais, e a expressão quantitativa do benefício deverá se ater (na Previdência) apenas ao perfil contributivo, que, se for idêntico, deverá ensejar renda mensal exatamente igual.

Colima o constituinte originário resguardar tratamento isonômico entre trabalhador rural e urbano, de forma a colocar fim no tratamento diferenciado que havia antes de 1988, época na qual a população que laborava nas lides rurais não integrava o mesmo regime previdenciário dos trabalha-

---

[15] LEIVAS, Paulo Gilberto Cogo. *Teoria dos direitos fundamentais sociais*. Porto Alegre: Livraria do Advogado, 2006, p. 134-135.

[16] BEVERIDGE, Willian. *Relatório sobre o Seguro social e serviços afins, apresentado ao parlamento Britânico em novembro de 1942*. Tradução Almir de Andrade. Rio de Janeiro: José Olympio, 1943, p. 12.

[17] Na Europa de 1941, o economista inglês William Beveridge é convocado pelo governo da Inglaterra, para elaborar estudo sobre segurança social. O programa beveridgiano de ação apresentado no ano de 1942 ambiciona erradicar as necessidades sociais de toda a população, mediante a contenção dos referidos cinco gigantes. O relatório Beveridge transborda os conceitos clássicos de risco, consistindo na ideia-programa (Termo empregado por Luis Enrique de La Villa Gil e Aurélio Desdentado Bonete no *Manual de Seguridad Social*. 2. ed. Pamplona: Editorial Aranzadi, 1979, p. 30) de seguridade social, contendo ideais que repercutiram em diversas legislações do mundo a partir da segunda metade do século XX.

[18] VILLA GIL; BONETE, *op. cit.*, p. 30.

[19] Certo. O estrangeiro em território brasileiro possui direito à saúde, à assistencial social (se estiver em situação de hipossuficiência) e à previdência (se for contribuinte, por exemplo: empregado).

dores urbanos. Os rurícolas da Lei Complementar n. 11, de 1971, tinham direito a alguns poucos benefícios e de valor bastante irrisório (de meio salário mínimo).

Não se pode olvidar, ser admissível, com o fito de estabelecer igualdade, a existência de **discriminações positivas** em prol dos que habitam no meio rural.

Nesse exato caminhar, a própria Constituição Federal fixa (art. 201, § 7º, I) a idade de 65 anos para o segurado e de 62 anos para segurada para obtenção de aposentadoria por idade no meio urbano, mas reduz o limite etário para os trabalhadores rurais (lavrador, campesino, rurícola) de ambos os sexos: 60 anos, se homem, e 55 anos, se mulher.

4.1 Compreensão

Responda[20]: (AUDITOR FISCAL DA PREVIDÊNCIA SOCIAL – ESAF – 2002) Indique qual das opções está correta com relação aos objetivos constitucionais da Seguridade Social:

(A) Irredutibilidade do valor dos serviços.
(B) Equidade na cobertura.
(C) Uniformidade e equivalência dos benefícios e serviços às populações urbanas e rurais.
(D) Seletividade na prestação dos benefícios e serviços às populações urbanas e rurais.
(E) Diversidade de atendimento.

5. SELETIVIDADE E DISTRIBUTIVIDADE NA PRESTAÇÃO DOS BENEFÍCIOS E SERVIÇOS

Como antes esclarecido, os direitos sociais **exigem lastro financeiro por parte do Estado-provedor**.

A disponibilidade orçamentária do Estado marca o grau de prestações sociais disponíveis na sociedade. O Brasil é uma nação em franca marcha ao desenvolvimento e está em estágio no qual ainda se configura situação de inexistência de recursos aptos a satisfazer todas as prestações sociais passíveis de serem idealizadas.

Nesse diapasão, a doutrina esclarece:

> Nenhum sistema de seguridade social está apto a libertar todos os indivíduos de todas as necessidades. Embora Beveridge tenha sonhado com a proteção "do berço ao túmulo", não é o que ocorre[21].
>
> O fogo cerrado a que se acha submetido o ideal do *Welfare State*, em nossos dias, se deve justamente ao fato de julgarem – os que criticam esse ideal como utópico – que inexistem condições econômico-financeiras no mundo moderno que venham a dar suporte a um sistema protetivo tão abrangente[22].

Em 1988, após a aprovação do Capítulo destinado à Seguridade Social na Constituição Federal, o Chefe da Nação ressaltou que o Brasil seria ingovernável, conforme registra Aloízio Teixeira[23].

Da manchete do jornal *O Globo*, de 25-11-1987: "Sarney: Constituição tornará país ingovernável"[24].

Diante da impossibilidade econômico-financeira de o Estado atender a todas as contingências sociais e de contemplar a todos que habitam em território nacional, e com base na doutrina da "re-

---

[20] Resposta: (C) Uniformidade e equivalência dos benefícios e serviços às populações urbanas e rurais.
[21] SANTOS, Marisa Ferreira dos. *O princípio da seletividade das prestações de seguridade social*. São Paulo: LTr, 2004, p. 178.
[22] BALERA, Wagner. *Noções preliminares de direito previdenciário*. São Paulo: Quartier Latin, 2004, p. 85.
[23] *A previdência social e a revisão constitucional*. Debates: Volume II. Brasília: MPS, 1994, p. 37.
[24] Disponível em: https://www2.senado.leg.br/bdsf/bitstream/handle/id/133954/Nov_87%20-%200565.pdf?sequence=3. Acesso em: 12-11-2019.

serva do possível", estatui o Texto Constitucional com o princípio da seletividade ser admissível a **restrição dos direitos sociais**, cabendo enfatizar que essa autorização não se confunde com "eliminação" dos direitos sociais!

Há permissão constitucional para redução dos direitos, lastreada na bandeira da dificuldade econômico-financeira do Estado, devendo, entretanto, **necessariamente garantir o mínimo social** (mínimo existencial), selecionar (**seletividade:** aspecto objetivo) os riscos sociais mais graves, e mantê-los protegidos, aliviando-se os cofres públicos unicamente com relação à proteção de contingências sociais de menor gravidade, e distribuir (**distributividade:** aspecto subjetivo) os benefícios e serviços selecionados às pessoas mais necessitadas (deixando-se a descoberto os menos necessitados).

A necessidade de convivência harmônica entre a cláusula da reserva do possível com a imperiosidade de atenção estatal ao mínimo existencial é bem esposada pelo Ministro Celso de Mello, do Colendo STF, ao citar "obstáculo artificial" em trecho extraído da apreciação de medida cautelar em Ação de Descumprimento de Preceito fundamental (ADPF) de n. 45[25]:

> Não deixo de conferir, no entanto, assentadas tais premissas, significativo relevo ao tema pertinente à "reserva do possível" (HOLMES; SUNSTEIN. *The Cost of Rights*. Nova Iorque: Norton, 1999.), notadamente em sede de efetivação e implementação (sempre onerosas) dos direitos de segunda geração (direitos econômicos, sociais e culturais), cujo adimplemento, pelo Poder Público, impõe e exige, deste, prestações estatais positivas concretizadoras de tais prerrogativas individuais e/ou coletivas.
>
> É que a realização dos direitos econômicos, sociais e culturais – além de caracterizar-se pela gradualidade de seu processo de concretização – **depende, em grande medida, de um inescapável vínculo financeiro subordinado às possibilidades orçamentárias do Estado**, de tal modo que, comprovada, objetivamente, a incapacidade econômico-financeira da pessoa estatal, desta não se poderá razoavelmente exigir, considerada a limitação material referida, a imediata efetivação do comando fundado no texto da Carta Política.
>
> Não se mostrará lícito, no entanto, ao Poder Público, em tal hipótese – mediante indevida manipulação de sua atividade financeira e/ou político-administrativa – criar obstáculo artificial que revele o ilegítimo, arbitrário e censurável propósito de fraudar, de frustrar e de inviabilizar o estabelecimento e a preservação, em favor da pessoa e dos cidadãos, de **condições materiais mínimas de existência**.
>
> Cumpre advertir, desse modo, que **a cláusula da "reserva do possível"** – ressalvada a ocorrência de justo motivo objetivamente aferível – **não pode ser invocada, pelo Estado, com a finalidade de exonerar-se do cumprimento de suas obrigações constitucionais**, notadamente quando, dessa conduta governamental negativa, puder resultar **nulificação ou, até mesmo, aniquilação de direitos constitucionais** impregnados de um sentido de essencial fundamentalidade.

Por esse motivo, o princípio da seletividade e da distributividade funciona como **primado relativizador da universalidade**, é o contraponto do princípio da universalidade da cobertura e do atendimento. Este (universalidade) é um dever-ser, é objetivo a ser buscado pelo legislador ordinário de modo incansável no caminho da "ampliação" dos direitos sociais, todavia, enquanto não houver condições financeiras de atender a todos os cidadãos de forma plena, o princípio da seletividade e da distributividade, baseado na pílula da "restrição", permite o alívio das contas estatais mediante a diminuição da proteção social.

Nas palavras de Marisa Ferreira dos Santos: "A seletividade e distributividade desempenham, com autorização constitucional, um papel redutor da universalidade"[26].

---
[25] Brasil. Supremo Tribunal Federal. ADPF 45. Informativo. Brasília, 26 a 30 abr. 2004, n. 345. *DJU* de 4-5-2004. Disponível em: http://www.stf.jus.br/arquivo/informativo/documento/informativo345.htm. Acesso em: 12-11-2019.
[26] SANTOS, Marisa Ferreira dos. *O princípio da seletividade das prestações de seguridade social*. São Paulo: LTr, 2004, p. 182.

Para exemplificar a aplicação dos princípios, observe-se que, no ramo da Assistência Social, a Lei n. 8.742, no ano de 1993, definiu no art. 20 a pessoa idosa, para efeito de contemplação do benefício de prestação continuada de um salário mínimo da LOAS (art. 203, V, da CF), como aquela com idade igual ou superior a 70 anos. No ano de 1998, o legislador ampliou a proteção, com a Lei n. 9.720, reduzindo a idade dos beneficiários para 67 anos. No ano de 2003, houve nova alteração promovida pela Lei n. 10.741, Estatuto do Idoso, trazendo a garantia do benefício assistencial ora em comento em favor daqueles que tenham idade igual ou superior a 65 anos.

Dessa ilustração, tem-se que o legislador priorizou, em 1993, rol de necessitados que detinham idade mais avançada (70 anos de idade), com espeque no princípio da seletividade e distributividade, e, na medida do aumento da capacidade econômico-financeira do Estado, procedeu à redução da idade (67 anos em 1998, posteriormente 65 anos pelo Estatuto do Idoso), ampliando, assim, o rol de cidadãos contemplados, em atenção ao princípio da universalidade.

A distributividade foi manejada na Reforma da Previdência de 1998 quando a EC n. 20/98, ao promover nova redação ao inciso IV do art. 201, efetivou na planura constitucional a restrição do rol dos beneficiários do salário-família, que ficou restrito aos trabalhadores mais necessitados, considerados como tal aqueles de baixa renda, excluídos, de outro lado, os empregados com renda mais elevada.

De qualquer modo, estão a seletividade e a distributividade consignadas no Texto Maior, permitindo dentre as opções de cobertura existentes, e diante da impossibilidade momentânea de o país atender a todas, haja eleição das contingências sociais e dos cidadãos a serem contemplados, priorizados nos riscos sociais mais graves e nos cidadãos mais necessitados.

"Restrição" (de direitos) é a palavra-chave que define esse princípio.

5.1 Compreensão

Responda[27]: (ADVOGADO – DESENVOLVESP – VUNESP – 2014) A EC n. 20/98, ao restringir a concessão do salário-família e do auxílio-reclusão aos dependentes dos segurados de baixa renda, tornou efetivo o princípio da:

(A) equidade na forma de participação no custeio.
(B) universalidade da cobertura.
(C) universalidade do atendimento.
(D) seletividade e distributividade na prestação dos benefícios.
(E) irredutibilidade do valor dos benefícios.

Responda[28]: (CARGO DE ANALISTA – TRF 3ª REGIÃO – FCC – 2007) Ao se conceder o benefício assistencial da renda vitalícia ao idoso ou ao deficiente sem meios de subsistência estará sendo aplicado, especificamente, o princípio da:

(A) equidade na forma de participação no custeio.
(B) universalidade do atendimento.
(C) universalidade da cobertura.
(D) distributividade na prestação dos benefícios e serviços.
(E) diversidade da base de financiamento.

---

[27] Resposta: (D) seletividade e distributividade na prestação dos benefícios.

[28] Resposta: (D) distributividade na prestação dos benefícios e serviços.

6. IRREDUTIBILIDADE DO VALOR DOS BENEFÍCIOS

Segundo a Constituição, não é princípio restrito à Previdência, sua dimensão é a Seguridade Social.

O STF, chamado a discorrer sobre a irredutibilidade do valor de benefícios, asseverou, na qualidade de guardião e tradutor oficial do texto constitucional, que essa norma veda **a redução do valor nominal** do benefício, ou seja, a impossibilidade de redução da expressão numérica da prestação periódica recebida pelo cidadão.

> Previdência social. Irredutibilidade do benefício. Preservação permanente de seu valor real. No caso não houve redução do benefício, porquanto já se firmou a jurisprudência desta Corte no sentido de que o princípio da irredutibilidade é garantia contra a redução do "quantum" que se recebe, e não daquilo que se pretende receber para que não haja perda do poder aquisitivo em decorrência da inflação. De outra parte, a preservação permanente do valor real do benefício – e, portanto, a garantia contra a perda do poder aquisitivo – se faz, como preceitua o art. 201, § 2º, da Carta Magna, conforme critérios definidos em lei, cabendo, portanto, a esta estabelecê-los. Recurso extraordinário não conhecido (STF, RE 263.252/PR, Rel. Min. Moreira Alves, 1ªT., *DJ* 23-6-2000).

A recomposição da perda inflacionária não é protegida pelo princípio da irredutibilidade do valor dos benefícios. O poder de compra dos beneficiários da Previdência Social tem proteção constitucional prevista em outro dispositivo, art. 201, § 4º, que trata de **regra exclusiva dos beneficiários da previdência**, consagrando **a manutenção do valor real dos benefícios**.

Enquanto a irredutibilidade trata do aspecto quantitativo (a expressão numérica, a cifra), o princípio da manutenção do valor real dos benefícios tem foco no aspecto qualitativo, de garantia de poder de compra do beneficiário da previdência.

Exsurge da magnitude do princípio da irredutibilidade disposição fixada no art. 114 da Lei n. 8.213/91, que estatui serem os benefícios previdenciários insuscetíveis de penhora, arresto e sequestro:

> Art. 114. Salvo quanto a valor devido à Previdência Social e a desconto autorizado por esta Lei, ou derivado da obrigação de prestar alimentos reconhecida em sentença judicial, o benefício não pode ser objeto de penhora, arresto ou sequestro, sendo nula de pleno direito a sua venda ou cessão, ou a constituição de qualquer ônus sobre ele, bem como a outorga de poderes irrevogáveis ou em causa própria para o seu recebimento.

A própria Lei n. 8.213/91 traz exceções à irredutibilidade no âmbito do RGPS relacionadas a seu art. 115, a exemplo do inciso IV: pensão de alimentos decretada em sentença judicial.

No que se refere possibilidade de reduzir os proventos de aposentadoria diante da caracterização do benefício previdenciário como fato gerador no campo tributário, de observar que o art. 195, II, *in fine*, da CF, imuniza os aposentados e pensionistas do RGPS diante das contribuições previdenciárias.

Diversa é a situação dos aposentados e pensionistas do Regime Próprio de Previdência do Servidor Público (RPPS). Desde o advento da Lei n. 10.887/2004 (fruto da conversão da MP n. 167/2004), amparada pela Emenda Constitucional n. 41/2003, os aposentados e os pensionistas de qualquer dos Poderes da União, Estados, DF e Municípios, incluídas as respectivas autarquias e fundações, contribuem sobre o valor da parcela dos proventos de aposentadorias e pensões que supere o limite máximo estabelecido para os benefícios do RGPS.

Levada a tributação ao crivo do colendo STF, por intermédio da ADI 3.105, a Suprema Corte consagrou a validade da norma:

> No ordenamento jurídico vigente, não há norma, expressa nem sistemática, que atribua à condição jurídico-subjetiva da aposentadoria de servidor público o efeito de lhe gerar direito subjetivo como poder

de subtrair *ad aeternum* a percepção dos respectivos proventos e pensões à incidência de lei tributária que, anterior ou ulterior, os submeta à incidência de contribuição previdencial.

Noutras palavras, não há, em nosso ordenamento, nenhuma norma jurídica válida que, como efeito específico do fato jurídico da aposentadoria, lhe imunize os proventos e as pensões, de modo absoluto, à tributação de ordem constitucional, qualquer que seja a modalidade do tributo eleito, donde não haver, a respeito, direito adquirido com o aposentamento.

O desfecho atribuído pelo STF para a taxação dos inativos ensejou a apresentação de denúncia (Petição 644-05) perante a Corte Interamericana de Direitos Humanos (CIDH) da Organização dos Estados Americanos (OEA) contra o Estado Brasileiro, por diversos órgãos de classe[29], sendo que os peticionários alegaram que o Estado Brasileiro violou a Constituição de 1988 e convenções e tratados de direitos humanos mediante a promulgação da Emenda Constitucional n. 41/2003, em virtude da cobrança da contribuição previdenciária a servidores públicos inativos e pensionistas, que anteriormente a tal emenda eram isentos do pagamento da referida exação.

Consequentemente, os peticionários sustentaram que o Estado violou a "coisa julgada, o ato jurídico perfeito, o direito adquirido e a segurança jurídica", assim como direitos humanos das supostas vítimas, a saber: o direito à propriedade privada, o desenvolvimento progressivo dos direitos sociais e as garantias e proteção judiciais, previstos, respectivamente, nos arts. 21, 26, 8 e 25 da Convenção Americana.

A denúncia, no entanto, não ultrapassou o juízo de prelibação, consistente na análise prévia de viabilidade pela Comissão Interamericana de Direitos Humanos, que, somente na hipótese de admissão da denúncia, submeteria a matéria à CIDH para decisão.

Com efeito, a Comissão Interamericana concluiu que tem competência para analisar a petição nos termos formulados, porém, os fatos apresentados não tendem a caracterizar possíveis violações à Convenção Americana. Observou ainda a Comissão que a decisão proferida pelo Supremo Tribunal Federal foi detalhadamente e extensivamente motivada, afirmando a constitucionalidade da referida emenda constitucional por inexistência de direito à imunidade tributária e em virtude do princípio de solidariedade, a fim de garantir o direito de toda a população à previdência social e à pensão (interesse social).

6.1 Manutenção do valor real dos benefícios

Como adiantado acima, regra de *status* constitucional, inserta no art. 201, § 4º, cuja abrangência é restrita à Previdência Social (previsto também no Regime Próprio de Servidores Públicos, art. 40, § 8º, da CF), para ter concretude necessária se faz a edição de lei ordinária.

A manutenção do valor real dos benefícios significa dizer resguardo do poder de compra, proteção contra a desvalorização da moeda. É alcançado esse intento constitucional por intermédio de **reajustamento periódico** dos benefícios previdenciários.

O reajuste é a forma de recomposição das perdas inflacionárias sofridas pelos beneficiários da previdência. O art. 41-A da Lei n. 8.213/91 estabelece periodicidade **anual** para reajustamento dos benefícios e elege o indexador INPC (Índice Nacional de Preços ao Consumidor, apurado pelo IBGE) para apuração do índice de reajuste.

O reajustamento é geral, quer dizer, é devido a todos os benefícios previdenciários em manutenção, uma vez ao ano, e dá-se na mesma oportunidade do reajustamento do salário mínimo.

Atenção! Os benefícios previdenciários **NÃO** são reajustados com base no salário mínimo!

---

[29] Denunciantes: Movimento dos Servidores Públicos Aposentados e Pensionistas – Instituto MOSAP, composto por diversas associações.

A Constituição Federal no art. 7º, IV, veda, expressamente, a vinculação do salário mínimo para qualquer fim. Logo, dizer que uma aposentadoria concedida no ano de 2002 no RGPS fosse equivalente a sete salários mínimos na data de sua concessão e, passados 10 anos, apesar de ter sido reajustado anualmente, o valor dessa aposentadoria corresponda a cinco salários mínimos **não apresenta qualquer ofensa ao princípio da manutenção do valor real do benefício**, porque **o poder aquisitivo não é resguardado pela variação do salário mínimo**, mas pela inflação medida com base em indexador oficial, o INPC.

De observar que houve uma época na qual os benefícios previdenciários tiveram o **poder aquisitivo** fixado na variação do salário mínimo. O direito à equivalência salarial está previsto no art. 58 do Ato das Disposições Constitucionais Transitórias (ADCT).

A redação do art. 58 do ADCT determina:

> **Os benefícios** de prestação continuada, **mantidos pela previdência social** na data da promulgação da Constituição, **terão seus valores revistos**, a fim de que seja **restabelecido o poder aquisitivo**, expresso em **número de salários mínimos, que tinham na data de sua concessão**, obedecendo-se a **esse critério de atualização até** a implantação do **plano de custeio e benefícios** referidos no artigo seguinte.

Justamente por se tratar de norma "transitória" não mais vige, trata-se de norma exaurida, teve fim no ano de 1991 (na data da regulamentação das Leis n. 8.212 e 8.213, ambas de 1991). Somente fizeram jus à equivalência salarial os benefícios **ativos** em 5 de outubro de 1988, significa dizer, aqueles que foram concedidos ANTES da promulgação da Constituição Federal, entendimento firmado pelo STF no enunciado da Súmula 687 do STF: "A revisão de que trata o art. 58 do ADCT **não se aplica** aos benefícios previdenciários **concedidos após a promulgação** da Constituição de 1988".

Síntese, os benefícios previdenciários:

a) estão protegidos pelo princípio da irredutibilidade, de modo que o valor nominal não pode ser reduzido;
b) estão protegidos pelo princípio da manutenção do valor real, assim o poder de compra está garantido por meio de reajustes anuais, calcados na variação do INPC;
c) por força do art. 7º, IV, da CF não existe direito a reajustamento com base na mesma variação do salário mínimo;
d) a Constituição Federal assegurou a variação com base na oscilação do salário mínimo no art. 58 do ADCT, direito não extensível aos benefícios concedidos "após" a CF.

Costumeiro o reclamo dos aposentados, na crença de vinculação de seu benefício previdenciário a determinada quantidade de salários mínimos. No entanto, tal desiderato não encontra acolhida no Poder Judiciário, quer pela falta de amparo constitucional (art. 7º, IV, parte final, que veda a vinculação do salário mínimo para qualquer fim), quer pelo regramento legal (art. 41-A da LB, que estabelece o reajustamento dos benefícios em manutenção, anualmente, com base no INPC).

Demanda cuja improcedência é de rigor diante da jurisprudência firmada pelo STF:

> Reajuste. Benefício concedido na vigência da Constituição Federal de 1988. Acórdão recorrido em consonância com a jurisprudência desta Corte. 1. O artigo 41, II, da Lei n. 8.213/91 não infringiu o disposto nos artigos 194, IV, e 201, § 2º, da Constituição Federal que asseguram, respectivamente, a irredutibilidade do valor dos benefícios e a preservação do seu valor real. Precedentes. 2. A revisão dos benefícios previdenciários não pode ser atrelada à variação do salário mínimo, após a implantação do plano de custeio e benefícios. Precedentes (Ag. Reg. no AI-776.724/MG. Rel. Min. Luiz Fux. *Informativo STF*, n. 683).

A proteção ao poder de compra (aspecto qualitativo) se constituiu importante proteção do beneficiário da Previdência Social contra a espiral inflacionária (apuração feita a partir do indexador INPC). Uma vez ao ano (todo mês de janeiro) é publicada a Tabela de Reajustamento, e dela se constata a existência de "índice integral", conhecido no jargão previdenciário como índice "cabeça de tabela", que é o percentual devido a partir do segundo reajustamento, enquanto no primeiro reajuste (como regra) a incidência é de índice proporcional (índice *pro rata*), estabelecida na lógica: quanto mais próxima a data de início do benefício (DIB) da data do reajustamento, menor será o índice de recomposição do poder aquisitivo.

À guisa de demonstração, confira-se a Portaria n. 9[30], publicada em 15 de janeiro de 2019, do Ministro da Economia, contendo os índices de reajustamento dos benefícios, também nominados índices previdenciários, incidentes sobre a renda mensal do benefício.

Não se pode olvidar em respeitado ao limite mínimo constitucional fixado em um salário mínimo (art. 201, § 2º) para os benefícios que substituam a remuneração do trabalho, a exemplo do auxílio-doença (conhecido por B/31 e B/91 no jargão previdenciário e, atualmente, nominado auxílio por incapacidade temporária), que, na eventualidade de o valor resultante do cálculo legal de apuração de renda demonstrar-se inferior a um salário mínimo, haverá no banco de dados da previdência dois registros de valor:

a) o valor que realmente seria devido, pelas regras de apuração de renda mensal inicial;
b) o valor a ser efetivamente pago, não inferior a um salário mínimo.

Para maior clareza, considere-se, por hipótese, que, no ano de 2016 seja constatado que o SB de determinado segurado fosse de R$ 900,00, e o benefício a que teria direito era o B/31, cujo coeficiente de cálculo é 91%, assim, a renda mensal inicial deveria ser de (a) R$ 819,00 (R$ 900,00 x 91%), porém, o efetivo pagamento em prol do beneficiário seria de (b) R$ 880,00, equivalente a um salário mínimo (art. 201, § 2º, da CF).

Os reajustamentos dos anos subsequentes incidirão sempre sobre a apuração real (a), respeitada a regra do art. 201, § 2º, da CF (b). Por hipótese, mantida a mesma ilustração, caso no ano de 2017 o INPC apure 50% (reajuste fictício), e a variação do salário mínimo seja "fictício" de 10%, a nova renda mensal desse segurado será de R$ 1.228,00 (R$ 819,00 com reajuste "fictício" de 50%), porque resultará superior ao novo salário mínimo "fictício" R$ 968,00 (R$ 880,00 com elevação "fictícia" de 10%).

De observar, ainda, que a regra é a da aplicação proporcional do índice de reajustamento por ocasião do primeiro reajuste. O índice *pro rata* equivale aos meses que compreendem a data da concessão e a data do reajustamento de benefícios. O índice integral reserva-se aos subsequentes reajustamentos.

Caso se trate de benefício decorrente de transformação, como ocorre com o B/32 (aposentadoria por invalidez, atualmente nominada aposentadoria por incapacidade permanente) derivado de B/31 (auxílio-doença), ou de B/21 (pensão por morte) decorrente de qualquer aposentadoria, o primeiro reajuste do benefício consequente deve ser obtido com base na data de início do benefício antecedente (no banco de dados do INSS consta o campo: "DIB Ant").

Nessa situação, pode ocorrer de o B/32 (ou B/21) ter em seu primeiro reajustamento índice integral, sempre que o benefício de que é derivado (de onde provém sua renda mensal inicial) a aposentadoria por invalidez ou a pensão por morte já tenha experimentado o reajustamento proporcional.

---

[30] Disponível em: http://www.previdencia.gov.br/2019/01/portaria-oficializa-reajuste-de-343-para-beneficios-acima-do-minimo-em-2019/. Acesso em: 12-11-2019.

Entendimento, corretamente, perfilhado pela Administração Pública na Instrução Normativa (IN) n. 77 INSS/Pres. 2015 (art. 212, § 1º), atualmente a deposição está prevista no art. 243, § 1º, da IN n. 128 INSS/Pres. 2022:

> Seção V
> Do Reajustamento do Valor do Benefício
> Art. 243. (...)
> § 1º No caso de benefício precedido, para fins de reajuste, deverá ser considerada a DIB anterior.

Por fim, anote-se que a Lei n. 8.213/91, no art. 2º, V, e o Decreto n. 3.048/99, no parágrafo único do art. 1º, IV, afirmam que o princípio da irredutibilidade deve ser interpretado de forma a **preservar o poder aquisitivo** do valor dos benefícios. Logo, o significado do princípio da irredutibilidade expresso com base na posição da jurisprudência do STF é apenas proteção ao valor nominal, ao passo que a norma infraconstitucional (Lei n. 8.213 e Decreto n. 3.048) compreende proteção ao poder aquisitivo.

7. EQUIDADE NA FORMA DE PARTICIPAÇÃO NO CUSTEIO

Justiça social significa garantir a cada pessoa o indispensável à satisfação do mínimo existencial. Preconizada no art. 193 da Norma Suprema, a justiça social está caracterizada como objetivo da ordem social.

Segundo a disciplina constitucional estatuída, o custeio da seguridade social visa, atendidos os contornos legais, o atendimento das necessidades sociais (predicado como mínimo irredutível da dignidade de todo ser humano) inclusive daqueles que nada contribuem pecuniariamente para o sistema de seguridade.

O custeio desse sistema de proteção social (seguridade social) deve ser satisfeito por toda a sociedade (princípio implícito da solidariedade contributiva), resguardando-se, de outra senda, a alguns atores sociais parcela maior na participação contributiva.

Equidade não é sinônimo de igualdade, não se confunde com isonomia tributária. Equidade é traduzido como bom senso na tributação.

Repousa o princípio da equidade na **diferenciação de base de cálculo e de alíquotas** das pessoas eleitas para custear a aflição dos necessitados.

É da essência da base de financiamento, por exemplo, as pessoas jurídicas contribuírem de forma diferenciada, e mais elevada, em comparação às pessoas físicas.

A responsabilidade do tomador de serviços deve ser diferenciada conforme o ramo de atuação repercuta maior utilização do aparato da seguridade social.

O Seguro de Acidentes do Trabalho (SAT) (art. 22, II, da Lei n. 8.212/91) deita suas raízes neste princípio constitucional, fixando alíquotas diferenciadas de acordo com o grau de incidência dos riscos ambientais do trabalho.

No ano de 2003, seguindo a filosofia do princípio da equidade, houve a criação do Fator Acidentário Previdenciário (FAP), pelo art. 10 da Lei n. 10.666/2003, permitindo a redução do SAT, em até 50%, ou aumento, em até 100%, em razão do desempenho da empresa na contenção de riscos do ambiente de trabalho, verificáveis a partir dos índices de frequência, gravidade e custo, comparados com a ocorrência de requerimentos de benefícios por incapacidade laborativa efetivados por empregados da respectiva atividade econômica.

A equidade na forma de participação no custeio consagra permissão ao legislador na fixação, por exemplo, de alíquotas superiores às empresas enquadradas como instituições financeiras, por se tratar de segmento econômico presumidamente detentor de melhores condições contributivas, bem como de estabelecer exação mais elevada às pessoas jurídicas que geram riscos sociais.

O postulado constitucional da equidade foi explicitado no § 9º do art. 195, na redação dada pela Emenda Constitucional n. 47/2005, determinando que em se tratando de contribuições sociais exigíveis do empregador (empresa ou equiparado) **poderão ter alíquotas ou bases de cálculo diferenciadas**, em razão da **atividade econômica, da utilização intensiva de mão de obra, do porte da empresa ou da condição estrutural do mercado de trabalho**.

Esclareça-se que em 2019, por força da Emenda da Reforma, o § 9º do art. 195 passou a ter nova redação, dispondo:

> Art. 195. (...)
> § 9º As contribuições sociais previstas no inciso I do *caput* deste artigo poderão ter alíquotas diferenciadas em razão da atividade econômica, da utilização intensiva de mão de obra, do porte da empresa ou da condição estrutural do mercado de trabalho, sendo também autorizadas a adoção de bases de cálculo diferenciadas apenas no caso das alíneas *b* e *c* do inciso I do *caput*.

Os comentários acerca da nova redação do § 9º do art. 195 estão no Capítulo Financiamento da Seguridade Social.

7.1 Compreensão

1) Responda[31]: (ANALISTA – TRF 2ª REGIÃO – FCC – 2007) Contribuem para a seguridade social, da mesma forma, aqueles que estão em iguais condições contributivas. As empresas NÃO contribuem da mesma forma que os trabalhadores, em conformidade, especificamente, com o princípio da:
   (A) universalidade;
   (B) seletividade na prestação de benefícios e serviços;
   (C) equidade na forma de participação no custeio;
   (D) irredutibilidade do valor dos benefícios;
   (E) natureza democrática e descentralizada da administração.

2) Responda[32]: (MAGISTRATURA DO TRABALHO – 23ª REGIÃO – 2006) São princípios e diretrizes da Seguridade Social, EXCETO:
   (A) caráter democrático e descentralizado da gestão administrativa;
   (B) universalidade da cobertura e do atendimento;
   (C) seletividade e distributividade na prestação dos benefícios e serviços;
   (D) igualdade na forma de participação no custeio;
   (E) diversidade da base de financiamento.

8. DIVERSIDADE NA BASE DE FINANCIAMENTO

Não se mostra prudente centrar a Seguridade Social numa única fonte de custeio. Desse modo, o financiamento da seguridade deve estar amparado em diversos fatos geradores, devendo o tributo ter diversos sujeitos passivos.

---

[31] Resposta: (C) equidade na forma de participação no custeio.

[32] Resposta: (D) igualdade na forma de participação no custeio.

No passado, desde Bismarck (Alemanha, 1883), verifica-se a tríplice fonte de custeio: tomador de mão de obra, prestador do serviço e Estado para financiar a proteção social previdenciária.

Na atualidade, **não mais subsiste a fonte tríplice**, diante do princípio da diversidade exigida pelo Texto Constitucional de 1988, **a base de financiamento é muito mais ampla**, encontrando-se **toda a sociedade** (solidariedade compulsória), que deve custear a seguridade **de forma direta e indireta**, nos termos ditados pela lei.

Assim, o art. 195 da CF, em conformidade com o princípio da diversidade, o financiamento da seguridade social provém:

I) **das empresas, ou entidade equiparada, ainda que não possuam empregados**, tendo por fato gerador:
   a) a remuneração feita a pessoa física (sem vínculo empregatício) que presta serviço;
   b) o lucro;
   c) a receita e o faturamento.
II) do trabalhador e dos demais segurados da previdência social, podendo ser adotadas **alíquotas progressivas** de acordo com o valor do salário de contribuição, não incidindo contribuição sobre aposentadoria e pensão concedidas pelo regime geral de previdência social;
III) da receita decorrente de **concurso de prognósticos** (todo e qualquer concurso de sorteio de números ou quaisquer outros símbolos, loterias e apostas de qualquer natureza no âmbito federal, estadual, do Distrito Federal ou municipal, promovidos por órgãos do Poder Público ou por sociedades comerciais ou civis), que deve ser direcionada à seguridade social (art. 195, III);
IV) das contribuições do **importador de bens ou serviços do exterior**, ou de quem a lei a ele equiparar (art. 195, IV);
V) da "contribuição residual", prevista no art. 195, § 4º, da CF, é a expressão máxima do princípio da diversidade da base de financiamento, consiste na permissão constitucional para criação de novas contribuições sociais para a Seguridade Social, mediante o manejo de **lei complementar**.

A receita decorrente de **concurso de prognósticos** e a devida do **importador de bens ou serviços do exterior** são exemplos claros de diversificação da base de financiamento. Cabendo realçar que a expressão máxima do princípio da diversidade da base de financiamento está no art. 195, § 4º, da CF, conhecida por "contribuição residual" é a permissão constitucional para criação de novas contribuições sociais para a Seguridade Social, mediante o manejo de **lei complementar**.

8.1 EC n. 103/2019. Segregação contábil (art. 194, parágrafo único, VI, da CF) e o fim da DRU nas contribuições sociais de seguridade social (art. 76, § 4º, do ADCT)

Preservados todos os dizeres acerca da "diversidade da base de financiamento, a nova redação do inciso VI do parágrafo único do art. 194 da CF, trazida pela Emenda Constitucional n. 103/2019, consiste comando endereçado ao legislador no ato de confecção da Lei Orçamentária Anual (LOA) de proceder à "segregação contábil" para cada área da Seguridade Social com vista a garantir a transparência das contas públicas.

QUADRO COMPARATIVO		
CF (REDAÇÃO ANTERIOR A EC N. 103/2019)	**PEC N. 6/2019 (REDAÇÃO ORIGINAL)**	**EC N. 103/2019**
Art. 194. (...) Parágrafo único. (...) VI – diversidade da base de financiamento;	Art. 194. (...) Parágrafo único. (...) VI – diversidade da base de financiamento, com segregação contábil do orçamento da seguridade social nas ações de saúde, previdência e assistência social, preservado o caráter contributivo da previdência social;	Art. 194. (...) Parágrafo único. (...) VI – diversidade da base de financiamento, identificando-se, em rubricas contábeis específicas para cada área, as receitas e as despesas vinculadas a ações de saúde, previdência e assistência social, preservado o caráter contributivo da previdência social;

A pretensão governamental de restrição dos direitos constitucionais previdenciários encontrou forte crítica tanto à época da apresentação da PEC n. 287/2016[33] como da PEC n. 6/2019.

O principal ponto levantado pelos opositores à reforma constitucional da Previdência consiste na ausência da clareza dos informes específicos das receitas e das despesas atreladas a cada ramo da Seguridade Social, aliado a diversas posturas governamentais que indiscutivelmente contribuíram para gerar o tão alardeado *déficit* da Previdência, como a criação da Desoneração[34] da folha de salários e a Desvinculação de Receitas da União.

A desoneração da folha decorre da modificação da base de cálculo da **Contribuição Previdenciária** da folha de salários para incidir sobre a **Receita Bruta**. A **CPRB** com previsão constitucional no art. 195, §§ 9º e 13, surgiu em 2011 com a edição da Lei n. 12.546 (posteriormente alterada pela Lei n. 13.161, de 2015, e pela Lei n. 13.670, de 2018), regulamentada na Instrução Normativa da Receita Federal 1597, de 2015.

A nova sistemática acarretou redução de receitas da Previdência porque cabe à empresa optar pela forma contributiva que lhe seja mais favorável. O contribuinte sempre fará obviamente a opção pela base de cálculo que resulte mais vantajosa financeiramente.

O art. 9, IV, da Lei n. 12.546, de 2011, atribuiu à União o dever de compensar ao Fundo do RGPS (de que trata o art. 68 da Lei Complementar n. 101, de 2000), o valor correspondente à estimativa de renúncia previdenciária decorrente da desoneração, de forma a não afetar a apuração do resultado financeiro do RGPS.

Boa parte do aclamado déficit da Previdência decorre justamente da assunção feita expressamente pela União, por ocasião da instituição da desoneração sobre a folha de salários, de "compensar" ao Fundo do RGPS as renúncias fiscais.

Outro vilão que contribui com o déficit da Previdência é a Desvinculação de Receitas da União (DRU). A DRU foi criada em 1994, sob a alcunha de **Fundo Social de Emergência** (FSE), pela Emenda Constitucional de Revisão n. 1/94, possuía caráter transitório e finalidade nobre pois tinha por objetivo o saneamento financeiro da Fazenda Pública Federal e de estabilização econômica, cujos recursos seriam aplicados no custeio das ações dos sistemas de saúde e educação, benefícios previdenciários e auxílios assistenciais de prestação continuada, inclusive liquidação de passivo previdenciário, e outros programas de relevante interesse econômico e social.

---

[33] Apresentada à Câmara dos Deputados pelo Presidente Michel Temer, a Proposta de Emenda à Constituição (PEC) 287/16 buscava a reforma da Previdência, porém a PEC 287/2016 não restou aprovada no Congresso Nacional.

[34] Para maior aprofundamento sobre a Desoneração da Folha (Contribuição Previdenciária sobre a receita bruta – CPRB), *vide* Capítulo 5.

O FSE foi rebatizado Fundo de Estabilização Fiscal (FEF), a partir do início do exercício financeiro de 1996, por força da Emenda Constitucional n. 10/96 e pela EC n. 17/97.

No ano de 2000, a Emenda Constitucional n. 27 instituiu a desvinculação de 20% da arrecadação de impostos e contribuições sociais da União, mediante o acréscimo do art. 76 ao Ato das Disposições Constitucionais Transitórias para o período de 2000 a 2003.

Desde então, o mecanismo constitucional foi reiteradamente recriado permitindo o desatrelamento da destinação de receitas da União, dentre elas as contribuições sociais, dos fins assegurados no corpo permanente da Constituição para serem os recursos aplicados para outra destinação.

A EC n. 42/2003 deu nova redação ao art. 76 do ADCT, autorizando a desvinculação de órgão, fundo ou despesa, no período de 2003 a 2007, o montante de 20% da arrecadação da União de impostos, contribuições sociais e de intervenção no domínio econômico, já instituídos ou que vierem a ser criados no referido período, seus adicionais e respectivos acréscimos legais.

A EC n. 56/2007 prorrogou a DRU até 31-12-2011.

A EC n. 68/2011 prorrogou a DRU até 31-12-2015.

Depois de expirado o prazo da DRU previsto na EC n. 68, houve a promulgação da EC n. 93/2016, estabelecendo a DRU até 31-12-2023, elevando o percentil da desvinculação para 30%, e excluiu as contribuições previdenciárias da desvinculação.

Calha recordar que o art. 195 da CF traz inúmeras receitas destinadas à Seguridade Social, no entanto, à exceção das contribuições incidentes sobre a folha de salários, as demais podem com a DRU ser deslocadas para outros fins.

Trata-se de esvaziamento de recursos da Seguridade Social que impacta diretamente a Previdência, na medida em que deixa o Seguro Social de receber recursos que deveriam ser integrantes do orçamento da Seguridade Social, para, na formatação efetivada pelo governo, ter de suprir o pagamento de benefícios previdenciários unicamente a receita decorrente das contribuições sobre a folha de salários.

Do sítio eletrônico[35] do Senado federal constam as seguintes informações sobre a DRU: "A principal fonte de recursos da DRU são as contribuições sociais, que respondem a cerca de 90% do montante desvinculado".

> Na prática, **permite que o governo aplique os recursos destinados** a áreas como educação, saúde e previdência social **em qualquer despesa considerada prioritária e na formação de** superávit **primário**. A DRU também **possibilita o manejo de recursos** para o **pagamento de juros da dívida pública**[36].

Diante desse contexto reflita: Sabido que as contribuições sociais do art. 195 possuem referibilidade, ou seja, são constitucionalmente afetas à seguridade social, eventual inconstitucionalidade da DRU poderia como consequência acarretar direito à restituição ao contribuinte do montante correspondente ao percentual desvinculado?

A resposta a essa indagação foi dada pelo STF, confira-se a síntese do julgado no extrato da notícia constante do portal[37] do Supremo sobre o RE 566.007:

---

[35] Disponível em: http://www12.senado.leg.br/noticias/entenda-o-assunto/dru. Acesso em: 12-11-2019.

[36] Disponível em: http://www12.senado.leg.br/noticias/entenda-o-assunto/dru. Acesso em: 12-11-2019.

[37] Disponível em: http://www.stf.jus.br/portal/cms/verNoticiaDetalhe.asp?idConteudo=279713. Acesso em: 12-11-2019. Inteiro teor do RE 566.007 disponível em: http://redir.stf.jus.br/paginadorpub/paginador.jsp?docTP=TP&docID=7719221. Acesso em: 12-11-2019.

Desvinculação de receitas não gera direito a devolução de tributo a contribuinte

Por unanimidade, o Supremo Tribunal Federal (STF), em sessão plenária nesta quinta-feira (13), negou provimento ao Recurso Extraordinário (RE) 566007, com repercussão geral, em que uma empresa de transporte rodoviário contestava decisão do Tribunal Regional Federal (TRF-4) que manteve a validade de obrigação tributária independente da Desvinculação de Receitas da União (DRU) quanto à arrecadação de contribuições relativas a PIS, COFINS e CSLL.

A empresa alegava que as alterações efetuadas ao artigo 76 do Ato das Disposições Constitucionais Transitórias (ADCT) para permitir a desvinculação das receitas teria criado, como consequência, imposto inominado, em afronta à própria Constituição Federal. Dessa forma, sustenta que estaria livre do recolhimento do tributo na parte que teve destinação desvinculada.

A relatora do RE, ministra Cármem Lúcia, assinalou que o pleito original da empresa ocorreu em mandado de segurança, cuja impetração se dá apenas no sentido de reparar ato de autoridade que seja contrário ao direito do interessado. Segundo ela, esse fato descaracteriza a legitimidade da parte, pois, ainda que o Tribunal considerasse inconstitucional a desvinculação de receitas, a consequência seria a vinculação do produto da arrecadação, e não sua devolução ao contribuinte.

Argumentou, ainda, que não há no caso situação de insegurança para o patrimônio jurídico da recorrente que devesse ser restabelecido por mandado de segurança, pois não é detentora de direito a ver reposto em seu patrimônio algo que não lhe é devido, mas sim da própria União. Anotou também a existência de diversos precedentes do Tribunal no mesmo sentido.

"Falta à recorrente legitimidade para a causa, pois a consequência do vício, se comprovado fosse, não a beneficiaria nem alcançaria o resultado almejado com a impetração do mandado de segurança. Não é possível sequer considerar a existência de direito, menos ainda aquele que pusesse ser dotado de liquidez e certeza para a impetração", argumentou.

A ministra apontou que o objeto do pedido formulado na origem não era o de apontar como inconstitucionais as alterações no artigo 76 do ADCT para permitir a desvinculação de receitas, mas saber se eventual reconhecimento da inconstitucionalidade alegada daria à empresa direito ao ressarcimento da parte desvinculada. Segundo ela, se houvesse inconstitucionalidade, a única consequência cabível seria o retorno à situação anterior, ou seja, a vinculação das receitas.

"Não é possível deduzir que da eventual inconstitucionalidade da desvinculação parcial das receitas das contribuições sociais decorreria devolução ao contribuinte do montante correspondente ao percentual desvinculado, porque a tributação não seria inconstitucional ou ilegal, única hipótese em que se tem autorizada a repetição do indébito tributário ou o reconhecimento da inexistência da relação jurídico-tributária", concluiu a ministra.

Como tese de repercussão geral, o Plenário fixou que o disposto no artigo 76 do ADCT, independentemente de sua validade constitucional, não gera devolução de indébito.

Não há como deixar de enfatizar e enaltecer a atuação da Associação Nacional dos Auditores-Fiscais da Receita Federal do Brasil (ANFIP) e Fundação ANFIP de Estudos da Seguridade Social e Tributário com a edição da obra anual *Análise da Seguridade Social*[38], na qual no item "Construindo o Déficit da Seguridade Social" questiona a metodologia utilizada pelo governo e o suposto quadro deficitário.

---

[38] Disponível em:
https://www.anfip.org.br/publicacoes/analise-da-seguridade-social-2015. Acesso em: 12-11-2019.
https://www.anfip.org.br/publicacoes/analise-da-seguridade-social-em-2016/. Acesso em: 12-11-2019.
https://www3.anfip.org.br/publicacoes/analise-da-seguridade-social-em-2017/. Acesso em: 12-11-2019.

RECEITAS DE CONTRIBUIÇÕES SOCIAIS DESVINCULADAS PELA DRU

Valores correntes, em R$ milhões

	2005	2008	2009	2010	2013	2014	2015	2016(1)	2017
Cofins	17.919	24.019	23.352	28.005	39.882	39.183	40.185	61.404	70.728
CSLL	5.246	8.500	8.718	9.151	12.509	12.639	11.933	20.443	22.695
Pis/Pasep	4.417	6.166	6.206	8.075	10.216	10.356	10.588	16.168	18.673
Outras contribuições[2]	4.914	568	500	630	811	954	1.085	920	981
Taxas de órgãos da Seguridade[1]								380	391
RECEITAS desvinculadas pelo DRU	32.496	39.254	38.776	45.860	63.418	63.132	63.791	99.315	113.468
Valor médio subtraído da Seguridade Social[3]	57.086

Fonte: Siga Brasil.
Notas: Até 2015, a DRU era calculada aplicando-se 20% às receitas das contribuições sociais, exceto para a contribuição previdenciária, onde não se aplica. (1) A partir de 2016, com a EC n. 93/2016, a alíquota de desvinculação passou a ser 30% e a atingir as taxas em adição às contribuições sociais. (2) Até 2007, em Outras contribuições constavam as receitas da CPMF, extinta naquele ano. A incidência da DRU na CPMF era parcial, não incidindo sobre a fração destinada ao Fundo de Erradicação da Pobreza. (3) Valor médio de todo o período de 2005 a 2017, e não apenas no período apresentado na tabela.
Organização: ANFIP e Fundação ANFIP.

Diante desse contexto, surge a norma programática com a redação dada pela EC n. 103/2019, inciso VI do parágrafo único do art. 194, para evidenciar a necessária divisão das rubricas contábeis, com a especificação das receitas e das despesas, de cada uma das áreas integrantes da Seguridade: Previdência, Assistência e Saúde.

Importante observar que a redação original da PEC n. 6/2019 foi aprimorada na Câmara dos Deputados, tendo no substitutivo[39] da Comissão Especial constado os seguintes esclarecimentos:

> Em relação às regras atinentes ao Regime Geral de Previdência Social, foram promovidas no substitutivo as alterações que passamos a discriminar. Primeiramente, cabe assinalar que a integração das ações de saúde, previdência e assistência social em um conjunto que se convencionou denominar "seguridade social" não deve impedir que se tenha total clareza contábil das receitas e despesas de cada uma destas importantes ações.
>
> Por tal razão, concordamos com a segregação contábil das referidas áreas, mas propomos alteração no texto proposto para o inciso VI do parágrafo único do art. 194 da Constituição com o intuito de fazer constar expressamente que a contabilidade em separado deve ser tanto **das despesas** quanto **das receitas**. Trata-se de uma medida voltada, em última análise, para garantir a transparência das contas públicas.

E, para dar verdadeira coerência, a Reforma da Previdência de 2019 excetua da desvinculação das receitas da União (DRU) as contribuições sociais destinadas ao financiamento da seguridade social, ao atribuir o § 4º ao art. 76 do ADCT:

> Art. 76 (...)
> § 4º A desvinculação de que trata o caput **não se aplica** às receitas das **contribuições sociais destinadas ao custeio da seguridade social**.

---
[39] Disponível em: https://www.camara.leg.br/proposicoesWeb/prop_mostrarintegra?codteor=1764374&filename=Parecer--PEC00619-13-06-2019. Acesso em: 12-11-2019.

Merecedora de elogios a novel disposição alocada no § 4º do art. 76 do ADCT, em decorrência da qual a totalidade das receitas das contribuições sociais da seguridade social será vinculada (como sempre deveria ter sido) ao custeio das ações da Saúde, Previdência e Assistência Social.

O objetivo é de proporcionar maior transparência e superar a era de desvinculação "provisória" (DRU), medida que repercute diretamente sobre atenuação, exclusão do **déficit** da Previdência e da Seguridade Social.

De todo o exposto, constatam-se, em resumo, dois pontos a merecer aplausos advindos da EC n. 103/2019:

a) contribuições sociais destinadas à Seguridade Social deixam de integrar a DRU (§ 4º do art. 76 do ADCT);

b) a obrigatoriedade de o Poder Público, por intermédio da Lei Orçamentária Anual, garantir a transparência das contas públicas, ao dispor do orçamento da seguridade social, identificando-se, em rubricas contábeis específicas para cada área, as receitas e as despesas vinculadas a ações de saúde, previdência e assistência social (inciso VI do parágrafo único do art. 194).

Em suma, tanto a desoneração (nova redação do art. 195, § 9º, e revogação do § 13) como a DRU (que deixou de atingir as receitas de seguridade social, art. 76, § 4º, do ADCT) foram combatidas na EC n. 103/2019, medidas que poderão transformar o alardeado *defict* em *superavit* no futuro.

Como visto, a norma programática do inciso VI do parágrafo único do art. 194, com a redação dada pela EC n. 103/2019, traz a obrigatoriedade de se evidenciar a divisão das rubricas contábeis, com a **especificação das receitas e das despesas**, de cada uma das áreas integrantes da Seguridade: Previdência, Assistência e Saúde.

Fator que possibilitará à sociedade conhecer e partir daí melhor debater as constas da Previdência, com maior propriedade.

8.2 Compreensão

1) Responda[40]: (ANALISTA – TRF 2ª REGIÃO – FCC – 2007) A contribuição social sobre a receita de concursos de prognósticos é um exemplo específico do princípio constitucional da:
   (A) diversidade da base de financiamento;
   (B) caráter democrático e descentralizado da administração;
   (C) seletividade e distributividade na prestação dos benefícios e serviços;
   (D) universalidade da cobertura;
   (E) equidade na forma de participação no custeio.

2) Responda[41]: (ANALISTA – TRF 2ª REGIÃO – FCC – 2007) A receita da seguridade social não está adstrita a trabalhadores, empregadores e Poder Público. Essa assertiva relacionada a receita da seguridade social está baseada, especificamente, ao princípio da:
   (A) natureza democrática e descentralizada da administração;
   (B) diversidade da base de financiamento;
   (C) universalidade da cobertura e do atendimento;
   (D) equidade na forma de participação no custeio;
   (E) seletividade e distributividade na prestação dos benefícios.

---

[40] Resposta: (A) diversidade da base de financiamento.
[41] Resposta: (B) diversidade da base de financiamento.

9. CARÁTER DEMOCRÁTICO E DESCENTRALIZADO DA ADMINISTRAÇÃO

A República Federativa do Brasil constitui-se em Estado Democrático de Direito. Diante disso, o art. 194, parágrafo único, VII, está em perfeita harmonia com o art. 1º da mesma Carta, ao estabelecer o caráter democrático e descentralizado mediante **gestão quadripartite, com participação nos órgãos colegiados:**

1) dos trabalhadores;
2) dos empregadores;
3) dos aposentados;
4) e do Governo.

O art. 10 da CF corrobora o princípio do inciso VII: É assegurada **a participação dos trabalhadores e empregadores nos colegiados** dos órgãos públicos em que seus interesses profissionais ou **previdenciários** sejam objeto de discussão e deliberação.

Expressão maior desse caráter democrático e da gestão quadripartite é o **Conselho Nacional de Previdência Social** (CNPS), órgão superior de deliberação colegiada da Previdência Social. **Recomendação de leitura: arts. 3º, 4º e 5º da Lei n. 8.213/91.**

A Lei n. 13.266/2016 transferiu o CNPS para o **Ministério da Fazenda**. A partir de 2019, o CNPS passou a integrar a estrutura do **Ministério da Economia**, por força da Lei n. 13.844/2019. Desde 2023, o CNPS integra a estrutura do Ministério da Previdência Social (Lei n. 14.600/2023).

O CNPS terá como membros:

I – seis representantes do Governo Federal;
II – nove representantes da sociedade civil, sendo:
    a) três representantes dos aposentados e pensionistas;
    b) três representantes dos trabalhadores em atividade;
    c) três representantes dos empregadores.

Os membros do CNPS e seus respectivos suplentes serão nomeados pelo Presidente da República, tendo os representantes titulares da sociedade civil mandato de dois anos, podendo ser reconduzidos, de imediato, uma única vez.

Aos membros do CNPS, como representantes dos trabalhadores em atividade, titulares e suplentes, é assegurada a estabilidade no emprego, da nomeação até um ano após o término do mandato de representação, somente podendo ser demitidos por motivo de falta grave, regularmente comprovada por meio de processo judicial.

No ano de 2001, foram extintos o Conselho Nacional da Seguridade Social (CNSS), os Conselhos Estaduais e os Conselhos Municipais de Previdência Social (CEPS e CMPS).

De se atentar que a revogação do CNSS e dos CEPS e CMPS atentam contra a norma programática do inciso VII do parágrafo único do art. 194 da CF.

O Conselho Nacional de Saúde (CNS) e o Conselho Nacional de Assistência Social (CNAS) atendem ao caráter democrático, com a participação da sociedade civil, **entretanto possuem composição diferenciada daquela preconizada no art. 194, parágrafo único, VII, da CF**.

O CNS, órgão colegiado de caráter permanente e deliberativo, integrante da estrutura regimental do Ministério da Saúde, é composto por representantes do governo, **dos prestadores de**

serviço, profissionais de saúde e usuários, cujas decisões, consubstanciadas em resoluções, são homologadas pelo Ministro de Estado da Saúde.

O CNAS possui composição **paritária entre governo e sociedade civil**, sendo composto por 18 membros e respectivos suplentes, cujos nomes são indicados ao órgão da Administração Pública Federal responsável pela coordenação da Política Nacional de Assistência Social (PNAS), de acordo com os critérios seguintes:

I – nove representantes governamentais, incluindo um representante dos Estados e um dos Municípios;

II – nove representantes da sociedade civil, dentre **representantes dos usuários** ou de organizações de usuários, **das entidades e organizações de assistência social** e **dos trabalhadores do setor,** escolhidos em foro próprio sob fiscalização do Ministério Público Federal.

9.1 Compreensão

Responda[42]: (MPT – MINISTÉRIO PÚBLICO DO TRABALHO – PROCURADOR DO TRABALHO – 2006) A respeito da seguridade social, assinale a alternativa INCORRETA:

(A) Destina-se a assegurar os direitos relativos à saúde, à previdência e à assistência social.

(B) Um de seus objetivos é o caráter democrático e descentralizado da administração, mediante gestão tripartite, com participação dos trabalhadores, dos empregadores e do governo nos órgãos colegiados.

(C) Estão incluídas como fontes de recursos para a seguridade social as contribuições sociais da receita de concurso de prognósticos e do importador de bens ou serviços do exterior, ou de quem a lei a ele equiparar.

(D) A seguridade é um conjunto integrado de ações de iniciativa dos Poderes Públicos e da sociedade.

(E) Não respondida.

10. REGRAS CONSTITUCIONAIS – ART. 195 DA CF

Relevante notar que além dos **princípios constitucionais** relacionados no parágrafo único do art. 194 da CF existem ainda:

a) regras constitucionais da Seguridade Social contidas nos parágrafos do art. 195 da CF, exemplos:

- a **pessoa jurídica em débito** com o sistema da seguridade social, como estabelecido em lei, **não poderá contratar** com o Poder Público nem dele receber benefícios ou incentivos fiscais ou creditícios;
- a lei poderá instituir **outras fontes** destinadas a garantir a manutenção ou expansão da seguridade social, obedecida a **exigência de lei complementar (denominada contribuição residual)**;

---

[42] Resposta INCORRETA: (B) Um de seus objetivos é o caráter democrático e descentralizado da administração, mediante gestão tripartite, com participação dos trabalhadores, dos empregadores e do governo nos órgãos colegiados.

- **nenhum** benefício ou serviço da seguridade social **poderá ser criado, majorado ou estendido** sem a correspondente **fonte de custeio total** (conhecida como **regra da contrapartida**, também como **regra da prévia fonte de custeio**);
- as contribuições sociais de que trata o art. 195 **só poderão ser exigidas** após decorridos **90** dias da data da **publicação da lei** que as houver instituído ou modificado, não se lhes aplicando o disposto no art. 150, III, *b* (ou seja, **as contribuições sociais de seguridade social podem ser exigidas no mesmo exercício financeiro em que haja sido publicada a lei** que as instituiu ou aumentou, bastante o respeito à nonagésima);
- são isentas de contribuição para a seguridade social as **entidades beneficentes** de assistência social que atendam às exigências estabelecidas em lei (esta regra traz uma imunidade);

b) regras constitucionais aplicáveis **unicamente** à Previdência Social (RGPS), art. 201, exemplo:

- **nenhum** benefício **que substitua** o salário de contribuição ou o rendimento do trabalho do segurado terá valor mensal inferior ao salário mínimo (regra aplicável aos benefícios previdenciários de natureza substitutiva do rendimento do trabalho: aposentadorias, auxílio-doença, salário-maternidade, pensão por morte e auxílio-reclusão. Não é aplicável aos benefícios: auxílio-acidente e salário-família, por não serem substitutivos do rendimento do trabalho);
- todos os salários de contribuição considerados para o cálculo de benefício serão devidamente atualizados, na forma da lei (determina a correção monetária de cada uma das bases de cálculo da contribuição previdenciária paga mensalmente pelo segurado, para fins de apuração da prestação previdenciária a que fizer jus);
- assegurado o reajustamento dos benefícios para preservar-lhes, em caráter permanente, o valor real, conforme critérios definidos em lei (por força dessa regra, o valor dos benefícios previdenciários deve receber, periodicamente, aumento com base na inflação apurada no período imediatamente anterior);
- vedada a filiação ao regime geral de previdência social, na qualidade de segurado facultativo, de pessoa participante de RPPS (esta regra constitucional proíbe que servidor público possa ser segurado facultativo do INSS);
- a **gratificação natalina** dos aposentados e pensionistas terá por base **o valor dos proventos do mês de dezembro** de cada ano (cuidado, a gratificação natalina não é paga pelo INSS com base na média anual);

c) princípios legais fixados no art. 2º da Lei n. 8.213/91, que devem reger a Previdência Social:

I – universalidade de participação nos planos previdenciários;
II – uniformidade e equivalência dos benefícios e serviços às populações urbanas e rurais;
III – seletividade e distributividade na prestação dos benefícios;
IV – cálculo dos benefícios considerando-se os salários de contribuição corrigidos monetariamente;
V – irredutibilidade do valor dos benefícios de forma a preservar-lhes o poder aquisitivo;
VI – valor da renda mensal dos benefícios substitutos do salário de contribuição ou do rendimento do trabalho do segurado não inferior ao do salário mínimo;
VII – previdência complementar facultativa, custeada por contribuição adicional;
VIII – caráter democrático e descentralizado da gestão administrativa, com a participação do governo e da co-

munidade, em especial de trabalhadores em atividade, empregadores e aposentados.

Parágrafo único. A participação referida no inciso VIII deste artigo será efetivada a nível federal, estadual e municipal.

10.1 Compreensão

Responda[43]: (PROCURADOR DO MUNICÍPIO – PGM-SP – VUNESP – 2014) Considerando-se os princípios e diretrizes que regem a Seguridade Social, é correto afirmar que:

(A) os princípios e diretrizes da Saúde se estendem à esfera da Previdência Social.

(B) o direito à saúde é garantido a todos, independentemente da qualidade de contribuintes da Previdência Social.

(C) a base de financiamento da seguridade social é composta por contribuição dos segurados e, no caso de empregados, dos empregadores.

(D) a seguridade social compreende um conjunto de ações destinado a assegurar o direito da sociedade à saúde e à Previdência Social.

(E) a universalidade da cobertura e do atendimento garante o direito de toda a população aos benefícios da Previdência Social.

---

[43] Resposta: (B) o direito à saúde é garantido a todos, independentemente da qualidade de contribuintes da Previdência Social.

CAPÍTULO 3
LEGISLAÇÃO PREVIDENCIÁRIA

1. CONTEÚDO, FONTES, AUTONOMIA

O complexo de normas imprescindíveis à correta compreensão do direito previdenciário possui como ponto de partida o Texto Constitucional. A título de ilustração, citem-se os arts. 6º (define a Previdência como direito social), 40 (Regime Próprio dos Servidores Públicos), 167, XI (define quais são as contribuições previdenciárias), e 193 a 204 (Seguridade Social).

Na sequência, existem as Emendas Constitucionais, figurando como principais as de n. 20 (Reforma da Previdência), 41 (Reforma da Previdência com maior **ênfase** no Regime Próprio), 47 (Minirreforma da Previdência), 70 (critério de cálculo dos proventos da aposentadoria por invalidez dos servidores públicos), 88 (aposentadoria compulsória dos servidores públicos), e Emenda Constitucional n. 103, publicada em 13 de novembro de 2019, que promoveu profunda alteração na Previdência (tanto RGPS quanto RPPS).

As Leis complementares, como as de n. 108 e 109 (Previdência Complementar), 142 (Aposentadoria diferenciada em prol do segurado que seja Pessoa com Deficiência) e 150 (Empregados Domésticos).

As Leis ordinárias n. 8.212 (Lei de Custeio) e 8.213 (Lei de Benefícios Previdenciários), ambas de 1991, e toda a enormidade de leis ordinárias editadas com o fim precípuo de modificar o regramento do seguro social no decorrer das últimas décadas.

As Medidas Provisórias que promoveram "minirreformas da Previdência", como a 664/2014, convolada na Lei n. 13.135/2015, e a 871/2019, convertida na Lei n. 13.846/2019.

O Decreto Federal n. 3.048/99 (que regulamenta as Leis de Custeio e de Benefícios).

A Instrução Normativa n. 128 INSS/Pres., de 2022, que normatiza, unifica e detalha todo o plexo de normas acerca de benefícios e serviços previdenciários para efeito de efetiva concretização perante as Agências de atendimento da Previdência Social; e a Instrução Normativa RFB n. 2110, de 2022, que contempla as normas gerais de tributação previdenciária e de arrecadação das contribuições sociais destinadas à Previdência Social administradas pela Secretaria Especial da Receita Federal do Brasil (RFB).

É a proteção social o conteúdo precípuo encontrado nesse conjunto de regras, quer no viés do financiamento para manutenção do sistema protetivo, quer no detalhamento dos requisitos necessários para obtenção das prestações previdenciárias ou dos serviços existentes à disposição dos protegidos na seara previdenciária.

Consagrado que **o Direito é uno, indivisível**, no entanto, para facilitar o estudo desse feixe de atos normativos, admite-se para fins acadêmicos a singela divisão. Nessa tessitura ganha lugar de destaque o Direito Previdenciário, que pode ser afirmado tratar-se de **matéria autônoma** em face das demais disciplinas, de outra toada, **totalmente impróprio** aduzir seria subespécie do Direito do Trabalho.

2. VALIDADE, VIGÊNCIA E EFICÁCIA

Determina o art. 5º, II, da CF que ninguém será obrigado a fazer ou deixar de fazer alguma coisa senão em virtude de lei. A lei referida é a capitulada como fonte primária, única capaz de impor ao particular a obrigação de fazer ou de se abster da prática de atos, traduzida como norma constitucional, bem como os demais normativos listados no art. 59 da CF:

I – emendas à Constituição;
II – leis complementares;
III – leis ordinárias;
IV – leis delegadas;
V – medidas provisórias;
VI – decretos legislativos;
VII – resoluções.

A expressão lei em **sentido amplo** significa dizer normas jurídicas não apenas de primeira grandeza, conhecidas como fontes primárias acima referidas, mas ainda as secundárias, de segundo escalão, a exemplo dos decretos presidenciais, orientações normativas, memorandos circulares, instruções normativas etc. Estas, as secundárias, não se prestam a obrigar o particular, salvo se retratarem reprodução fiel da vontade da lei (fonte primária).

Somente a norma válida poderá obrigar o indivíduo a fazer ou deixar de fazer, sendo imperioso para atendimento do **pressuposto da validade** a satisfação de dois requisitos:

a) confeccionada pela pessoa competente; e
b) utilização do instrumento normativo adequado.

Aspecto de crucial importância é saber quem é detentor da competência para edição da lei na seara previdenciária. O art. 22 da atual Lei Suprema estabelece a **competência privativa** da União para legislar sobre seguridade social (inciso XXIII). Cabendo à lei complementar (parágrafo único do art. 22) autorizar os Estados[1] a legislar sobre questões específicas.

A Seguridade Social abrange, na literalidade do art. 194 da CF, Previdência, Assistência Social e Saúde. Nesse ritmo argumentativo, não terá validade alguma uma lei municipal que pretenda alterar a Lei Federal n. 8.213/91, porque a competência é privativa da União para editar normas sobre o Regime Geral de Previdência Social.

Atenção deve ser dada ao art. 24 da CF, ao afirmar que compete à União, aos Estados e ao Distrito Federal legislar **concorrentemente** sobre: "XII – previdência social". E o art. 30, I, atribui aos municípios competência para legislar sobre temas de assunto local.

A **competência concorrente** ditada nesse art. 24 **não abrange o Regime Geral**, mas sim competência para disciplinar a previdência dos respectivos servidores públicos (Regime Próprio e Previdência Complementar).

O Regime Próprio de Previdência Social (RPPS) exige lei específica de cada um dos entes de direito público interno. Por conseguinte, a criação de RPPS exige edição de lei do respectivo ente público (federal, estadual e municipal). Assim, por mais bem elaborada que seja a redação do texto lei federal, não atenderá ao critério de validade caso referida "lei" crie RPPS em determinado município, sendo válida unicamente lei municipal do respectivo ente federativo para tal desiderato.

---

[1] Não se esqueça de que ao Distrito Federal são atribuídas as competências legislativas reservadas aos Estados e Municípios (art. 32, § 1º, da CF).

Segundo reza o § 14 do art. 40 da CF, compete à União, aos Estados, ao Distrito Federal e aos Municípios instituírem, **por lei de iniciativa do respectivo Poder Executivo**, regime de **previdência complementar** (RPC) para servidores públicos ocupantes de cargo efetivo.

A União editou a Lei n. 12.618/2012, criando a Fundação de Previdência Complementar do Servidor Público Federal (FUNPRESP), no entanto, referida Lei não é válida para servidores públicos estaduais nem mesmo municipais.

No Estado de São Paulo houve a edição de lei estadual (Lei n. 14.653/2011) criando a Fundação de Previdência Complementar do Estado de São Paulo (SP-PREVCOM), que é uma entidade fechada, sem fins lucrativos e com autonomia administrativa, financeira, patrimonial com atribuição de administrar o RPC dos servidores públicos estaduais de São Paulo. Essa Lei paulista não é norma válida para os servidores públicos do Estado de Minas Gerais, por exemplo.

A Reforma da Previdência dispôs ser **vedada a instituição de novos** regimes próprios de previdência social, e que **lei complementar federal** estabelecerá, para os que já existam, normas gerais de organização, de funcionamento e de responsabilidade a serem observadas por Estados e Municípios em sua gestão (§ 22 do art. 40).

Outra novidade trazida pela EC n. 103/2019 foi **atribuir à União competência privativa** para editar **normas gerais sobre inatividades e pensões das polícias militares e dos corpos de bombeiros militares**.

Importante anotar que as leis da União que trazem as normas gerais são definidas como **leis nacionais**.

Em suma, com relação à validade, não tendo sido a norma produzida pela pessoa constitucionalmente competente, restará esvaziada a coercitividade do ato. Não se pode olvidar, como antes afirmado, que não basta ter sido a norma editada pela pessoa competente, **deve ainda ter se valido do instrumento normativo adequado**.

Exemplo clássico é com relação à exigência feita pela Constituição de edição de lei complementar para o trato de certas matérias, de modo a tornar sem valia lei ordinária que invada a esfera reservada à lei complementar (art. 69 da CF: "As leis complementares serão aprovadas por maioria absoluta").

No campo da seguridade social, a Constituição estabelece a necessidade de manejo de **lei complementar** nas seguintes situações:

a) art. 40, § 1º, II, que versa sobre a aposentadoria compulsória por idade dos servidores públicos, com proventos proporcionais ao tempo de contribuição, aos 70 ou aos 75 anos de idade, na forma de lei complementar (novidade trazida pela EC n. 88, de 2015. Lei Complementar já editada: LC n. 152/2015);

b) para o trato de aposentadoria diferenciada, tanto no Regime Próprio de Previdência Social (art. 40, §§ 4º-A, 4º-B e 4ºC, da CF) como para os segurados do RGPS (art. 201, § 1º, da CF). Em atendimento ao comando constitucional houve a edição da LC n. 142/2013, para reger a aposentadoria diferenciada do segurado Pessoa com Deficiência;

c) para a criação de outras contribuições sociais de seguridade social, denominada contribuição residual, referida no art. 195, § 4º, da CF;

d) no § 11 do art. 195, estabelece a vedação à concessão de remissão ou anistia das contribuições previdenciárias (previstas nos incisos I, *a*, e II do art. 195 da CF);

e) no § 3º do art. 198, exige lei complementar no ramo da saúde, que será reavaliada pelo menos a cada cinco anos, para, entre outras, fixar os critérios de rateio dos recursos da

União vinculados à saúde destinados aos Estados, ao Distrito Federal e aos Municípios, e dos Estados destinados a seus respectivos Municípios, objetivando a progressiva redução das disparidades regionais;

f) disciplinar a cobertura de benefícios não programados, inclusive os decorrentes de acidente do trabalho, a ser atendida concorrentemente pelo RGPS e pelo setor privado (art. 201, § 10, da CF);

g) para regrar o Regime de Previdência Complementar, art. 202 da CF (editadas as LCs n. 108 e 109, de 2001).

Satisfeito o pressuposto da validade, deve ser observada na sequência **a vigência**, que é a possibilidade de produção de efeitos, em especial o de revogar lei anterior de forma expressa (por exemplo, a lei nova diz: Fica revogada lei "X"), ou tácita (quando trate do mesmo tema, atribuindo desfecho diferenciado). Enquanto não estiver vigente não possui força suficiente para revogar, expressa ou tacitamente, outra norma.

A Lei Complementar n. 95/98 bem esclarece que a vigência da lei será indicada de forma expressa e de modo a **contemplar prazo razoável** para que dela se tenha amplo conhecimento, reservada a cláusula "entra em vigor na data de sua publicação" para as leis de pequena repercussão.

Para ilustrar, confira-se o teor da Lei n. 13.101/2015, que instituiu o Dia Nacional do Milho em todo o território nacional na data de 24 de maio. Diante da pequena repercussão dessa norma, o art. 2º dessa Lei diz: "entra em vigor na data de sua publicação". Por outro lado, a Lei n. 13.105/2015 traz o novo Código de Processo Civil, regramento com mais de mil artigos, para disciplinar milhões de processos judiciais federais e estaduais em todo o Brasil, tornando desarrazoado imaginar pudesse a norma fixar a sua vigência na data da publicação, tendo a Lei n. 13.105 estabelecido a *vacatio legis* de um ano no art. 1.045: "Este Código entra em vigor após decorrido 1 (um) ano da data de sua publicação oficial". Prazo esse razoável para que dela se tenha amplo conhecimento.

A LC n. 95/98 estabelece, ainda, a forma da contagem do prazo para entrada em vigor das leis que estabeleçam período de vacância, esclarecendo que se fará a contagem **com a inclusão** da data da publicação e do último dia do prazo, entrando em vigor no dia subsequente à sua consumação integral.

Tome-se como exemplo o art. 5º, II, da MP n. 664, que fixou a vigência da nova redação do § 2º do art. 74 da Lei n. 8.213/91 somente 15 dias a partir da publicação, ocorrida em 30 de dezembro de 2014. Por conseguinte, considerado o dia 30 (publicação), ter-se-á a consumação integral em 13 de janeiro, com vigência iniciada a contar de 14 de janeiro de 2015.

O interregno existente entre a publicação da lei e sua vigência denomina-se *vacatio legis*, que na hipótese de o legislador por lapso deixar de fixar a data da vigência, a vacância será fixada na Lei de Introdução às Normas do Direito Brasileiro (Decreto-Lei n. 4.657/42), que assevera: "Art. 1º Salvo disposição contrária, a lei começa a vigorar em todo o país 45 (quarenta e cinco) dias depois de oficialmente publicada".

Salvo disposição em contrário, a *vacatio legis* será de **45 dias**. Ocorre que na seara da Seguridade Social há uma ressalva registrada no art. 195, § 6º, da CF, que estabelece que as "contribuições sociais de seguridade social só poderão ser exigidas **após decorridos noventa dias** da data da publicação da lei que as houver instituído ou modificado, não se lhes aplicando o disposto no art. 150, III, *b*, da CF". Por conseguinte, em se tratando de instituição ou aumento de contribuição social para a seguridade social, não terá exigibilidade a nova lei antes de decorrido o regramento da nonagésima. Excluída essa exceção, a qualquer outra norma previdenciária que deixe de fixar prazo para vigência, aplica-se a vacância de 45 dias.

A Emenda Constitucional n. 103, conhecida como a Emenda da Reforma da Previdência de 2019, entrou em vigor na data da publicação (13-11-2019), salvo com relação aos aspectos tributários (elevação das alíquotas contributivas), que entraram em vigor no primeiro dia do quarto mês subsequente (1º de março de 2020).

Sacramentada ser a norma válida e vigente depende, ainda, a análise quanto à **eficácia**, atributo necessário para produção de efeitos concretos. Para melhor compreensão cite-se a Emenda Constitucional n. 72/2013, que deu nova redação ao parágrafo único do art. 7º da CF para estabelecer a igualdade de direitos trabalhistas entre os trabalhadores domésticos. A EC n. 72, a despeito de válida (promulgada pelas Mesas da Câmara dos Deputados e do Senado Federal, depois de seguido o devido processo legislativo) e vigente, ainda não produzia efeitos no âmbito previdenciário, pois dependia da edição de lei para dar concretude às disposições constitucionais; a eficácia do parágrafo único do art. 7º da CF deu-se com a edição da LC n. 150/2015.

3. APLICAÇÃO DAS NORMAS PREVIDENCIÁRIAS

3.1 Eficácia da lei previdenciária no tempo: direito adquirido

A lei válida, vigente e eficaz produz efeitos aos atos elaborados sob seu império, porém há possibilidade de a norma ser ultra ativa, ou seja, de produzir efeitos mesmo após revogada. No direito previdenciário há o brocardo *tempus regit actum*, segundo o qual a lei aplicável é aquela vigente na época do implemento dos requisitos necessários à obtenção do benefício.

Para dar clareza à aplicação do adágio, tenha-se em mente óbito de segurado no ano de 1994, época na qual o valor da pensão por morte era de 90% segundo a lei "A", mas a viúva apenas efetivou o requerimento para obtenção do benefício no ano de 1995, ano no qual houve nova lei ("B") majorando o benefício para 100% nessa situação. O INSS, por sua vez, irá conceder a pensão por morte com base na lei vigente na data do fato gerador do benefício, qual seja, a da data do óbito, portanto receberá a pensionista 90% a título de pensão, e será aplicada a lei "A" mesmo estando revogada na data da concessão do benefício, uma vez que as condições necessárias à pensão(óbito) foram implementadas na vigência da lei "A", decorrendo a partir disso, direito adquirido, pouco importando a data do exercício do direito (data da apresentação do requerimento administrativo).

Com a edição das leis responsáveis pelas minirreformas (Lei n. 13.135/2015 e Lei n. 13.876/2019) e da Emenda Constitucional da "Nova Previdência" (EC n. 103/2019) diversos são os pontos de aplicação do brocardo *tempus regit actum*.

Novamente sobre a pensão, por importante, a atual redação do art. 77, V, *b*, da Lei n. 8.213/91, estabelece que, independentemente da idade da viúva, receberá apenas quatro meses de pensão por morte caso não estivesse casada há pelo menos dois anos com o *de cujus* na data do passamento.

Antes da Lei n. 13.135/2015, em todas as situações a viúva sempre recebia pensão por morte vitalícia. O novo regramento, mais severo, somente é aplicável a óbitos de segurado ocorridos após a vigência da Lei n. 13.135/2015, de modo que para óbitos ocorridos antes do ano de 2014, mesmo que a viúva seja extremamente jovem (20 anos de idade) e que estivesse casada há apenas três meses com o falecido segurado, ainda assim terá direito a pensão por morte vitalícia, porque a lei regente é aquela operante na data do falecimento, ainda que a jovem viúva venha exercer seu direito (apresentar o requerimento no INSS) depois da Lei n. 13.135/2015.

> **MEMORIZE**
> Súmula 340 do STJ: A lei aplicável à concessão de pensão previdenciária por morte é aquela vigente na data do óbito do segurado.

Nesse ritmo argumentativo, caso alguém compareça hoje numa agência do INSS e prove que no ano de 2010 havia preenchido todos os requisitos exigidos na lei vigente naquela época para se aposentar, a despeito de ter apresentado somente agora seu requerimento, terá o direito de obter seu benefício com base na lei vigente naquela época (2010).

O retrato do que foi apresentado é decorrência do mandamento constitucional (art. 5º, XXXVI – "a lei não prejudicará o direito adquirido"), ou seja, o direito tal como adquirido não pode ser afastado por norma superveniente.

Em suma, o segurado que preencheu todos os requisitos previstos na lei, ainda que não exerça seu direito no momento que foi adquirido, está protegido contra leis futuras (*tempus regit actum*).

3.2 Eficácia da lei previdenciária no tempo: expectativa de direito

Situação diversa é a da expectativa de direito, quer dizer, o segurado que ainda não tenha implementado todas as condições necessárias à obtenção do benefício sofrerá todo o influxo da nova legislação. Exemplo, para obtenção de aposentadoria por tempo de contribuição exige-se do segurado do sexo masculino 35 anos de contribuição, por hipótese tenha-se que o segurado iria completar os 35 anos necessários em 20 de novembro de 2019, entretanto, é promulgada nova norma (válida, vigente e eficaz) em 12 de novembro de 2019, modificando o requisito da aposentaria integral apenas aos 40 anos de tempo de contribuição. O segurado dessa ilustração não tinha ainda direito adquirido, mas mera expectativa de direito (direito expectado); sofrerá, em decorrência disso, todo o amargor da lei nova, terá de contribuir por mais 5 anos.

Não há direito adquirido a regime jurídico, afirmou o STF, ou seja, não pode o segurado que não havia, na data da lei nova, implementado todas as condições para obtenção do benefício, pretender a aplicação da lei antiga, aduzindo que no momento do seu ingresso na previdência (ocorrido há décadas) o regime jurídico existente era mais brando.

Para evidenciar a distinção, observe o **enunciado**: RGPS, aposentadoria por idade para a segurada exigia requisito etário de 60 anos (e carência de 180 contribuições). Em novembro de 2019 foi promulgada a EC n. 103, que deu nova redação ao art. 201, § 7º, da CF, elevando a idade mínima para a segurada se aposentar para 62 anos. Com base, **exclusivamente**, na alteração do 201, § 7º, da CF, pela Reforma da Previdência de 2019, confira as consequências decorrentes das situações postas:

a) **Situação:** Segurada do INSS que implementou 60 anos de idade (e carência) em outubro de 2019 (antes do novel regramento). **Consequência**: **Direito adquirido**, poderá apresentar requerimento em fevereiro de 2020 e se aposentar sem qualquer óbice;

b) **Situação:** Segurada do INSS que implementou 60 anos de idade (e carência) em fevereiro de 2020, depois do novo regramento mais severo. **Consequência:** Há mera **expectativa de direito**, sofrerá o rigor da nova lei, sua aposentadoria não será concedida, terá de aguardar o implemento da idade mínima de 62 anos de idade (observação: nesta oportunidade, não se está levando em consideração a **regra de transição** alocada nos art. 18 da EC n. 103/2019).

3.3 Eficácia da lei previdenciária no tempo: regra de transição

Para amenizar o impacto severo da lei nova, é praxe, a despeito de não estar o legislador a isso obrigado, a criação de regras de transição, com o desiderato de criar situação intermediária em prol dos antigos segurados. A regra de transição torna-se terceira regra de aplicação restrita aos filiados antes da nova norma, **norma que não será tão boa quanto a antiga**, que foi revogada, **mas por outro lado não será tão severa como a recém-editada**.

Exemplificando, antes de 1991 o prazo de carência para aposentadoria por idade era de apenas 60 contribuições (equivalente a 5 anos); com a publicação da Lei n. 8.213/91 a carência passou a 180 contribuições (= 15 anos), restando revogada a lei anterior. A primeira situação, já analisada, é a de que protegidos estavam todos aqueles que antes de 1991 já tivessem implementado o requisito etário e carência (de 5 anos), havendo direito adquirido, de nenhum relevo para estes segurados a ocorrência da revogação da norma antiga efetivada pela Lei n. 8.213/91.

Outra conclusão bastante óbvia é com relação àqueles que iniciaram a vida contributiva na vigência da Lei n. 8.213/91, para estes, vale unicamente o novo regramento (carência de 180 contribuições). Não houvesse regra de transição, os segurados que em 1991 ainda não houvessem implementado os requisitos, idade e carência, ficariam sujeitos à nova regra (carência de 180 contribuições).

Porém, para amenizar o duro impacto da Lei n. 8.213/91 (que triplicou o prazo de carência) se fez constar o art. 142, trazendo regra de transição, determinando que para os antigos filiados (quem se filiou antes da Lei n. 8.213/91) a carência permaneceria de 60 contribuições, desde que o implemento da idade para a aposentadoria ocorresse até o ano de 1992; caso a idade mínima exigida para aposentadoria fosse satisfeita em 1993, a carência era de 66 contribuições; para o antigo filiado que implementasse o requisito etário no ano de 1994, era de 72 contribuições; e assim, sucessivamente houve aumento gradual, até que em 2011 houve a unificação da carência em 180.

Em razão do endurecimento constante das regras para obtenção de benefícios, conquanto não seja obrigado, torna-se extremamente recomendável que o legislador sempre traga no bojo da lei nova (mais rígida) regras de transição, em respeito aos anos de expectativa que nutriram os antigos filiados durante décadas, expectativa que não pode ser totalmente frustrada, aconselhável a edição de regras intermediárias para suavizar a caminhada final dos segurados filiados há longa data.

A Emenda Constitucional n. 103/2019 (a Nova Previdência) endureceu as regras de concessão de aposentadoria, mas felizmente consagrou **regras de transição** nos arts. 15, 16, 17, 18 e 20 para suavizar o caminho entre o antigo e o novo ordenamento regente da Previdência.

3.4 Eficácia da lei previdenciária no espaço

Territorialidade. A lei brasileira deve ter, por regra, aplicação restrita ao território nacional. Desse modo, a empresa que, dentro dos limites territoriais do Brasil, contratar pessoa física para prestar serviços remunerados ficará obrigada a pagar contribuição previdenciária (cota patronal). Nesta ilustração, caso a empresa desafie a autoridade da lei, deixando de recolher o tributo, ficará sujeita a execução fiscal, respondendo com seu patrimônio para satisfação da dívida.

Malgrado isso, por exceção, a lei brasileira poderá não ser aplicada no território nacional, como o faz a Lei n. 8.213/91, no art. 11, I, *d*, ao determinar que não fica sujeito à filiação obrigatória em se tratando de prestador de serviço o não brasileiro sem residência permanente no Brasil, o tomador de serviço qualificado como missão diplomática ou a repartição consular de carreira estrangeira.

Extraterritorialidade. Sob outro ângulo, por regra, a lei brasileira não poderá ser aplicada a uma empresa estrangeira estabelecida unicamente no exterior. Assim, por exemplo, caso uma empresa japonesa, sediada no Japão (sem qualquer filial no Brasil), contrate um trabalhador brasileiro, será um fato irrelevante para a lei previdenciária brasileira, uma vez que a lei do Brasil não possui força suficiente para impor obrigações àquela empresa estrangeira estabelecida em outro país.

A par das regras anunciadas, há exceções, tornando aplicável a lei brasileira a fatos (prestação de serviços remunerados) ocorridos no exterior. A Lei n. 8.213/91, no art. 11, I, *f*, garante a aplicação da lei brasileira em prol de brasileiro contratado para trabalhar como empregado em empresa domiciliada no exterior, cuja maioria do capital votante pertença a empresa brasileira de capital nacional.

4. INTERPRETAÇÃO DAS NORMAS PREVIDENCIÁRIAS

Interpretar significa declarar o real sentido da norma. Revelar o verdadeiro desejo daquele que redigiu o texto é algo imprescindível para o correto cumprimento da norma. Por exemplo, cite-se a convenção condominial de determinado prédio, do qual conste a norma "proibido animais", mas o que significa exatamente essa norma? O que realmente desejavam as pessoas que redigiram esse texto?

A seguir ao pé da letra, de forma cega, chega-se ao absurdo de tornar proibido que qualquer morador desse edifício seja possuidor de um peixinho colorido em minúsculo aquário. É realmente esse o sentido da restrição condominial? Ademais, a extremo rigor, nem mesmo pessoas poderiam viver nesse condomínio, porque o ser humano é classificado por "animal" racional! Cabe ao intérprete recusar-se a entender a norma dessa maneira, porque não apresentaria qualquer sentido lógico.

A arte de revelar a verdadeira intenção do subscritor é denominada hermenêutica, que deriva do deus grego Hermes, a quem competia traduzir as mensagens dos deuses aos humanos.

4.1 Interpretação autêntica

É toda aquela declarada pelo próprio texto, como o faz, por exemplo, a Lei n. 8.212/91, no art. 21, § 4º, que afirma:

> Considera-se de baixa renda, para os fins do disposto na alínea *b* do inciso II do § 2º deste artigo, a família inscrita no Cadastro Único para Programas Sociais do Governo Federal – CadÚnico cuja renda mensal seja de até 2 (dois) salários mínimos.

Não é lícito, assim, ao intérprete entender que baixa renda é a família "não" inscrita no CadÚnico e com renda familiar de 50 salários mínimos, pois isso desafiaria a interpretação de "família de baixa renda" fixada pelo próprio subscritor da norma.

4.2 Interpretação jurisprudencial

É a interpretação dada pelos Tribunais, excelente exemplo foi a "desaposentação", que constituiu forma peculiar de interpretar as normas constantes do direito previdenciário.

Resultado interpretativo feito pelo Superior Tribunal de Justiça no Recurso Especial Representativo da controvérsia (REsp 1.334.488), julgado no ano de 2013 (a decisão foi válida até o ano de 2016), admitiu a desaposentação (renúncia à aposentadoria para obtenção de nova – reaposentação – com valor de renda mensal mais vantajosa), entendimento que nunca foi compartilhado pelo Poder Executivo.

A desaposentação evidencia que a leitura dos mesmos artigos legais pode ensejar conclusão diametralmente oposta (Poder Executivo e Poder Judiciário, sendo o entendimento dos tribunais denominado jurisprudência).

Ainda sobre o tema desaposentação, anote-se que, em outubro de 2016, essa tese revisional foi rejeitada pelo STF (órgão máximo do Poder Judiciário), ao apreciar os Recursos Extraordinários 381.367/RS, 661.256/SC e 827.833/SC, julgados com repercussão geral, de modo que o atual entendimento jurisprudencial (de todo o Poder Judiciário) corrobora a interpretação dada pela autarquia federal previdenciária, no sentido de que o art. 181-B do Decreto n. 3.048/99 **impede** a "desaposentação".

4.3 Interpretação doutrinária

Os estudos científicos elaborados por estudiosos que buscam enriquecer os leitores com conhecimento, nova visão baseada no aprofundamento teórico.

4.4 Interpretação literal

Esta é a menos recomendada, pois ela nos revela no mais das vezes o inaceitável, fere no mais das vezes o bom senso. Ilustração é a redação original do art. 20, § 3º, da Lei n. 8.742/93, que garantia a concessão de benefício assistencial em favor do idoso ou da pessoa com deficiência desde que a renda mensal *per capita* familiar seja "inferior" a **1/4** do salário mínimo.

Segundo a redação original da Lei n. 8.742/93, a família composta de exatos quatro integrantes, sendo um deles pessoa com deficiência (PcD), em que apenas um dos seus membros possuía renda mensal no valor exato de um salário mínimo, pela interpretação literal, a renda *per capita* familiar por não ser "inferior" a 1/4 de SM, mas exatamente "igual" a 1/4 de SM, tornaria legítima (e extremamente cruel) a negativa de concessão do benefício; por outro lado, se a renda dessa família fosse reduzida em apenas um único centavo teria essa PcD direito a receber o benefício, porque o critério renda familiar, com a exclusão de um centavo, tornaria a renda *per capita* "inferior" a 1/4 de SM.

> **Atenção!** A Lei n. 13.982/2020, seguida da Lei n. 14.176/2021, deu nova redação ao § 3º do referido art. 20, dispondo: "renda mensal *per capita* familiar seja, 'igual', ou inferior a **1/4** do salário mínimo".

4.5 Interpretação histórica

Preciosa é esta forma de interpretar, pois ela será capaz de revelar sentido que os mais novos não são capazes de visualizar.

Exemplo é o requisito carência de 180 contribuições para a aposentadoria por tempo de contribuição, que exige 35 anos de tempo de contribuição. Como compatibilizar os dois requisitos: 180 contribuições (carência) e 35 anos de contribuição?

A historicidade dos eventos irá revelar que havia no passado total sentido (época na qual a aposentadoria exigia 35 anos de tempo de "serviço", dentro desse lapso ao menos 180 meses deveriam ser de contribuição).

4.6 Interpretação sistemática

Esta é a das mais comuns e necessárias. Impedido está o intérprete de olhar um artigo de lei de forma isolada; não se pode deixar de considerar o capítulo no qual está inclusa a norma, conjugar com todos os demais artigos da mesma lei, e de leis congêneres, realizar estudo sistêmico.

Por vezes é a própria norma que assim o determina, como ocorre com o art. 80 da Lei n. 8.213/91, que, ao tratar do auxílio-reclusão, foi extremamente limitado no regramento do benefício, pois o legislador redigiu um único artigo sobre esse benefício, e toda a complementação normativa deve ser buscada nas disposições sobre a pensão por morte.

Devem assim ser preenchidas as regras e requisitos desse benefício (integração, que será estudada adiante) de forma sistêmica, por exemplo, por quanto tempo receberá o benefício em se tratando de esposa com 50 anos de idade que estava casada há mais de dois anos com o segurado que agora foi preso (sabendo que este segurado havia contribuído com mais de 18 contribuições antes da sua reclusão), o cenário autoriza na pensão por morte fruição vitalícia do benefício, mas e no auxílio-reclusão?

Obviamente, ao ser solto o segurado, deverá cessar necessariamente o benefício do dependente, haja vista que incompatível a manutenção de pagamento de auxílio-reclusão após a soltura do segurado.

4.7 Interpretação teleológica

Essencial é a busca do real fim buscado por aqueles que redigiram a norma. O art. 101 da Lei n. 8.213/91 estabelece que o aposentado por invalidez deve periodicamente comparecer, sob pena de suspensão do benefício, à perícia médica a cargo do INSS; o § 1º estabelece que ao implementar o aposentado a idade de 60 anos fica dispensado desse comparecimento, a interpretação da norma (caso não existisse o § 2º) não poderia levar à conclusão de que "não" poderia submeter-se a periódica mesmo nas situações de interesse do próprio idoso, como ocorre nas situações nas quais passa a depender de outra pessoa, e para fazer jus ao acréscimo de 25% previsto no art. 45 da Lei n. 8.213/91, precisa do aval do médico-perito do INSS.

A norma ao estabelecer a dispensa de comparecimento ao implementar 60 anos o fez **com o fim precípuo de proteger o idoso**, jamais houve a intenção dos que redigiram a norma de restringir seus direitos! Trata-se justamente da análise teleológica.

Caso não seja localizada a finalidade da lei para atribuir o correto sentido da norma, deve o intérprete na aplicação da lei atender **aos fins sociais** a que ela se dirige e às exigências do bem comum (art. 5º da Lei de Introdução às Normas do Direito Brasileiro).

4.8 Interpretação restritiva

Muitas vezes o legislador diz mais do que realmente pretendia. Situação na qual deve o intérprete restringir o alcance do texto legal, afastando assim a interpretação literal.

O art. 195, § 6º, da CF afirma que as contribuições sociais só poderão ser exigidas após decorridos 90 dias da data da publicação da lei que as houver instituído ou "modificado". Afirma que a observância ao intervalo de 90 dias entre a publicação da lei e a exigência do tributo deve ocorrer sempre que houver criação de nova contribuição (instituído) e quando ocorrer "modificação" na lei que trata da contribuição social.

Essa norma do § 6º do art. 195 da CF é para proteger o contribuinte, trata-se do princípio da "não surpresa", segundo o qual deve ser garantido prazo razoável ao contribuinte após a publicação da nova norma tributária gravosa para que ele possa se planejar para pagar o tributo "novo" ou o "aumento" do tributo.

Totalmente desarrazoado entender que eventual lei nova que "reduza" o valor da contribuição não possa ter valia imediata. O emprego do vocábulo "modificado" foi infeliz, devendo o intérprete limitar a leitura do termo para situações que tragam "gravame" ao contribuinte, que resultem "majoração" do tributo.

Nesse exato diapasão, o STF editou a Súmula Vinculante 50 justamente para enfatizar que a singela alteração de data do recolhimento do tributo (por exemplo, mudança do dia do pagamento do dia 10 para o dia 15 do mês) não é modificação que precise se submeter a essa determinação dos 90 dias. Bem se observa, em conclusão, que do vernáculo o termo "modificado" possui significado muito mais abrangente (= qualquer alteração) em comparação ao verdadeiro sentido que deve ser atribuído pelo intérprete, a compreensão mais apropriada para o texto deve ser "modificações gravosas ao contribuinte".

4.9 Interpretação ampliativa

De outro extremo, a interpretação ampliativa busca incluir aquilo que por manifesto cochilo legiferante deixou-se de assinalar.

Do art. 124 da Lei n. 8.213 consta que o seguro-desemprego pode ser recebido conjuntamente com o benefício de pensão por morte, mas nada disse a lei sobre a possibilidade de cumulação com o benefício de auxílio-reclusão.

Valendo-se o intérprete de interpretação sistêmica (já analisada) facilmente se observa que todas as razões que estiveram presentes quando a lei permitiu a percepção conjunta de pensão por morte com o seguro-desemprego, também estão presentes com relação ao dependente que esteja em fruição de auxílio-reclusão.

Diante disso o Decreto Federal n. 3.048, no art. 167, § 2º, promoveu a integração da norma, mediante a interpretação ampliativa (e sistêmica), tornando lícito o recebimento conjunto do seguro-desemprego com pensão por morte e **auxílio-reclusão** (portanto, a interpretação ampliativa corrige o "esquecimento" do legislador). Aplicável a expressão latina: *ubi eadem ratio ibi idem jus* (onde houver o mesmo fundamento haverá o mesmo direito).

4.10 Lei especial não revoga a geral (art. 85-A da Lei n. 8.212/91)

Os tratados, as convenções e outros acordos internacionais de que Estado estrangeiro ou organismo internacional e o Brasil sejam partes, e **que versem sobre matéria previdenciária, serão interpretados como lei especial**, essa é a exata determinação legal contida no art. 85-A da Lei n. 8.212/91.

Significa dizer que convivem as disposições contidas em tratados internacionais de previdência e a Lei de Benefícios Previdenciários (Lei n. 8.213/91), por exemplo, o Acordo Internacional de Previdência celebrado entre a República Federativa do Brasil e a República Francesa, em 2011, somente é aplicável às pessoas que se enquadrem em suas disposições (pessoas que trabalharam na França e atualmente estão no Brasil).

4.11 *In dubio pro misero*

Interpretações são sempre referidas no campo do direito social em decorrência do art. 5º[2] da Lei de Introdução às Normas do Direito Brasileiro.

Interpretações em prol do menos favorecido, do hipossuficiente. A situação do trabalhador rural, que possui dificuldades enormes de comprovar por meio de documentos o exercício da atividade campesina durante toda a sua vida, admite a jurisprudência dos tribunais possa comprovar a atividade rural por meio de início de prova documental, aceitando, para tanto, a anotação da profissão "lavrador" constante de documentos públicos: certidão de casamento, de nascimento de filhos, título de eleitor e certificado de reservista. Já ao trabalho urbano exige-se prova mais robusta para comprovar períodos de atividade remunerada: anotação em CTPS, contracheques, folha de registro de empregados etc.

Nessa mesma trilha, em prol da trabalhadora rural que não possua documentos em nome próprio para comprovar o exercício de atividade rural durante toda a sua vida, admite-se, também de forma pacífica nos tribunais, possa a mulher se valer da profissão rural do marido anotada em documentos públicos, por ter sido praxe cartorária no século XX sempre anotar a profissão da esposa como "do lar", ainda que trabalhadora rural fosse. Atenção: essa interpretação de que se estende a atividade profissional do marido à mulher não é válida para a esposa de trabalhador urbano!

Atente-se que a interpretação *in dubio pro misero* não é adotada de forma extremada pelos tribunais, verifique-se, nesse sentido, que o Superior Tribunal de Justiça afirma na Súmula 149 que a **prova exclusivamente testemunhal não basta à comprovação da atividade rurícola** para efeito da obtenção de benefício previdenciário. Necessária a apresentação de "início de prova material", ou seja, documentos públicos nos quais contém a profissão "lavrador" (certidão de casamento, de nascimento de filhos, título de eleitor e certificado de reservista).

---

[2] Art. 5º Na aplicação da lei, o juiz atenderá aos fins sociais a que ela se dirige e às exigências do bem comum.

5. INTEGRAÇÃO

É o modo de sanar eventuais lacunas na lei, omissão no texto legal.

A figura da **integração** consiste em técnica para solucionar omissões legislativas, são elas: a analogia, a equidade e os princípios gerais do direito.

Do recurso da integração deve valer-se o candidato em questões discursivas, sempre que a questão envolver tema sobre o qual a lei é silente, por exemplo, "o dependente condenado pela prática de homicídio doloso contra o segurado do INSS faz jus ao benefício de pensão por morte?".

A resposta, em questões objetivas, ANTES do ano de 2015 (por força da Lei n. 13.135, de 17 de junho de 2015) era SIM, fazia jus porque não existia vedação legal, e a Administração Pública fica sujeita ao princípio da legalidade estrita, somente podendo conceder ou negar benefício previdenciário nas hipóteses determinadas em lei.

Ao passo que, em questões discursivas devia o candidato, diante da omissão legal, que existia antes da Lei n. 13.135/2015, proceder à integração da norma[3], e explorar a analogia (art. 220 da Lei n. 8.112/90) e os princípios gerais do direito (arts. 557, I, e 1.814, I, do CC), expondo maior reflexão sobre o tema.

Atualmente, sobre essa questão específica, a lacuna foi sanada, houve a inclusão de hipótese excludente do direito à pensão por morte no § 1º do art. 74 da Lei n. 8.213/91:

> Perde o direito à pensão por morte o condenado criminalmente por sentença com trânsito em julgado, como autor, coautor ou partícipe de homicídio doloso, ou de tentativa desse crime, cometido contra a pessoa do segurado, ressalvados os absolutamente incapazes e os inimputáveis (redação do § 1º foi atribuída pela Lei n. 13.135/2015 e aprimorada pela Lei n. 13.846/2019).

---

[3] Art. 4º da Lei de Introdução às Normas do Direito Brasileiro: "Quando a lei for omissa, o juiz decidirá o caso de acordo com a analogia, os costumes e os princípios gerais de direito".

CAPÍTULO 4
REGIMES DE PREVIDÊNCIA

1. REGIME GERAL E PRÓPRIO DE PREVIDÊNCIA SOCIAL

Por primeiro, registre-se que o signo "previdência" é equívoco, pois evidencia a um só tempo três regimes diferenciados de seguro.

De filiação obrigatória, denomina-se Regime Geral de Previdência Social (RGPS) aquele definido no art. 201 da Magna Carta, e por Regime Próprio de Previdência Social dos Servidores Públicos (RPPS) aquele assentado no art. 40 do mesmo diploma normativo. Há, ainda, o Regime de Previdência Privada de feição Complementar (RPPC), de vinculação facultativa, designado no art. 202 do Texto Supremo, lastreado no brocardo da autonomia da vontade.

Regime Geral de Previdência Social (RGPS) é aquele que tem como figura central a pessoa física que exercer atividade remunerada, denominada segurado obrigatório porque é compulsoriamente filiada, significa dizer, é obrigada a contribuir mensalmente à Previdência, ficando ele (segurado) e seu dependente protegidos por esse regime previdenciário, podendo junto ao INSS obter, quando preenchidos os requisitos legais, prestação previdenciária, a exemplo da aposentadoria e da pensão por morte.

A redação original da Constituição Federal de 1988, no art. 201, dizia apenas "Previdência social", não identificava como "regime geral". Inicialmente esse termo era previsto apenas nos textos infraconstitucionais (art. 9º, I, da Lei n. 8.213/91), mas desde 1998 passou a ter *status* constitucional com a nova redação dada ao art. 201 pela Emenda Constitucional n. 20/98: "A previdência social será organizada sob a forma de regime geral, de caráter contributivo e de filiação obrigatória (...)".

A EC n. 103/2019 reescreveu o art. 201 da CF justamente para dar maior destaque a expressão "regime geral", grafando as iniciais em maiúscula "Regime Geral de Previdência Social".

O RGPS é **destinado a todos os trabalhadores**, ressalvados os servidores públicos, civis e militares, da União, Estados, Municípios, Distrito Federal e respectivas autarquias e fundações, criado por lei do respectivo ente público, conhecido por **regime próprio** de previdência (art. 12 da Lei n. 8.213/91).

À exceção, portanto, dos detentores de regime próprio de previdência, abarcados nos arts. 40 e 42 da Carta Constitucional, **todos que exerçam atividade remunerada integram o regime caracterizado por geral**, que, por sua vez, é considerado **modelo público e básico de previdência**, servindo, inclusive, seu regramento legal e constitucional como **norma suplementar** ao regime especial dos servidores públicos (art. 40, § 12, da CF).

Ambos os regimes, geral e próprio, são **PÚBLICOS** e devem **observância aos critérios de preservação do equilíbrio financeiro e atuarial, e apresentam:**

- caráter contributivo;
- filiação obrigatória.

Os benefícios previdenciários do RPPS e do RGPS serão regulamentados por lei ordinária, ressalvado o benefício de aposentadoria diferenciada, previsto nos arts. 40, §§ 4º-A, 4º-B e 4º-C, e 201, § 1º, da CF, que exige a edição de **lei complementar**.

Em termos de previdência pública, conclui-se que Regime Geral é termo oposto a regime específico de servidores públicos. Naquele estão assentados os trabalhadores da iniciativa privada, consistente na massa esmagadora da população brasileira, enquanto o Regime Próprio é a exceção, contempla exígua parcela de trabalhadores, classificáveis como servidores públicos ocupantes de **cargo efetivo**, de todas as esferas de governo.

2. AGENTES PÚBLICOS E A FILIAÇÃO PREVIDENCIÁRIA

Além do RGPS, que é o foco desta obra, existem o Regime Próprio de Previdência Social do Servidor Público (RPPS) e o Regime de Previdência Privada de feição Complementar (RPPC).

Considerado como regime diferenciado de previdência, constitucionalmente previsto nos arts. 40 e 42, o RPPS é aquele que uma vez instituído pela pessoa jurídica de direito público interno (União, Estado, Distrito Federal e Municípios) torna-se, à exata semelhança do Regime Geral, de natureza obrigatória, vinculando o ingresso de todos os servidores públicos, civis e militares, do ente federado, inclusive os servidores das respectivas autarquias e fundações.

A Reforma da Previdência de 2019 (EC n. 103) **vedou a instituição de novos regimes próprios** de previdência social. O inciso I do § 22 do art. 40 **permite a extinção do RPPS**, a critério de cada ente federativo, e consequente migração dos servidores públicos para o RGPS, observados os critérios a serem estabelecidos em futura **lei complementar**. O art. 34 da EC n. 103/2019 traz norma de eficácia contida (restringível por lei futura), que regra a situação de extinção de RPPS até que seja editada lei complementar pela União dispondo sobre a matéria.

O art. 40, § 20, da CF veda a existência de mais de um RPPS por ente federativo. Abrangidos pelo RPPS estão todos os servidores públicos titulares de cargos efetivos (exemplo: Magistrados, Ministros e Conselheiros dos Tribunais de Contas, membros do Ministério Público), servidores públicos de quaisquer dos Poderes da União, dos Estados, do Distrito Federal e dos Municípios, incluídas suas autarquias e fundações.

É comum certa confusão com relação a pessoas enquadradas no regime próprio e no regime geral e, por esta razão, é momento de espancar todas as eventuais dúvidas existentes.

Em rigor, para ingressar no RPPS, é necessário revestir-se a pessoa da qualidade de agente público. Impende salientar, por outro lado, que nem todos os agentes públicos são abrangidos pelo RPPS.

O termo agente público é gênero no qual estão inclusas algumas categorias. A compreensão do signo agente público decorre da definição patenteada na Lei de Improbidade Administrativa, Lei n. 8.429/92, art. 2º:

> Reputa-se **agente público**, para os efeitos desta lei, todo aquele que exerce, **ainda que transitoriamente** ou **sem remuneração**, por eleição, nomeação, designação, contratação ou qualquer outra forma de investidura ou vínculo, **mandato, cargo, emprego ou função** nas entidades mencionadas no artigo anterior.

Da conceituação, evidencia-se ser a definição de agente público gênero que compreende todo aquele que "ainda que transitoriamente" ou "sem remuneração" exerça atividade de qualquer forma vinculada à dimensão do serviço público.

Como predica a melhor doutrina, agentes públicos compreendem:

a) agentes políticos;
b) servidores estatais; e
c) particulares em colaboração com a Administração Pública.

Passemos à análise de cada uma das espécies.

2.1 Agentes políticos

Com arrimo no consagrado administrativista Celso Antônio Bandeira de Mello[1], agentes políticos são os titulares dos cargos estruturais à organização política do país. Dentro da compreensão de agentes políticos situam-se os detentores de **mandato eletivo** na esfera federal, estadual ou municipal, a saber: Presidente da República, Governadores, Prefeitos e respectivos vices, Senadores, Deputados Federais e Estaduais e os Vereadores.

Com a edição da Lei n. 10.887/2004, o exercente de mandato eletivo federal, estadual ou municipal, desde que não vinculado a regime próprio de previdência, passou a integrar o RGPS, enquadrado e obrigado a contribuir na categoria de "empregado" (art. 12, *j*, da Lei n. 8.212/91, e art. 11, *j*, da Lei n. 8.213/91).

Com a nova redação do § 13 do art. 40 da CF (pela EC n. 103/2019), os "novos" Deputados e Senadores Federais não podem integrar o Plano de Seguridade Social dos Congressistas (PSSC), criado pela Lei n. 9.506/97. Não houve a recepção do art. 2º da Lei n. 9.506/97, que assegurava ao Deputado Federal, Senador ou suplente aderir no prazo de 30 dias, contados do início do exercício do mandato, ao Regime Próprio dos Congressistas.

O detentor de mandato eletivo, por força da EC n. 103/2019 (Reforma da Previdência), é segurado obrigatório do RGPS (nova redação o § 13 do art. 40 da CF).

A regra comporta uma exceção, se se tratar de servidor público, ocupante de cargo efetivo, filiado a regime próprio, que venha a ser eleito. Nessa situação, durante o exercício do mandato eletivo, ficará afastado do seu cargo efetivo, mas permanecerá **vinculado ao seu respectivo regime de origem** (RPPS) por força da determinação constante do art. 38, V, da CF, com a redação dada pela EC n. 103/2019:

> Art. 38. Ao servidor público da Administração direta, autárquica e fundacional, **no exercício de mandato eletivo**, aplicam-se as seguintes disposições:
> (...)
> V – na hipótese de ser **segurado de regime próprio** de previdência social, **permanecerá filiado a esse regime, no ente federativo de origem**.

Oportuno realçar a aplicabilidade de "regra" (do § 13 do art. 40 da CF) aos servidores públicos, detentores de cargo efetivo, que possam exercer mandato eletivo sem a necessidade de afastar-se do cargo. É o que ocorre com o mandato de Vereador (art. 38, III, da CF), que, desde que haja compatibilidade de horários, perceberá as vantagens de seu cargo efetivo (permanecendo vinculado ao respectivo regime próprio), sem prejuízo da remuneração do cargo eletivo, situação na qual será segurado obrigatório do RGPS em decorrência do mandato eletivo de Vereador.

Anote-se, ainda, o servidor público aposentado que seja eleito para o exercício de qualquer mandato eletivo, que continuará na percepção dos proventos de aposentadoria (vinculado a regime próprio) e filiado ao RGPS pelo exercício do mandato eletivo.

---

[1] *Curso de direito administrativo*. 13. ed. São Paulo: Malheiros, 2001, p. 229.

2.1.1 Compreensão

Responda[2]: (ANALISTA PREVIDENCIÁRIO – RBPREV-AC – IBADE – 2023) Um candidato a Vereador do Município X, servidor público e segurado do Regime Próprio de Previdência Social, está em dúvida quanto à obrigatoriedade de abandono do cargo caso vença a eleição. Quanto ao caso narrado, o candidato:

A) deverá escolher qual cargo deseja, o efetivo ou o eletivo, caso vença a eleição.

B) terá que abdicar do cargo efetivo uma vez candidatado para um cargo eletivo.

C) poderá exercer ambos os cargos, desde que haja compatibilidade de horários, mas não poderá ser remunerado do cargo eletivo, continuará filiado ao Regime Próprio de Previdência Social e será filiado ao Regime Geral de Previdência Social se no exercício concomitante do cargo eletivo.

D) poderá exercer ambos os cargos, desde que haja compatibilidade de horários, sem prejuízo da remuneração do cargo eletivo, mas não continuará filiado ao Regime Próprio de Previdência Social, pois será filiado ao Regime Geral de Previdência Social do cargo eletivo.

E) poderá exercer ambos os cargos, desde que haja compatibilidade de horários, sem prejuízo da remuneração do cargo eletivo, permanecendo filiado ao Regime Próprio de Previdência Social e ao Regime Geral de Previdência Social, se no exercício concomitante do cargo eletivo.

2.2 Servidores estatais

A Eminente jurista Maria Sylvia Zanella Di Pietro[3] afirma que essa espécie contempla subespécies, a saber:

1) os servidores estatutários, sujeitos ao regime estatutário e ocupantes de cargos públicos;

2) os empregados públicos, contratados sob o regime da legislação trabalhista e ocupantes de emprego público;

3) os servidores temporários, contratados por tempo determinado para atender à necessidade temporária de excepcional interesse público (art. 37, IX, da CF); eles exercem função, sem estarem vinculados a cargo ou emprego público.

2.3 Servidores públicos

Os servidores estatutários são os **servidores públicos** ocupantes de cargo nas Pessoas Jurídicas de Direito Público Interno, a saber, Administração Direta: União, Estados, Distrito Federal e Municípios; e na Administração Pública Indireta: autarquias e fundações públicas.

Aos servidores públicos ocupantes de **cargo de provimento efetivo**, criado em lei, é dedicado o Regime Próprio de Previdência Social estabelecido no art. 40 da Carta Suprema.

A União possui RPPS, estabelecido na Lei n. 8.112/90, que abrange todos os servidores públicos federais, incluídos aqueles em exercício nas autarquias e fundações. Da mesma forma, todos os Estados da Federação e o Distrito Federal editaram leis criando regime próprio para seus respectivos servidores públicos.

A Lei n. 8.213/91, no art. 12, consagra que:

---

[2] Resposta correta: "E".
[3] *Direito administrativo*. 13. ed. São Paulo: Atlas, 2001, p. 424.

(...) o servidor civil ocupante de cargo efetivo ou o militar da União, dos Estados, do Distrito Federal ou dos Municípios, bem como o das respectivas autarquias e fundações, **são excluídos** do RGPS consubstanciado nesta Lei, **desde que** amparados por regime próprio de previdência social.

Sob outro ângulo, tratando-se de servidor público **sem** regime próprio, estará filiado obrigatoriamente ao Regime Geral, na categoria "empregado". Situação típica de muitos servidores públicos municipais, uma vez que, a despeito da disciplina constitucional estatuída, nem todos os Municípios criaram regime próprio de previdência.

A Reforma da Previdência de 2019 (EC n. 103/2019) vedou a instituição de novos regimes próprios de previdência social. A proibição atinge aos municípios que ainda não haviam criado seu regime próprio de previdência (art. 40, § 22, da CF), uma vez que a União e todos os Estados da federação já haviam implementado RPPS aos seus respectivos servidores públicos.

Para afugentar eventuais dúvidas, existindo regime próprio, o servidor público detentor de cargo efetivo integra obrigatoriamente o RPPS, ficando excluído do RGPS em decorrência do exercício dessa atividade pública.

> **Atenção! Caso** o servidor público desempenhe de forma **concomitante** atividade remunerada no âmbito da iniciativa privada, estará obrigatoriamente vinculado ao RGPS pelo exercício dessa atividade e, ao mesmo tempo, atrelado ao RPPS pelo exercício do cargo público. Contribuirá para os dois regimes de previdência e terá direito a aposentar-se (após atender todos os requisitos legais e constitucionais) em cada um deles.

A CF, no art. 201, § 5º, **não permite** ao servidor público detentor de regime próprio o **ingresso no RGPS** na qualidade de **segurado facultativo**.

Calha lembrar que o servidor público titular de cargo efetivo da União, dos Estados, do Distrito Federal e dos Municípios, filiado a RPPS, **permanecerá vinculado ao regime previdenciário de origem** durante o afastamento do cargo efetivo para o exercício de mandato eletivo.

2.4 Cargos exclusivamente em comissão

A Constituição assinala no art. 37, V, que além dos cargos de provimento efetivo existem ainda as funções de confiança, exercidas exclusivamente por servidores ocupantes de cargo efetivo, e os cargos em comissão, a serem preenchidos por servidores de carreira nos casos, condições e percentuais mínimos previstos em lei.

Tanto as funções de confiança como os cargos em comissão destinam-se apenas às **atribuições de direção, chefia e assessoramento**.

Como visto, as funções de confiança são exercidas apenas por servidores públicos detentores de cargo efetivo. Enquanto os cargos em comissão são passíveis de ocupação por servidores públicos concursados ou por **pessoas não integrantes dos quadros da Administração Pública, denominadas** *extraneus*.

Os cargos em comissão são aqueles de provimento sem concurso público e demissíveis *ad nutum*.

O fato de o servidor público, detentor de cargo efetivo, ocupar função de confiança ou cargo em comissão não o afasta do RPPS, ele permanecerá atrelado obrigatoriamente ao regime de previdência dos servidores[4].

---

[4] Subsiste, na Lei n. 10.887/2004, a opção em favor do servidor ocupante de cargo efetivo de inclusão na base de contribuição de parcelas remuneratórias percebidas em decorrência de local de trabalho, do exercício de cargo em comissão ou de função de confiança, para efeito de subsequente repercussão no cálculo do benefício a ser concedido no RPPS.

Diverso é o enquadramento previdenciário daquela pessoa que não possua cargo efetivo (*extraneus*) que venha a ser nomeada para ocupar cargo de chefia, direção ou assessoramento na Administração Pública, passando a ser nominada **servidor público ocupante de cargo exclusivamente em comissão**, será filiado obrigatoriamente ao RGPS.

Os **cargos exclusivamente em comissão**, por não serem ocupados por servidores públicos detentores de cargo efetivo, estão atrelados, obrigatoriamente, **ao RGPS**.

No âmbito federal, os ocupantes de cargo em comissão, sem vínculo efetivo com a União, Autarquias, inclusive em regime especial, e Fundações Públicas Federais estão inclusos no RGPS desde a publicação da Lei n. 8.647/93.

O enquadramento perante o RGPS passou a ostentar força de mandamento constitucional apenas com a alteração promovida pela EC n. 20/98, que acresceu o § 13 ao art. 40, que veda o ingresso no RPPS de servidor público ocupante de **cargo exclusivamente em comissão**.

Essa vedação ensejou insatisfação dos Estados e Municípios, que apresentaram Ação Direta de Inconstitucionalidade (ADI) perante o STF, sustentando a inconstitucionalidade do dispositivo por ofensa ao princípio do pacto federativo (autonomia dos Estados e Municípios). Na referida ADI (registrada sob o n. 2.024), o STF, à unanimidade, julgou improcedente a ação direta, firmando a constitucionalidade do § 13 do art. 40.

2.5 Empregados públicos

São aqueles que contratados mediante concurso público (art. 37, II, da CF), para ocupar emprego público, sob regime celetista, nas pessoas jurídicas de direito privado integrantes da Administração Pública Indireta: sociedades de economia mista e empresas públicas (empresas estatais).

Em consonância com o mandamento constitucional, art. 40, § 13, o regime de previdência dos empregados públicos é, necessariamente, o RGPS.

2.6 Servidores temporários

A Constituição assegura a contratação, sem concurso público, por tempo determinado para atender a necessidade temporária de excepcional interesse público.

A legislação federal que regulamenta o art. 37, IX, é composta pelas Leis n. 8.745/93, 9.849/99 e 10.667/2003.

Os servidores temporários estão impedidos de integrar o RPPS. O art. 40, § 13, da Carta Maior os enquadra como segurados obrigatórios do RGPS.

2.7 Particulares em colaboração com a Administração Pública

Finalmente, a última espécie que compreende o gênero agente público são os particulares em colaboração com a Administração Pública.

Exercem atividade permitida em lei, de relevância ao interesse público, mas não se confundem com:

a) os agentes políticos, por não serem eleitos pelo escrutínio popular;
b) os servidores estatais, por não ocuparem cargo ou emprego público.

Os particulares em colaboração quando exercerem **atividade não remunerada** não são segurados obrigatórios de nenhum regime público de previdência. São exemplos das pessoas capituladas nessa espécie os mesários da Justiça Eleitoral e os jurados escolhidos para participar do julgamento do tribunal do júri.

Por outro lado, os particulares em colaboração quando exercerem atividade remunerada são segurados obrigatórios do RGPS, devendo contribuir ao INSS. Exemplo típico é o notário, tabelião e o oficial de registros ou registrador, titular de cartório, que detêm a delegação do exercício da atividade notarial e de registro (não remunerados pelos cofres públicos, mas sim pelo público que frui de seus serviços), admitidos a partir de 21 de novembro de 1994, data da publicação da Lei n. 8.935/94.

2.8 Instituto Nacional do Seguro Social

O até hoje lembrado **INPS** deixou de existir no ano de 1990, quando a Lei n. 8.029, art. 14, promoveu a sua fusão ao **IAPAS**, dando origem à **autarquia federal** denominada Instituto Nacional do Seguro Social (INSS).

> **Atenção!** O INSS é responsável pelo "Seguro" Social (Previdência) e não pela "Seguridade" Social.

O INSS, **pessoa jurídica de direito público interno**[5], era responsável não apenas pela concessão e administração de benefícios e serviços do **Regime Geral** de Previdência Social, como também pela fiscalização, arrecadação e cobrança das contribuições previdenciárias.

Em 2007, foi promulgada a Lei n. 11.457, constituindo a Secretaria da Receita Federal do Brasil (SRFB), órgão da Administração direta atualmente subordinado ao Ministro da Economia.

O art. 2º da Lei n. 11.457/2007 atribui à SRFB planejar, executar, acompanhar e avaliar as atividades relativas a tributação, fiscalização, arrecadação, cobrança e recolhimento das contribuições sociais previstas nas alíneas *a*, *b* e *c* do parágrafo único do art. 11 da Lei n. 8.212/91, quais sejam, **contribuições previdenciárias** devidas:

a) pelas empresas, incidentes sobre a remuneração paga ou creditada aos segurados a seu serviço;
b) pelos empregadores domésticos; e
c) pelos trabalhadores, incidentes sobre o seu salário de contribuição.

Antes de 2007, era competência do INSS, art. 33 da Lei n. 8.212/91, arrecadar, fiscalizar, lançar e normatizar o recolhimento das contribuições previdenciárias. Agora, é competência da SRFB planejar, executar, acompanhar e avaliar as atividades relativas a tributação, fiscalização, arrecadação, cobrança e recolhimento das **contribuições previdenciárias**.

Desde a Lei n. 11.457/2007, ao INSS, além da atribuição relativa à concessão e à manutenção de benefícios e serviços aos seus beneficiários (segurados e dependentes), são ainda reservadas as seguintes atribuições:

I – emitir certidão relativa a tempo de contribuição;
II – **gerir o Fundo do Regime Geral** de Previdência Social;
III – calcular o montante das contribuições previdenciárias e emitir o correspondente documento de arrecadação, com vistas ao atendimento conclusivo para concessão ou revisão de benefício requerido.

---

[5] Art. 41, IV, do CC.

2.8.1 Compreensão

1) Responda[6]: (PROCURADOR DO TRABALHO – 12º Concurso Público – MPT – 2006) A respeito do sistema previdenciário brasileiro, é CORRETO afirmar que:

   (A) o INSS – Instituto Nacional do Seguro Social é a autarquia federal encarregada de manter o regime previdenciário obrigatório para os trabalhadores em geral, ressalvados os servidores estatutários efetivos que possuam regime próprio de previdência;

   (B) o INSS – Instituto Nacional da Seguridade Social é a autarquia federal encarregada de manter o regime previdenciário obrigatório para os trabalhadores em geral, ressalvados os servidores estatutários efetivos que possuam regime próprio de previdência;

   (C) o INSS – Instituto Nacional do Seguro Social é a autarquia federal encarregada de manter o regime previdenciário obrigatório para os trabalhadores em geral, ressalvados os servidores estatutários;

   (D) o INSS – Instituto Nacional da Seguridade Social é a autarquia federal encarregada de manter o regime previdenciário obrigatório para os trabalhadores em geral, ressalvados os servidores estatutários;

   (E) não respondida.

2) Responda[7]: (TÉCNICO – INSS – FCC – 2012) O INSS, autarquia federal, resultou da fusão das seguintes autarquias:

   (A) INAMPS e SINPAS.
   (B) IAPAS e INPS.
   (C) FUNABEM e CEME.
   (D) DATAPREV e LBA.
   (E) IAPAS e INAMPS.

2.9 Via recursal administrativa

O INSS presta atendimento aos cidadãos nas Agências da Previdência Social (APS).

Das decisões proferidas pelo INSS, indeferindo a concessão de benefícios ou serviços previdenciários (e as negativas de concessão de benefícios assistenciais de prestação continuada previstos no art. 20 da Lei n. 8.742/93), poderão os interessados, quando não conformados, interpor **recurso ordinário, no prazo de 30 dias**, endereçado às Juntas de Recursos (**JR**) do **Conselho de Recursos da Previdência Social (CRPS)**.

A nomenclatura do CRPS havia sido alterada para Conselho de Recursos do **Seguro** Social (CRSS) pela Lei n. 13.341/2016 (art. 7º, parágrafo único, I), porém, o nome foi restabelecido para Conselho de Recursos da Previdência Social (CRPS) pela Lei n. 13.844/2019.

O CRPS exerce o controle jurisdicional das decisões proferida na APS em processos administrativos de concessão ou revisão de benefícios previdenciários. Assim, das decisões proferidas pelo INSS é cabível recurso ao CRPS.

O CRPS integra a estrutura do Ministério da Previdência Social (MPS), e seu Regimento Interno (RI) contido na Portaria MTP n. 4.061/2022 foi alterado pela Portaria MPS n. 2.393/2023.

---

[6] Resposta: Letra "A".
[7] Resposta: Letra "B".

a) O CRPS possui a seguinte estrutura:
   1) Conselho Pleno (com a competência para uniformizar a jurisprudência previdenciária mediante enunciados);
   2) Câmaras de Julgamento (CaJ);
   3) Juntas de Recursos (JR);
b) O CRPS é presidido por um **representante do Governo** com notório conhecimento da legislação previdenciária e assistencial, previamente designado como Conselheiro, nomeado pelo Ministro de Estado da Previdência Social.
c) As Câmaras de Julgamento e as Juntas de Recursos são presididas e administradas por representante do governo, **e integradas por quatro membros** denominados Conselheiros, nomeados pelo MPS, sendo 2 (dois) representantes do Governo, 1 (um) das empresas e 1 (um) dos trabalhadores.
d) Denomina-se **Recurso Ordinário** aquele interposto pelo interessado (segurado, dependente ou requerente de BPC da Assistência Social), em face de decisão proferida pelo INSS, dirigido às **Juntas de Recursos** do CRPS, primeira instância recursal.

   É interposto pelo interessado, preferencialmente, junto à APS que proferiu a decisão sobre o seu benefício, que deverá proceder à sua regular instrução, podendo (I) reconsiderar sua decisão ou (II) mantê-la. Nessa última hipótese, deverá apresentar resposta, conhecida por contrarrazões (no prazo de 30 dias), e promover a remessa do recurso à JR.
e) Das decisões proferidas no julgamento do Recurso Ordinário caberá **Recurso Especial** dirigido às Câmaras de Julgamento (CaJ), segunda instância recursal.
f) É de 30 dias o prazo para a interposição de recurso (ordinário e especial), bem como para o oferecimento de contrarrazões (resposta ao recurso interposto).
g) A interposição tempestiva do Recurso Especial suspende os efeitos da decisão de primeira instância e devolve à instância superior o conhecimento integral da causa.
h) São cabíveis embargos de Declaração, no prazo de 30 dias contados da ciência da decisão, em face de acórdão dos órgãos julgadores do CRSS (JR e CaJ), sempre que houver omissão, obscuridade, ambiguidade, contradição ou erro material.
i) A propositura, pelo interessado, de ação judicial que tenha objeto idêntico ao pedido sobre o qual versa o processo administrativo importa em renúncia tácita ao direito de recorrer na esfera administrativa e em desistência do recurso interposto (considera-se idêntica a ação judicial que tiver as mesmas partes, a mesma causa de pedir e o mesmo pedido do processo administrativo).

É vedado às JRs e CaJ afastar a aplicação, por inconstitucionalidade ou ilegalidade, de tratado, acordo internacional, lei, decreto ou ato normativo ministerial em vigor, de súmulas vinculantes e enunciados, ambos do Conselho Pleno, ressalvados os casos em que já tenha sido declarada a inconstitucionalidade da norma pelo STF, por meio de súmula vinculante, de ação direta e após a publicação da decisão, em sede de Recurso Extraordinário com repercussão geral, ou pela via incidental após a publicação da resolução do Senado Federal que suspendera sua eficácia.

O CRPS possui súmulas sintetizando seus entendimentos, sendo o principal deles o Enunciado n. 1/2019 (antigo Enunciado 5):

A Previdência Social deve conceder o melhor benefício a que o beneficiário fizer jus, cabendo ao servidor orientá-lo nesse sentido.

I – Satisfeitos os requisitos para a concessão de mais de um tipo de benefício, o INSS oferecerá ao interessado o direito de opção, mediante a apresentação dos demonstrativos financeiros de cada um deles.

II – Preenchidos os requisitos para mais de uma espécie de benefício na Data de Entrada do Requerimento (DER) e em não tendo sido oferecido ao interessado o direito de opção pelo melhor benefício, este poderá solicitar revisão e alteração para espécie que lhe é mais vantajosa, cujos efeitos financeiros remontarão à DER do benefício concedido originariamente, observada a decadência e a prescrição quinquenal.

III – Implementados os requisitos para o reconhecimento do direito em momento posterior ao requerimento administrativo, poderá ser reafirmada a DER até a data do cumprimento da decisão do CRPS.

IV – Retornando os autos ao INSS, cabe ao interessado a opção pela reafirmação da DER mediante expressa concordância, aplicando-se a todas as situações que resultem em benefício mais vantajoso ao interessado.

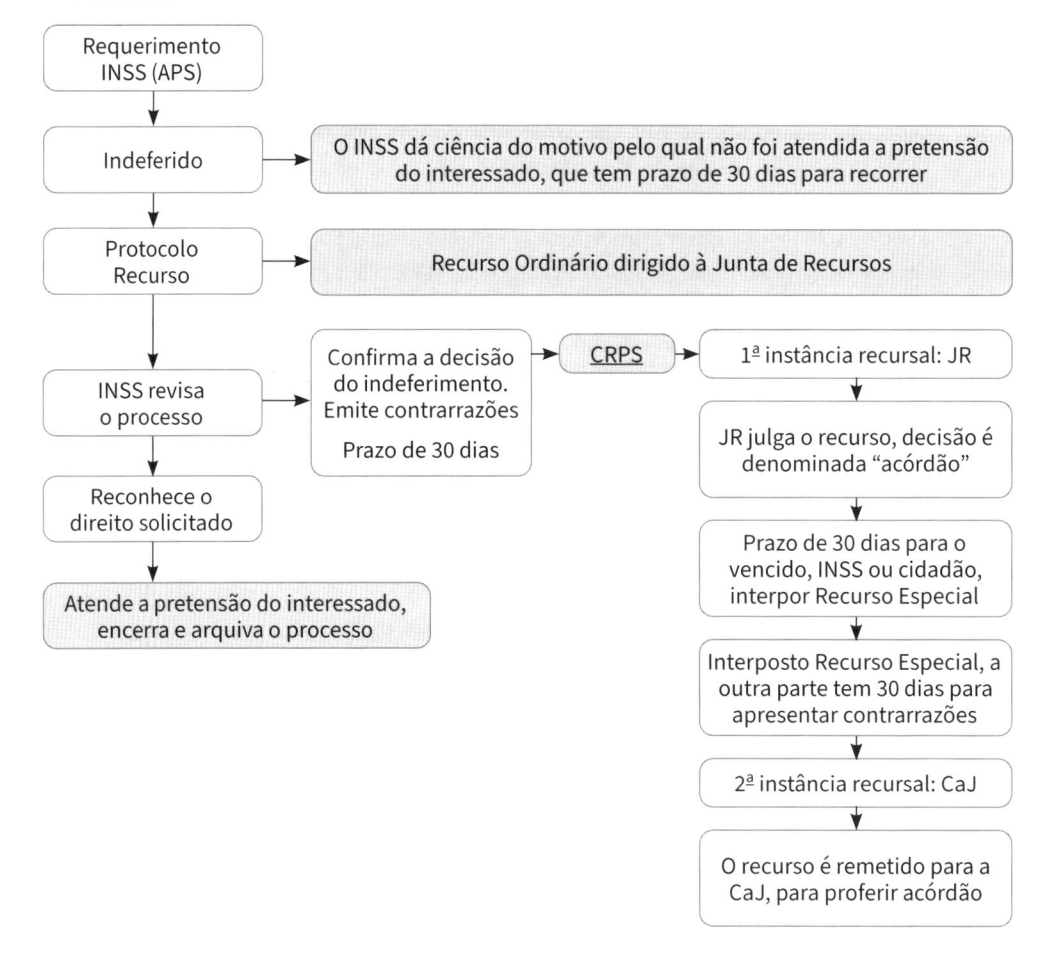

```
Requerimento INSS (APS)
        │
        ▼
    Indeferido ──────▶ O INSS dá ciência do motivo pelo qual não foi atendida a pretensão do interessado, que tem prazo de 30 dias para recorrer
        │
        ▼
    Protocolo Recurso ──────▶ Recurso Ordinário dirigido à Junta de Recursos
        │
        ▼
    INSS revisa o processo ──▶ Confirma a decisão do indeferimento. Emite contrarrazões. Prazo de 30 dias ──▶ CRPS ──▶ 1ª instância recursal: JR
        │                                                                                                            │
        ▼                                                                                                            ▼
    Reconhece o direito solicitado                                                                  JR julga o recurso, decisão é denominada "acórdão"
        │                                                                                                            │
        ▼                                                                                                            ▼
    Atende a pretensão do interessado,                                                              Prazo de 30 dias para o vencido, INSS ou cidadão, interpor Recurso Especial
    encerra e arquiva o processo                                                                                     │
                                                                                                                     ▼
                                                                                                    Interposto Recurso Especial, a outra parte tem 30 dias para apresentar contrarrazões
                                                                                                                     │
                                                                                                                     ▼
                                                                                                    2ª instância recursal: CaJ
                                                                                                                     │
                                                                                                                     ▼
                                                                                                    O recurso é remetido para a CaJ, para proferir acórdão
```

2.9.1 Compreensão

1) Responda[8]: (TÉCNICO – INSS – FCC – 2012) Maria requereu aposentadoria especial e teve seu pedido indeferido pela Agência da Previdência Social. Nessa situação, Maria poderá interpor recurso para:

---

[8] Resposta: "C".

(A) Câmara de Julgamento.
(B) Ministério da Previdência Social.
(C) Junta de Recursos da Previdência Social.
(D) Gerência Executiva.
(E) Juizado Especial Federal.

2) Responda:

Mateus requereu ao órgão regional do INSS a conversão de auxílio-doença em aposentadoria por invalidez. O INSS indeferiu o pedido de Mateus por considerar que a doença que o acometera era curável, e que, por isso, ele era suscetível de reabilitação.

Acerca dessa situação hipotética e dos recursos nos processos administrativos de competência do INSS, julgue os itens que se seguem.

(TÉCNICO SEGURO SOCIAL – INSS – CESPE – 2016)[9] Caso seja interposto recurso contra a decisão que indeferiu o pedido de Mateus, o órgão regional do INSS que proferiu a decisão não poderá reformá-la, devendo encaminhar o recurso à instância competente.

(TÉCNICO SEGURO SOCIAL – INSS – CESPE – 2016)[10] Contra a decisão do INSS pelo indeferimento, Mateus poderá interpor recurso administrativo, que será julgado, em primeira instância, pela Câmara de Julgamento da Previdência Social.

2.10 Prévio requerimento administrativo: condição necessária para ajuizamento de ação

Interesse processual é uma das condições da ação que deve ser comprovada pelo autor ao ajuizar um processo, sob pena de ter sua petição inicial será indeferida (art. 330, III, do CPC).

O segurado, dependente ou requerente de BPC da LOAS, para ingressar com ação judicial, deve demonstrar a necessidade de se socorrer ao Poder Judiciário, apresentando a negativa de atendimento ao seu pleito por parte do Poder Público (INSS).

Deparando-se o juiz com processo no qual a parte não tenha, antes do ingresso da ação, comprovado ter requerido à Administração Pública o pedido veiculado judicialmente, o processo será extinto sem resolução de mérito (art. 485, VI, do CPC), por falta de interesse de agir, ausência de pretensão resistida (o que significa que falta prova da necessidade de ir a juízo).

> **Atenção!** Não confundir: prévio requerimento (necessário para ingressar com ação judicial) com **exaurimento** da via administrativa (dispensável para demandar no Poder Judiciário). Como é de sapiência geral, exaurir significa "esgotar", por conseguinte, não está a pessoa obrigada a "esgotar a via administrativa" (interpondo recursos ordinário e especial ao CRPS) antes do ingresso da pretensão no Poder Judiciário.

Dito em outras palavras, o cidadão é obrigado a primeiro apresentar requerimento de benefício (pretensão) junto à Previdência Social (pelo *site* do INSS, pelo telefone 135 ou nas agências).

O direito de propor ação judicial contra o INSS surge (interesse processual):

---

[9] Errado. O INSS, se entender que o segurado tem direito, pode rever sua decisão e conceder o benefício, situação em que restará prejudicado o recurso interposto por perda de objeto.

[10] Errado. A primeira instância recursal é a Junta de Recursos (JR).

a) após o indeferimento do requerimento; ou
b) se o INSS deixar transcorrer o prazo de 45 dias sem analisar o requerimento apresentado.

Importante observar que após o indeferimento praticado pela Autarquia previdenciária, o requerente poderá (opção 1) recorrer na via administrativa ao CRPS ou (opção 2) ajuizar ação perante o Poder Judiciário. Note-se que não pode valer-se simultaneamente das duas vias!

A propositura, pelo beneficiário, de ação judicial que tenha objeto idêntico ao pedido sobre o qual versa o processo administrativo simultaneamente apresentado (Recurso Ordinário ou Especial ao CRPS) importa renúncia ao direito de recorrer na esfera administrativa e desistência do recurso interposto, com o regular prosseguimento apenas da ação judicial.

2.10.1 Jurisprudência. STF

STF. **Tema de Repercussão Geral 350** (RE 631.240). Tese firmada: I – A concessão de benefícios previdenciários depende de requerimento do interessado, não se caracterizando ameaça ou lesão a direito antes de sua apreciação e indeferimento pelo INSS, ou se excedido o prazo legal para sua análise. É bem de ver, no entanto, que a exigência de prévio requerimento não se confunde com o exaurimento das vias administrativas; II – A exigência de prévio requerimento administrativo não deve prevalecer quando o entendimento da Administração for notória e reiteradamente contrário à postulação do segurado; III – Na hipótese de pretensão de revisão, restabelecimento ou manutenção de benefício anteriormente concedido, considerando que o INSS tem o dever legal de conceder a prestação mais vantajosa possível, o pedido poderá ser formulado diretamente em juízo – salvo se depender da análise de matéria de fato ainda não levada ao conhecimento da Administração –, uma vez que, nesses casos, a conduta do INSS já configura o não acolhimento ao menos tácito da pretensão.

Importante observar que o STF trouxe ressalva (item III supra) à exigência de prévio requerimento administrativo, determinando a sua **DESNECESSIDADE** quando o entendimento do INSS for notório e reiteradamente contrário à postulação do segurado/dependente.

2.10.2 Compreensão

Responda[11]: (PROMOTOR DE JUSTIÇA SUBSTITUTO – MPE-GO – 2016) Tocante à exigência de prévio requerimento administrativo enquanto condição para postular contra a Fazenda Pública em juízo, segundo a jurisprudência dominante do Supremo Tribunal Federal, é **incorreto** afirmar que:
(A) A outorga de direitos por parte da autoridade administrativa depende de requerimento do interessado, não se caracterizando ameaça ou lesão a direito antes de sua apreciação e indeferimento, ou se excedido o prazo legal para sua análise.
(B) Considerando expressa disposição da legislação adjetiva, a exigência de prévio requerimento administrativo permanece, ainda que o entendimento da Administração for notória e reiteradamente contrário à postulação do administrado.
(C) Na hipótese de pretensão de revisão, restabelecimento ou manutenção de benefício anteriormente concedido pela Administração Pública, estando firmado o entendimento desta pela não admissão do pleito, o pedido poderá ser formulado diretamente em juízo – salvo se depender da análise de matéria de fato ainda não levada ao conhecimento da Administração.
(D) A exigência de prévio requerimento não se confunde com o exaurimento das vias administrativas, estando o administrado autorizado, em pelo transcurso de instância administrativa, a veicular pretensão judicial com idêntico escopo.

---

[11] Resposta: "B".

3. REGIME PRÓPRIO. ART. 40 DA CF. REFORMA DA PREVIDÊNCIA

O Regime Próprio de Previdência foi bastante desconfigurado na Reforma da Previdência de 2019.

Antes da EC n. 103/2019, o art. 40 era de reprodução obrigatória por Estados, DF e Municípios. Com a Reforma da Previdência de 2019, houve **quebra da unidade federativa no âmbito previdenciário**, autorizando cada Ente Federativo a moldar seu regime próprio em bases diversas da estabelecida aos servidores públicos federais.

QUADRO COMPARATIVO	
Art. 40 da CF ANTES da EC n. 103/2019:	**Art. 40 da CF DEPOIS da EC n. 103/2019:**
Art. 40. Aos servidores titulares de cargos efetivos **da União, dos Estados, do Distrito Federal e dos Municípios, incluídas suas autarquias e fundações**, é assegurado regime de previdência de caráter contributivo e solidário, mediante contribuição do respectivo ente público, dos servidores ativos e inativos e dos pensionistas, observados critérios que preservem o equilíbrio financeiro e atuarial e o disposto neste artigo.	Art. 40. O regime próprio de previdência social dos servidores titulares de cargos efetivos terá caráter contributivo e solidário, mediante contribuição do respectivo ente federativo, de servidores ativos, de aposentados e de pensionistas, observados critérios que preservem o equilíbrio financeiro e atuarial.

No § 22 do art. 40 da CF, ficou vedada a instituição de novos regimes próprios de previdência social. Tendo em vista que a União e todos os Estados criaram por meio de lei o seu respectivo regime próprio, a vedação constitucional atinge os municípios que ainda não possuíam regime próprio, permanecendo, assim, seus servidores públicos municipais adstritos na esfera contributiva e de benefícios ao Regime Geral.

A EC n. 103/2019 alterou praticamente todo o art. 40 da CF, no entanto, enquanto Estados, DF, e Municípios não editarem suas novas regras, permanecem aplicáveis as disposições revogadas pela EC n. 103/2019, ou seja, as alterações promovidas pela Reforma da Previdência afetam prontamente os servidores públicos federais, ao passo que os distritais, estaduais e municipais permanecem adstritos, como regra, ao art. 40 da CF **na redação anterior** à EC n. 103/2019, até que haja alteração da respectiva constituição estadual e a lei orgânica do Município.

Dentre as aposentadorias, a aposentadoria compulsória foi a única que permaneceu intacta após a EC n. 103/2019. Essa modalidade de aposentadoria é aplicável a todos os entes federativos por força da Lei Complementar n. 152/2015, que estabelece:

> Art. 2º Serão aposentados compulsoriamente, com proventos proporcionais ao tempo de contribuição, aos 75 (setenta e cinco) anos de idade:
>
> I – os servidores titulares de **cargos efetivos da União, dos Estados, do Distrito Federal e dos Municípios, incluídas suas autarquias e fundações** (inclusive Membros do Poder Judiciário, Ministério Público, Defensorias Públicas e dos Tribunais de Contas).

A EC n. 103/2019 deu nova redação ao inciso I do § 1º do art. 40, alterando a nomenclatura da "aposentadoria por invalidez" **por aposentadoria por incapacidade permanente, e será cabível** quando a incapacidade permanente para o trabalho, no cargo em que estiver investido, for (1) **insuscetível de readaptação**, hipótese em que será obrigatória a (2) **realização de avaliações periódicas** para verificação da continuidade das condições que ensejaram a concessão da aposentadoria, na forma de lei do respectivo (3) **ente federativo**.

Do novel dispositivo constitucional observa-se que:

1) For considerado **insuscetível de readaptação**. A Readaptação está prevista na Lei n. 8.112/90, como uma das formas de provimento de cargo público, definindo-a no art. 24 **como investidura do servidor em cargo de atribuições e responsabilidades compatíveis com a limitação** que tenha sofrido em sua capacidade física ou mental verificada em inspeção médica.

A EC n. 103/2019 deu nova redação ao art. 37, § 13, da CF, justamente para constitucionalizar a readaptação: § 13. O servidor público titular de cargo efetivo poderá ser **readaptado para exercício de cargo cujas atribuições e responsabilidades sejam compatíveis com a limitação** que tenha sofrido em sua capacidade física ou mental, enquanto permanecer nesta condição, desde que possua a habilitação e o nível de escolaridade exigidos para o cargo de destino, mantida a remuneração do cargo de origem.

> **Atenção!** Súmula Vinculante 43 do STF: "É inconstitucional toda modalidade de provimento que propicie ao servidor investir-se, sem prévia aprovação em concurso público destinado ao seu provimento, em cargo que não integra a carreira na qual anteriormente investido".

2) Realização de avaliações periódicas. Não sendo possível a readaptação, o servidor será aposentado, mas não em definitivo, pois de tempos em tempos será chamado para se submeter a nova perícia médica para constatar a permanência da incapacidade.

Aqui cabe enfatizar a disposição constitucional mantida no § 12 do art. 40, que determina a aplicação subsidiária das regras do RGPS ao RPPS. Passível, portanto, de observância nos RPPS da dispensa de submissão à perícia periódica nos moldes firmados no art. 101 da Lei n. 8.213/91, por exemplo: implemento dos 60 anos de idade.

3) Essa aposentadoria por incapacidade permanente deve ser tida como aplicável também a Estados, DF e Municípios.

Com relação a aposentadoria voluntária, a Reforma da Previdência estabeleceu **novo limite etário no âmbito da União, portanto, os servidores federais, aposentam-se aos 62 anos de idade, para servidora pública, e aos 65 anos de idade, ao servidor público**. Além do requisito etário, é necessário comprovar tempo de contribuição, que será fixado em lei complementar.

Até que entre em vigor lei complementar federal referida no inciso II do art. 40 da CF, o art. 10 da EC n. 103/2019 prevê que os servidores da União serão aposentados voluntariamente, observados, cumulativamente, os seguintes requisitos:

a) 62 anos de idade, se mulher, e 65 anos de idade, se homem; e
b) **25 anos de contribuição**, desde que cumprido o tempo mínimo de **10 anos de efetivo exercício** no serviço público e de **5 anos no cargo efetivo** em que for concedida a aposentadoria.

No **âmbito dos Estados, do Distrito Federal e dos Municípios**, a aposentadoria voluntária exigirá a idade mínima que vier a ser estabelecida mediante emenda às respectivas Constituições e Leis Orgânicas.

Importante salientar que o atrelamento à idade mínima no âmbito dos Regimes Próprios é realidade existente desde a EC n. 20/98, que havia fixado 60 anos ao servidor e de 55 anos de idade à servidora.

Assim, à exceção da União, aplicam-se às aposentadorias voluntárias dos servidores dos Estados, do Distrito Federal e dos Municípios as normas constitucionais e infraconstitucionais **anteriores à data de entrada** em vigor da EC n. 103/2019, **enquanto não promovidas alterações**

na legislação interna relacionada ao respectivo regime próprio de previdência social (60 anos de idade ao servidor, e 55 anos à servidora), nos termos do art. 10 da EC n. 103/2019.

A aposentadoria voluntária dos ocupantes do cargo de professor **terá idade mínima reduzida em 5 anos em relação ao requisito etário (portanto, no âmbito federal, a idade é de 60 anos, se professor, e de 57 anos, se professora)**, desde que comprovem tempo de efetivo exercício das funções de magistério na educação infantil e no ensino fundamental e médio fixado **em lei complementar do respectivo ente federativo**.

Com relação às regras de cálculo, a EC n. 103/2019 promoveu mais uma violação à unidade federativa ao dar nova redação ao § 3º do art. 40, autorizando a cada ente federativo editar sua respectiva lei dispondo sobre o método de apuração dos proventos de aposentadoria.

A regra constitucional é de ser vedada a adoção de requisitos ou critérios diferenciados para concessão de benefícios em regime próprio, mas o § 4º do art. 40 traz (a título de exceção) permissão para estabelecimento de idade e tempo de contribuição inferior, desde que por intermédio de lei complementar, nas seguintes situações:

a) servidores com deficiência, previamente submetidos a avaliação biopsicossocial realizada por equipe multiprofissional e interdisciplinar;
b) servidores ocupantes do cargo de agente penitenciário, de agente socioeducativo ou de policial dos órgãos de que tratam o inciso IV do *caput* do art. 51, o inciso XIII do *caput* do art. 52 e os incisos I a IV do *caput* do art. 144;
c) servidores cujas atividades sejam exercidas com efetiva exposição a agentes químicos, físicos e biológicos prejudiciais à saúde, ou associação desses agentes, vedada a caracterização por categoria profissional ou ocupação.

A EC n. 103/2019, no art. 22, permitiu que a aposentadoria do servidor público federal com deficiência, desde que cumpridos, no caso do servidor, o tempo mínimo de 10 anos de efetivo exercício no serviço público e de 5 anos no cargo efetivo em que for concedida a aposentadoria, será concedida na forma da LC n. 142/2013, inclusive quanto aos critérios de cálculo dos benefícios.

Ressalvadas as aposentadorias decorrentes dos cargos acumuláveis na forma da Constituição (inciso XVI do art. 37 da CF: de dois cargos de professor, de um cargo de professor com outro técnico ou científico, e de dois cargos ou empregos privativos de profissionais de saúde, com profissões regulamentadas), **é vedada a percepção de mais de uma aposentadoria à conta de regime próprio** de previdência social, aplicando-se outras vedações, regras e condições para a acumulação de benefícios previdenciários estabelecidas no Regime Geral.

O benefício de pensão por morte será concedido nos termos de lei do respectivo ente federativo, a qual tratará de forma diferenciada a hipótese de morte dos servidores: **agente penitenciário, de agente socioeducativo ou de policial** dos órgãos de que tratam o inciso IV do *caput* do art. 51, o inciso XIII do *caput* do art. 52 e os incisos I a IV do *caput* do art. 144, quando decorrente de agressão sofrida no exercício ou em razão da função.

Permitiu a EC n. 103/2019 que o valor da pensão por morte possa ser inferior a um salário mínimo, salvo se for a única fonte de renda formal auferida pelo dependente.

Com relação ao servidor público federal, o art. 23 da EC n. 103/2019 dispõe que a pensão por morte concedida no Regime Próprio Federal será equivalente a uma cota familiar de 50% do valor da aposentadoria recebida pelo servidor ou daquela a que teria direito se fosse aposentado por incapacidade permanente na data do óbito, acrescida de cotas de 10 pontos percentuais por dependente, até o máximo de 100%.

A EC n. 103/2019, no § 8º do art. 23, esclarece que se aplicam às pensões concedidas aos dependentes de servidores dos **Estados, do Distrito Federal e dos Municípios** as normas constitucionais e infraconstitucionais **anteriores à data de entrada** em vigor da EC n. 103/2019, **enquanto não promovidas alterações na legislação interna relacionada ao respectivo regime próprio** de previdência social.

Antes da EC n. 103/2019, a instituição de regime de previdência complementar era mera faculdade, agora, a Reforma da Previdência determina a todos os entes federativos (União, os Estados, o Distrito Federal e os Municípios) que **instituam, por lei de iniciativa do respectivo Poder Executivo**, regime de previdência complementar para servidores públicos ocupantes de cargo efetivo, **observado o limite máximo** dos benefícios do **Regime Geral** de Previdência Social para o valor das aposentadorias e das pensões em regime próprio de previdência social.

Abono de permanência. Observados os critérios a serem estabelecidos em lei do respectivo ente federativo, o servidor titular de cargo efetivo **que tenha completado as exigências para a aposentadoria voluntária** e que **opte por permanecer em atividade** poderá fazer jus a um abono de permanência equivalente, **no máximo**, ao valor da sua contribuição previdenciária, até completar a idade para aposentadoria compulsória.

A novidade do abono de permanência é com relação ao valor, que antes de 2019 era "equivalente ao valor da sua contribuição previdenciária", agora é possível ser fixada em montante inferior ao da contribuição.

Permaneceu a vedação de existência de mais de um regime próprio de previdência social e de mais de um órgão ou entidade gestora desse regime em cada ente federativo.

O art. 40, no § 22, determina que seja editada **lei complementar federal** para estabelecer normas gerais de organização, de funcionamento e de responsabilidade em sua gestão, dispondo, entre outros aspectos, sobre:

I – requisitos para sua extinção e consequente migração para o Regime Geral de Previdência Social;

II – modelo de arrecadação, de aplicação e de utilização dos recursos;

III – fiscalização pela União e controle externo e social;

IV – definição de equilíbrio financeiro e atuarial;

V – condições para instituição do fundo com finalidade previdenciária de que trata o art. 249 e para vinculação a ele dos recursos provenientes de contribuições e dos bens, direitos e ativos de qualquer natureza;

VI – mecanismos de equacionamento do déficit atuarial;

VII – estruturação do órgão ou entidade gestora do regime, observados os princípios relacionados com governança, controle interno e transparência;

VIII – condições e hipóteses para responsabilização daqueles que desempenhem atribuições relacionadas, direta ou indiretamente, com a gestão do regime;

IX – condições para adesão a consórcio público;

X – parâmetros para apuração da base de cálculo e definição de alíquota de contribuições ordinárias e extraordinárias.

O art. 9º da EC n. 103/2019 prevê algumas disposições a serem observadas até que entre em vigor lei complementar ditada no § 22 do art. 40 da CF, **o rol de benefícios dos regimes próprios** de previdência social **fica limitado às aposentadorias e à pensão por morte**. Os **afastamentos por incapacidade temporária** para o trabalho e o **salário-maternidade** serão pagos diretamente pelo ente federativo e **não correrão à conta do regime próprio** de previdência social ao qual o servidor se vincula.

3.1 Jurisprudência

STF. Tema RG 1224. Tese firmada: É constitucional o reajuste de proventos e pensões concedidos a servidores públicos federais e seus dependentes não beneficiados pela garantia de paridade de revisão pelo mesmo índice de reajuste do regime geral de previdência social (RGPS), previsto em normativo do Ministério da Previdência Social, no período anterior à Lei n. 11.784/2008 (Trânsito em julgado: 22-11-2023).

STF. Tema RG 1019. Tese firmada: O servidor público policial civil que preencheu os requisitos para a aposentadoria especial voluntária prevista na LC n. 51/85 tem direito ao cálculo de seus proventos com base na regra da integralidade e, quando também previsto em lei complementar, na regra da paridade, independentemente do cumprimento das regras de transição especificadas nos arts. 2º e 3º da EC n. 47/2005, por enquadrar-se na exceção prevista no art. 40, § 4º, II, da Constituição Federal, na redação anterior à EC n. 103/2019, atinente ao exercício de atividade de risco.

4. PREVIDÊNCIA COMPLEMENTAR

Conforme reza o art. 202 da CF, o regime de previdência privada, **de caráter complementar** e **organizado de forma autônoma** em relação ao regime geral de previdência social, será facultativo, baseado na constituição de reservas que garantam **o benefício contratado**, e regulado por lei complementar.

MEMORIZE	
REGIME DE PREVIDÊNCIA PRIVADA	de caráter complementar
	organizado de forma autônoma em relação ao RGPS
	será facultativo
	baseado na constituição de reservas que garantam o benefício contratado
	regulado por lei complementar

Facultatividade, essa é a principal característica diferenciadora do Regime de Previdência Privada Complementar (RPPC), em face do RGPS e do RPPS do Servidor Público, que são obrigatórios.

Lei complementar. Enquanto o RGPS e RPPS podem ser regulamentados por lei ordinária (ressalvado o benefício de aposentadoria diferenciada, previsto nos arts. 40, §§ 4ºA, 4ºB, 4ºC, e 201, § 1º, da CF, que exige lei complementar), a espécie normativa preconizada expressamente pelo art. 202 da CF para regulamentar a previdência privada é **a lei complementar**.

Conforme estabelece a Lei n. 14.600/2023, constituem áreas de competência do Ministério da Previdência Social:

I – previdência social; e
II – **previdência complementar**.

As Leis Complementares n. 108[12] e 109, ambas de 2001, disciplinam a atuação das Entidades Fechadas de Previdência Complementar (EFPC) e das Entidades Abertas de Previdência Complementar (EAPC).

---

[12] Art. 1º da LC n. 108/2001: "A relação entre a União, os Estados, o Distrito Federal e os Municípios, inclusive suas autarquias, fundações, sociedades de economia mista e empresas controladas direta ou indiretamente, enquanto patrocinadores de entidades

Enquanto no RGPS temos a figura do "segurado", e no RPPS a do "servidor público" como titulares de direito nos respectivos regimes previdenciários, na Previdência Complementar destaca-se o termo "participante" àqueles que, por vontade própria, subscreveram o contrato de adesão oferecido pelas EAPC e EFPC, e de "assistido", ao participante, ou seu dependente, quando em gozo de benefício de prestação continuada.

As EAPC são constituídas unicamente sob a forma de sociedades anônimas (art. 36 da LC n. 109/2001), visando ao lucro, geralmente bancos ou seguradoras que oferecem tanto planos:

I – **individuais**, quando acessíveis a quaisquer pessoas físicas; ou
II – **coletivos**, quando tenham por objetivo garantir benefícios previdenciários a pessoas físicas **vinculadas**, direta ou indiretamente, **a uma ou várias pessoas jurídicas contratantes**.

As EAPC integram o Sistema Financeiro Nacional e são fiscalizadas pela Superintendência de Seguros Privados (SUSEP), órgão subordinado ao Ministério da Fazenda.

> **Atenção!** Súmula 563 do STJ: "O Código de Defesa do Consumidor **é aplicável às Entidades Abertas** de Previdência Complementar, **não incidindo** nos contratos previdenciários celebrados com **Entidades Fechadas**".

As entidades fechadas são aquelas acessíveis exclusivamente:

I – **aos empregados** de uma empresa ou grupo de empresas e aos servidores da União, dos Estados, do Distrito Federal e dos Municípios, **entes denominados patrocinadores**; e
II – **aos associados** ou membros de pessoas jurídicas de caráter profissional, classista ou setorial, **denominadas instituidores**.

As EFPC revestem-se da roupagem de **fundação**[13] ou de sociedade civil *sem fins lucrativos* (art. 8º, parágrafo único, da LC n. 108/2001, e art. 31, § 1º, da LC n. 109/2001), abrangem os fundos de pensão que oferecem exclusivamente planos coletivos acessíveis a partir do vínculo empregatício ou associativo.

A fiscalização das EFPC é efetivada pela autarquia federal denominada Superintendência Nacional de Previdência Complementar (**PREVIC**), criada pela Lei n. 12.154/2009.

Os planos de benefícios das EFPC **devem ser, obrigatoriamente, oferecidos a todos os empregados** dos patrocinadores ou associados dos instituidores (obviamente é facultativa a adesão aos planos). São equiparáveis aos empregados e associados (para efeito das disposições da LC n. 109/2001): os gerentes, diretores, conselheiros ocupantes de cargo eletivo e outros dirigentes de patrocinadores e instituidores.

As contribuições do empregador, os benefícios e as condições contratuais previstos nos estatutos, regulamentos e planos de benefícios das entidades de previdência privada **não integram o contrato de trabalho dos participantes**, assim como, à exceção dos benefícios concedidos, não integram a remuneração dos participantes, nos termos da lei.

---

fechadas de previdência complementar, e suas respectivas entidades fechadas, a que se referem os §§ 3º, 4º, 5º e 6º do art. 202 da Constituição Federal, será disciplinada pelo disposto nesta Lei Complementar".

[13] Art. 62 do Código Civil: "Para criar uma fundação, o seu instituidor fará, por escritura pública ou testamento, dotação especial de bens livres, especificando o fim a que se destina, e declarando, se quiser, a maneira de administrá-la. Parágrafo único. A fundação somente poderá constituir-se para fins religiosos, morais, culturais ou de assistência".

Nessa esteira, o STF (Recursos Extraordinários 586.453 e 583.050, com repercussão geral reconhecida) firmou entendimento de que **não cabe à Justiça do Trabalho**, mas sim à Justiça Comum julgar processos decorrentes de contrato de previdência complementar privada, em razão da inexistência de relação trabalhista entre o beneficiário e a entidade fechada de previdência complementar.

As EFPC que forem constituídas na forma de fundação poderão se revestir de natureza pública, se o "patrocinador" for pessoa de direito público (União, Estados, Distrito Federal, Municípios e respectivas autarquias e fundações). Serão de natureza privada nas demais hipóteses.

A CF veda o aporte de recursos a entidade de previdência privada pela União, Estados, Distrito Federal e Municípios, suas autarquias, fundações, empresas públicas, sociedades de economia mista e outras entidades públicas, **salvo na qualidade de patrocinador**, situação na qual, **em hipótese alguma**, sua contribuição normal **poderá exceder à do participante**.

Esclarece o art. 14 da LC n. 109/2001 que os planos de benefícios deverão prever os seguintes institutos, observadas as normas estabelecidas pelo órgão regulador e fiscalizador:

I – **benefício proporcional diferido** (também conhecido como *vesting*), em razão da cessação do vínculo empregatício com o patrocinador ou associativo com o instituidor antes da aquisição do direito ao benefício pleno, a ser concedido (no futuro) quando cumpridos os requisitos de elegibilidade do benefício de valor proporcional aos anos contribuídos;

II – **portabilidade** do direito acumulado pelo participante para outro plano. **Não será admitida a portabilidade** na inexistência de cessação do vínculo empregatício do participante com o patrocinador;

III – **resgate** da totalidade das contribuições vertidas ao plano pelo participante, descontadas as parcelas do custeio administrativo, na forma regulamentada; e

IV – faculdade de o participante **manter o valor de sua contribuição e a do patrocinador**, no caso de perda parcial ou total da remuneração recebida, para assegurar a percepção dos benefícios nos níveis correspondentes àquela remuneração ou em outros definidos em normas regulamentares.

Não havendo disposição contratual em contrário, o instituto do resgate não abrange as contribuições do empregador-patrocinador, esse é o entendimento fixado na Súmula 290 do STJ: "Nos planos de previdência privada, não cabe ao beneficiário a devolução da contribuição efetuada pelo patrocinador".

NOVIDADE. Lei n. 14.803, de 10-1-2024, alterou a Lei n. 11.053, de 2004, para permitir a participantes e assistidos de plano de previdência complementar optarem pelo regime de tributação por ocasião da obtenção do benefício ou do primeiro resgate dos valores acumulados.

VGBL (Vida Gerador de Benefícios Livres) é classificado como seguro de pessoa, enquanto o PGBL (Plano Gerador de Benefícios Livres) é um plano de previdência complementar. São planos por sobrevivência que, após um período de acumulação de recursos (período de diferimento), proporcionam aos investidores (segurados e participantes) uma renda mensal – que poderá ser vitalícia ou por período determinado – ou um pagamento único.

A principal diferença entre os dois planos reside no tratamento tributário dispensado a um e a outro. Em ambos, o Imposto de Renda incide apenas no momento do resgate ou recebimento da renda. Entretanto, enquanto no VGBL o Imposto de Renda incide apenas sobre os rendimentos, no PGBL o imposto incide sobre o valor total a ser resgatado ou recebido sob a forma de renda.

No caso do PGBL, os participantes que utilizam o modelo completo de Declaração de Ajuste Anual do Imposto de Renda da Pessoa Física (IRPF) podem deduzir as contribuições do respectivo exercício, no limite máximo de 12% (doze por cento) de sua renda bruta anual. Os prêmios/contribuições pagos a planos VGBL não podem ser deduzidos na Declaração de Ajuste Anual do IRPF e, portanto, esse tipo de plano seria mais adequado aos consumidores que utilizam o modelo simplificado de Declaração de Ajuste Anual do IRPF ou aos que já ultrapassaram o limite de 12% (doze por cento) da renda bruta anual para efeito de dedução dos prêmios e ainda desejam contratar um plano de acumulação para complementação de renda.

Antes da Lei n. 14.803, a escolha de tributação (modalidade: progressiva ou regressiva) deveria ser feita na contratação do plano VGBL ou PGBL e era irretratável. A nova Lei permite àquele que contratou um plano de previdência complementar a escolha da forma de pagamento do imposto de renda, poderá avaliar o que é mais vantajoso e mudar a opção quando quiser.

A tributação progressiva é aquela na qual o imposto de renda é apurado quando for receber o benefício, sendo as alíquotas estabelecidas por faixas previstas na tabela da Receita Federal para pessoa física, com alíquotas de até 27,5%, que variam de acordo com o valor a receber.

A outra modalidade de incidência é a tributação regressiva, que estabelece alíquota melhor (menor) quanto maior for o tempo que o dinheiro permanecer no plano de previdência. A alíquota do imposto de renda diminui à medida que aumenta o período decorrido entre a data da contribuição e a data do recebimento do benefício ou do resgate. Assim, sofrerá a maior alíquota, de 35%, resgates efetivados em curto prazo, ou seja, em até dois anos. Por outro lado, terá a incidência da menor alíquota, de 10%, se o resgate se der após dez anos da aplicação.

4.1 Previdência complementar dos Servidores Públicos

Importantíssima a leitura dos §§ 14, 15 e 16 do art. 40 da Norma Suprema, que versam sobre o Regime de Previdência Complementar (RPC) aos servidores públicos ocupantes de cargo efetivo.

Antes da Reforma da Previdência, era mera faculdade, agora os §§ 14 e 15 do art. 40 da CF, na redação atribuída pela EC n. 103/2019, determinam à União, aos Estados, ao Distrito Federal e aos Municípios **que instituam RPC** para os seus respectivos servidores titulares de cargo efetivo, para efeito de limitar o valor das aposentadorias e pensões a serem concedidas pelo RPPS até o **limite máximo estabelecido para os benefícios do RGPS** de que trata o art. 201 (fixado, em 2023, em R$ 7.507,49 pela Portaria Interministerial MPS/MF n. 26, de 10-1-2023, reajustado para o ano de 2024 para R$ 7.786,02, pela Portaria Interministerial MPS/MF n. 2, de 11-1-2024).

O RPC de que tratam os §§ 14 e 15 será instituído:

- por **lei de iniciativa do respectivo Poder Executivo**;
- será efetivado por intermédio de EFPC **ou (novidade trazida pela EC n. 103/2019) de EAPC**;
- oferecerá plano de benefícios somente na **modalidade contribuição definida**.

O § 16 do art. 40 da Constituição determina que, **somente mediante sua prévia e expressa opção**, o disposto nos §§ 14 e 15 poderá ser aplicado ao servidor que tiver ingressado no serviço público **até a data da publicação do ato de instituição** do correspondente regime de previdência complementar.

Foi editada a Lei n. 12.618/2012, que **institui o RPC** a que se referem os §§ 14, 15 e 16 do art. 40 da CF para os servidores públicos titulares de cargo efetivo de âmbito federal. Foram criadas as denominadas **Fundação de Previdência Complementar do Servidor Público Federal**

(**Funpresp**), do Poder Executivo (Funpresp-Exe), do Poder Legislativo (Funpresp-Leg) e do Poder Judiciário (Funpresp-Jud).

A Funpresp-Exe, Leg e a Jud serão estruturadas na forma de **fundação**, de **natureza pública**, com **personalidade jurídica de direito privado**, gozarão de autonomia administrativa, financeira e gerencial e terão sede e foro no Distrito Federal.

Na Funpresp (Exe, Leg e Jud) as contribuições do patrocinador (União) e do participante (servidor público que aderir à previdência complementar) incidirão sobre a parcela da base de contribuição que **exceder o limite máximo** estabelecido para benefícios no RGPS. A alíquota da contribuição do patrocinador será igual à do participante e não poderá exceder o percentual de 8,5%.

Permite a Lei n. 12.618/2012 que, **além da contribuição normal (de 8,5%)**, o participante **contribua facultativamente, sem contrapartida do patrocinador**, na forma do regulamento do plano.

A facultatividade da previdência complementar é a regra constitucional (art. 202 da CF); ocorre que o fenômeno da opção pode dar-se de duas maneiras:

a) Sem adesão automática, ficando no aguardo da manifestação expressa de vontade do servidor público federal no sentido **de integrar** a Funpresp;
b) Com adesão automática, ficando no aguardo da manifestação expressa de vontade do servidor público federal no sentido de **não** integrar a Funpresp.

A primeira situação foi definida na redação original da Lei n. 12.618/2012, oportunidade na qual a relação jurídica com o Funpresp somente surgia com a manifestação expressa de vontade (pedido de adesão) do servidor público federal recém-ingresso.

Com a edição da Lei n. 13.183/2015, o cenário da relação jurídica foi modificado, inaugurando-se o modelo da **adesão automática**. Desde 4 de novembro de 2015, os servidores públicos titulares de cargo efetivo da União, suas autarquias e fundações, inclusive para os membros do Poder Judiciário, do Ministério Público da União e do Tribunal de Contas da União, **com remuneração superior ao limite máximo** estabelecido para os benefícios do RGPS (fixado, em 2023, em R$ 7.507,49 pela Portaria Interministerial MPS/MF n. 26, de 10-1-2023, reajustado para o ano de 2024 para R$ 7.786,02, pela Portaria Interministerial MPS/MF n. 2, de 11-1-2024), que venham a ingressar no serviço público, **serão automaticamente inscritos no respectivo plano de previdência complementar desde a data de entrada em exercício**.

Merece relevo que a Previdência Complementar (Funpresp) continua ostentando caráter facultativo, sendo que, a despeito da **adesão automática**, fica assegurado ao participante o direito de requerer, a qualquer tempo, o cancelamento de sua inscrição. Caso haja requerimento de exclusão no prazo de até 90 dias da data da inscrição, **fica assegurado o direito à restituição integral das contribuições vertidas**, a ser paga em até 60 dias do pedido de cancelamento, corrigidas monetariamente.

Nessa situação, de cancelamento, a contribuição aportada pelo patrocinador (União) será devolvida à respectiva fonte pagadora no mesmo prazo da devolução da contribuição aportada pelo participante.

O requerimento de cancelamento formulado em até 90 dias não constitui resgate, havendo restituição integral dos valores que foram descontados do contracheque do servidor.

Observação: o servidor com remuneração **inferior** ao limite máximo estabelecido para os benefícios do RGPS **poderá aderir** aos planos de benefícios administrados pelas EFPC (Funpresp), **sem contrapartida do patrocinador**, cuja base de cálculo será definida nos regulamentos.

Aos servidores que mantiverem sua inscrição automática junto ao Funpresp será assegurada a complementação de aposentadoria (valor do **benefício programado** será calculado de acordo com o montante do saldo da conta acumulado pelo participante, devendo o valor do benefício estar permanentemente ajustado ao referido saldo).

Os benefícios não programáveis serão definidos nos regulamentos dos planos, observado o seguinte:

I – devem ser assegurados, pelo menos, os benefícios decorrentes dos eventos invalidez e morte; e

II – terão custeio específico para sua cobertura.

Aos servidores públicos federais, incluindo membros do Poder Judiciário (PJ), do Ministério Público da União (MPU) e do Tribunal de Contas da União (TCU), **que tiverem ingressado no serviço público a partir do início da vigência do regime de previdência complementar** de que trata a Lei n. 12.618/2012, **independentemente da apresentação de requerimento de cancelamento da sua inscrição automática** ao plano de benefícios do Funpresp, aplica-se:

a) o limite máximo estabelecido para os benefícios do RGPS às aposentadorias e pensões a serem concedidas pelo regime de previdência da União (RPPS Federal) de que trata o art. 40 da CF, observado o disposto na Lei n. 10.887/2004;

b) a limitação da base de cálculo da contribuição previdenciária do servidor público ao regime de previdência da União (RPPS Federal), que não poderá exceder ao limite máximo estabelecido para os benefícios do RGPS.

Os servidores públicos e os membros do PJ, do MPU e do TCU que **tenham ingressado** no serviço público **até a data anterior ao início da vigência** do regime de previdência complementar poderão, mediante prévia e expressa opção, aderir à Funpresp.

Essa opção (art. 3º, § 8º, da Lei n. 12.618/2012) **é irrevogável e irretratável**, e sua aceitação irá resultar nas mesmas consequências supramencionadas (letras "a" e "b"): limitação no RPPS da base de cálculo da contribuição previdenciária e da limitação do valor do benefício ao valor-teto do RGPS, não sendo devida pela União e suas autarquias e fundações públicas qualquer contrapartida referente ao valor dos descontos já efetuados sobre a base de contribuição acima do limite previsto no RGPS em datas anteriores à opção.

4.2 FUNPRESP – Benefício especial

A Lei n. 12.618/2012 criou o **Benefício especial** para os servidores e os membros do PJ, MPU e TCU que tenham ingressado no serviço público até a data anterior ao início da vigência do regime de previdência complementar que, mediante prévia e expressa opção, migrarem para o regime previdenciário limitado ao teto do RGPS.

O **benefício especial** será pago pelo órgão competente da União, por ocasião da concessão de aposentadoria, inclusive por invalidez, ou pensão por morte pelo regime próprio de previdência da União, de que trata o art. 40 da CF, enquanto perdurar o benefício pago por esse regime, inclusive junto com a gratificação natalina.

Valor. O benefício especial será equivalente à diferença entre a média aritmética simples das maiores remunerações anteriores à data de mudança do regime, utilizadas como base para as contribuições do servidor ao regime de previdência da União, dos Estados, do Distrito Federal ou dos Municípios, atualizadas monetariamente correspondentes a 80% de todo o período contributivo desde a competência julho de 1994 ou desde a do início da contribuição, se posterior àquela competência, e o limite máximo do RGPS, na forma regulamentada pelo Poder Executivo, **multiplicada pelo fator de conversão**.

Como último registro, para os servidores públicos federais e membros do PJ, MPU e TCU que tiverem ingressado no serviço público até a data da publicação do ato de instituição do regime de previdência complementar, **e não tiver optado por aderir à Funpresp**, a contribuição social do servidor público ativo de qualquer dos Poderes da União, incluídas suas autarquias e fundações, para a manutenção do respectivo RPPS, será mantida em 11% incidentes sobre a totalidade da remuneração ou subsídio, e terá seu benefício limitado apenas ao valor da remuneração recebida no cargo no qual se der a sua aposentadoria, nos moldes do art. 40, § 2º[14], do Texto Supremo.

4.3 Jurisprudência STJ

PREVIDÊNCIA PRIVADA

STJ. Tema Repetitivo: 511. Tese firmada: É devida a restituição da denominada reserva de poupança a ex-participantes de plano de benefícios de previdência privada, devendo ser corrigida monetariamente conforme os índices que reflitam a real inflação ocorrida no período, mesmo que o estatuto da entidade preveja critério de correção diverso, devendo ser incluídos os expurgos inflacionários (Súmula 289/STJ) (Trânsito em julgado: 19-2-2014)

STJ. Tema Repetitivo: 512. Tese firmada: A atualização monetária das contribuições devolvidas pela entidade de previdência privada ao associado deve ser calculada pelo IPC, por ser o índice que melhor traduz a perda do poder aquisitivo da moeda. (Trânsito em julgado: 19-2-2014)

STJ. Tema Repetitivo: 513. Tese firmada: A Súmula 252/STJ, por ser específica para a correção de saldos do FGTS, não tem aplicação nas demandas que envolvem previdência privada. (Trânsito em julgado: 22-2-2013)

STJ. Tema Repetitivo: 514. Tese firmada: A quitação relativa à restituição, por instrumento de transação, somente alcança as parcelas efetivamente quitadas, não tendo eficácia em relação às verbas por ele não abrangidas. Portanto, se os expurgos inflacionários não foram pagos aos participantes que faziam jus à devolução das parcelas da contribuição, não se pode considerá-los saldados por recibo de quitação passado de forma geral. (Trânsito em julgado: 19-2-2014)

STJ. Tema Repetitivo: 693. Tese firmada: A competência para processar e julgar as demandas que têm por objeto obrigações decorrentes dos contratos de planos de previdência privada firmados com a Fundação Rede Ferroviária de Seguridade Social (REFER) é da Justiça Estadual.

STJ. Tema Repetitivo: 539. Tese firmada: Compete à Justiça Estadual processar e julgar litígios instaurados entre entidade de previdência privada e participante de seu plano de benefícios.

STJ. Tema Repetitivo: 540. Tese firmada: O auxílio cesta-alimentação, parcela concedida a título indenizatório aos empregados em atividade, mediante convenção coletiva de trabalho, não se incorpora aos proventos da complementação de aposentadoria pagos por entidade fechada de previdência privada.

STJ. Tema Repetitivo: 650. Tese firmada: O benefício especial de renda certa, instituído pela Caixa de Previdência dos Funcionários do Banco do Brasil (PREVI), é devido exclusivamente aos assistidos que, no período de atividade, contribuíram por mais de 360 meses (30 anos) para o plano de benefícios. (Trânsito em julgado: 9-2-2015)

---

[14] "Art. 40. (...) § 2º Os proventos de aposentadoria e as pensões, por ocasião de sua concessão, não poderão exceder a remuneração do respectivo servidor, no cargo efetivo em que se deu a aposentadoria ou que serviu de referência para a concessão da pensão."

STJ. Tema Repetitivo: 977. Tese firmada: A partir da vigência da Circular/Susep n. 11/1996, é possível ser pactuado que os reajustes dos benefícios dos planos administrados pelas entidades abertas de previdência complementar passem a ser feitos com utilização de um índice geral de preços de ampla publicidade (INPC/IBGE, IPCA/IBGE, IGP-M/FGV, IGP-DI/FGV, IPC/FGV ou IPC/FIPE). Na falta de repactuação, deve incidir o IPCA-E. (Trânsito em julgado: 11-4-2022)

STJ. Tema Repetitivo: 936 Tese firmada: I – A patrocinadora não possui legitimidade passiva para litígios que envolvam participante/assistido e entidade fechada de previdência complementar, ligados estritamente ao plano previdenciário, como a concessão e a revisão de benefício ou o resgate da reserva de poupança, em virtude de sua personalidade jurídica autônoma. II – Não se incluem no âmbito da matéria afetada as causas originadas de eventual ato ilícito, contratual ou extracontratual, praticado pelo patrocinador. (Trânsito em julgado: 21-8-2019)

STJ. Tema Repetitivo: 941. Tese firmada: Nos planos de benefícios de previdência complementar administrados por entidade fechada, a previsão regulamentar de reajuste, com base nos mesmos índices adotados pelo Regime Geral de Previdência Social, não inclui a parte correspondente a aumentos reais. (Trânsito em julgado: 13-6-2017)

STJ. Tema Repetitivo: 955. Tese firmada: I – A concessão do benefício de previdência complementar tem como pressuposto a prévia formação de reserva matemática, de forma a evitar o desequilíbrio atuarial dos planos. Em tais condições, quando já concedido o benefício de complementação de aposentadoria por entidade fechada de previdência privada, é inviável a inclusão dos reflexos das verbas remuneratórias (horas extras) reconhecidas pela Justiça do Trabalho nos cálculos da renda mensal inicial dos benefícios de complementação de aposentadoria; II – Os eventuais prejuízos causados ao participante ou ao assistido que não puderam contribuir ao fundo na época apropriada ante o ato ilícito do empregador poderão ser reparados por meio de ação judicial a ser proposta contra a empresa ex-empregadora na Justiça do Trabalho; III – Modulação de efeitos (art. 927, § 3º, do CPC/2015): para as demandas ajuizadas na Justiça Comum até a data do presente julgamento, e ainda sendo útil ao participante ou assistido, conforme as peculiaridades da causa, admite-se a inclusão dos reflexos de verbas remuneratórias (horas extras), reconhecidas pela Justiça do Trabalho, nos cálculos da renda mensal inicial dos benefícios de complementação de aposentadoria, condicionada à previsão regulamentar (expressa ou implícita) e à recomposição prévia e integral das reservas matemáticas com o aporte de valor a ser apurado por estudo técnico atuarial em cada caso; IV – Nas reclamações trabalhistas em que o ex-empregador tiver sido condenado a recompor a reserva matemática, e sendo inviável a revisão da renda mensal inicial da aposentadoria complementar, os valores correspondentes a tal recomposição devem ser entregues ao participante ou assistido a título de reparação, evitando-se, igualmente, o enriquecimento sem causa do ente fechado de previdência complementar. (Trânsito em julgado: 28-3-2019)

STJ. Tema Repetitivo: 1021. Tese firmada: a) A concessão do benefício de previdência complementar tem como pressuposto a prévia formação de reserva matemática, de forma a evitar o desequilíbrio atuarial dos planos. Em tais condições, quando já concedido o benefício de complementação de aposentadoria por entidade fechada de previdência privada, é inviável a inclusão dos reflexos de quaisquer verbas remuneratórias reconhecidas pela Justiça do Trabalho nos cálculos da renda mensal inicial dos benefícios de complementação de aposentadoria. b) Os eventuais prejuízos causados ao participante ou ao assistido que não puderam contribuir ao fundo na época apropriada ante o ato ilícito do empregador poderão ser reparados por meio de ação judicial a ser proposta contra a empresa ex-empregadora na Justiça do Trabalho. (Trânsito em julgado: 17-2-2021)

STJ. Tema Repetitivo: 736. Tese firmada: a) Nos planos de benefícios de previdência privada fechada, patrocinados pelos entes federados – inclusive suas autarquias, fundações, sociedades de economia mista e empresas controladas direta ou indiretamente –, é vedado o repasse de abono e vantagens de qualquer natureza para os benefícios em manutenção, sobretudo a partir da vigência da Lei Complementar n. 108/2001, independentemente das disposições estatutárias e regulamentares; b) Não é possível a concessão de verba não prevista no regulamento do plano de benefícios de previdência privada, pois a previdência complementar tem por pilar o sistema de capitalização, que pressupõe a acumulação de reservas para assegurar o custeio dos benefícios contratados, em um período de longo prazo.

STJ. Tema Repetitivo: 943. Tese firmada: 1.1. Em caso de migração de plano de benefícios de previdência complementar, não é cabível o pleito de revisão da reserva de poupança ou de benefício, com aplicação do índice de correção monetária. 1.2. Em havendo transação para migração de plano de benefícios, em observância à regra da indivisibilidade da pactuação e proteção ao equilíbrio contratual, a anulação de cláusula que preveja concessão de vantagem contamina todo o negócio jurídico, conduzindo ao retorno ao *status quo ante*.

STJ. Tema Repetitivo: 62. Tese firmada: Por força da isenção concedida pelo art. 6º, VII, *b*, da Lei n. 7.713/88, na redação anterior à que lhe foi dada pela Lei n. 9.250/95, é indevida a cobrança de imposto de renda sobre o valor da complementação de aposentadoria e o do resgate de contribuições correspondentes a recolhimentos para entidade de previdência privada ocorridos no período de 1º-1-1989 a 31-12-1995. (Trânsito em julgado: 14-11-2008)

STJ. Tema Repetitivo: 90. Tese firmada: Por força da isenção concedida pelo art. 6º, VII, *b*, da Lei n. 7.713/88, na redação anterior à que lhe foi dada pela Lei 9.250/95, é indevida a cobrança de imposto de renda sobre o valor da complementação de aposentadoria e o do resgate de contribuições correspondentes a recolhimentos para entidade de previdência privada ocorridos no período de 1º-1-1989 a 31-12-1995. A quantia que couber por rateio a cada participante, superior ao valor das respectivas contribuições, constitui acréscimo patrimonial (CTN, art. 43) e, como tal, atrai a incidência de imposto de renda. (Trânsito em julgado: 4-3-2009)

STJ. Tema Repetitivo: 158. Tese firmada: Também com relação ao recebimento antecipado de 10% (dez por cento) da reserva matemática do Fundo de Previdência Privada como incentivo para a migração para novo plano de benefícios, deve-se afastar a incidência do imposto de renda sobre a parcela recebida a partir de janeiro de 1996, na proporção do que já foi anteriormente recolhido pelo contribuinte, a título de imposto de renda, sobre as contribuições vertidas ao fundo durante o período de vigência da Lei n. 7.713/88. (Trânsito em julgado: 4-11-2009)

STJ. Tema Repetitivo: 944. Tese firmada: Nos planos de benefícios de previdência privada patrocinados pelos entes federados – inclusive suas autarquias, fundações, sociedades de economia mista e empresas controladas direta ou indiretamente –, para se tornar elegível a um benefício de prestação que seja programada e continuada, é necessário que o participante previamente cesse o vínculo laboral com o patrocinador, sobretudo a partir da vigência da Lei Complementar n. 108/2001, independentemente das disposições estatutárias e regulamentares. (Trânsito em julgado: 8-2-2017)

STJ. Tema Repetitivo: 907. Tese firmada: O regulamento aplicável ao participante de plano fechado de previdência privada para fins de cálculo da renda mensal inicial do benefício complementar é aquele vigente no momento da implementação das condições de elegibilidade, haja vista a natureza civil e estatutária, e não o da data da adesão, assegurado o direito acumulado. (Trânsito em julgado: 14-9-2022)

STJ. Tema Repetitivo: 57. Tese firmada: A ação de cobrança de diferenças de valores de complementação de aposentadoria prescreve em cinco anos contados da data do pagamento. (Trânsito em julgado: 2-9-2010).

5. CONTAGEM RECÍPROCA

A Certidão de Tempo de Contribuição (CTC) é o instrumento que permite a fruição de tempo de contribuição vertido para que o RGPS seja aproveitado por Regimes Próprios de Previdência Social (RPPSs), ou Regimes de Previdência Militar, e vice-versa, para fins de contagem recíproca, devendo haver a compensação financeira, conforme previsão constitucional dos §§ 9º e 9-A do art. 201:

> Art. 201: (...)
> § 9º Para fins de aposentadoria, ser assegurada a contagem recíproca do tempo de contribuição entre o Regime Geral de Previdência Social e os regimes próprios de previdência social, e destes entre si, observada a compensação financeira, de acordo com os critérios estabelecidos em lei.

§ 9º-A. O tempo de serviço militar exercido nas atividades de que tratam os arts. 42, 142 e 143 e o tempo de contribuição ao Regime Geral de Previdência Social ou a regime próprio de previdência social terão contagem recíproca para fins de inativação militar ou aposentadoria, e a compensação financeira ser devida entre as receitas de contribuição referentes aos militares e as receitas de contribuição aos demais regimes.

O tempo de contribuição para regime próprio de previdência social ou para Regime Geral de Previdência Social deve ser comprovado com certidão fornecida:

I – pela unidade gestora do regime próprio de previdência social ou pelo setor competente da administração federal, estadual, do Distrito Federal e municipal, suas autarquias e fundações, desde que devidamente homologada pela unidade gestora do regime próprio, relativamente ao tempo de contribuição para o respectivo regime próprio de previdência social; ou

II – pelo setor competente do Instituto Nacional do Seguro Social, relativamente ao tempo de contribuição para o Regime Geral de Previdência Social.

O setor competente do órgão federal, estadual, do Distrito Federal ou municipal deverá promover o levantamento do tempo de contribuição para o respectivo regime próprio de previdência social à vista dos assentamentos funcionais.

O setor competente do INSS promoverá o levantamento do tempo de contribuição ao RGPS, com base na documentação apresentada.

Regime de Origem: o regime previdenciário ao qual o segurado ou o servidor público esteve vinculado, e que não tenha ensejado o recebimento de aposentadoria ou pensão aos seus dependentes.

Regime Instituidor: o regime previdenciário responsável pela concessão e pelo pagamento de benefício de aposentadoria ou pensão, dela decorrente, a segurado, servidor público ou aos seus dependentes, com cômputo de tempo de contribuição devidamente certificado pelo Regime de Origem, com base na contagem recíproca.

A certidão de tempo de contribuição deverá ser expedida em duas vias, das quais a primeira será fornecida ao interessado, mediante recibo passado para a segunda via, implicando sua concordância quanto ao tempo certificado.

É vedada a contagem de tempo de contribuição de atividade privada com a do serviço público ou de mais de uma atividade no serviço público, quando concomitantes, ressalvados os casos de acumulação de cargos ou empregos públicos admitidos pela Constituição.

Em hipótese alguma será expedida certidão de tempo de contribuição para período que já tiver sido utilizado para a concessão de aposentadoria, em qualquer regime de previdência social.

A pedido do interessado, a CTC poderá ser emitida para períodos fracionados, a qual deverá indicar os períodos que deseja aproveitar no órgão de vinculação.

A CTC deverá ser única, devendo nela constar:

I – períodos de efetiva contribuição ao Regime Público de Previdência;
II – períodos aproveitados no regime de origem; e
III – respectivos salários de contribuição a partir de 1º de julho de 1994.

Para a expedição da CTC, não será exigido que o segurado se desvincule de suas atividades abrangidas pelo RGPS.

Ao requerente que exercer cargos constitucionalmente acumuláveis, no mesmo ou em outro ente federativo, é permitida a emissão de CTC única com destinação do tempo de contribuição para, no máximo, RPPS de dois entes federativos ou o RPPS de um mesmo ente federativo para averbação nos dois cargos acumulados.

O Decreto n. 3.048, no art. 129, preconiza que se o requerente estiver em gozo de abono de permanência em serviço, auxílio-acidente ou auxílio-suplementar, a CTC poderá ser emitida, sendo o benefício cessado na data da emissão. Na mesma toada, a IN 128, de 2002, estabelece que se o requerente estiver em gozo de auxílio por incapacidade temporária, a CTC poderá ser emitida, desde que, antes de sua emissão, seja cessado o benefício a pedido do requerente.

Ocorre que a diretriz traçada na norma regulamentar não encontra acolhida na jurisprudência do STJ:

> PROCESSUAL CIVIL E PREVIDENCIÁRIO. AUXÍLIO-ACIDENTE. CESSAÇÃO APÓS A EMISSÃO DA CERTIDÃO DE TEMPO DE CONTRIBUIÇÃO. INADMISSIBILIDADE. 1. Cuidaram os autos, na origem, de ação visando ao restabelecimento de auxílio-acidente cessado em virtude do requerimento de aposentadoria. A Sentença determinou a reimplantação do benefício. O acórdão manteve a sentença. 2. O auxílio-acidente é benefício concedido após a cessação do auxílio-doença, quando resulta sequela geradora de redução da capacidade laboral proveniente de acidente ou doença do trabalho; todavia, não impossibilita o retorno ao trabalho. Este benefício é pago pelo INSS também durante o exercício de atividade profissional, seja na mesma função e empresa ou em outras, e independe do tempo de contribuição. 3. É inviável analisar a tese defendida no Recurso Especial, de que a mudança de regime afasta a obrigação do INSS de pagar o auxílio-acidente. Isso porque é inarredável a revisão do conjunto probatório dos autos para afastar as premissas fáticas estabelecidas pelo acórdão recorrido, de que não se verificou a concessão de qualquer aposentadoria e de que o art. 86, § 1º, do referido diploma legal estabelece que o auxílio-acidente cessará apenas nas hipóteses de concessão da aposentadoria ou do óbito do segurado. 4 Recurso Especial não conhecido (RESP 1.823.547, 2019.01.25042-0, Rel. Min. Herman Benjamin, Segunda Turma, *DJe* 10-9-2019).

A contagem do tempo de contribuição para certificação em CTC observará o mês de 30 dias e o ano de 365 dias.

Em caso de falecimento do segurado, a CTC poderá ser requerida pelos seus dependentes ou herdeiros.

Para CTC emitida a partir de 18 de janeiro de 2019, início da vigência da Medida Provisória n. 871/2019, deverão ser certificados os períodos de emprego público celetista, com filiação ao Regime Geral de Previdência Social, inclusive nas situações de averbação automática.

O período de emprego público celetista averbado automaticamente, bem como o tempo de contribuição ao RGPS concomitante a este período, deverá ter a sua destinação expressa na CTC, vinculada ao órgão público que efetuou a averbação, exceto se a averbação automática não tiver gerado qualquer direito ou vantagem, situação em que a CTC poderá ter destinação diversa.

Considera-se averbação automática o tempo de contribuição vinculado ao RGPS prestado pelo servidor público, que teve a apresentação da CTC dispensada pelo INSS para fins de realização da compensação financeira, nas seguintes hipóteses:

I – período averbado no próprio ente em que foi prestado o serviço, decorrente da criação do Regime Jurídico Único, em obediência ao disposto no art. 39 da Constituição Federal de 1988; e

II – no caso dos servidores estaduais, municipais ou distritais, período averbado no próprio ente em que foi prestado o serviço quando da transformação do Regime de Previdência em RPPS.

Não devem ser considerados como averbação automática os períodos averbados a partir de 18 de janeiro de 2019.

A certidão só poderá ser fornecida para os períodos de efetiva contribuição para o Regime Geral de Previdência Social, devendo ser excluídos aqueles para os quais não tenha havido contribuição, diante da vedação constante dos arts. 40, § 10, e 201, § 14, da CF:

> Art. 40. (...)
> § 10 A lei não poderá estabelecer qualquer forma de contagem de tempo de contribuição fictício.
> (...)
> Art. 201. (...)
> § 14 É vedada a contagem de tempo de contribuição fictício para efeito de concessão dos benefícios previdenciários e de contagem recíproca.

É vedada emissão de CTC para fins de contagem de recíproca:

I – com conversão de tempo de contribuição exercido em atividade sujeita a condições especiais;

II – com conversão do tempo de contribuição do segurado na condição de pessoa com deficiência;

III – com contagem de qualquer tempo de serviço fictício;

IV – para período em que não se comprove a efetiva contribuição. Considerando a presunção de contribuição, não se aplica esta disposição se ao:

a) empregado;

b) trabalhador avulso;

c) doméstico, a partir de 2 de junho de 2015; e

d) contribuinte individual prestador de serviço a pessoa jurídica, a partir de 1º de abril de 2003.

V – com o tempo de atividade ao RGPS exercido de forma concomitante ao período de emprego público celetista, com filiação à Previdência Social Urbana, objeto de averbação perante o RJU quando de sua criação, exceto se houver o desligamento de servidor do RPPS Federal, Estadual, Municipal ou Distrital;

VI – para o período de trabalho exercido sob o Regime Especial de RPPS de que trata o parágrafo único do art. 3º da Lei n. 3.807, de 26 de agosto de 1960;

VII – para períodos pendentes de indenização; e

VIII – com competências que tenham salário de contribuição inferior ao salário mínimo;

IX – com contagem em dobro ou em outras condições especiais.

Para períodos de exercício de atividade de empregado, de empregado doméstico, a partir de 2 de junho de 2015, e de trabalhador avulso, sem remuneração no CNIS e não sendo possível a apresentação da documentação comprobatória da remuneração auferida pelo segurado, será informado o valor de um salário mínimo nas referidas competências.

Para período de exercício comprovado de atividade de empregado doméstico até 1º de junho de 2015, na falta de comprovação de efetiva contribuição, deverá ser inserido o valor de um salário mínimo.

Para período de exercício de atividade de contribuinte individual prestador de serviço a pessoa jurídica até 31 de março de 2003, nos termos do art. 4º da Lei n. 10.666/2003, é obrigatória a comprovação da efetiva contribuição.

É permitida emissão de CTC para fins de contagem recíproca:

I – para o período em que o segurado contribuinte individual e o facultativo tiverem contribuído com base na alíquota reduzida de 5% ou 11% (art. 21 da Lei n. 8.212/91), ou recebido salário-maternidade nestas condições, desde que complementadas as contribuições para o percentual de 20%;

II – para o tempo de serviço anterior ou posterior à obrigatoriedade de filiação à Previdência Social, desde que haja o efetivo recolhimento, inclusive de períodos alcançados pela decadência (trata-se de indenização que deverá ser acrescida de juros moratórios de 0,5% ao mês, capitalizados anualmente, e multa de 10% para fatos geradores ocorridos a partir de 14 de outubro de 1996);

III – para o tempo de contribuição do segurado trabalhador rural anterior à competência novembro de 1991, desde que indenizado o período respectivo;

IV – para o período de atividade rural comprovado como segurado especial, desde que indenizado;

V – para o período de aluno-aprendiz devidamente comprovado até 15 de dezembro de 1998, data da publicação da Emenda Constitucional n. 20, desde que à época o ente federativo não mantivesse RPPS; e

VI – para o período em que o segurado esteve recebendo:

a) benefício por incapacidade previdenciário, desde que intercalado com períodos de atividade ou contribuição; ou

b) benefício por incapacidade acidentário:

1. até 30 de junho de 2020, ainda que não seja intercalado com períodos de atividade ou contribuição; ou

2. a partir de 1º de julho de 2020, data da publicação do Decreto n. 10.410, somente se intercalado com períodos de atividade ou de contribuição.

Caso o requerente seja aposentado pelo RGPS, é permitida a emissão de CTC para períodos de contribuição posteriores à data do início do benefício, desde que as respectivas contribuições não tenham sido restituídas ao segurado em forma de pecúlio.

Para períodos de contribuição anteriores à data de início da aposentadoria, somente será permitida a emissão de CTC na hipótese em que o período de contribuição tiver sido descartado da aposentadoria em razão de averbação automática em outro regime de previdência realizado até 17 de janeiro de 2019, data da vigência da Medida Provisória n. 871.

Quando for solicitada CTC com identificação do tempo de serviço prestado em condições perigosas ou insalubres, será realizada a análise de mérito da atividade cujo reconhecimento é pretendido como atividade especial. Os períodos reconhecidos pelo INSS como de tempo de atividade exercida em condições especiais deverão ser incluídos na CTC e discriminados de data a data, sem conversão em tempo comum (por força do art. 40, § 10, e § 14 do art. 201 da CF).

Quando for solicitada CTC por requerente com deficiência, ele será submetido à avaliação médica e social para fins da avaliação da deficiência e seu grau.

A CTC deverá conter a indicação dos períodos de contribuição ao RGPS na condição de segurado com deficiência e os respectivos graus, não sendo admitida a conversão do tempo de contribuição exercido pelo segurado com deficiência em tempo de contribuição comum (por força do art. 40, § 10, e do § 14 do art. 201 da CF).

A CTC pode ser revista a qualquer tempo, a pedido do interessado ou de seus dependentes, desde que não seja alterada a destinação dos períodos já averbados e utilizados para obtenção de aposentadoria ou vantagem no RPPS.

Os períodos de trabalho constantes na CTC serão analisados de acordo com as regras vigentes na data do pedido, para alteração, manutenção ou exclusão, e consequente cobrança das contribuições devidas, se for o caso.

Tratando-se de apuração de irregularidade com indício de dolo ou fraude, a CTC poderá ser revista a qualquer tempo.

A Compensação Previdenciária é o ressarcimento financeiro entre o RGPS e os RPPSs dos servidores da União, dos Estados, do Distrito Federal e Municípios, referente ao tempo de contribuição utilizado na concessão de benefícios nos termos da contagem recíproca.

Para fins da compensação previdenciária considera-se:

I – Regime de Origem: o regime previdenciário ao qual o segurado ou o servidor público esteve vinculado, e que não tenha ensejado o recebimento de aposentadoria ou pensão aos seus dependentes; e

II – Regime Instituidor: o regime previdenciário responsável pela concessão e pelo pagamento de benefício de aposentadoria ou pensão, dela decorrente, a segurado, servidor público ou aos seus dependentes, com cômputo de tempo de contribuição devidamente certificado pelo Regime de Origem, com base na contagem recíproca.

A Compensação Previdenciária será realizada conforme as disposições contidas na Lei n. 9.796/99, no Decreto n. 10.188/2019, e na Portaria MPAS n. 6.209, de 1999.

CAPÍTULO 5
FINANCIAMENTO DA SEGURIDADE SOCIAL

1. INTRODUÇÃO

Para obtenção dos recursos financeiros necessários às ações de Saúde, Previdência e Assistência Social, estabelece o art. 195 da CF que a Seguridade Social **será financiada por toda sociedade**, de forma direta e indireta:

a) forma direta, receitas decorrentes da arrecadação de contribuições sociais; e
b) forma indireta, mediante recursos provenientes do orçamento da União, dos Estados, do Distrito Federal, dos Municípios.

No plano federal, dispõe o art. 11 da Lei n. 8.212/91 que o orçamento da Seguridade Social é composto das seguintes receitas:

I – da União (forma indireta);
II – das contribuições sociais (forma direta);
III – de outras fontes.

Como visto, a Lei n. 8.212/91, conhecida como Lei de Custeio, prevê não apenas as formas diretas e indiretas de a sociedade financiar a seguridade social na órbita federal, como também traz previsão de recursos provenientes de "outras fontes", a exemplo de doações feitas a hospital público.

2. CONTRIBUIÇÃO DA UNIÃO

O art. 16 da Lei n. 8.212/91 esclarece que a contribuição da União é constituída de recursos adicionais do Orçamento Fiscal, fixados **obrigatoriamente na Lei Orçamentária Anual** (LOA).

> **Atenção!** A **União é responsável** pela cobertura de eventuais **insuficiências financeiras** da Seguridade Social, quando **decorrentes do pagamento de benefícios da Previdência Social**, na forma da Lei Orçamentária Anual.

> **MEMORIZE**
> Em conformidade com o art. 195, § 1º, da CF, as receitas dos Estados, do Distrito Federal e dos Municípios destinadas à Seguridade Social constarão dos respectivos orçamentos, **não** integrando o orçamento da União.

3. OUTRAS RECEITAS DE SEGURIDADE SOCIAL

Além das receitas provenientes da União e das contribuições sociais, a Lei n. 8.212/91 afirma, no art. 27, constituírem também receitas destinadas à Seguridade Social:

- as multas, a atualização monetária e os juros moratórios (toda vez que há pagamento de contribuição previdenciária em atraso, nada mais justo de que os acréscimos legais sejam também endereçados à Previdência);
- as receitas provenientes de prestação de outros serviços e de fornecimento ou arrendamento de bens, as demais receitas patrimoniais, industriais e financeiras (exemplos: acréscimos decorrentes de aplicações financeiras realizadas pela Previdência, ou recebimento de alugueres de imóveis do INSS);
- as doações, legados, subvenções e outras receitas eventuais.

Os itens referidos são autoexplicativos, porém, atenção especial deve ser dada ao inciso II do art. 27, que inclui entre outras receitas destinadas à Seguridade Social a remuneração recebida por serviços de arrecadação, fiscalização e cobrança prestados a terceiros.

Cumpre esclarecer que, antes da Lei n. 11.457/2007, a Lei n. 8.212/91 dizia no art. 94 que o INSS poderia prestar serviço de arrecadação e fiscalização a terceiros (assim entendidas outras entidades e fundos, por exemplo, para os serviços sociais autônomos, conhecidos por Sistema "S": SESC, SENAT, SENAI, SENAC etc.), de modo que os auditores fiscais do INSS, ao manusearem os documentos contábeis das empresas, conferiam a regularidade não apenas das contribuições previdenciárias como também as contribuições devidas a terceiros, mediante remuneração de 3,5% do montante arrecadado.

A remuneração desse serviço prestado pelo INSS era destinada, na forma do inciso II do art. 27 da Lei n. 8.212/91, à Seguridade Social.

Ocorre que com o advento da Lei n. 11.457/2007, deixou o INSS de prestar referido serviço. No art. 3º foi atribuída à Secretaria da Receita Federal do Brasil (SRFB) a atividade de prestar serviço de arrecadação e fiscalização a terceiros, mediante a retribuição pelos serviços prestados, no importe de 3,5% do montante arrecadado.

Acrescenta a Lei n. 11.457, ainda, que o destino dessa remuneração é para o Fundo Especial de Desenvolvimento e Aperfeiçoamento das Atividades de Fiscalização (FUNDAF), nada se referindo à Seguridade Social. Dessa forma, o inciso II do art. 27 da Lei n. 8.212/91 não mais subsiste desde a Lei n. 11.457/2007, **tacitamente revogado**, porque esvaziado seu conteúdo pela disposição diversa constante da legislação superveniente.

Trata-se de revogação tácita, por conseguinte, a redação do inciso II do art. 27 da Lei n. 8.212/91 (II – a remuneração recebida por serviços de arrecadação, fiscalização e cobrança prestados a terceiros), não produz efeitos após o advento da Lei n. 11.457/2007.

No tema "outras fontes de receitas", merece relevo as situações desenhadas nos incisos VI, VII e parágrafo único do art. 27, a saber:

- **40% do resultado dos leilões dos bens apreendidos pelo Departamento da Receita Federal;**
- **As companhias seguradoras que mantêm o seguro obrigatório de danos pessoais causados por veículos automotores de vias terrestres**, de que trata a Lei n. 6.194/74, **deverão repassar à Seguridade Social 50% do valor total do prêmio recolhido** e destinado ao Sistema Único de Saúde (SUS), para custeio da assistência médico-hospitalar dos segurados vitimados em acidentes de trânsito;
- **50% dos valores obtidos e aplicados na forma do parágrafo único do art. 243 da Constituição Federal.**

O parágrafo único do art. 243 da CF, na redação original, determinava o confisco de todo e qualquer bem de valor econômico apreendido em decorrência do tráfico ilícito de entorpecentes e drogas afins. Estabelecia ainda o constituinte que metade dos valores fruto dos bens confiscados deveria reverter em benefício de instituições e pessoal especializados no tratamento e recuperação de viciados.

Diante desse mandamento constitucional, foi editado o art. 27, VI, da Lei n. 8.212/91, destinando à Seguridade Social 50% das quantias oriundas desse confisco. Porém, com a promulgação da EC n. 81/2014, o parágrafo único do art. 243 possui nova redação, possibilitando o confisco não apenas dos bens envolvidos com o tráfico ilícito de entorpecentes, mas também decorrentes da exploração de trabalho escravo, estabelecendo **novo destino** aos recursos advindos do confisco, pois determina a reversão total **para fundo especial com destinação específica**, "na forma de lei" que ainda não foi editada. Portanto, quando for criado o "fundo especial", o inciso VI do art. 27 da Lei n. 8.212/91 (e o art. 213, VI, do Decreto n. 3.048) perderá o fundamento de validade.

3.1 Compreensão

Responda: (TÉCNICO SEGURO SOCIAL – INSS – CESPE – 2016)[1]. Assinale Certo ou Errado:

Constitui fonte de receita da seguridade social um percentual incidente sobre os valores arrecadados com os resultados dos leilões de bens apreendidos pela Receita Federal do Brasil.

4. CONTRIBUIÇÕES SOCIAIS PARA A SEGURIDADE SOCIAL

A Seguridade Social **será financiada por toda sociedade**, de forma direta e indireta, sendo a forma direta a decorrente **da arrecadação de contribuições sociais**, enquanto a forma indireta dá-se mediante recursos provenientes do orçamento da União, dos Estados, do Distrito Federal e dos Municípios.

As contribuições destinadas à seguridade social estão previstas no art. 195, I a V[2], e § 4º.

O art. 195, I, na redação original (de 1988), previa contribuições sociais exigíveis dos empregadores, incidentes sobre a folha de salários, o faturamento e o lucro. Com o advento da Emenda Constitucional (EC) n. 20/98, houve ampliação do sujeito passivo da tributação, passando a constar do art. 195, I, redação atual, **em face do empregador, da empresa e da entidade a ela equiparada, houve ainda alargamento da hipótese de incidência**, pois passaram a ser exigidas as contribuições sobre:

a) a folha de salários e demais rendimentos do trabalho pagos ou creditados, **a qualquer título**, à pessoa física que lhe preste serviço, **mesmo sem vínculo empregatício**;

b) a **receita** ou faturamento (Atenção! A teor da EC n. 132, de 2023, revogam-se, em 2027, o art. 195, I, *b*, e IV, e § 12, da CF);

c) o lucro.

---

[1] Certo. Art. 27, VI, da Lei n. 8.212/91.

[2] O Inciso V foi incluído pela EC n. 132, de 20-12-2023, de modo que a CF passou a autorizar a incidência e a contribuição **sobre bens e serviços**, nos termos de **lei complementar**

Na alínea *a*, temos a "contribuição sobre a folha de salários" (CFS); na alínea *b*, a Contribuição de Financiamento da Seguridade Social (Cofins)[3]; na alínea *c*, Contribuição Social sobre o Lucro Líquido (CSLL)[4].

No inciso II do art. 195, há previsão da contribuição em face dos trabalhadores e demais **segurados da previdência**, ressaltando, ainda, a **imunidade** (isenção definida na Constituição) à tributação dos valores auferidos a título de aposentadoria e pensão no RGPS.

O inciso II do art. 195 ganhou nova redação com o advento da EC n. 103/2019 (Reforma da Previdência), estabelecendo que a contribuição devida pelo trabalhador e pelos demais segurados poderá ter **alíquotas progressivas de acordo com o valor do salário de contribuição.**

O inciso III do art. 195 prevê a contribuição incidente sobre a receita do **concurso de prognósticos** (quaisquer sorteios de números, loterias, apostas, inclusive as realizadas em reuniões hípicas, nos âmbitos federal, estadual, do Distrito Federal e municipal).

O inciso IV foi introduzido pela EC n. 42/2003. Com isso, há previsão constitucional à instituição de contribuição a ser satisfeita pelo **"importador de bens ou serviços do exterior, ou de quem a lei a ele equiparar"**. Diante desse dispositivo, ao se importar produtos da China deve haver a incidência de contribuição social para financiamento da seguridade.

> **Atenção!** A teor da EC n. 132, de 2023, revogam-se, em 2027, o art. **195**, I, *b*, **e IV**, e § 12, da CF.

O Inciso V foi incluído pela EC n. 132, de 20-12-2023, de modo que a CF passou a autorizar a incidência e a contribuição **sobre bens e serviços**, nos termos de **lei complementar.**

O § 4º do art. 195 possibilita a criação de outras contribuições sociais destinadas à Seguridade Social (além das hipóteses nominadas na Constituição); para tanto, exige o Texto Constitucional a observância ao disposto no art. 154, I, que impõe o manejo de veículo legislativo diferenciado, qual seja, **lei complementar**.

Além dos fatos geradores relacionados nos incisos de I a V[5] e § 4º do art. 195, reconheceu o Colendo Supremo Tribunal Federal como contribuição social de Seguridade Social a contribuição definida no art. 239 do Texto Magno.

A fundamentação adotada pela Corte Suprema foi o fato de o desemprego constituir um dos riscos sociais protegidos pela Previdência (art. 201, III, da CF) e o art. 239 da Lei das leis determina que a arrecadação decorrente das **contribuições** para o Programa de Integração Social **(PIS)**, criado pela Lei Complementar n. 7/70, e para o Programa de Formação do Patrimônio do Servidor Público **(PASEP)**, criado pela Lei Complementar n. 8/70, passa, a partir da promulgação da Constituição, a financiar, nos termos que a lei dispuser, o programa do seguro-desemprego (e também o abono equivalente a um salário mínimo anual aos empregados que percebam até dois salários mínimos de remuneração mensal).

---

[3] Art. 195, I, *b*, da CF; LC n. 70/91 – *status* de lei ordinária; Ação Declaratória de Constitucionalidade 1; ADI 1.417/DF; art. 56 da Lei n. 9.430/96 (Súmula 276/STJ); Lei n. 9.718/98; art. 3º da Lei n. 10.833/2002. Pis/Cofins: base de cálculo. Lei n. 9.718/98, art. 3º, § 1º: inconstitucionalidade. Ao julgar os RREE 346.084, Ilmar Galvão; 357.950, 358.273 e 390.840, Marco Aurélio, Pleno, 9-11-2005 (Inf./STF 408), o Supremo Tribunal declarou a inconstitucionalidade do art. 3º, § 1º, da Lei n. 9.718/98, por entender que a ampliação da base de cálculo da Cofins por lei ordinária violou a redação original do art. 195, I, da Constituição Federal, ainda vigente ao ser editada a mencionada norma legal.

[4] Art. 195, I, *c*, da CF; Lei n. 7.689/88; RE 146.733/SP.

[5] O inciso V foi incluído pela EC n. 132, de 20-12-2023, de modo que a CF passou a autorizar a incidência e a contribuição **sobre bens e serviços**, nos termos de **lei complementar.**

Como última nota, observe-se que dos arts. 74, 75, 84, 85 e 90, do Ato das Disposições Constitucionais Transitórias, havia previsão constitucional da Contribuição Provisória sobre a Movimentação Financeira (CPMF)[6], que vigeu até 31-12-2007. A CPMF, quando era vigente, também era capitulada como contribuição social de Seguridade Social, pois suas receitas eram endereçadas à Saúde, à Previdência e à Assistência Social.

O quadro abaixo sintetiza as **contribuições sociais destinadas à Seguridade Social:**

CONTRIBUIÇÕES SOCIAIS DESTINADAS À SEGURIDADE SOCIAL	
Art. 195, I – Do empregador, da empresa e da entidade a ela equiparada.	a) Folha de salários e demais rendimentos do trabalho pagos ou creditados, a qualquer título, à pessoa física que lhe preste serviço, mesmo sem vínculo empregatício.
	b) Receita ou faturamento (Atenção! A teor da EC n. 132, de 2023, revogam-se, em 2027, o art. 195, I, *b*, e IV, e § 12, da CF).
	c) Lucro.
Art. 195, II – Segurados obrigatórios: empregado, avulso, empregado doméstico, segurado especial e o contribuinte individual.	
Art. 195, III – Concurso de prognóstico;	
Art. 195, IV – Importador de bens ou serviços do exterior, ou de quem a lei a ele equiparar; (Atenção! A teor da EC n. 132, de 2023, revogam-se, em 2027, o art. 195, I, *b*, e IV, e § 12, da CF)	
art. 195, V, **contribuição social sobre bens e serviços**. (Incluído pela EC n. 132, de 2023.)	
Art. 195, § 4º – Contribuições residuais.	

4.1 Contribuições de Seguridade Social – referibilidade

O Código Tributário Nacional (CTN), no art. 4º, estabelece que:

Art. 4º A natureza jurídica específica do tributo é determinada pelo fato gerador da respectiva obrigação, sendo irrelevantes para qualificá-la:
I – a denominação e demais características formais adotadas pela lei;
II – a destinação legal do produto da sua arrecadação.

Contudo, é certo é que a destinação legal do produto da arrecadação das contribuições sociais é dado de maior relevo na definição da contribuição social de seguridade social.

Nessa assertiva do art. 4º do CTN, não se levam em consideração as contribuições **sociais de Seguridade Social**, mas apenas as espécies definidas no art. 5º do mesmo diploma normativo, *verbis*: "Art. 5º Os tributos são impostos, taxas e contribuições de melhoria".

O aspecto finalístico, denominado **referibilidade**, tem caráter marcante na definição da contribuição social de Seguridade Social. Exemplificando, a Contribuição Social sobre o Lucro Líquido (CSLL, art. 195, I, *c*, da CF), a despeito de ter a mesma base de cálculo do Imposto de Renda (lucro), com este tributo não se confunde, porque a CSLL tem **destinação de sua arrecadação constitucionalmente relevante à sua existência**, não se aplicando, pois, como dito acima, o inciso II do art. 4º do CTN.

A referibilidade ganhou relevo com o advento da Emenda Constitucional n. 20/98, que inclui o inciso XI ao art. 167 da Carta Magna:

Art. 167. São vedados:
(...)

---

[6] EC n. 3/93, art. 2º; ADI 939; EC n. 12/96 (acresceu o art. 74 ao ADCT); Lei n. 9.311/96; Lei n. 9.539/97; EC n. 21/99 (acresceu o art. 75 ao ADCT); EC n. 37/2002 (acresceu os arts. 84 e 85 ao ADCT); EC n. 42/2004 (acresceu o art. 90 ao ADCT).

XI – a utilização dos recursos provenientes das contribuições sociais de que trata o art. 195, I, *a*, e II, **para a realização de despesas distintas do pagamento de benefícios do regime geral** de previdência social de que trata o art. 201.

O art. 195, I, *a*, e II, traz as **contribuições exclusivamente previdenciárias** (as suas receitas não podem ser destinadas nem à Saúde nem à Assistência Social), e são justamente as contribuições que serão tratadas nesta obra "contribuições previdenciárias", quais sejam:

> Art. 195. (...)
> I – do empregador, da empresa e da entidade a ela equiparada na forma da lei, incidentes sobre:
> a) a folha de salários e demais rendimentos do trabalho pagos ou creditados, a qualquer título, à pessoa física que lhe preste serviço, mesmo sem vínculo empregatício;
> (...)
> II – do trabalhador e dos demais segurados da previdência social, não incidindo contribuição sobre aposentadoria e pensão concedidas pelo regime geral de previdência social de que trata o art. 201.

4.2 Contribuição Social – espécie tributo – teoria pentapartida

Historicamente[7], **as contribuições sociais restabeleceram o *status* tributário no Texto Maior de 1988**, diante da inclusão do art. 149 (que traz regramento acerca das contribuições sociais) no Capítulo "Do Sistema Tributário Nacional".

É de grande relevância o enquadramento tributário das contribuições sociais, de sorte a amparar os contribuintes da seguridade social com garantias constitucionais tributárias.

Preceitua o art. 145 da Constituição Federal de 1988 que por tributo compreendem-se os impostos, as taxas e as contribuições de melhoria. Em razão dessa disposição constitucional, muitos doutrinadores não admitiam as contribuições sociais como espécie autônoma de tributo; qualificam-nas como subespécies daqueles tributos, ora como impostos ora como taxas **(teoria dicotômica)**.

Segundo a teoria dicotômica, a contribuição previdenciária satisfeita pelo empregador (cota patronal) teria natureza jurídica de imposto, uma vez que desvinculada de qualquer atividade estatal direcionada ao contribuinte pessoa jurídica.

Por outro lado, a contribuição previdenciária retida da remuneração do empregado, e repassada aos cofres públicos, apresentaria natureza jurídica de taxa, por guardar correlação a contribuição paga pelo segurado com atividade (futura) estatal consistente na concessão de benefício ou serviço previdenciário em prol do contribuinte.

A conceituação das contribuições sociais como espécie autônoma de tributo ou subespécie de impostos ou taxas traz repercussões grandiosas, por exemplo, a entender-se que as contribuições sociais são na verdade uma subespécie do tributo "imposto", a elas se aplicariam as imunidades previstas para os impostos no art. 146 da CF (alargando-se, a partir disso, as hipóteses de não incidência tributária), bem como restaria vedada a possibilidade de a contribuição federal incidir sobre matriz constitucional reservada a impostos estaduais e municipais.

O Colendo STF, chamado a discorrer sobre o tema, afirmou que as espécies tributárias não são apenas as insertas no art. 145 da CF, mas também as contribuições do art. 149: contribuições sociais (gerais e para a seguridade social); as contribuições de intervenção no domínio econômico (CIDE); e as de interesse de categoria profissional (corporativas). Nessa mesma oportunidade o empréstimo compulsório foi reconhecido como espécie de tributo.

---

[7] Desde a Emenda Constitucional n. 8, de 14 de abril de 1977, as contribuições destinadas à Previdência deixaram de ostentar a natureza tributária, **readquirida** somente com a promulgação da atual Carta Magna.

Afastada, desse modo, a teoria dicotômica (segundo a qual contribuições seriam subespécies ora de impostos, ora de taxas), e consagrada a **teoria pentapartida, segundo a qual à disposição da União existem cinco espécies tributárias**.

A interpretação dada ao art. 145 da Norma Suprema era a de que as espécies mencionadas pelo dispositivo constitucional referiam-se aos tributos passíveis de exigência pelos três entes federativos, ao passo que as contribuições sociais, CIDE, Corporativas e os empréstimos compulsórios são de competência exclusiva da União.

ESPÉCIES DE TRIBUTO PREVISTAS NA CF COMPETÊNCIA	
Da União, dos Estados, do DF e dos Municípios:	Apenas da União:
1) impostos; 2) taxas; e 3) contribuição de melhoria.	4) empréstimos compulsórios; e 5) contribuições sociais e especiais.

Essa assertiva (de que somente à União compete a instituição de contribuições sociais, CIDE, Corporativas e os empréstimos compulsórios) encontra ressalva, com relação ao § 1º[8] do art. 149 da CF, que atribui aos Estados, Distrito Federal e Municípios a competência para instituir contribuições sociais de seus servidores públicos, destinadas ao custeio do respectivo Regime Próprio de Previdência.

A segunda, e última exceção, veio com a promulgação da Emenda Constitucional n. 39/2002. Desde então os Municípios passaram a deter a competência para instituir outra contribuição social (contribuição social geral), denominada contribuição de iluminação pública (COSIP), previsão constante do art. 149-A.

A despeito disso, a regra permanece, qual seja, somente a União detém competência para instituir contribuições *sui generis* (contribuições sociais, CIDE e Corporativas). Comporta a regra, todavia, duas exceções, a dos Estados, Distrito Federal e Municípios (constante do art. 149, § 1º), e a dos Municípios (prevista no art. 149-A).

CONTRIBUIÇÕES SOCIAIS E ESPECIAIS	
Regra	Exceções
1) competência da União.	1) competência da União, dos Estados, do DF e dos Municípios: contribuição RPPS;
	2) competência dos Municípios: COSIP.

O Colendo Supremo Tribunal Federal, no Recuso Extraordinário n. 148.754-2/RJ, por intermédio do Ministro Carlos Velloso, delineou o quadro das espécies tributárias no direito brasileiro na vigência da Norma Republicana de 1988 nos seguintes termos:

> As diversas espécies tributárias, determinadas pela hipótese de incidência ou pelo fato gerador da respectiva obrigação (CTN, art. 4º), são as seguintes:
>
> a) os impostos (CF, arts. 145, I, 153, 155, e 156);
>
> b) as taxas (CF, art. 145, II);
>
> c) as contribuições, que podem ser assim classificadas:
>
> c.1 de melhoria (CF, 145, III);
>
> c.2 parafiscais (CF, 149), que são:
>
> c.2.1 sociais:

---

[8] Parágrafo renumerado pela Emenda Constitucional n. 33/2001.

c.2.1.1 de seguridade social (CF, art. 195, I, II e III);

c.2.1.2 outras de seguridade social (CF, art. 195, § 4º);

c.2.1.3 sociais gerais: o FGTS[9], o salário-educação (CF, art. 212, § 5º), contribuições para o SESI, SENAI, SENAC (CF, art. 240);

c.3 especiais:

c.3.1 de intervenção no domínio econômico (CF, art. 149); e

c.3.2 corporativas (CF, art. 149).

Constituem ainda espécie tributária:

d) empréstimos compulsórios (CF, art. 148).

5. RECEITA FEDERAL DO BRASIL

Em 2007, houve a publicação da Lei n. 11.457, concretizando o intento almejado pelo Governo Federal de unificação das receitas federais, promovendo a fusão da Secretaria da Receita Federal à Secretaria da Receita Previdenciária, constituindo a Secretaria da Receita Federal do Brasil (SRFB), órgão da Administração direta subordinado ao Ministro de Estado da Fazenda.

À Secretaria da Receita Federal do Brasil compete planejar, executar, acompanhar e avaliar as atividades relativas à tributação, à fiscalização, à arrecadação, à cobrança e ao recolhimento das **contribuições previdenciárias** (que antes estavam sob os cuidados do INSS):

I – **devidas pelas empresas, incidentes sobre a remuneração** paga, devida ou creditada aos segurados e demais pessoas físicas a seu serviço, mesmo sem vínculo empregatício, arts. 22 e 22-A da Lei n. 8.212/91;

II – **devidas pelos empregadores domésticos, incidentes sobre o salário de contribuição** dos empregados domésticos a seu serviço, art. 24 da Lei n. 8.212/91;

III – **dos trabalhadores, incidentes sobre seu salário de contribuição**, arts. 20 e 21 da Lei n. 8.212/91;

IV – **das associações desportivas que mantêm equipe de futebol profissional**[10], incidentes **sobre a receita bruta decorrente dos espetáculos desportivos** de que participem em todo território nacional em qualquer modalidade desportiva, inclusive jogos internacionais, **e de qualquer forma de patrocínio**, licenciamento de uso de marcas e símbolos, publicidade, propaganda e transmissão de espetáculos desportivos, art. 22, §§ 6º ao 9º, da Lei n. 8.212/91;

V – **incidentes sobre a receita bruta proveniente da comercialização da produção rural**, arts. 25 e 25-A da Lei n. 8.212/91;

VI – de **Seguro de Acidentes do Trabalho** – SAT (GILRAT), art. 22, II, da Lei n. 8.212/91;

VII – o **adicional destinado ao custeio da aposentadoria especial** (GILRAT), art. 22, II, da Lei n. 8.212/91, e art. 57, §§ 6º e 7º, da Lei n. 8.213/91.

De ver, contudo, que o produto da arrecadação das contribuições especificadas acima e os acréscimos legais incidentes (juros e multa) serão destinados, em caráter exclusivo, ao pagamento de be-

---

[9] Na Ação Direta de Inconstitucionalidade 2.556, o STF entendeu que as contribuições criadas pela Lei Complementar n. 110 (devidas pelos empregadores: 1 – à alíquota de 10% sobre o montante de depósitos referentes ao FGTS, por ocasião da demissão sem justa causa do empregado; 2 – à alíquota de 0,5% sobre a remuneração devida no mês anterior, a cada trabalhador) não são contribuições para a seguridade social, mas sim contribuições sociais gerais.

[10] Equipe de futebol profissional que se organize na forma da Lei n. 9.615/98.

nefícios do RGPS[11] e creditados diretamente ao Fundo do Regime Geral de Previdência Social, de que trata o art. 68[12] da Lei Complementar n. 101/2000.

Em suma, **todas as contribuições consagradas constitucionalmente à Seguridade Social são arrecadadas e fiscalizadas pela SRFB** (*verbi gratia:* Contribuição sobre o Lucro[13]; Contribuição sobre a receita ou o faturamento[14]; Receita decorrente de Concurso de Prognósticos)[15].

6. PRINCÍPIOS TRIBUTÁRIOS APLICÁVEIS ÀS CONTRIBUIÇÕES SOCIAIS DE SEGURIDADE SOCIAL

6.1 Princípio da anterioridade

Do art. 150, III, *b*, da Carta Política consta o princípio da anterioridade, que veda à União, aos Estados, ao Distrito Federal e aos Municípios cobrar tributos **no mesmo exercício financeiro** em que haja sido publicada a lei que os instituiu ou aumentou.

Essa é a regra. Criado um tributo, ou ocorrida sua majoração, somente no exercício financeiro subsequente àquele no qual foi editada a lei é que será exigível o tributo.

As exceções são muitas. No âmbito dos impostos abrangidos na competência da União, estão dispensados da observância ao princípio da anterioridade, por força do disposto no § 1º do art. 150 (impostos):

- de importação de produtos estrangeiros;
- de exportação, para o exterior, de produtos nacionais ou nacionalizados;
- sobre produtos industrializados;
- sobre operações de crédito, câmbio e seguro, ou relativas a títulos ou valores mobiliários;
- impostos extraordinários, na iminência ou no caso de guerra externa, compreendidos ou não na competência tributária da União. Tal exação será suprimida, gradativamente, conforme cessadas as causas de sua criação (art. 154, II).

No âmbito Estadual e do Distrito Federal, a EC n. 33/2001 introduziu o § 4º ao art. 155, que permite (inciso IV, *c*) a redução e o restabelecimento das alíquotas de ICMS, relativas a combustíveis e lubrificantes, não se lhe aplicando o disposto no art. 150, III, *b* (anterioridade).

Retornando à competência federal, os empréstimos compulsórios, criados na forma do art. 148, I, da Carta Maior (para atender despesas extraordinárias, decorrentes de calamidade pública, de guerra externa ou sua iminência), também estão dispensados do princípio da anterioridade.

No campo das contribuições, a União também está dispensada de observar a anterioridade em se tratando de redução ou restabelecimento de alíquota da Contribuição de Intervenção no Domínio Econômico (CIDE), quando relativa às atividades de importação ou comercialização de petróleo e

---

[11] Art. 167 da CF: "São vedados: (...) XI – a utilização dos recursos provenientes das contribuições sociais de que trata o art. 195, I, *a*, e II, para a realização de despesas distintas do pagamento de benefícios do Regime Geral de Previdência Social de que trata o art. 201".

[12] "Art. 68. Na forma do art. 250 da Constituição, é criado o Fundo do Regime Geral de Previdência Social, vinculado ao Ministério da Previdência e Assistência Social, com a finalidade de prover recursos para o pagamento dos benefícios do Regime Geral da Previdência Social."

[13] Art. 195, I, *c*, da CF.

[14] Art. 195, I, *b*, da CF.

[15] Art. 195, III, da CF.

seus derivados, gás natural e seus derivados, e álcool combustível. Essa hipótese restou trazida à Constituição (§ 4º do art. 177) pela EC n. 33/2001.

As **contribuições destinadas à seguridade social** também estão arroladas entre as exceções. Não se lhes aplica o princípio da anterioridade lançado no art. 150, III, *b*, da CF, mas sim a "anterioridade mitigada", estabelecida no art. 195, § 6º.

Também conhecida como **"regra da nonagésima"**, **a anterioridade mitigada permite a cobrança da exação fiscal no mesmo exercício financeiro** no qual restou criada ou modificada. Exige-se tão só o respeito ao interregno de 90 dias entre a **data da publicação** da lei e a respectiva exigência.

Muitos doutrinadores, com muita razão e coerência, estabeleciam paralelo entre o art. 150, III, *b*, e o § 6º do art. 195 para o fim de fixar a anterioridade mínima fixada pela CF. De tal modo a compreender que nenhum tributo poderia ser exigido antes de 90 dias de sua criação.

Com esse raciocínio lógico-sistemático, buscava-se aplicar a anterioridade mitigada às demais espécies tributárias, de modo a afastar a exigência de tributos no mês de janeiro, quando a lei tributária que lhe dá suporte jurídico tiver sido publicada no mês de dezembro imediatamente anterior.

Essa tese, conquanto digna de aplausos, não restou acolhida na jurisprudência, que apenas se norteava pelo art. 150, III, *b*, de forma isolada, ou seja, se exigido o tributo no exercício financeiro subsequente à lei de sua criação/majoração, era o suficiente para torná-la válida e regular no ordenamento jurídico pátrio, restringindo a observância do § 6º do art. 195 unicamente às contribuições sociais destinadas à Seguridade Social.

O bom senso reinou com a vinda da EC n. 42/2003, que acrescentou a alínea *c* ao inciso III do art. 150, consagrando a tese doutrinária esposada acima, estendendo-se, em regra, a todos os tributos a anterioridade nonagesimal. Eis a alínea *c* do inciso III do art. 150: é vedado cobrar tributos (alínea *c*) "antes de decorridos 90 dias da data em que haja sido publicada a lei que os instituiu ou aumentou, observado o disposto na alínea *b*".

Assim, a partir da EC n. 42/2003, **todas as contribuições**, sem exceção, devem, necessariamente, respeito ao princípio da nonagésima.

Criada ou majorada uma contribuição, por exemplo, de iluminação pública (COSIP) no mês de dezembro, não será exigível no mês de janeiro, porque a ela se aplica o princípio da nonagésima.

A diferença, no que se reporta à anterioridade, entre as contribuições destinadas à Seguridade Social e as demais contribuições, após a EC n. 42/2003, é que com relação àquelas (destinadas à Seguridade Social) **somente se aplica a anterioridade mitigada (nonagésima)**, enquanto às outras aplicam-se, de forma mais benéfica ao contribuinte, os dois princípios (da anterioridade ordinária e a mitigada).

Retornando ao exemplo acima, caso uma contribuição de iluminação pública seja criada no mês de janeiro, somente será exigível no exercício subsequente (próximo ano), porque a anterioridade mitigada somente é aplicável quando melhor ampare o contribuinte.

Enquanto o princípio da anterioridade refere-se à "lei que os instituiu ou **aumentou**", a anterioridade mitigada (art. 195, § 6º) traz expressão diferente: "instituído ou **modificado**". De ambas consta a "instituição" de tributo. A par da criação, na anterioridade do art. 150, III, *b*, prevê-se aumento de tributo, logo, normas outras que não importem criação nem elevação do tributo não devem submeter-se à anterioridade. Tratando-se da anterioridade mitigada (contribuições de seguridade social), vislumbrada "modificação" é imperativa a regra da nonagésima.

Sem margem a dúvida, enquanto na anterioridade aplicável aos tributos em geral a Constituição refere-se ao aumento de tributos, para a *vacatio legis* de noventa dias das contribuições de Seguridade

Social a Constituição utiliza o termo modificação da lei (o candidato deve estar atento a isso em questões objetivas!).

Conquanto a interpretação do termo "modificação" comporte um maior número de eventos que a expressão "aumento", **norma que traga a "redução" da contribuição de seguridade social não se aplica a anterioridade mitigada**. Afinal, "anterioridade" é norma constitucional de "proteção" do contribuinte (princípio da não surpresa), e por óbvio que o contribuinte não quer ser protegido contra a lei porventura reduza o valor do seu tributo a pagar!

No âmbito das contribuições sociais destinadas à Seguridade Social, o Colendo STF entende que no caso específico de **norma legal alterando o prazo de recolhimento** da obrigação tributária não há sujeição ao princípio da anterioridade. Esse é o teor da Súmula Vinculante 50[16] (de idêntico teor ao da Súmula 669 do STF), que exclui a modificação legal relativa à data de recolhimento de contribuições destinadas à Seguridade Social do princípio da nonagésima.

6.2 Princípio da legalidade

Entre os direitos e garantias individuais trazidos pela Norma Ápice de 1988, está, no inciso II do art. 5º, que "ninguém será obrigado a fazer ou deixar de fazer alguma coisa senão em virtude de lei".

A legalidade é princípio de observância obrigatória a toda Administração Pública, quer direta, quer indireta, de quaisquer dos Poderes da União, Estados, Distrito Federal e Municípios, em conformidade com o art. 37 da CF.

Os contribuintes têm assegurado, na Seção II do Sistema Nacional Tributário, sob a rubrica "Das limitações do Poder de Tributar", o princípio da legalidade, que veda à União, aos Estados, ao Distrito Federal, aos Municípios exigir ou aumentar tributo sem lei que assim estabeleça.

As espécies normativas encontram-se no art. 59:

I – emendas à Constituição;
II – leis complementares;
III – leis ordinárias;
IV – leis delegadas;
V – medidas provisórias;
VI – decretos legislativos;
VII – resoluções.

A **lei ordinária é a regra**, quando o assunto é a criação ou majoração de tributo.

O campo reservado pela Carta Política de 1988 às **leis complementares** é bem vasto em matéria tributária. Podemos citar:

- art. 148, empréstimos compulsórios;
- art. 153, VII, impostos sobre Grandes Fortunas;
- art. 154, I, impostos residuais;
- art. 195, V, **contribuição social sobre bens e serviços**; (Incluído pela EC n. 132, de 2023.);
- **art. 195, § 4º, contribuições residuais destinadas à Seguridade Social.**

---

[16] Súmula Vinculante 50 do STF: "Norma legal que altera o prazo de recolhimento de obrigação tributária não se sujeita ao princípio da anterioridade".

À exceção desses, todos os outros tributos podem ser criados por intermédio de lei ordinária.

As medidas provisórias, após a edição da EC n. 32/2001, só poderão se prestar à instituição ou majoração de impostos (exceto os previstos nos arts. 153, I, II, IV, V, e 154, II) se forem convertidas em lei até o último dia do exercício em que foi editada (art. 62, § 2º).

A norma restringe, tão só, "impostos"; por corolário lógico, é possível a utilização de medidas provisórias para instituir ou majorar taxas, contribuições de melhorias e **contribuições sociais**.

Decretos presidenciais poderão ser utilizados (art. 153, § 1º) em se tratando de:

- imposto de importação de produtos estrangeiros;
- imposto de exportação, para o exterior, de produtos nacionais ou nacionalizados;
- imposto sobre produtos industrializados;
- imposto sobre operações de crédito, câmbio e seguro, ou relativas a títulos ou valores mobiliários.

Trata-se, como sempre lembram os doutrinadores, de aparente exceção ao princípio da legalidade, uma vez que, nos casos acima mencionados, estará livre o Poder Executivo para fixar alíquotas mediante decreto, desde que respeitadas as balizas estabelecidas pelo legislador ordinário.

O art. 75 do ADCT (Ato das Disposições Constitucionais Transitórias) possibilitava também ao Chefe do Poder Executivo reduzir, total ou parcialmente, as alíquotas da CPMF (por força do art. 90 do ADCT a CPMF vigeu até 31 de dezembro de 2007).

No que concerne às contribuições de Seguridade Social, basta lei ordinária à sua criação. A exceção está no § 4º do art. 195 da CF, que possibilita a criação de **outras** contribuições sociais destinadas à seguridade social (além das hipóteses nominadas nos incisos I a V[17] do art. 195 da Constituição); para tanto, exige o Texto Constitucional a observância ao disposto no art. 154, I, que impõe o manejo de veículo legislativo próprio, qual seja, a **lei complementar**.

Portanto, para criar a contribuição sobre hipótese nominada no Texto Supremo, por exemplo, "folha de salários" (art. 195, I, *a*, da CF), exigível do empregador, empresa ou entidade equiparada, **basta a edição de lei ordinária**. Reservada à lei complementar estará somente a criação de contribuição de Seguridade Social não referida no Texto Constitucional, contribuição inédita, que o legislador é livre para criar, desde que respeite a espécie normativa de mais dificultosa aprovação: lei complementar.

A Reforma da Previdência de 2019 (EC n. 103/2019) deu nova redação ao art. 149, § 1º, da CF, para possibilitar à União (U), aos Estados (E), ao Distrito Federal (DF) e aos Municípios (M) instituírem, por meio de lei, contribuição previdenciária "ordinária" para custeio do respectivo **Regime Próprio**. Estabelece como sujeito passivo os servidores ativos, os aposentados e os pensionistas.

A **novidade** trazida pela EC n. 103/2019 é que referida contribuição poderá ter **alíquotas progressivas** de acordo com o valor da base de contribuição ou dos proventos de aposentadoria e de pensões.

Com relação à contribuição dos aposentados e pensionistas em **regime próprio,** a regra é de que a alíquota contributiva incidirá sobre o valor da parcela dos proventos de aposentadoria e de pensão que supere o limite máximo estabelecido para os benefícios do Regime Geral. Entretanto, outra **novidade** da Reforma da Previdência de 2019 foi a de permitir a U, E, DF e M fazerem incidir a **contribuição ordinária** dos aposentados e pensionistas sobre **o valor dos proventos de**

---

[17] O inciso V foi incluído pela EC n. 132, de 20-12-2023, de modo que a CF passou a autorizar a incidência e a contribuição **sobre bens e serviços**, nos termos de **lei complementar.**

aposentadoria e de pensões que supere o salário mínimo, quando demonstrada a existência de "déficit atuarial".

Não sendo essa medida suficiente para equacionar o déficit **do regime próprio federal,** a EC n. 103/2019 autoriza a União a **instituir contribuição previdenciária extraordinária**, dos servidores públicos ativos, dos aposentados e dos pensionistas, para equacionar a deficiência financeira. A contribuição extraordinária deverá ser instituída simultaneamente com outras medidas para equacionamento do déficit e vigorará por período determinado.

7. PRINCÍPIO DA LEGALIDADE. PRINCIPAIS EMBATES JUDICIAIS

7.1 Remuneração – empresário e autônomos

Do texto legal, art. 22, redação original da Lei n. 8.212/91, observava-se que a contribuição previdenciária incidia sobre "o total das remunerações pagas ou creditadas, a qualquer título, no decorrer do mês, aos segurados empregados, **empresários**, trabalhadores avulsos e **autônomos** que lhe prestem serviços".

Deve ser registrado que a permissão constitucional constante da **redação original** do art. 195, I, restringia-se à criação de contribuição exigível "dos **empregadores**, incidente sobre a folha de salários".

Daí adveio grande discussão, porque a Lei de Custeio (lei ordinária: Lei n. 8.212/91), que tinha amparo constitucional apenas para criar contribuição dos "empregadores" "sobre a folha de salários", instituiu cobrança de contribuição em face dos valores pagos pela empresa a "empresários, trabalhadores avulsos e autônomos" que prestassem, durante o decorrer do mês, serviços.

Os contribuintes questionaram a exação, aduzindo que inexiste relação empregatícia entre a empresa e os segurados autônomos e empresários, ante a inexistência de subordinação jurídica.

Aduziram, também, os contribuintes, que os valores percebidos pelos autônomos e empresários não integravam a "folha de salários". Concluíam, com isso, que a tributação era inconstitucional, por ter sido manejada em lei ordinária (Lei n. 8.212/91).

O STF considerou procedentes os argumentos lançados pelos contribuintes, ao apreciar as ADIs 1.102, 1.108 e 1.116/95, declarando inconstitucionais as expressões "empresários e autônomos" constante da lei ordinária, sob o enfoque de que a expressão constitucional "folha de salários" não contempla referidos sujeitos (empresários e autônomos), visto que ausente relação empregatícia prevista na legislação trabalhista.

Concluiu o Colendo STF pela impossibilidade da cobrança da contribuição social por parte das empresas com relação aos valores pagos aos empresários e autônomos sob o fundamento de que se tratava de contribuição nova, exigindo, assim lei complementar para satisfazer a exigência constitucional prevista no art. 195, § 4º.

Conforme registramos no tópico antecedente: **Princípio da Legalidade**, o legislador ordinário somente está autorizado a instituir contribuições em face das hipóteses previamente traçadas pelo constituinte no art. 195 da CF. Caso a pretensão da Administração Pública federal não encontre acolhida no art. 195 da CF, deverá valer-se de lei complementar, pois esse é o contorno ditado pelo art. 195, § 4º.

Em face do entendimento ofertado pelo Excelso Pretório, editou-se a Lei Complementar n. 84/96, que legitimou a cobrança da contribuição social sobre o *pro labore* aos administradores e à remuneração dos autônomos a partir de então.

As empresas somente restaram obrigadas a recolher a contribuição social sobre os valores pagos a autônomos, empresários e administradores com a vinda da Lei Complementar n. 84/96 ao mundo jurídico.

Anote-se que redação do art. 195 da CF sofreu alteração em face da superveniência da EC n. 20/98:

> Art. 195. (...)
> I – do empregador, da empresa e da entidade a ela equiparada na forma da lei, incidentes sobre:
> a) a folha de salários e demais rendimentos do trabalho pagos ou creditados, a qualquer título, **à pessoa física que lhe preste serviço, mesmo sem vínculo empregatício**.

Em face da alteração constitucional, a Lei Complementar n. 84/96 restou recepcionada, pela EC n. 20/98, com *status* de lei ordinária, uma vez que o atual art. 195, I, *a*, supramencionado, estendeu as margens da tributação, de modo a alcançar "demais rendimentos pagos ou creditados, a qualquer título, à pessoa física que lhe (à empresa) preste serviço, mesmo sem vínculo empregatício".

Confira-se o atual texto do art. 22, III, da Lei n. 8.212/91:

> Art. 22. A contribuição a cargo da empresa, destinada à Seguridade Social, é de:
> (...)
> III – 20% sobre o total das remunerações pagas ou creditadas a qualquer título, no decorrer do mês, aos segurados contribuintes individuais que lhe prestem serviços.

7.2 Agentes políticos

Outro ponto polêmico vivenciado no Poder Judiciário em decorrência do manejo incorreto da espécie legislativa diz com relação aos valores pagos aos agentes políticos (Vereadores, Deputados Estaduais e Federais, Senadores, Prefeitos, Governadores e Presidente).

Os agentes políticos tiveram seu enquadramento previdenciário modificado com a publicação da Lei Ordinária n. 9.506/97, que **extinguiu o Instituto de Previdência dos Congressistas (IPC)**.

A Lei n. 9.506/97, mediante o incremento da alínea *h* ao inciso I do art. 12 da Lei n. 8.212/91 e da alínea *h* ao art. 11 da Lei n. 8.213/91, ambas alíneas com texto idêntico, promoveu o enquadramento do **exercente de mandato eletivo federal, estadual ou municipal, desde que não vinculado a regime próprio** de previdência social, **como segurado obrigatório do RGPS, na categoria de empregado**.

Estampada ficou a insatisfação dos agentes políticos, em face dessa alteração legislativa, com a apresentação da Ação Direta de Inconstitucionalidade 3.073, requerida pelo Partido Democrático Trabalhista (PDT).

Alegou-se na referida ADI, em síntese, que a Lei n. 9.506/97, ao alterar a redação da alínea *h* do inciso I do art. 12 da Lei n. 8.212/91 para estabelecer que os detentores de mandato eletivo são segurados da Previdência Social na condição de empregados, criou **nova figura** de contribuinte obrigatório, em ampliação imprópria do art. 195, I e II, da Constituição Federal, bem como instituiu nova fonte de custeio para a Seguridade Social por meio diverso da lei complementar, em ofensa ao art. 195, § 4º, e art. 154, I, também da Carta Constitucional.

O Supremo Tribunal Federal, no julgamento do RE 351.717, consagrou a inconstitucionalidade dessa tributação, diante da sólida jurisprudência da Corte no sentido da interpretação restritiva do termo "empregador e folha de salários", a permitir incidência de contribuição do trabalhador, considerado como tal aquele que presta serviço mediante vínculo de emprego.

Logo, a Lei n. 9.506/97, art. 13, § 1º, ao instituir contribuição social sobre o subsídio de agente político, criou **fonte de custeio da seguridade social, sem observância da exigência constitucional de lei complementar**.

Entendeu o Colendo STF, no julgamento desse recurso extraordinário, que essa nova contribuição não incide sobre "a folha de salários, o faturamento e os lucros" (CF, art. 195, I, redação anterior à EC n. 20/98), por conseguinte, somente poderia ser instituída com observância da técnica da competência residual da União, inscrita no art. 154, I, *ex vi* do disposto no art. 195, § 4º, ambos da Constituição Federal.

O Senado Federal, em virtude de declaração de inconstitucionalidade em decisão definitiva do STF no Recurso Extraordinário 351.717, editou a Resolução SF n. 26, de 21 de junho de 2005, que suspende a execução da alínea *h* do inciso I do art. 12 da Lei Federal n. 8.212/91, acrescentada pelo § 1º do art. 13 da Lei Federal n. 9.506/97.

Desse modo, Municípios, Estados e Distrito Federal que não possuíam regime próprio de previdência deixaram de verter contribuição ao RGPS em face do pagamento feito aos parlamentares da respectiva esfera de governo.

Sensível a tal ocorrência, a União editou a Lei Ordinária n. 10.887/2004, que, já sob a vigência da EC n. 20/98, acrescentou a alínea *j* ao art. 12 da Lei n. 8.212/91 e ao art. 11 da Lei n. 8.213/91, dispondo como segurado obrigatório todo aquele que esteja exercendo mandato eletivo federal, estadual ou municipal, **desde que não vinculado a regime próprio** de previdência social.

O texto é exatamente o mesmo que o constante da Lei n. 9.506/97, divergindo tão só quanto ao aspecto cronológico. A Lei n. 9.506/97 é anterior à EC n. 20/98, logo, segundo decidiu o STF no recurso extraordinário acima noticiado, o art. 195, I, da CF, antes da EC n. 20/98, não dava suporte constitucional à norma ordinária.

Sob outro ângulo, após a EC n. 20/98, pode o legislador ordinário criar exação em face dos Municípios, Estados e Distrito Federal, tendo por base de cálculo o valor desembolsado aos ocupantes de cadeiras no legislativo respectivo, e de mandatos no executivo.

8. IMUNIDADE – CONTRIBUIÇÕES PREVIDENCIÁRIAS

No campo da **imunidade**, conhecida como isenção constitucionalmente qualificada, temos dois regramentos constitucionais alocados no art. 195: o primeiro está no inciso II, e o outro se encontra no § 7º.

Do inciso II, *in fine*, do art. 195 verifica-se: não incidindo contribuição sobre **aposentadoria e pensão** concedidas pelo regime geral de previdência social de que trata o art. 201.

> **Atenção!** A imunidade nas contribuições previdenciárias se aplica apenas sobre os valores recebidos a título de aposentadoria e de pensão por morte. Assim, o aposentado que retorna ao trabalho remunerado é segurado obrigatório com relação aos rendimentos decorrentes desse trabalho (salário), os proventos de aposentadoria e de pensão são imunes à tributação.

> **Atenção!** Aposentados e pensionistas do Regime Próprio de Previdência Social são sujeitos passivos da contribuição previdenciária (taxação dos inativos) sobre os valores que **superem o limite-teto** previsto no RGPS (INSS). *Vide* art. 40, § 18, e art. 149, §§ 1º, 2º e 3º, da CF.

Com relação à contribuição dos aposentados e pensionistas em **regime próprio,** a regra é de que a alíquota contributiva somente incidirá **sobre o valor da parcela** dos proventos de aposentadoria e de pensão **que supere o limite máximo estabelecido para os benefícios do Regime Geral**.

Entretanto, a Reforma da Previdência de 2019 permitiu U, E, DF e M fazerem incidir a **contribuição ordinária** dos aposentados e pensionistas sobre **o valor dos proventos de aposentadoria e de pensões que supere o salário mínimo, quando demonstrada a existência de "déficit atuarial"**.

Determina o § 7º do art. 195: "São isentas de contribuição para a seguridade social as **entidades beneficentes de assistência social** que atendam às **exigências estabelecidas em lei**".

A isenção por estar localizada em norma constitucional expressa "imunidade tributária", entretanto, a entidade beneficente de assistência social (que atenda as exigências estabelecidas em lei) a despeito de ser imune às contribuições sociais de seguridade social, **deve proceder à retenção** da contribuição previdenciária devida por empregado, trabalhador avulso ou contribuinte individual que lhe preste serviço. E ainda **efetivar o recolhimento** dessas contribuições previdenciárias à Previdência.

De observar que no trato dos "impostos", assenta a norma constitucional (art. 150, VI, *c*)[18] ser vedada a instituição de impostos sobre o patrimônio, renda ou serviços das **instituições de educação e de assistência social**, sem fins lucrativos, atendidos os requisitos da lei.

Ao passo que o § 7º do art. 195 contempla imunidade de contribuições sociais apenas a **entidades beneficentes de assistência social** que atendam às exigências estabelecidas em lei, sem referenciar **instituições de educação**. Isso deve ser observado pelo candidato em questões objetivas, cujo enunciado seja focado no ditame constitucional.

A imunidade das contribuições sociais destinadas à Seguridade Social é regrada pela LC n. 187/2021, que por sua vez define entidade beneficente de assistência social a pessoa jurídica de direito privado, sem fins lucrativos, que **tenha por finalidade prestação de serviços nas áreas** de assistência social, **saúde** ou **educação**, desde que devidamente certificadas nos termos previstos na própria LC n. 187/2021.

Determina, ainda, a LC n. 187/2021, que a entidade beneficente de assistência social fará jus à não incidência das contribuições sociais a **contar da data da publicação da concessão de sua certificação** e, para tanto:

a) atendam, cumulativamente, aos seguintes requisitos:

I – não percebam seus dirigentes estatutários, conselheiros, associados, instituidores ou benfeitores remuneração, vantagens ou benefícios, direta ou indiretamente, por qualquer forma ou título, em razão das competências, das funções ou das atividades que lhes sejam atribuídas pelos respectivos atos constitutivos;

II – apliquem suas rendas, seus recursos e eventual superávit integralmente no território nacional, na manutenção e no desenvolvimento de seus objetivos institucionais;

III – apresentem certidão negativa ou certidão positiva com efeito de negativa de débitos relativos aos tributos administrados pela Secretaria Especial da Receita Federal do Brasil e pela Procuradoria-Geral da Fazenda Nacional, bem como comprovação de regularidade do Fundo de Garantia do Tempo de Serviço (FGTS);

---

[18] Súmula 730 do STF: "A imunidade tributária conferida a instituições de assistência social sem fins lucrativos pelo art. 150, VI, *c*, da Constituição, somente alcança as entidades fechadas de previdência social privada se não houver contribuição dos beneficiários".

IV – mantenham escrituração contábil regular que registre as receitas e as despesas, bem como o registro em gratuidade, de forma segregada, em consonância com as normas do Conselho Federal de Contabilidade e com a legislação fiscal em vigor;

V – não distribuam a seus conselheiros, associados, instituidores ou benfeitores seus resultados, dividendos, bonificações, participações ou parcelas do seu patrimônio, sob qualquer forma ou pretexto, e, na hipótese de prestação de serviços a terceiros, públicos ou privados, com ou sem cessão de mão de obra, não transfiram a esses terceiros os benefícios relativos à imunidade prevista no § 7º do art. 195 da Constituição Federal;

VI – conservem, pelo prazo de 10 anos, contado da data de emissão, os documentos que comprovem a origem e o registro de seus recursos e os relativos a atos ou a operações realizadas que impliquem modificação da situação patrimonial;

VII – apresentem as demonstrações contábeis e financeiras devidamente auditadas por auditor independente legalmente habilitado nos Conselhos Regionais de Contabilidade, quando a receita bruta anual auferida for superior ao limite fixado pelo inciso II do *caput* do art. 3º da Lei Complementar n. 123/2006; e

VIII – prevejam, em seus atos constitutivos, em caso de dissolução ou extinção, a destinação do eventual patrimônio remanescente a entidades beneficentes certificadas ou a entidades públicas.

Além das duas imunidades definidas no art. 195 a que nos reportamos (inciso II e § 7º), existe, por fim, a referida no art. 149, § 2º, I, da CF, ao dispor que **as contribuições sociais** (e as contribuições de intervenção no domínio econômico) **não incidirão sobre as receitas** decorrentes **de exportação**. Em face do termo "receitas", **apenas**[19] estão abrangidas pela imunidade as contribuições sociais de seguridade social da COFINS e do PIS, uma vez que calcadas no signo "receita" (arts. 195, I, *b*, e 239 da CF).

9. ISENÇÃO – CONTRIBUIÇÕES PREVIDENCIÁRIAS

A isenção é tratada no Código Tributário Nacional como hipótese legal de exclusão do crédito tributário, arts. 176 a 179. A Constituição Federal, no art. 150, § 6º, impõe a edição de "lei específica" para a concessão de qualquer subsídio, isenção, remissão ou anistia, eis a norma suprema:

> Art. 150. Sem prejuízo de outras garantias asseguradas ao contribuinte, é vedado à União, aos Estados, ao Distrito Federal e aos Municípios:
> (...)
> § 6º Qualquer **subsídio ou isenção**, **redução de base de cálculo, concessão de crédito presumido**, **anistia ou remissão**, relativos a impostos, taxas **ou contribuições**, só poderá ser concedido mediante **lei específica**, federal, estadual ou municipal, que regule exclusivamente as matérias acima enumeradas ou o correspondente tributo ou contribuição, sem prejuízo do disposto no art. 155, § 2º, XII, *g*.

A lei deve tratar com exclusividade acerca de isenção da contribuição, de remissão do crédito previdenciário e de anistia das multas relativas às obrigações acessórias.

---

[19] As empresas-contribuintes pleitearam no Judiciário que a imunidade prevista no art. 149, § 2º, I, da CF também afastasse a incidência da Contribuição Social sobre o Lucro Líquido (CSLL) e da Contribuição Provisória sobre Movimentação Financeira (CPMF) em **exportações**. Aos 12 de agosto de 2010, o STF, pelo seu plenário, apreciou em sede de repercussão geral os Recursos Extraordinários representativos da controvérsia acerca da exoneração tributária: RE 474.132, 564.413 e 566.259, entendendo o guardião da Constituição que a imunidade sobre receitas decorrentes de exportação **não abrange a CSLL e a CPMF**.

A Lei n. 8.212/91 prevê isenções no art. 28, § 9º, asseverando "não integram o salário de contribuição" diversas hipóteses, dentre elas, merecem destaque a não incidência contributiva sobre os valores pagos a título de benefícios da previdência social: auxílio-doença, auxílio-acidente, salário-família e de auxílio-reclusão.

Com relação à aposentadoria e à pensão, estas não são passíveis de incidência contributiva por força da "imunidade" estabelecida no inciso II, parte final, do art. 195 da CF, já referido acima.

Com relação ao benefício de salário-maternidade, essa prestação previdenciária não está acobertada nem por imunidade nem por isenção, deste modo, sobre o benefício de salário maternidade há incidência de contribuição previdenciária. No entanto, a questão foi levada ao STF que afastou a incidência "a cargo do empregador" (cota patronal) de contribuição sobre os valores pagos a título de salário-maternidade.

STF. **Tema 72**. Tese firmada: É inconstitucional a incidência de contribuição previdenciária a cargo do empregador sobre o salário-maternidade.

Em 9 de fevereiro de 2023, o Ministério da Fazenda editou a SOLUÇÃO DE CONSULTA n. 27, de 2023, dispondo que a inconstitucionalidade fixada no Tema 72 pelo STF abrange apenas a cota patronal:

> Ressalte-se, porém, que essa declaração de inconstitucionalidade não abrange a contribuição devida pela trabalhadora segurada (empregada, trabalhadora avulsa, contribuinte individual e facultativa), eis que a *ratio decidendi* do Tema n. 72 não se estende a essa exação, que possui contornos constitucionais e legais distintos do caso julgado.
>
> Essa declaração de inconstitucionalidade também não abrange a remuneração paga durante a prorrogação da licença-maternidade por mais 60 (sessenta) dias, benefício disciplinado pela Lei n. 11.770, de 2008, que instituiu o Programa Empresa Cidadã, uma vez que não se reveste de natureza de benefício previdenciário por não ser custeada pela Previdência Social e possuir contornos legais próprios que são distintos do salário-maternidade e, portanto, alheios à decisão proferida no RE n. 576.967/PR e no Tema n. 72 de repercussão geral do STF.
>
> A Secretaria Especial da Receita Federal do Brasil está vinculada ao referido entendimento[20].

A questão afeta à incidência de contribuição previdenciária do salário-maternidade a cargo do segurado teve a repercussão geral reconhecida pelo STF, Tema 1.274, ainda pendente de julgamento:

> **Tema 1.274** – Questão Controvertida: Constitucionalidade da incidência de contribuição previdenciária a cargo da empregada sobre o salário-maternidade pago pela Previdência Social (pendente de julgamento).

Assim, enquanto não julgado o Tema 1.274, permanece a incidência de contribuição previdenciária devida pelo segurado durante o período de fruição do salário-maternidade, sendo devida, assim, a contagem do período de afastamento por motivo de maternidade (ou adoção) para efeito de aposentadoria.

Por fim, no ano de 2019, por força da Medida Provisória n. 905, o benefício de Seguro-Desemprego tornou-se fato gerador de incidência da contribuição previdenciária, porém, referida MP n. 905/2019 foi revogada pela MP n. 955/2020. Portanto, sobre o **seguro-desemprego não há incidência de contribuição previdenciária**.

---

[20] Disponível em: https://www.in.gov.br/en/web/dou/-/solucao-de-consulta-n-27-de-27-de-janeiro-de-2023-463492481. Acesso em: set. 2023.

10. REFORMA DA PREVIDÊNCIA. MORATÓRIA E PARCELAMENTO – CONTRIBUIÇÕES PREVIDENCIÁRIAS

O § 11 do art. 195 da CF teve nova redação dada pela EC n. 103/2019, passando a dispor a vedação de moratória e de parcelamento em prazo superior a 60 meses e, **na forma de lei complementar**, a remissão e a anistia das contribuições sociais de Previdência.

Moratória e parcelamento são causas de suspensão da exigibilidade do crédito tributário relacionadas no art. 151, I e VI, do CTN. A moratória é bem explicitada pelo doutrinador Hugo de Brito Machado[21]:

> Moratória é a dilatação do prazo para o pagamento de uma dívida, já vencida ou ainda por vencer, concedida pelo credor ao devedor. Com ela, o devedor obtém um novo prazo para a quitação da dívida, maior que o prazo original. Esse novo prazo pode ser para o pagamento de todo o débito, integralmente, ou podem ser concedidos novos prazos, sucessivos, para o pagamento da dívida em parcelas. Assim entendida a moratória, conclui-se que o parcelamento é, e sempre foi, uma de suas espécies.

A moratória de contribuições previdenciárias **restou vedada constitucionalmente**.

Os devedores de contribuições previdenciárias tiveram por diversas vezes a possibilidade de parcelar o débito pelos programas de refinanciamento criados nos últimos anos (por exemplo: Programa de Recuperação Fiscal – REFIS, Lei n. 9.964/2000; Parcelamento Especial – PAES, Lei n. 10.684/2003).

O parcelamento continua permitido, porém, limitado constitucionalmente a número **máximo de 60 prestações**. A Lei Complementar n. 104/2001 incluiu o art. 155-A ao CTN, dispondo que o parcelamento será concedido na forma e condição estabelecidas em lei específica, e (§ 1º) salvo disposição de lei em contrário, o parcelamento do crédito tributário não exclui a incidência de juros e multas.

11. ANISTIA E REMISSÃO – CONTRIBUIÇÕES PREVIDENCIÁRIAS

A anistia está prevista nos arts. 180 a 182 do CTN e abrange exclusivamente as multas decorrentes de infrações cometidas anteriormente à vigência da lei que a concede.

A remissão está prevista no art. 172 do CTN, e possibilita a extinção do crédito tributário. Consiste no perdão legal ao contribuinte em débito para com o fisco.

No que tange à remissão e à anistia, o § 11 do art. 195 é **norma de eficácia limitada**, de tal modo que, enquanto não editada a lei complementar, esse dispositivo constitucional encontra-se desprovido de qualquer eficácia, não havendo, portanto, a "vedação". A legislação ordinária, no campo da **remissão ou anistia** de contribuições previdenciárias, apenas encontrará restrição quando vier ao mundo jurídico lei complementar fixando o numerário máximo passível de dispensa estatal.

Por conseguinte, não editada a lei complementar, é livre a edição de lei ordinária concedendo remissão de débitos previdenciários, a exemplo do que fez a Lei n. 11.941/2009, que no art. 14 autoriza a remissão de débitos com a Fazenda Nacional de valor inferior a R$ 10.000,00.

12. PRESCRIÇÃO E DECADÊNCIA

O prazo de decadência e de prescrição das contribuições sociais de Seguridade Social **era** de dez anos, por força dos arts. 45 e 46 da Lei n. 8.212/91, lei ordinária. Porém, em atenção à Súmula

---

[21] MACHADO SEGUNDO, Hugo de Brito. *Manual de direito tributário*. 11. ed. São Paulo: Atlas, 2019.

Vinculante 8, proferida pelo STF, houve a declaração da inconstitucionalidade desse prazo diferenciado pelo fato de a lei utilizada não ter sido uma lei complementar (art. 146, III, da CF).

> Súmula Vinculante 8 do STF: "São **inconstitucionais** o parágrafo único do art. 5º do Decreto-Lei n. 1.569/77 e os arts. 45 e 46 da Lei n. 8.212/91, que tratam de prescrição e decadência de crédito tributário".

Em consonância com a decisão proferida pelo STF, o direito de a Seguridade Social apurar e constituir seus créditos (decadência) se extingue **em cinco anos,** bem como prescreve o direito de cobrar os créditos tributários constituídos decorrentes de contribuições sociais **também em cinco anos**.

Determina a Lei n. 11.417/2006, art. 4º, que a súmula com efeito vinculante tem eficácia imediata, mas o STF, por decisão de 2/3 dos seus membros, **poderá restringir os efeitos vinculantes** ou decidir que **só tenha eficácia a partir de outro momento**, tendo em vista razões de segurança jurídica ou de excepcional interesse público.

Com supedâneo no art. 4º da Lei n. 11.417/2006, o STF procedeu à **modulação de efeitos** da decisão de inconstitucionalidade proferida na Súmula Vinculante 8, assentando que a **repetição de indébito** somente é cabível para as ações ajuizadas até a data do julgamento dos recursos extraordinários que deram ensejo à edição da referida Súmula.

O prazo de prescrição e de decadência das contribuições sociais de Seguridade Social é idêntico ao dos demais tributos federais, ou seja, é **de cinco anos**.

No caso de contribuinte individual que pretenda contar para fins de obtenção de benefício no RGPS (ou de contagem recíproca) tempo de atividade remunerada **alcançada pela decadência** deverá **indenizar** o INSS.

Significa dizer, o contribuinte individual é responsável pelo recolhimento de sua contribuição, se não honrar seu dever tributário e o Fisco não constituir o crédito da contribuição previdenciária no prazo de um lustro (5 anos), não poderá o ente público promover executivo fiscal em face do contribuinte individual (CI), por outro lado, não poderá o CI contar esse tempo de atividade (no qual não houve contribuição) para efeito de obtenção de benefícios previdenciários, ressalvando a lei a possibilidade, por interesse exclusivo do CI, "indenizar" a Previdência o valor das contribuições não pagas (acrescida de juros e multa), para, satisfeito o pagamento da indenização, computar esse tempo para efeitos de proteção previdenciária.

13. CONTRIBUIÇÕES PREVIDENCIÁRIAS

Agora é centrar esforços nas contribuições previdenciárias, entendidas como tais as contribuições previstas no art. 195, I, *a*, e II, com a redação dada pela Emenda Constitucional n. 20/98:

> Art. 195. (...)
> I – do empregador, da empresa e da entidade a ela equiparada na forma da lei, incidentes sobre:
> a) a folha de salários e demais rendimentos do trabalho pagos ou creditados, a qualquer título, à pessoa física que lhe preste serviço, mesmo sem vínculo empregatício;
> (...)
> II – do trabalhador e dos demais segurados da previdência social, podendo ser adotadas **alíquotas progressivas** de acordo com o valor do salário de contribuição, não incidindo contribuição sobre aposentadoria e pensão concedidas pelo RGPS.

As contribuições sociais devidas pelo empregador, da empresa e da entidade a ela equiparada na forma da lei, incidentes sobre a folha de salários (alínea *a* do inciso I do art. 195), também conhecidas por "cota patronal", e as contribuições sociais devidas pelo trabalhador e demais segurados da previdência, constantes do inciso II, do art. 195, constituem as contribuições previdenciárias, porque, em consonância ao disposto no art. 167, XI, da CF, os recursos provenientes das referidas contribuições sociais são destinados integralmente ao pagamento de benefícios do regime geral de previdência social de que trata o art. 201.

Na legislação ordinária as contribuições previdenciárias correspondem às contribuições:

I – **devidas pelas empresas, incidentes sobre a remuneração** paga, devida ou creditada aos segurados e demais pessoas físicas a seu serviço, mesmo sem vínculo empregatício, arts. 22 e 22-A da Lei n. 8.212/91;

II – **devidas pelos empregadores domésticos, incidentes sobre o salário de contribuição** dos empregados domésticos a seu serviço, art. 24 da Lei n. 8.212/91 e **art. 34 da Lei Complementar n. 150/2015**;

III – **dos trabalhadores, incidentes sobre seu salário de contribuição**, arts. 20 e 21 da Lei n. 8.212/91;

IV – **das associações desportivas que mantêm equipe de futebol profissional**[22], incidentes **sobre a receita bruta decorrente dos espetáculos desportivos** de que participem em todo território nacional em qualquer modalidade desportiva, inclusive jogos internacionais, **e de qualquer forma de patrocínio**, licenciamento de uso de marcas e símbolos, publicidade, propaganda e transmissão de espetáculos desportivos, art. 22, §§ 6º ao 9º, da Lei n. 8.212/91;

V – **incidentes sobre a receita bruta proveniente da comercialização da produção rural**, arts. 25 e 25-A da Lei n. 8.212/91;

VI – de **Seguro de Acidentes do Trabalho** – SAT (GILRAT), art. 22, II, da Lei n. 8.212/91;

VII – o **adicional destinado ao custeio da aposentadoria especial** (GILRAT), art. 22, II, da Lei n. 8.212/91, e art. 57, §§ 6º e 7º, da Lei n. 8.213/91.

13.1 Compreensão

Responda[23]: (ANALISTA-TRIBUTÁRIO DA RECEITA FEDERAL DO BRASIL – ESAF – 2012) É vedada a utilização dos recursos provenientes das contribuições sociais do empregador incidentes sobre a folha de salários para a realização de despesas distintas das enumeradas na Constituição. Entre essas, veda-se a aplicação de recursos dessa origem:

(A) na cobertura dos eventos de doença, invalidez, morte e idade avançada.

(B) na proteção à maternidade, especialmente à gestante, nos termos da legislação pertinente.

(C) no aporte de recursos à entidade de previdência, tendo em vista as prioridades estabelecidas na lei de diretrizes orçamentárias.

(D) na proteção ao trabalhador em situação de desemprego involuntário, como previsto na legislação respectiva.

---

[22] Equipe de futebol profissional que se organize na forma da Lei n. 9.615, de 24-3-1998.

[23] Resposta: letra "C" (no aporte de recursos à entidade de previdência, tendo em vista as prioridades estabelecidas na lei de diretrizes orçamentárias). Todas as demais alternativas estão previstas como hipótese de proteção previdenciária no art. 201 da CF.

(E) no pagamento de salário-família e auxílio-reclusão para os dependentes dos segurados de baixa renda.

14. CONTRIBUIÇÃO DA EMPRESA INCIDENTE SOBRE A FOLHA DE SALÁRIOS

A regra matriz de incidência fixada pelo legislador constitucional, em face do empregador, da empresa e da entidade a ela equiparada, está prevista no art. 195, I, *a*, da CF.

A contribuição incide sobre a folha de salários e demais rendimentos do trabalho pagos ou creditados, a qualquer título, à pessoa física que preste serviço a empresa, **mesmo sem vínculo** empregatício (prestador de serviço pessoa física, além do empregado, também aquele sem vínculo empregatício: trabalhador avulso e **contribuinte individual**), conforme o escopo constitucional reproduzido acima.

Conhecida por **cota patronal**, a contribuição social da empresa sobre a folha de salários e demais rendimentos pagos no correr do mês encontra as especificações necessárias no art. 22 da Lei n. 8.212/91 (Lei de Custeio):

> Art. 22. A contribuição a cargo da empresa, destinada à Seguridade Social, além do disposto no art. 23, é de:
>
> I – **vinte por cento** sobre **o total das remunerações** pagas, devidas ou creditadas a qualquer título, durante o mês, **aos segurados empregados e trabalhadores avulsos** que lhe prestem serviços, destinadas a retribuir o trabalho, qualquer que seja a sua forma, **inclusive as gorjetas**, os ganhos habituais sob a forma de utilidades e os adiantamentos decorrentes de reajuste salarial, **quer pelos serviços efetivamente prestados, quer pelo tempo** à **disposição do empregador** ou tomador de serviços, nos termos da lei ou do contrato ou, ainda, de convenção ou acordo coletivo de trabalho ou sentença normativa[24];
>
> II – para o financiamento do benefício previsto nos arts. 57 e 58 da Lei n. 8.213, de 24 de julho de 1991, e daqueles concedidos em razão do **grau de incidência de incapacidade laborativa** decorrente dos **riscos ambientais do trabalho**, sobre o total das remunerações pagas ou creditadas, no decorrer do mês, aos segurados empregados e trabalhadores avulsos[25]:
>
> *a)* 1% (um por cento) para as empresas em cuja atividade preponderante o **risco de acidentes** do trabalho seja considerado **leve**;
>
> *b)* 2% (dois por cento) para as empresas em cuja atividade preponderante esse **risco** seja considerado **médio**;
>
> *c)* 3% (três por cento) para as empresas em cuja atividade preponderante esse **risco** seja considerado **grave**;
>
> III – **vinte por cento** sobre o total das remunerações pagas ou creditadas a qualquer título, no decorrer do mês, **aos segurados contribuintes individuais** que lhe prestem serviços.

14.1 Aspecto subjetivo – sujeito ativo da relação tributária

À União é reservada a competência tributária, que é indelegável[26]. A capacidade tributária para exigir o tributo é passível de delegação, fenômeno conhecido por "parafiscalidade". No que se refere às contribuições previdenciárias, até o ano de 2007 esteve delegada a capacidade tributária a outro ente público da Administração Federal, o INSS.

Com o advento da Lei n. 11.457/2007, pôs-se fim à **parafiscalidade** no trato das contribuições previdenciárias. Desde então, o órgão federal responsável por arrecadar, fiscalizar, lançar e

---

[24] Redação alterada pela Lei n. 9.876/99.
[25] Redação alterada pela MP n. 1.729/98 e convertida na Lei n. 9.732/98.
[26] Art. 7º do CTN: "A competência tributária é indelegável, salvo atribuição das funções de arrecadar ou fiscalizar tributos, ou de executar leis, serviços, atos ou decisões administrativas em matéria tributária, conferida por uma pessoa jurídica de direito público a outra, nos termos do § 3º do art. 18 da Constituição".

normatizar o recolhimento das **contribuições previdenciárias é a Secretaria da Receita Federal do Brasil** (SRFB), órgão da Administração direta subordinado ao Ministério da Fazenda.

A SRFB, por ser um órgão do Governo Federal, não possui capacidade para estar em juízo, por conseguinte, apenas a União deve figurar no polo ativo ou passivo de ações judiciais que envolvam discussão acerca de contribuições previdenciárias.

14.2 Aspecto subjetivo – sujeito passivo da exação

A pessoa obrigada ao adimplemento da obrigação tributária, conforme a redação original do art. 195, I, da CF, eram os "empregadores".

A EC n. 20/98 atribuiu nova redação ao art. 195, I, *a*, agora temos o obrigado tributário caracterizado como **empregador, a empresa e a entidade a ela equiparada**.

Por força constitucional, tanto o empregador como o não empregador que remunerem pessoa física (prestadora de serviço) são, inquestionavelmente, sujeitos passivos desta contribuição.

A definição legal de "empresa" está contida no art. 15 da Lei n. 8.212/91, conceituando como firma individual ou a sociedade que assume o risco de atividade econômica urbana ou rural, **com fins lucrativos ou não, bem como os órgãos e entidades da Administração pública direta, indireta ou fundacional**.

Desse conceito percebe-se que inclusive a União, os Estados, o DF e os Municípios, bem como as respectivas autarquias e fundações, são caracterizados como empresa, sempre que o ente público remunerar pessoa física enquadrada como segurado no Regime Geral de Previdência Social (como ocorre quando nomeiam pessoa para ocupar cargo exclusivamente em comissão).

O parágrafo único do art. 15 da Lei n. 8.212/91 **equipara à empresa**, para os efeitos de incidência da contribuição previdenciária:

a) o contribuinte individual em relação a segurado que lhe presta serviço. Exemplificação: advogado que trabalha por conta própria (portanto, contribuinte individual) é equiparado à empresa com relação à sua secretária (categoria: empregado), que trabalha em seu escritório;

b) **a pessoa física** na condição de **proprietário ou dono de obra** de construção civil, em relação a segurado que lhe presta serviço.

Compreende-se como "proprietário" do imóvel, a pessoa física ou jurídica detentora legal da titularidade do imóvel; e por "dono de obra", a pessoa física ou jurídica, **não proprietária do imóvel**, investida na sua posse, na qualidade de promitente-comprador, cessionário ou promitente-cessionário de direitos, locatário, comodatário, arrendatário, enfiteuta, usufrutuário, ou outra forma definida em lei, no qual executa obra de construção civil diretamente ou por meio de terceiros.

A pessoa física na qualidade de proprietário ou dono de obra será (por força da Lei n. 13.202/2015) equiparada à empresa com relação aos prestadores de serviço pessoas físicas (trabalhadores contratados para edificação da obra: categoria empregado).

O responsável pela obra de construção civil (proprietário ou dono de obra: pessoa física), por ser equiparado à empresa, fica obrigado a reter as contribuições previdenciárias decorrentes do pagamento a ser efetivado aos trabalhadores (segurados) e recolher ao Fisco Previdenciário juntamente com as contribuições a seu cargo (tomador de serviços = empresa), incidentes sobre a remuneração dos segurados utilizados na obra, desde que por ele diretamente contratados e remunerados;

c) bem como a **cooperativa** (cooperativa, tanto de produção como de serviço[27], é o resultado formal da união de diversos contribuintes individuais, com proveito comum, autonomia e autogestão para obterem melhor qualificação, renda, situação socioeconômica e condições gerais de trabalho, como ocorre com taxistas que se unem para formar cooperativa de prestação de serviços);

d) a associação ou entidade de qualquer natureza ou finalidade (exemplo: **condomínio de apartamentos ou casas**; operador portuário e o Órgão Gestor de Mão de Obra – OGMO);

e) a **missão diplomática** (pode ser temporária: visita de representantes de Estado estrangeiro ao nosso país; ou permanente: embaixadas);

f) e a **repartição consular** (criada para atender a interesses particulares de seus concidadãos em território estrangeiro) de carreira estrangeira.

SÍNTESE	
Empresa (art. 15 da Lei n. 8.212/91)	**"Equiparado" à empresa** (parágrafo único do art. 15 da Lei n. 8.212/91, com redação dada pela Lei n. 13.202/2015)
– firma individual ou a sociedade que assume o risco de atividade econômica urbana ou rural, **com fins lucrativos ou não, bem como os órgãos e entidades da Administração pública direta, indireta ou fundacional**.	– **contribuinte individual** em relação a segurado que lhe presta serviço; – a pessoa física na condição de **proprietário ou dono de obra** de construção civil, em relação a segurado que lhe presta serviço; – **cooperativa**; – a associação ou entidade de qualquer natureza ou finalidade; – a **missão diplomática**; – **repartição consular**.

> **Atenção!** Empregador doméstico **não é empresa** nem mesmo é equiparado à empresa.

14.3 Contribuinte e responsável tributário

De anotar que o empregador, a empresa e a entidade a ela equiparada, revestem-se da qualidade jurídica de "contribuinte" da cota patronal, e, por força de lei, poderão também assumir a roupagem de "responsável" tributário.

O art. 121 do CTN define por contribuinte: a pessoa que tenha relação pessoal e direta com a situação que constitua o respectivo fato gerador, ao passo que por responsável entende-se a pessoa quando, sem revestir a condição de contribuinte, sua obrigação decorra de disposição expressa de lei.

A responsabilidade tributária deve decorrer de lei. Vamos, neste instante, discorrer sobre as situações legais que revelam a transferência do encargo tributário nas contribuições previdenciárias da pessoa do contribuinte para terceira pessoa, o responsável.

A Lei n. 8.212/91 determina no art. 30, I, *a*, que a empresa é obrigada a arrecadar e a recolher as contribuições previdenciárias devidas pelos segurados empregados e trabalhadores avulsos que lhe prestarem serviço, descontando-as da respectiva remuneração.

O art. 33, § 5º, da Lei n. 8.212/91 prevê que o desconto de contribuição e de consignação legalmente autorizadas **sempre se presume feito oportuna e regularmente pela empresa** a

---

[27] De acordo com o art. 4º da Lei n. 12.690/2012, a Cooperativa de Trabalho pode ser: "I – de produção, quando constituída por sócios que contribuem com trabalho para a produção em comum de bens e a cooperativa detém, a qualquer título, os meios de produção; e II – de serviço, quando constituída por sócios para a prestação de serviços especializados a terceiros, sem a presença dos pressupostos da relação de emprego".

isso obrigada, não lhe sendo lícito alegar omissão para se eximir do recolhimento, **ficando diretamente responsável pela importância** que deixou de receber ou arrecadou em desacordo com o disposto na Lei n. 8.212/91.

Logo, não há que se falar em execução fiscal de contribuição previdenciária em face de "empregados e trabalhadores avulsos", porque em caso de eventual inadimplemento da contribuição devida por eles, a lei elege a empresa como responsável tributário.

A empresa, deixando de reter (descontar do contribuinte) ou de recolher (repassar ao Fisco Previdenciário) as contribuições previdenciárias devidas pelos empregados e trabalhadores avulsos (contribuintes), torna-se responsável pelo tributo, figurando como sujeito passivo da relação tributária.

As hipóteses de **responsabilidade solidária que merecem especial registro:**

a) nos termos da Lei n. 8.666/93, art. 71, § 2º: "A Administração Pública **responde solidariamente** com o contratado pelos **encargos previdenciários** resultantes da execução do contrato, nos termos do art. 31 da Lei n. 8.212, de 24 de julho de 1991".

Não confundir com as obrigações trabalhistas, cujo desfecho é diverso!

O art. 71, § 1º, da Lei n. 8.666/93 assevera que a **inadimplência do contratado, com referência aos encargos trabalhistas**, fiscais e comerciais, **não transfere à Administração Pública a responsabilidade por seu pagamento**.

O TST havia editado o Enunciado 331, **que** no item IV **contrariava a Lei**, estabelecendo a responsabilidade subsidiária dos órgãos da Administração pública direta, das autarquias e das fundações públicas pelos encargos trabalhistas.

Em face da postura jurisprudencial trabalhista, houve a interposição de Ação Declaratória de Constitucionalidade (ADCon) 16, perante o STF, tendo a Suprema Corte afirmado, em dezembro de 2010, a constitucionalidade do § 1º do art. 71 da Lei n. 8.666/93.

Ato contínuo, em maio de 2011, o TST deu nova redação à Súmula 331, adequando-a ao texto do § 1º do art. 71 da Lei n. 8.666/93;

b) de acordo com os ditames estabelecidos no art. 25-A da Lei n. 8.212/91, equipara-se ao **empregador** rural pessoa física **o consórcio simplificado de produtores rurais**, formado pela união de produtores rurais pessoas físicas, que outorgar a um deles poderes para contratar, gerir e demitir trabalhadores para prestação de serviços, exclusivamente, aos seus integrantes, mediante documento registrado em cartório de títulos e documentos.

No § 3º desse art. 25-A, verifica-se que os produtores rurais integrantes do **consórcio de empregadores rurais pessoas físicas** serão **responsáveis solidários** em relação às obrigações previdenciárias;

c) art. 30, IX, da Lei n. 8.212/91: as empresas que integram **grupo econômico** de qualquer natureza **respondem** entre si, **solidariamente**, pelas obrigações decorrentes desta Lei de Custeio;

d) art. 30, VI, da Lei n. 8.212/91: **o proprietário, o incorporador** definido na Lei n. 4.591/64, **o dono da obra** ou **condômino da unidade imobiliária**, qualquer que seja a forma de contratação da construção, reforma ou acréscimo, **são solidários com o construtor**, e estes com a subempreiteira, pelo cumprimento das obrigações para com a Seguridade Social, ressalvado o seu direito regressivo contra o executor ou contratante da obra e admitida a retenção de importância a este devida para garantia do cumprimento dessas obrigações, **não se aplicando**, em qualquer hipótese, **o benefício de ordem**.

O art. 30, VII, da Lei n. 8.212/91 **exclui da responsabilidade solidária** perante a Seguridade Social **o adquirente** de prédio ou unidade imobiliária **que realizar a operação com empresa de comercialização ou incorporador** de imóveis, **ficando estes solidariamente responsáveis com o construtor**.

Faz-se necessária a referência a situações de responsabilidade solidária **não mais vigentes**:

a) Dizia o art. 13 da Lei n. 8.620/93: o titular da firma individual e os **sócios das empresas por cotas de responsabilidade limitada respondem solidariamente, com seus bens pessoais**, pelos débitos junto à Seguridade Social.

Trata-se de **texto revogado** pela Lei n. 11.941/2009.

Não mais vige referida regra. De ver que, enquanto vigente sempre foi questionada judicialmente, **tendo o STF reconhecido a inconstitucionalidade formal (a matéria é reservada a lei complementar) e material (unificar os patrimônios das pessoas jurídica e física, nesse caso, compromete a garantia constitucional da livre-iniciativa) do art. 13 da Lei n. 8.620/93** na parte em que determinou que os sócios das empresas por cotas de responsabilidade limitada responderiam solidariamente, com seus bens pessoais, pelos débitos junto à Seguridade Social (RE 562.276/PR, Rel. Min. Ellen Gracie, julgado em 3-11-2010).

Fundamentos adotados pelo STF para declarar a inconstitucionalidade formal:

> O art. 135, III, do CTN responsabiliza apenas aqueles que estejam na direção, gerência ou representação da pessoa jurídica e tão somente quando pratiquem atos com excesso de poder ou infração à lei, contrato social ou estatutos. Desse modo, apenas o sócio com poderes de gestão ou representação da sociedade é que pode ser responsabilizado, o que resguarda a pessoalidade entre o ilícito (má gestão ou representação) e a consequência de ter de responder pelo tributo devido pela sociedade. O art. 13 da Lei n. 8.620/93 não se limitou a repetir ou detalhar a regra de responsabilidade constante do art. 135 do CTN, tampouco cuidou de uma nova hipótese específica e distinta. Ao vincular à simples condição de sócio a obrigação de responder solidariamente pelos débitos da sociedade limitada perante a Seguridade Social, tratou a mesma situação genérica regulada pelo art. 135, III, do CTN, mas de modo diverso, incorrendo em inconstitucionalidade por violação ao art. 146, III, da CF (exigência de manejo de lei complementar para dispor acerca de normas gerais de direito tributário).

Fundamentos adotados pelo STF para declarar a inconstitucionalidade material:

> não é dado ao legislador estabelecer confusão entre os patrimônios das pessoas física e jurídica, o que, além de impor desconsideração *ex lege* e objetiva da personalidade jurídica, descaracterizando as sociedades limitadas, implica irrazoabilidade e inibe a iniciativa privada, afrontando os arts. 5º, XIII, e 170, parágrafo único, da Constituição.

b) Dizia o parágrafo único do art. 13 da Lei n. 8.620/93: os **acionistas controladores, os administradores, os gerentes e os diretores respondem solidariamente e subsidiariamente**, com seus bens pessoais, quanto ao inadimplemento das obrigações para com a Seguridade Social, por dolo ou culpa.

Trata-se de **texto revogado** pela Lei n. 11.941/2009. Não mais vige referida regra.

15. ASPECTO TEMPORAL

Ao efetuar o pagamento da remuneração devida à pessoa física que lhe presta serviço (empregados e não empregados) a empresa deve reter a contribuição por eles devida e recolhe juntamente com a contribuição social de sua responsabilidade (cota patronal), nos prazos e condições fixados na Lei n. 8.212/91.

A data de satisfação da obrigação tributária ora em comento, segundo a Lei de Custeio (art. 30, I, *b*, da Lei n. 8.212/91, com redação dada pela Lei n. 11.933/2009), deve ocorrer **até o dia 20 (vinte) do mês subsequente** ao da prestação do serviço.

Se não houver expediente bancário no dia 20, o recolhimento deverá ser efetuado até o dia útil imediatamente **anterior** (art. 30, § 2º, II, da Lei n. 8.212/91, inciso incluído pela Lei n. 11.933/2009).

15.1 Fato gerador *in abstracto*

O CTN esclarece no art. 114 que fato gerador da obrigação principal é a situação definida em lei como necessária e suficiente à sua ocorrência.

A hipótese de incidência (ou *Tatbestand*, no alemão) nas contribuições previdenciárias é **a prestação de serviço**, não voluntário (ou seja, não gracioso), por pessoa física, mesmo sem vínculo empregatício, à empresa. Esse é o momento no qual se opera o fato gerador desencadeador do crédito do fisco, a prestação do serviço.

Aplica-se à tributação da pessoa jurídica, para as contribuições destinadas ao custeio da seguridade social, calculadas com base na remuneração, o regime de competência. Assim, o tributo incide quando surge a obrigação legal de pagamento, independentemente se este irá ocorrer em oportunidade posterior (STF, RE 419.612 AgR, Rel. Min. Joaquim Barbosa, 2ª Turma, julgado em 1º-3-2011).

O fato gerador não é "pagar a remuneração" e sim "tomar serviço não gracioso de pessoa física" (regime de competência).

O mesmo raciocínio se aplica nas ações trabalhistas de que resultar o pagamento de direitos sujeitos à incidência de contribuição previdenciária. Nessas ações, **o juiz, sob pena de responsabilidade**, determinará o imediato recolhimento das importâncias devidas à Seguridade Social (art. 43 da Lei n. 8.212/91), considerando-se ocorrido o **fato gerador** das contribuições sociais **na data da prestação do serviço** (conforme § 2º do art. 43, incluído pela Lei n. 11.941/2009).

Dispõe o art. 114 da CF que compete à Justiça do Trabalho processar e julgar: "VIII – a execução, de ofício, das contribuições sociais previstas no art. 195, I, *a*, e II, e seus acréscimos legais, decorrentes das sentenças que proferir".

Súmula Vinculante 53 do STF: "A competência da Justiça do Trabalho prevista no art. 114, inciso VIII, da Constituição Federal alcança a execução de ofício das contribuições previdenciárias relativas ao objeto da condenação constante das sentenças que proferir e acordos por ela homologados".

16. ASPECTO ESPACIAL

Como regra, a legislação nacional tem aplicação restrita ao território brasileiro.

A prestação de serviço remunerado no Brasil gera a contribuição previdenciária (exação).

Cite-se a título de ilustração o art. 12, I, *d*, da Lei n. 8.212/91, que estabelece ser segurado obrigatório, na qualidade de empregado, aquele que presta serviço no Brasil a missão diplomática ou a repartição consular de carreira estrangeira e a órgãos a ela subordinados, ou a membros dessas missões e repartições, **excluídos** o não brasileiro sem residência permanente no Brasil e o brasileiro **amparado pela** legislação **previdenciária do país** da respectiva missão diplomática ou repartição consular.

Nessa situação, a missão diplomática ou a repartição consular de carreira estrangeira são equiparadas à empresa (art. 15, parágrafo único, da Lei n. 8.212/91).

A mesma coisa se verifica (art. 12, I, *i*, da Lei n. 8.212/91) com o empregado de organismo oficial internacional ou estrangeiro em funcionamento no Brasil, **salvo** quando coberto por regime próprio de previdência social.

Porém, a Lei de Custeio (Lei n. 8.212/91) prevê hipóteses de extraterritorialidade, fazendo valer a lei brasileira na prestação de serviço que se realiza no exterior:

a) art. 12, I, *c*: "o brasileiro ou estrangeiro domiciliado e contratado no Brasil para trabalhar como empregado em sucursal ou agência de **empresa nacional no exterior**";
b) art. 12, I, *e*: "o brasileiro civil que trabalha para a União, **no exterior**, em **organismos oficiais brasileiros** ou internacionais dos quais o Brasil seja membro efetivo, ainda que lá domiciliado e contratado, **salvo se** segurado na forma da legislação vigente do país do domicílio";
c) art. 12, I, *f*: "o brasileiro ou estrangeiro domiciliado e contratado no Brasil para trabalhar como empregado em empresa domiciliada **no exterior**, cuja **maioria do capital** votante **pertença a empresa brasileira** de capital nacional".

17. ASPECTO QUANTITATIVO

17.1 Base de cálculo – salário de contribuição

Por base de cálculo da contribuição social previdenciária entende-se o valor sobre o qual incide a alíquota definida em lei para extração do montante a ser repassado aos cofres públicos.

Sobre as verbas com natureza remuneratória pagas pelas empresas aos empregados, há incidência de contribuição previdenciária. De outro lado, não incide contribuição sobre os valores pagos a título de indenização e de ressarcimento (reembolso de despesas).

Determina o art. 22 da Lei n. 8.212 que a base de cálculo da cota patronal corresponde ao **total das remunerações** pagas, devidas ou creditadas a qualquer título, durante o mês, **aos segurados empregados e trabalhadores avulsos** que lhe prestem serviços, destinadas a retribuir o trabalho, qualquer que seja a sua forma, **inclusive as gorjetas**, os ganhos habituais sob a forma de utilidades e os adiantamentos decorrentes de reajuste salarial, quer pelos serviços efetivamente prestados, quer pelo tempo à disposição do empregador ou tomador de serviços, nos termos da lei ou do contrato ou, ainda, de convenção ou acordo coletivo de trabalho ou sentença normativa.

> **Atenção!** "Gorjetas" compreendem-se no termo remuneração, mesmo sendo remuneração paga por terceiro, obriga a empresa a satisfazer a cota patronal sobre referido numerário.

Sobre o total das remunerações é que incide a alíquota contributiva. **A base de cálculo da cota patronal não encontra limitação**, decorre dessa afirmação que se a remuneração do empregado for de R$ 50.000,00, a contribuição previdenciária **devida pelo tomador de serviço** (empresa) terá por base de cálculo esse montante (a cota patronal que deverá ser recolhida aos cofres públicos será de R$ 10.000, equivalente a 20% de R$ 50.000,00).

Conforme será visto em tópico adiante, a base de cálculo da contribuição **devida pelos segurados** da previdência encontra limite máximo (art. 28, § 5º, da Lei n. 8.212/91). Desse modo, a cota patronal é apurada sem qualquer limitador, ao passo que a empresa ao reter (descontar) do segurado a seu serviço a contribuição previdenciária devida por este (empregado) deverá se atentar ao limite-teto do salário de contribuição.

De importância salutar é a disposição do § 2º do art. 22 da Lei de Custeio, ao dispor que não integram a remuneração as parcelas de que trata o § 9º do art. 28. O art. 28 da Lei n. 8.212/91 discorre acerca do **salário de contribuição**, que é detalhado no art. 214 do Decreto Federal n. 3.048/91, dispositivo que é pormenorizado nos **arts. 33 e 34 da Instrução Normativa RFB n. 2.110, de 2022**.

Salário de contribuição é a base de cálculo da contribuição previdenciária, que, como regra (esse é o desiderato da legislação tributária), corresponde a todos os valores pagos pela empresa à pessoa física prestadora de serviço.

Quando a admissão, a dispensa, o afastamento ou a falta do empregado **ocorrer no curso do mês**, o salário de contribuição **será proporcional** ao número de dias de trabalho efetivo.

Desse modo, **integram o salário de contribuição** (impõe-se, em decorrência disso, o dever de a empresa pagar a cota patronal sobre essas rubricas):

a) Férias gozadas. Correspondem ao período de repouso remunerado dos empregados, trabalhadores avulsos e empregados domésticos, e sobre o valor delas decorrente se faz incidir a contribuição previdenciária, determinação legal ratificada pela Jurisprudência do STJ (AgRg no REsp 1.240.038-PR, Rel. Min. Og Fernandes, julgado em 8-4-2014).

b) Adicional constitucional de férias fruídas. Estatui o inciso XVII do art. 7º da CF que também é considerado parcela integrante do salário de contribuição. Logo, o empregado descansará 30 dias (férias) e receberá além da sua remuneração o acréscimo de 1/3, e sobre esse valor total se fará incidir a contribuição previdenciária (cota patronal por parte da empresa, e a contribuição do segurado, a ser descontada da remuneração do empregado pela empresa).

STF. **Tema 985.** Tese firmada: É legítima a incidência de contribuição social sobre o valor satisfeito a título de terço constitucional de férias.

> **Atenção!** Tratando-se de **Regime Próprio** de Servidores Públicos, a conclusão dada pelo STF é oposta, ou seja, pela não incidência:
>
> STF. **Tema 163.** Tese firmada: Não incide contribuição previdenciária sobre verba não incorporável aos proventos de aposentadoria do servidor público, tais como terço de férias, serviços extraordinários, adicional noturno e adicional de insalubridade.

c) A **gratificação natalina** (13º salário) integra o salário de contribuição (art. 28, § 7º, da Lei n. 8.212/91), **exceto para o cálculo do salário de benefício** (art. 29, § 3º, da Lei n. 8.213/91), sendo devida a contribuição quando do pagamento ou crédito da última parcela ou na rescisão do contrato de trabalho **(Súmula 688 do STF: "É legítima a incidência da contribuição previdenciária sobre o 13º salário")**.

d) O valor do benefício de **salário-maternidade, que, aliás**, é o único benefício previdenciário que enseja o pagamento de contribuição previdenciária "**a cargo do segurado(a)**".

A questão afeta à incidência de contribuição previdenciária sobre o salário-maternidade a cargo do segurado teve a repercussão geral reconhecida pelo STF, ainda pendente de julgamento:

Tema 1.274: Questão Controvertida: Constitucionalidade da incidência de contribuição previdenciária a cargo da empregada sobre o salário-maternidade pago pela Previdência Social (situação: pendente de julgamento).

Assim, enquanto não julgado o Tema 1.274, permanece a incidência de contribuição previdenciária devida pelo segurado durante o período de fruição do salário-maternidade.

Observação: não incide "cota patronal" sobre os valores pagos a título de salário maternidade, por força do entendimento firmado pelo STF no Tema 72 ("É inconstitucional a incidência de contribuição previdenciária **a cargo do empregador** sobre o salário-maternidade").

e) Horas extras, adicionais noturno, de insalubridade e periculosidade por possuírem caráter salarial, conforme sacramentado no **Tema 687** do STJ. Tese firmada: As horas extras e seu respectivo adicional constituem verbas de natureza remuneratória, razão pela qual se sujeitam à incidência de contribuição previdenciária (no mesmo sentido, o Enunciado 60 do TST [28]).

Esse rol é **meramente exemplificativo**, uma vez que a regra é a de que incide a contribuição previdenciária sobre todas as rubricas de valores pagos pela empresa à pessoa física prestadora de serviço.

Momento de expor algumas das hipóteses de não incidência constante do art. 214 do Decreto n. 3.048/99, rubricas que não são consideradas base de cálculo, **não integram o salário de contribuição, por corolário lógico não repercutem no cálculo da futura aposentadoria do segurado:**

a) O valor dos benefícios pagos pela Previdência Social, exceto, como visto *supra*, o salário-maternidade (este é o único benefício previdenciário que o "segurado" sofre desconto de contribuição previdenciária).

Com relação à aposentadoria e à pensão por morte há imunidade (não incidência estabelecida constitucionalmente no art. 195, II, parte final), em prol dos demais benefícios (auxílio-doença, auxílio-acidente, salário-família, auxílio-reclusão) há isenção fixada no art. 28, § 9º, I, da Lei n. 8.212 (por não haver incidência tributária o período de fruição desses benefícios não pode ser aproveitado para efeito de carência).

b) O auxílio-alimentação, inclusive na forma de tíquetes ou congêneres, vedado seu pagamento em dinheiro.

TNU. **Tema 244.** Tese firmada: I) Anteriormente à vigência da Lei n. 13.416/2017, o auxílio-alimentação, pago em espécie e com habitualidade ou por meio de vale-alimentação/cartão ou tíquete-refeição/alimentação ou equivalente, integra a remuneração, constitui base de incidência da contribuição previdenciária patronal e do segurado, refletindo no cálculo da renda mensal inicial do benefício, esteja a empresa inscrita ou não no Programa de Alimentação do Trabalhador – PAT; II) A partir de 11-11-2017, com a vigência da Lei n. 13.416/2017, que conferiu nova redação ao § 2º do art. 457 da CLT, somente o pagamento do auxílio-alimentação em dinheiro integra a remuneração, constitui base de incidência da contribuição previdenciária patronal e do segurado, refletindo no cálculo da renda mensal inicial do benefício, esteja a empresa inscrita ou não no Programa de Alimentação do Trabalhador (PAT).

c) Importâncias recebidas a título de **indenização**. Sobre todos os valores pagos pela empresa sobre a rubrica de "indenização" não incidem contribuição previdenciária.

Exemplos:

1) Férias **indenizadas e respectivo adicional constitucional**, conforme determina o art. 28, § 9º, *d*, da Lei n. 8.212, inclusive o valor correspondente à dobra da remuneração de férias de que trata o art. 137 da CLT.

---

[28] Enunciado 60 do TST: "I – O adicional noturno, pago com habitualidade, integra o salário do empregado para todos os efeitos".

2) **Indenização** compensatória de 40% do montante depositado no Fundo de Garantia do Tempo de Serviço.

3) **Indenização** por tempo de serviço, anterior a 5 de outubro de 1988, do empregado não optante pelo Fundo de Garantia do Tempo de Serviço.

4) **Indenização** por despedida sem justa causa do empregado nos contratos por prazo determinado, conforme estabelecido no art. 479 da CLT.

5) Licença-prêmio **indenizada**.

6) Indenização afeta à estabilidade da gestante, pode ocorrer de antes de a empregada grávida passar a usufruir o salário-maternidade ela seja despedida sem justa causa.

    Nessa situação, a empresa violou o direito à estabilidade da gestante, constante da alínea *b* do inciso II do art. 10 do ADCT (Ato das Disposições Constitucionais Transitórias).

    Poderá a empresa ser obrigada (na Justiça do Trabalho) a "indenizar" à ex-empregada todas as remunerações que seriam devidas desde a data da despedida sem justa causa até o quinto mês após o parto.

    Mesmo que seja decorrente do direito de estabilidade da gestante, esses valores possuem a natureza jurídica de indenização, portanto, não integram o salário de contribuição.

7) **Outras indenizações**, desde que **expressamente previstas em lei (única exceção: aviso prévio indenizado**, sobre esse valor, desde a edição do Decreto n. 6.727/2009, incide a contribuição previdenciária).

d) A parcela recebida a título de **vale-transporte**, ainda que paga em dinheiro, limitada ao valor equivalente ao necessário para o custeio do deslocamento em transporte coletivo de passageiros (conforme RE 478.410/STF; Solução de Consulta Cosit n. 58, de 2020; Súmula 60 da AGU: "Não há incidência de contribuição previdenciária sobre o vale-transporte pago em pecúnia, considerando o caráter indenizatório da verba"; Súmula 89/CARF: "A contribuição social previdenciária não incide sobre valores pagos a título de vale-transporte, mesmo que em pecúnia").

e) Ajuda de custo, **em parcela única, recebida exclusivamente em decorrência de mudança de local de trabalho do empregado**, na forma do art. 470 da CLT.

f) As diárias para viagens (a Lei n. 13.467/2017 definiu que a verba "diárias para viagens" não é passível de incidência de contribuição previdenciária, ainda que o seu montante seja excedente a 50% da remuneração mensal do empregado);

g) Participação do **empregado nos lucros** ou resultados da empresa, **quando paga** ou creditada **de acordo com lei** específica.

A Lei n. 10.101/2000 é a lei específica, e não legitima essa rubrica se o pagamento não respeitar o disposto no § 2º:

> É vedado o pagamento de qualquer antecipação ou distribuição de valores a título de participação nos lucros ou resultados da empresa **em mais de 2 (duas) vezes no mesmo ano civil** e em **periodicidade inferior a 1 (um) trimestre civil**.

Essa redação da Lei n. 10.101/2000 foi dada pela **Lei n. 12.832/2013**, que antes vedava periodicidade inferior a um semestre civil (antes de 2013, distribuição de lucros duas vezes no ano, sendo em janeiro e junho não era possível, agora sim, pois estão em trimestres diferentes).

Significa dizer, se houver "distribuição de lucros" todos os meses aos empregados da empresa, ela estará em desconformidade com a lei, e, por conseguinte, incidirá contribuição previdenciária sobre esse valor.

h) O abono do Programa de Integração Social/Programa de Assistência ao Servidor Público.

i) A importância paga ao empregado **a título de complementação** ao valor do auxílio por incapacidade temporária (antigo auxílio-doença) **desde que este direito seja extensivo à totalidade dos empregados** da empresa.

j) O valor das contribuições efetivamente pago pela pessoa jurídica relativo a programa de previdência complementar privada, aberta ou fechada, **desde que disponível à totalidade de seus empregados** e dirigentes.

k) O valor relativo à assistência prestada por serviço médico ou odontológico, próprio da empresa ou com ela conveniado, inclusive o reembolso de despesas com medicamentos, óculos, aparelhos ortopédicos, despesas médico-hospitalares e outras similares (a Lei n. 13.467/2017 excluiu desta hipótese a ressalva: **"desde que a cobertura abranja a totalidade dos empregados** e dirigentes da empresa", por conseguinte, não haverá incidência de contribuição previdenciária ainda que a assistência prestada pela empresa não abranja a integralidade dos empregados).

l) O valor correspondente a **vestuários, equipamentos** e outros acessórios fornecidos ao empregado e **utilizados no local do trabalho** para prestação dos respectivos serviços.

m) Os valores recebidos em decorrência da **cessão de direitos autorais**.

n) O **reembolso creche** pago **em conformidade com a legislação trabalhista**, observado o limite máximo de 5 anos e 11 meses de idade da criança, quando devidamente comprovadas as despesas.

STJ. **Tema 338.** Tese firmada: O auxílio-creche funciona como indenização, não integrando o salário de contribuição para a Previdência. Inteligência da Súmula 310/STJ.

o) O reembolso-babá, **limitado ao menor salário de contribuição** mensal e **condicionado à comprovação do registro** na Carteira de Trabalho e Previdência Social da empregada, do pagamento da remuneração e do **recolhimento da contribuição previdenciária**, pago **em conformidade com a legislação trabalhista e observado o limite máximo de 5 anos e 11 meses de idade da criança**.

Todas as parcelas supramencionadas, quando pagas ou creditadas **em desacordo com a legislação pertinente, integram o salário de contribuição** para todos os fins e efeitos, sem prejuízo da aplicação das cominações legais cabíveis.

Abono pecuniário (abono de férias, art. 143 da CLT). Não integram o salário de contribuição as importâncias recebidas a título de abono de férias consistente na faculdade atribuída ao empregado, pelo art. 143 da CLT, de converter 1/3 do período de férias a que tiver direito em **abono pecuniário**, no valor da remuneração que lhe seria devida nos dias correspondentes.

Abono de férias previsto no art. 144 da CLT. Admite o art. 28, § 9º, *e*, item "6", a **não incidência** da contribuição previdenciária sobre os valores relativos ao abono de férias concedido pelo empregador, em virtude de cláusula do contrato de trabalho, do regulamento da empresa, de convenção ou acordo coletivo, **desde que não excedente** a 20 dias do salário.

> **Atenção!** Sobre o abono de férias previsto no art. 144 da CLT, quando concedido em **valor superior** a 20 dias do salário, haverá a incidência da contribuição previdenciária.

Adicional constitucional de férias fruídas. Sobre o acréscimo de 1/3 sobre férias gozadas (inciso XVII do art. 7º da CF), houve a proclamação de **entendimento pacificado** no STF, STJ e TNU (Turma Nacional de uniformização)[29] no sentido de que nos **regimes próprios** não deve incidir contribuição previdenciária sobre o terço de férias do **servidor público** por se tratar de verba de natureza indenizatória, não extensível aos inativos (aposentados).

Em razão desse posicionamento jurisprudencial, houve a edição da Lei n. 12.688/2012, excluindo expressamente a incidência de contribuição previdenciária sobre o adicional de férias fruídas do servidor público integrante de Regime Próprio de Previdência.

No que se refere ao **aviso prévio indenizado**, por ser "indenizado", não integrava o salário de contribuição até o ano de 2009, quando o Poder Executivo mudou sua compreensão sobre essa rubrica (editando o Decreto n. 6.727/2009), passando a considerá-lo como verba passível de incidência de contribuição previdenciária[30].

Dessa mudança de entendimento da Administração Pública resultaram diversas ações judiciais, tendo o STJ no julgamento do REsp 1.230.957, julgado em 2014, na sistemática do art. 543-C do CPC de 1973 (multiplicidade de recursos), decidido pelo não cabimento da contribuição previdenciária, dando ganho de causa aos contribuintes.

Desde então, a Administração Pública considera o aviso prévio indenizado parcela não integrante do SC (Nota PGFN/CRJ n. 485/2016, Parecer SEI n. 15.147/2020/ME; e Despacho n. 42/2021/PGFN-ME).

17.2 Compreensão

Responda[31]: (TÉCNICO SEGURO SOCIAL – INSS – CESPE – 2016) Assinale Certo ou Errado: Bruna, empregada da empresa Vargas & Vargas Cia. Ltda., entrou em gozo de licença-maternidade. Nessa situação, haverá incidência da contribuição previdenciária sobre o valor recebido por Bruna a título de salário-maternidade.

18. BASE DE CÁLCULO DIFERENCIADA (LEI N. 13.202/2015: CONDUTOR AUTÔNOMO DE VEÍCULO RODOVIÁRIO)

Dentre os segurados obrigatórios do RGPS, na categoria contribuinte individual, encontram-se as pessoas físicas: condutor autônomo de veículo rodoviário e auxiliares de condutor autônomo.

Conceituação. Por **condutor autônomo de veículo rodoviário** considera-se aquele que exerça atividade profissional **sem vínculo empregatício**, quando proprietário, coproprietário ou promitente comprador de um só veículo. Ele possui a faculdade, nos termos da Lei n.

---

[29] RE-AgR 545317/DF, Rel. Min. Gilmar Mendes, j. 19-2-2008. Entendimento da TNU mantido por acórdão da 1ª Seção do STJ na PET 7.522/SE, Rel. Min. Hamilton Carvalhido, DJ 18-5-2010.

[30] A justificativa dada pelo governo foi o fato de que a OJ do TST n. 82 assevera que: "A data de saída a ser anotada na CTPS deve corresponder à do término do prazo do aviso prévio"; e o § 1º art. 487 da CLT determina que: "A falta do aviso prévio por parte do empregador dá ao empregado o direito aos salários correspondentes ao prazo do aviso, garantida **sempre** a integração desse período no seu tempo de serviço", por serem considerados os 30 dias de aviso prévio, mesmo que indenizado, tempo de contribuição para efeitos de aposentadoria, deve sofrer a incidência de contribuição previdenciária.

[31] Certo. Art. 28, § 2º, da Lei n. 8.212/91. Observação: não é devida contribuição por parte do EMPREGADORES (somente contribuição do empregado), conforme Tema 72 do STF: "É inconstitucional a incidência de contribuição previdenciária a cargo do empregador sobre o salário-maternidade".

6.094/74, de ceder seu automóvel, **em regime de colaboração**, a no máximo dois outros profissionais, que serão denominados **auxiliares de condutor autônomo** de veículo rodoviário.

Contribuição Previdenciária. À semelhança de todos os demais contribuintes individuais, sempre que o condutor autônomo, ou seus respectivos auxiliares, prestarem serviços a pessoa jurídica haverá a incidência de contribuição previdenciária a ser descontada pela empresa (tomadora de serviço), que deverá recolher aos cofres da Previdência juntamente com a contribuição a seu cargo.

Alíquotas. As alíquotas contributivas são exatamente as mesmas praticáveis em decorrência da prestação de serviço por qualquer contribuinte individual a tomador de serviços qualificado como pessoa jurídica. A empresa contratante do serviço responde por 20%, e deve reter a alíquota de 11%, devida pelo contribuinte individual, mas recolhida pelo tomador de serviço.

Base de cálculo. Este é o grande diferencial em face dos demais contribuintes individuais! O salário de contribuição do condutor autônomo de veículo rodoviário **(inclusive o taxista)**, do auxiliar de condutor autônomo e do **operador de máquinas (serviços prestados com a utilização de trator, máquina de terraplenagem, colheitadeira e assemelhados)**, bem como do cooperado filiado a cooperativa de transportadores autônomos, conforme estabelecido no § 4º do art. 201 do Decreto Federal n. 3.048/99, **corresponde a 20% do valor bruto auferido pelo frete, carreto, transporte**, não se admitindo a dedução de qualquer valor relativo aos dispêndios com combustível e manutenção do veículo, ainda que parcelas a este título figurem discriminadas no documento fiscal.

A base de cálculo (salário de contribuição) é por regra o valor total da remuneração, no entanto, como exceção, em se tratando justamente de condutor autônomo de veículo rodoviário, e de seu respectivo auxiliar, a base de cálculo é reduzida pela Lei n. 13.202/2015, uma vez que dos valores recebidos, por esses profissionais, boa parte do numerário destina-se a satisfazer despesas com o veículo utilizado para prestação de serviços (combustível e manutenção das peças: pastilhas de freio, embreagem, polia da correia sincronizada, carburador, trocas de óleo e de filtros, pneus etc.).

Diante desse contexto, a Lei n. 13.202/2015 considera que do valor total cobrado a título de frete, transporte ou carreto, apenas 20% correspondem à efetiva remuneração pela "prestação do serviço", tornando-se essa a base de cálculo da contribuição previdenciária.

Para não confundir, imagine-se que uma empresa fez duas contratações no mês:

a) a primeira, relativa aos serviços de um advogado (contribuinte individual), para fornecer um parecer jurídico sobre determinada questão de interesse da empresa contratante. O valor cobrado pelo parecer foi de R$ 10.000,00;
b) a segunda contratação foi de um condutor autônomo de veículo rodoviário (contribuinte individual) para transportar os empregados da empresa para local no qual haveria determinada solenidade de premiação. O valor cobrado pelo transporte foi de R$ 10.000,00.

A primeira contratação revela a situação típica (comum, ordinária), na qual toda vez que empresa toma serviço de contribuinte individual, deve contribuir com a alíquota de 20% sobre o **valor total da remuneração** (no exemplo dado, a cota patronal será de R$ 2.000,00, equivalente a 20% dos R$ 10.000,00 pagos).

Ficará a empresa ainda responsável pela retenção da contribuição devida pelo contribuinte individual, de 11% sobre o valor da remuneração, respeitado o teto máximo contributivo. Assim, deverá descontar no ato do pagamento dos R$ 10.000,00 a contribuição devida pelo prestador de serviço, de 11% do teto máximo (em 2016 o valor do teto era de R$ 5.189,82), equivalente a R$ 570,79.

Resumo: cota patronal = R$ 2.000,00 e contribuição do CI retida R$ 570,79.

Conquanto se mantenha a relação jurídica de empresa tomando serviços de CI, na segunda contratação há alteração do cenário contributivo. A **base de cálculo** (Lei n. 13.202/2015) deverá corresponder a 20% do valor do transporte (atenção: nesta hipótese a base de cálculo não será o valor total da remuneração!). Assim a base de cálculo será de R$ 2.000,00 (equivalente a 20% de R$ 10.000,00).

Definida a base de cálculo, próximo passo é aplicar a alíquota contributiva, que da empresa é de 20% sobre os R$ 2.000,00, que resultará R$ 400,00 a título de cota patronal. No ato do pagamento dos R$ 10.000,00 contratados, dever-se-á reter 11% sobre o montante de R$ 2.000,00, tendo por resultado R$ 220,00.

Resumo: cota patronal = R$ 400,00; e contribuição do CI retida = R$ 220,00.

Em suma, a atenção do candidato deve centrar-se na "base de cálculo", que não corresponde ao valor total da remuneração, mas sim a 20% do valor da nota fiscal, fatura ou recibo, quando esses serviços forem prestados por condutor autônomo de veículo rodoviário, auxiliar de condutor autônomo de veículo rodoviário, bem como por operador de máquinas.

De arremate, anote-se que além da contribuição previdenciária, o condutor autônomo de veículo rodoviário, o auxiliar de condutor autônomo e o cooperado filiado à cooperativa de transportadores autônomos estão sujeitos ao pagamento da contribuição para o Serviço Social do Transporte (SEST) e para o Serviço Nacional de Aprendizagem do Transporte (SENAT). Este modelo de contribuição (SENAT e SEST) trata-se de contribuição social geral (não destinadas à seguridade social).

STF. **Tema 1.123.** Tese firmada: São inconstitucionais o Decreto n. 3.048/99 e a Portaria MPAS n. 1.135/2001 no que alteraram a base de cálculo da contribuição previdenciária incidente sobre a remuneração paga ou creditada a transportadores autônomos, devendo o reconhecimento da inconstitucionalidade observar os princípios da congruência e da devolutividade.

19. ALÍQUOTA – COTA PATRONAL

A empresa é obrigada a pagar sua contribuição previdenciária conforme as seguintes alíquotas:

I – **Cota patronal:** de 20%, **como regra**, sobre o total das remunerações:
   a) pagas, devidas ou creditadas, a qualquer título, no decorrer do mês, aos segurados empregados e trabalhador avulso;
   b) ou retribuições pagas ou creditadas no decorrer do mês ao segurado contribuinte individual.

II – **Adicional de cota patronal:** a título de SAT (Seguro Acidente do Trabalho) deve a empresa contribuir (sobre a mesma base de cálculo referida na letra *a* do item anterior) com a alíquota de 1%, 2% ou 3%, conforme a atividade preponderante da empresa apresente risco de acidentes do trabalho considerado **leve, médio ou grave**, respectivamente. Haverá, ainda, a incidência do Fator Acidentário de Prevenção (FAP), que fará elevar ou reduzir as alíquotas contributivas do SAT.

III – **Adicional de cota patronal:** para **financiamento de aposentadoria especial**, cujas alíquotas serão acrescidas de 12%, 9%, 6%, conforme a atividade exercida pelo segurado a serviço da empresa permita a concessão de aposentadoria especial após 15, 20, ou 25 anos de contribuição, respectivamente. Adicional instituído pela Lei n. 9.732/98.

19.1 Alíquota – Instituições financeiras

Exceção ao item I, acima, são as instituições financeiras que, além dos 20% devidos pelas empresas em geral, devem satisfazer a alíquota adicional de 2,5%, em atenção ao disposto no art. 22, § 1º, da Lei n. 8.212/91, totalizando sua cota patronal na alíquota de 22,5%:

> Art. 22. (...)
>
> § 1º No caso de **bancos** comerciais, bancos de investimentos, bancos de desenvolvimento, **caixas econômicas**, **sociedades de crédito**, financiamento e investimento, sociedades de crédito imobiliário, sociedades corretoras, **distribuidoras de títulos e valores mobiliários**, empresas de **arrendamento mercantil**, cooperativas de créditos, empresas de seguros privados e de capitalização, agentes autônomos de **seguros privados** e de crédito e **entidades de previdência privada abertas e fechadas**, além das contribuições referidas neste artigo e no art. 23, é devida a contribuição **adicional de 2,5%** (dois inteiros e cinco décimos por cento) sobre a base de cálculo definida no inciso I deste artigo.

A alíquota diferenciada é cabível em se tratando de empresa qualificada como "instituição financeira", essa é a regra. No entanto, do § 1º transcrito, verifica-se que as empresas enquadradas como entidades abertas e fechadas de previdência complementar (EAPC e EFPC) também terão de satisfazer a alíquota do tributo (cota patronal) alicerçada em 22,5%.

Tratando-se de EAPC, está em consonância com a regra (instituição financeira), porque as EAPC são constituídas unicamente sob a forma de sociedades anônimas (art. 36 da LC n. 109/2001), visando ao lucro, geralmente bancos ou seguradoras que oferecem tanto planos individuais como coletivos. As EAPC integram o Sistema Financeiro Nacional e são fiscalizadas pela Superintendência de Seguros Privados (SUSEP), órgão subordinado ao Ministério da Fazenda.

Por outro lado, as EFPC não são instituições financeiras, revestem-se da roupagem de fundação ou de sociedade civil sem fins lucrativos (art. 8º, parágrafo único, da LC n. 108/2001, e art. 31, § 1º, da LC n. 109/2001), abrangem os fundos de pensão que oferecem exclusivamente planos coletivos acessíveis a partir do vínculo empregatício ou associativo. É exceção à regra. Entretanto, o legislador expressamente arrolou as entidades fechadas de previdência privada como empresa que terá a alíquota da cota patronal majorada de 22,5%.

Importante anotar que essa alíquota contributiva diferenciada foi alvo de embates judiciais, que se pacificaram após o Poder Constituinte Derivado Reformador, por intermédio da EC n. 20/98, ter acrescentado o § 9º ao art. 195, de modo a constitucionalizar a desigualdade de tratamento **em razão** não só **da atividade econômica** (possibilitando o adicional ora em comento em face das instituições financeiras), como também em face da **utilização intensiva de mão de obra**, do **porte da empresa** ou da **condição estrutural do mercado de trabalho**.

Com relação ao período anterior à EC n. 20/98, as instituições financeiras restaram derrotadas no Poder Judiciário em 2018, tendo o STF ao julgar o **Tema 470** firmado a Tese de Repercussão Geral: **É constitucional** a contribuição adicional de 2,5% sobre a folha de salários instituída **para as instituições financeiras** e assemelhadas pelo art. 3º, § 2º, da Lei n. 7.787/89, **mesmo considerado o período anterior à EC n. 20/98**.

19.2 Serviços prestados por cooperativa de trabalho

Estava a empresa obrigada, conforme preceitua a Lei de Custeio no art. 22, IV, a contribuir para com a Previdência mediante o recolhimento de **15% sobre o valor bruto da nota fiscal** ou fatura de prestação de serviços, relativamente a serviços que lhe são prestados por cooperados por intermédio de **cooperativas de trabalho**.

Capítulo 5 • Financiamento da seguridade social

Ocorre que o inciso IV do art. 22 da Lei n. 8.212/91 encontra-se suspenso por força da Resolução n. 10/2016, do Senado Federal:

> Art. 1º É suspensa, nos termos do art. 52, inciso X, da CF, a execução do inciso IV do art. 22 da Lei n. 8.212, de 1991, declarado inconstitucional por decisão definitiva proferida pelo STF nos autos do Recurso Extraordinário n. 595.838.

O STF, em 2014, **julgou inconstitucional a contribuição prevista no art. 22, IV, da Lei n. 8.212/91**. A decisão foi tomada no julgamento do RE 595.838, de relatoria do Ministro Dias Toffoli, com repercussão geral reconhecida (vincula a Administração Pública). Entendeu o STF que o inciso IV do art. 22 foi instituído por lei ordinária e que representa nova fonte de custeio (não alicerçada nas hipóteses definidas nos incisos I a V[32] do art. 195 da CF), sendo certo que somente poderia ter sido instituída por **lei complementar**, com base no art. 195, § 4º, do Texto Constitucional.

STF. **Tema 166.** Tese firmada: É inconstitucional a contribuição previdenciária prevista no art. 22, IV, da Lei n. 8.212/91, com redação dada pela Lei n. 9.876/99, que incide sobre o valor bruto da nota fiscal ou fatura referente a serviços prestados por cooperados por intermédio de cooperativas de trabalho.

Registrada a inconstitucionalidade e consequente suspensão do dispositivo legal (inciso IV do art. 22 da Lei n. 8.212/91), observe-se a diferenciação entre cooperativa[33] de "trabalho" e de "produção". Por cooperativa de trabalho compreende-se a união firmada entre profissionais liberais (contribuintes individuais – CI) com a finalidade de prestarem serviços a terceiros, sem a presença dos pressupostos da relação de emprego, por exemplo, serviços médicos, taxistas, técnicos de informática.

Cooperativa de produção consiste na união estabelecida entre profissionais liberais (CI) com a finalidade de contribuírem com trabalho para a produção em comum de bens e a cooperativa detém, a qualquer título, os meios de produção, por exemplo, cooperativa de marceneiros, de artesãos etc.

A primeira observação que deve captar o leitor é a de que a alíquota de 15% prevista no inciso IV do art. 22 (declarada inconstitucional) somente era devida pela empresa tomadora de serviços quando a pessoa prestadora de serviços fosse cooperativa de **trabalho**.

Caso a empresa adquira produtos de uma cooperativa de produção, não deve pagar nenhum valor a título de cota patronal, porque não incide contribuição previdenciária nessa relação, por dois motivos:

1) não houve prestação de serviço (a contribuição previdenciária incide apenas em face de remuneração decorrente de prestação de serviço);
2) não incide contribuição previdenciária na relação jurídica existente entre empresa e outra empresa, a contribuição previdenciária apenas existe se o prestador de serviço for pessoa física (comportava essa regra apenas uma exceção, quando o prestador de serviço fosse cooperativa de trabalho).

A EC n. 132, de 2023, estabeleceu que o ato cooperativo praticado pelas sociedades cooperativas merece adequado tratamento tributário inclusive em relação ao tributo previsto no art. 195, V, da CF (contribuição social de seguridade social incidente sobre bens e serviços).

---

[32] O inciso V foi incluído pela EC n. 132, de 20-12-2023, de modo que a CF passou a autorizar a incidência e contribuição **sobre bens e serviços**, nos termos de **lei complementar**.
[33] Lei n. 12.690/2012.

20. RETENÇÃO – LEI N. 9.711/98 – ART. 31 DA LEI N. 8.212/91

Reafirmando tudo o que fora dito, a empresa é obrigada a pagar contribuição previdenciária sempre que tomar serviços (não graciosos) de pessoa física. Desse modo, se uma empresa (tomadora de serviços) contrata outra empresa para prestar serviços, não há incidência de cota patronal, não incide contribuição previdenciária nessa relação.

Essa é a regra. Regra que comportava uma exceção, estudada no tópico anterior, quando a empresa prestadora de serviço fosse cooperativa de trabalho, nessa situação a empresa contratante (tomadora de serviço) deveria pagar à Previdência cota patronal de 15% sobre o valor da nota fiscal ou fatura de prestação de serviço.

Todavia, o STF declarou inconstitucional a contribuição de 15% prevista no inciso IV do art. 22 da Lei n. 8.212/91 e o Senado Federal suspendeu a eficácia desse inciso IV com a Resolução n. 10, de 2016.

Agora é estudar o fenômeno da terceirização de mão de obra, que consiste justamente na contratação de uma empresa para prestar serviços de limpeza, conservação e zeladoria; vigilância e segurança; empreitada de mão de obra; contratação de trabalho temporário na forma da Lei n. 6.019/74, entre outros.

Diante do fato de não incidir cota patronal nessa contratação, as empresas (tomadoras de serviço) passaram a não ter empregados nessas atividades (limpeza, conservação, segurança), optaram por terceirizar esses serviços, contratando **empresa cedente de mão de obra**.

Diante desse fenômeno social, a legislação previdenciária foi alterada com o advento da Lei n. 9.711/98, que atribuiu às empresas tomadoras de serviços a responsabilidade de **reter** a contribuição devida pela empresa cedente de mão de obra.

Note-se, a empresa contratante não deve pagar cota patronal, deve, desde a edição da Lei n. 9.711/98, proceder à retenção da contribuição devida pela empresa prestadora de serviços à Previdência. Essa retenção é efetivada pela alíquota de 11%.

Vamos à atual redação do art. 31 da Lei n. 8.212/91:

> Art. 31. A empresa contratante de serviços executados mediante cessão de mão de obra, inclusive em regime de trabalho temporário, **deverá reter 11%** (onze por cento) do valor bruto da nota fiscal ou fatura de prestação de serviços e recolher, **em nome da empresa cedente da mão de obra**, a importância retida até o dia 20 (vinte) do mês subsequente ao da emissão da respectiva nota fiscal ou fatura, ou até o dia útil imediatamente **anterior** se não houver expediente bancário naquele dia, observado o disposto no § 5º do art. 33 desta Lei.

A partir da Lei n. 9.711/98, atribuiu-se à empresa contratante de serviços executados mediante cessão de mão de obra a obrigação de **reter** 11% do **valor bruto da nota fiscal** ou fatura de prestação de serviços e recolher a importância retida à Previdência **em nome da empresa cedente da mão de obra**.

É de crucial importância que o leitor entenda a diferença entre a situação ora tratada em comparação à da empresa que contrate empregados ou contribuintes individuais para prestarem o mesmo serviço (por exemplo, serviço de segurança ou de limpeza):

a) a empresa que **contrata empregados ou contribuintes individuais (CI)** para prestar-lhe serviço, mediante o pagamento total de remunerações correspondente ao valor de R$ 100.000,00. A empresa tomadora de serviços deverá pagar contribuição previdenciária em nome próprio (por se tratar de contribuição da empresa tomadora de serviço: cota patronal), no valor total de R$ 20.000,00, equivalente a 20% sobre o total das remunerações feitas a pessoas físicas prestadoras de serviço (art. 22, I e III, da Lei n. 8.212/91). Portanto, os serviços prestados por pessoas físicas com ou sem vínculo empregatício custarão para a empresa **R$ 120.000,00**, sendo R$ 100.000,00 a título de remuneração aos empregados ou CI pelo serviço prestado, e R$ 20.000,00 à Previdência (cota patronal);

b) por outro lado, se a empresa **contratar uma pessoa jurídica cedente de mão de obra (terceirização)** para prestar os mesmos serviços, e o total da nota fiscal corresponda ao valor de R$ 100.000,00. A empresa tomadora de serviços deverá **reter** a alíquota de 11% e recolher essa contribuição em nome da empresa prestadora de serviço (porque se trata de contribuição da empresa cedente de mão de obra), no valor de R$ 11.000,00, equivalente a 11% sobre o total da nota fiscal (art. 31 da Lei n. 8.212/91). Portanto, esse serviço prestado pela empresa cedente de mão de obra custará para a empresa tomadora de serviço **R$ 100.000,00**, sendo R$ 89.000,00 pagos diretamente à empresa cedente de mão de obra pelo serviço prestado e R$ 11.000,00 à Previdência (contribuição da empresa prestadora do serviço).

Em suma, a alíquota de retenção fixada pelo art. 31 da Lei n. 8.212/91 incide sobre o valor bruto da nota fiscal. Deverão os 11% ser destacados na nota fiscal ou fatura de prestação de serviços, e recolhidos pela empresa tomadora do serviço aos cofres públicos **em nome da empresa cedente da mão de obra**.

Obviamente, a empresa cedente de mão de obra (prestadora de serviço) possui empregados e deverá efetivar sua contabilidade como qualquer outra empresa, pagando à Previdência a cota patronal devida em face da remuneração que paga aos seus empregados.

Os valores retidos na forma do art. 31 da Lei n. 8.212/91 serão **compensados** pela empresa cedente da mão de obra, quando do recolhimento das contribuições destinadas à Seguridade Social devidas sobre a folha de pagamento dos segurados a seu serviço.

Para melhor compreensão, com base no exemplo dado no item "b" *supra*, a empresa tomadora de serviço foi obrigada a reter 11% do valor da nota. Dos R$ 100.000,00 (valor total da nota fiscal) devem ser retidos R$ 11.000,00 pela empresa tomadora e serem recolhidos à Previdência Social em nome da empresa prestadora de serviço. Significa dizer que a empresa cedente de mão de obra receberá da tomadora do serviço R$ 89.000,00.

Os R$ 11.000,00 foram recolhidos à Previdência em nome da empresa cedente dos serviços de limpeza, que não fica desobrigada de calcular, e compensar, o valor das contribuições destinadas à Seguridade Social, devidas sobre a folha de pagamento dos segurados a seu serviço. Caso a empresa cedente de mão de obra apure o total de R$ 12.000,00 como devido à Previdência, ela apenas irá recolher o valor de R$ 1.000,00, pois já houve em seu nome o recolhimento de R$ 11.000,00.

De outro lado, caso seja apurado em sua contabilidade que o valor efetivamente devido é de R$ 10.000,00, a lei determina que **na impossibilidade de haver compensação integral** na forma do parágrafo anterior, **o saldo remanescente será objeto de restituição** (art. 31, § 2º, da Lei n. 8.212/91).

A jurisprudência do STJ exclui da sistemática da retenção dos 11% (ora estudada, prevista no art. 31 da Lei n. 8.212/91) as empresas optantes pelo Simples. **Súmula 425 do STJ:** "A retenção da contribuição para a seguridade social pelo tomador do serviço não se aplica às empresas optantes pelo Simples".

21. CONTRIBUIÇÃO DO SAT – SEGURO DE ACIDENTES DO TRABALHO (GILRAT/RAT)

Contribuição previdenciária devida pela empresa, enquanto tomadora de serviços de "empregados e de trabalhadores avulsos", o Seguro de Acidentes do Trabalho (SAT) encontra previsão legal no art. 22, II, da Lei n. 8.212/91.

Além da cota patronal, de 20% (como regra, e de 22,5%, exceção, se for instituição financeira), a empresa deve **também** contribuir **com as alíquotas de 1%, 2% ou 3%** sobre o total da **folha de salários** (montante total das remunerações pagas, devidas ou creditadas a empregados e trabalhadores avulsos) para o SAT.

Do inciso II do art. 22 da Lei n. 8.212/91 constava unicamente a contribuição para o SAT, mas referido inciso sofreu alteração, passando a prever ao lado do SAT outra contribuição previdenciária: o adicional para aposentadoria especial. Essas duas contribuições passaram a ser denominadas **GILRAT**, pela doutrina, que significa contribuição previdenciária devida em razão do **G**rau de incidência de **I**ncapacidade **L**aborativa decorrente de **R**isco **A**mbiental do **T**rabalho. Outros denominam apenas **RAT** (contribuições decorrentes do Risco Ambiental do Trabalho).

A contribuição do **SAT é de 1%, 2% ou 3%**, alíquota definida conforme o **risco de acidentes do trabalho** na atividade desempenhada pela empresa seja **considerado leve, médio ou grave**, respectivamente.

A alíquota do SAT é definida conforme o **CNAE** da empresa: Classificação Nacional de Atividades Econômicas.

Por exemplo (a exibição que segue não é para ser decorada, apenas compreendida!), o CNAE: 0133-4/09 corresponde ao cultivo de maracujá, e, para essa atividade econômica, é estabelecida (pelo Decreto Federal n. 3.048/99) a alíquota de 1%; para a atividade de criação de peixes ornamentais em água salgada e salobra (CNAE: 0321-3/04), a alíquota estabelecida é de 2%; e, ainda para efeito de mera ilustração, a atividade de construção de edifícios (CNAE: 4120-4/00) tem a alíquota de 3%.

A empresa deve pagar a contribuição do SAT com base numa **única alíquota**, ainda que desempenhe mais de uma atividade econômica. Toda vez que a empresa desempenhar mais de uma atividade econômica, enquadradas pelo Decreto n. 3.048/99 em alíquotas diferentes, deve se utilizar da alíquota correspondente à **atividade preponderante**.

> **Atenção!** Considera-se preponderante a atividade que ocupa, na empresa, o **maior número de segurados** empregados e trabalhadores avulsos.

A **Súmula 351 do STJ** dispõe que a alíquota de contribuição para o Seguro de Acidente do Trabalho (SAT) é aferida pelo grau de risco desenvolvido em cada empresa, individualizada pelo seu CNPJ, ou pelo grau de risco da atividade preponderante quando houver apenas um registro.

Conforme visto acima, uma empresa que atue na área de construção de edifícios terá a alíquota de 3% relativa ao SAT, porque o Decreto enquadra essa atividade como de risco grave de acidentes do trabalho. Perceba-se que as empresas que atuam nesse ramo terão a alíquota definida pela atividade (construção de edifícios), pouco importando, para esse enquadramento, se uma suposta empresa "A" faça elevados investimentos na prevenção de acidentes do trabalho (e nunca tenha ocorrido acidentes com seus empregados), e que outra (empresa "B") nada investe em prevenção (e possua índices recordes de acidentes com seus empregados).

Ambas são tratadas da mesma forma no enquadramento da alíquota (de 1%, 2% ou 3%). A subsunção na norma dá-se apenas pela atividade econômica, não pela atuação concreta da empresa.

A atuação (ou inação) da empresa na prevenção de risco de acidente do trabalho é apreciada pelo **Fator Acidentário de Prevenção** (FAP). As alíquotas do SAT (de 1%, 2% ou 3%) serão reduzidas em até 50% ou aumentadas em até 100%, em razão do **desempenho da empresa** em relação à sua respectiva atividade, aferido pelo FAP.

Portanto, empresas que atuem na atividade de construção de edifícios, terão a alíquota do SAT estabelecida em 3% (risco grave), mas a alíquota para efetivo pagamento sofrerá a relativização do FAP, que poderá reduzi-la **em até** 50% (de 3% para **até** 1,5%), ou elevá-la em até 100% (de 3% até 6%), a depender de desempenho concreto da empresa na prevenção de acidentes do trabalho.

O FAP é apurado conjugando-se os índices de **frequência** (a quantidade de benefícios incapacitantes deferidos a empregados e trabalhadores avulsos da empresa), **gravidade** (a somatória, expressa em dias, da duração do benefício incapacitante. Se o empregado ficou apenas 30 dias afastado do trabalho é menos grave em comparação a acidente no qual o trabalhador veio a óbito) e **custo** (o total da despesa financeira dada à Previdência), segundo metodologia aprovada pelo Conselho Nacional de Previdência Social (CNPS).

A empresa **NÃO** paga SAT sobre a remuneração de **contribuintes individuais**! Mas apenas sobre a remuneração total (sem qualquer limitador-teto) dos empregados e trabalhadores avulsos a seu serviço. E, tratando-se de contribuição da empresa, **nada é descontado (retido) do empregado/trabalhador avulso**.

SEGURO DE ACIDENTE DO TRABALHO – SAT		
Base de cálculo: valor total pago, devido ou creditado a título de remuneração a todos os empregados e trabalhadores avulsos da empresa		
Alíquota (%): conforme o risco de acidentes do trabalho seja considerado leve, médio ou grave		
1ª etapa da apuração % com base no CNAE da empresa (anexo V do Decreto Federal n. 3.048/99)	2ª etapa, aplicação do FAP (em razão do desempenho da empresa na prevenção/ocorrência de acidentes de trabalho)	
	redução de até 50%, podendo chegar a:	aumento de até 100%, podendo chegar a:
1% (risco leve)	0,5%	2%
2% (risco médio)	1%	4%
3% (risco grave)	1,5%	6%

22. CONTRIBUIÇÃO ADICIONAL DE APOSENTADORIA ESPECIAL (GILRAT)

Contribuição previdenciária devida pela empresa, como tomadora de serviços de "empregados e de trabalhadores avulsos". Prevista legalmente no art. 22, II, da Lei n. 8.212/91, e no art. 57, § 6º, da Lei n. 8.213/91, essa contribuição é devida sempre que o empregado/trabalhador avulso trabalhar exposto a agentes físicos, químicos ou biológicos prejudiciais à saúde (ou à integridade física).

Além da cota patronal, de 20% (como regra, e de 22,5%, exceção, se for instituição financeira) a empresa deve **também** contribuir com o SAT (analisado no tópico anterior) sobre o total da **folha de salários** (montante total das remunerações pagas, devidas ou creditadas a empregados e trabalhadores avulsos), e, **AINDA**, com a contribuição previdenciária adicional de aposentadoria especial, **sempre que** tiver empregados ou trabalhadores avulsos que trabalhem em atividades especiais (prejudiciais à saúde).

A exposição do trabalhador a atividades prejudiciais à saúde autoriza, de um lado, o direito ao trabalhador de aposentar-se com menor tempo (que oscila de 25, 20 ou 15 anos de atividade); e, de outra toada, impõe o dever tributário de a empresa (tomadora de serviços) pagar a contribuição adicional de **12%, 9% ou 6%**, conforme a atividade exercida pelo segurado a serviço da empresa permita a concessão de **aposentadoria especial após 15, 20 ou 25 anos** de contribuição, respectivamente.

Por exemplo, a empresa que expõe seu empregado (ou trabalhador avulso) ao agente agressivo ruído (superior a 85 decibéis) prejudica a saúde do trabalhador (conforme definido no Decreto Federal n. 3.048/99). Este terá direito de se aposentar após 25 anos de exercício dessa atividade, e, em contrapartida, quem expôs a saúde do trabalhador (empresa) deverá pagar à Previdência todos os meses 6% sobre o valor da remuneração paga/devida/creditada ao empregado/trabalhador avulso (contribuição adicional de aposentadoria especial).

A empresa **NÃO** paga esse adicional sobre a remuneração devida a **contribuintes individuais**! Esse acréscimo incide **exclusivamente** sobre a remuneração (sem qualquer limitador-teto) do segurado nas categorias empregado e trabalhador avulso a seu serviço, desde que sujeito às condições especiais. **E, tratando-se de contribuição da empresa, nada é descontado (retido) da remuneração** do empregado/trabalhador avulso.

Exceção: A única exceção trazida na lei refere-se ao contribuinte individual **quando fizer parte de uma cooperativa de trabalho ou de produção**. Além do empregado e do trabalhador avulso **apenas esse contribuinte individual** (que integre cooperativa de trabalho e de produção) possui direito a aposentadoria especial (se trabalhar exposto a agentes prejudiciais à saúde, é claro!).

Desse modo, a lei determina que haja contribuição previdenciária (adicional de aposentadoria especial), a ser paga pela empresa, toda vez que remunerar contribuinte individual integrante de cooperativa. A Lei n. 10.666/2003 contempla a **alíquota diferenciada de 9%, 7% ou 5% em se tratando de contribuinte individual que preste serviço por intermédio de cooperativa de trabalho**.

Tratando-se de contribuinte individual em cooperativa de produção, a alíquota é a comum: 12%, 9% ou 6%, conforme se assegure o direito à aposentadoria especial aos 15, 20 ou 25 anos de exposição ao agente nocivo à saúde.

23. COTA PATRONAL SUBSTITUTIVA

Pode-se afirmar, em apertada síntese, que a contribuição previdenciária devida pela empresa consiste:

a) na cota patronal de 20% (como regra, e de 22,5%, exceção, se for instituição financeira) sobre a remuneração paga/devida/creditada a empregados e a trabalhadores avulsos (art. 22, I, Lei n. 8.212/91);

b) adicional de cota patronal, denominada GILRAT (art. 22, II, Lei n. 8.212/91), **que consiste em duas diferentes contribuições**:

   I) do SAT (sempre devida) sobre o total da **folha de salários** (montante total das remunerações pagas, devidas ou creditadas a empregados e trabalhadores avulsos); e, **AINDA**;

   II) contribuição previdenciária **adicional de aposentadoria especial, DESDE QUE** tenha empregados ou trabalhadores avulsos que trabalhem em atividades especiais (prejudiciais à saúde);

c) na cota patronal de 20% (como regra, e de 22,5%, exceção, se for instituição financeira) sobre a remuneração paga/devida/creditada a contribuintes individuais (art. 22, III, Lei n. 8.212/91).

Há situações legais, no entanto, em que a lei substitui a contribuição mencionada nos itens "a" e "b" acima (incisos I e II do art. 22 da Lei n. 8.213/91) por outra forma de incidência. A cota patronal será paga de outra maneira, uma vez que o legislador encontrou outra forma de melhor garantir o recolhimento da contribuição.

> **Atenção!** Não há contribuição substitutiva com relação ao item "c" acima referido (art. 22, III, da Lei n. 8.212/91): remuneração paga/devida/creditada a contribuintes individuais.

A cota patronal substitutiva aplica-se à **associação desportiva que mantém equipe de futebol profissional**, contida no § 6º do art. 22 da Lei n. 8.212/91.

A contribuição empresarial da associação desportiva que **mantém equipe de futebol profissional** destinada à Seguridade Social, **em substituição à prevista nos incisos I e II** do art. 22 da Lei n. 8.212/91, corresponde a **5% da receita bruta, decorrente dos espetáculos desportivos** de que participem em todo território nacional em qualquer modalidade desportiva, inclusive jogos internacionais, **e de qualquer forma de patrocínio**, licenciamento de uso de marcas e símbolos, publicidade, propaganda e de transmissão de espetáculos desportivos.

Primeira observação, a associação desportiva que mantém equipe de futebol profissional **NÃO** paga contribuição previdenciária **sobre a remuneração** de seus empregados e trabalhadores avulsos. O motivo é que essa contribuição foi **SUBSTITUÍDA** por outra forma de incidência.

Segunda informação, considera-se **clube de futebol profissional** a associação desportiva que mantenha equipe de futebol profissional, filiada à federação de futebol do respectivo Estado, **ainda que mantenha outras modalidades desportivas**, e que seja organizada na forma da Lei n. 9.615/98.

A cota patronal SUBSTITUTIVA da associação que mantém equipe de futebol profissional é de 5% a incidir sobre:

a) **receita bruta, decorrente dos espetáculos desportivos** de que participem em todo território nacional em qualquer modalidade desportiva, inclusive jogos internacionais;
b) **de qualquer forma de patrocínio**, licenciamento de uso de marcas e símbolos, publicidade, propaganda e de transmissão de espetáculos desportivos.

O dever de recolher essa contribuição não é da associação desportiva. A lei atribui o dever de reter e recolher:

a) **à entidade promotora**, considerada como tal a federação, a confederação ou a liga responsável pela organização do evento, assim entendido o jogo ou a partida, isoladamente considerado;
b) à **empresa ou entidade patrocinadora**, assim considerada aquela que destinar recursos à associação desportiva que mantém equipe de futebol profissional a título de patrocínio, licenciamento de uso de marcas e símbolos, publicidade, propaganda e transmissão de espetáculos desportivos.

Dessa feita, cabe à entidade promotora do espetáculo a responsabilidade de efetuar o desconto de 5% da receita bruta decorrente dos espetáculos desportivos e o respectivo recolhimento à Previdência Social, **no prazo de até dois dias úteis após a realização do evento**.

Sendo, por igual, obrigação da empresa ou entidade patrocinadora proceder à retenção da contribuição previdenciária (5%) no momento de destinar recursos à associação desportiva, e repassar o valor retido à Previdência na mesma data de recolhimento normal de suas contribuições.

Exemplificando: a associação desportiva Santos Futebol Clube mantém equipe de futebol profissional. Essa associação desportiva possui empregados: atletas (do futebol masculino e feminino, e de outras modalidades: vôlei, basquete etc.), treinadores, médicos, auxiliares, pessoal próprio da limpeza, da segurança etc. No final do mês, ao remunerar seus empregados, não irá pagar nada à Previdência a título de cota patronal sobre a remuneração de seus empregados. Deverá, obviamente, reter a contribuição devida pelos seus empregados à Previdência, e recolhê-la ao Fisco.

Retornando a cota patronal, em todo e qualquer jogo de futebol em que participar o Santos (tanto a equipe de futebol, como a de vôlei, basquete etc.) sobre o resultado da bilheteria se fará incidir 5%, sendo **o responsável tributário a entidade promotora do evento desportivo**, que deverá recolher esse valor retido ao Fisco Previdenciário no **prazo máximo de dois dias úteis após o evento**.

A Associação Desportiva Santos possui patrocinadores, que estampam, por exemplo, o nome de suas marcas nas camisas dos atletas. Muitos jogos nos quais o "peixe" (Santos) participa são televisionados. A **empresa patrocinadora**, bem como a que adquire os direitos de transmissão, devem reter e recolher ao Fisco a contribuição equivalente a 5% do valor ajustado a título de patrocínio ou de transmissão.

Vamos à próxima hipótese de cota patronal substitutiva, relativa à cota patronal do empregador rural pessoa física.

Do art. 25 da Lei n. 8.212/91, verifica-se que **a contribuição do empregador rural pessoa física**, em **substituição** à contribuição de que tratam os incisos I e II do art. 22 da Lei n. 8.213/91, é de **1,2%** da receita bruta proveniente da comercialização da sua produção (redação dada pela **Lei n. 13.606/2018**)[34].

Outra hipótese de substituição prevista na lei que merece destaque é a contribuição devida pela **agroindústria**, definida como tal o produtor rural pessoa jurídica cuja atividade econômica seja a industrialização de produção própria ou de produção própria e adquirida de terceiros.

Em substituição às contribuições previdenciárias previstas nos incisos I e II do art. 22 da Lei n. 8.212/91, a agroindústria contribuiu da seguinte maneira: 2,5% sobre o valor da receita bruta proveniente da comercialização da produção (substitui o inciso I do art. 22 da Lei n. 8.212/91), e de 0,1% sobre a mesma base de cálculo (que substitui a GILRAT: SAT e adicional de aposentadoria especial).

24. CONTRIBUIÇÃO DEVIDA PELO EMPREGADOR DOMÉSTICO

Empregador doméstico é a pessoa ou família que admite sem finalidade lucrativa, no âmbito residencial, pessoa física a seu serviço de forma contínua, subordinada, onerosa e pessoal, **por mais de** dois dias por semana.

---

[34] Anote-se que, antes dessa atual redação do art. 25 dada em 2018 pela Lei n. 13.606, o STF, no julgamento do RE 363.852 (decisão proferida pelo Plenário em 3-2-2010), declarou inconstitucional a contribuição substitutiva do empregador rural pessoa física prevista no art. 25 da Lei n. 8.212/91 **na redação dada pela Lei n. 9.528/97**.

O empregador doméstico tem o dever, na qualidade de responsável tributário, de reter (descontar) do pagamento do seu empregado doméstico a alíquota de 7,5%, 9%, 12% e de 14% (de contribuição previdenciária, **a cargo do segurado empregado doméstico**, nos termos do art. 28 da EC n. 103/2019, e recolher ao Fisco Previdenciário.

Cabe realçar que o empregador doméstico além de atuar como responsável tributário também é sujeito passivo da contribuição sobre a folha de salário (denominada cota patronal), porém, por não ser equiparado à empresa, não contribui com alíquotas e base de cálculos referidas no art. 22 da Lei n. 8.212/91.

O tomador de serviços domésticos tinha até o ano de 2015 sua previsão contributiva prevista unicamente no art. 24 da Lei n. 8.212/91, que **estabelecia** a **alíquota única de 12%** do salário de contribuição do empregado doméstico a seu serviço.

No ano de 2015, foi editada a Lei Complementar n. 150 com o intento de dar concretude às disposições contidas no parágrafo único do art. 7º da CF, na redação atribuída pela Emenda Constitucional n. 72/2013, que ampliou direitos trabalhistas e previdenciários em prol dos trabalhadores domésticos.

Desde então, a contribuição previdenciária do empregador doméstico deve seguir a forma estabelecida no art. 34 da Lei Complementar n. 150/2015, que trouxe o "simples doméstico", **documento único de arrecadação** pelo qual deverá recolher os valores retidos do seu empregado doméstico juntamente com as contribuições previdenciárias **(cota patronal)** a seu cargo, nos termos do art. 24 da Lei n. 8.212/91, com a redação dada pela Lei n. 13.202/2015:

- **8% de contribuição patronal** previdenciária para a seguridade social, a cargo do empregador doméstico;
- **0,8%** de contribuição social para financiamento do seguro contra acidentes do trabalho – **SAT**.

Nesse documento único também deverá promover o recolhimento de verbas não previdenciárias: 8% destinado ao FGTS do trabalhador doméstico; 3,2%, na forma do art. 22 da LC n. 150/2015 (destinada ao pagamento da indenização compensatória da perda do emprego, sem justa causa ou por culpa do empregador); e imposto sobre a renda retido na fonte de que trata o inciso I do art. 7º da Lei n. 7.713/88, se incidente.

Desde a LC n. 150/2015, o empregador doméstico teve a sua alíquota da contribuição previdenciária reduzida de 12% para 8% que deve ser acrescida da **alíquota invariável de 0,8% do SAT** (não se aplicam as alíquotas do inciso II do art. 22, nem mesmo há incidência do fator acidentário de prevenção – FAP, uma vez que, reiterando, empregador doméstico não é equiparado à empresa).

25. CONTRIBUIÇÃO DEVIDA PELOS SEGURADOS

É chamado para compor a relação de custeio o segurado da Previdência Social, nos moldes definidos na autorização constitucional, art. 195, II.

Os segurados da previdência dividem-se em **obrigatórios e facultativos**.

Os obrigatórios compreendem cinco categorias: empregado, trabalhador avulso, empregado doméstico, contribuinte individual e segurado especial.

Segurado facultativo é aquele que, não enquadrado no rol de segurados obrigatórios, por livre escolha faz contribuições mensais para o RGPS, com vistas à percepção futura de benefícios previdenciários.

Tendo em vista o **conceito de tributo** ditado no art. 3º do CTN, como toda prestação pecuniária **compulsória**, as contribuições vertidas pelo segurado facultativo não ostentam natureza tributária, uma vez que a contribuição dá-se por liberalidade e conveniência daquele que não é segurado obrigatório.

Não existe obrigação legal de contribuir para com o RGPS, desse modo **não configura prestação compulsória** a contribuição **ofertada** pelo segurado facultativo. A natureza jurídica da contribuição previdenciária do segurado facultativa é a de **prêmio de seguro**.

Não está o segurado facultativo sujeito à inscrição em dívida ativa caso não recolha contribuições à previdência, por outro lado, não pode socorrer-se o segurado facultativo do estatuto constitucional de proteção ao contribuinte, consistente na limitação do poder de tributar, arts. 150 a 152.

A reprimenda diante da ausência de contribuição por parte do segurado facultativo é a sua exclusão do RGPS, e consequente perda a futuros direitos de fruição de benefícios da previdência.

No que se refere aos segurados obrigatórios, a contribuição se impõe pelo simples **exercício da atividade remunerada** que o enquadre como segurado obrigatório. Independe da vontade do segurado, trata-se de imposição legal, prestação compulsória, tributo.

26. BASE DE CÁLCULO – SALÁRIO DE CONTRIBUIÇÃO

A contribuição previdenciária devida pelos segurados é obtida a partir do **salário de contribuição**.

Salário de contribuição é o valor sobre o qual se faz incidir a alíquota contributiva do segurado. É a base de cálculo da contribuição previdenciária.

Para o **empregado e trabalhador avulso,** o salário de contribuição (SC) consiste na **remuneração** auferida em **uma ou mais** empresas, assim entendida a totalidade dos rendimentos pagos, devidos ou creditados a qualquer título, durante o mês, destinados a retribuir o trabalho, qualquer que seja a sua forma, inclusive as gorjetas, os ganhos habituais sob a forma de utilidades e os adiantamentos decorrentes de reajuste salarial, quer pelos serviços efetivamente prestados, **quer pelo tempo à disposição do empregador** ou tomador de serviços, nos termos da lei ou do contrato ou, ainda, de convenção ou acordo coletivo de trabalho ou sentença normativa.

Para o segurado **empregado doméstico**, o salário de contribuição é a remuneração registrada na Carteira de Trabalho e Previdência Social, observadas as normas a serem estabelecidas em regulamento para comprovação do vínculo empregatício e do valor de remuneração.

Com relação ao **contribuinte individual**, o SC é a remuneração auferida em uma ou mais empresas ou pelo exercício de sua atividade por conta própria prestada a pessoa física, durante o mês.

Sempre que a remuneração auferida pelos segurados acima (empregado, trabalhador avulso, empregado doméstico e contribuinte individual) corresponder a valores superiores ao limite-teto estipulado pela Lei n. 8.212/91, art. 28, § 5º, e legislação ulterior, **o salário de contribuição do segurado equivalerá ao teto máximo de pagamento**.

Significa, caso qualquer desses segurados obrigatórios receba remuneração de R$ 10.000,00 por mês, que a contribuição incidirá sobre o valor máximo (fixado, em 2023, em R$ 7.507,49 pela Portaria Interministerial MPS/MF n. 26/2023, reajustado para o ano de 2024 para R$ 7.786,02, pela Portaria Interministerial MPS/MF n. 2, de 11-1-2024), e não sobre os R$ 10.000,00!

Para o **segurado facultativo** o SC é o valor por ele declarado, estabelecido entre o valor mínimo de um salário mínimo e o teto máximo de contribuição.

O contribuinte individual é a atual denominação dos segurados autônomos, empresários e equiparados a autônomo. Os segurados: autônomo, empresário e equiparado a autônomo, bem como o segurado facultativo, segundo a Lei n. 8.212/91, em sua **redação original**, possuíam **"salário--base"**, previsto em tabela que era dividida em 10 classes de contribuição.

A Lei n. 9.876/99, que procedeu à fusão das categorias "autônomo, equiparado e empresário" em contribuinte individual, **revogou a tabela de salário-base** para os segurados contribuinte individual e facultativo filiados ao RGPS.

Aos contribuintes individual e facultativo inscritos anteriormente ao advento da Lei n. 9.876/99, o art. 4º da norma determinou a extinção gradativa da tabela. A Medida Provisória n. 83/2002, no art. 9º, convertida na Lei n. 10.666/2003, **extinguiu a escala transitória de salário-base**, utilizada para fins de enquadramento e fixação do SC dos contribuintes individual e facultativo filiados ao RGPS, estabelecida pela Lei n. 9.876/99.

Desse modo, não mais existe o "salário-base", todos os contribuintes individuais, independentemente da data de filiação, têm o SC retratado na remuneração auferida em uma ou mais empresas ou pelo exercício de sua atividade por conta própria prestada a pessoa física, durante o mês, observados os limites mínimo e máximo do SC.

O segurado facultativo pode contribuir valendo-se de valor compreendido entre o limite mínimo de um salário mínimo até o limite-teto. O valor sobre o qual escolher para incidência da alíquota contributiva será o seu SC e terá reflexos no cálculo de benefício.

O segurado especial, diversamente do demais segurados, **não possui salário de contribuição (salvo se optar pelo recolhimento facultativo, art. 39, II, da Lei n. 8.213/91)**. De acordo com o art. 195, § 8º, da CF, o segurado especial tem a sua **base de cálculo** da contribuição previdenciária definida no valor da **receita bruta proveniente da comercialização** da sua produção rural, que, por não ser salário de contribuição, **não fica sujeito à limitação a teto máximo contributivo.**

27. ALÍQUOTA CONTRIBUIÇÃO PREVIDENCIÁRIA. SEGURADOS

Os segurados **empregados, domésticos e avulsos** possuem alíquotas progressivas (quanto maior a base de cálculo, maior a alíquota) correspondentes a 7,5%, 9%, 12% e 14%, aplicadas sobre seu respectivo salário de contribuição conforme o enquadramento em **faixas salariais** estabelecidas no art. 28 da EC n. 103/2019 (Reforma da Previdência), cujos valores são reajustados periodicamente com os mesmos índices de reajustamento dos benefícios previdenciários (INPC-IBGE).

Vigência a partir de 1º-5-2023[35]

SALÁRIO DE CONTRIBUIÇÃO (R$)	ALÍQUOTA INSS
até 1.320,00	7,5%
de 1.320,00 até 2.571,29	9%
de 2.571,30 até 3.856,94	12%
de 3.856,95 até 7.507,49	14%

Vigência a partir de 1º-1-2024 (Portaria Interministerial MPS/MF n. 2, de 11-1-2024):

SALÁRIO DE CONTRIBUIÇÃO (R$)	ALÍQUOTA PROGRESSIVA
até 1.412,00	7,5%
de 1.412,01 até 2.666,68	9%
de 2.666,69 até 4.000,03	12%
de 4.000,04 até 7.786,02	14%

---

[35] Portaria Interministerial MPS/MF n. 27/2023.

Com relação aos **contribuintes individual e facultativo**, estes possuem **alíquota fixa de 20%** e estão obrigados a recolher sua contribuição por iniciativa própria, até **o dia 15 do mês seguinte ao da competência**.

Essa alíquota de 20% pode ser reduzida em duas situações:

a) a primeira decorre da opção existente em prol do contribuinte individual e do facultativo de valerem-se de alíquota reduzida de 5% ou de 11% a incidir sobre base contributiva fixa de um salário mínimo, com supedâneo no art. 21 da Lei n. 8.212/91, que será tratada em tópico adiante (Sistema Especial de Inclusão Previdenciária – SEIPrev);

b) outra situação é a do contribuinte individual que presta serviço a uma ou mais empresas, desde a vigência da Lei n. 10.666/2003, e tendo em vista o disposto no art. 30, § 4º[36], da Lei n. 8.212/91, deve a empresa **reter** da efetiva remuneração **11%**, a título de contribuição do trabalhador individual, e repassá-los aos cofres da Previdência.

O recolhimento da contribuição devida pelo empregado, observados os limites mínimo e máximo, **é de responsabilidade do empregador**, devendo a empresa **retê-la** do salário de contribuição do empregado a seu serviço e **repassá-la** aos cofres públicos.

A contribuição a cargo da empresa, como visto em tópico anterior, é de 20%, incidente sobre a totalidade da remuneração do empregado, sem restrição a limite-teto. Deve, ainda, o empregador proceder à retenção da contribuição previdenciária do empregado (e do contribuinte individual que lhe presta serviço) e repassá-la ao Fisco, sendo o exercício da atividade remunerada o fato gerador da tributação, e não o efetivo desembolso.

O trabalhador avulso tem a sua contribuição retida pelo órgão gestor de mão de obra (OGMO, que é, por sua vez, equiparado à empresa), que a repassa à Previdência.

A data de satisfação da obrigação pelo responsável tributário (empresa), segundo a Lei de Custeio (art. 30, I, *b*, da Lei n. 8.212/91), deve ocorrer até o dia 20 do mês subsequente ao da competência.

> **Atenção!** Se não houver expediente bancário no dia 20, o recolhimento deverá ser efetuado até o dia útil imediatamente **ANTERIOR** (art. 30, § 2º, II, da Lei n. 8.212/91).

O empregador doméstico está obrigado a proceder à **retenção** da contribuição do segurado empregado a seu serviço (alíquota de 7,5%, 9%, 12% e 14%) e a **recolhê-la** ao Fisco Previdenciário, juntamente com a parcela a seu cargo (tomador de serviço, art. 24 da Lei n. 8.212/91), de **8%, acrescida de 0,8% a título de SAT** (Seguro de Acidentes do Trabalho), **até o dia 7 do mês seguinte** ao da competência.

Lei n. 13.202/2015. Caso o dia 7 do mês seguinte ao da prestação do serviço remunerado **não seja dia útil** (por exemplo, sábado, domingo ou feriado), deverá o empregador doméstico ANTECIPAR o dia do recolhimento para o primeiro dia útil imediatamente **ANTERIOR**.

> **Atenção!** A Lei n. 14.438/2022 passou a dispor que o empregador doméstico fica obrigado a arrecadar e a recolher a contribuição do segurado empregado a seu serviço, e a parcela a seu cargo, **até o 20º dia** do mês seguinte ao da competência (essa disposição aguarda regulamentação).

---

[36] "Art. 30. (...) § 4º Na hipótese de o contribuinte individual prestar serviço a uma ou mais empresas, poderá deduzir, da sua contribuição mensal, quarenta e cinco por cento da contribuição da empresa, efetivamente recolhida ou declarada, incidente sobre a remuneração que esta lhe tenha pago ou creditado, limitada a dedução a nove por cento do respectivo salário de contribuição."

> **Atenção!** Com relação aos segurados: contribuinte individual e facultativo, estes estão obrigados a recolher sua contribuição por iniciativa própria, **até o dia 15** do mês seguinte ao da competência, no entanto, se não houver expediente bancário, **PRORROGA-SE**, por conseguinte, o recolhimento deverá ser efetuado até o primeiro dia útil imediatamente **POSTERIOR** ao dia 15.

No que tange ao **segurado especial**, a alíquota[37] é de 1,2% e de 0,1% sobre a receita bruta proveniente da comercialização da sua produção (sendo 0,1% para financiamento das prestações por acidente do trabalho), **ficando a empresa adquirente**, consumidora, consignatária ou cooperativa, sub-rogada nas obrigações do segurado especial de recolhimento da contribuição. Esta alíquota deve ser recolhida **até o dia 20** do mês subsequente ao do fato gerador (comercialização da produção rural). Caso não seja dia útil, deverá a empresa adquirente ANTECIPAR o recolhimento para o primeiro dia útil imediatamente **ANTERIOR** (art. 30, II, da Lei n. 8.212/91).

> **Atenção!** Por força do § 3º do art. 32-C da Lei n. 8.212/91, o segurado especial é obrigado a reter a contribuição devida pelo trabalhador a seu serviço (contratado por prazo determinado de até 120 dias), bem como a contribuição incidente sobre a receita bruta quando a comercialização de sua produção rural for feita (1) no exterior; (2) diretamente no varejo, a consumidor pessoa física; ou (3) a outro segurado especial ou a produtor rural (CI), **até o dia 7** do mês seguinte ao da competência. Caso não haja expediente bancário, o recolhimento deverá ser **antecipado** para o dia útil imediatamente **ANTERIOR**.

A responsabilidade pela **retenção** da contribuição devida pelos segurados da previdência **e repasse** ao Fisco é atribuída, conforme tabela abaixo, **a terceiro**, que se descumprir a norma legal de retenção e repasse à Previdência ficará sujeito, em tese, às penas do crime de apropriação indébita previdenciária, capitulada no art. 168-A do Estatuto de Repressão Penal:

SEGURADO	RESPONSABILIDADE DE RETENÇÃO E REPASSE AO INSS	PREVISÃO LEGAL	ALÍQUOTA
Empregado	Pela empresa	art. 30, I, *a*, Lei n. 8.212/91	7,5%, 9%, 12% e 14%
Avulso	Pelo OGMO (equiparada à empresa)	art. 30, I, *a*, Lei n. 8.212/91	7,5%, 9%, 12% e 14%
Doméstico	Pelo empregador doméstico	art. 30, V, Lei n. 8.212/91	7,5%, 9%, 12% e 14%
Contribuinte individual	Pela empresa	art. 4º da Lei n. 10.666/2003	11%
Especial	Pelo adquirente da produção	art. 30, IV, Lei n. 8.212/91	1,2% + 0,1%

O desconto de contribuição e de consignação legalmente autorizadas **sempre se presume feito** oportuna e regularmente pela empresa a isso obrigada, não lhe sendo lícito alegar omissão para se eximir do recolhimento, ficando diretamente responsável pela importância que deixou de receber ou arrecadou em desacordo com o disposto na tabela acima.

Tratando-se de contribuinte individual que preste serviço a pessoa física, a contribuição fica sob sua própria responsabilidade (contribuinte individual) e, como visto acima, a alíquota é de 20%.

28. CONTRIBUIÇÃO DOS APOSENTADOS DO RGPS QUE RETORNAM OU SE MANTÊM EM ATIVIDADE LABORATIVA

Excetua a CF, na parte final do inciso II do art. 195, os benefícios de aposentadoria e de pensão pagos no RGPS da incidência de contribuição para o Sistema Previdenciário.

---

[37] Redação dada pela Lei n. 13.606/2018. No ano de 2017, a Presidência da República havia editado a Medida Provisória n. 793/2017, para efeito de alterar a alíquota de 2% + 0,1% para 1,2% + 0,1% da receita bruta proveniente da comercialização. No entanto, a MP teve seu prazo de vigência encerrado em 28 de novembro de 2017 por não ter sido votada pelo Congresso Nacional.

São os aposentados e pensionistas **imunes** à incidência de contribuição previdenciária com relação ao valor que recebem a título de benefício previdenciário de aposentadoria e de pensão.

A norma constitucional imunizante não abrange a remuneração dos aposentados e pensionistas que continuem trabalhando ou retornem ao labor. Prestado o trabalho remunerado, devida a incidência de contribuição previdenciária independentemente de ser o contribuinte aposentado ou pensionista.

Observe a diferença. Aposentado por idade ou por tempo de contribuição recebe R$ 3.000,00 mensais do INSS e por continuar trabalhando recebe mensalmente remuneração de R$ 3.500,00 da empresa. Sobre os proventos de aposentadoria (R$ 3.000,00 mensais recebidos do INSS) não haverá (por vedação constitucional = imunidade) incidência de contribuição previdenciária. Quanto à remuneração recebida da empresa (de R$ 3.500,00) haverá incidência de contribuição previdenciária.

Mas atenção, conquanto o aposentando continue a trabalhar e, por essa razão, a contribuir com a Previdência, diz o art. 18, § 2º, da Lei n. 8.213/91, que o aposentado pelo RGPS que permanecer em atividade sujeita a este Regime, ou a ele retornar, **não fará jus a prestação alguma** da Previdência Social em decorrência do exercício dessa atividade, **exceto ao salário-família e** à **reabilitação profissional, quando empregado**.

Esse cenário repercutiu na tese denominada **DESAPOSENTAÇÃO**, que decorre justamente da insatisfação dos aposentados pelo fato de serem obrigados a pagar contribuição previdenciária sobre os valores recebidos pela prestação de serviços remunerados sem que o ordenamento jurídico assegure direito a novo benefício (por força dos arts. 18, § 2º, e 124 da Lei n. 8.213/91), buscou-se perante o Poder Judiciário a melhoria no valor de sua aposentadoria, mediante o incremento da vida contributiva pós-aposentadoria. Submetida a questão ao STF, o Guardião da Constituição firmou posição em desfavor dos aposentados, desacolhendo a tese da desaposentação,

STF. **Tema de Repercussão Geral 503** (RE 661.256). Tese firmada: No âmbito do Regime Geral de Previdência Social (RGPS), somente lei pode criar benefícios e vantagens previdenciárias, não havendo, por ora, previsão legal do direito à "desaposentação" ou à "reaposentação", sendo constitucional a regra do art. 18, § 2º, da Lei n. 8.213/91 (26-10-2016).

29. CONTRIBUIÇÃO – CONTRIBUINTE INDIVIDUAL E SEGURADO FACULTATIVO – ALÍQUOTA ESPECIAL DE 5% E DE 11% – SEIPREV

O Sistema Especial de Inclusão Previdenciária (SEIPrev) possui previsão constitucional nos §§ 12 e 13 do art. 201. Referidos parágrafos sofreram alteração na Reforma da Previdência (EC n. 103/2019), passando a dispor:

> Art. 201. (...)
> § 12. Lei instituirá sistema especial de inclusão previdenciária, com alíquotas diferenciadas, para atender aos **trabalhadores de baixa renda, inclusive os que se encontram em situação de informalidade**, e àqueles sem renda própria que se dediquem exclusivamente ao trabalho doméstico **no âmbito de sua residência**, desde que pertencentes a **famílias de baixa renda**.
> § 13. A aposentadoria concedida ao segurado de que trata o § 12 **terá valor de 1 (um) salário mínimo.**

Foi a EC n. 41/2003 que promoveu o acréscimo do § 12 ao art. 201 da Carta Suprema, trazendo a permissão para criação de um Sistema Especial de Inclusão Previdenciária (SEIPrev) para trabalhadores de baixa renda, garantindo-lhes acesso a **benefícios de valor igual a um salário mínimo**. A EC n. 47/2005 deu nova redação ao § 12 do art. 201 e inseriu o § 13 ao mesmo artigo constitucional atribuindo maiores contornos ao SEIPrev.

A barreira contributiva (20% sobre o salário de contribuição) sempre se demonstrou obstáculo à inserção de contribuintes individuais (CI) de baixa renda (tais como vendedores ambulantes: camelôs), e segurados facultativos de baixa renda no RGPS.

Com vistas a proporcionar proteção social àqueles que exercem atividades de autônomo (CI) com baixo retorno financeiro e àqueles que não exercem atividade laborativa (donas de casa e estudantes, por exemplo), e em atenção ao comando constitucional trazido pela EC n. 41/2003 e EC n. 47/2005 (redação atual dada pela EC n. 103/2019), procedeu-se à criação da **primeira versão** do SEIPrev com a promulgação da Lei Complementar n. 123/2006, com o incremento e alterações no art. 21 da Lei n. 8.212/91, **fixando alíquota reduzida de 11%** sobre o valor correspondente ao limite mínimo mensal do salário de contribuição (um salário mínimo) a alíquota de contribuição do segurado CI que trabalhe por conta própria, **sem relação de trabalho com empresa** ou equiparado, e do segurado facultativo, **desde que optem pela exclusão do direito ao benefício de aposentadoria por tempo de contribuição**.

A Lei Complementar n. 123/2006 criou alíquota contributiva menor, correspondente a 11%, **que incidirá sobre o valor mínimo mensal do salário de contribuição (SC)**, noutras palavras, sobre o valor de um salário mínimo, para os contribuintes individuais e segurados facultativos **que optarem pela exclusão do benefício de aposentadoria por tempo de contribuição** do rol de benefícios a que poderão fazer jus no RGPS.

No ano de 2011, foi editada a **segunda versão** (atual) do SEIPrev, por intermédio da edição da Lei n. 12.470. O art. 21 da Lei n. 8.212/91 teve nova redação, mantendo a alíquota de 11% sobre o menor SC, e, ainda, criando **NOVA** alíquota contributiva ainda menor, **de 5% a incidir também sobre o menor SC**.

A **alíquota de 5% somente** é passível de manejo restrito a uma espécie de CI e de segurado facultativo:

- CI, apenas o caracterizado por Microempreendedor Individual **(MEI)**. O MEI é capitulado no art. 18-A da LC n. 123/2006, que o define como **empresário individual** a que se refere o art. 966 do Código Civil, que tenha auferido receita bruta, no ano-calendário anterior, de até R$ 36.000,00[38], e **seja optante pelo Simples Nacional**;

- **Segurado facultativo**, pessoa física sem renda própria que se **dedique exclusivamente ao trabalho doméstico no âmbito de sua residência, desde que pertencente à família de baixa renda**.

Considera-se de baixa renda, para os fins do SEIPrev, **a família inscrita** no Cadastro Único para Programas Sociais do Governo Federal **(CadÚnico)** cuja renda mensal **seja de até 2 salários mínimos**.

Nos termos do Decreto Federal n. 6.135/2007, art. 6º, o cadastramento das famílias no CadÚnico será realizado pelos Municípios, nos termos estabelecidos pelo atual Ministério da Cidadania.

Passaram a coexistir duas espécies de contribuintes individuais e de segurados facultativos:

a) as figuras do contribuinte individual e do segurado facultativo "pleno", que contribuem mensalmente com a alíquota de 20% sobre o salário de contribuição (SC = base de cálculo desde um salário mínimo até o teto máximo contributivo) e fazem jus a benefícios

---

[38] Para ser um microempreendedor individual no ano de 2018, é necessário faturar no **máximo até R$ 81.000,00** por ano e não ter participação em outra empresa como sócio ou titular.

previdenciários: auxílio-doença, aposentadoria por invalidez **(essa espécie de aposentadoria teve sua nomenclatura alterada pela Reforma da Previdência: aposentadoria por incapacidade permanente)**, aposentadoria por idade, **aposentadoria por tempo de contribuição (esta espécie de aposentadoria ficou atrelada à idade mínima após a Reforma da Previdência)**, salário-maternidade, em valor a ser calculado com base na sua média contributiva, podendo a renda mensal, desse modo, alcançar até o valor-teto do RGPS; e

b) o contribuinte individual e segurado facultativo **integrantes do SEIPrev não detentores de direito à aposentadoria por tempo de contribuição**, que contribuirão à Previdência Social com alíquota reduzida sobre a menor base de cálculo (de 5% ou de 11% de um salário mínimo), e farão jus a benefício **apenas no valor exato de um salário mínimo**.

O CI e o segurado facultativo que contribuem com alíquota reduzida (de 5% ou de 11%) poderão **readquirir o direito à aposentadoria por tempo de contribuição**, bem como o **direito à contagem recíproca** (significa dizer, aproveitar esse tempo de contribuição no RPPS, quando aprovados em concurso público) desde que sejam as contribuições feitas durante o período de SEIPrev **complementadas** mediante o **recolhimento da diferença entre o percentual pago e o de 20%, acrescido dos juros moratórios**.

Em suma, caso de um estudante de Direito, segurado facultativo, que tenha feito a opção pelo SEIPrev, recolhendo mensalmente 11% sobre o menor SC durante 3 anos, e, agora, aprovado em concurso público no cargo de Procurador da Fazenda Nacional, por exemplo, não poderá migrar o tempo contributivo de SEIPrev feito ao RGPS para o seu prontuário no serviço público.

Caso queira aproveitar esses três anos no Regime Próprio de Servidor Público Federal bastará complementar os 9% (diferença entre a alíquota "normal" de 20% e a paga de 11%) relativo aos 36 meses contribuídos no SEIprev (3 anos) **acrescidos de juros de mora**.

No mesmo diapasão, se tivermos uma dona de casa que havia contribuído durante 29 anos com a alíquota de 20% sobre o teto máximo da Previdência e, diante de toda a publicidade feita com a edição da Lei n. 12.470, no ano de 2011, aderiu à alíquota modesta de 5% sobre um salário mínimo (porque sua família estava inscrita no CadÚnico), e no ano de 2012, ao completar os 30 anos de tempo de contribuição, é surpreendida com a notícia de que a adesão feita ao SEIPrev implica exclusão do direito à aposentadoria por tempo de contribuição.

Nessa situação, a lei (art. 21 da Lei n. 8.212/91) admite possa essa dona de casa complementar a diferença de 15% (diferença entre a alíquota "normal" de 20% e a alíquota paga de 5%) relativa aos 12 meses que contribuiu ao SEIPrev, acrescido de juros de mora, para resgatar o direito à aposentadoria por tempo de contribuição, benefício a ser calculado conforme a média aritmética simples dos 80% maiores SC (desde julho de 1994) multiplicado pelo fator previdenciário.

30. RECOLHIMENTO FORA DO PRAZO: JUROS, MULTA E ATUALIZAÇÃO MONETÁRIA

A Reforma da Presidência de 2019 proibiu o Poder Público de conceder **moratória** no campo das contribuições previdenciárias (art. 195, § 11, da CF), desse modo, é vedado ao Poder Público conceder dilação de prazo para pagamento do tributo. Não satisfeito o pagamento da contribuição previdenciária na data limite fixada na legislação, será cabível a incidência de juros e de multa.

De acordo com o art. 35 da Lei n. 8.212/91, os débitos com a União decorrentes das contribuições sociais destinadas à Previdência (tanto as devidas na qualidade de contribuinte quanto as devidas como responsável tributário) não pagos nos prazos previstos em legislação serão acrescidos de **multa de mora e juros de mora**, nos termos do art. 61 da Lei n. 9.430/96.

Determina, ainda, o art. 35 da Lei n. 8.212/91 que o regramento de incidência de juros de mora e de multa também é aplicável com relação às contribuições devidas a terceiros arrecadadas pela Secretaria da Receita Federal do Brasil (assim entendidas outras entidades e fundos, a exemplo do salário-educação, devidas ao FNDE: Fundo Nacional de Desenvolvimento da Educação; as contribuições devidas ao Serviço Social Autônomo, também conhecido como Sistema "S": SESC, SESI, SENAC, SENAI, SEST, SENAT, SENAR etc.).

O art. 27 da Lei n. 8.212/91 estabelece que constituem **outras receitas** da Seguridade Social as multas e os juros moratórios.

Multa de mora. O art. 61 da Lei n. 9.430/96 estabelece que os débitos para com a União, decorrentes de tributos e contribuições administrados pela Secretaria da Receita Federal do Brasil (SRFB), cujos fatos geradores ocorrerem a partir de 1º de janeiro de 1997, não pagos nos prazos previstos na legislação específica, serão acrescidos de multa de mora, calculada à taxa de 0,33%, por dia de atraso.

A multa moratória ostenta caráter sancionatório, punitivo (de repreenda), e seu ponto de partida dá-se a contar do primeiro dia subsequente ao do vencimento do prazo para recolhimento do tributo. Assim, deve-se por primeiro identificar a data fixada na legislação previdenciária como data-limite para pagamento de contribuições. Para tanto observe-se o quadro síntese:

DATA DE RECOLHIMENTO DA CONTRIBUIÇÃO PREVIDENCIÁRIA	DIA	SE NÃO FOR DIA ÚTIL
EMPRESA (na qualidade de contribuinte)	20	ANTECIPA
EMPRESA (na qualidade de responsável tributário)	20	ANTECIPA
ENTIDADE PROMOTORA (Lei n. 8.212/91, art. 22, § 7º)	de até 2 dias úteis após a realização do evento	
Segurado Especial (comercialize a sua produção no exterior ou diretamente pessoa física)	20	ANTECIPA
Segurado Especial (que contratar trabalhadores)	7	ANTECIPA
Empregador doméstico (na qualidade de contribuinte)	7	ANTECIPA
Empregador doméstico (na qualidade de responsável tributário)	Era dia 7. Lei n. 14.438/2022 **alterou para dia 20**, mas dependente de regulamentação.	ANTECIPA
Segurado Facultativo	15	PRORROGA
Contribuinte individual (presta serviço para pessoas físicas)	15	PRORROGA

A multa de mora será calculada a partir do primeiro dia subsequente ao do vencimento do prazo previsto para o pagamento do tributo ou da contribuição até o dia em que ocorrer o seu pagamento. No entanto, o percentual de multa de mora a ser aplicado fica limitado a 20%.

Para ilustrar, imagine-se a situação hipotética: contribuinte individual, que trabalha por conta própria sem relação com empresa, deixou de recolher a sua contribuição previdenciária relativa à competência de janeiro de 2016, e pretende pagá-la em 10 de junho de 2016. Calcule o montante de multa de mora cabível dessa contribuição pendente de pagamento.

Considere que o salário de contribuição fosse de R$ 1.000,00, portanto, o valor da contribuição que deveria ter sido recolhida até a data-limite de 15-2-2016 era de R$ 200,00 (alíquota de 20%), passando a incidir multa diária de 0,33%, a contar, inclusive, de 16-2-2016, resultando no montante de R$ 0,66 ao dia.

Do dia 16-2-2016 até 10-6-2016 são 115 dias de atraso: considerando a cifra de R$ 0,66 ao dia, o resultado seria R$ 75,90. No entanto, o § 2º do art. 61 da Lei n. 9.430/96 limita o percentual de multa a 20%. Logo, o máximo de multa a ser pago por esse CI em 10-6-2016 será de R$ 40,00 (20% sobre o valor da contribuição de R$ 200,00).

A multa de mora definida na situação acima (de 0,33% ao dia limitado ao máximo de 20%) é para a hipótese de a apuração e o recolhimento serem efetivados pelo próprio contribuinte.

Diversa a situação quando a autoridade fiscal (SRFB) constata a ocorrência do fato gerador e a ausência do pagamento, e faz o lançamento de ofício, com multas mais pesadas, previstas no art. 44 da Lei n. 9.430/96, correspondentes a 75% sobre a totalidade ou diferença da contribuição nos casos de falta de pagamento ou recolhimento, de falta de declaração e nos de declaração inexata.

Caso a SRFB conclua, ao final do procedimento administrativo, ter ocorrido sonegação, fraude ou conluio[39], a multa será elevada ao dobro (150%).

Juros de mora. Além da multa de mora (apresentada acima), sobre os débitos também incidirão **juros de mora** calculados à **taxa SELIC** (Sistema Especial de Liquidação e Custódia), e de 1% no mês de pagamento **a partir do primeiro dia do mês subsequente ao vencimento do prazo até o mês anterior ao do pagamento**.

Não há cobrança de juros de mora para pagamentos feitos dentro do próprio mês de vencimento. Exemplo: tributo vence em 15 de novembro, mas, se for pago até 30 de novembro, não há incidência de juros de mora, apenas da multa de mora.

Retomando a situação hipotética do Contribuinte Individual que deixou de recolher no dia 15-2-2016 a contribuição referente a janeiro de 2016. O montante de juros de mora para pagamento em 10-6-2016 será assim apurado: no mês do vencimento (fevereiro de 2016), não haverá incidência de juros; entre março e maio de 2016, haverá incidência de juros idênticos aos apurados pela taxa SELIC; e no mês do pagamento (não importando o dia), incidirá 1%.

Por fim, atualização monetária significa corrigir monetariamente o débito, mas, após o advento do Plano Real, essa mecânica foi extinta (a partir de janeiro de 1995), de tal sorte que (como visto) sobre os débitos tributários da União incidem apenas multa de mora e juros de mora.

31. DEMAIS CONTRIBUIÇÕES DE SEGURIDADE SOCIAL

As contribuições sociais dividem-se em (a) gerais e (b) de Seguridade Social. E, conforme já estudado, existem:

a) Contribuições sociais gerais: Salário-educação (devidas ao FNDE: Fundo Nacional de Desenvolvimento da Educação); as contribuições devidas ao Serviço Social Autônomo, tam-

---

[39] Art. 71 da Lei n. 4.502/64: "Sonegação é toda ação ou omissão dolosa tendente a impedir ou retardar, total ou parcialmente, o conhecimento por parte da autoridade fazendária: I – da ocorrência do fato gerador da obrigação tributária principal, sua natureza ou circunstâncias materiais; II – das condições pessoais de contribuinte, suscetíveis de afetar a obrigação tributária principal ou o crédito tributário correspondente". "Art. 72. Fraude é toda ação ou omissão dolosa tendente a impedir ou retardar, total ou parcialmente, a ocorrência do fato gerador da obrigação tributária principal, ou a excluir ou modificar as suas características essenciais, de modo a reduzir o montante do imposto devido a evitar ou diferir o seu pagamento."
"Art. 73. Conluio é o ajuste doloso entre duas ou mais pessoas naturais ou jurídicas, visando qualquer dos efeitos referidos nos arts. 71 e 72."

bém conhecido pelo Sistema "S": SESC, SESI, SENAC, SENAI, SEST, SENAT, SENAR etc.; e a contribuição inaugurada pela LC n. 110/2001, sobre o valor do depósito do FGTS.
b) Contribuições sociais de Seguridade Social (art. 195 da CF):
   I) previdenciárias (devidas pelo tomador de serviço, denominada cota patronal, e a devida pela pessoa física prestadora de serviço);
   II) sobre a receita e o faturamento (COFINS e PIS/PASEP);
   III) sobre o lucro (CSLL);
   IV) sobre a receita de concursos de prognósticos;
   V) do importador de bens ou serviços do exterior, ou de quem a lei a ele equiparar;
   VI) contribuições residuais.

Já foram apresentadas as contribuições previdenciárias, agora convém traçar apenas os principais aspectos acerca das demais contribuições sociais de Seguridade Social.

32. CONTRIBUIÇÃO SOBRE A RECEITA E O FATURAMENTO (COFINS E PIS/PASEP)

A Contribuição para Financiamento da Seguridade Social (**COFINS**) e a contribuição do **PIS/PASEP** (Programa de Integração Social/Programa de Formação do Patrimônio do Servidor Público), referida no art. 239 da CF, têm idêntica base de cálculo (receita ou faturamento). Isso fez com que restasse questionada, judicialmente, a dupla exação sobre a mesma base.

A incidência simultânea do PIS e COFINS **sobre a mesma base de cálculo**, segundo o STF (ADI 1.417-0/DF), **não ofende o disposto no art. 154, I**, da Carta Maior, pela razão de que o referido artigo refere-se apenas a **impostos** criados com base na competência residual da União, o que não ocorre com a COFINS nem o PIS, que ostentam a natureza de "contribuição" (que não se confunde com impostos), e possuem base de cálculo assegurada constitucionalmente (arts. 195, I, e 239).

A previsão constitucional constante do art. 195, redação original da CF, tinha por base de cálculo apenas "o faturamento", tendo a EC n. 20/98 ampliado essa base para "receita ou faturamento".

A COFINS foi criada pela Lei Complementar n. 70/91, com a previsão de incidência apenas sobre o "faturamento" da empresa. O STF consagrou a constitucionalidade desse tributo na ADC 1-1/DF, esclarecendo que a despeito de a espécie normativa utilizada ter sido lei complementar, a LC n. 70/91 era **materialmente lei ordinária**, uma vez que apenas contribuições residuais é que exigem a edição de lei complementar (veja o tópico 2.3.4.2, Princípio da Legalidade, deste Capítulo).

Tanto isso é verdadeiro que a **Lei Ordinária** n. 9.430/96, pelo art. 56, **revogou a isenção da COFINS** estabelecida no art. 6º, II, da LC n. 70/91, que isentava as sociedades civis de prestação de serviços profissionais relativos ao exercício de profissão legalmente regulamentadas.

O STJ, no primeiro momento, editou **Súmula 276, cancelada em 2008**[40], que se baseava na hierarquia de lei complementar sobre lei ordinária, de modo a não admitir referida revogação do art. 6º, II, da LC n. 70/91 pela Lei Ordinária n. 9.430/96.

No entanto, o STF reafirmou que não existe hierarquia entre referidas espécies normativas, mas sim esferas de incidência diferentes, de modo que, por ser a LC n. 70/91 tão só formalmente complementar, a matéria (contribuição social de Seguridade Social expressamente prevista na CF) é da

---

[40] Em 2008, a Primeira Seção do STJ deliberou pelo CANCELAMENTO da Súmula 276. No ano de 2014, o STJ publicou nova súmula em sintonia com o entendimento firmado pelo STF. Súmula 508: "A isenção da Cofins concedida pelo art. 6º, II, da LC n. 70/1991 às sociedades civis de prestação de serviços profissionais foi revogada pelo art. 56 da Lei n. 9.430/1996".

alçada de lei ordinária, por conseguinte admissível a revogação operada pela Lei n. 9.430 (STF, Reclamação 2.620, e RE 381.964/MG).

No dia 27 de novembro de 1998, foi publicada a Lei n. 9.718, **ampliando a base de cálculo da COFINS, para prever, além do "faturamento", também a "receita"**, expressão mais ampla que faturamento.

A Lei n. 9.718 foi editada dias antes da promulgação da EC n. 20, realizada em 15 de dezembro de 1998. Tendo em vista que somente com a publicação da EC n. 20 houve ampliação no Texto Constitucional da base de cálculo da COFINS, para **receita** ou faturamento, o STF, no julgamento do RE 357.950/RS e RE 390.840/MG, **declarou inconstitucional a ampliação trazida pela Lei n. 9.718**, porque, à época que editada essa lei ordinária, não havia respaldo constitucional para tributar a "receita". Obrigando ao Poder Público a editar nova lei ordinária, após a EC n. 20/98, em sintonia com a nova base de cálculo constitucional de receita e faturamento.

Com o surgimento das Leis n. 10.637/2002 e 10.833/2003, a contribuição para o **PIS e a COFINS** passaram a ter **incidência não cumulativa**, em atenção ao mandamento constitucional anotado no art. 195, § 12, estatuindo a norma que lei definirá os setores de atividade econômica para os quais as contribuições sociais de seguridade social incidentes sobre a receita ou o faturamento (e do importador de bens ou serviços do exterior, ou de quem a lei a ele equiparar) serão não cumulativas.

> **Atenção!** Coexistem as duas formas de incidência, a cumulativa e a não cumulativa, apresentando alíquotas diferentes, mas ambos os regimes de incidência possuem a mesma base de cálculo.

No ano de 2014, o Plenário do STF, ao apreciar o Recurso Extraordinário 240.785, estabeleceu ser **indevida a inclusão do ICMS na base de cálculo da COFINS e da contribuição ao PIS**. Saiu-se vencedor o contribuinte, entendeu o STF que: "não bastasse a ordem natural das coisas, o arcabouço jurídico constitucional inviabiliza a tomada de valor alusivo a certo tributo como base de incidência de outro".

No tema imunidade, o art. 149, § 2º, I, da CF, ao dispor que **as contribuições sociais** (e as contribuições de intervenção no domínio econômico) **não incidirão sobre as receitas** decorrentes **de exportação**, esse termo "receitas" faz com que **apenas**[41] estejam abrangidas pela **imunidade** as contribuições sociais de seguridade social da **COFINS e do PIS**, uma vez calcadas no signo "receita" (arts. 195, I, *b*, e 239 da CF).

> **Atenção!** A teor da EC n. 132, de 2023, revogam-se, em 2027, o art. 195, I, *b*, e IV, e § 12, da Constituição Federal.

32.1 Jurisprudência – COFINS – STF e STJ

- STF. **Tema de Repercussão Geral 69** (RE 574.706). Tese firmada: O ICMS não compõe a base de cálculo para a incidência do PIS e da COFINS.

---

[41] As empresas-contribuintes pleitearam no Judiciário que a imunidade prevista no art. 149, § 2º, I, da CF também afastasse a incidência da Contribuição Social sobre o Lucro Líquido (CSLL) e da Contribuição Provisória sobre Movimentação Financeira (CPMF) em **exportações**. Aos 12 de agosto de 2010, o STF, pelo seu Plenário, apreciou em sede de repercussão geral os Recursos Extraordinários representativos da controvérsia acerca da exoneração tributária: REs 474.132, 564.413 e 566.259, entendendo o guardião da Constituição que a imunidade sobre receitas decorrentes de exportação **não abrange a CSLL e CPMF**.

- STF. **Tema de Repercussão Geral 87** (RE 586.482). Tese firmada: As vendas inadimplidas não podem ser excluídas da base de cálculo da contribuição ao PIS e da COFINS, visto que integram a receita da pessoa jurídica.
- STF. **Tema de Repercussão Geral 95** (RE 527.602). Tese firmada: É constitucional a majoração da alíquota da Cofins de 2% para 3%, instituída no art. 8º da Lei n. 9.718/98.
- STF. **Tema de Repercussão Geral 110** (RE 585.235). Tese firmada: É inconstitucional a ampliação da base de cálculo da contribuição ao PIS e da COFINS prevista no art. 3º, § 1º, da Lei n. 9.718/98.
- STF. **Tema de Repercussão Geral 177** (RE 59.8085). Tese firmada: São legítimas as alterações introduzidas pela Medida Provisória 1.858/99, no que revogou a isenção da COFINS e da contribuição para o PIS concedidas às sociedades cooperativas.
- STF. **Tema de Repercussão Geral 263** (RE 606.107). Tese firmada: É inconstitucional a incidência da contribuição ao PIS e da COFINS não cumulativas sobre os valores recebidos por empresa exportadora em razão da transferência a terceiros de créditos de ICMS.
- STF. **Tema de Repercussão Geral 329** (RE 627.815). Tese firmada: É inconstitucional a incidência da contribuição ao PIS e da COFINS sobre a receita decorrente da variação cambial positiva obtida nas operações de exportação de produtos.
- STF. **Tema de Repercussão Geral 415** (RE 105.3574). Tese firmada: Não há reserva de lei complementar para o repasse do PIS e da COFINS ao usuário de serviços públicos concedidos, tais como telefonia e energia elétrica, cobrado nas respectivas faturas.
- STF. **Tema de Repercussão Geral 515** (RE 656.089). Tese firmada: É constitucional a majoração diferenciada de alíquotas em relação às contribuições sociais incidentes sobre o faturamento ou a receita de instituições financeiras ou de entidades a elas legalmente equiparáveis.
- STF. **Tema de Repercussão Geral 573** (RE 640.905). Tese firmada: Não viola o princípio da isonomia e o livre acesso à jurisdição a restrição de ingresso no parcelamento de dívida relativa à Contribuição para Financiamento da Seguridade Social (COFINS), instituída pela Portaria n. 655/93, dos contribuintes que questionaram o tributo em juízo com depósito judicial dos débitos tributários.
- STJ. **Súmula 423**. A Contribuição para Financiamento da Seguridade Social (Cofins) incide sobre as receitas provenientes das operações de locação de bens móveis.
- STJ. **Súmula 508**. A isenção da Cofins concedida pelo art. 6º, II, da LC n. 70/91 às sociedades civis de prestação de serviços profissionais foi revogada pelo art. 56 da Lei n. 9.430/96.
- STJ. **Súmula 584**. As sociedades corretoras de seguros, que não se confundem com as sociedades de valores mobiliários ou com os agentes autônomos de seguro privado, estão fora do rol de entidades constantes do art. 22, § 1º, da Lei n. 8.212/91, não se sujeitando à majoração da alíquota da Cofins prevista no art. 18 da Lei n. 10.684/2003.

33. CONTRIBUIÇÃO SOCIAL SOBRE O LUCRO LÍQUIDO (CSLL)

Prevista constitucionalmente no art. 195, I, *c*, a base de cálculo da contribuição social ora em estudo é o "lucro", idêntica base de cálculo do imposto de renda, mas, a despeito disso, afirmou o STF, no RE 146.733/SP, que não se trata a CSLL de adicional de imposto de renda, a exação é constitucional e são tributos diversos.

Observe-se que, a bem da verdade, a base de cálculo da CSLL é o lucro contábil **antes da provisão** do IRPJ. Além do que a CSLL é tributo que possui referibilidade, existe destino específico à aplicação das receitas obtidas com esta contribuição social, os recursos devem, necessariamente, ser endereçados à Seguridade Social.

33.1 Jurisprudência – CSLL – STF

- STF. **Tema de Repercussão Geral 8** (RE 56.4413). Tese firmada: A Contribuição Social sobre o Lucro Líquido (CSLL) incide sobre o lucro decorrente das exportações. A imunidade prevista no art. 149, § 2º, I, da Constituição Federal, com a redação dada pela Emenda Constitucional n. 33/2001, não o alcança.
- STF. **Tema de Repercussão Geral 75** (RE 582.525). Tese firmada: É constitucional a proibição de deduzir-se o valor da Contribuição Social sobre o Lucro Líquido (CSLL) do montante apurado como lucro real, que constitui a base de cálculo do Imposto de Renda de Pessoa Jurídica (IRPJ).

34. RECEITA DE CONCURSOS DE PROGNÓSTICOS

Bem detalhada no art. 212 do Decreto Federal n. 3.048/99, a contribuição prevista no art. 195, III, da CF constitui receita da seguridade social, consistente na **renda líquida** dos concursos de prognósticos, **excetuando-se** os valores **destinados ao Programa de Crédito Educativo**.

Consideram-se concurso de prognósticos todo e qualquer concurso de sorteio de números ou quaisquer outros símbolos, loterias e apostas de qualquer natureza no âmbito federal, estadual, do Distrito Federal ou municipal, promovidos por órgãos do Poder Público **ou por sociedades comerciais ou civis**.

A contribuição a incidir sobre o concurso de prognósticos constitui-se de:

I – **renda líquida** dos concursos de prognósticos **realizados pelos órgãos do Poder Público** destinada à seguridade social de sua esfera de governo;

II – **5%** sobre o **movimento global** de apostas **em prado de corridas**, e sobre o **movimento global** de **sorteio** de números ou de quaisquer modalidades de símbolos, **sempre que realizados pela iniciativa privada**.

Por renda líquida compreende-se **o total da arrecadação**, deduzidos os valores destinados ao pagamento de prêmios, de tributos outros e de despesas com administração.

Ao passo que por **movimento global das apostas** entende-se o total das importâncias relativas às várias modalidades de jogos, inclusive o de acumulada, apregoadas para o público no prado de corrida, subsede ou outra dependência da entidade.

E, finalmente, **movimento global de sorteio** de números é o total da **receita bruta, apurada com a venda de cartelas, cartões** ou quaisquer outras modalidades, para sorteio realizado em qualquer condição.

A Presidência da República havia editado a Medida Provisória n. 841, de 11 de junho de 2018, para efeito de alterar a destinação do produto da arrecadação das loterias para o Fundo Nacional de Segurança Pública. No entanto, referida MP teve seu prazo de vigência encerrado no dia 23 de outubro de 2018 por não ter sido votada pelo Congresso Nacional.

A Lei n. 13.756/2018, fruto da conversão da Medida Provisória n. 846/2018, ao dispor sobre o Fundo Nacional de Segurança Pública (FNSP), formulou nova divisão dos valores decorrentes do produto da arrecadação obtida por meio da captação de apostas ou da venda de bilhetes de loterias, em meio físico ou em meio virtual, da seguinte maneira:

ESPÉCIE DE CONCURSO DE PROGNÓSTICO	PERCENTIL DEVIDO À SEGURIDADE SOCIAL E AO FUNDO NACIONAL DE SEGURANÇA PÚBLICA (FNSP)
I – loteria federal (espécie passiva): loteria em que o apostador adquire bilhete já numerado, em meio físico (impresso) ou virtual (eletrônico);	I) 17,04% para a seguridade social; II) 2,22% para o FNSP;
II – loteria de prognósticos numéricos: loteria em que o apostador tenta prever quais serão os números sorteados no concurso;	I) 17,32% para a seguridade social; II) 6,8% para o FNSP;
III – loteria de prognóstico específico: loteria instituída pela Lei n. 11.345, de 14 de setembro de 2006;	I)) 1% para a seguridade social; II) 3% para o FNSP;
IV – loteria de prognósticos esportivos: loteria em que o apostador tenta prever o resultado de eventos esportivos; e	I) 7,61% para a seguridade social; II) 2% para o FNSP;
V – loteria instantânea exclusiva (Lotex): loteria que apresenta, de imediato, se o apostador foi ou não agraciado com alguma premiação.	I – 0,4% para a seguridade social; II – 13% para o FNSP;

34.1 Compreensão

Responda[42]: (TÉCNICO SEGURO SOCIAL – INSS – CESPE – 2016) Assinale Certo ou Errado: Parte dos valores arrecadados com concurso de prognósticos promovidos por órgãos do Poder Público ou por sociedades comerciais ou civis dentro do território nacional é destinada ao custeio da seguridade social.

35. CONTRIBUIÇÃO DO IMPORTADOR DE BENS OU SERVIÇOS DO EXTERIOR, OU DE QUEM A LEI A ELE EQUIPARAR

A previsão constitucional está no art. 195, IV, e no art. 149, § 2º, II, admitindo a incidência de contribuição social, destinada à Seguridade Social, na importação de bens e serviços do exterior.

A legislação ordinária manejou essa hipótese constitucional por meio do PIS/COFINS-importação, tratado na Lei n. 10.865/2004.

Atenção! A teor da EC n. 132, de 2023, revogam-se, em 2027, o art. 195, I, *b*, e IV, e § 12, da Constituição Federal.

36. CONTRIBUIÇÃO SOCIAL SOBRE BENS E SERVIÇOS – INCISO V DO ART. 195 (EC N. 132, DE 2023)

Modalidade criada pela EC n. 132, de 2023, a contribuição social de seguridade terá incidência, nos termos de lei complementar, sobre bens e serviços.

Essa contribuição social sobre bens e serviços **observará as mesmas regras aplicáveis ao imposto** sobre bens e serviços de competência compartilhada entre Estados, Distrito Federal e Municípios (previsto no art. 156-A da CF). Portanto, os tributos alicerçados no art. 156-A e 195, V, da CF observarão as mesmas regras em relação a:

---

[42] Certo. Art. 212 do Decreto Federal n. 3.048/99.

I – fatos geradores, bases de cálculo, hipóteses de não incidência e sujeitos passivos;
II – imunidades;
III – regimes específicos, diferenciados ou favorecidos de tributação;
IV – regras de não cumulatividade e de creditamento.

As imunidades previstas no art. 150, VI, são aplicáveis à contribuição social sobre bens e serviços (art. 195, V), quais sejam:

a) patrimônio, renda ou serviços, uns dos outros;

b) entidades religiosas e templos de qualquer culto, inclusive suas organizações assistenciais e beneficentes; (Redação dada pela EC n. 132, de 2023.)

c) patrimônio, renda ou serviços dos partidos políticos, inclusive suas fundações, das entidades sindicais dos trabalhadores, das instituições de educação e de assistência social, sem fins lucrativos, atendidos os requisitos da lei;

d) livros, jornais, periódicos e o papel destinado a sua impressão;

e) fonogramas e videofonogramas musicais produzidos no Brasil contendo obras musicais ou literomusicais de autores brasileiros e/ou obras em geral interpretadas por artistas brasileiros bem como os suportes materiais ou arquivos digitais que os contenham, salvo na etapa de replicação industrial de mídias ópticas de leitura a laser.

O art. 195, § 7º, não é aplicável à novel contribuição social do art. 195, V, (195, § 7º, CF: São isentas de contribuição para a seguridade social as entidades beneficentes de assistência social que atendam às exigências estabelecidas em lei).

Conquanto a criação da contribuição social do inciso V do art. 195 exija lei complementar, o § 15 do art. 195 admite **seja alíquota fixada em lei ordinária.**

Os tributos de que tratam os arts. 153, IV (IPI), 155, II (ICMS[43]), 156, III (ISS), e 195, I, *b* (COFINS[44]), e IV (importação de bens ou serviços do exterior), e a contribuição para o Programa de Integração Social (PIS) a que se refere o art. 239 **não integrarão a base de cálculo da contribuição** de que trata o art. 195, V, da Constituição Federal.

37. CONTRIBUIÇÕES RESIDUAIS

A CF admite no art. 195, § 4º, a competência da União de promover a instituição de nova contribuição social à seguridade social, além das hipóteses expressamente referidas no Texto Supremo, basta tão só observar o manejo de lei complementar.

Para criar a contribuição sobre hipótese nominada na CF, por exemplo, "folha de salários" (art. 195, I, *a*), exigível do empregador, empresa ou entidade equiparada, **basta a edição de lei ordinária.**

Reservada à lei complementar estará somente a criação de contribuição de seguridade social não referida nos incisos I a V[45] do art. 195 do Texto Constitucional, **contribuição inédita**, que o legislador é livre para criar, desde que respeite a espécie normativa de mais dificultosa aprovação: lei complementar.

---

[43] EC 132, de 2024: Art. 22. **Revogam-se**: (...) II - **em 2033**: a) os **arts. 155, II**, e §§ 2º a 5º, **156, III**, e § 3º, **158, IV**, *a*, e § 1º, e 161, I, da Constituição Federal.

[44] EC 132, de 2024: Art. 22. **Revogam-se**: I - **em 2027, o art. 195, I, *b*, e IV**, e § 12, da Constituição Federal.

[45] O inciso V foi incluído pela EC n. 132, de 20-12-2023, de modo que a CF passou a autorizar a incidência e contribuição **sobre bens e serviços**, nos termos de **lei complementar**.

Para evitar repetição, *vide* o item 6.2, "Princípio da Legalidade", deste Capítulo.

38. REFORMA DA PREVIDÊNCIA. DESVINCULAÇÃO DE RECEITAS DA UNIÃO – DRU

A Desvinculação de Receitas da União, conhecida como DRU, era um dos grandes vilões que contribuíam para o *deficit* na Seguridade Social.

A DRU foi criada em 1994, sob a alcunha **Fundo Social de Emergência** (FSE), pela EC de Revisão n. 1, de 1994, possuía caráter transitório e finalidade nobre pois tinha por objetivo o saneamento financeiro da Fazenda Pública Federal e de estabilização econômica, cujos recursos seriam aplicados no custeio das ações dos sistemas de saúde e educação, benefícios previdenciários e auxílios assistenciais de prestação continuada, inclusive liquidação de passivo previdenciário, e outros programas de relevante interesse econômico e social.

O FSE foi rebatizado Fundo de Estabilização Fiscal (FEF), a partir do início do exercício financeiro de 1996, por força da EC n. 10/96 e pela EC n. 17/97.

No ano de 2000, a EC n. 27, instituiu a desvinculação de 20% da arrecadação de impostos e contribuições sociais da União, mediante o acréscimo do art. 76 ao Ato das Disposições Constitucionais Transitórias (ADCT) para o período de 2000 a 2003.

Desde então, o mecanismo constitucional foi reiteradamente recriado permitindo o desatrelamento da destinação de receitas da União, dentre elas as contribuições sociais, dos fins assegurados no corpo permanente da Constituição para serem os seus recursos financeiros aplicados em outra destinação.

A EC n. 42/2003 deu nova redação ao art. 76 do ADCT, autorizando a desvinculação de órgão, fundo ou despesa, no período de 2003 a 2007, 20% da arrecadação da União de impostos, contribuições sociais e de intervenção no domínio econômico, já instituídos ou que vierem a ser criados no referido período, seus adicionais e respectivos acréscimos legais.

A EC n. 56/2007 prorrogou a DRU até 31-12-2011, e a EC n. 68/2011 prorrogou a DRU até 31-12-2015.

Depois de expirado o prazo da DRU, previsto na EC n. 68/2011, houve a promulgação da EC n. 93/2016, **estendeu a DRU até 31-12-2023, elevando o percentil da desvinculação para 30%**. Dentre as contribuições de seguridade, somente as contribuições previdenciárias ficaram livres da mordida da DRU.

Calha recordar que o art. 195 da CF traz inúmeras receitas destinadas à Seguridade Social, no entanto, à exceção das contribuições incidentes sobre a folha de salários, as demais sofriam a incidência da DRU, de modo que 30% da arrecadação era retirada dos cofres da Seguridade e deslocadas, a critério da União, para outros fins (diversos de Previdência, Assistência e Saúde).

Esvaziamento de recursos da Seguridade pela DRU impactava diretamente a Previdência, na medida em que deixava o Seguro Social de receber recursos que deveriam ser integrantes do orçamento da Seguridade Social.

De forma coerente, a Reforma da Previdência de 2019 excetuou da desvinculação das receitas da União todas as contribuições sociais destinadas ao financiamento da seguridade social. Art. 76 do ADCT: "(...) § 4º A desvinculação de que trata o *caput* **não se aplica** às receitas das **contribuições sociais destinadas ao custeio da seguridade social**".

Merecedora de elogios a novel disposição alocada no § 4º do art. 76 do ADCT, em decorrência da qual a totalidade das receitas das contribuições sociais da seguridade social será vinculada (como sempre deveria ter sido) ao custeio das ações da Saúde, Previdência e Assistência Social.

39. EC N. 103/2019. DESONERAÇÃO DA FOLHA DE SALÁRIOS (§ 9º E A EXCLUSÃO DO § 13, AMBOS DO ART. 195 DA CF). ALTERAÇÃO PROMOVIDA PELO CONGRESSO NACIONAL

Embora diga o Código Tributário Nacional (CTN), no art. 4º, que "A natureza jurídica específica do tributo é determinada pelo fato gerador da respectiva obrigação, sendo irrelevantes para qualificá-la: I – a denominação e demais características formais adotadas pela lei; II – a destinação legal do produto da sua arrecadação", certo é que a destinação legal do produto da arrecadação das contribuições sociais é dado de maior relevo na definição da contribuição social de seguridade social.

Nessa assertiva do art. 4º do CTN não se levam em consideração as contribuições sociais de Seguridade Social, mas apenas as espécies definidas no art. 5º do mesmo diploma normativo, *verbis*: "Art. 5º Os tributos são impostos, taxas e contribuições de melhoria".

O aspecto finalístico, denominado referibilidade, tem caráter marcante na definição da contribuição social de Seguridade Social. Exemplificando, a Contribuição Social sobre o Lucro Líquido (CSLL, art. 195, I, *c*, da CF), a despeito de ter a mesma base de cálculo do Imposto de Renda (lucro), com este tributo não se confunde, porque a CSLL tem destinação de sua arrecadação constitucionalmente relevante à sua existência, não se aplicando, pois, como dito acima, o inciso II do art. 4º do CTN.

A referibilidade ganhou relevo com o advento da Emenda Constitucional n. 20, de 1998, que inclui o inciso XI ao art. 167 da Carta Magna: "Art. 167. São vedados: XI – a utilização dos recursos provenientes das contribuições sociais de que trata o art. 195, I, *a*, e II, para a realização de despesas distintas do pagamento de benefícios do RGPS de que trata o art. 201".

O art. 195, I, *a*, e II, traz as contribuições exclusivamente previdenciárias, porque suas receitas não podem ser destinadas nem à Saúde nem à Assistência Social, são as "contribuições previdenciárias", que devem ter por base de cálculo "a folha de salários e demais rendimentos".

Já o § 13 do art. 195 (incluído pela EC n. 42, de 2003) trazia permissão constitucional para substituição gradual, total ou parcial, da contribuição incidente sobre a folha (prevista no inciso I, *a*, do art. 195: contribuição previdenciária) pela contribuição incidente sobre a receita ou o faturamento.

39.1 Desoneração da folha de salários

As medidas amargas de restrição dos direitos constitucionais previdenciários encontraram forte crítica tanto à época da apresentação da PEC 287/2016[46] como por ocasião da PEC 06/2019.

O principal ponto levantado pelos opositores à reforma constitucional da Previdência consiste na (a) ausência de clareza dos informes específicos das receitas e das despesas atreladas a cada ramo da Seguridade Social, aliada a diversas posturas governamentais que indiscutivelmente contribuíram para gerar o tão alardeado déficit da Previdência, como a criação da (b) Desoneração[47] da folha de salários e (c) a Desvinculação de Receitas da União[48].

Para contornar os questionamentos anotados no item "a" (maior transparência da receitas e despesas da Previdência), pela Emenda da Reforma/2019 foi efetivada alteração (já analisada no Capítulo 2, Item 8.1) no inciso IV do parágrafo único do art. 194 da CF determinando a identificação, em rubricas contábeis específicas para cada área, das receitas e das despesas vinculadas a ações de saúde, previdência e assistência social, preservado o caráter contributivo da previdência social, modificação constitucional que atende a parte do clamor público.

---

[46] Apresentada à Câmara dos Deputados pelo Presidente Michel Temer, a Proposta de Emenda à Constituição (PEC) 287/2016 buscava a Reforma da Previdência, porém a PEC 287/2016 não restou aprovada no Congresso Nacional.

[47] Lei n. 12.546, de 2011.

[48] Emenda Constitucional n. 93/2016.

Para manter a coerência quanto à imprescindibilidade de aumento de recursos aos cofres da Seguridade Social, a novel Emenda Constitucional n. 103 excetuou da desvinculação das receitas da União – DRU (*vide* item *supra*, 37) as contribuições sociais destinadas ao financiamento da seguridade social, diante da nova redação do art. 76, § 4º, do ADCT.

O complemento das alterações na planura constitucional reside na nova redação dada ao art. 195, § 9º, aliado à revogação do § 13 do mesmo artigo constitucional. Essas alterações são direcionadas a não permitir a desoneração da folha de salários.

Para compreender o debate sobre a desoneração da folha, convém reavivar o discurso oficial do governo até o ano de 2014, que era em tom de superávit das constas da previdência:

Ano de 2011: O saldo entre arrecadação e pagamento de benefícios da Previdência Social, em março, foi de R$ 1,1 bilhão – **aumento de 19,1% em relação ao resultado de fevereiro**. Trata-se do **terceiro superávit consecutivo** deste ano no setor urbano. O valor – segundo o Ministério – leva em conta o pagamento de sentenças judiciais e a Compensação Previdenciária (Comprev) entre o Instituto Nacional do Seguro Social (INSS) e os Regimes Próprios de Previdência Social (RPPS) de estados e municípios.

"Estou encarando com certo otimismo esses resultados porque eles vêm se verificando mês a mês", disse o Ministro Garibaldi Alves Filho[49].

Ano de 2012: RGPS: Setor urbano apresenta **sétimo superávit** em 2012. Mesmo computando um aumento nas despesas de R$ 1,2 bilhão, o setor urbano do Regime Geral de Previdência Social (RGPS) apresentou, no mês de agosto, um saldo positivo de R$ 1,6 bilhão. A arrecadação foi de R$ 22 bilhões – o **segundo maior valor da série histórica** (desconsiderados os meses de dezembro, quando a arrecadação cresce por causa do 13º salário). Já a despesa foi de R$ 20,4 bilhões[50].

Ano 2013: RGPS. Previdência Social tem **segunda melhor arrecadação da série histórica**. O setor urbano arrecadou, em setembro, R$ 24,5 bilhões – o segundo maior valor da série histórica (desconsiderando os meses de dezembro em que há incremento de receita por causa do 13º salário). Em relação a setembro de 2012, houve crescimento de 9,8%. O valor inclui R$ 979,3 milhões de repasses do Tesouro Nacional para compensar a desoneração das folhas de pagamento de alguns setores da economia.

Já a despesa com pagamento de benefícios urbanos foi de R$ 29,4 bilhões – aumento de 6,3%, em relação a setembro do ano passado. O aumento na despesa ocorreu por causa do pagamento de R$ 8,6 bilhões, referente à antecipação da primeira parcela do 13º salário aos beneficiários que recebem acima de um salário mínimo. Com isso, o resultado da clientela urbana registrou, em setembro, necessidade de financiamento de R$ 4,9 bilhões. Os valores levam em conta o pagamento de sentenças judiciais e a Compensação Previdenciária (Comprev) entre o Instituto Nacional do Seguro Social (INSS) e os regimes próprios de Previdência Social (RPPS) de estados e municípios.

Os números são do fluxo de caixa do Instituto Nacional do Seguro Social (INSS). O resultado do Regime Geral de Previdência Social (RGPS) é apresentado considerando as duas clientelas da Previdência: urbana (empregados, domésticos, contribuintes individuais, facultativos) e rural (empregados rurais, trabalhadores rurais que produzem em regime de economia familiar, pescador artesanal e indígena que exerce atividade rural).

No acumulado do ano (janeiro a setembro), o setor urbano **registra superávit de R$ 7,3 bilhões** – resultado de arrecadação de R$ 211,8 bilhões e despesa de R$ 204,4 bilhões[51].

---

[49] Disponível em: <http://blog.planalto.gov.br/previdencia-social-registra-em-marco-de-2011-superavit-de-r-11-bilhao/>, acesso em 12-11-2019.

[50] Disponível em: <http://www.previdencia.gov.br/2012/10/rgps-setor-urbano-apresenta-setimo-superavit-em-2012/>, acesso em 12-11-2019.

[51] Disponível em: <http://www.previdencia.gov.br/2013/10/rgps-previdencia-social-tem-segunda-melhor-arrecadacao-da-serie-historica-2/>, acesso em 12-11-2019.

Ano 2014: RGPS: Setor urbano apresenta **sétimo superávit do ano** (2014). Em julho, o saldo entre arrecadação e despesa de benefícios do setor urbano foi de R$ 1,9 bilhão – é o sétimo superávit mensal do ano. A arrecadação foi de R$ 26,3 bilhões (aumento de 2,2% em relação ao mesmo mês do ano passado). Já a despesa com pagamento de benefícios cresceu 6,3% e foi de cerca de R$ 24,3 bilhões. Os valores levam em conta o pagamento de sentenças judiciais e a Compensação Previdenciária (Comprev) entre o Instituto Nacional do Seguro Social (INSS) e os Regimes Próprios de Previdência Social (RPPS) de estados e municípios.

No acumulado do ano, a arrecadação, em valores reais, soma R$ 180,4 bilhões – aumento de 4,6% em relação ao mesmo período de 2013. A despesa foi de R$ 164,5 bilhões. O resultado urbano, a preços de julho de 2014, corrigidos pelo INPC, é um superávit de R$ 15,9 bilhões – 42% maior que o registrado no mesmo período do ano passado[52].

Entretanto, com a instituição da Desoneração da folha de salários, o cenário das receitas previdenciárias foi drasticamente alterado, entrando em cena o déficit nas contas da previdência.

A desoneração consistiu na adoção do valor da receita bruta como base de cálculo das contribuições previdenciárias das empresas (cota patronal), em substituição àquela incidente sobre a folha de pagamento, previstas nos incisos I e III do *caput* do art. 22 da Lei n. 8.212, de 1991, nova modalidade que será detalhada no próximo item.

39.2 Contribuição Previdenciária sobre a Receita Bruta (CPRB) e o art. 30 da EC n. 103/2019

A Contribuição Previdenciária sobre a Receita Bruta (CPRB) destinada à Previdência, com previsão constitucional no art. 195, §§ 9º e 13, surgiu em 2011 com a edição da Lei n. 12.546 (posteriormente alterada pela Lei n. 13.161, de 2015 e pela Lei n. 13.670, de 2018), foi regulamentada na Instrução Normativa da Receita Federal 1.597, de 2015.

A desoneração da folha, decorrente da instituição da CPRB, resultou na redução da alíquota contributiva e deslocamento da base de cálculo da contribuição que deixou de ser sobre a folha de salários para incidir sobre a receita bruta de empresas de alguns segmentos econômicos.

Não há dúvida de que a nova sistemática (CPRB) acarretou redução de receitas da Previdência, porque:

- cabe à empresa optar pela forma contributiva que lhe seja mais favorável, sobre a Folha de Salário ou sobre a Receita Bruta (que sempre fará obviamente a opção pela base de cálculo mais vantajosa financeiramente);

> Lei n. 12.546, de 2011: Art. 18. A opção pelo regime especial previsto no art. 17 será exercida pela pessoa jurídica em relação a todos os estabelecimentos, até o último dia útil do mês de dezembro de cada ano-calendário, produzindo efeitos a partir do primeiro dia do ano-calendário subsequente ao da opção.

- a empresa ao optar por contribuir sobre a receita bruta faz apenas 12 (doze) recolhimentos anuais, ao passo que aquelas que contribuem sobre a folha de salários recolhem 13 (treze) vezes no ano (diante da incidência contributiva sobre a folha do 13º salário).

A incontestável redução das receitas da Previdência foi, em tese, amenizada, pelos dizeres do art. 9º, IV, da Lei n. 12.546, que **atribuiu aos cofres da União o dever de compensar ao Fundo**[53] **do Regime Geral de Previdência Social o valor correspondente à estimativa**

---

[52] Disponível em: <http://www.previdencia.gov.br/2014/09/rgps-setor-urbano-registra-setimo-superavit-do-ano/>, acesso em 12-11-2019.

[53] Art. 68 da Lei Complementar n. 101, de 4 de maio de 2000.

de renúncia previdenciária decorrente da desoneração, de forma a não afetar a apuração do resultado financeiro do RGPS.

A opção pela CPRB por parte das empresas ocasiona redução de tributo, renúncia fiscal que pelo teor art. 9º, IV, da Lei n. 12.546, gera assunção de dívida pela União, trata-se de obrigação legal assumida pelo Tesouro de compensar na totalidade os cofres da Previdência pela redução de recursos sentida em razão da desoneração da folha de salários.

Segundo a Secretaria da Receita Federal do Brasil – RFB, os valores envolvidos em renúncias aprovadas a partir de 2010 triplicaram em 2011 e cresceram ainda mais em 2012, passando de menos de R$ 10 bilhões para mais de R$ 46 bilhões. E, continuaram aumentando. Em 2014, **esses valores superaram a marca de R$ 100 bilhões**. Em 2015 e 2016, já em curso os novos elementos da política fiscal, o ritmo de aprovação de novas renúncias diminuiu, mas o volume de renúncias continuou crescendo em 2015, caindo ligeiramente em 2016. Em 2017, a renúncia total cresce em relação ao ano anterior, mas se mantém no patamar de 2015. (In: Análise da Seguridade Social 2017/ANFIP/Fundação ANFIP de Estudos da Seguridade Social – Brasília: ANFIP, 2018, p. 55[54])

O quadro expõe a evolução drástica das renúncias fiscais no campo das contribuições previdenciárias[55]:

VALORES DAS RENÚNCIAS TOTAIS E O DAS NOVAS RENÚNCIAS ADOTADAS

Valores correntes, em R$ milhões

Início de vigência	Desonerações instituídas e Ano de Impacto das medidas											Impacto (1)
		2010	2011	2012	2013	2014	2015	2016	2017	2018	2019	2020	
	2010	2.509	5.780	1.727	2.607								12.623
	2011		2.989	29.398	12.010	13.628							58.025
	2012			15.413	47.091	52.358	27.758						142.621
	2013				14.593	32.916	24.687	22.985					95.181
	2014					2.550	40.039	23.771	26.338				92.698
	2015						5.412	8.854	11.380	16.333			41.980
	2016							627	1.372	1.442	916		4.357
	2017								739	18.663	21.109	23.840	64.351
Soma dessas renúncias (2)		2.509	8.769	46.538	76.301	101.452	97.897	56.237	39.829	36.438	22.025	23.840	511.835
Renúncia total do exercício (3)		135.861	152.441	181.747	223.310	256.234	270.054	263.711	270.399				
Soma arrecadação (4)		743.174	874.787	923.300	1.027.340	1.076.681	1.115.409	1.177.889	1.210.348				
Renúncia (em % PIB)		3,50	3,48	3,77	4,19	4,43	4,50	4,21	4,12				
Renúncia (em % da arrecadação)		18,3	17,4	19,7	21,7	23,8	24,2	22,4	22,3				

Fonte: RFB - Desonerações instituídas, diversas edições e Gastos Tributários Estimados por Bases Efetivas, diversas edições, sendo a mais recente a de 2015 série 2013-2018. Para a arrecadação líquida, relatórios fiscais da STN.

Notas (1) Apenas o impacto das perdas de arrecadação no ano de aprovação das medidas e a dos três anos posteriores. (2) Dados dos relatórios de desonerações instituídas. (3) Dados dos relatórios de Gastos Tributários Estimados por Bases Efetivas, a informação mais recente para cada exercício. (4) Dados da receita administrada, indicada pelos relatórios da STN.

Org: ANFIP e Fundação ANFIP.

Desde o final do ano de 2016, o dever da União de compensar o fundo do RGPS pelo desequilíbrio gerado com as renúncias decorrentes da desoneração passou a ser denominado défict da Previdência no discurso governamental:

---

[54] Disponível em: < https://www.anfip.org.br/?mdocs-file=8603>, acesso em 16-1-2024.

[55] Disponível em: Análise da Seguridade Social – 2017. Disponível em: <https://www3.anfip.org.br/publicacoes/analise-da-seguridade-social-em-2017/>, acesso em 12-11-2019.

RGPS: **Déficit** da Previdência Social em 2016 foi de R$ 151,9 bilhões.

Da Redação (Brasília) – Em 2016, a Previdência Social registrou um déficit de R$ 151,9 bilhões, crescimento de 59,7% em relação a 2015 – números atualizados pelo INPC. Em valores nominais, o déficit foi de R$ 149,7 bilhões. A despesa com benefícios cresceu 6,6% e fechou o ano em R$ 515,9 bilhões.

Já a arrecadação – R$ 364 bilhões – **registrou a segunda queda consecutiva**. **Caiu 6,4% se comparada a 2015.** O valor leva em conta o pagamento de sentenças judiciais e a Compensação Previdenciária (Comprev) entre o Instituto Nacional do Seguro Social (INSS) e os Regimes Próprios de Previdência Social (RPPS) de estados e municípios.

Considerando o PIB projetado para 2016, a despesa com benefícios do Regime Geral de Previdência Social representou 8,2%. A arrecadação líquida foi responsável por 5,8% do PIB e o déficit chegou a 2,4%.

Os números foram apresentados nesta quinta-feira (26) pelo secretário de Previdência, Marcelo Caetano. "O déficit tem componentes estruturais, como o envelhecimento populacional, e conjunturais, decorrentes das questões relativas ao mercado de trabalho", observou. Caetano destacou que, mesmo que fossem incluídos os valores referentes às renúncias previdenciárias (Simples, MEI, entidades filantrópicas etc.), o déficit passaria de R$ 106 bilhões em valores correntes[56].

A desoneração da folha de pagamento foi tema de apreciação no Substitutivo[57] apresentado na Comissão Especial da Câmara dos Deputados, oportunidade na qual se entendeu por atribuir nova redação ao § 9º do art. 195 e a revogação do § 13 do mesmo artigo:

> Cabe destacar que grande parte do desequilíbrio na Previdência Social tem por origem as aposentadorias precoces e a extensão da duração do pagamento de benefícios em função do aumento da expectativa de sobrevida, mas certamente **as desonerações da folha de pagamento produzem um efeito considerável sobre o déficit**. Para que a proposta contida no § 11-A do art. 195 seja efetiva, reputamos necessário aprimorar o dispositivo. **Com este intuito, seu conteúdo foi contemplado no § 9º do art. 195**, que já trata da matéria, e na **revogação do § 13** do art. 195. Note-se que as atuais desonerações estão preservadas, conforme ressalva incluída nas disposições transitórias.

O § 9º do art. 195 é inspirado no princípio da equidade na diferenciação de alíquotas[58] (antes da EC 103/2019, também: base de cálculo) das pessoas eleitas para custear a aflição dos necessitados. É da essência da base de financiamento, por exemplo, as pessoas jurídicas contribuírem de forma diferenciada em razão da atividade econômica.

Por exemplo, dentre as empresas obrigadas ao pagamento de cota patronal, as qualificadas como instituições financeiras devem satisfazer o pagamento do tributo com alíquota diferenciada das empresas de outros ramos. Além da alíquota de 20% devida pelas empresas em geral, instituições financeiras devem arcar com adicional de 2,5%, em atenção ao disposto no art. 22, § 1º, da Lei n. 8.212/91, totalizando sua cota patronal na alíquota de 22,5%.

Essa temática foi, inclusive, alvo de tese 470 de repercussão geral já apreciada pelo Plenário do STF que proferiu:

---

[56] Disponível em: <http://www.previdencia.gov.br/2017/01/rgps-deficit-da-previdencia-social-em-2016-foi-de-r-1519-bilhoes/>, acesso em 12-11-2019.

[57] Disponível em: <https://www.camara.leg.br/proposicoesWeb/prop_mostrarintegra?codteor=1764444&filename=SB-T+2+PEC00619+%3D%3E+PEC+6/2019>, acesso em 12-11-2019.

[58] STF, tema 515 da repercussão geral, no qual o Tribunal, por maioria, fixou a seguinte tese: "É constitucional a majoração diferenciada de alíquotas em relação às contribuições sociais incidentes sobre o faturamento ou a receita de instituições financeiras ou de entidades a elas legalmente equiparáveis.

Capítulo 5 • Financiamento da seguridade social

É constitucional a contribuição adicional de 2,5% sobre a folha de salários instituída para as instituições financeiras e assemelhadas pelo art. 3º, § 2º, da Lei 7.787/89, mesmo considerado o período anterior à Emenda Constitucional 20/1998.

Em decorrência das inovações as contribuições previdenciárias somente podem ter "alíquotas" (%) diferenciadas por lei, ao passo que a autorização constitucional para estabelecimento de base de cálculo (BC) diferenciada somente em se tratando das contribuições sociais previstas nas alíneas *b* e *c* do inciso I do art. 195, quais sejam: Contribuição para Financiamento da Seguridade Social (COFINS[59]) e Contribuição social sobre o Lucro (CSL[60]).

CF/88 (REDAÇÃO ANTERIOR À PROMULGAÇÃO DA EC N. 103/2019)	EMENDA CONSTITUCIONAL N. 103/2019
Art. 195. (...) I – do empregador, da empresa e da entidade a ela equiparada na forma da lei, incidentes sobre: a) a **folha de salários** e demais rendimentos do trabalho pagos ou creditados, a qualquer título, à pessoa física que lhe preste serviço, mesmo sem vínculo empregatício; b) **a receita ou o faturamento**; (Incluído pela Emenda Constitucional n. 20, de 1998.) c) **o lucro**;	Art. 195. (...)
(...) § 9º As contribuições sociais previstas no inciso I do *caput* deste artigo poderão ter	(...) § 9º As contribuições sociais previstas no inciso I do *caput* deste artigo poderão ter
alíquotas ou **bases de cálculo diferenciadas**	**alíquotas diferenciadas**
em razão da atividade econômica, da utilização intensiva de mão de obra, do porte da empresa ou da condição estrutural do mercado de trabalho. (Redação dada pela EC n. 47, de 2005.)	em razão da atividade econômica, da utilização intensiva de mão de obra, do porte da empresa ou da condição estrutural do mercado de trabalho, sendo também autorizadas a adoção de
	bases de cálculo diferenciadas
	apenas no caso das alíneas *b* e *c* do inciso I do *caput*.

O § 13 do art. 195 havia sido incluído pela EC n. 42, de 2003, e trazia a permissão constitucional para substituição gradual, total ou parcial, da contribuição incidente sobre a folha (prevista no inciso I, *a*, do art. 195: contribuição previdenciária) pela incidente sobre a receita ou o faturamento.

O dispositivo (§ 13) apresentava, portanto, estreita correlação com o § 9º, e com a sua revogação (do § 13), somada à nova redação do § 9º, restou excluída autorização ao legislador infraconstitucional de promover diferenciação de base de cálculo das contribuições previdenciárias (cota patronal).

Por força do art. 30 da EC n. 103/2019, mesmo após a revogação do § 13 e da nova redação do § 9º, a vida contributiva das empresas que foram beneficiadas pela desoneração trazida da Lei n. 12.546 (posteriormente alterada pela Lei n. 13.161, de 2015, e pela Lei n. 13.670, de 2018, regulamentada na Instrução Normativa da Receita Federal 1.597, de 2015) não será alterada, permanecendo válida, para as empresas contempladas antes do advento da EC n. 103/2019, a **Contribuição Previdenciária sobre a Receita Bruta em substituição à contribuição:**

---

[59] Art. 195, I, *b*, da CF/88; LC n. 70/91 – *status* de lei ordinária; Ação Declaratória de Constitucionalidade n. 1; ADIn 1417-DF; art. 56 da Lei n. 9.430/96 (Súmula 276/STJ); Lei n. 9.718/98, art. 3º; Lei n. 10.833/2002. PIS/COFINS: base de cálculo. Lei n. 9.718/98, art. 3º, § 1º: inconstitucionalidade. Ao julgar os RREE 346.084, Ilmar Galvão; 357.950, 358.273 e 390.840, Marco Aurélio, Pleno, 9-11-2005 (Inf./STF 408), o Supremo Tribunal declarou a inconstitucionalidade do art. 3º, § 1º, da Lei n. 9.718/98, por entender que a ampliação da base de cálculo da COFINS por lei ordinária violou a redação original do art. 195, I, da Constituição Federal, ainda vigente ao ser editada a mencionada norma legal.

[60] Art. 195, I, *c*, da CF/88; Lei n. 7.689/88; RE 146.733/SP.

Art. 30. A vedação de diferenciação ou substituição de base de cálculo decorrente do disposto no § 9º do art. 195 da Constituição Federal não se aplica a contribuições que substituam a contribuição de que trata a alínea *a* do inciso I do *caput* do art. 195 da Constituição Federal instituídas antes da data de entrada em vigor desta Emenda Constitucional.

A novel disposição constitucional é, portanto, impeditiva de "novas" desonerações.

A exceção prevista no art. 30 da EC n. 103 foi acionada no ano de 2020 para prorrogar a CPRB até 31 de dezembro de 2021, pela Lei n. 14.020. No ano de 2021, houve a publicação da Lei n. 14.288, prorrogando, mais uma vez, a sistemática da substituição da folha pela receita bruta até 31 de dezembro de 2023.

No ano de 2022, a Lei n. 14.360 deu nova redação ao art. 80 da Lei n. 8.212, de 1991, que passou a vigorar com os seguintes dizeres:

> Art. 80. § 1º O Ministério do Trabalho e Previdência divulgará, mensalmente, o resultado financeiro do Regime Geral de Previdência Social, no qual considerará:
>
> I – para fins de aferição do equilíbrio financeiro do regime, as renúncias previdenciárias em adição às receitas realizadas; e
>
> II – para os demais fins, apenas as receitas efetivamente arrecadadas e as despesas orçamentárias e financeiras efetivamente liquidadas e pagas.
>
> § 2º Para fins de apuração das renúncias previdenciárias de que trata o inciso I do § 1º deste artigo, serão consideradas as informações prestadas pela Secretaria Especial da Receita Federal do Brasil do Ministério da Economia.

A Lei n. 14.360 ainda promoveu a revogação do inciso IV do art. 9º da Lei n. 12.546, de modo que **ficou a União DESOBRIGADA** de compensar o Fundo do RGPS com o valor correspondente à estimativa de renúncia previdenciária decorrente da desoneração (portanto, a desoneração passou a afetar a apuração do resultado financeiro do RGPS).

No ano de 2023, o Poder Executivo não sancionou o projeto de lei que buscava prorrogar mais uma vez a sistemática da substituição (CPRB) até 2027. O Presidente da República, nos termos previstos no § 1º do art. 66 da CF, por meio da Mensagem Presidencial n. 619, de 23-11-2023, decidiu vetar integralmente, por contrariedade ao interesse público e por inconstitucionalidade, o Projeto de Lei n. 334, de 2023, que buscava prorrogar "até 31 de dezembro de 2027 os prazos de que tratam os arts. 7º e 8º da Lei n. 12.546, de 2011".

Da mensagem de veto fez constar que o vício de inconstitucionalidade reside no fato de o projeto de Lei n. 334 criar renúncia de receita sem apresentar demonstrativo de impacto orçamentário-financeiro para o ano corrente e os dois seguintes, com memória de cálculo, e sem indicar as medidas de compensação, em desatenção ao disposto no art. 113 do Ato das Disposições Constitucionais Transitórias, no art. 14 da Lei Complementar n. 101, de 4 de maio de 2000 – Lei de Responsabilidade Fiscal, e nos arts. 131 e 132 da Lei n. 14.436, de 9 de agosto de 2022 – Lei de Diretrizes Orçamentárias de 2023.

O Planalto informou que "De acordo com estudos realizados pela Secretaria Especial da Receita Federal do Brasil, estima-se que a manutenção da CPRB implicaria custo arrecadatório da ordem de R$ 12 bilhões (doze bilhões de reais) para 2024, R$ 12 bilhões (doze bilhões de reais) para 2025, R$ 13 bilhões (treze bilhões de reais) para 2026 e R$ 13 bilhões (treze bilhões de reais) para 2027".

Porém, o veto presidencial foi derrubado. O Congresso Nacional rejeitou o veto presidencial, tendo sido promulgada a Lei n. 14.784, de 27-12-2023, admitindo a prorrogação do benefício tributário (CPRB) por mais quatro anos (até 31-12-2027) e reduziu a alíquota aplicável a determinadas empresas.

Lei n. 14.784. Municípios. Redução de alíquota da Contribuição Previdenciária. Outro ponto do projeto da desoneração que agora é lei, é a diminuição da alíquota contributiva (cota patronal) de 20% para 8% da contribuição previdenciária sobre a folha dos municípios com população de até 142.632 habitantes. Redução de alíquota que irá beneficiar cerca de 5.300 municípios[61]:

Lei 14.784. Art. 4º O art. 22 da Lei n. 8.212, de 24 de julho de 1991, passa a vigorar acrescido do seguinte § 17:

"Art. 22. § 17. A alíquota da contribuição prevista no inciso I do *caput* deste artigo será de 8% (oito por cento) para os Municípios enquadrados nos coeficientes inferiores a 4,0 (quatro inteiros) da tabela de faixas de habitantes do § 2º do art. 91 da Lei n. 5.172, de 25 de outubro de 1966".

Após a derrubada do veto pelo Congresso, a Presidência da República fez publicar Medida Provisória n. 1.202, em 28-12-2023, "revogando" a Lei n. 14.784, de 27-12-2023.

A MP n. 1.202, de 28-12-2023, teve o condão de conter a prorrogação da desoneração da folha, mas certamente enfrentará forte oposição no Congresso Nacional (CN) por representar certa "insatisfação" do Executivo à derrubada do veto promovida pelo Legislativo (referida acima). Até o fechamento desta edição a MP n. 1.202 ainda pendia de deliberação pelo CN.

39.3 Regras constitucionais do art. 195 da CF

Art. 195. A seguridade social será financiada por toda a sociedade, de forma direta e indireta, nos termos da lei, mediante recursos provenientes dos orçamentos da União, dos Estados, do Distrito Federal e dos Municípios, e das seguintes contribuições sociais: (*Vide* Emenda Constitucional n. 20, de 1998.)

I – do empregador, da empresa e da entidade a ela equiparada na forma da lei, incidentes sobre: (Redação dada pela Emenda Constitucional n. 20, de 1998.)

a) a folha de salários e demais rendimentos do trabalho pagos ou creditados, a qualquer título, à pessoa física que lhe preste serviço, mesmo sem vínculo empregatício; (Incluído pela Emenda Constitucional n. 20, de 1998.)

b) a receita ou o faturamento; (Incluído pela Emenda Constitucional n. 20, de 1998) (Vigência: *Vide* Emenda Constitucional n. 132, de 2023.)

c) o lucro; (Incluído pela Emenda Constitucional n. 20, de 1998.)

II – do trabalhador e dos demais segurados da previdência social, podendo ser adotadas alíquotas progressivas de acordo com o valor do salário de contribuição, não incidindo contribuição sobre aposentadoria e pensão concedidas pelo Regime Geral de Previdência Social; (Redação dada pela Emenda Constitucional n. 103, de 2019.)

III – sobre a receita de concursos de prognósticos;

IV – do importador de bens ou serviços do exterior, ou de quem a lei a ele equiparar; (Incluído pela Emenda Constitucional n. 42, de 19-12-2003.) (Vigência: *Vide* Emenda Constitucional n. 132, de 2023.)

V – sobre bens e serviços, nos termos de lei complementar. (Incluído pela Emenda Constitucional n. 132, de 2023.)

§ 1º – As receitas dos Estados, do Distrito Federal e dos Municípios destinadas à seguridade social constarão dos respectivos orçamentos, não integrando o orçamento da União.

§ 2º A proposta de orçamento da seguridade social será elaborada de forma integrada pelos órgãos responsáveis pela saúde, previdência social e assistência social, tendo em vista as metas e prioridades estabelecidas na lei de diretrizes orçamentárias, assegurada a cada área a gestão de seus recursos.

§ 3º A pessoa jurídica em débito com o sistema da seguridade social, como estabelecido em lei, não poderá contratar com o Poder Público nem dele receber benefícios ou incentivos fiscais ou creditícios. (*Vide* Medida Provisória n. 526, de 2011.) (*Vide* Lei n. 12.453, de 2011.) (*Vide* Emenda constitucional n. 106, de 2020.)

---

[61] Fonte: Agência Câmara de Notícias: <https://www.camara.leg.br/noticias/1026419-congresso-derruba-veto-a-desoneracao--da-folha-de-pagamento-para-17-setores-da-economia/>, acesso em 15-1-2024.

§ 4º A lei poderá instituir outras fontes destinadas a garantir a manutenção ou expansão da seguridade social, obedecido o disposto no art. 154, I.

§ 5º Nenhum benefício ou serviço da seguridade social poderá ser criado, majorado ou estendido sem a correspondente fonte de custeio total.

§ 6º As contribuições sociais de que trata este artigo só poderão ser exigidas após decorridos noventa dias da data da publicação da lei que as houver instituído ou modificado, não se lhes aplicando o disposto no art. 150, III, *b*.

§ 7º São isentas de contribuição para a seguridade social as entidades beneficentes de assistência social que atendam às exigências estabelecidas em lei.

§ 8º O produtor, o parceiro, o meeiro e o arrendatário rurais e o pescador artesanal, bem como os respectivos cônjuges, que exerçam suas atividades em regime de economia familiar, sem empregados permanentes, contribuirão para a seguridade social mediante a aplicação de uma alíquota sobre o resultado da comercialização da produção e farão jus aos benefícios nos termos da lei. (Redação dada pela Emenda Constitucional n. 20, de 1998.)

§ 9º As contribuições sociais previstas no inciso I do *caput* deste artigo poderão ter alíquotas diferenciadas em razão da atividade econômica, da utilização intensiva de mão de obra, do porte da empresa ou da condição estrutural do mercado de trabalho, sendo também autorizada a adoção de bases de cálculo diferenciadas apenas no caso das alíneas *b* e *c* do inciso I do *caput*. (Redação dada pela Emenda Constitucional n. 103, de 2019.)

§ 10. A lei definirá os critérios de transferência de recursos para o Sistema Único de Saúde e ações de assistência social da União para os Estados, o Distrito Federal e os Municípios, e dos Estados para os Municípios, observada a respectiva contrapartida de recursos. (Incluído pela Emenda Constitucional n. 20, de 1998.)

§ 11. São vedados a moratória e o parcelamento em prazo superior a 60 (sessenta) meses e, na forma de lei complementar, a remissão e a anistia das contribuições sociais de que tratam a alínea *a* do inciso I e o inciso II do *caput*. (Redação dada pela Emenda Constitucional n. 103, de 2019.)

§ 12. A lei definirá os setores de atividade econômica para os quais as contribuições incidentes na forma dos incisos I, *b*, e IV do *caput*, serão não cumulativas. (Incluído pela Emenda Constitucional n. 42, de 19-12-2003.) (Vigência: *Vide* Emenda Constitucional n. 132, de 2023.)

§ 13. (Revogado pela Emenda Constitucional n. 103, de 2019.)

§ 14. O segurado somente terá reconhecida como tempo de contribuição ao Regime Geral de Previdência Social a competência cuja contribuição seja igual ou superior à contribuição mínima mensal exigida para sua categoria, assegurado o agrupamento de contribuições. (Incluído pela Emenda Constitucional n. 103, de 2019.)

§ 15. A contribuição prevista no inciso V do *caput* poderá ter sua alíquota fixada em lei ordinária. (Incluído pela Emenda Constitucional n. 132, de 2023.)

§ 16. Aplica-se à contribuição prevista no inciso V do *caput* o disposto no art. 156-A, § 1º, I a VI, VIII, X a XIII, § 3º, § 5º, II a VI e IX, e §§ 6º a 11 e 13. (Incluído pela Emenda Constitucional n. 132, de 2023.)

§ 17. A contribuição prevista no inciso V do *caput* não integrará sua própria base de cálculo nem a dos tributos previstos nos arts. 153, VIII, 156-A e 195, I, *b*, e IV, e da contribuição para o Programa de Integração Social de que trata o art. 239. (Incluído pela Emenda Constitucional n. 132, de 2023.)

§ 18. Lei estabelecerá as hipóteses de devolução da contribuição prevista no inciso V do *caput* a pessoas físicas, inclusive em relação a limites e beneficiários, com o objetivo de reduzir as desigualdades de renda. (Incluído pela Emenda Constitucional n. 132, de 2023.)

§ 19. A devolução de que trata o § 18 não será computada na receita corrente líquida da União para os fins do disposto nos arts. 100, § 15, 166, §§ 9º, 12 e 17, e 198, § 2º. (Incluído pela Emenda Constitucional n. 132, de 2023.)

CAPÍTULO 6
BENEFICIÁRIOS DA PREVIDÊNCIA

1. PROTEÇÃO SOCIAL

A Previdência Social, mediante contribuição, tem por fim assegurar aos seus **beneficiários do RGPS** (segurados e respectivos dependentes) meios indispensáveis de manutenção, **por motivo de perda ou redução de rendimentos,** decorrentes de:

- **incapacidade para o trabalho** (proteção previdenciária cabível: aposentadoria por incapacidade permanente, auxílio por incapacidade temporária, auxílio-acidente);
- **desemprego involuntário** (por exemplo: seguro-desemprego ao pescador artesanal, administrado pelo INSS, art. 2º da Lei n. 10.779/2003);
- **idade avançada** (por exemplo, aposentadoria por idade ao trabalhador rural);
- **tempo de contribuição** (desde a Reforma da Previdência de 2019 – Emenda Constitucional n. 103/2019, além de tempo de contribuição, a aposentadoria programável exige requisito etário: idade mínima. Há ainda a aposentadoria por tempo de contribuição em prol do segurado pessoa com deficiência, na forma prevista na LC n. 142/2013);
- **exposição do trabalhador a agentes prejudiciais à saúde** (desde a Reforma da Previdência de 2019 – Emenda Constitucional n. 103/2019, além **da comprovação de exposição do trabalhador a agentes prejudiciais à saúde,** a aposentadoria especial exige requisito etário: idade mínima);
- **encargos familiares** (proteção previdenciária cabível: salário-família);
- **maternidade** (fato gerador: parto ou adoção. Proteção previdenciária cabível: salário-maternidade).

O RGPS também protege os familiares do segurado, denominados "dependentes", nas situações de:

- **prisão** do segurado (proteção previdenciária devida ao dependente: auxílio-reclusão); ou
- **óbito do segurado** (proteção previdenciária devida ao dependente: pensão por morte).

A pessoa física pode ser segurado **obrigatório** ou **facultativo**.

Por segurado obrigatório compreende-se toda e qualquer pessoa física que exerça atividade remunerada, enquadrável em uma dentre as cinco categorias relacionadas no art. 11 da **Lei de Benefícios** da Previdência Social – Lei n. 8.213/91:

1) empregado;
2) trabalhador avulso;
3) empregado doméstico;
4) contribuinte individual; e
5) segurado especial.

Por exclusão, todos aqueles que não exerçam atividade remunerada poderão, por livre escolha, ingressar no RGPS, na qualidade de Segurado Facultativo.

> **Atenção!** O exercício de atividade prestada de forma gratuita (graciosa ou voluntária) **não gera filiação obrigatória** à Previdência Social.

O segurado que exercer mais de uma atividade remunerada é filiado, obrigatoriamente, à Previdência Social, em relação a todas as atividades, obedecidas as disposições referentes ao limite máximo do salário de contribuição e da renda mensal inicial.

Dependentes são aqueles que guardam vínculo familiar, afetivo ou conjugal, com o segurado da previdência, previstos no **rol taxativo** do art. 16 da Lei de Benefícios.

A CF, alterada pela EC n. 20/98, proíbe (art. 7º, XXXIII) o desempenho de qualquer trabalho **a menores de 16 anos, salvo na condição de aprendiz, a partir de 14 anos**.

O **limite mínimo de idade para ingresso no RGPS** quer na qualidade de segurado obrigatório, quer na de segurado facultativo, é **de 16 anos**.

Desde a alteração do art. 7º, XXXIII, da CF, ocorrida no ano de 1998, à **exceção do menor aprendiz (admissível a filiação como segurado obrigatório desde os 14 anos)**, nenhuma pessoa física pode filiar-se ao RGPS antes dos 16 anos de idade, nem mesmo como facultativo.

O tema idade mínima para filiação do Regime Geral merece atenção redobrada pelo motivo de as Leis n. 8.212 e 8.213 terem sido editadas no ano de 1991, antes da alteração constitucional promovida pela EC n. 20/98.

Essas duas leis, ao tratarem de idade mínima para filiação, possuem texto em sintonia com a redação **original** do art. 7º, XXXIII, da CF, que vedava o exercício de qualquer trabalho **aos menores de 14 anos de idade**. As Leis n. 8.212 e 8.213 continuam com a redação desatualizada, assim dispondo:

Art. 14 da Lei n. 8.212/91: "É **segurado facultativo o maior de 14 (quatorze) anos de idade** que se filiar ao Regime Geral de Previdência Social, mediante contribuição, na forma do art. 21, desde que não incluído nas disposições do art. 12".

Art. 13 da Lei n. 8.213/91. "É **segurado facultativo o maior de 14 (quatorze) anos** que se filiar ao Regime Geral de Previdência Social, mediante contribuição, desde que não incluído nas disposições do art. 11".

Por outro lado, confira a redação do Decreto Federal n. 3.048, editado no ano de 1999, após a alteração do art. 7º, XXXIII, pela EC n. 20/98:

> Art. 11. É segurado facultativo o maior de dezesseis anos de idade que se filiar ao Regime Geral de Previdência Social, mediante contribuição, na forma do art. 199, desde que não esteja exercendo atividade remunerada que o enquadre como segurado obrigatório da previdência social.

Da mesma forma dispõe a Instrução Normativa n. 77 do INSS/Pres., de 2015, no art. 55: "Podem filiar-se na qualidade de facultativo os maiores de **dezesseis anos**, (...)" e a atual IN 128 INSS/Pres., de 2022, no art. 5º, inciso IV.

Os arts. 14 e 13, respectivamente das Leis n. 8.212 e 8.213, não foram recepcionados pela EC n. 20/98, válido é o art. 11 do Decreto n. 3.048 (e a IN 128 INSS/Pres., de 2022), que fixa a idade mínima para filiação a partir dos 16 anos de idade.

Síntese:

a) a idade mínima para filiação ao RGPS desde a Reforma da Previdência, que ocorreu no ano de 1998 (EC n. 20), é de 16 anos (exceto menor aprendiz aos 14 anos, como segurado obrigatório);

b) as Leis n. 8.212 e 8.213, que são do ano de 1991, ainda não foram atualizadas, estão com a redação original (que não tem mais valia), e permitem a filiação como segurado facultativo a partir dos 14 anos de idade.

Idade mínima categoria: empregado doméstico. É vedada a contratação de menor de 18 anos para desempenho de trabalho doméstico (LC n. 150/2015).

Jurisprudência. Em face da decisão judicial proferida na Ação Civil Pública-ACP 5017267-34.2013.4.04.7100, determinou-se ao INSS que passe a aceitar, como tempo de contribuição, o trabalho **comprovadamente exercido** na categoria de **segurado obrigatório** de **qualquer idade**, exceto o segurado facultativo, bem como, devem ser aceitos os mesmos meios de prova exigidos para o trabalho exercido com a idade permitida. Fundamento: a exigência de idade mínima poderia resultar dupla punição, (a) perda de sua infância em razão do trabalho e (b) não reconhecimento desse período de trabalho para fins de aposentadoria.

Participações artísticas de menores:

a) No campo artístico há possibilidade de atuações de criança e de adolescente desde que haja autorização judicial (necessária a expedição de alvará, para autorizar a participação de menores em espetáculos artísticos), e não se trate de "trabalho" propriamente dito.

b) Assentou o STF, na medida cautelar na Ação Direta de Inconstitucionalidade 5.326, que ausente controvérsia a envolver relação de trabalho, **compete ao Juízo da Infância e da Juventude**, inserido no âmbito da **Justiça Comum**, apreciar, no campo da jurisdição voluntária, pedido de autorização visando a participação de crianças e adolescentes em eventos de caráter artístico.

> **Atenção! Não há limite máximo** de idade para o ingresso de segurado no RGPS.

O RGPS compreende as seguintes prestações, expressas em benefícios (obrigação de dar) e serviços (obrigação de fazer).

O SEGURADO tem direito a duas espécies de:

• Aposentadorias:

a) Aposentadoria por incapacidade permanente (nominada na Lei n. 8.213/91 aposentadoria por invalidez. Nomenclatura alterada pela Reforma da Previdência de 2019 – EC n. 103/2019);

b) Aposentadoria programável, ou simplesmente "aposentadoria voluntária" (depois da EC n.103/2019, há exigência de comprovação de idade mínima somada ao requisito de tempo de contribuição);

c) Aposentadoria especial (depois da EC n. 103/2019, há exigência de comprovação de idade mínima somada a requisito da comprovação de exposição do trabalhador a agentes prejudiciais à saúde);

d) Aposentadoria por idade ao Trabalhador rural;

e) Aposentadoria do segurado pessoa com deficiência (a Lei Complementar n. 142/2013 prevê aposentadoria em duas situações: tempo de contribuição reduzido ou com idade reduzida).

• Duas espécies de auxílios:

a) auxílio por incapacidade temporária (também nominado auxílio-doença);

b) auxílio-acidente.

• Duas espécies de salário:
a) salário-família;
b) salário-maternidade.

O DEPENDENTE faz jus apenas a dois benefícios previdenciários:
a) pensão por morte; e
b) auxílio-reclusão.

E ambos (SEGURADO e DEPENDENTE) têm direito a dois serviços que existem na Previdência: Serviço Social e de Reabilitação Profissional.

> **Atenção!** A MP n. 905/2019 havia excluído o serviço social do rol protetivo da Previdência. No entanto, referida MP n. 905/2019 foi revogada pela MP n. 955/2020).

1.1 PESSOAS TRANSGÊNERAS. REQUISITO ETÁRIO PARA OBTENÇÃO DE BENEFÍCIO

ENUNCIADO 13 APROVADOS na I JORNADA DE DIREITO DA SEGURIDADE SOCIAL, realizado pelo CJF em 22 e 23 de junho de 2023: Nos benefícios programáveis da Previdência Social, será observada a identidade de gênero comprovada no momento da DER para as pessoas transgêneras, transexuais e travestis.

Justificativa: Até que advenha regramento que observe a expectativa de vida da população trans e travesti, além de outros recortes sociais que possam impactar na vida contributiva do segurado, a regra aplicável para a concessão dos benefícios programáveis será aquela que privilegie a identidade de gênero ostentada perante a sociedade. A alteração de prenome e gênero do assento de nascimento irradia os seus efeitos para os demais documentos – dentre eles, CNIS, CTPS, NIT, RG, CPF – e até mesmo produz efeitos sobre terceiros, no caso de seus descendentes, conforme Provimento n. 73/2018. O direito à liberdade, dignidade e autodeterminação inclui o direito ao livre exercício da identidade de gênero para todos os fins, inclusive o previdenciário, não cabendo ao Estado impedi-lo, apenas protegê-lo. O entendimento está consoante o preâmbulo da DUDH, a Declaração de Princípios de Yogyakarta, o princípio da dignidade da pessoa (inciso III do art. 1º da CF), da igualdade material (art. 5º, *caput*, da CF) e da não discriminação.

2. FILIAÇÃO E INSCRIÇÃO

Filiado é aquele que se relaciona com a Previdência Social na qualidade de segurado obrigatório ou facultativo, mediante contribuição ao RGPS.

Filiação é a relação jurídica estabelecida entre a Previdência Social e o Segurado, outorgando direitos e obrigações recíprocos.

Por força constitucional (art. 201) a **filiação da pessoa física que exerça atividade remunerada é obrigatória**, importa dizer, **não existe opção,** o trabalhador deve, independentemente do seu querer, pagar contribuição ao RGPS, e por tal razão é protegido como segurado.

Somente pode ser **filiado** aquele que se relaciona com a Previdência Social na qualidade de segurado obrigatório ou facultativo, mediante contribuição.

> **Atenção!** (1) dependentes e tomadores de serviço NÃO se filiam ao RGPS; (2) "filiação" é termo técnico de uso privativo da Previdência, inexistente no ramo da Saúde e da Assistência Social.

É segurado facultativo a pessoa física que se filiar ao RGPS, mediante contribuição, desde que não esteja exercendo atividade remunerada que o enquadre como segurado obrigatório ao RGPS ou ao Regime Próprio de Previdência Social (RPPS).

A filiação dá-se de duas formas distintas:

a) **Filiação automática:** decorre do exercício de atividade remunerada **para os segurados obrigatórios**.
b) **Filiação condicionada:** mediante prévia inscrição, formalizada com o pagamento da primeira contribuição **para o segurado facultativo**.

Nesse caminhar, ainda que a empresa não faça o registro do seu empregado (o que tipifica, em tese, crime de **Sonegação de contribuição previdenciária**, previsto no art. 337-A do Código Penal[1]), desde o primeiro dia do trabalho, ainda que sem registro em CTPS, é filiado ao RGPS, na categoria de segurado obrigatório do INSS, possuindo direitos previdenciários, porque a filiação decorre do **singelo exercício da atividade remunerada**, pouco importando a data da formalização do vínculo.

Percebe-se que coisa diversa é a formalização da situação jurídica perante o banco de dados da Previdência Social, este ato se denomina "inscrição".

FILIAÇÃO *VS.* INSCRIÇÃO	
Filiação	é a relação jurídica estabelecida entre a Previdência Social e a pessoa física contribuinte na qualidade **de segurado**, outorgando direitos e obrigações recíprocos.
Inscrição	é o cadastro **de pessoa** (sentido amplo: física ou jurídica; tomadora ou prestadora de serviço; segurado ou dependente) perante o Cadastro Nacional de Informações Sociais (CNIS).

O segurado que exercer mais de uma atividade remunerada sujeita ao RGPS é obrigatoriamente filiado em relação a cada uma dessas atividades.

A IN n. 128 do INSS, de 2022, estabelece que não filiado é todo aquele que não possui forma de filiação obrigatória ou facultativa ao RGPS, mas se relaciona com a Previdência Social.

Observadas as formas de filiação, a caracterização do trabalho como urbano ou rural, para fins previdenciários, depende da natureza das atividades efetivamente exercidas pelos segurados obrigatórios e não da natureza da atividade do seu empregador (o enquadramento como trabalhador rural é de extrema importância para a concessão de aposentadoria por idade com redução do requisito etário, art. 201, § 7º, da CF).

A inscrição de segurado dá-se pelo Número de Identificação do Trabalhador (NIT). Enquanto o tomador de serviço deve efetivar sua **matrícula** (inscrição de tomador de serviço) mediante a utilização:

a) do CNPJ para empresas e equiparados a ele obrigados; ou
b) do Cadastro Específico do INSS (CEI) para equiparados à empresa, mas desobrigados da inscrição no CNPJ, exemplos: obra de construção civil; produtor rural contribuinte individual que comercialize sua produção diretamente a consumidor pessoa física; consórcio de produtores rurais; o titular de cartório, sendo a matrícula emitida no nome do titular, ainda que a respectiva serventia seja registrada no CNPJ.

---

[1] Art. 337-A do Código Penal: Figura típica: suprimir ou reduzir contribuição social previdenciária e qualquer acessório, mediante a conduta de omitir de folha de pagamento da empresa ou de documento de informações previsto pela legislação previdenciária **segurados**: empregado, empresário, trabalhador avulso ou trabalhador autônomo ou a este equiparado **que lhe prestem serviços.**

Presentes os pressupostos da filiação, **admite-se** a inscrição *post mortem* do segurado especial, desde que obedecidas as condições para sua caracterização.

> **Atenção!** A Lei n. 13.846/2019 incluiu o § 7º no art. 17 da Lei n. 8.213/91: "**Não será admitida** a inscrição *post mortem* de segurado contribuinte individual e de segurado facultativo".

INSCRIÇÃO *POST MORTEM*	
Admite-se	**Não será admitida**
do segurado especial	do segurado contribuinte individual
	do segurado facultativo

A Lei n. 8.213 (art. 17, § 1º) determina que incumbe ao dependente promover a sua inscrição **quando do requerimento do benefício** a que estiver habilitado. A inscrição do dependente não é prévia! Os dependentes apenas se apresentam ao INSS quando forem requerer o benefício (de pensão por morte ou de auxílio-reclusão).

3. RELAÇÃO JURÍDICA DE PROTEÇÃO. TEORIA UNITÁRIA E ESCISIONISTA

De caráter cogente, a relação jurídica de benefício e de serviços no Regime Geral de Previdência Social é entabulada, de um lado, pelos segurados obrigatórios, revestidos da roupagem de sujeito ativo, e, na outra extremidade, pela Previdência Social, simbolizada pelo INSS, na qualidade de sujeito passivo.

Dessa relação jurídica decorre em prol do sujeito ativo o direito público subjetivo de exigir do INSS amparo previdenciário sempre que comprovada a situação de necessidade contemplada na lei, que repercuta, como regra, na redução (ou perda) de rendimentos ou aumento das despesas no seio familiar.

Duas são as teorias que explicam o fenômeno da cobertura previdenciária. A primeira, denominada **unitária**, é a que atribui direito à percepção de benefícios no RGPS àqueles que se revestem da situação jurídica de contribuintes. Diante do caráter contributivo exigido constitucionalmente (art. 201), apenas podem se valer de benefícios os que mantenham a regularidade contributiva ao subsistema da Previdência.

Trata-se de relação una, indissociável, contemplando na posição de domínio e de contradomínio, a um só tempo, o ente público, com direito subjetivo a exigir tributo do sujeito passivo, e o segurado, com direito subjetivo a benefícios e serviços em face do INSS.

Em virtude do sinalagma imanente à **teoria unitária**, não satisfeita a via contributiva (dever), resta inviabilizada a proteção previdenciária (direitos).

A relação jurídica firmada com o segurado facultativo é calcada na teoria unitária, logo, a cobertura previdenciária decorre da imprescindível regularidade contributiva.

De outra margem, a **teoria escisionista**[2] **(separatista)** baseia-se na independência das relações jurídicas. Segundo se dessume dessa teoria, a situação jurídica de "segurado obrigatório" decorre do singelo exercício do trabalho remunerado.

O empregado, o trabalhador avulso, o empregado doméstico, o segurado especial e o contribuinte individual são segurados obrigatórios da Previdência desde o primeiro dia que realizam o fato

---

[2] Berbel, Fábio Lopes Vilela. *Teoria geral da previdência social*. São Paulo: Quartier Latin, 2005, p. 119 e s.

social "trabalho remunerado", e desde esse marco estão protegidos pela apólice constitucional previdenciária.

A relação de custeio é diversa e não se confunde com a de benefício. Aquela é afeta ao Ministério da Fazenda (contribuição previdenciária), enquanto esta, ao Ministério responsável pela Previdência (benefícios e serviços).

Na conjuntura atual do Seguro Social, a teoria escisionista (separatista) é acolhida de forma nítida em dois institutos, a saber, **automaticidade das prestações** e **período de graça**.

Os segurados empregado e avulso, com fulcro no princípio da automaticidade das prestações, têm a garantia de fruição de benefício **ainda que o responsável tributário** não tenha satisfeito a relação de custeio (arts. 34, I, e 35 da Lei n. 8.213/91).

É de se ressaltar que esses segurados obrigatórios não são responsáveis pelo recolhimento de sua contribuição previdenciária. Para esses, a relação de custeio é integrada por terceira pessoa, denominado responsável tributário, o empregador ou o órgão gestor de mão de obra.

Outra nota quanto à adoção da doutrina escisionista que merece destaque é o art. 15 da Lei n. 8.213/91, ao assegurar *status* de segurado **(período de graça)**, durante certo lapso temporal, com direito à percepção de benefícios previdenciários, **àquele que não mais verte contribuições** ao regime de previdência.

Veja a cabeça do dispositivo, que evidencia o desatrelamento da roupagem jurídica de segurado da compulsoriedade das contribuições previdenciárias: "Mantém a qualidade de segurado, independentemente de contribuições".

4. SEGURADOS OBRIGATÓRIOS

Por segurados obrigatórios, compreendem-se todos aqueles que exerçam atividade remunerada. Portanto, o marco fundador da proteção social é exercício de trabalho remunerado.

A pessoa física prestadora de serviço, desde que exerça atividade remunerada, ressalvado tão só o servidor público detentor de regime próprio de previdência, é segurado obrigatório do RGPS.

Extremamente recomendada a leitura dos arts. 11, 12 e 13 da Lei n. 8.213 e arts. 9º ao 11 do Decreto Federal n. 3.048/99.

4.1 Empregado

É aquele que presta serviço de natureza urbana ou rural **a tomador de serviço caracterizado ou equiparado à empresa**, em caráter não eventual, sob subordinação jurídica e mediante remuneração, **inclusive como diretor-empregado**.

Considera-se diretor-empregado aquele que, participando ou não do risco econômico do empreendimento, seja contratado ou promovido para cargo de direção das sociedades anônimas, mantendo as características inerentes à relação de emprego.

Subordinação, habitualidade e remuneração são as características exigidas pelo art. 3º da CLT à definição de empregado[3].

Note-se que somente pessoa física prestadora de serviço pode ser enquadrada como empregado, ao passo que, na outra extremidade, o tomador de serviço será enquadrado sempre como "empresa", que, segundo a dicção do art. 14 da Lei n. 8.213/91, compreende: a firma individual ou sociedade que assume o risco de atividade econômica urbana ou

---

[3] Art. 3º da CLT: "Considera-se empregado toda pessoa física que prestar serviços de natureza não eventual a empregador, sob a dependência deste e mediante salário".

rural, com **fins lucrativos ou não (por exemplo, uma entidade beneficente de assistência a crianças com câncer é empresa. Quem prestar serviços não voluntários a essa entidade sem fins lucrativos será segurado obrigatório, na categoria de empregado)**, bem como os **órgãos e entidades da Administração pública direta, indireta e fundacional**.

Equipara-se à empresa, para os efeitos previdenciários:

a) o contribuinte individual em relação a segurado que lhe presta serviço (por exemplo, advogado ou engenheiro que possuam secretária são equiparados à empresa. Por conseguinte, a secretária que lhes presta serviço com habitualidade, subordinação jurídica e remuneração é segurada obrigatória, na categoria de empregado);

b) a **cooperativa**. A definição de cooperativa encontra-se na Lei n. 12.690/2012:

> Art. 2º Considera-se Cooperativa de Trabalho a sociedade constituída por trabalhadores para o exercício de suas atividades laborativas ou profissionais com proveito comum, autonomia e autogestão para obterem melhor qualificação, renda, situação socioeconômica e condições gerais de trabalho.

Por cooperativa compreende-se o resultado formal da união jurídica de contribuintes individuais, quer para prestar serviços, quer para fabricar produtos (art. 4º da Lei n. 12.690/2012).

Os cooperados da cooperativa não são empregados; são contribuintes individuais. Todavia, a cooperativa equipara-se à empresa e por essa razão pode ter empregados, por exemplo, secretária;

c) a associação ou entidade de qualquer natureza ou finalidade, a missão diplomática e a repartição consular de carreira estrangeiras;

d) a pessoa física na condição de proprietário ou dono de **obra de construção civil**, em relação a segurado que lhe presta serviço (redação dada pela Lei n. 13.202/2015).

A Lei n. 8.213/91 (art. 12) veda, expressamente, a filiação ao RGPS dos servidores públicos, ocupantes de cargo efetivo, da União, dos Estados, do Distrito Federal e dos Municípios, bem como das respectivas autarquias e fundações, **desde que amparado** por Regime Próprio de Previdência.

> **Atenção!** A Reforma da Previdência de 2019 vedou a instituição de novos regimes próprios de previdência social (art. 40, § 22, da CF).

A título de exceção, não tendo a pessoa de direito público interno criado regime previdenciário próprio aos seus servidores, como ainda ocorre em muitos Municípios em nosso país, tornar-se-ão os respectivos servidores públicos segurados obrigatórios do RGPS, na qualidade de "empregado".

No caso de extinção de regime próprio municipal de previdência social, o Município assumirá integralmente a responsabilidade pelo pagamento dos benefícios concedidos durante a sua vigência, bem como daqueles benefícios cujos requisitos necessários a sua concessão foram implementados anteriormente à extinção do regime próprio de previdência social (art. 34 da EC n. 103/2019 e art. 10 da Lei n. 9.717/97).

A Lei n. 8.213/91 enquadra, entre outros, na categoria empregado:

- trabalhador temporário, aquele que presta serviço a uma empresa, para atender à **necessidade transitória** de substituição de seu pessoal regular e permanente ou para atender a **acréscimo extraordinário** de serviço, usando a intermediação de empresa locadora de mão de obra temporária;

- menor aprendiz (a partir dos 14 anos de idade, sujeito à formação profissional metódica do ofício em que exerça o seu trabalho);
- ocupante de cargo exclusivamente em comissão;
- cargo temporário;
- emprego público;
- servidor público **desde que** não amparado por regime próprio;
- detentor de mandato eletivo federal, estadual ou municipal **desde que** não amparado por regime próprio.

4.1.1 Compreensão

Responda[4]: (ANALISTA JUDICIÁRIO – ÁREA JUDICIÁRIA – TRT 15ª REGIÃO – FCC – 2013) É segurado obrigatório, no Regime Geral da Previdência Social, como empregado:

(A) o exercente de mandato eletivo federal, estadual ou municipal, desde que não vinculado a regime próprio de previdência social.
(B) aquele que presta serviço de natureza contínua a pessoa ou família, no âmbito residencial desta, em atividades sem fins lucrativos.
(C) aquele que presta serviço de natureza urbana ou rural à empresa, em caráter não eventual, sob sua subordinação e mediante remuneração, excluídos quaisquer diretores.
(D) o servidor público ocupante de cargo em comissão, com vínculo efetivo com a União, autarquias e fundações públicas federais.
(E) o ministro de confissão religiosa e o membro de instituto de vida consagrada, de congregação ou de ordem religiosa.

4.2 Territorialidade

Não importa tratar-se de nacional (nato ou naturalizado), ou de estrangeiro, todo aquele que exercer atividade remunerada dentro do perímetro de compreensão do solo brasileiro, mediante subordinação jurídica e habitualidade, a tomador de serviço, é caracterizado, obrigatoriamente, como segurado obrigatório, na categoria de empregado.

O art. 15, parágrafo único, da Lei n. 8.212/91, arrola como "equiparado à empresa", além das duas figuras referidas no tópico adrede:

I) a associação ou entidade de qualquer natureza ou finalidade (por exemplo, organismo oficial internacional ou estrangeiro em funcionamento no Brasil);
II) a missão diplomática; e
III) a repartição consular de carreiras estrangeiras.

Em havendo, por exemplo, uma unidade da ONU (Organização das Nações Unidas) ou da OMS (Organização Mundial da Saúde) em funcionamento no Brasil, esse organismo oficial é equiparado à empresa. Da mesma forma, uma repartição consular (Consulado da França, da Espanha, do Canadá etc.).

E, ainda, a visita oficial do Presidente dos Estados Unidos da América ao Brasil trata-se de missão diplomática temporária, ou de uma embaixada (missão diplomática permanente).

---
[4] Resposta: Letra "A".

Segundo apregoa o art. 11, I, *d* e *i*, da Lei n. 8.213/91, caso qualquer deles venha a contratar um motorista[5], uma cozinheira, uma secretária (com habitualidade, subordinação e remuneração), em território brasileiro, essa pessoa física prestadora de serviço será **segurado obrigatório do RGPS, na categoria de empregado**.

Exceção à filiação obrigatória. Estão **excluídas do RGPS** as pessoas físicas contratadas para prestação de serviço no território nacional:

a) pelo organismo oficial internacional ou estrangeiro em funcionamento no Brasil **quando cobertas por regime próprio** de previdência social;
b) **o brasileiro amparado pela legislação previdenciária do país da respectiva missão diplomática ou repartição consular**;
c) o **não brasileiro sem residência permanente no Brasil** que prestar serviços a **missão diplomática ou repartição consular**.

4.3 Extraterritorialidade

A prestação de serviços em outros países, como regra, não gera filiação à Previdência Social Brasileira. Trabalhadores, por exemplo, em fábricas no Japão, ou em restaurantes nos Estados Unidos, ainda que brasileiros, não são segurados obrigatórios do INSS.

Como exceção à regra, as Leis n. 8.212 (art. 12, I, *c*, *e*, e *f*) e 8.213 (art. 11, I, *c*, *e*, e *f*) admitem a filiação obrigatória, na categoria de segurado empregado, de pessoa física prestadora de serviço remunerado em território estrangeiro, unicamente se o tomador de serviço for:

a) **a União**;
b) **empresa brasileira**;
c) empresa domiciliada no exterior, cuja **maioria do capital votante pertença a empresa brasileira de capital nacional**.

São segurados obrigatórios, na categoria de empregado:

- o brasileiro ou estrangeiro **domiciliado e contratado no Brasil** para trabalhar **como empregado em sucursal ou agência de empresa nacional no exterior**;
- **o brasileiro civil** que **trabalha para a União, no exterior**, em organismos oficiais brasileiros ou internacionais dos quais o Brasil seja membro efetivo, **ainda que lá domiciliado e contratado, salvo se segurado** na forma da legislação vigente do país do domicílio;
- o brasileiro ou estrangeiro domiciliado e contratado no Brasil **para trabalhar como empregado em empresa domiciliada no exterior**, cuja maioria do capital votante pertença a empresa brasileira de capital nacional.

4.4 Trabalhador avulso

É aquele que, sindicalizado ou não, presta serviço de natureza urbana ou rural a diversas empresas, **sem vínculo empregatício, com intermediação obrigatória** do órgão gestor de mão de obra (OGMO), nos termos da Lei n. 8.630/93, ou sindicato da categoria.

---

[5] Note-se, se contratarem um serviço de um taxista, este é contribuinte individual, pois não possui habitualidade, nem subordinação jurídica.

Enquanto a habitualidade caracteriza o empregado, a eventualidade define o trabalhador avulso.

Exemplos de trabalhadores avulsos são aqueles que exercem atividade portuária de capatazia, estiva, conferência e conserto de carga, vigilância de embarcação e bloco; trabalhadores de estiva de mercadorias de qualquer natureza, inclusive carvão e minério; os **trabalhadores em alvarenga** (embarcação para carga e descarga de navios); os amarradores de embarcação; os ensacadores de café, cacau, sal e similares; os trabalhadores na indústria de extração de sal; os carregadores de bagagem em porto.

Em atenção ao comando constitucional do art. 7º, XXXIV, a Lei n. 8.213/91 assegura ao trabalhador avulso os mesmos direitos existentes ao segurado na categoria empregado. Anote, todos os benefícios e serviços previdenciários são alcançáveis pelo segurado incluso na categoria de empregado ou na de trabalhador avulso.

Todas as outras categorias de segurados possuem restrições de direitos previdenciários. Por exemplo, qual categoria de segurado faz jus a auxílio-acidente? Qualquer resposta que não inclua o empregado e o trabalhador avulso estará incorreta.

Sobre o auxílio-acidente, diz o art. 18, § 1º, da Lei n. 8.213/91, que somente poderão beneficiar-se desse benefício o segurado na categoria: empregado, empregado doméstico, trabalhador avulso e segurado especial (a inclusão do empregado doméstico entre os beneficiários de auxílio-acidente é novidade trazida pela LC n. 150/2015).

4.5 Empregado doméstico

O prestador de serviço de natureza contínua à pessoa ou família, empregado doméstico, tornou-se segurado obrigatório da Previdência Social a partir da competência abril de 1973, vigência do Decreto n. 71.885, que regulamentou a Lei n. 5.859/72.

Com o advento da EC n. 72/2013, que deu nova redação ao parágrafo único do art. 7º da CF, aos trabalhadores domésticos foram assegurados novos direitos, desde que atendidas as condições estabelecidas em lei e observada a simplificação do cumprimento das obrigações tributárias, principais e acessórias, decorrentes da relação de trabalho e suas peculiaridades.

Dentre os direitos previstos no art. 7º da CF, estão, entre outros:

- II (seguro-desemprego, em caso de desemprego involuntário);
- III (FGTS);
- XII (salário-família pago em razão do dependente do trabalhador de baixa renda); e
- XXVIII (seguro contra acidentes de trabalho, a cargo do empregador), bem como a sua integração à previdência social.

No ano de 2015, foi editada a Lei Complementar n. 150 com o intento de dar concretude às disposições contidas no parágrafo único do art. 7º da Constituição Federal, na redação atribuída pela Emenda Constitucional n. 72/2013, que ampliou direitos trabalhistas e previdenciários dos trabalhadores domésticos.

A LC n. 150/2015 conceituou o empregado doméstico como aquele que presta serviços de forma contínua, subordinada, onerosa e pessoal e de finalidade não lucrativa à pessoa ou à família, no âmbito residencial destas, **por mais de dois** dias por semana.

São considerados domésticos, dentre outros, o motorista particular, a cozinheira, a lavadeira, o jardineiro, a babá, a copeira, o caseiro de sítio de veraneio e de casa de praia, a governanta, a passadeira, o mordomo etc.

Idade mínima. É vedada a contratação de menor de 18 anos para desempenho de trabalho doméstico (categoria: empregado doméstico), de acordo com a Convenção n. 182, de 1999, da Organização Internacional do Trabalho (OIT).

De observar que os serviços prestados pelo empregado doméstico não podem gerar lucro ao empregador doméstico. Caso haja fins lucrativos por parte do tomador de serviço, aquele que presta serviço será enquadrado como empregado, e não empregado doméstico.

No ritmo de ampliação de direitos, com o advento da LC n. 150/2015 o segurado na categoria empregado doméstico passou a ter direito:

- à proteção em decorrência de **acidente de trabalho** (bem como doença relacionada ao ambiente do trabalho), ante a nova redação do art. 19 da Lei n. 8.213/91;
- ao benefício **auxílio-acidente** (por causa relacionada ou não ao trabalho), ante a nova redação do art. 18, § 1º, da Lei n. 8.213/91;
- ao benefício de **salário-família**, nova redação art. 65 da Lei n. 8.213/91;
- ao seguro-desemprego, na situação de desemprego involuntário, no valor de um salário mínimo, por período máximo de 3 meses, por força do art. 26 da LC n. 150/2015.

O empregador doméstico é obrigado a arrecadar e a recolher a contribuição do segurado empregado a seu serviço alíquotas de 7,5%, 9%, 12% ou 14%, conforme enquadramento em faixas salariais definida a partir de 1º de maio de 2023 pela Portaria Interministerial MPS/MF n. 27/2023:

SALÁRIO DE CONTRIBUIÇÃO (R$)	ALÍQUOTA INSS
até 1.320,00	7,5%
de 1.302,01 até 2.571,29	9%
de 2.571,30 até 3.856,94	12%
de 3.856,95 até 7.507,49	14%

Vigência a partir de 1º-1-2024 (Portaria Interministerial MPS/MF n. 2, de 11-1-2024):

SALÁRIO DE CONTRIBUIÇÃO (R$)	ALÍQUOTA PROGRESSIVA
até 1.412,00	7,5%
de 1.412,01 até 2.666,68	9%
de 2.666,69 até 4.000,03	12%
de 4.000,04 até 7.786,02	14%

O empregador doméstico também fica obrigado a recolher a parcela a seu cargo (tomador de serviço: alíquota de 8% + 0,8% a título de SAT), ambas (contribuição própria e a de seu empregado doméstico) **até o dia 7** do mês seguinte ao da competência. Atenção: se dia 7 não for dia útil, **o vencimento é "antecipado"** para o primeiro dia útil imediatamente anterior.

Sobre a data do recolhimento, a redação do inciso V do art. 30 da Lei n. 8.212/91, foi alterada pela Lei n. 14.438/2022, que estabelece nova data para o empregador doméstico recolher a contribuição do segurado empregado a seu serviço e a parcela a seu cargo, até o vigésimo dia do mês seguinte ao da competência, porém, esse novo regramento depende de regulamentação.

A nova redação do art. 34, I, da Lei n. 8.213/91 determina que no cálculo do valor da renda mensal do benefício do empregado doméstico, inclusive o decorrente de acidente do trabalho, serão computados os salários de contribuição referentes aos meses de contribuições devidos, **ainda que não recolhidos** pelo empregador doméstico.

4.6 Contribuinte individual

Os segurados denominados na redação original da Lei de Benefícios "empresário", "trabalhador autônomo" e "equiparado a trabalhador autônomo", a partir de 29-11-1999, com a Lei n. 9.876, foram agrupados em uma única categoria com a denominação "contribuinte individual".

O contribuinte individual (CI), ao exercer atividade remunerada, é considerado segurado obrigatório perante o RGPS, devendo proceder à sua própria inscrição.

Consideram-se contribuintes individuais, entre outros:

- **profissional liberal**, que exerce atividade de natureza urbana ou rural, em caráter eventual, a uma ou mais empresas sem relação de emprego (*atividade em caráter eventual é atividade prestada de forma não contínua e esporádica, sem subordinação jurídica*);
- a pessoa física que exerce, por conta própria, atividade econômica de natureza urbana, com fins lucrativos ou não;
- titular de firma individual de natureza urbana ou rural;
- diretor não empregado e o membro do conselho de administração da Sociedade Anônima;
- os sócios nas sociedades em nome coletivo;
- o sócio-gerente e o sócio cotista **que recebam remuneração** (pró-labore) decorrente de seu trabalho na sociedade por cotas de responsabilidade limitada, urbana ou rural;
- o associado eleito para cargo de direção na cooperativa, associação ou entidade de qualquer natureza ou finalidade;
- o síndico ou administrador eleito para exercer atividade de direção condominial, **desde que recebam remuneração, ou que estejam isentos** da taxa de condomínio;
- pintores, eletricistas, encanadores e outros que prestam serviços em âmbito residencial, de forma não contínua, sem vínculo empregatício;
- cabeleireiro, manicure, esteticista e profissionais congêneres, quando exercerem suas atividades em salão de beleza, por conta própria;
- o comerciante ambulante (camelô);
- o membro de conselho fiscal de sociedade anônima;
- o trabalhador associado à cooperativa de trabalho que, por intermédio desta, presta serviços a terceiros;
- **o trabalhador diarista** que presta serviços de natureza não contínua na residência de pessoa ou família, **por até dois dias na semana**, em atividade doméstica que não enseja lucro ao tomador de serviço;
- o feirante-comerciante que compra para revender produtos hortifrutigranjeiros e assemelhados;
- médico residente; árbitros de jogos desportivos, notários e tabeliães.

Para o CI classificado como MEI (microempreendedor individual) a inscrição dá-se por meio do Portal do Empreendedor, no sítio www.portaldoempreendedor.gov.br, sendo os dados enviados eletronicamente ao CNIS.

Merece especial destaque o ministro de confissão religiosa e o **membro de instituto de vida consagrada, de congregação ou de ordem religiosa**, considerados como tais aqueles que fizeram votos temporários ou perpétuos ou compromissos equivalentes que os habilitem ao exercício estável da atividade religiosa, **a exemplo do padre, freira, bispo, madre**. A Lei n. 8.213/91 os enquadra como segurados obrigatórios, na categoria de contribuinte individual.

O Brasil é Estado laico, leigo, não há religião oficial, por conseguinte, independentemente da crença praticada, o membro da confissão religiosa será obrigatoriamente segurado do RGPS, na categoria contribuinte individual, devendo contribuir mensalmente com a Previdência Social, na forma disposta no art. 21 da Lei n. 8.212/91.

Observe-se, entretanto, que **não se consideram como remuneração** direta ou indireta, para fins previdenciários, os valores despendidos pelas entidades religiosas e instituições de ensino vocacional com ministro de confissão religiosa, membros de instituto de vida consagrada, de congregação ou de ordem religiosa em face do seu mister religioso ou para sua subsistência (**côngrua, prebenda**), desde que fornecidos em condições que independam da natureza e da quantidade do trabalho executado.

A Lei n. 13.137/2015 estabeleceu que os critérios informadores dos valores despendidos pelas entidades religiosas e instituições de ensino vocacional **aos ministros de confissão religiosa, membros de vida consagrada**, de congregação ou de ordem religiosa **não são taxativos e sim exemplificativos**.

Pontuou-se, ainda, que os valores despendidos, **ainda que pagos de forma e montante diferenciados**, em pecúnia ou a título de ajuda de custo de moradia, transporte, formação educacional, vinculados exclusivamente à atividade religiosa **não configuram remuneração direta ou indireta**.

4.7 Extraterritorialidade

Conforme já estudado em item anterior, a prestação de serviços em outros países, como regra, não gera filiação à Previdência Social brasileira.

A título de exceção há situações nas quais a lei admite a filiação à Previdência brasileira, qualificando o prestador de serviço como segurado obrigatório na categoria de empregado.

As Leis n. 8.212 (art. 12, V, *e*) e 8.213 (art. 11, V, *e*) admitem **apenas uma situação** de serviço prestado por pessoa física em território estrangeiro que gera filiação à nossa previdência na **categoria de "contribuinte individual"**.

Somente o brasileiro civil que trabalha **no exterior para organismo oficial** internacional do qual **o Brasil é membro efetivo, ainda que lá domiciliado e contratado**, salvo quando coberto por regime próprio de previdência social.

Note-se a diferença com outra situação que gera filiação obrigatória na categoria de "empregado", prevista nas Leis n. 8.212 (art. 12, I, *e*) e 8.213 (art. 11, I, *e*): brasileiro civil **que trabalha para a União, no exterior, em organismos oficiais** brasileiros ou internacionais dos quais o Brasil seja membro efetivo, ainda que lá domiciliado e contratado, salvo se segurado na forma da legislação vigente do país do domicílio.

Se o brasileiro civil for contratado diretamente pelo organismo oficial será "contribuinte individual". Caso seja contrato pela União (Governo Brasileiro) para trabalhar no organismo oficial será "empregado".

4.7.1 Compreensão

Responda[6]: (38º EXAME OAB – FGV – 2023/julho) Manoel, empresário do segmento de alimentação, desempenha suas atividades como sócio administrador de sua sociedade empresária,

---
[6] Resposta: Letra "B".

a qual desenvolve suas atividades em mais de uma cidade, recebendo seu pró-labore regularmente. Além da condição de empresário, Manoel também é engajado em diversas ações voluntárias em prol de pessoas carentes.

Diante dessa realidade, sobre os direitos previdenciários de Manoel assinale a afirmativa correta.

A) Devido à atividade beneficente de Manoel, ele poderá verter contribuições ao Regime Geral de Previdência Social na condição de facultativo, além de seus aportes como empresário.

B) Na condição de empresário administrador de sua sociedade empresária, Manoel é segurado obrigatório do Regime Geral de Previdência Social, como contribuinte individual.

C) Manoel, na condição de administrador de sua sociedade, não poderá aposentar-se por invalidez, tendo em vista a prestação ser restrita a segurados empregados, somente.

D) Manoel, caso encerre suas atividades profissionais, não poderá manter recolhimentos ao Regime Geral de Previdência Social, haja vista a perda da qualidade de segurado.

4.8 Segurado especial

São o produtor, o parceiro, o meeiro e o arrendatário rurais, o pescador artesanal e seus assemelhados, que exerçam essas atividades individualmente ou em regime de economia familiar, **admitido o auxílio eventual de terceiros**, significa dizer, permitida a contratação episódica de mão de obra assalariada, desde que por menos de 120 dias no ano civil, em períodos corridos ou intercalados.

Entende-se como regime de economia familiar a atividade em que o trabalho dos membros da família é indispensável à própria subsistência e ao desenvolvimento socioeconômico do núcleo familiar e é exercido em condições de mútua dependência e colaboração, **sem a utilização de empregados permanentes**.

Todos os membros da família (cônjuges ou companheiros e **filhos maiores de 16 anos de idade** ou a eles equiparados) que trabalham na atividade rural, no próprio grupo familiar, são considerados segurados especiais.

A inscrição de segurado especial e dos membros do respectivo grupo familiar deverá ser efetuada, preferencialmente, pelo membro da família que detiver a condição de proprietário, possuiro, parceiro, meeiro, comodatário ou arrendatário rurais, pescador artesanal ou assemelhado.

A Lei de Benefícios garantiu aos segurados especiais a percepção de alguns benefícios, art. 39, I e II **(aposentadoria por idade ou por invalidez, auxílio-doença, e aos dependentes: auxílio-reclusão e pensão)**, todos no valor de um salário mínimo. Fazem jus, também, ao **auxílio-acidente**, conforme a previsão constante dos arts. 39, I (redação dada pela Lei n. 12.873/2013), e 18, § 1º, da Lei n. 8.213/91, no **valor de meio** salário mínimo.

O segurado especial não tem direito à aposentadoria por tempo de contribuição (essa modalidade de aposentadoria foi modificada pela Reforma da Previdência de 2019, ficando atrelada a requisito etário).

Caso queira ter direito aos demais benefícios (como aposentadoria por tempo de contribuição, espécie adstrita a requisito etário após a EC n. 103/2019) ou benefícios com valor superior a um salário mínimo, o segurado especial **deve também contribuir** como segurado facultativo e cumprir a carência exigida para o benefício.

Matéria, inclusive, sumulada pelo STJ:

> Súmula 272: O trabalhador rural, na condição de segurado especial, sujeito à contribuição obrigatória sobre a produção rural comercializada, somente faz jus à aposentadoria por tempo de serviço, se recolher contribuições facultativas.

São caracterizados como segurados especiais, desde que não tenham empregados permanentes:

- PARCEIRO: aquele que, comprovadamente, tem contrato de parceria com o proprietário da terra, desenvolve atividade agrícola, pastoril ou hortifrutigranjeira, partilhando os lucros, conforme pactuado;
- MEEIRO: aquele que, comprovadamente, tem contrato com o proprietário da terra, exerce atividade agrícola, pastoril ou hortifrutigranjeira, dividindo os rendimentos obtidos;
- ARRENDATÁRIO: aquele que, comprovadamente, utiliza a terra, mediante pagamento de aluguel ao proprietário do imóvel rural, para desenvolver atividade agrícola, pastoril ou hortifrutigranjeira;
- COMODATÁRIO: aquele que, comprovadamente, explora a terra pertencente a outra pessoa, por empréstimo gratuito, por tempo determinado ou não, para desenvolver atividade agrícola, pastoril ou hortifrutigranjeira;
- CONDÔMINO: aquele que se qualifica individualmente como explorador de áreas de propriedades definidas em percentuais;
- **PESCADOR ARTESANAL** é aquele que, individualmente ou em regime de economia familiar, faz da pesca sua profissão habitual ou principal meio de vida, desde que **não utilize embarcação ou utilize embarcação de pequeno porte** (quando possui arqueação bruta – AB igual ou menor que 20), e é **assemelhado ao pescador artesanal** aquele que realiza atividade de apoio à pesca artesanal, exercendo trabalhos de confecção e de reparos de artes e petrechos de pesca e de reparos em embarcações de pequeno porte ou atuando no processamento do produto da pesca artesanal. São considerados pescadores artesanais, também, os mariscadores, caranguejeiros, catadores de algas, observadores de cardumes, entre outros que exerçam as atividades de forma similar.

A Lei n. 11.718/2008 trouxe algumas definições importantes sobre o segurado especial:

a) pequena propriedade rural, é aquela cujo tamanho não excede a **quatro** módulos **fiscais**;
b) pode utilizar excepcionalmente de empregados, em épocas de colheita (poderá realizar contratação de trabalhador rural **por prazo determinado** por pequeno prazo para o exercício de atividades de natureza temporária, **em épocas de safra**), limitada a contratação até 120 pessoas no prazo máximo de 120 dias no ano[7];
c) **Não descaracteriza a condição de segurado especial:**
   I – a outorga, por meio de contrato escrito de parceria, meação ou comodato, de até 50% de imóvel rural cuja área total **não seja superior a quatro módulos fiscais,** desde que outorgante e outorgado **continuem a exercer a respectiva atividade, individualmente ou em regime de economia familiar**;
   II – a exploração da **atividade turística da propriedade rural**, inclusive com hospedagem, **por não mais de 120 dias** ao ano;

---

[7] § 7º do art. 11 da Lei n. 8.213/91, com redação atribuída pela Lei n. 11.718/2008: "O grupo familiar poderá utilizar-se de empregados contratados por **prazo determinado** ou de trabalhador de que trata a alínea *g* do inciso V do *caput* deste artigo, **em épocas de safra**, à razão de, no máximo, 120 (cento e vinte) pessoas/dia no ano civil, em períodos corridos ou intercalados ou, ainda, por tempo equivalente em horas de trabalho".

III – a **participação em plano de previdência complementar** instituído por entidade classista a que seja associado **em razão da condição de trabalhador rural ou de produtor rural em regime de economia familiar**;

IV – ser beneficiário ou fazer parte de grupo familiar que tem **algum componente que seja beneficiário de programa assistencial** oficial de governo;

V – a **utilização pelo próprio grupo familiar**, na exploração da atividade, de processo de beneficiamento ou industrialização **artesanal** (considera-se processo de beneficiamento ou industrialização artesanal aquele realizado diretamente pelo próprio produtor rural pessoa física, desde que **não esteja sujeito à incidência** do Imposto Sobre Produtos Industrializados – IPI);

VI – a associação em cooperativa agropecuária ou de crédito rural (Lei n. 13.183/2015);

VII – a incidência do Imposto Sobre Produtos Industrializados (IPI) sobre o produto das atividades desenvolvidas quando houver a **participação do segurado especial em sociedade empresária, em sociedade simples, como empresário individual ou como titular de empresa individual de responsabilidade limitada** de objeto ou âmbito **agrícola, agroindustrial ou agroturístico**, considerada microempresa nos termos da Lei Complementar n. 123/2006, **não o exclui de tal categoria previdenciária, desde que, mantido o exercício da sua atividade rural** em que o trabalho dos membros da família é indispensável à própria subsistência e ao desenvolvimento socioeconômico do núcleo familiar, e que **a pessoa jurídica componha-se apenas de segurados de igual natureza** e sedie-se no mesmo Município ou em Município limítrofe àquele em que eles desenvolvam suas atividades rurais.

d) **Não é segurado especial** o membro de grupo familiar **que possuir outra fonte de rendimento**, **exceto** se decorrente de:

I – Benefício de pensão por morte, auxílio-acidente ou auxílio-reclusão, **cujo valor não supere o do menor benefício de prestação continuada** da Previdência Social;

II – Benefício previdenciário pela **participação em plano de previdência complementar** instituído por entidade classista a **que seja associado** em razão da condição de trabalhador rural ou de produtor rural em regime de economia familiar;

III – exercício de **atividade remunerada em período não superior a 120 dias**, corridos ou intercalados, no ano civil, observado que não é dispensado do recolhimento da contribuição devida em relação ao exercício dessa atividade remunerada (a permissão refere-se ao período entressafra, no qual, por não haver trabalho na área rural, admite-se exercício de labor na área urbana por até 120 dias);

IV – Exercício de **mandato eletivo de dirigente sindical** de organização da categoria de **trabalhadores rurais**;

V – Exercício de **mandato de vereador do Município em que desenvolve a atividade rural** ou de **dirigente de cooperativa rural constituída, exclusivamente, por segurados especiais**, observado que não é dispensado do recolhimento da contribuição devida em relação ao exercício dessas atividades remuneradas;

VI – **parceria ou meação** outorgada, por meio de contrato escrito de parceria, meação ou comodato, de até 50% de imóvel rural **cuja área total não seja superior a**

quatro módulos fiscais, desde que outorgante e outorgado continuem a exercer a respectiva atividade, individualmente ou em regime de economia familiar;

VII – **atividade artesanal** desenvolvida com matéria-prima produzida pelo respectivo grupo familiar, podendo ser utilizada matéria-prima de outra origem, **desde que a renda mensal obtida na atividade não exceda ao menor benefício** de prestação continuada da Previdência Social (ou seja, de até um salário mínimo); e

VIII – **atividade artística**, desde que em valor mensal inferior ao menor benefício de prestação continuada da Previdência Social (ou seja, de até um salário mínimo).

O "índio" será segurado especial se exercer atividade rural em regime de economia familiar. Nesse exato sentido determina a Instrução Normativa n. 128 do INSS/Pres., de 2022, art. 109, §§ 4º e 5º (n. 77 do INSS/Pres., de 2015, no art. 39), enquadra-se como segurado especial o indígena reconhecido pela Fundação Nacional do Índio (FUNAI), inclusive o artesão que utilize matéria-prima proveniente de extrativismo vegetal, independentemente do local onde resida ou exerça suas atividades, sendo irrelevante a definição de indígena aldeado, não aldeado, em vias de integração, isolado ou integrado, **desde que exerça a atividade rural individualmente ou em regime de economia familiar e faça dessas atividades o principal meio de vida e de sustento**.

A Lei n. 13.846/2019 estabeleceu que:

- a inscrição do segurado especial será feita de forma a vinculá-lo ao respectivo grupo familiar e conterá, além das informações pessoais, a identificação da propriedade em que desenvolve a atividade e a que título, se nela reside ou o Município onde reside e, quando for o caso, a identificação e inscrição da pessoa responsável pelo grupo familiar;
- o segurado especial integrante de grupo familiar que **não seja proprietário** ou dono do imóvel rural em que desenvolve sua atividade deverá informar, no ato da inscrição, conforme o caso, o nome do parceiro ou meeiro outorgante, arrendador, comodante ou assemelhado;
- o Ministério da Previdência Social (Lei n. 14.600/2023) manterá **sistema de cadastro dos segurados especiais** no CNIS, e poderá firmar acordo de cooperação com o Ministério da Agricultura, Pecuária e Abastecimento e com outros órgãos da Administração pública federal, estadual, distrital e municipal para a manutenção e gestão do sistema de cadastro.

A Emenda Constitucional n. 103/2019 dispôs que o INSS somente utilizará as informações constantes do **cadastro de segurados especiais** a cargo do Ministério da Previdência Social (Lei n. 14.600/2023) **quando o CNIS atingir a cobertura mínima de 50%** dos trabalhadores rurais em regime de economia familiar, apurada conforme quantitativo da Pesquisa Nacional por Amostra de Domicílios Contínua (Pnad).

5. SEGURADOS FACULTATIVOS

A legislação permite a filiação facultativa das pessoas físicas que não exerçam atividade remunerada, **vedada**, portanto, a filiação de pessoa:

a) **enquadrada na norma previdenciária como segurado obrigatório** do Regime Geral;

b) que **esteja coberta por Regime Próprio** de Servidor Público.

Os segurados facultativos, como regra, são os que desenvolvem atividade prestada de forma gratuita ou voluntária. Atividade é utilizada aqui em sentido amplo, admitindo:

a) atividades de longa duração, tais como síndico de condomínio (desde que não remunerado, quer de forma direta, quer indireta: isenção da cota condominial); estudante; o responsável pelos afazeres domésticos em sua própria residência (dona de casa);

b) atividades de curto prazo: jurados do tribunal do júri; mesários convocados pela Justiça Eleitoral, entre outros particulares não remunerados que atuem em colaboração com a Administração Pública.

Todos aqueles que auferem rendimentos **não derivados do exercício de atividade laborativa,** desde que respeitada a premissa de não estarem enquadrados como segurados obrigatórios do RGPS nem de RPPS, podem filiar-se como segurado facultativo ao RGPS. São exemplos: locadores de imóveis; herdeiros, ganhadores de concursos de prognósticos; **sócios que não recebem** pro labore**, apenas auferem parcelas atinentes** à **participação nos lucros da sociedade** etc.

Importante ler o Decreto Federal n. 3.048/99, que, em seu art. 11, § 1º, traz exemplificação de pessoas que podem filiar-se facultativamente ao RGPS:

- o brasileiro que acompanha cônjuge que presta serviço no exterior;
- aquele que deixou de ser segurado obrigatório da previdência social;
- o membro de conselho tutelar de que trata o art. 132 da Lei n. 8.069/90, **quando não esteja vinculado a qualquer regime** de previdência social;
- o bolsista e o estagiário que prestam serviços a empresa **de acordo** com a Lei n. 6.494/77;
- o bolsista que se dedique em tempo integral a pesquisa, curso de especialização, pós-graduação, mestrado ou doutorado, no Brasil ou no exterior, **desde que não esteja vinculado** a qualquer regime de previdência social;
- o presidiário que **não exerce atividade remunerada** nem esteja vinculado a qualquer regime de previdência social, e o **segurado recolhido à prisão** sob regime fechado ou semiaberto, que, nesta condição, **preste serviço**, dentro ou fora da unidade penal, a uma ou mais empresas, com ou sem intermediação da organização carcerária ou entidade afim, ou que **exerce atividade artesanal por conta própria**.

Não se esqueça a idade mínima para filiação ao RGPS desde a Reforma da Previdência que ocorreu no ano de 1998 (EC n. 20/98) é de 16 anos (exceto menor aprendiz aos 14 anos, como segurado obrigatório).

As Leis n. 8.212 e 8.213 que são do ano de 1991 ainda não foram atualizadas, estão com a redação original (que não tem mais valia), e permitem a filiação como segurado facultativo a partir dos 14 anos de idade. O candidato deve ter cuidado nas questões que digam "de acordo com a Lei n. 8.212/91", ou "de acordo com a Lei n. 8.213/91", situação na qual o examinador quer a redação da lei, mesmo que desatualizada, devendo ser dada a resposta desatualizada de 14 anos de idade.

Não havendo na questão referência às Leis n. 8.212 e 8.213, pode filiar-se ao RGPS como segurado facultativo a pessoa **maior de 16 anos** de idade, que não exerça atividade remunerada que a enquadre como segurado obrigatório da previdência social.

5.1 Compreensão

1) Responda[8]: (ANALISTA – INSS – FUNRIO – 2014) O Regime Geral de Previdência Social, nos termos da Lei n. 8.212/91, reconhece como segurado facultativo:
   (A) o maior de 16 (dezesseis) anos de idade que se filiar ao Regime Geral de Previdência Social, mediante contribuição.
   (B) o maior de 18 (dezoito) anos de idade que se filiar ao Regime Geral de Previdência Social, mediante contribuição.
   (C) o maior de 14 (quatorze) anos de idade que se filiar ao Regime Geral de Previdência Social, mediante contribuição.
   (D) aquele que, independentemente da idade, se filiar ao Regime Geral de Previdência Social, mediante contribuição.
   (E) o maior de 12 (doze) anos de idade que se filiar ao Regime Geral de Previdência Social, mediante contribuição.

2) Responda[9]: (JUIZ FEDERAL SUBSTITUTO – XIV CONCURSO – TRF 2ª REGIÃO – CESPE – 2013) A Lei n. 8.212/1991 prevê que tem a faculdade, e não a obrigatoriedade, de ser segurado da previdência social
   (A) o maior de quatorze anos de idade que se filiar ao RGPS mediante contribuição desde que não incluído em uma das hipóteses de segurado obrigatório.
   (B) o estrangeiro domiciliado e contratado no Brasil para trabalhar como empregado em sucursal ou agência de empresa nacional no exterior.
   (C) o estrangeiro que, com residência permanente no Brasil, preste serviço no Brasil a missão diplomática estrangeira.
   (D) o brasileiro civil domiciliado e contratado no exterior que trabalhe para a União, em organismos oficiais brasileiros localizados no exterior, e que não seja segurado na forma da legislação vigente do país do domicílio.
   (E) o empregado doméstico.

3) Responda[10]: (DEFENSOR PÚBLICO DA UNIÃO – DPU – CESPE – 2007) Assinale certo ou errado:

   A idade mínima para filiação ao RGPS é de 16 anos, ressalvados os contratos especiais com idade limite inicial de 14 anos, ajustados nos termos da legislação trabalhista, de forma escrita e por prazo determinado, assegurando ao menor e ao aprendiz um programa de aprendizagem e formação técnico-profissional metódica compatível com o seu desenvolvimento físico, moral e psicológico.

   Observação: nas duas primeiras questões, a resposta deve dar-se com base no texto contido na Lei n. 8.212/91, que fixa a idade mínima de 14 anos. Ao passo que a última, por não haver qualquer referência às Leis n. 8.212 ou 8.213, deve ser assinalada como CERTA.

5.2 Segurado facultativo – Especificidades

O segurado facultativo pode filiar-se à Previdência Social por sua própria vontade (filiação condicionada), o que só gerará efeitos a partir da inscrição **(condicionada ao recolhimento da**

---

[8] Resposta: Letra "C".

[9] Resposta: Letra "A".

[10] Resposta: Certa.

primeira contribuição), não podendo a filiação retroagir e não sendo permitido o pagamento de contribuições relativas a meses anteriores à data da inscrição.

Após a inscrição, o segurado facultativo **somente** pode **recolher contribuições em atraso enquanto não tiver ocorrido perda da qualidade de segurado** (a PQS ocorre após decorridos 6 meses da cessação da contribuição. Art. 15, VI, da Lei n. 8.213/91).

O Texto Constitucional veda (art. 201, § 5º), expressamente, **a filiação ao RGPS na qualidade de segurado facultativo dos que são participantes de Regime Próprio de Previdência**, que são os servidores públicos da União, dos Estados, do Distrito Federal e dos Municípios, bem como das respectivas autarquias e fundações.

Dentre os segurados obrigatórios do RGPS somente o segurado especial é que possui permissão legal (art. 39, II, da Lei n. 8.213/91) para **também** contribuir como segurado facultativo. A norma permite a ele a filiação para que possa receber benefício de valor superior ao salário mínimo e faça jus à aposentadoria por tempo de contribuição.

De observar que a doutrina previdenciária diverge sobre o enquadramento previsto no art. 39, II, da Lei n. 8.213/91, que possibilita ao Segurado Especial também (por opção) "contribuir facultativamente".

Nosso posicionamento é no sentido de que dentre os segurados obrigatórios do RGPS somente o segurado especial é que possui permissão legal para **também** contribuir como segurado facultativo. A norma permite a ele a filiação para que possa receber benefício de valor superior ao salário mínimo e faça jus a aposentadoria por tempo de contribuição.

A Lei n. 8.212/91 preceitua no art. 25, § 1º, que: "O segurado especial de que trata este artigo, além da contribuição obrigatória referida no *caput*, poderá contribuir, facultativamente, na forma do art. 21 desta Lei".

O art. 21, por sua vez, trata do segurado contribuinte individual e do segurado facultativo.

Para muitos doutrinadores o segurado especial terá direito à aposentadoria por tempo de contribuição desde que inscrito facultativamente como **contribuinte individual**.

Divergimos dessa conclusão porque, a nosso ver, apresenta contradição em seus próprios termos, afinal, não é possível ser "facultativamente" um segurado obrigatório (contribuinte individual)!

Mais correta, em nossa análise, é ser opcional a inscrição como segurado facultativo. A lei trouxe a faculdade, exclusiva ao segurado especial, de também poder se inscrever como segurado facultativo. **Hipótese não atribuída às outras categorias de segurados da Previdência**.

Em apoio ao nosso pensar, temos os contornos acerca da conceituação do segurado especial dada pelo Texto Maior, art. 195, § 8º, e pela Lei n. 11.718/2008, que consideram como segurado especial todos os membros da família (cônjuges ou companheiros e filhos ou equiparados maiores de 16 anos de idade) que trabalham na atividade rural.

Assim, a filha, o filho, a esposa e o marido, segurados especiais, **poderão cada um deles**, ou todos, inscrever-se como facultativo no INSS, e recolher contribuições previdenciárias mensais em tal categoria e, em razão disso, aqueles que contribuírem como segurado facultativo poderão auferir benefícios previdenciários calculados com base nas contribuições realizadas, os que assim não procederem farão jus apenas a alguns benefícios previdenciários que serão de valor mínimo (um salário mínimo).

Aliás, o entendimento contrário ao nosso inclui-se no campo da ilegalidade desde o advento da Lei n. 11.718/2008, porque essa norma determina a exclusão do segurado especial dessa categoria (segurado especial) **a contar do primeiro dia do mês em que se enquadrar em qualquer outra categoria de segurado obrigatório do RGPS**.

Por corolário lógico, o segurado especial não pode contribuir facultativamente como contribuinte individual (art. 11, § 10, I, *b*, da Lei n. 8.213/91).

O tema é bastante interessante e repousa pendente de definição no campo doutrinário.

5.2.1 Compreensão

1) Responda[11]: (MAGISTRATURA DO TRABALHO – 11ª REGIÃO – FCC – 2007) Podem contribuir facultativamente para o regime geral de previdência social:
   (A) a dona de casa, o estudante a partir dos dezesseis anos de idade e o servidor público sem regime próprio;
   (B) a dona de casa, o estudante a partir dos dezesseis anos de idade e o servidor público com regime próprio e que não exerce atividade vinculada ao regime geral de previdência social;
   (C) o trabalhador eventual, o estudante a partir dos dezesseis anos de idade e a trabalhadora doméstica diarista;
   (D) a dona de casa, o advogado profissional liberal e o brasileiro contratado no Brasil para trabalhar em filial de empresa brasileira no exterior;
   (E) o segurado especial, o estagiário regular, maior de dezesseis anos, e o brasileiro que acompanha cônjuge que presta serviço no exterior.

2) Responda[12]: (PROCURADOR DO TRABALHO – 12º CONCURSO PÚBLICO – MPT – 2006) Com relação ao custeio da Seguridade Social, é CORRETO afirmar que:
   (A) a lei federal que dispõe sobre os benefícios do Regime Geral de Previdência Social também regula o custeio da previdência social;
   (B) o segurado especial, além da sua contribuição obrigatória, pode contribuir como segurado facultativo;
   (C) todo contribuinte da Previdência Social é, por tal motivo, segurado do sistema previdenciário em razão de seu caráter contributivo;
   (D) na jurisprudência do Supremo Tribunal Federal, para efeito de base de cálculo de contribuições para a seguridade social, a expressão "folha de salários" sempre foi interpretada no sentido de alcançar todos os rendimentos pagos pela empresa à pessoa física que lhe preste serviços, mesmo sem vínculo empregatício;
   (E) não respondida.

O enquadramento do segurado especial como contribuinte individual quando recolhe contribuições facultativas, conquanto minoritária, e mais rara, já foi considerada correta em certame público:

Responda: (ANALISTA DO SEGURO SOCIAL – INSS – CESPE – 2008) Assinale Certo ou Errado:

Germano, segurado especial do regime geral, contribui para o sistema na proporção do resultado da comercialização de sua produção. Nessa situação, Germano somente terá direito à aposentadoria por contribuição caso promova, pelo prazo legal, os devidos recolhimentos na qualidade de contribuinte individual.

O gabarito oficial registrou como CERTA a assertiva acima, apesar de essa resposta não encontrar abrigo na legislação, decorrendo unicamente de interpretação da expressão "contribuam facultativamente", constante do art. 39, II, da Lei n. 8.213/91.

---

[11] Resposta: Letra "E".
[12] Resposta: Letra "B".

De rigor anotar o cabimento de recurso em questão deste jaez, inclusive fundamentado nos dizeres da Instrução Normativa n. 45 INSS/Pres., que determina no art. 66, § 2º, que as contribuições efetuadas pelo segurado especial migrarão para os sistemas de benefícios com a categoria de contribuinte individual, **cabendo ao servidor a alteração para a categoria de segurado especial que contribui facultativamente**, se comprovada esta condição.

Em outras palavras, uma vez comprovado tratar-se de segurado especial contribuindo facultativamente, não pode permanecer na categoria de contribuinte individual.

6. DEPENDENTES

Os dependentes do segurado são aqueles estabelecidos **em lei, não havendo no atual ordenamento jurídico a figura da pessoa designada** (pessoa que o segurado indicava como seu dependente).

As pessoas qualificadas pela lei como dependentes farão jus apenas aos benefícios previdenciários de:

a) pensão por morte; e
b) auxílio-reclusão.

E aos serviços:

a) social (serviço havia sido excluído pela MP n. 905/2019. No entanto, referida MP n. 905/2019 foi revogada pela MP n. 955/2020); e
b) de reabilitação profissional.

Traz o art. 16 da Lei n. 8.213/91 o **rol taxativo** de dependentes, divididos em três classes:

- CLASSE I (redação dada pela Lei n. 13.146/2015): o cônjuge, a companheira, o companheiro e o filho **não emancipado**, de qualquer condição, menor de 21 anos ou inválido ou que tenha deficiência intelectual ou mental ou deficiência grave.
- CLASSE II: os pais;
- CLASSE III (redação dada pela Lei n. 13.146/2015): o irmão **não emancipado**, de qualquer condição, menor de 21 anos ou inválido ou que tenha deficiência intelectual ou mental **ou deficiência grave**.

Classe anterior exclui a classe posterior. Para fins de percepção de benefício, havendo dependentes na classe I não haverá direito em prol dos integrantes das classes II e III.

Somente na ausência de pessoas capituladas na classe I (cônjuge, companheira, companheiro, filho não emancipado, de qualquer condição, menor de 21 anos ou inválido) **terão vez os dependentes da classe II.**

Nesse enredo, a classe III apenas será contemplada com benefício previdenciário de pensão por morte ou de auxílio-reclusão caso inexistam dependentes das classes I e II.

Por essa razão, os pais e irmãos (classe II e III) deverão, para fins de concessão de benefícios, **comprovar a inexistência de dependentes preferenciais (inclusos nas classes anteriores)**, mediante declaração firmada perante o INSS.

Apenas as pessoas da classe I possuem **a dependência econômica presumida** por lei, incumbindo aos integrantes das demais classes comprová-la. Portanto, os pais (quando inexistentes dependentes da classe I), e os irmãos (se não existirem dependentes das classes I e II), devem comprovar a dependência econômica conforme os meios admitidos em direito (exemplo: constar como dependente do imposto de renda do segurado; demonstrar que o segurado é quem pagava as despesas de aluguel, plano de saúde etc.).

Com o advento da Lei n. 13.846/2019, as provas **de dependência econômica** exigem **início de prova material contemporânea** dos fatos, produzida em período não superior a 24 meses anterior à data do óbito ou do recolhimento à prisão do segurado, **não admitida a prova exclusivamente testemunhal,** exceto na ocorrência de motivo de força maior ou caso fortuito, conforme disposto no regulamento.

A dependência econômica do cônjuge, companheiro(a) e filhos é presumida pela lei. Cabendo anotar que em se tratando de **cônjuge divorciado ou separado** judicialmente ou de fato **deve comprovar que recebia pensão de alimentos** para concorrer em igualdade de condições com os demais integrantes da classe I.

De acordo com a jurisprudência (Súmula 336 do STJ), a mulher que **renunciou aos alimentos na separação judicial** tem direito à pensão previdenciária por morte do ex-marido, comprovada a necessidade econômica superveniente à separação do casal.

O **cônjuge ausente** não exclui do direito à pensão por morte o companheiro ou a companheira, que somente fará jus ao benefício a partir da data de sua habilitação e **mediante prova de dependência econômica**.

O "cônjuge ausente" somente terá direito à pensão a partir do seu requerimento (habilitação, sem qualquer efeito retroativo) e ele (cônjuge ausente) precisa comprovar dependência econômica. Portanto, o cônjuge quando ausente deixa de figurar na classe I. A base legal está no art. 76, § 1º, da Lei n. 8.213/91.

Na expressão "cônjuge" contemplam-se o marido e a esposa, por conseguinte, falecendo a esposa (segurada da Previdência) o marido fará jus à pensão por morte, sem que haja necessidade de comprovar dependência econômica.

O termo "companheiro" é aquele que advém da união estável declarada no art. 226, § 3º, da CF. Considera-se companheira ou companheiro a pessoa que, **sem ser casada**, mantém união estável com o segurado ou com a segurada.

O companheirismo decorrente de relações homoafetivas **não possui previsão legal**, decorre de determinação judicial[13], permitida a caracterização como união estável a título jurisprudencial. O reconhecimento do companheirismo homossexual como beneficiário da Previdência Social decorreu das disposições contidas na decisão proferida nos autos da Ação Civil Pública ACP 2000.71.00.009347-0/RS, decisório com abrangência nacional.

Assim, o companheiro ou a companheira do mesmo sexo de segurado inscrito no RGPS **integra o rol dos dependentes** e, desde que comprovada a vida em comum, concorre em igualdade

---

[13] Anote-se que por força do Parecer n. 038/2009/DENOR/CGU/AGU, de 26-4-2009, aprovado pelo Despacho do Advogado-Geral da União, de 1º-6-2010, nos autos do Processo 00407.006409/2009-11, a Administração Pública deve interpretar, no âmbito do Regime Geral de Previdência Social – Lei n. 8.213, e do Regime Próprio de Servidor Público Federal, Lei n. 8.112/90, os dispositivos que tratam de dependentes para fins previdenciários **de forma a abranger a união estável entre pessoas do mesmo sexo**. Em decorrência disso, foi editada a Portaria n. 513, de 9-12-2010, pelo Ministro de Estado da Previdência Social, determinando ao INSS a adoção das providências necessárias à observância da nova interpretação da Administração Pública.

de condições, para fins de pensão por morte e de auxílio-reclusão, com os dependentes preferenciais da **classe I**.

Pergunta: É possível a caracterização de **união estável** de homem com a mãe da ex-esposa **(sogra)**? Os arts. 1.521 c/c 1.723 do Código Civil não permitem a constituição de união estável (e, por conseguinte, não gera direitos previdenciários, de pensão por morte ou auxílio-reclusão) a relação entre:

I – os ascendentes com os descendentes;

II – os afins em linha reta (exemplo: sogra/sogro);

III – o adotante com quem foi cônjuge do adotado e o adotado com quem o foi do adotante;

IV – os irmãos;

V – o adotado com o filho do adotante;

VI – as pessoas casadas (salvo se a pessoa casada se achar separada de fato, judicial ou extrajudicialmente);

VII – o cônjuge sobrevivente com o condenado por homicídio ou tentativa de homicídio contra o seu consorte.

A Lei n. 13.846/2019 estabeleceu que para provar **união exige-se início de prova material contemporânea** aos fatos, **não admitida a prova exclusivamente testemunhal**, exceto na ocorrência de motivo de força maior ou caso fortuito, conforme disposto em regulamento.

Ainda no que se refere aos integrantes da classe I, os **"filhos de qualquer condição"** são aqueles havidos ou não da relação de casamento, ou adotados, que possuem os mesmos direitos e qualificações dos demais, proibidas quaisquer designações discriminatórias relativas à filiação.

O tratamento jurídico igualitário dos descendentes preconizado na norma previdenciária advém do comando inserto no art. 227, § 6º[14], da Norma Suprema.

A Lei n. 8.560/92, que regulamenta a investigação de paternidade dos filhos havidos fora do casamento, determina que, nos casos de registro de nascimento de menor apenas com a maternidade estabelecida, deverá o oficial do cartório remeter ao juiz os dados obtidos sobre a identidade e residência do suposto pai, independentemente de seu estado civil, para que se manifeste sobre a paternidade que lhe é atribuída.

Os nascidos dentro dos 300 dias subsequentes à dissolução da sociedade conjugal **por morte** são considerados **filhos concebidos na constância do casamento**, gerando direito desse filho à pensão por morte. Fora desse lapso temporal, serão considerados filhos (com direito à pensão por morte) **os não concebidos naturalmente**, havidos por fecundação artificial, mesmo que falecido o marido, nas situações descritas no art. 1.597 do Código Civil.

A norma legal afirma que perde o direito à qualidade jurídica de dependente o filho que passar à condição de **emancipado**.

Verificada a emancipação, desaparece a qualidade de dependente do filho (o mesmo ocorre com relação ao irmão, inciso III do art. 16 da Lei n. 8.213/91). Cessam, por conseguinte, os direitos previdenciários à percepção de pensão por morte e auxílio-reclusão.

A emancipação do **menor que possuir 16 anos completos** dá-se, segundo o art. 5º, parágrafo único, do Código Civil:

---

[14] § 6º do art. 227 da CF: "Os filhos, havidos ou não da relação do casamento, ou por adoção, terão os mesmos direitos e qualificações, proibidas quaisquer designações discriminatórias relativas à filiação".

Inciso I: pela concessão dos pais, ou de um deles na falta do outro, mediante instrumento público, lavrado em livro próprio do 1º Ofício do Registro Civil[15] da comarca do domicílio do menor, independentemente de homologação judicial, ou mediante sentença, em se tratando de menor tutelado.

Inciso II: do matrimônio resulta emancipação do contraente menor. Nesse campo, o saudoso Mestre Washington de Barros Monteiro nos ensina:

> Não é plausível realmente fique sob a autoridade de outrem, pai, mãe ou tutor, quem reúna condições para casar e assim constituir a própria família. Embora haja sido contraído antes da idade nupcial, o matrimônio atribui ao nubente plena capacidade civil. Sua subsequente anulação, ou simples separação judicial do casal, não implica retorno do emancipado à situação de incapaz[16].

Inciso III: o Código Civil de 2002 manteve o exercício de emprego público em caráter efetivo como circunstância emancipadora do indivíduo de idade inferior a 18 anos. Essa hipótese, entretanto, é de impossível ocorrência no serviço público federal.

A Lei n. 8.112/90, que dispõe sobre o regime jurídico dos servidores públicos civis da União, das autarquias e das fundações públicas federais, impõe no art. 5º: "São requisitos básicos para investidura em cargo público (…)"; inciso V: "(…) a idade mínima de dezoito anos (…)".

O ingresso no serviço público federal somente é permitido a quem já ostente 18 anos de idade, e o implemento dos 18 anos, por si só, opera de pleno direito a cessação da menoridade.

Inciso IV: colação de grau em curso de ensino superior também era prevista no Código de Clóvis Beviláqua, de 1916. A conclusão de curso de ensino superior é de rara ocorrência, no entanto, factível.

Inciso V: a emancipação é obtida pelo menor de 16 anos toda vez que gerir estabelecimento de natureza civil ou comercial que lhe resulte economia própria.

Ao lado dessa hipótese, o Código Civil inovou ao considerar emancipado o menor que fizer parte de relação empregatícia que, por igual, lhe dê ensejo à economia própria. Esclareça-se que a contratação de jovens de 16 a 18 anos não gera, por si só, a emancipação do menor. Imprescindível a percepção de salário em montante tal a torná-lo autossuficiente perante os demais membros familiares.

O art. 16 da Lei n. 8.213/91 esclarece, no inciso I, que dependente para fins previdenciários é "o filho (…) **menor de 21 anos** (…)". No inciso III, faz referência ao "irmão (…) **menor de 21 anos** (…)". O regramento era reiterado no art. 77, § 2º, da Lei de Benefícios. Esses dispositivos foram elaborados tendo por base o Código Civil de 1916 que, em seu art. 9º, somente considerava plenamente capaz o indivíduo com 21 anos completos.

A ordem jurídica foi inovada e o atual Código Civil (2002), no art. 5º, diz, peremptoriamente, que "**a menoridade cessa aos 18 anos completos**, quando a pessoa fica habilitada à prática de todos os atos da vida civil".

Situação curiosa passou a existir: o art. 16 da Lei n. 8.213/91 afasta, expressamente, os filhos e irmãos "emancipados", porque possuem capacidade plena e, ao mesmo tempo, considera, consoante o novo Código Civil, como **dependente o absolutamente capaz** com idade entre 18 e 21 anos!

Não resta dúvida, mesmo tornando-se plenamente capaz ao completar 18 anos, o filho (e o irmão) **permanece na condição de dependente**, para fins previdenciários, **até os 21 anos**.

---

[15] Art. 89 da Lei n. 6.015/73: "No cartório do 1º Ofício ou da 1ª subdivisão judiciária de cada comarca serão registrados, em livro especial, as sentenças de emancipação, bem como os atos dos pais que a concederem, em relação aos menores nela domiciliados".
[16] *Curso de direito civil:* parte geral. 33. ed. 1995, v. 1, p. 67.

A Lei n. 8.213/91 é lei especial, que não é atingida pela disposição de outras leis, quer pelo Código Civil de 2002 que, como visto, reduziu a idade da maioridade de 21 para 18 anos, nem pela legislação do Imposto de Renda que, ao reverso, estatui a dependência econômica do filho até 24 anos, quando cursa ensino superior.

Impõe a Lei n. 8.213/91 (art. 77[17], § 2º, II) a perda da qualidade de dependente daquele que completa 21 anos, excetuando-se, tão só, o inválido ou com deficiência.

Com relação ao implemento de uma das condições capazes de gerar a emancipação do menor, previstas no art. 5º, parágrafo único, I a V, do Código Civil, indaga-se: **jovem com 19 anos de idade que contrair matrimônio permanece com a qualidade de dependente perante a Previdência Social?**

A resposta deve ser afirmativa, porque **as hipóteses de emancipação não incidem em face de quem já é plenamente capaz** perante a legislação civil pátria.

Diversa será a solução se se tratar de adolescente de 17 anos, que ao contrair núpcias faz com que se opere a respectiva emancipação, e, por conseguinte, faz cessar os direitos previdenciários (a título de dependente).

Dos 18 aos 21 anos, os filhos são considerados plenamente capazes, e, mesmo assim, permanecem enquadrados no rol de dependentes previdenciários, cuja presunção é absoluta.

As hipóteses de emancipação somente se aplicam a quem apresente idade inferior a 18 anos, porque não faz sentido falar-se em emancipação de indivíduo maior e capaz. *Vide* art. 5º, parágrafo único, do Código Civil, que arrola as causas de emancipação para "menores".

A **união estável** do filho (classe I) ou do irmão (classe III) após os 16 e antes dos 18 anos de idade **não constitui causa de emancipação**.

O **enteado e o menor tutelado** equiparam-se a filho mediante declaração do segurado e desde que comprovada a dependência econômica, satisfeitos os requisitos tornam-se dependentes do segurado, com direito a benefícios previdenciários (de pensão por morte e de auxílio-reclusão).

Já o **menor sob guarda** foi excluído do rol de dependentes em 1998, decorrendo, a partir de então, enorme debate judicial diante de alteração legislativa.

A Lei de Benefícios, em sua redação original de 1991 (art. 16, § 2º), equiparava a filho, mediante declaração do segurado, o menor que, por determinação judicial, estivesse sob a sua guarda, e não possuísse condições suficientes para o próprio sustento e educação.

Ocorre que a Lei n. 9.528/98 "excluiu" da Lei n. 8.213/91 a proteção ao menor sob guarda, que deixou de integrar a relação de dependentes para os fins previstos no RGPS. Assim, o INSS deixou de conceder benefício de pensão por morte quando o óbito de segurado, que seja guardião de menor, for posterior a 1998.

Porém, desde 1990, há outro diploma normativo, o Estatuto da Criança e do Adolescente (ECA), Lei n. 8.069, que no seu art. 33, em cumprimento do mandamento previsto no art. 227 da CF, prevê expressamente que a guarda confere à criança ou adolescente a condição de dependente, para todos os fins e efeitos de direito, "inclusive previdenciários".

A questão afeta à revogação do permissivo constante da Lei de Benefícios e a permanência do art. 33 do ECA foi levada ao STJ, que apreciou a temática em sede de recurso especial repetitivo:

STJ. **Tema Repetitivo 732**. Tese firmada: O menor sob guarda tem direito à concessão do benefício de pensão por morte do seu mantenedor, comprovada sua dependência econômica, nos

---
[17] Artigo, parágrafos e incisos com a redação dada pela Lei n. 9.032/95.

termos do art. 33, § 3º, do Estatuto da Criança e do Adolescente, ainda que o óbito do instituidor da pensão seja posterior à vigência da Medida Provisória 1.523/96, reeditada e convertida na Lei n. 9.528/97. Funda-se essa conclusão na qualidade de lei especial do Estatuto da Criança e do Adolescente (8.069/90), frente à legislação previdenciária.

Essa matéria foi levada ao STF nas ADIs 4.878 e 5.083, que restaram apreciadas em conjunto no ano de 2021, tendo o STF, na mesma linha traçada pelo STJ, adotado a doutrina da proteção integral à criança, enaltecendo o princípio da prioridade absoluta, nos termos do art. 227 da Constituição da República.

Reforma da Previdência de 2019. A despeito de apreciada a questão pelo STJ e ratificada pelo STF, a temática ainda não está sepultada, haja vista que a EC n. 103/2019 enfatizou no § 6º do seu art. 23 a exclusão do menor sob guarda do rol de dependentes: "Equiparam-se a filho, para fins de recebimento da pensão por morte, exclusivamente o enteado e o menor tutelado, desde que comprovada a dependência econômica".

A diferença entre a redação constitucional acima e o texto excludente existente desde 1998 no § 2º do art. 16 da Lei n. 8.213/91, está no acréscimo constitucional do advérbio "exclusivamente".

O desiderato do Constituinte Derivado Reformador foi o de afastar a jurisprudência firmada no STJ, acerca da proteção ao "menor sob guarda" (Tema Repetitivo 732 do STJ), para efeito de excluir a proteção previdenciária.

Em face do julgamento no STF das ADIs 4.878 e 5.083 (supramencionado), ocorrido em 2021, foram apresentados embargos de declaração (ED), justamente para que o STF enfrentasse a disposição constitucional do art. 23, § 6º, da EC n. 103/2019.

Ainda no ano de 2021, o STF apreciou os ED, aduzindo que a nova questão constitucional não foi contemplada no julgamento das ADIs 4.878 e 5.083 (porque o ajuizamento das ADIs é anterior à Reforma da Previdência), razão pela qual não se procedeu à verificação da constitucionalidade do art. 23, § 6º, da EC n. 103/2019, em homenagem ao princípio da demanda.

No ano de 2023, o STF reconheceu a repercussão geral da questão afeta à exclusão do menor sob guarda do rol de dependentes promovido pela EC n. 103/2019, tema que recebeu a numeração 1.271 e que ainda aguarda julgamento:

STF. **Tema 1.271** (pendente de julgamento) – Exclusão da criança e do adolescente sob guarda do rol de beneficiários, na condição de dependentes, do segurado do Regime Geral de Previdência Social, implementada pelo art. 23 da EC n. 103/2019.

Diante desse contexto, para período posterior à EC n. 103/2019, ainda caberá ao STF a missão de confirmar (ou não) a constitucionalidade da exclusão do menor sob guarda pelo emprego do advérbio "exclusivamente", diante da norma também de índole constitucional alocada art. 227, § 3º, II.

CAPÍTULO 7
DISPOSIÇÕES COMUNS AOS BENEFÍCIOS PREVIDENCIÁRIOS

1. INTRODUÇÃO

A Previdência Social destaca-se dos demais campos da Seguridade Social pela exigência de contraprestatividade, contribuição previdenciária.

Assim, para fins de auferimento de benefício previdenciário, impõe-se:

1) seja o requerente segurado (ou dependente de segurado) da previdência;
2) a comprovação de recolhimento de um número mínimo de contribuições previdenciárias, essa exigência denomina-se carência;
3) o preenchimento de requisitos específicos, que se diferenciam conforme o benefício pleiteado.

A qualidade de segurado e a carência serão analisadas nesta oportunidade porque comuns a todos os benefícios previdenciários. Os requisitos específicos receberão a devida anotação durante a apresentação de cada um dos benefícios previdenciários.

Tem-se que a Previdência Social é a seguradora pública responsável pela **cobertura dos riscos sociais** previstos na apólice constitucional, art. 201: doença, invalidez, morte, idade avançada, maternidade, desemprego involuntário, salário-família e auxílio-reclusão.

Deve o requerente de benefícios previdenciários demonstrar a sua qualidade de segurado (obrigatório ou facultativo) da Previdência Social, bem como o cumprimento do número mínimo de contribuições exigidas para o benefício postulado (carência), requisitos que passaremos a expor.

2. MANUTENÇÃO E PERDA DA QUALIDADE DE SEGURADO

Como regra, a qualidade de segurado é mantida enquanto exista contribuição para a Previdência. Malgrado isso, a Lei de Benefícios concede em prol do segurado que deixa de contribuir para a previdência o período de graça, que se constitui em norma de extensão do amparo previdenciário.

No **período de graça não há contribuições** para a previdência, mas remanesce a qualidade de segurado, por ficção legal, pelo lapso de tempo previsto no art. 15 da Lei n. 8.213/91.

A ocorrência de riscos sociais durante o período de graça gera o direito de percepção do benefício respectivo.

Resta óbvio que a rescisão do contrato de trabalho não gera a desvinculação imediata do segurado junto a Previdência Social. O ex-empregado remanescerá com direito potencial à percepção de benefícios (período de graça) por pelo menos mais 12 meses (extensível nas hipóteses ventiladas no art. 15). Transcorrido o período de graça haverá a "perda da qualidade de segurado" (**PQS**).

De importância salutar a transcrição do art. 15 da LB, porque se o fato gerador do benefício se originar na constância do período de graça, ainda que se requeira o benefício posteriormente aos referidos prazos, o benefício deve ser concedido (observada, evidentemente, a prescrição das prestações):

Art. 15. Mantém a qualidade de segurado, independentemente de contribuições:

I – sem limite de prazo, quem está em gozo de benefício, **exceto do auxílio-acidente**;

II – até 12 (doze) meses após a cessação das contribuições, o segurado que deixar de exercer atividade remunerada abrangida pela Previdência Social ou estiver suspenso ou licenciado sem remuneração;

III – até 12 (doze) meses após cessar a segregação, o segurado acometido de doença de segregação compulsória;

IV – até 12 (doze) meses após o livramento, o segurado retido ou recluso;

V – até 3 (três) meses após o licenciamento, o segurado incorporado às Forças Armadas para prestar serviço militar;

VI – até 6 (seis) meses após a cessação das contribuições, o segurado facultativo.

Tratando-se de segurado obrigatório que deixa de exercer atividade remunerada, determina o inciso II do art. 15, que permanecerá atrelado à Previdência por mais 12 meses. Importa dizer, que se ficar inválido (de forma total e permanente) durante o período de graça fará jus a aposentadoria por invalidez; e se falecer no período de graça seus dependentes receberão pensão por morte.

Dispõe o § 1º do art. 15 que o prazo do inciso II (segurado obrigatório que deixa de exercer atividade remunerada) será prorrogado para até 24 meses se o segurado já tiver pago **mais** de 120 contribuições mensais sem interrupção que acarrete a perda da qualidade de segurado.

O § 2º do art. 15 aduz que os prazos do inciso II ou do § 1º serão acrescidos de mais 12 meses para o **segurado desempregado, desde que comprovada essa situação pelo registro no órgão próprio** do Ministério do Trabalho e Emprego.

Em conformidade com a orientação pacificada pelo **STJ**, o registro no Ministério do Trabalho **não deve ser tido como o único meio de prova da condição de desempregado** do segurado, especialmente considerando que, em âmbito judicial, prevalece o livre convencimento motivado do Juiz e não o sistema de tarifação legal de provas. Assim, o registro perante o Ministério do Trabalho e da Previdência Social poderá ser suprido quando for comprovada tal situação por outras provas constantes dos autos, **inclusive a testemunhal** (Pet. 7.115/PR, 3ª Seção, STJ, *DJe* 6-4-2010).

No mesmo diapasão é a o entendimento sumular da TNU:

Súmula 27 da TNU: "A ausência de registro em órgão do Ministério do Trabalho não impede a comprovação do desemprego por outros meios admitidos em Direito".

De outra toada, a mera ausência de registro em CPTS não enseja, por si só, a prorrogação do período de graça sob a rubrica "desemprego", nesse sentido:

TNU. **Tema 19.** Tese firmada. É possível comprovar a condição de desemprego involuntário por outros meios de prova diversos do registro no Ministério do Trabalho, **não sendo a ausência de vínculo na CTPS suficiente para tanto**.

Desse contexto constata-se que o prazo de período de graça do segurado obrigatório é de:

a) 36 meses na seguinte situação: segurado obrigatório por mais de 10 anos sem interrupção que acarrete a PQS (mais de 120 contribuições faz jus a 24 meses de período de graça), e consiga comprovar situação de desemprego perante o órgão competente (acréscimo de mais 12 meses de período de graça);

b) 24 meses: **segurado obrigatório** por mais de 10 anos sem interrupção que acarrete a PQS, e não consiga comprovar a situação de desemprego;

c) 24 meses: **segurado obrigatório** por menos de 10 anos (menos de 120 contribuições), despedido do emprego comprova a situação de desemprego perante o órgão competente;

d) 12 meses: **segurado obrigatório** por menos de 10 anos (menos de 120 contribuições), despedido do emprego não consegue comprovar a situação de desemprego.

Do § 3º do art. 15, afirma-se que, durante o período de graça, **o segurado conserva todos os seus direitos perante a Previdência Social**. Em outras palavras, se vier a óbito seus dependentes farão jus a pensão por morte, ou se ficar inválido terá direito a benefício previdenciário por incapacidade, não sendo de nenhum relevo o fato de o segurado não contribuir à Previdência há meses.

Por outro lado, quando ultrapassado o prazo do período de graça sem retorno à vida contributiva ocorre a Perda da Qualidade de Segurado (PQS).

O art. 102 da Lei n. 8.213/91 traz a seguinte redação:

> Art. 102. A perda da qualidade de segurado **importa em caducidade dos direitos** inerentes a essa qualidade.
>
> § 1º A perda da qualidade de segurado **não prejudica o direito à aposentadoria** para cuja concessão **tenham sido preenchidos todos os requisitos**, segundo a legislação em vigor à época em que estes requisitos foram atendidos.
>
> § 2º Não será concedida pensão por morte aos dependentes do segurado que **falecer após a perda desta qualidade**, nos termos do art. 15 desta Lei, **salvo se preenchidos os requisitos para obtenção da aposentadoria na forma do parágrafo anterior**.

Como qualquer direito, a pessoa pode ou não o exercer, preenchidos os requisitos para obtenção de uma aposentadoria no RGPS ainda que não requeira a concessão do benefício, e mesmo deixando de contribuir à Previdência, fato este que acarreta a perda da qualidade de segurado, poderá esse ex-segurado a qualquer tempo requerer a concessão da aposentadoria, porque integra seu patrimônio jurídico (direito adquirido).

Indevida a concessão de pensão por morte aos dependentes daquele que falecer após ter deixado a qualidade de segurado da previdência, exceto no caso de o falecido ter, em vida, adquirido o direito a uma das aposentadorias da Previdência (o fato de não ter exercido o direito não retira o direito dos dependentes à pensão por morte).

Súmula 416 do STJ: "É devida a pensão por morte aos dependentes do segurado que, apesar de ter perdido essa qualidade, preencheu os requisitos legais para a obtenção de aposentadoria **até a data do seu óbito**".

A qualidade de segurado é referida na Lei n. 10.666/2003:

> Art. 3º A **perda da qualidade de segurado não será** considerada para a concessão das aposentadorias por tempo de contribuição e especial.
>
> § 1º Na hipótese de **aposentadoria por idade**, a perda da qualidade de segurado não será considerada para a concessão desse benefício, **desde que o segurado conte com, no mínimo, o tempo de contribuição correspondente ao exigido para efeito de carência** na data do requerimento do benefício.

Desde a Lei n. 10.666/2003, ultrapassado o período de graça, normalmente entre 12, 24 ou 36 meses (conforme disposto no art. 15, II, §§ 1º e 2º, da Lei de Benefícios), ocorre a Perda da Qualidade de Segurado (PQS), mas, por ocasião do adimplemento futuro do requisito etário, desde que satisfeita a carência (de 180 meses = 15 anos) em qualquer época da vida, irá gerar direito à aposentadoria por idade.

Por exemplo, Fulano trabalhou como empregado na mesma empresa por 15 anos consecutivos (desde os seus 20 anos de idade, sendo dispensado quando completou 35 anos de idade). Mesmo que nunca mais recolha contribuições previdenciárias na vida, terá direito à aposentadoria por idade quando completar 65 anos de idade, pois serão preenchidos os dois únicos requisitos: carência (180 contribuições) e idade (65 anos de idade para homem), dispensada, assim, a "qualidade de segurado" quando implementar a idade. O exemplo dado continua válido mesmo após a Reforma da Previdência (art. 201, § 7º, da CF, combinado com art. 18 da EC n. 103/2019).

Diz a norma também que a PQS não será considerada para a concessão da aposentadoria por tempo de contribuição e especial (estas duas espécies foram transformadas em aposentadoria voluntária atrelada a idade mínima desde o advento da EC n. 103/2019). Ocorre que a única aplicabilidade prática da referida outorga legal é com relação à derrogação **do hoje revogado** parágrafo único do art. 24 da Lei n. 8.213/91.

O parágrafo único do art. 24 foi revogado, em 2017, pela Lei n. 13.457, mas quando vigente dizia que:

> Havendo perda da qualidade de segurado, as contribuições anteriores a essa data só serão computadas para efeito de carência depois que o segurado contar, a partir da nova filiação à Previdência Social, com, no mínimo, 1/3 (um terço) do número de contribuições exigidas para o cumprimento da carência definida para o benefício a ser requerido.

Essa regra do parágrafo único do art. 24 não era aplicável à aposentadoria por idade, tempo de contribuição e aposentadoria especial.

A Lei n. 13.457/2017 introduziu o art. 27-A na Lei n. 8.213/91, alterando a quantidade de 1/3, estabelecida no revogado parágrafo único do art. 24, para (novidade) "metade" do número de contribuições exigidas para o cumprimento da carência definida **unicamente** para os benefícios de aposentadoria por invalidez, auxílio-doença e de salário-maternidade (excluídas, dessa regra, as aposentadorias "programáveis", quais sejam: por idade, tempo de contribuição e aposentadoria especial).

Atualmente o art. 27-A da Lei n. 8.213/91 possui nova redação dada pela Lei n. 13.846/2019, que inclui o "auxílio-reclusão":

> Art. 27-A Na hipótese de perda da qualidade de segurado, para fins da concessão dos benefícios de auxílio-doença, de aposentadoria por invalidez, de salário-maternidade e de auxílio-reclusão, o segurado deverá contar, a partir da data da nova filiação à Previdência Social, com metade dos períodos previstos nos incisos I, III e IV do *caput* do art. 25 desta Lei.

Exemplificando, ocorrida a PQS depois de ter contribuído por 33 anos, é possível ao ex-segurado filiar-se novamente à Previdência, contribuir por apenas dois anos (para atingir 35 anos de contribuição) e ter direito à aposentadoria por tempo de contribuição (que após a EC n. 103/2019 exige também requisito etário).

Em síntese, aquele que perder a qualidade de segurado poderá voltar a contribuir à Previdência para fins de adimplir o tempo necessário à aposentação, por exemplo, no caso de aposentadoria por tempo de contribuição (35 anos, se homem, e 30 anos, se mulher, observada a idade mínima exigida desde a Reforma da Previdência de 2019), **não ficando obrigado** a satisfazer o limite mínimo de 1/3 da carência (180: 3 = 60 meses = 5 anos) que era previsto no revogado parágrafo único do art. 24 da LB, nem mesmo a "metade da carência" (180: 2 = 90 meses) prevista na regra atual do art. 27-A da Lei n. 8.213/91, pois esta é restrita a aposentadoria por invalidez, auxílio-doença, auxílio-reclusão e salário-maternidade.

3. CARÊNCIA

Para que o segurado possa ser contemplado com um dos benefícios previdenciários, deve satisfazer o requisito, quando for o caso, da **CARÊNCIA** exigida para o benefício pretendido.

Pela redação do art. 24 da Lei n. 8.213/91, período de carência é o número mínimo de contribuições mensais **indispensáveis para que o beneficiário faça jus ao benefício**, consideradas a partir do transcurso do **primeiro dia dos meses de suas competências**.

Um dia de trabalho no mês vale como contribuição (carência) para aquele mês, para qualquer categoria de segurado obrigatório.

Portanto, segurado empregado teve por primeiro dia de trabalho o dia 29 de janeiro de 2015, e foi demitido em 3 de dezembro de 2015. Para efeito de carência, ele possui 12 contribuições (de janeiro a dezembro), pouco importando que tenha contribuído proporcionalmente a poucos dias em janeiro (contratação) e dezembro (demissão).

Novidade. A Reforma da Previdência de 2019 introduziu o § 14 ao art. 195 da CF: "O segurado **somente** terá reconhecida como tempo de contribuição ao RGPS a competência cuja contribuição **seja igual ou superior** à contribuição **mínima mensal** exigida para sua categoria, assegurado o agrupamento de contribuições".

O § 14 do art. 195 deve gerar **efeito prospectivo**, ou seja, não pode trazer restrição ao uso dos lapsos temporais anteriores a novembro de 2019 (promulgação da EC n. 103).

Com a promulgação da EC n. 103/2019, o alcance exato do § 14 ainda precisava ser definido por norma infraconstitucional, sendo a interpretação mais plausível no sentido de que os meses a partir da publicação da Reforma da Previdência de 2019 recolhidos sobre base de cálculo inferior a um salário mínimo não serão considerados para efeito de obtenção de aposentadoria voluntária, mas deveriam considerados para os efeitos de comprovação do requisito carência, mantendo-se hígidos os dizeres do art. 24 da Lei n. 8.213/91.

No ano de 2020, houve a atualização do texto do Decreto n. 3.048 (Regulamento da Previdência Social), pelo Decreto n. 10.410, de 30-6-2020, apontando o entendimento do Poder Executivo no sentido de que a redação do art. 24 da Lei de benefícios não teria sido recepcionada pela EC n. 103/2019:

LEI N. 8.213/91	DECRETO N. 3.048 (REDAÇÃO DADA PELO DECRETO N. 10.410/2020)
Art. 24. Período de carência é o número mínimo de contribuições mensais indispensáveis para que o beneficiário faça jus ao benefício, **consideradas a partir do transcurso do primeiro dia dos meses de suas competências**.	Art. 26. Período de carência é o tempo correspondente ao número mínimo de contribuições mensais indispensáveis para que o beneficiário faça jus ao benefício, **consideradas as competências cujo salário de contribuição seja igual ou superior ao seu limite mínimo mensal**.

Com base no texto do art. 26 da norma regulamentar, o mês da admissão e da demissão no emprego nem sempre será computado para fins de carência. Para ilustrar, considere segurado empregado admitido no dia 29 de janeiro de 2021 e demitido em 3 de dezembro de 2021.

Para efeito de carência, ele possui 10 contribuições (de fevereiro a novembro), não serão considerados os meses de janeiro/2021 e dezembro/2021 nos quais houve pagamento proporcional aos dias trabalhados, ressalvada a hipótese de o pagamento desses dias ter igualado ou superado o salário mínimo (ou ainda, tenha o segurado promovido a regularização, desses meses, mediante a complementação, ou seja, pagamento a contribuição previdenciária afeta à diferença entre o valor proporcional de salário recebido e o valor de um salário mínimo. Há ainda a possibilidade de migrar o excedente contributivo de uma competência para esses meses de admissão e de demissão. Por fim, é possível agregar diversas competências nas quais a base de cálculo foi inferior a um SM para formar uma competência válida).

Para efeito de carência, considera-se **presumido o recolhimento** das contribuições **do segurado empregado, do empregado doméstico e do trabalhador avulso** desde a data da filiação.

No art. 25 da Lei n. 8.213/91 consta a carência a ser demonstrada pelo segurado. É de **12 contribuições mensais, nos casos de auxílio-doença e da aposentadoria por invalidez**. Tratando-se de **aposentadoria por idade, por tempo de contribuição e especial, a carência corresponde a 180 contribuições mensais**.

O salário-maternidade, após a Lei n. 9.876/99, exige comprovação de carência em se tratando de segurada especial, facultativa e contribuinte individual, equivalente a **10 contribuições**[1]. Em caso de **parto antecipado**, o período de **carência será reduzido em número de contribuições equivalente ao número de meses em que o parto foi antecipado**.

Novidade. A partir da Lei n. 13.846/2019, o **auxílio-reclusão** passou a exigir a satisfação **de 24 meses de contribuição** a título de carência.

O art. 26 da Lei n. 8.213/91 dispensa o requisito da carência nos casos de:

1) pensão por morte;
2) salário-família;
3) auxílio-acidente;
4) serviço social;
5) reabilitação profissional;
6) salário-maternidade, para as seguradas: empregada, trabalhadora avulsa e empregada doméstica.

Com relação à aposentadoria por invalidez (aposentadoria por incapacidade permanente) e ao auxílio-doença decorrentes de **"acidente de qualquer natureza"**, que englobam as causas de acidente do trabalho e as extralaborais, também está afastada a exigência de comprovação de carência (art. 26, II, da Lei n. 8.213/91).

Caso a incapacidade apresentada pelo segurado decorra de "doença" ligada ao trabalho, por igual estará dispensada a comprovação de carência, uma vez que, conforme visto em tópico precedente, para o âmbito do acidente do trabalho, o art. 20 da Lei n. 8.213/91 equipara as **tecnopatias** e **mesopatias** a acidente.

Doenças não oriundas do ambiente de trabalho que tornem o segurado totalmente incapacitado, para que seja deferido o benefício de auxílio-doença (incapacidade temporária), ou da aposentadoria por invalidez (incapacidade permanente), **como regra**, necessita da demonstração de **12 contribuições para fins de carência** (art. 25, I, da Lei de Benefícios).

Mas, há exceção, dispensado estará o requisito de carência quando estiver o segurado acometido de um dos males relacionados na lista elaborada pelos Ministérios da Saúde e da Previdência, a que faz alusão o art. 26, II, da Lei n. 8.213/91, **atualizada a cada três anos**, de acordo com os **critérios de estigma, deformação, mutilação, deficiência** ou outro fator que lhe confira especificidade e gravidade que mereçam tratamento particularizado (redação dada pela Lei n. 13.135/2015).

Enquanto não elaborada a lista de doenças mencionadas no inciso II do art. 26, o art. 151 da Lei n. 8.213/91 traz rol de moléstias que dispensam a carência: tuberculose ativa, hanseníase, alienação mental, **esclerose múltipla (novidade), hepatopatia grave (novidade), neoplasia maligna (câncer), cegueira,** paralisia irreversível e incapacitante, cardiopatia grave, doença de Parkinson, espondiloartrose anquilosante, nefropatia grave, estado avançado da doença de Paget (osteíte

---
[1] Art. 25, III, da Lei de Benefícios. Inciso acrescentado pela Lei n. 9.876/99.

deformante), síndrome da deficiência imunológica adquirida (**AIDS**) ou contaminação por radiação, com base em conclusão da medicina especializada.

No ano de 2022, foi editada a Portaria Interministerial n. 22 MTPS/MS (na forma do permissivo constante do inciso II do art. 26 da Lei n. 8.213/91) reproduz a lista constante do art. 151 da Lei n. 8.213/91 e acrescenta mais algumas doença que isenta do requisito da carência:

- acidente vascular encefálico (agudo); e
- abdome agudo cirúrgico.

A Lei n. 13.457/2009 introduziu o art. 27-A na Lei n. 8.213/91, atualmente com redação dada pela Lei n. 13.846/2019, trazendo regra de aplicação exclusiva aos benefícios de aposentadoria por invalidez, auxílio-doença, auxílio-reclusão e de salário-maternidade.

Preceitua o novel regramento (art. 27-A) que, havendo **perda da qualidade de segurado**, as contribuições anteriores a essa data só serão computadas para efeito de carência depois que o segurado contar, a partir da nova filiação à Previdência Social, com, no mínimo, "metade" do número de contribuições exigidas para o cumprimento da carência.

Havendo Perda da Qualidade de Segurado (PQS), ao retornar ao Subsistema Previdenciário a pessoa poderá usufruir imediatamente qualquer benefício que dispense carência (v.g. auxílio-acidente e salário-família, caso venha a falecer após se refiliar ao RGPS haverá direito a pensão por morte aos seus respectivos dependentes).

Situação diversa ocorre com relação aos benefícios previdenciários de aposentadoria por incapacidade permanente, auxílio-doença e de salário-maternidade (quando exigirem carência), e do auxílio-reclusão (que sempre exige o requisito carência).

De modo que, para obtenção de aposentadoria por incapacidade permanente e auxílio-doença, será necessário que, após o retorno ao RGPS da pessoa que havia perdido a qualidade de segurado, contribua por 6 meses para que possa utilizar, a partir de então, as contribuições anteriores à PQS para que, somadas, atinjam as 12 contribuições exigidas para efeito de carência.

A carência do salário-maternidade corresponde a dez meses para as seguradas contribuintes individual e facultativa. Ocorrida a PQS, o resgate das contribuições anteriores a essa perda somente será possível, para efeito de carência, depois que a segurada contar, após a nova filiação ao RGPS, com, no mínimo, **cinco** contribuições.

Por fim, após a refiliação somente se o segurado tiver recolhido 12 contribuições (metade de 24 exigidas para o auxílio-reclusão) poderá resgatar o passado contributivo para efeito de gerar direito aos seus dependentes a benefício caso ocorra sua prisão.

Exemplificando: a segurada facultativa que tenha contribuído por cinco anos entre 2010 e 2015, mas que por problemas financeiros tenha ficado dois anos sem contribuir à Previdência, tendo ocorrido a PQS após expirado o prazo previsto no art. 15 da Lei n. 8.213/91, ao se filiar novamente ao RGPS em janeiro de 2018, com o pagamento da primeira contribuição, será novamente segurada, tendo a título de saldo para fins de carência apenas esta única contribuição de 2018.

Apenas quando atingir cinco contribuições poderá RESGATAR o seu passado contributivo para fins de obtenção de salário-maternidade, de modo que, se a partir da 5ª contribuição der à luz, fará jus ao salário-maternidade, pois: a) será segurada (facultativa); b) possuirá o requisito de carência (de dez contribuições, consideradas as cinco contribuições após a nova filiação + os cinco anos anteriores à PQS); e c) requisito específico do benefício (maternidade).

Mantida a ilustração acima, caso ao pagar a 5ª contribuição após refiliar-se, em vez de tornar-se mãe, venha a ficar inválida por motivo de doença, não terá direito a auxílio-doença, nem mesmo à aposentadoria por invalidez, porque não atendeu ao requisito de carência, pois ainda não poderá computar seu passado contributivo (aqueles cinco anos). O resgate de seu período contributivo anterior à PQS somente será admissível depois de pagar a 6ª contribuição (metade da carência e 12 meses).

A regra do art. 27-A é inaplicável caso pretenda aposentar-se voluntariamente (antes denominadas aposentadoria por idade, por tempo de contribuição e aposentadoria especial. Após a Reforma da Previdência de 2019, a aposentadoria voluntária está necessariamente atrelada ao requisito etário).

Não pode ser computado para efeito de carência: o tempo de trabalho rural anterior ao ano de 1991 (art. 55, § 3º, da Lei n. 8.213/91); o tempo de serviço militar, obrigatório ou voluntário; o período no qual esteve o segurado em gozo de auxílio-acidente, auxílio-doença, aposentadoria por invalidez, intercalados ou não com período contributivo.

Não podem ser utilizados para fins de carência porque nesses interregnos não houve incidência de contribuição previdenciária, e a caracterização da carência tem por pressuposto justamente um "número mínimo de **contribuições mensais**", razão pela qual o período de percepção de **salário-maternidade é considerado como carência**, por ser este o único benefício previdenciário no qual incide contribuição previdenciária (art. 28, § 2º, da Lei n. 8.212/91).

Jurisprudência. O STJ, no Recurso Especial 1.414.439/RS, firmou entendimento diverso do preconizado pela Administração Pública (INSS), no sentido de que é possível considerar o período em que o segurado esteve no gozo de benefício por incapacidade (**auxílio-doença ou aposentadoria por invalidez**) para fins de carência, **desde que intercalados com períodos contributivos**.

A decisão esclarece que, se o período em que o segurado esteve no gozo de benefício por incapacidade é excepcionalmente considerado como tempo ficto de contribuição (art. 55, II, da Lei n. 8.213/91), **não se justifica interpretar a norma de maneira distinta para fins de carência**, desde que intercalado com atividade laborativa.

4. TEMPO DE CONTRIBUIÇÃO

Considera-se tempo de contribuição aquele correspondente ao número de contribuições compreendido entre o primeiro recolhimento ao RGPS, igual ou superior ao limite mínimo estabelecido, até a competência do requerimento pleiteado.

Para períodos anteriores a 13 de novembro de 2019, data da publicação da Emenda Constitucional n. 103, considera-se como tempo de contribuição o tempo contado de data a data, desde o início até a data do desligamento de atividade abrangida pela Previdência Social ou até a data do fato gerador do benefício pleiteado, descontados os períodos legalmente estabelecidos.

A partir de 13 de novembro de 2019, incluindo a competência de novembro, o tempo de contribuição deve ser considerado em sua forma integral, independentemente do número de dias trabalhados, ressalvada as competências com salário de contribuição abaixo do limite mínimo estabelecido.

Os períodos até 13 de novembro de 2019, exercidos em condições especiais que sejam considerados prejudiciais à saúde ou à integridade física, comprovados na forma da legislação previdenciária, terão tempo superior àquele contado de data a data, considerando previsão legal de conversão de atividade especial em comum.

Tabela de conversão de tempo especial (prejudicial à saúde) em comum:

TEMPO A CONVERTER	MULHER (PARA 30 ANOS)	HOMEM (PARA 35 ANOS)
De 15 anos (risco alto)	2,0	2,33
De 20 anos (risco médio)	1,5	1,75
De 25 anos (risco baixo)	1,2	1,4

Porém, a partir de 14 de novembro de 2019, data posterior à publicação da Emenda Constitucional n. 103, não se aplica a conversão de tempo de atividade sob condições especiais em tempo de atividade comum.

Considera-se presumido o recolhimento das contribuições do segurado empregado, do doméstico a partir de 1º de junho de 2015, data posterior à publicação da Lei Complementar n. 150/2015, do trabalhador avulso e, relativamente ao contribuinte individual prestador de serviço, a partir de 1º de abril de 2003, por força da Medida Provisória n. 83/2002, convertida na Lei n. 10.666/2003, desde que comprovado o exercício da atividade (com espeque no art. 34 da Lei n. 8.213/91 e art. 33 da Lei n. 8.212/91).

À exceção do período com presunção de recolhimento, visto *supra*, em se tratando de períodos em que o exercício de atividade exigia filiação obrigatória ao RGPS, serão reconhecidos como tempo de contribuição apenas os períodos efetivamente contribuídos.

Os recolhimentos efetuados em época própria constantes do CNIS (art. 29-A da Lei n. 8.213/91) serão reconhecidos automaticamente, observada a contribuição mínima mensal (o art. 19-E do Regulamento da Previdência Social – RPS – Decreto n. 3.048/99 traz mecanismo de regularização de contribuições efetivadas com base de cálculo abaixo de um salário mínimo), sendo dispensada a comprovação do exercício da atividade.

> **Atenção!** A contagem do tempo de contribuição no RGPS observará o mês de 30 dias e o ano de 365 dias, composto pelos 12 meses.

Contribuição recolhida em atraso. Tratando-se de segurados na categoria de contribuinte individual, inclusive o Microempreendedor Individual, de que tratam os arts. 18-A e 18-C da LC n. 123/2006, de facultativo e de segurado especial que esteja contribuindo facultativamente, a contribuição recolhida em atraso poderá ser computada para tempo de contribuição, desde que o recolhimento seja anterior à data do fato gerador do benefício pleiteado.

Presume-se regular o recolhimento em atraso constante no CNIS sem indicador de pendências.

Os recolhimentos efetuados a título de complementação não devem ser considerados para fins de reconhecimento do atraso nas contribuições.

O contribuinte individual prestador de serviço a pessoa jurídica possui a presunção de recolhimento das contribuições previdenciárias pelo tomador de serviço, em relação aos períodos de atividade comprovada a partir da competência abril de 2003, por força da MP n. 83/2002, convertida na Lei n. 10.666/2003.

Contribuição com base de cálculo abaixo do salário mínimo. A partir de 14 de novembro de 2019, data posterior à publicação da EC n. 103/2019, somente serão consideradas como tempo de contribuição as competências cujo salário de contribuição seja igual ou superior ao limite mínimo do salário de contribuição, para todos os segurados.

Nesse ritmo, ao segurado que, no somatório de remunerações auferidas no período de um mês, receber remuneração inferior ao limite mínimo mensal do salário de contribuição, será assegurado ajustes de três espécies:

a) complementação;
b) agrupamento; e
c) utilização de excedente.

Para o segurado empregado, empregado doméstico e trabalhador avulso até 13 de novembro de 2019, serão considerados como tempo de contribuição os salários de contribuição com valor nominal abaixo de um salário mínimo sem a necessidade de ajustes.

Para períodos **anteriores** a 14 de novembro de 2019, em se tratando de segurado contribuinte individual, segurado facultativo e segurado especial que contribui facultativamente sobre o salário de contribuição, somente serão consideradas como tempo de contribuição as competências cujo salário de contribuição seja igual ou superior ao limite mínimo do salário de contribuição (conforme previsão constante do art. 5º da Lei n. 10.666/2003 para contribuinte individual. Segurado especial e facultativo a previsão decorre da IN n.128 INSS, de 2022, art. 210). Nessa situação, será admitida a contagem caso haja a complementação para atingimento base equivalente ao salário mínimo.

Períodos computáveis. Considera-se tempo de contribuição o tempo correspondente aos períodos para os quais tenha havido contribuição obrigatória ou facultativa ao RGPS, dentre outros, os seguintes:

I – o de atividade anterior à filiação obrigatória, desde que devidamente comprovada e indenizada (somente serão computadas como tempo de contribuição se o recolhimento for anterior ao fato gerador do benefício pleiteado);

II – o período de retroação de data de início da contribuição, previamente autorizada pelo INSS, em que o exercício de atividade exigia filiação obrigatória ao RGPS como segurado contribuinte individual, mediante recolhimento (somente serão computadas como tempo de contribuição se o recolhimento for anterior ao fato gerador do benefício pleiteado);

III – o período como contribuinte individual prestador de serviço, ainda que sem contribuição, desde que devidamente comprovados e referentes a competências posteriores a abril de 2003;

IV – a contribuição efetivada por segurado facultativo, após o pagamento da primeira contribuição em época própria, desde que não tenha transcorrido o prazo previsto para a perda da qualidade de segurado (somente serão computadas como tempo de contribuição se o recolhimento for anterior ao fato gerador do benefício pleiteado);

V – o período em que o segurado esteve recebendo salário-maternidade (*vide* Tema 1.274/STF – Questão Controvertida: Constitucionalidade da incidência de contribuição previdenciária a cargo da empregada sobre o salário-maternidade pago pela Previdência Social. Situação do Tema 1.274: pendente de julgamento).

Observe, ainda, que o lapso de fruição de salário-maternidade em prol de contribuinte individual e de segurado facultativo com recolhimento com base em alíquota reduzida de

11% ou de 5%, na forma do art. 21, § 2º, da Lei n. 8.212/91, não poderá ser considerado para benefício de aposentadoria por tempo de contribuição;

VI – o período em que o segurado esteve recebendo:
   a) benefício por incapacidade previdenciário, desde que intercalado com períodos de atividade ou contribuição; ou
   b) benefício por incapacidade acidentário:
      1) até 30 de junho de 2020, ainda que não seja intercalado com períodos de atividade ou contribuição; ou
      2) a partir de 1º de julho de 2020, data da publicação do Decreto n. 10.410/2020, somente se intercalado com períodos de atividade ou de contribuição.

VII – o de atividade como ministro de confissão religiosa, membro de instituto de vida consagrada, de congregação ou de ordem religiosa, mediante os correspondentes recolhimentos;

VIII – o de atividade do médico residente, observado:
   a) para atividade anterior a 8 de julho de 1981, véspera da publicação da Lei n. 6.932/81, deverá ser indenizado o período; e
   b) para atividade a partir de 9 de julho de 1981, deverá ser comprovada a contribuição como autônomo ou contribuinte individual.

IX – o tempo de serviço dos titulares de serviços notariais e de registros, ou seja, a dos tabeliães ou notários e oficiais de registros ou registradores sem RPPS, desde que haja o recolhimento das contribuições ou indenizações, observado que deverão os titulares de serviços notariais ser reconhecidos:
   a) como segurados empregadores, até 24 de julho de 1991, véspera da publicação da Lei n. 8.213/91; e
   b) como segurado autônomo ou contribuinte individual, a partir de 25 de julho de 1991.

X – anistia prevista em lei, desde que seja expressamente previsto o cômputo do período de afastamento para contagem de tempo de contribuição;

XI – o tempo de exercício de mandato classista junto a órgão de deliberação coletiva em que, nessa qualidade, tenha havido contribuição para a Previdência Social;

XII – o de atividade dos auxiliares locais de nacionalidade brasileira no exterior, anteriormente a 1º de janeiro de 1994, desde que sua situação previdenciária esteja regularizada junto ao INSS;

XIII – o período em que o segurado tenha sido colocado pela empresa em disponibilidade remunerada, desde que tenha havido desconto de contribuições;

XIV – o tempo de contribuição ao RGPS que constar da CTC (certidão de tempo de contribuição) na forma da contagem recíproca, mas que não tenha sido, comprovadamente, utilizado/aproveitado para aposentadoria ou vantagens no RPPS, mesmo que de forma concomitante com o de contribuição para RPPS, independentemente de existir ou não aposentadoria no RPPS. Nesta situação, o tempo só poderá ser utilizado para fins de benefício junto ao INSS após processamento de revisão da CTC ou do seu cancelamento, independentemente de existir ou não aposentadoria já concedida no RPPS;

XV – o período de licença remunerada, desde que tenha havido desconto de contribuições.

Deve ser considerado como tempo de contribuição a atividade do bolsista e o do estagiário que prestam serviços à empresa em desacordo com a Lei n. 11.788/2008.

Tratando-se de débito que foi objeto de parcelamento, o período correspondente a este somente será computado para fins de concessão de benefício no RGPS e de emissão de CTC para fins de contagem recíproca após a comprovação da quitação de todos os valores devidos.

5. CNIS

O comando contido no art. 29-A da Lei n. 8.213/91 estabelece que o INSS utilizará as informações constantes no Cadastro Nacional de Informações Sociais (CNIS) sobre os vínculos e as remunerações dos segurados, para fins de cálculo do salário de benefício, comprovação de filiação ao Regime Geral de Previdência Social, tempo de contribuição e relação de emprego.

É direito do segurado, a qualquer momento, requerer a inclusão, exclusão ou retificação de informações constantes do CNIS, com a apresentação de documentos comprobatórios dos dados divergentes, conforme critérios definidos pelo INSS.

A Portaria n. 123 da DIRAT/INSS, datada de 13-5-2020, estabelece a reativação dos serviços via Central 135 e via APS para correção de informes do CNIS, a exemplo:

I – Cálculo de Período Decadente;
II – Cálculo de Complementação;
III – Retroação da Data do Início da Contribuição (DIC);
IV – Alteração de Código de Pagamento; e
V – Atualizar Vínculos e Remunerações.

A aceitação de informações relativas a vínculos e remunerações inseridas extemporaneamente no CNIS, inclusive retificações de informações anteriormente inseridas, fica condicionada à comprovação dos dados ou das divergências apontadas, conforme critérios definidos em regulamento.

Considera-se extemporânea a inserção de dados decorrentes de documento inicial ou de retificação de dados anteriormente informados, quando o documento ou a retificação, ou a informação retificadora, forem apresentados após os prazos estabelecidos em regulamento.

Havendo dúvida sobre a regularidade do vínculo incluído no CNIS e inexistência de informações sobre remunerações e contribuições, o INSS exigirá a apresentação dos documentos que serviram de base à anotação, sob pena de exclusão do período.

6. DECADÊNCIA

Ao tratar da relação de custeio (vertente tributária da Previdência) observou-se que o prazo de decadência e de prescrição para o Fisco constituir e **cobrar créditos previdenciários** dos contribuintes expira em cinco anos (Súmula Vinculante 8 do STF).

Nesse instante, a análise será com relação à prescrição e à decadência na esfera de proteção social, relação jurídica na qual o segurado (ou dependente) é sujeito de direito **de benefício previdenciário** em face do INSS.

Do decurso do tempo e da inércia das partes decorrem:

I – a prescrição, que extingue a pretensão de obtenção de prestações; e
II – a decadência, que extingue o direito constitutivo.

É de dez anos o prazo de **decadência do direito ou da ação do segurado ou beneficiário para a revisão do ato de concessão, indeferimento, cancelamento ou cessação de**

benefício e do ato de deferimento, indeferimento ou não concessão de revisão de benefício, a contar:

a) **do dia primeiro do mês subsequente ao do recebimento da primeira prestação** ou da data em que a prestação deveria ter sido paga com o valor revisto; ou

b) do dia em que o segurado **tomar conhecimento** da decisão de **indeferimento, cancelamento ou cessação** do seu pedido de benefício ou da decisão de deferimento ou indeferimento de revisão de benefício, **no âmbito administrativo**.

> **Atenção!** O STF, ao julgar a ADI (Ação Direta de Inconstitucionalidade) 6.096, declarou inconstitucional o art. 103 da Lei n. 8.213/91, no que se refere às expressões: **"indeferimento, cancelamento ou cessação de benefício"**. **Assim, decadência somente existe em face do ato de concessão de benefício.**

Existe, assim, prazo de decadência para o segurado (ou dependente) pleitear a revisão do ato administrativo do INSS que aprecia e concede o requerimento de benefício.

Não se aplica o prazo decadencial quando se tratar de revisão de reajustamento.

Caso a autarquia previdenciária conceda o benefício, mas o valor tenha sido apurado incorretamente, em prejuízo do beneficiário (segurado ou dependente), passa fluir prazo decadencial de dez anos para que o beneficiário efetue **requerimento de revisão** desse ato concessório, tendo por termo inicial o dia primeiro do mês seguinte ao do recebimento da primeira prestação.

Exemplo, segurado requereu aposentadoria, que **foi deferida** pelo INSS após um ano da data de entrada do pedido. O aposentado recebeu o primeiro depósito em sua conta bancária com o valor da aposentadoria e constata que o valor está muito abaixo do que ele imaginava que receberia. Nesta situação o aposentado poderá adotar duas posturas:

a) Não fazer nada, "deixar prá lá", continuar recebendo mensalmente a sua aposentadoria.

Após decorridos dez anos, haverá a decadência do direito de rever esse benefício, assim, depois de 15 anos se alguém constatar que ele tinha direito, desde o início, ao dobro do valor que vem recebendo, não será possível qualquer alteração, pois terá decaído do direito de revisão, porque **o Direito não socorre a quem dorme**;

b) Outra atitude que o aposentado pode adotar é a de buscar informação, e, após devidamente orientado, apresentar junto ao INSS requerimento de revisão de seu benefício antes de transcorridos dez anos. Nesta situação, não há decadência, se o INSS confirmar que realmente calculou errado.

A autarquia previdenciária irá corrigir o valor da aposentadoria e o aposentado além e ter o novo valor sendo depositado mensalmente ainda receberá as diferenças entre o valor que já recebeu nos meses anteriores e a quantia que seria a correta.

Note-se no exemplo citado, **o prazo decadencial** não terá início do dia do requerimento, nem do dia que a aposentadoria foi deferida, mas sim **"do dia primeiro do mês subsequente ao do recebimento da primeira prestação"**, pois primeiro o segurado deve saber qual o valor do benefício, o quanto o INSS depositou em sua conta, para só depois (no 1º dia do mês subsequente) começar a contagem dos dez anos.

Prescreve em cinco anos, a contar da data em que deveriam ter sido pagas, toda e qualquer ação para haver prestações vencidas ou **quaisquer restituições ou diferenças devidas pela Previdência Social**, salvo o direito dos menores, incapazes e ausentes, na forma do Código Civil.

Determina o STJ, na Súmula 85, que nas relações jurídicas de trato sucessivo em que a Fazenda Pública figure como devedora, quando não tiver sido negado o próprio direito reclamado, **a prescrição atinge apenas as prestações vencidas antes do quinquênio anterior à propositura da ação**.

Em caso de solicitação de resíduo de benefício em decorrência de óbito, o prazo prescricional deverá ser suspenso na data do protocolo do procedimento de alvará, inventário judicial ou inventário extrajudicial.

7. DECADÊNCIA E PRESCRIÇÃO CONTRA MENORES

Por regra, não correm os prazos de prescrição e de decadência contra os menores de 16 anos.

A data do início da prescrição e decadência ocorrerá no dia seguinte àquele em que tenha completado 16 anos.

Com relação à pensão por morte, a Lei n. 8.213/91 dizia no art. 79, "**não se aplica prazo prescricional e decadencial** em face de pensionista menor, incapaz ou ausente, na forma da lei", **no entanto,** referido dispositivo legal **foi revogado** pela Lei n. 13.846/2019.

A Lei n. 13.846/2019 ainda estabeleceu prazo de 180 dias após o óbito, **para os filhos menores de 16 anos** efetivarem requerimento de pensão, escoado esse prazo de seis meses, ainda que menor somente receberá o benefício a contar da data do requerimento.

8. DECADÊNCIA PARA O INSS REVER SEUS ATOS

A Lei n. 10.839/2004, fruto da conversão da MP n. 138/2003, acresceu à Lei de Benefícios o **art. 103-A**, fixando **em dez anos** o prazo **decadencial para o INSS** anular atos administrativos favoráveis aos beneficiários:

> Art. 103-A. O **direito da Previdência Social** de **anular** os atos administrativos de que **decorram efeitos favoráveis para os seus beneficiários** decai em **dez anos**, contados da data em que foram praticados, salvo comprovada má-fé.

Para melhor compreensão, considere segurado que teve sua aposentadoria deferida e, ao receber seu benefício, tem a grata surpresa de constatar que apesar ter contribuído sempre com um salário mínimo, o INSS por erro de cálculo na apuração de seu benefício, está depositando mensalmente o valor máximo das prestações previdenciárias.

O caso narrado envolve erro no ato administrativo, mas erro "favorável" ao beneficiário. Há prazo decadencial de dez anos contado a desfavor do INSS, ou seja, se a Autarquia não revisar esse ato administrativo em dez anos, decairá do direito, e não mais poderá alterar o valor do benefício.

A lei ressalva "comprovada má-fé", caso típico de o segurado ter induzido o INSS a erro, apresentando, por exemplo, documentos falsos, nesta situação ainda que INSS constate a falsidade documental após o lapso temporal de dez anos, ainda será admissível a revisão do ato administrativo, com a obrigatoriedade de o segurado devolver todos os valores que recebeu indevidamente.

Por fim, considera-se exercício do direito de anular **qualquer medida de autoridade administrativa** que importe impugnação à validade do ato.

CAPÍTULO 8
CÁLCULO DA RENDA MENSAL DOS BENEFÍCIOS

1. INTRODUÇÃO

A **Renda Mensal Inicial** (RMI) é o valor do primeiro pagamento de benefício recebido pelo beneficiário da Previdência.

A RMI é obtida pela aplicação de um percentil sobre o **salário de benefício**. Cada benefício tem um percentil, por exemplo: auxílio-acidente é 50%; auxílio-doença é de 91% etc.

O **Salário de Benefício** (SB) corresponde à **média aritmética simples de determinado número de salários de contribuição.**

O **Salário de Contribuição** (SC), por sua vez, corresponde ao valor sobre o qual se fez incidir a alíquota contributiva do segurado, equivale, *grosso modo*, à remuneração do segurado, limitado ao valor-teto.

Salário de contribuição é a base de cálculo do tributo que fundamenta a relação de custeio, enquanto o salário de benefício é a base de apuração da prestação previdenciária, garantidora da proteção social.

Da média dos salários de contribuição obtém-se o salário de benefício, que, por sua vez, é o valor sobre o qual se faz incidir o coeficiente de cálculo do benefício previdenciário. Assim, de posse dos valores dos salários de contribuição do segurado, procede-se à aplicação da **correção monetária** a cada um deles. Correção monetária impõe-se aos salários de contribuição que integram o **Período Básico de Cálculo** (PBC), no momento da apuração do salário de benefício.

Aplicada a **correção monetária** aos salários de contribuição, devem ser todos somados. Ato contínuo, divide-se o resultado obtido pelo número de salários de contribuição somados. Assim, ter-se-á a média aritmética simples, a cujo resultado dar-se-á o nome de salário de benefício.

Todos os benefícios previdenciários concedidos **após** a Constituição Federal de 1988 terão todos os salários de contribuição, integrantes do período básico de cálculo (PBC), corrigidos monetariamente (art. 201, § 3º, da CF).

> **Atenção!** Súmula 456 do STJ: "**Incabível a correção monetária** dos salários de contribuição considerados no cálculo do salário de benefício de auxílio-doença, aposentadoria por invalidez, pensão ou auxílio-reclusão **concedidos antes** da vigência da CF".

Após a fixação da RMI, o beneficiário perceberá a renda fixada inicialmente até a data do primeiro **reajuste** (art. 201, § 4º, da CF).

Todos os benefícios previdenciários são reajustados periodicamente. A regra tem sido reajuste anual (cf. art. 41-A da LB) por ocasião do reajustamento do salário mínimo. **Índices de reajustamento, também nominados índices previdenciários, incidem sobre a renda mensal do benefício.**

O atual critério de cálculo, estabelecido pela Reforma da Previdência de 2019, deve dar-se na forma ditada no art. 26 da EC n. 103/2019, que consagra duas etapas:

Etapa 1 (Salário de benefício – SB): média aritmética simples dos salários de contribuição (SC), atualizados monetariamente, correspondentes a **100%** do período contributivo **desde a competência julho de 1994** (quando a moeda em nosso país se tornou o "Real") ou desde o início da contribuição, se posterior àquela competência.

Etapa 2. (Renda Mensal Inicial – RMI). Aplicar o coeficiente de cálculo sobre o SB, conforme a espécie de benefício:

- Auxílio-acidente: 50% do SB;
- Auxílio-doença: 91% do SB;
- Aposentadoria (Regra) **corresponderá a 60%** da média aritmética definida na Etapa 1, **com acréscimo de dois pontos percentuais** para cada ano de contribuição que exceder o tempo de 20 anos de contribuição, se do sexo masculino e, se mulher, o acréscimo de 2% será computado a partir do 15º ano contributivo.
- Aposentadoria por incapacidade permanente (exceção): será de 100% do salário de benefício, **quando decorrer de acidente de trabalho, de doença profissional e de doença do trabalho**.

Na apuração do SB das aposentadorias programáveis, o § 6º do art. 26 da Emenda da Reforma permite a exclusão de quaisquer contribuições que resultem em redução do valor do benefício, desde que mantido o tempo mínimo de contribuição exigido (inclusive a quantidade de contribuições equivalentes ao período de carência).

> **Atenção! É vedada a utilização do tempo excluído** para qualquer finalidade, inclusive para:
> a) **o acréscimo do percentual da renda mensal, de 2% ao ano** (visto acima);
> b) a averbação em outro regime previdenciário;
> c) a obtenção dos proventos de inatividade das atividades de que tratam os arts. 42 (dos militares dos estados, do distrito federal e dos territórios) e 142 (das forças armadas) da CF;
> d) o somatório de pontos das aposentadorias por tempo de contribuição e especial;
> e) atingir o período adicional exigido para as aposentadorias por tempo de contribuição.

2. BENEFÍCIOS NÃO CALCULADOS COM BASE NO SALÁRIO DE BENEFÍCIO

O salário de benefício corresponde à média aritmética dos salários de contribuição.

Como esclarecido, o salário de contribuição é a base de cálculo do tributo que fundamenta a relação de custeio, enquanto o salário de benefício é a base de apuração da prestação previdenciária, garantidora da proteção social.

Ocorre que, a título de exceção, há benefícios previdenciários que não são calculados com base no salário de benefício, são eles:

I – **a pensão por morte (art. 23 da EC n. 103/2019),** consiste em cota familiar fixa de 50% acrescida de cota individual de 10% por dependente (limitado a 100%) a incidir sobre o valor **(a) da aposentadoria** que o segurado recebia ou **(b) daquela a que teria direito** se estivesse aposentado por incapacidade permanente na data de seu falecimento;

II – **auxílio-reclusão (art. 27, § 1º, da EC n. 103/2019)**, cálculo será realizado na **forma daquele aplicável à pensão por morte**, não podendo exceder o valor de um **salário mínimo**;

III – **salário-família (art. 27, § 2º, da EC n. 103/2019)**, equivale à cota de valor fixo, que, a partir de 1º de janeiro de 2020, é de R$ 48,62 para o segurado de "baixa renda", considerado como tal aquele com remuneração mensal não superior a R$ 1.425,56. Valores definidos pela Portaria n. 3.659, de 10-2-2020, da Secretaria Especial de Previdência e Trabalho do Ministério da Economia. Em 2023, o valor da cota do salário-família foi fixado em R$ 59,82 pela Portaria Interministerial MPS/MF n. 26, de 10 de janeiro de 2023. Por força da Portaria Interministerial MPS/MF n. 2, de 11-1-2024, o valor da cota do salário-família, a partir de 1º de janeiro de 2024, é de R$ 62,04 (sessenta e dois reais e quatro centavos) para o segurado com remuneração mensal não superior a R$ 1.819,26 (um mil oitocentos e dezenove reais e vinte e seis centavos);

IV – **salário-maternidade**: a renda mensal do salário-maternidade, que nunca será inferior ao salário mínimo, será equivalente:

   a) à **remuneração integral** para a segurada empregada e para a segurada trabalhadora avulsa[1];

   b) ao valor correspondente ao do **último salário de contribuição**, para a segurada empregada doméstica;

   c) a **um doze avos da soma dos 12 últimos salários de contribuição**, apurados em um período não superior a 15 meses, para as demais seguradas, **inclusive para a desempregada** que der à luz no período de graça (**Lei n. 13.846/2019**);

V – **segurado especial**, para ela é assegurado pelo art. 39 da Lei n. 8.213/91 benefícios de valor fixo de **um salário mínimo**.

3. SALÁRIO DE BENEFÍCIO APÓS A LEI N. 9.876/99. REGRAMENTO ANTERIOR À REFORMA DA PREVIDÊNCIA DE 2019

Antes da Lei n. 9.876/99, era o salário de benefício obtido pela média aritmética simples dos 36 últimos salários de contribuição (art. 29, *caput*, da Lei de Benefícios – redação original).

> **Atenção!** Consoante os termos do art. 29 da Lei n. 8.213/91, com a redação ofertada pela Lei n. 9.876/99, o cálculo a ser elaborado, para fins de obtenção do salário de benefício dos benefícios previdenciários, deverá ser feito com base na **média aritmética simples dos maiores salários de contribuição correspondente a 80% de todo o período contributivo**.

Em relação ao art. 3º da Lei n. 9.876/99, norma transitória, há determinação para que os salários de contribuição a integrar o cálculo do salário de benefício sejam **posteriores à competência de julho de 1994** (momento a partir do qual a moeda Real restou efetivamente implantada em nosso país).

Como visto, no regramento atual, trazido pela EC n. 103/2019, o SB é média aritmética simples dos SC, atualizados monetariamente, **correspondentes a 100% do período contributivo** desde a competência julho de 1994 ou desde o início da contribuição, se posterior àquela competência.

---

[1] Art. 72 da Lei de Benefícios, com a redação dada pela Lei n. 9.876/99.

Tese Revisional denominada Revisão da Vida Toda foi acolhida em prol dos aposentados do INSS pelo STJ, Tema Repetitivo 999, e ratificada pelo STF, Tema 1.102 de Repercussão Geral:

STJ. **Tema 999.** Tese firmada: Aplica-se a regra definitiva prevista no art. 29, I e II, da Lei n. 8.213/91, na apuração do salário de benefício, quando mais favorável do que a regra de transição contida no art. 3º da Lei n. 9.876/99, aos Segurado que ingressaram no Regime Geral da Previdência Social até o dia anterior à publicação da Lei n. 9.876/99.

STF. **Tema 1.102.** Tese firmada: O segurado que implementou as condições para o benefício previdenciário após a vigência da Lei n. 9.876, de 26-11-1999, e antes da vigência das novas regras constitucionais, introduzidas pela EC n. 103/2019, tem o direito de optar pela regra definitiva, caso esta lhe seja mais favorável.

Com a decisão firmada pelo STF (Tema 1.102), os aposentados que tiveram o benefício calculado com base no art. 3º da Lei n. 9.876/99 (que fixa o marco temporal "julho de 1994") possuem direito a novo cálculo, considerando a média de toda vida contributiva, incluindo os salários de contribuição anteriores a julho de 1994. Devendo prevalecer a renda mensal mais vantajosa dentre esses dois cálculos (com e sem os salários de contribuição anteriores a julho de 1994).

> **Atenção!** A Revisão da Vida Toda está sujeita a prazo decadencial, previsto no art. 103 da Lei n. 8.213/91, de dez anos, contados a partir do dia primeiro do mês seguinte ao do recebimento da primeira prestação.

3.1 Fator previdenciário

Atente-se que o fator previdenciário após a EC n. 103/2019 é aplicável apenas a título de exceção:

a) facultativamente na aposentadoria diferenciada de pessoa com deficiência, prevista na LC n. 142/2013, recepcionada expressamente pela EC n. 103/2019;
b) no cálculo da aposentadoria em prol do "direito iminente" prevista no art. 17 da EC n. 103/2019 (em prol do segurado que na data da publicação da EC n. 103/2019, restava menos de dois anos para preencher o requisito tempo de contribuição segundo as regras anteriores à Reforma).

Criado em novembro de 1999 pela Lei n. 9.876, o denominado fator previdenciário é uma equação a ser aplicada (antes da EC n. 103/2019) sobre o resultado da média aritmética simples dos salários de contribuição dos benefícios previdenciários de aposentadoria por tempo de contribuição e de aposentadoria por idade.

O intuito do fator é proporcionar aposentadoria **com valores maiores conforme seja maior a idade e o tempo de contribuição do segurado e baixa a expectativa de sobrevida**.

Ao reverso (e como regra era isso o que realmente ocorria), **reduz o valor da aposentadoria se:**

a) de pouca idade o segurado;
b) com elevada expectativa de sobrevida;
c) contribuiu à Previdência apenas pelo tempo mínimo necessário à obtenção do benefício.

Capítulo 8 • Cálculo da renda mensal dos benefícios

> **Atenção!** O fator previdenciário se fazia incidir, **obrigatoriamente**, no cálculo de aposentadoria por tempo de contribuição (inclusive na aposentadoria por tempo de contribuição de professor), e, **facultativamente**, no cálculo de:
>
> a) aposentadoria por tempo de contribuição prevista na Lei Complementar n. 142/2013, em prol do segurado considerado pessoa com deficiência (PcD);
>
> b) de aposentadoria por idade prevista na Lei n. 8.213/91 (inclusive à devida em favor do segurado PcD nos termos do art. 9º, I, da LC n. 142/2013).
>
> **Nenhum outro benefício** previdenciário **é calculado** mediante a **aplicação** do **fator previdenciário**!

Aplicação facultativa do fator previdenciário significa dizer que somente incidirá se resultar mais vantajoso financeiramente ao segurado.

> **MEMORIZE**
> O fator previdenciário conjuga FATORES VARIÁVEIS:
> a) idade;
> b) expectativa de sobrevida; e
> c) tempo de contribuição do segurado.
> E FATORES INVARIÁVEIS: coeficiente fixo de 0,31.

Eis a fórmula matemática que representa o fator previdenciário:

$$f = \frac{T_c \times a}{ES} \times \left[1 + \frac{(1_d + T_c \times a)}{100} \right]$$

Onde:

f = fator previdenciário;

ES = expectativa de sobrevida no momento da aposentadoria;

Tc = tempo de contribuição até o momento da aposentadoria;

Id = idade no momento da aposentadoria;

a = alíquota de contribuição correspondente a 0,31.

A expectativa de sobrevida é obtida a partir da tábua completa de mortalidade construída pela Fundação Instituto Brasileiro de Geografia e Estatística (IBGE).

Exemplo (esta tabela não está completa e não é para ser decorada, apenas compreendida!):

IDADE	EXPECTATIVA DE SOBREVIDA	IDADE	EXPECTATIVA DE SOBREVIDA	IDADE	EXPECTATIVA DE SOBREVIDA
42	35,8	56	24,3	70	14,6
43	34,9	57	23,5	71	14,0
44	34,1	58	22,7	72	13,4
45	33,2	59	22,0	73	12,9
51	28,2	65	17,8	79	10,0
52	27,4	66	17,1	80+	9,6

Agora fica nítida a diferença entre "expectativa de sobrevida" e "expectativa de vida". Esta (expectativa de vida) é uma só para toda a população brasileira, fixada pelo IBGE em 73,5 anos. Ao passo que a expectativa de sobrevida oscila conforme a idade da pessoa – como visto no quadro acima, aos 73 anos de idade estimam-se mais 12,9 anos de vida.

Depois da apuração do salário de benefício (que equivale à média aritmética simples dos salários de contribuição correspondentes a 100% de todo o período contributivo após a EC n. 103/2019) multiplica-se o resultado pelo fator previdenciário.

Para efeito da aplicação do fator previdenciário, ao tempo de contribuição do segurado serão adicionados:

1) **Cinco anos**, quando se tratar de **mulher**;
2) **Cinco anos**, quando se tratar de **professor** que comprove exclusivamente tempo de efetivo exercício das funções de magistério na educação infantil e no ensino fundamental e médio;
3) **Dez anos**, quando se tratar de **professora** que comprove exclusivamente tempo de efetivo exercício das funções de magistério na educação infantil e no ensino fundamental médio.

> **Atenção!** A mulher para aposentar-se por tempo de contribuição precisa contribuir por 30 anos à Previdência. No ato de cálculo do benefício, na apuração do fator previdenciário será considerado, ficticiamente, que ela possui 35 anos de tempo de contribuição (30 anos efetivos + 5 anos de bônus). Para a mulher o bônus é sempre de 5 anos, assim, se, por exemplo, ela tenha trabalhado (e contribuído) por 41 anos, no cálculo do fator será considerado 46 anos de tempo de contribuição (41 + 5 anos). O mesmo ocorre com o professor (bônus de 5 anos) e com a professora (bônus de 10 anos). Note que o homem (não professor) não possui bônus no cálculo do fator previdenciário (se contribuiu 35 anos, será 35 anos; se contribuiu por 40 anos, será 40 anos!).

Importante ressaltar que a Corte Constitucional Brasileira entendeu inexistente qualquer incompatibilidade vertical da Lei n. 9.876/99 em face do Texto Maior ao apreciar a Medida Cautelar apresentada na ADI 2.111. Mantida, portanto, a presunção de constitucionalidade da norma legal criadora do fator previdenciário.

Em novembro de 2015, houve a publicação da Lei n. 13.183, que é fruto da conversão, com alterações, da Medida Provisória n. 676. Traz ao Direito Previdenciário a **Fórmula progressiva 85 (a 90) para mulheres e 95 (a 100) para homens**.

Essa fórmula quando preenchida permite que no cálculo da **aposentadoria por tempo de contribuição** (inclusive a APTC de professor) haja a **exclusão do fator previdenciário (FP), quando maléfico**.

Síntese, antes da Reforma da Previdência de 2019:

1) A fórmula 95 para homens e 85 mulheres **somente** se aplica na **aposentadoria por tempo de contribuição (APTC)**, em nenhum outro benefício utiliza-se a fórmula trazida pela Lei n. 13.183/2015, de observar também que referida fórmula **não afasta** o requisito de tempo de contribuição (TC) para concessão desse benefício, qual seja:

1.a) homens, no mínimo de 35 anos de TC;

1.b) mulheres, no mínimo de 30 anos de TC;

1.c) professor que exerça exclusivamente durante no mínimo 30 anos as funções de magistério no ensino infantil, fundamental e médio;

1.d) professora que exerça exclusivamente durante no mínimo 25 anos as funções de magistério no ensino infantil, fundamental e médio.

2) O que é **fórmula 95** para segurados do sexo masculino? Resposta: corresponde à permissão prevista na Lei n. 13.183/2015, para **afastar a incidência do FP** no cálculo da **APTC** para **os requerimentos de concessão de aposentadoria protocolizados** a partir de 18 de junho de

2015 (data da publicação da MP n. 676, posteriormente convertida na Lei n. 13.183) até 30 de dezembro de 2018.

Para preencher a fórmula 95, o segurado deve comprovar ter **contribuído por pelo menos 35 anos à Previdência (TC)** e ter idade que somada ao TC resulte em 95 (ou mais).

Exemplo: segurado que contribuiu exatos 35 anos (TC 35) e tenha em 2016 (data do requerimento da APTC) 60 anos de idade, a soma do critério etário (60 anos) com o de TC (35 anos) resulta 95, por essa razão nominar-se Fórmula 95 para homens.

Nessa situação, haverá direito ao afastamento do fator previdenciário sempre que o FP se revelar redutor da renda.

3) A APTC ficou atrelada à idade mínima de 60 anos para homens com o advento da Lei n. 13.183/2015? Resposta: **não**.

Antes da EC 103 de 2019, o segurado do INSS que tivesse contribuído por no mínimo 35 anos tinha direito constitucional à aposentadoria por tempo de contribuição (art. 201, § 7º, II, da CF), pouco importando a idade para efeito de obtenção do direito ao benefício de APTC. Assim se, por exemplo, em 2018, estivesse com apenas 51 anos de idade e comprovasse 35 anos de TC, poderia se aposentar, entretanto, por não atender à fórmula 95 (51 de idade + 35 de TC resultam menos de 95), haveria incidência obrigatória do FP na apuração de sua renda mensal (amargaria uma renda mensal menor, por força da redução ocasionada pelo FP). Atente-se que, após a Reforma da Previdência de 2019, a aposentadoria voluntária exige requisito etário.

4) O que é fórmula 85 para mulheres? Resposta: a mesma lógica desenhada para o segurado do sexo masculino aplica-se à segurada do INSS, modificando-se apenas o tempo de contribuição mínimo que é de 30 anos, e, desde que somado à idade da mulher resulte 85, haverá direito à exclusão do FP no cálculo de seu benefício, por exemplo, mulher com 55 anos de idade e 30 anos de TC.

> **Atenção!** Não confundir o acréscimo fictício que possui a mulher no cálculo do fator previdenciário com a fórmula 85!

Primeiro procede-se à análise do direito à APTC (antes da EC n. 103/2019): para ter direito, a segurada deve provar ter efetivamente contribuído por 30 anos, caso não possua 30 anos de contribuição não haverá direito a APTC, e encerra-se o assunto.

Por outro lado, caso a mulher possua 30 anos de trabalho anotados em CTPS, haverá direito a APTC.

Próximo passo, depois de comprovado o direito à APTC, é o de saber se o fator previdenciário **para ela** será aplicado obrigatoriamente ou se será facultativo, ou seja, se há o preenchimento ou não da fórmula 85.

Pergunta-se, então, a idade da segurada, se ela tiver apenas 46 anos de idade **(situação "A"), haverá incidência obrigatória do FP**, pois a soma 30TC + 46id não atinge 85!

Note-se que não é feito nenhum acréscimo fictício de TC, porque a fórmula é diferente entre homens (95) e mulheres (85)!

Em outra ilustração **(situação "B")**, considere que ela possua na data do requerimento da APTC 55 anos de idade. Haverá direito à exclusão do FP, pois 30 anos de TC + 55 anos de Id resultam 85, portanto atendida a fórmula 85.

5) E para segurados que tiverem contribuído anos além do TC mínimo?

A fórmula exige, sempre, o tempo mínimo de 35 anos de TC para homens e 30 anos de TC para mulheres, já com relação ao fator etário esse se ajusta ao resultado 95 ao sexo masculino e 85 ao feminino, de tal sorte que se o segurado tiver contribuído com 1 ano além dos 35 de TC, terá direito a exclusão do FP se tiver a idade de 59 anos, pois 36 de TC com 59 de idade, resulta 95, tornando evidente que haverá direito à exclusão do FP com tantos anos a menos de 60 quantos forem os anos contribuídos além dos 35 de TC; a mesma lógica ocorre em prol da segurada do INSS.

No regramento anterior à Reforma da Previdência de 2019, o professor e a professora possuem para apuração da fórmula progressiva 95 para homens e 85 se mulher, **o acréscimo de cinco anos**!

O **tempo mínimo de contribuição** do professor e da professora que comprovarem exclusivamente tempo de efetivo exercício de magistério na educação infantil e no ensino fundamental e médio **será** de, respectivamente, **30 e 25 anos**, e **serão acrescidos cinco pontos** à **soma da idade com o tempo de contribuição, para efeito de verificação de atingimento da fórmula**.

Observe-se, assim, que tendo uma professora trabalhado 26 anos no ensino fundamental, ao verificar o atingimento da fórmula progressiva 85, deve-se acrescer mais cinco anos, ou seja, na realidade ela trabalhou 26 anos, no entanto, deve-se considerar fictamente 31 anos trabalhados, que serão somados à idade dela no momento da aposentação, por conseguinte, se ela possuir 54 anos de idade será afastado o fator previdenciário.

Por outro lado, caso possua apenas 52 anos de idade, será aplicado necessariamente o FP, lembrando no cálculo do FP a professora possui sempre o tempo fictício de 10 anos (não confundir o art. 29, § 9º, com a disposição nova contida no § 3º do art. 29-C, ambos da Lei n. 8.213/91).

6) E para os requerimentos de APTC apresentados a partir de 31 de dezembro de 2018? Resposta: a Lei n. 13.183/2015 prevê a **fórmula progressiva**, iniciando-se com 95 para homens e 85 para mulheres, válida somente até 30 de dezembro de 2018. Em 31 de dezembro de 2018, haverá o acréscimo de mais um ano, tornando-se **fórmula 96** para homens e **86 para mulheres**.

A regra **será** modificada em 31 de dezembro de 2020 (**fórmula 97** para homens e **87 para mulheres**); nova modificação em 31 de dezembro de 2022 e em 31 de dezembro de 2024; e, finalmente, a partir de 31 de dezembro de 2026, será **fórmula 100 para homens e fator 90 para mulheres**.

REQUERIMENTOS DE APTC APRESENTADOS A PARTIR DE 18-6-2015 (DATA DA PUBLICAÇÃO DA MP N. 676, CONVERTIDA NA LEI N. 13.183) ATÉ 30-12-2018		
APOSENTADORIA POR TEMPO DE CONTRIBUIÇÃO		**FATOR PREVIDENCIÁRIO**
Homem com 35 anos de TC	Idade de 52 anos	Regra: incidência **obrigatória** do Fator Previdenciário
Homem com 35 anos de TC	Idade de 60 anos	Lei n. 13.183/2015: atendida fórmula 95. **Opção pela exclusão** do Fator Previdenciário, caso prejudicial
Homem com 36 anos de TC	Idade de 59 anos	Lei n. 13.183/2015: atendida fórmula 95. Opção pela exclusão do Fator Previdenciário, caso prejudicial
Homem com 37 anos de TC	Idade de 58 anos	Lei n. 13.183/2015: atendida fórmula 95. Opção pela exclusão do Fator Previdenciário, caso prejudicial
Mulher com 30 anos de TC	Idade de 47 anos	Lei n. 13.183/2015: incidência **obrigatória** do Fator Previdenciário
Mulher com 30 anos de TC	Idade de 55 anos	Lei n. 13.183/2015: atendida fórmula 85. Opção pela exclusão do Fator Previdenciário, caso prejudicial
Mulher com 31 anos de TC	Idade de 54 anos	Lei n. 13.183/2015: atendida fórmula 85. Opção pela exclusão do Fator Previdenciário, caso prejudicial
Mulher com 32 anos de TC	Idade de 53 anos	Lei n. 13.183/2015: atendida fórmula 85. Opção pela exclusão do Fator Previdenciário, caso prejudicial

4. RENDA MENSAL INICIAL (RMI)

Obtido o valor do salário de benefício, procede-se, na sequência, à aplicação do percentual correspondente ao benefício, percentil a ser decorado:

Antes da EC n. 103/2019:

- aposentadoria por invalidez – 100% do salário de benefício;
- aposentadoria por tempo de contribuição: 100% do salário de benefício (obs.: aplica-se fator previdenciário, **obrigatoriamente, ainda que prejudique o segurado**, caso não seja atendida a fórmula progressiva 95/100 para segurados e 85/90 para seguradas);
- aposentadoria por tempo de contribuição prevista na Lei Complementar n. 142/2013, em prol do segurado considerado pessoa com deficiência (PcD): 100% do salário de benefício (obs.: aplica-se fator previdenciário, **facultativamente, ou seja, apenas se benéfico ao segurado**);
- aposentadoria especial – 100% do salário de benefício;
- aposentadoria por idade – 70% do salário de benefício, mais 1% deste por grupo de doze contribuições mensais, até o máximo de 30% (obs.: aplica-se fator previdenciário, **facultativamente, ou seja, apenas se benéfico ao segurado**).

Depois da Reforma da Previdência de 2019:

- Aposentadoria (Regra) corresponderá a 60% do salário de benefício (da média aritmética dos 100% dos SC desde julho/1994), com acréscimo de dois pontos percentuais para cada ano de contribuição que exceder o tempo de 20 anos de contribuição, se do sexo masculino, e, se mulher, o acréscimo de 2% será computado a partir do 15º ano contributivo.
- Aposentadoria por incapacidade permanente (exceção): será de 100% do salário de benefício, **quando decorrer de acidente de trabalho, de doença profissional ou de doença do trabalho**.

Antes e depois da EC n. 103/2019:

- auxílio-acidente – 50% do salário de benefício;
- auxílio-doença – 91% do salário de benefício.

5. REAJUSTE DA RENDA MENSAL

Depois de apurado o valor da Renda Mensal Inicial (RMI), procede-se à implantação do benefício. A renda mensal do benefício permanecerá a mesma até a data do reajuste dos benefícios da Previdência Social.

O reajustamento decorre da determinação constitucional contida no art. 201, § 4º, que trata do **princípio constitucional da manutenção do valor real do benefício**. Trata-se da recomposição da perda inflacionária, e a periodicidade é anual.

Em razão do preceito contido no art. 41 da Lei n. 8.213/91, redação original, **o primeiro índice de reajuste deverá ser proporcional** (*pro rata*), os subsequentes serão índices integrais.

Periodicidade anual (todo mês de janeiro). A recomposição das aposentadorias e pensões será com base no indexador INPC (Índice Nacional de Preços ao Consumidor).

6. LIMITE MÍNIMO DO VALOR DOS BENEFÍCIOS PREVIDENCIÁRIOS

A Constituição Federal de 1988, no art. 201, § 5º, redação original, dispôs que: "Nenhum benefício que substitua o salário de contribuição ou o rendimento do trabalho do segurado terá valor mensal inferior ao salário mínimo"[2].

O limite mínimo de um salário mínimo deverá ser observado **apenas** nos benefícios que **"substituam"** a renda do trabalho, quais sejam: aposentadorias, auxílio-doença, salário-maternidade, e (devido aos dependentes) a pensão por morte e o auxílio-reclusão.

Por outro lado, podem ser pagos em valor inferior ao salário mínimo, porque não substituem a renda do trabalho (complementam os rendimentos do trabalho), os benefícios: **salário-família e auxílio-acidente**.

7. LIMITE MÁXIMO DO VALOR DOS BENEFÍCIOS PREVIDENCIÁRIOS

Enquanto o limite mínimo encontrava respaldo constitucional, o limite-teto **era** previsto tão só na legislação ordinária.

Nos termos do art. 28, § 5º[3], da Lei n. 8.212/91 (Lei de Custeio), o **salário de contribuição**, como base de cálculo da contribuição previdenciária dos segurados, **está sujeito a limite máximo**.

O art. 29, § 2º, da Lei n. 8.213/91 estipula que o valor do **salário de benefício não será superior ao do limite máximo do salário de contribuição. E o art. 33 da Lei n. 8.213/91 determina que** na data de início do benefício a renda mensal inicial do benefício de prestação continuada **não terá valor superior ao do limite máximo do salário de contribuição**.

Somente com a EC n. 20/98 é que o limite-teto da previdência deixou de constar tão só em normas ordinárias.

O art. 14 da EC n. 20/98 estabelece limite-teto para os benefícios previdenciários: o limite máximo para o valor dos benefícios do Regime Geral de Previdência Social de que trata o art. 201 da Constituição Federal é fixado em R$ 1.200,00, devendo, a partir da data da publicação desta Emenda, **ser reajustado** de forma a **preservar, em caráter permanente, seu valor real**, atualizado **pelos mesmos índices aplicados aos benefícios** do Regime Geral de Previdência Social.

Em 2023, o limite-teto foi fixado em R$ 7.507,49, pela Portaria Interministerial MPS/MF n. 26, de 10-1-2023, reajustado para o ano de 2024 para R$ 7.786,02, pela Portaria Interministerial MPS/MF n. 2, de 11-1-2024.

Todos os benefícios previdenciários devem respeitar o limite-teto de pagamento de benefícios, à exceção tão só de dois benefícios:

a) salário-maternidade, em se tratando de segurada empregada e trabalhadora avulsa (art. 72 da Lei n. 8.213/91). Dessa feita, se a segurada empregada recebe R$ 10.000,00 por mês, durante a fruição do salário-maternidade o benefício será no valor da remuneração, ainda que superior ao teto legal;

---

[2] Esse dispositivo, após a EC n. 20/98, está situado no § 2º do art. 201 da CF.

[3] § 5º do art. 28 da Lei n. 8.212/91, situado no Capítulo IX, Do Salário de Contribuição: "O limite máximo do salário de contribuição é de Cr$ 170.000,00 (cento e setenta mil cruzeiros), reajustado a partir da data da entrada em vigor desta Lei, na mesma época e com os mesmos índices que os do reajustamento dos benefícios de prestação continuada da Previdência Social".

b) aposentadoria por incapacidade permanente, sempre que o inválido precisar, de forma constante, de auxílio de terceira pessoa (art. 45 da Lei n. 8.213/91). Nesta hipótese será devido um acréscimo de 25%, ainda que o valor resultante supere o limite máximo legal.

O art. 248 da Constituição Federal foi acrescentado pela EC n. 20/98 e afirma que:

> Art. 248. (...) benefícios pagos, a qualquer título, pelo órgão responsável pelo **Regime Geral de Previdência Social**, ainda que à conta do Tesouro Nacional, e **os não sujeitos ao limite máximo** de valor fixado para os benefícios concedidos por esse regime **observarão os limites fixados no art. 37, XI**.

Esse regramento constitucional prevê a necessidade de limitação máxima dos benefícios previdenciários "não sujeitos ao limite máximo" ordinário existente no RGPS, devendo observar, entretanto, o limite-teto fixado no art. 37, XI[4], da Carta Suprema, que por sua vez traz previsão de limite-teto no âmbito do serviço público.

O art. 248 da CF abrange justamente a exceção apontada na letra "a" acima (salário-maternidade), significa dizer que a segurada empregada (e a trabalhadora avulsa) receberá o salário-maternidade no exato valor de sua remuneração, salvo se sua remuneração **exceder ao subsídio de ministro do STF** (art. 37, XI, da CF).

Em síntese, persistem **dois limites-teto** na esfera previdenciária.

O primeiro é o **teto de cunho ordinário**, previsto nos arts. 29, § 2º, 33 e 135 da Lei n. 8.213/91, **aplicável a todos os benefícios** da Previdência Social.

O segundo é o **teto extraordinário**, de **aplicação restrita ao salário-maternidade** e benefícios de legislação especial, que se subsume ao art. 248 da CF.

8. ABONO ANUAL

A gratificação natalina, denominada abono anual (e por vezes referida impropriamente como 13º) somente é devida ao segurado e ao dependente que, durante o ano, receba ou tenha recebido: **aposentadorias (voluntária ou por incapacidade permanente), auxílio-doença (auxílio por incapacidade temporária), auxílio-acidente, salário-maternidade, e os devidos aos dependentes: pensão por morte e auxílio-reclusão**.

Benefícios outros como salário-família e o Benefício Assistencial devido ao idoso e ao deficiente (art. 203, V, da CF e art. 20 da Lei n. 8.742/93) **não permitem a percepção do abono anual**.

Determina a Constituição Federal, em seu art. 201, § 6º, que a gratificação natalina dos aposentados e pensionistas **terá por base o valor dos proventos do mês de dezembro** de cada ano (quando o benefício foi recebido no ano todo).

O recebimento de benefício por período inferior a 12 meses determina o cálculo do abono anual de forma **proporcional**, devendo ser considerado como mês integral o período, dentro do mês, igual ou superior a 15 dias, observando-se como base a última renda mensal.

Em caso de não pagamento, esta verba fica sujeita a prazo prescricional.

---

[4] "XI – a remuneração e o subsídio dos ocupantes de cargos, funções e empregos públicos da Administração direta, autárquica e fundacional, dos membros de qualquer dos Poderes da União, dos Estados, do Distrito Federal e dos Municípios, dos detentores de mandato eletivo e dos demais agentes políticos e os proventos, pensões ou outra espécie remuneratória, percebidos cumulativamente ou não, incluídas as vantagens pessoais ou de qualquer outra natureza, não poderão exceder o subsídio mensal, em espécie, dos Ministros do Supremo Tribunal Federal (...)."

Salário-maternidade. O valor do abono anual correspondente ao período de duração do salário-maternidade será pago, em cada exercício, juntamente com a última parcela do benefício.

Aposentadoria por invalidez (por incapacidade permanente). O abono anual incidirá sobre a parcela de acréscimo de 25%, referente ao auxílio acompanhante, previsto no art. 45 da Lei n. 8.213/91.

O pagamento do abono anual é efetuado em duas parcelas, sendo que:

I – a primeira corresponderá a até 50% do valor do benefício devido no mês de agosto, pago juntamente com essa competência; e
II – a segunda parcela corresponderá à diferença entre o valor total do abono anual e o valor da primeira parcela, devendo ser paga juntamente com a competência de novembro.

9. JURISPRUDÊNCIA STJ

STJ. Tema Repetitivo 1011. Tese firmada: incide o fator previdenciário no cálculo da renda mensal inicial de aposentadoria por tempo de contribuição de professor vinculado ao regime geral de previdência social, independente da data de sua concessão, quando a implementação dos requisitos necessários à obtenção do benefício se der após o início da vigência da Lei 9.876/99, ou seja, a partir de 29-11-99. (Trânsito em julgado: 20-5-2021)

STJ. Tema Repetitivo 214. Tese firmada: Os atos administrativos praticados antes da Lei n. 9.784/99 podem ser revistos pela administração a qualquer tempo, por inexistir norma legal expressa prevendo prazo para tal iniciativa. Somente após a Lei n. 9.784/99 incide o prazo decadencial de 5 anos nela previsto, tendo como termo inicial a data de sua vigência (1º-2-99). (...) Antes de decorridos 5 anos da Lei n. 9.784/99, a matéria passou a ser tratada no âmbito previdenciário pela MP n. 138, de 19-11-2003, convertida na Lei n. 10.839/2004, que acrescentou o art. 103-A à Lei n. 8.213/91 (LBPS) e fixou em 10 anos o prazo decadencial para o INSS rever os seus atos de que decorram efeitos favoráveis a seus beneficiários. (Trânsito em julgado: 2-9-2010)

STJ. Tema Repetitivo 1117. Tese firmada: O marco inicial da fluência do prazo decadencial, previsto no *caput* do art. 103 da Lei n. 8.213/91, quando houver pedido de revisão da renda mensal inicial (RMI) para incluir verbas remuneratórias recebidas em ação trabalhista nos salários de contribuição que integraram o período básico de cálculo (PBC) do benefício, deve ser o trânsito em julgado da sentença na respectiva reclamatória. (Trânsito em julgado: 23-8-2023)

STJ. Tema Repetitivo 544. Tese firmada: O suporte de incidência do prazo decadencial previsto no art. 103 da Lei n. 8.213/91 é o direito de revisão dos benefícios, e não o direito ao benefício previdenciário. Incide o prazo de decadência do art. 103 da Lei n. 8.213/91, instituído pela Medida Provisória 1.523-9/97, convertida na Lei n. 9.528/97, no direito de revisão dos benefícios concedidos ou indeferidos anteriormente a esse preceito normativo, com termo *a quo* a contar da sua vigência (28-6-97). (Trânsito em julgado: 22-2-2017)

STJ. Tema Repetitivo 975. Tese firmada: Aplica-se o prazo decadencial de dez anos estabelecido no art. 103, *caput*, da Lei n. 8.213/91 às hipóteses em que a questão controvertida não foi apreciada no ato administrativo de análise de concessão de benefício previdenciário. (Trânsito em julgado: 24-8-2021)

STJ. Tema Repetitivo 966. Tese firmada: Incide o prazo decadencial previsto no *caput* do art. 103 da Lei n. 8.213/91 para reconhecimento do direito adquirido ao benefício previdenciário mais vantajoso. (Trânsito em julgado: 12-12-2019).

STJ. Tema Repetitivo 1057. Tese firmada: I. O disposto no art. 112 da Lei n. 8.213/91 é aplicável aos âmbitos judicial e administrativo; II. Os pensionistas detêm legitimidade ativa para pleitear, por direito próprio, a revisão do benefício derivado (pensão por morte) – caso não alcançada pela decadência –, fazendo jus a diferenças pecuniárias pretéritas não prescritas, decorrentes da pensão recalculada; III. Caso não decaído o direito de revisar a renda mensal inicial do benefício originário do segurado instituidor, os pensionistas poderão postular a revisão da aposentadoria, a fim de auferirem eventuais parcelas não prescritas resultantes da readequação do benefício original, bem como os reflexos na graduação econômica da pensão por morte; e IV. À falta de dependentes legais habilitados à pensão por morte, os sucessores (herdeiros) do segurado instituidor, definidos na lei civil, são partes legítimas para pleitear, por ação e em nome próprios, a revisão do benefício original – salvo se decaído o direito ao instituidor – e, por conseguinte, de haverem eventuais diferenças pecuniárias não prescritas, oriundas do recálculo da aposentadoria do *de cujus*. (Trânsito em julgado: 4-3-2022)

STJ. Tema Repetitivo 1005. Tese firmada: Na ação de conhecimento individual, proposta com o objetivo de adequar a renda mensal do benefício previdenciário aos tetos fixados pelas Emendas Constitucionais 20/98 e 41/2003 e cujo pedido coincide com aquele anteriormente formulado em ação civil pública, a interrupção da prescrição quinquenal, para recebimento das parcelas vencidas, ocorre na data de ajuizamento da lide individual, salvo se requerida a sua suspensão, na forma do art. 104 da Lei n. 8.078/90.

STJ. Tema Repetitivo 999. Tese firmada: Aplica-se a regra definitiva prevista no art. 29, I e II, da Lei n. 8.213/91, na apuração do salário de benefício, quando mais favorável do que a regra de transição contida no art. 3º da Lei n. 9.876/99, aos Segurado que ingressaram no Regime Geral da Previdência Social até o dia anterior à publicação da Lei n. 9.876/99. (STF. Tema RG 1102. O segurado que implementou as condições para o benefício previdenciário após a vigência da Lei n. 9.876, de 26-11-99, e antes da vigência das novas regras constitucionais, introduzidas pela EC n. 103/2019, tem o direito de optar pela regra definitiva, caso esta lhe seja mais favorável. Situação: pendente.)

STJ. Tema Repetitivo 148. Tese firmada: O Plano de Benefícios da Previdência Social – PBPS, dando cumprimento ao art. 202, *caput*, da Constituição Federal (redação original), definiu o valor mínimo do salário de benefício, nunca inferior ao salário mínimo, e seu limite máximo, nunca superior ao limite máximo do salário de contribuição. (Trânsito em julgado: 14-10-2009)

STJ. Tema Repetitivo 904. Tese firmada: O décimo terceiro salário (gratificação natalina) somente integra o cálculo do salário de benefício, nos termos da redação original do § 7º do art. 28 da Lei n. 8.212/91, e § 3º do art. 29 da Lei n. 8.213/91, quando os requisitos para a concessão do benefício forem preenchidos em data anterior à publicação da Lei n. 8.870/94, que expressamente excluiu o décimo terceiro salário do cálculo da Renda Mensal Inicial (RMI), independentemente de o Período Básico de Cálculo (PBC) do benefício estar, parcialmente, dentro do período de vigência da legislação revogada. (Trânsito em julgado: 10-8-2017)

STJ. Tema Repetitivo 1070. Tese firmada: Após o advento da Lei n. 9.876/99, e para fins de cálculo do benefício de aposentadoria, no caso do exercício de atividades concomitantes pelo segurado, o salário de contribuição deverá ser composto da soma de todas as contribuições previdenciárias por ele vertidas ao sistema, respeitado o teto previdenciário. (Trânsito em julgado: 13-2-2023)

STJ. Tema Repetitivo 186/187/188/189. Tese firmada: É incabível a correção monetária dos salários de contribuição considerados no cálculo do salário de benefício de auxílio-doença, aposentadoria por invalidez, pensão ou auxílio-reclusão concedidos antes da vigência da CF/1988. (Trânsito em julgado: 2-9-2010)

STJ. Tema Repetitivo 905. Questão submetida a julgamento: Discussão: aplicabilidade do art. 1º-F da Lei n. 9.494/97, com redação dada pela Lei n. 11.960/2009, em relação às condenações impostas à Fazenda Pública, independentemente de sua natureza, para fins de atualização monetária, remuneração do capital e compensação da mora.

STJ. Tema Repetitivo 19. Tese firmada: Os débitos previdenciários remanescentes pagos mediante precatório, devem ser convertidos, à data do cálculo, em quantidade de Unidade Fiscal de Referência (UFIR) ou em outra unidade de referência oficial que venha a substituí-la. (Trânsito em julgado: 22-6-2009)

CAPÍTULO 9
BENEFÍCIOS POR INCAPACIDADE PARA O TRABALHO

1. GENERALIDADES

O segurado do INSS (inclusive aquele no período de graça, art. 15 da Lei n. 8.213/91), após cumprir a carência (quando a lei exigir, arts. 24 a 27 da Lei n. 8.213/91), que ficar incapacitado para o trabalho, poderá fazer jus a:

- **Aposentadoria por incapacidade permanente** (denominação anterior à Reforma da Previdência era: aposentadoria por invalidez). Art. 201, I, da CF; art. 26 da EC n. 103/2019; arts. 42 a 47 da Lei n. 8.213/91; e arts. 43 a 50 do Decreto n. 3.048/99;
- **Auxílio por incapacidade temporária** (nomenclatura anterior: auxílio-doença). Art. 201, I, da CF; art. 26 da EC n. 103/2019; arts. 59 a 63 da Lei n. 8.213/91; arts. 71 a 80 do Decreto n. 3.048/99;
- **Auxílio-acidente.** Art. 201, I, da CF; art. 26 da EC n. 103/2019; art. 86 da Lei n. 8.213/91; art. 104 do Decreto n. 3.048/99.

Beneficiário: aposentadoria por incapacidade permanente e auxílio-doença são alcançáveis por todos os segurados da previdência (obrigatórios e facultativos). Já o auxílio-acidente apresenta restrição prevista no art. 18, § 1º; somente dele poderão beneficiar-se os segurados empregado, **empregado doméstico** (novidade trazida pela LC n. 150/2015), trabalhador avulso e segurado especial.

O fato de o segurado estar doente ou ter sofrido acidente não é suficiente à concessão de benefício de aposentadoria por incapacidade permanente, auxílio-doença ou auxílio-acidente, o **fato gerador** desses benefícios é a comprovação de **incapacidade para o trabalho**.

Exemplo: segurado sofre acidente gravíssimo de carro, que a despeito da destruição total do veículo, escapa ileso, sem um único arranhão. Conquanto vítima de terrível acidente, não fará jus a nenhum dos benefícios previdenciários por inexistir incapacidade laborativa.

A incapacidade laborativa pode ser:

I – uniprofissional: aquela que alcança apenas uma atividade, função ou ocupação específica;
II – multiprofissional: aquela que abrange diversas atividades, funções ou ocupações profissionais; ou
III – omniprofissional: aquela que implica a impossibilidade do desempenho de toda e qualquer atividade função ou ocupação laborativa, sendo conceito essencialmente teórico, salvo quando em caráter transitório.

A definição do benefício cabível depende do **grau e da duração** da incapacidade laborativa.

Grau. Tratando-se **de incapacidade total** para o trabalho, ou para as atividades habituais, abrem-se duas possibilidades: percepção de aposentadoria por incapacidade permanente ou auxílio-doença.

Duração. Se a incapacidade total verificada for definitiva para todas[1] as atividades desenvolvidas pelo segurado[2], o benefício será "aposentadoria por incapacidade permanente"[3]; ao reverso, tratando-se de incapacidade temporária, por período superior a **15[4] dias consecutivos**, fará jus a "auxílio-doença"[5].

Ficar o segurado desprovido totalmente de capacidade laborativa para o seu trabalho é o pressuposto necessário à concessão de auxílio-doença e da aposentadoria por invalidez, ao passo que o auxílio-acidente é reservado unicamente aos segurados **parcial e definitivamente** incapacitados ao trabalho.

O segurado em gozo de auxílio-doença e de aposentadoria por incapacidade permanente é proibido[6] de exercer atividade remunerada, vedação inexistente ao beneficiário de auxílio-acidente (a incapacidade por ser parcial possibilita a continuidade do trabalho). O art. 86 da Lei n. 8.213/91 afirma que o auxílio-acidente é concedido como **indenização** (natureza indenizatória).

BENEFÍCIO	GRAU DE INCAPACIDADE	DURAÇÃO
Aposentadoria por incapacidade permanente	Total	Definitiva (permanente)
Auxílio por incapacidade temporária (auxílio-doença)	Total	Temporária
Auxílio-acidente	Parcial	Definitiva (permanente)

Comprovação da incapacidade para o trabalho: através de exame realizado pela perícia médica do INSS. A empresa que dispuser de serviço médico, próprio ou em convênio, terá a seu cargo o exame médico e o abono das faltas correspondentes aos primeiros 15 dias, somente devendo encaminhar o segurado à perícia médica da Previdência Social quando a incapacidade ultrapassar 15 dias.

Anote-se que acidente é todo evento previsível, mas não previsto no caso concreto, abrupto e perfeitamente delineável no tempo, como exemplo, acidente de carro.

O Decreto n. 3.048/99, no art. 30, define acidente como aquele de origem traumática e por exposição a agentes exógenos, físicos, químicos ou biológicos, que acarrete lesão corporal ou perturbação funcional que cause a morte ou a perda ou a redução permanente ou temporária da capacidade laborativa.

Sendo acidente a ocorrência de um evento casual, fortuito, inesperado, não provocado, imprevisível, de natureza traumática e/ou por exposição a agentes exógenos físicos, químicos ou biológi-

---

[1] § 3º do art. 44 do Decreto n. 3.048/99: "A concessão de aposentadoria por invalidez, inclusive mediante transformação de auxílio-doença concedido na forma do art. 73, está condicionada ao afastamento de todas as atividades".

[2] Art. 74 do Decreto n. 3.048/99: "Quando o segurado que exercer mais de uma atividade se incapacitar definitivamente para uma delas, deverá o auxílio-doença ser mantido indefinidamente, não cabendo sua transformação em aposentadoria por invalidez, enquanto essa incapacidade não se estender às demais atividades".

[3] Art. 42 da Lei de Benefícios.

[4] Aos 31 de dezembro de 2014, houve a publicação da MP n. 664 que alterava o prazo de 15 para 30 dias, para efeito de percepção de auxílio-doença, entretanto referida alteração foi rejeitada pelo Congresso Nacional.

[5] Art. 59 da Lei de Benefícios.

[6] Art. 46 da Lei n. 8.213/91: "O aposentado por invalidez que retornar voluntariamente à atividade terá sua aposentadoria automaticamente cancelada, a partir da data do retorno".

§ 6º do art. 60 da Lei n. 8.213/91: "O segurado que durante o gozo do auxílio-doença vier a exercer atividade que lhe garanta subsistência poderá ter o benefício cancelado a partir do retorno à atividade".

cos, não se enquadra no conceito de acidente: Acidente Vascular Cerebral (AVC), apendicite, Infarto Agudo do Miocárdio (IAM), ruptura de aneurisma.

> **Atenção!** Insta assinalar que tecnicamente não se mostra apropriada a nomenclatura "auxílio-doença" e "auxílio-acidente". A terminologia atrelada a "doença" e a "acidente" é interpretada, com frequência, de forma incorreta pelos neófitos no estudo da matéria e pelos segurados da Previdência. A confusão se estabelece pela ideia errônea que os nomes sugerem: "auxílio-doença" para segurados acometidos de doença e de "auxílio-acidente" para segurados vitimados por acidente. O auxílio-doença é devido a segurados total e temporariamente incapacitados para o trabalho, quer por motivo de doença, quer de acidente. O auxílio-acidente, por sua vez, é devido a segurados que estejam "parcialmente" incapacitados, em caráter definitivo, em decorrência de acidente de qualquer natureza (laboral ou sem relação com o ambiente de trabalho) e, inclusive, de doenças profissionais ou do trabalho.

Para ilustrar tenha-se em mente a figura de empregado na atividade de *motoboy*, que em decorrência de acidente de trânsito durante seu trabalho (ou jogando futebol entre amigos no final de semana), tenha seu braço direito fraturado.

Nessa situação, há incapacidade total para o trabalho, pois a imobilização do seu braço direito o impede de exercer sua atividade (conduzir motocicleta). A incapacidade a despeito de total (motivo pelo qual será afastado do trabalho = licenciado[7], diz a lei) não é definitiva, pois provavelmente de três a seis meses irá recuperar a capacidade para o trabalho.

A despeito de ter sido vítima de **acidente** fará jus a auxílio-doença, pois constatada a incapacidade total e temporária.

Outra exemplificação: empregado que trabalhe exposto a ruídos excessivos durante muitos anos, vindo a padecer de perda auditiva induzida por ruído (PAIR)[8], denominada disacusia[9], conquanto se trate de doença, se resultar incapacidade parcial terá direito ao percebimento de auxílio-acidente.

Nesse caminhar, bem caminhou a Portaria INSS n. 450 que no art. 39 estabeleceu, conforme art. 26 da EC n. 103/2019, o auxílio-doença passa a ser chamado auxílio por incapacidade temporária. Nomenclatura mais técnica, mais apropriada. Anote-se que a Lei n. 8.213/91 ainda não foi alterada, mantendo a denominação "auxílio-doença".

Doença preexistente à filiação: não será concedido auxílio-doença nem aposentadoria por incapacidade permanente ao segurado quando, ao filiar-se no Regime Geral de Previdência Social, já era portador da doença ou da lesão que geraria o benefício, **salvo se** a incapacidade decorrer de progressão ou de agravamento dessa doença ou lesão[10].

Data de Início do Benefício (DIB):

- ao **segurado empregado** a partir do 16º dia de afastamento da atividade. Durante os primeiros 15 dias de afastamento da atividade, por motivo de incapacidade, caberá à empresa

---

[7] Art. 63 da Lei n. 8.213/91: "O segurado empregado, inclusive o doméstico, em gozo de auxílio-doença será considerado pela empresa e pelo empregador doméstico como licenciado".

[8] § 4º do art. 86 da Lei n. 8.213/91: "A perda da audição, em qualquer grau, somente proporcionará a concessão do auxílio-acidente, quando, além do reconhecimento de causalidade entre o trabalho e a doença, resultar, comprovadamente, na redução ou perda da capacidade para o trabalho que habitualmente exerce".

[9] Súmula 44 do STJ: "A definição, em ato regulamentar, de grau mínimo de disacusia, não exclui, por si só, a concessão do benefício previdenciário".

[10] Art. 42, § 2º, e art. 59, parágrafo único, da Lei de Benefícios.

pagar ao segurado-empregado o seu salário integral (arts. 43, § 2º, e 60, § 3º, da Lei n. 8.213/91);

- aos demais segurados a partir da **data do início da incapacidade (DII)**;
- todos os segurados, inclusive o empregado, a partir da **data da entrada do requerimento (DER)**, quando for requerido junto ao INSS após o 30º dia do afastamento da atividade.

De se atentar para a ordem natural da concessão dos benefícios por incapacidade, sendo de costume a concessão prévia de auxílio-doença antes da concessão de aposentadoria por invalidez[11] ou de auxílio-acidente[12].

Um operário que sofre a perda das pernas ao operar determinado maquinário, será levado ao hospital, permanecerá internado recebendo cuidados médicos provavelmente de 30 a 90 dias, ficando durante esse lapso afastado do trabalho, neste primeiro momento fará jus a auxílio-doença junto ao INSS.

Com a alta hospitalar será submetido à perícia médica no INSS e, confirmada a incapacidade total e definitiva, será aposentado por invalidez a partir do dia imediatamente posterior ao da cessação do auxílio-doença.

Agora, suponha-se que em vez das pernas tenha perdido o trabalhador três dedos da mão direita, por igual deverá ser conduzido ao hospital, provavelmente deverá ficar 30 a 60 dias afastado do trabalho, após esse lapso a lesão estará consolidada e poderá retornar ao trabalho.

Primeiro receberá auxílio-doença, ficando licenciado da empresa, sem remuneração.

Ocorre que a perda dos três dedos irá lhe reduzir a capacidade para o trabalho (incapacidade parcial e definitiva), ensejando a concessão de auxílio-acidente (a partir do dia imediatamente posterior ao da cessação do auxílio-doença).

Usufruirá o benefício de auxílio-acidente, pago mensalmente pelo INSS (que cessará somente com o óbito do titular ou com a concessão de qualquer aposentadoria), concomitante à remuneração pelo trabalho desenvolvido junto ao empregador.

1.1 Valor do benefício

- **Aposentadoria por incapacidade permanente** (regra trazida pela EC n. 103/2019) corresponderá a 60% do salário de benefício (da média aritmética dos 100% dos SC desde julho/1994), com acréscimo de dois pontos percentuais para cada ano de contribuição que exceder o tempo de 20 anos de contribuição, se do sexo masculino, e, se mulher, o acréscimo de 2% será computado a partir do 15º ano contributivo.
- **Aposentadoria por incapacidade permanente** (exceção trazida pela EC n. 103/2019): será de 100% do salário de benefício, **quando decorrer de acidente de trabalho, de doença profissional ou de doença do trabalho**.
- **Aposentadoria por incapacidade permanente**. Acréscimo de 25% (art. 45 da Lei n. 8.213/91). A título de exceção, pode ocorrer o acréscimo de 25% na hipótese da chamada **grande invalidez** (também conhecida como aposentadoria valetudinária), **sempre que**

---

[11] Art. 43 da Lei n. 8.213/91: "A aposentadoria por invalidez será devida a partir do dia imediato ao da cessação do auxílio-doença, ressalvado o disposto nos §§ 1º, 2º e 3º deste artigo".

[12] § 2º do art. 86 da Lei n. 8.213/91: "O auxílio-acidente será devido a partir do dia seguinte ao da cessação do auxílio-doença, independentemente de qualquer remuneração ou rendimento auferido pelo acidentado, vedada sua acumulação com qualquer aposentadoria".

comprovada a necessidade da assistência permanente de outra pessoa, terá direito ao acréscimo **ainda que a soma ultrapasse o limite máximo** legal de pagamento de benefício previdenciário. Exemplo de hipótese de acréscimo de 25%: **cegueira total**[13].

- **Auxílio-doença corresponde a 91% do salário de benefício**. Com a Reforma da Previdência de 2019, passou a existir situação de incoerência na determinação do valor dos benefícios por incapacidade, porque a EC n. 103/2019 alterou o coeficiente de cálculo apenas das aposentadorias.

Antes da Reforma, a aposentadoria por invalidez era de 100%, depois da EC n. 103/2019, passou a ser, como visto acima, de 60% com acréscimo de 2% somente após o 20º contributivo aos segurados do sexo masculino.

Já o auxílio por incapacidade temporária permaneceu de 91% da média aritmética simples dos salários de contribuição. Agora, aquele que é segurado há menos de 20 anos, e que tenha uma média contributiva de R$ 5.000,00, se ficar incapacitado temporariamente receberá R$ 4.550,00 (91% do salário de benefício), mas se for constatado que está incapacitado de forma permanente receberá R$ 3.000,00 (60% do SB).

Observação: tratando-se de segurado "empregado", na seara trabalhista, a empresa que por convenção coletiva garantir **licença remunerada** ficará obrigada a pagar ao seu empregado durante o período de fruição de auxílio-doença **a eventual diferença** entre o valor do benefício previdenciário e a importância garantida pela licença.

Auxílio-acidente: 50% do salário de benefício. A concessão de auxílio-acidente não importa afastamento do ambiente de trabalho. Além da percepção do auxílio-acidente, o segurado pode permanecer recebendo sua remuneração em face do empregador.

Por não possuir caráter substitutivo da renda do trabalho, esse benefício pode ser concedido em valor inferior ao salário mínimo.

Cabe reafirmar a incoerência lógica que existe desde a EC n. 103/2019. Aposentadoria por incapacidade permanente apresenta valor de 60% da média, ao passo que auxílio-acidente, cabível quando a incapacidade for parcial, será de 50% da média contributiva. **Obviamente será editada lei em futuro breve para reduzir o percentil do auxílio-doença e do auxílio-acidente**.

1.2 Subteto – Auxílio-doença

Em 2014, houve a edição da MP n. 664, convertida na Lei n. 13.135/2015, estabelecendo no § 10 do art. 29 da Lei n. 8.213/91 que o auxílio-doença não poderá exceder a média aritmética simples dos últimos 12 salários de contribuição (**SC**).

Por força dessa nova disposição, o empregado que desde o ano de 1994 tenha remuneração equivalente ao teto máximo contributivo da Previdência e demitido em abril de 2014 comece a trabalhar em novo emprego, recebendo apenas um salário mínimo (**SM**) mensal, e, transcorrido um ano nesse novo emprego (em maio de 2015), venha a ficar incapacitado para o trabalho por mais de 15 dias, fará jus ao auxílio-doença que será calculado da seguinte maneira:

---

[13] Outras situações previstas no Decreto n. 3.048/99: Perda de nove ou mais dedos das mãos; Paralisia dos dois membros superiores ou inferiores; Perda dos membros inferiores, acima dos pés, quando a prótese for impossível; Perda de uma das mãos e de dois pés, ainda que a prótese seja possível; Perda de um membro superior e outro inferior, quando a prótese for impossível; Alteração das faculdades mentais com grave perturbação da vida orgânica e social; Doença que exija permanência contínua no leito; Incapacidade permanente para as atividades da vida diária.

1) apura-se a média aritmética simples dos 80% maiores SC, que diante do ótimo panorama contributivo (de 1994 a 2014 sempre contribuiu com base no teto máximo) equivalerá a valor próximo ao teto (em 2016 era equivalente a R$ 5.189,82), aplicando-se sobre esse salário de benefício o coeficiente de cálculo 91%;
2) somente receberá o valor apurado no item "1" caso não supere o **subteto** (novo teto limitador do benefício), diante da nova regra alocada no § 10 do art. 29 deve-se fazer a média contributiva do segurado nos últimos 12 meses, nesse exemplo, no último ano sua contribuição mensal é com base em um SM, por conseguinte, a média dos últimos 12 SC será um SM.

A renda mensal do auxílio-doença não poderá ultrapassar essa média de 12 SC (art. 29, § 10), conhecida por subteto, receberá, portanto, um SM, a despeito de sua média contributiva na forma do *caput* do art. 29 da Lei n. 8.213/91 (item 1 *supra*) seja igual ou próxima ao teto máximo da Previdência (em 2018 fixado em R$ 5.645,80). **Essa regra continua válida mesmo após a Reforma da Previdência de 2019.**

1.3 Estipulação prévia da duração do auxílio-doença

No ano de 2017, houve a inclusão dos §§ 8º e 9º no art. 60 da Lei n. 8.213/91 pela Lei n. 13.457, que estabeleceu que "sempre que possível, o ato de concessão ou de reativação de auxílio-doença, judicial ou administrativo, deverá fixar o prazo estimado para a duração do benefício".

Assim, o benefício de auxílio-doença deve ter sua duração definida (quando possível) no momento do deferimento.

Exemplo, segurado fica inválido em decorrência de queda que resultou na quebra de seu braço direito. O médico-perito do INSS, ao concluir pela existência de incapacidade total e temporária, irá estabelecer que este segurado deve ficar em gozo de auxílio-doença por "x" meses. Ao ser cientificado da concessão do benefício, saberá o segurado o tempo pelo qual o INSS irá pagar o benefício. Ultrapassado o prazo de duração previamente estabelecido, o benefício será cessado, podendo o segurado retornar ao trabalho.

Na eventualidade de o segurado ainda estar incapacitado, deverá apresentar pedido de "prorrogação" junto ao INSS, situação na qual será submetido a nova perícia médica que irá estabelecer (caso reconheça que realmente permanece a incapacidade total) nova duração do auxílio-doença.

Na ausência de fixação do prazo, o benefício cessará após 120 dias, contados da data da concessão do auxílio-doença (podendo o segurado, ao final dos 120 dias, requerer a prorrogação perante o INSS).

1.4 Atendimento domiciliar

A Lei n. 13.457/2017 incluiu o § 5º no art. 101 da Lei n. 8.213/91, assegurando atendimento domiciliar e hospitalar pela perícia médica e social do INSS ao segurado com dificuldades de locomoção, quando seu deslocamento, em razão de sua limitação funcional e de condições de acessibilidade, imponha-lhe ônus desproporcional e indevido, nos termos do regulamento.

Na mesma esteira determina o Estatuto do Idoso (Lei n. 10.741/2003) no art. 15:

> § 6º É assegurado ao idoso enfermo o atendimento domiciliar pela perícia médica do INSS, pelo serviço público de saúde ou pelo serviço privado de saúde, contratado ou conveniado, que integre o Sistema Único de Saúde – SUS, para expedição do laudo de saúde necessário ao exercício de seus direitos sociais e de isenção tributária.
>
> § 7º Em todo atendimento de saúde, **os maiores de oitenta anos** terão preferência especial sobre os demais idosos, exceto em caso de emergência.

Idêntica permissão é estabelecida no Estatuto da Pessoa com Deficiência, Lei n. 13.146/2015, que no parágrafo único do art. 95 preceitua:

> Art. 95. (...)
> Parágrafo único. É assegurado à **pessoa com deficiência** atendimento domiciliar pela perícia médica e social do Instituto Nacional do Seguro Social (INSS), pelo serviço público de saúde ou pelo serviço privado de saúde, contratado ou conveniado, que integre o SUS e pelas entidades da rede socioassistencial integrantes do SUAS, quando seu deslocamento, em razão de sua limitação funcional e de condições de acessibilidade, imponha-lhe ônus desproporcional e indevido.

1.5. Telemedicina. Lei n. 14.724, de 2023

Publicada em 14-11-2023, a Lei n. 14.724 institui o Programa de Enfrentamento à Fila da Previdência Social (PEFPS), com o objetivo de:

> I – reduzir o tempo de análise de processos administrativos de reconhecimento inicial, de manutenção, de revisão, de recurso, de monitoramento operacional de benefícios e de avaliação social de benefícios administrados pelo Instituto Nacional do Seguro Social (INSS), de modo a representar acréscimo real à capacidade operacional regular de conclusão de requerimentos, individualmente considerada;
>
> II – dar cumprimento a decisões judiciais em matéria previdenciária cujos prazos tenham expirado;
>
> III – realizar exame médico-pericial e análise documental relativos a benefícios previdenciários ou assistenciais, administrativos ou judiciais, de modo a representar acréscimo real à capacidade operacional regular de conclusão de requerimentos, individualmente considerada; e
>
> IV – realizar exame médico pericial do servidor público federal de que tratam os arts. 83, 202 e 203 da Lei n. 8.112, de 11 de dezembro de 1990.

Para agilizar a análise de requerimento de benefícios por incapacidade, a Lei 14.724 trouxe permissão para que o exame médico-pericial pudesse ser realizado com o uso de tecnologia de telemedicina ou por análise documental conforme situações e requisitos definidos em regulamento (Lei n. 8.213: arts. 42, § 1º, 60, § 11-A, 101, §§ 6º, 8º e 9º).

Idêntica permissão (uso de tecnologia de telemedicina ou por análise documental conforme situações e requisitos definidos em regulamento) foi dada na análise da avaliação médica componente da avaliação biopsicossocial da deficiência, necessária à concessão do benefício de prestação continuada da LOAS à pessoa com deficiência (Lei n. 8.742, de 1993, art. 40-B, § 2º).

1.6 Carência

Aposentadoria por incapacidade permanente e auxílio-doença, **regra: 12 contribuições mensais**; exceção: art. 26, II, c/c art. 151, ambos da Lei n. 8.213/91: nos casos de acidente de qualquer natureza ou causa e de doença profissional ou do trabalho, bem como nos casos de segurado que, após filiar-se ao RGPS, for acometido de alguma das doenças e afecções especificadas em lista elaborada pelo Ministério da Saúde em conjunto com o ministério responsável pela Previdência, atualizada a cada três anos, de acordo com os critérios de estigma, deformação, mutilação, deficiência ou outro fator que lhe confira especificidade e gravidade que mereçam tratamento particularizado.

> **Atenção! Para o auxílio-acidente não há exigência de carência.**

1.7 Revisão periódica

Conquanto o mal se apresentasse como definitivo por ocasião da concessão do benefício de aposentadoria, pode ocorrer no futuro a recuperação da capacidade laborativa.

Por exemplo, trabalhador aos 40 anos de idade fica cego, será aposentado por invalidez (terá ainda o acréscimo de 25% previsto no art. 45 da Lei n. 8.213/91), passados alguns anos é submetido à cirurgia bem-sucedida de transplante de córneas, recuperando totalmente a visão.

Constatada a recuperação da capacidade para o trabalho, o benefício será cessado na forma prevista no art. 47 da Lei n. 8.213/91. Por essa razão, o segurado aposentado por invalidez e aquele em gozo de auxílio-doença ficam obrigados a cada dois anos, **sob pena de suspensão** do benefício, a submeter-se a exame médico a cargo da Previdência Social, bem como a submeter-se a processo de reabilitação profissional por ela prescrito e custeado e tratamento dispensado gratuitamente, **exceto o cirúrgico e a transfusão de sangue**, que são facultativos[14].

O parágrafo primeiro do art. 101 da Lei n. 8.213/91 foi alterado no ano de 2017 pela Lei n. 13.457, para efeito de estabelecer presunção legal da definitividade da invalidez e dispensar o aposentado por invalidez da submissão ao exame médico periódico de constatação de permanência da incapacidade (realizado pelo médico-perito do INSS) quando verificada uma dentre duas situações:

a) após completarem **55 anos** ou mais de idade **e quando decorridos 15 anos** da data da concessão da aposentadoria por invalidez ou do auxílio-doença que a precedeu (dois são os requisitos: ter no mínimo 55 anos e já ter usufruído benefício por incapacidade por pelo menos 15 anos);

b) após completar **60 anos** de idade. Essa hipótese é também válida para dispensar o pensionista inválido de se submeter ao exame médico periódico.

De forma correta, o § 2º do art. 101 da Lei n. 8.213/91, com a redação dada pela Lei n. 13.063/2014, trouxe a possibilidade de submissão ao exame médico pericial unicamente a **pedido expresso do idoso** para favorecê-lo, quando o exame tiver as seguintes finalidades:

I – verificar a necessidade de assistência permanente de outra pessoa para a concessão do acréscimo de 25% sobre o valor do benefício, conforme dispõe o art. 45 da Lei n. 8.213/91;

II – verificar a recuperação da capacidade de trabalho, mediante solicitação do aposentado ou pensionista que se julgar apto;

III – subsidiar autoridade judiciária na concessão de curatela.

Observações: o segurado em gozo de auxílio-doença fica obrigado à submissão à perícia periódica mesmo após o implemento dos 60 anos de idade. Diferentemente do que ocorre com a aposentadoria por invalidez e com o auxílio-doença, o beneficiário de auxílio-acidente não fica sujeito à reavaliação administrativa de sua capacidade laborativa; uma vez concedido o auxílio-acidente será mantido até a ocorrência de óbito ou pela concessão de aposentadoria.

1.8 Cessação

Aposentadoria por incapacidade permanente cessará de quatro maneiras:
1) **automaticamente,** na eventualidade de o segurado retornar de forma voluntária à atividade laborativa[15]. Esta hipótese é considerada uma sanção;

---

[14] Art. 101 da Lei de Benefícios.

[15] Art. 46 da Lei de Benefícios.

2) **de imediato** para o segurado empregado[16], após ser verificada a **recuperação total de sua capacidade laborativa**, desde que atendidos, cumulativamente, aos seguintes requisitos:

   I – a recuperação total tenha ocorrido **dentro de 5** anos, contados da data do início da aposentadoria por invalidez, ou do auxílio-doença imediatamente antecedente;

   II – tenha direito o segurado a **retornar à função que desempenhava na empresa quando se aposentou** por invalidez, na forma da legislação trabalhista (**Enunciado n. 160/TST:** Aposentadoria por Invalidez – Retorno ao Emprego – Indenização. Cancelada a aposentadoria por invalidez, mesmo após 5 anos, o trabalhador terá direito de retornar ao emprego, facultado, porém, ao empregador, indenizá-lo na forma da lei), valendo como documento, para tal fim, o certificado de capacidade fornecido pela Previdência Social;

3) **após tantos meses quantos forem os anos** de duração da aposentadoria por invalidez[17], à exceção do segurado empregado acobertado pela regra anterior, após ser verificada a recuperação total da capacidade laborativa, **e desde que ocorrida dentro de 5 anos**, contados da data do início da aposentadoria por invalidez, ou do auxílio-doença que a antecedeu sem interrupção;

4) **progressivamente**[18], nos casos de:

   I – recuperação parcial;

   II – recuperação total constatada após o prazo de um lustro (5 anos) indicado acima;

   III – o segurado ser declarado apto para o exercício de trabalho diverso do qual habitualmente exerce.

Nessa situação, terá direito o segurado aposentado por invalidez a **receber uma mensalidade de recuperação pelo prazo de um ano e meio, da seguinte maneira:**

a) **pelo valor integral da aposentadoria, durante seis meses contados da data em que for verificada a recuperação da capacidade;**

b) **com redução de 50%, no período seguinte de 6 meses; e**

c) **com redução de 75%, também por igual período de 6 meses, ao término do qual cessará definitivamente.**

• Auxílio-doença:

1) morte do segurado;

2) pela recuperação da capacidade laborativa; ou

3) pela transformação em outro benefício: aposentadoria por incapacidade permanente (uma vez constatada incapacidade definitiva), ou auxílio-acidente (decorrente de acidente de qualquer natureza), se restar sequela definitiva que implique redução parcial da capacidade laborativa.

O segurado em gozo de auxílio-doença, insusceptível de recuperação para sua atividade habitual, deverá submeter-se a processo de reabilitação profissional para o exercício de outra atividade.

---

[16] Conforme dispõe o art. 47, I, *a*.

[17] Conforme dispõe o art. 47, I, *b*.

[18] Conforme dispõe o art. 47, II.

Não cessará o benefício até que seja dado como habilitado para o desempenho de nova atividade que lhe garanta a subsistência ou, quando considerado não recuperável, for aposentado por invalidez.

Auxílio-acidente, nos termos da redação original da Lei n. 8.213/91, cessava (*vide* Lei n. 14.331/2022) unicamente com a verificação do óbito do segurado ou pela percepção de qualquer aposentadoria.

Segundo preceitua o art. 129 do Decreto n. 3.048/99, o beneficiário de auxílio-acidente que seja aprovado em concurso público e requeira ao INSS a emissão de CTC para averbá-la em seu prontuário para fins de futura obtenção de aposentadoria no Regime Próprio terá seu benefício encerrado na data da emissão da certidão. A hipótese contida no Decreto n. 3.048/99, por não guardar paralelo com a lei, é majoritariamente afastada pela jurisprudência.

> **Atenção!** A Lei n. 14.441/2022 deu nova redação ao art. 101 da Lei n. 8.213/91, para obrigar o segurado em gozo de auxílio-acidente, cujo benefício tenha sido concedido tanto judicial como administrativamente, sob pena de suspensão do benefício, a submeter-se a exame médico a cargo da Previdência Social para avaliação das condições que ensejaram sua concessão ou manutenção. Desse modo, desde 2022, o auxílio-acidente, à semelhança do auxílio por incapacidade temporária e da aposentadoria por incapacidade permanente, também poderá ser cessado pela comprovação da recuperação da capacidade para o labor.

1.9 Auxílio-acidente integra SC da aposentadoria

O art. 31 da Lei n. 8.213/91 estabelece que o valor mensal do auxílio-acidente integra o salário de contribuição, **para fins de cálculo do salário de benefício de qualquer aposentadoria**. Significa dizer:

1) o auxílio-acidente cessa no momento de concessão de "qualquer" aposentadoria no RGPS;
2) o valor que era recebido a título de auxílio-acidente será somado, mês a mês, aos valores do salário de contribuição do segurado UNICAMENTE para cálculo dos valores da aposentadoria (não há incidência de contribuição sobre o benefício de auxílio-acidente);
3) a soma do valor recebido a título de auxílio-acidente com o valor do salário de contribuição mensal do segurado não pode em hipótese alguma superar o teto máximo contributivo do mês a que se referir.

Em suma, o auxílio-acidente desaparece quando o beneficiário se torna aposentado, mas seu valor poderá refletir para assegurar renda mensal maior em sua aposentadoria, porque integra a base de cálculo do benefício, salvo se era segurado que já contribuía com base no teto máximo.

Segurado especial que recebe auxílio-acidente terá o benefício cessado quando se aposentar por invalidez ou por idade (duas únicas aposentadorias a que possui direito, art. 39, I, da Lei n. 8.213/91). Nessa situação, o valor da aposentadoria será de um salário mínimo e meio, porque haverá o acréscimo do auxílio-acidente.

1.10 Competência jurisdicional

Art. 109, I, §§ 3º e 4º, da CF. No âmbito judicial será competente a Justiça Federal Comum, observando-se que se o valor da causa for inferior a 60 SM a competência será do Juizado Especial Federal. Exceção:

I) a comarca onde esteja domiciliado o segurado não seja sede de Vara Federal (competência delegada), será competente a Justiça Estadual;

II) caso a doença ou acidente tenha relação com o ambiente de trabalho, será competente a Justiça Estadual com recurso e reexame necessário ao Tribunal de Justiça. Não admite trâmite perante o Juizado Especial Estadual.

Como última nota, tenha-se que os benefícios por incapacidade podem ser de aposentadoria por incapacidade permanente, auxílio-doença e de auxílio-acidente estritamente previdenciários ou acidentários, conforme a causa da incapacidade esteja ou não relacionada com o ambiente de trabalho.

A existência de nexo causal entre a incapacidade e o ambiente de trabalho (benefício acidentário) trará consequências: competência da Justiça Estadual; Estabilidade no Emprego (art. 118 da Lei n. 8.213/91); obrigatoriedade da continuidade dos depósitos de FGTS na conta vinculada do trabalhador, valor do benefício (após EC n. 103/2019, o coeficiente de cálculo da aposentadoria por incapacidade permanente decorrente de acidente do trabalho é superior ao valor da RMI da aposentadoria por incapacidade estritamente previdenciária).

2. BENEFÍCIOS DECORRENTES DE ACIDENTE DO TRABALHO

Os benefícios previdenciários **por incapacidade laborativa** dividem-se em **previdenciários em sentido estrito** e **benefícios acidentários**. A classificação dá-se a depender da existência, ou não, de relação entre a causa incapacitante e o trabalho desenvolvido pelo segurado.

No ato de concessão dos benefícios de auxílio-acidente; auxílio-doença (auxílio por incapacidade temporária); aposentadoria por incapacidade permanente (e, no caso de morte do segurado, pensão por morte em prol dos dependentes) a Autarquia Previdenciária deverá discriminá-los em estritamente previdenciário ou acidentário, o enquadramento oportunizará diversos efeitos jurídicos, dentre eles, a competência jurisdicional analisada no tópico anterior: benefícios acidentários serão apreciados sempre na justiça estadual.

A diferenciação na marcação da rubrica acidentária impacta no valor do benefício. Desde a EC n. 103/2019, a aposentadoria por incapacidade permanente será sempre de 100% do salário de benefício quando a causa da incapacidade for relacionada ao ambiente de trabalho. Ao passo que a aposentadoria por incapacidade "comum" (não acidentária) terá coeficiente inicial de 60%.

De relevo a diferenciação do benefício por incapacidade ser relacionado ou não ao ambiente de trabalho diante dos Reflexos Trabalhistas, a exemplo da obrigatoriedade de o empregador dar continuidade nos depósitos mensais de FGTS durante o período de afastamento por motivo de gozo de benefício acidentário. Outra ilustração importante é a Estabilidade no Emprego, toda vez que o INSS conceder auxílio-doença rotulado por acidentário haverá direito em prol do empregado a **estabilidade** no emprego após o término de fruição do benefício acidentário (art. 118 da Lei n. 8.213/91).

Segundo o disposto no art. 19 da Lei n. 8.213/91, **acidente do trabalho é o que ocorre pelo exercício do trabalho a serviço da empresa ou de empregador doméstico**, em se tratando de segurado empregado, empregado doméstico, avulso e segurado especial, **provocando lesão corporal ou perturbação funcional que cause a morte ou a perda ou redução**, permanente ou temporária, **da capacidade para o trabalho**.

Dessa definição legal extraem-se três requisitos para a caracterização do acidente do trabalho:

1) evento danoso (infortúnio);
2) sequelas incapacitantes ou morte (consequencial);
3) que o evento lesivo tenha sido ocasionado em decorrência da prestação do labor (nexo causal).

Assim, não basta a simples verificação do infortúnio, necessário se faz a efetiva redução da capacidade laboral, e ainda que o evento danoso tenha se produzido ao tempo do exercício profissional.

2.1 Acidente – Conceito. Equiparação

Anote-se que acidente é todo evento previsível, mas não previsto no caso concreto, abrupto e perfeitamente delineável no tempo, como exemplo, denomina-se acidente do trabalho a perda de uma das mãos durante a operacionalização de uma máquina industrial.

O Decreto n. 3.048/99, no art. 30, define acidente como aquele de origem traumática e por exposição a agentes exógenos, físicos, químicos ou biológicos, que acarrete lesão corporal ou perturbação funcional que cause a morte ou a perda ou a redução permanente ou temporária da capacidade laborativa.

Sendo acidente a ocorrência de um evento casual, fortuito, inesperado, não provocado, imprevisível, de natureza traumática e/ou por exposição a agentes exógenos físicos, químicos ou biológicos, não se enquadra no conceito de acidente: Acidente Vascular Cerebral – AVC, apendicite, Infarto Agudo do Miocárdio – IAM, ruptura de aneurisma.

Denomina-se, por outro lado, **doença** todo mal insidioso que se protrai na linha do tempo de modo a não ser possível precisar a data da eclosão.

Na área da infortunística, a lei equipara "doença" a "acidente". Não se pode olvidar, portanto, que se encontram acobertadas pela norma acidentária as denominadas entidades mórbidas, ou seja, doenças de origem ocupacional, que se subdividem em **doenças profissionais (tecnopatias)** e **doenças do trabalho (mesopatias)**.

Por **doença profissional** (doenças típicas da profissão), segundo o art. 20, I, da Lei n. 8.213/91, **entende-se a produzida ou desencadeada pelo exercício do trabalho peculiar a determinada atividade**.

Doença do trabalho (doenças atípicas), por sua vez (a teor do inciso II do aludido art. 20), **é aquela adquirida ou desencadeada em função de condições especiais em que o trabalho é desempenhado e com ele se relacione diretamente**.

De extrema importância a diferenciação acima referida, uma vez que em se tratando de doenças típicas (tecnopatias), **dispensável é a demonstração do nexo de causalidade**, porque se presume oriunda da atividade profissional (conforme visto *supra*, é o nexo causal um dos requisitos necessários à configuração do acidente do trabalho); já com relação às mesopatias (doença do trabalho) não ocorre a mesma presunção, havendo a necessidade de que seja comprovado que a entidade mórbida adquirida é decorrência lógica do trabalho realizado pelo obreiro.

DOENÇA PROFISSIONAL	DOENÇA DO TRABALHO
Doenças típicas da profissão	Doenças atípicas
Tecnopatias	Mesopatias
Exemplo: silicose, essa é uma doença típica de quem trabalha com poeira de sílica. Quem é acometido de silicose certamente exerce atividade na Mineração (minas e pedreiras), na Construção civil (perfuração de túneis e poços, corte de azulejos), entre outras similares.	Exemplo: a perda da sensibilidade auditiva, essa doença "pode" ser decorrente do trabalho, como pode também não ter relação com o ambiente de labor. Precisa de prova de nexo causal. Prova de que não se trata de, por exemplo, uma inflamação (otite), mas sim de exposição prolongada a ruído ocupacional acima dos limites de tolerância.

No art. 21, IV, da Lei n. 8.213/91, efetua a **norma a extensão da proteção acidentária**, para o fim de alcançar acidente que tenha ocorrido **fora do local e horário de trabalho**:

a) na execução de ordem ou na realização de serviço sob a autoridade da empresa;
b) na prestação espontânea de qualquer serviço à empresa para lhe evitar prejuízo ou proporcionar proveito;
c) em viagem a serviço da empresa, inclusive para estudo quando financiada por esta, dentro de seus planos para melhor capacitação da mão de obra, independentemente do meio de locomoção utilizado, inclusive veículo de propriedade do segurado;
d) **no percurso da residência para o local de trabalho** ou deste para aquela, qualquer que seja o meio de locomoção, inclusive veículo de propriedade do segurado (essa hipótese conhecida como acidente *in itinere* havia sido revogada pela MP n. 905/2019. No entanto, referida MP n. 905/2019 foi revogada pela MP n. 955/2020).

Tem-se por acidente do trabalho por **equiparação legal**, denominado **causalidade indireta**, os casos de o segurado-obreiro no local e horário de trabalho ser vítima de:

a) ato de agressão, sabotagem ou terrorismo praticado por terceiro ou companheiro de trabalho;
b) ofensa física intencional, inclusive de terceiro, por motivo de disputa relacionada ao trabalho;
c) ato de imprudência, de negligência ou de imperícia de terceiro ou de companheiro de trabalho;
d) ato de pessoa privada do uso da razão;
e) desabamento, inundação, incêndio e outros **casos fortuitos ou decorrentes de força maior**.

A Lei n. 11.430/2006 acrescenta o art. 21-A à Lei n. 8.213/91, estabelecendo que a perícia médica do INSS considerará caracterizada a natureza acidentária da incapacidade quando constatar ocorrência de **nexo técnico epidemiológico** entre o trabalho e o agravo.

> **Atenção!** O Nexo Técnico Epidemiológico **(NTEP)** é decorrente da **relevância estatística** verificada entre a Classificação Nacional de Atividade Econômica da Empresa **(CNAE)** e a entidade mórbida motivadora da incapacidade elencada na Classificação Internacional de Doenças **(CID)**.
>
> Trata-se de cruzamento de dados relativos ao Cadastro Nacional de Atividade Empresarial (CNAE) e a relação de benefícios por incapacidade concedidos pelo INSS aos empregados, separados por ramo de atividade econômica, de modo a constatar, **de maneira objetiva**, que determinado seguimento econômico gera determinada enfermidade em seus empregados.
>
> Admite a lei que o resultado dessa comparação de CNAE e CID possibilite **a presunção de nexo causal** entre o mal de que está acometido o trabalhador e o trabalho.

Antes da vigência da Lei n. 9.032/95, era de grande importância a distinção entre benefícios acidentários (decorrentes de acidente do trabalho) e previdenciários *stricto sensu*.

Hoje, todavia, **a relevância restou diminuída**, uma vez que **os porcentuais e a forma de cálculo dos benefícios foram igualados**.

A Lei de Benefícios contempla, a partir da Lei n. 9.032/95, os benefícios, quer decorrentes de acidente de trabalho, quer não, da seguinte forma:

1) auxílio-doença, **91%** do salário de benefício[19];
2) auxílio-acidente, **50%** salário de benefício (após 28-4-1995 também é devido em decorrência de acidente que não guarde relação com o trabalho)[20];
3) aposentadoria por invalidez, **100%** do salário de benefício[21], podendo ser acrescido de 25% se o segurado necessitar de auxílio constante de outra pessoa[22];
4) pensão por morte, **100%** da aposentadoria que o segurado recebia ou daquela a que teria direito se estivesse aposentado por invalidez na data de seu falecimento[23].

A partir da Reforma da Previdência de 2019, a aposentadoria por invalidez passou a ser denominada "aposentadoria por incapacidade permanente" e passou a apresentar coeficiente de cálculo diferente, sendo:

APOSENTADORIA POR INCAPACIDADE PERMANENTE APÓS 12-11-2019	
Quando decorrer de acidente de trabalho, de doença profissional e de doença do trabalho	Quando a causa da incapacidade não tiver relação com o ambiente de trabalho
Coeficiente de cálculo: Único de 100%	**Coeficiente de cálculo:** 60% Acréscimo de 2% a cada ano que ultrapassar os: a) 20 anos de tempo de contribuição para homens; b) 15 anos de tempo de contribuição para mulheres.
Base de cálculo (idêntica): a média aritmética simples dos salários de contribuição, atualizados monetariamente, correspondentes a 100% do período contributivo desde a competência julho de 1994 ou desde o início da contribuição, se posterior àquela competência.	

Na Reforma da Previdência, não houve alteração dos percentis dos benefícios de auxílio-acidente e de auxílio-doença, que permaneceram de 50% e de 91% respectivamente.

Com relação ao auxílio-acidente, houve a publicação da MP n. 905, alterando a base de cálculo desse benefício, que deixaria de ser 50% do salário de benefício para ser 50% do benefício de "aposentadoria por invalidez" a que o segurado teria direito. A MP n. 905 colimava, portanto, a modificação da base de cálculo do benefício. No entanto, **referida MP foi revogada pela MP n. 955/2020.**

Exemplificando. Para compreender a alteração que o governo pretendia com a revogada MP n. 905/2019, imagine segurado, cuja **média dos seus salários de contribuição seja (a) de R$ 5.000,00,** que venha a ter direito a auxílio-acidente:

SEM A MP N. 905/2019	COM A MP N. 905/2019 (REVOGADA)
50% do salário de benefício 50% de R$ 5.000,00 (a) Renda Mensal Inicial de R$ 2.500,00	Necessário será primeiro apurar quanto ele receberia a título de aposentadoria por invalidez (como visto, 60% + 2% para cada ano que superar 15 ou 20 anos de tempo de contribuição, se mulher ou homem, respectivamente). Considerando tratar-se de segurado que tenha contribuído tão só por 10 anos (não haverá acréscimo dos 2%), será a base de cálculo do auxílio-acidente de $ 3.000,00 = 60% dos R$ 5.000,00 (a). Agora, a próxima etapa é apurar os 50% da aposentadoria por invalidez a que teria direito: 50% de R$ 3.000,00 = R$ 1.500,00.

---

[19] Art. 61 da Lei de Benefícios, com redação dada pela Lei n. 9.032/95.
[20] Art. 86, § 1º, da LB.
[21] Art. 44 da LB, com redação dada pela Lei n. 9.032/95.
[22] Art. 45 da LB.
[23] Art. 75 da LB, com redação dada pela Lei n. 9.528/97.

Portanto, o valor do benefício não é alterado em razão da origem da incapacidade (ou morte) do segurado, mas subsistem outras importantes diferenças que são frequentemente indagadas em concursos públicos, e que serão analisadas nos tópicos que seguem.

2.2 Segurados – Acidente do trabalho

Outra diferença importante (além da competência jurisdicional estudada) diz com relação aos segurados abrangidos pela cobertura de acidente do trabalho.

A teor do disposto no art. 19 da Lei de Benefícios, apenas alguns dos segurados obrigatórios da Previdência têm direito aos benefícios do âmbito da infortunística.

A atual Carta Magna, art. 7º, XXVIII[24], garante ao **segurado empregado** a proteção acidentária. Tanto o trabalhador urbano quanto o rural fazem jus à proteção decorrente de acidente do trabalho.

Por extensão constitucional, o **trabalhador avulso** também deve auferir os mesmos benefícios do segurado empregado (art. 7º, XXXIV, da CF – igualdade de direitos entre o trabalhador com vínculo empregatício permanente e o trabalhador avulso).

A Lei Complementar n. 150/2015 deu concretude ao parágrafo único do art. 7º da CF (que teve por sua vez a redação modificada pela EC n. 72/2013), incluindo o empregado doméstico no rol do art. 19 da Lei n. 8.213/91, de modo que a partir de então faz jus não apenas a benefícios estritamente previdenciários, mas também aos acidentários. Extremamente recomendada é a leitura dos arts. 19, 21-A e 22 da Lei n. 8.213/91, com a redação dada pela LC n. 150/2015.

Por fim, está acobertado, no âmbito infortunístico, o **segurado especial**, em face da expressa referência constante do art. 19 da Lei de Benefícios.

Afastados, por outro lado, da norma acidentária, **o contribuinte individual** e o **facultativo**, caso estes segurados sofram incapacidade laborativa, farão jus aos benefícios previdenciários em sentido estrito, que ostentam, como visto acima, após a Lei n. 9.032/95, os mesmos valores dos benefícios decorrentes de acidente do trabalho, não se encontrando, assim, ao desamparo perante o Órgão Segurador.

2.3 Carência – Acidente do trabalho

Em prol dos benefícios decorrentes de males relacionados a acidente do trabalho permanecem os privilégios da **isenção de carência**, da **estabilidade de emprego** e da **competência para apreciação no âmbito judicial**.

Os benefícios acidentários **estão sempre dispensados** da comprovação de carência. Quer se trate de acidente do trabalho (art. 19 da Lei n. 8.213/91), ou de doença profissional ou do trabalho (art. 20, I e II, da Lei n. 8.213/91), ainda que a caracterização se dê em decorrência de equiparação legal ou de norma de extensão (art. 21 da Lei n. 8.213/91) ou de NTEP (art. 21-A da Lei n. 8.213/91), **sempre está o segurado empregado, empregado doméstico, trabalhador avulso e especial dispensado de comprovação de carência**.

Convém anotar que, tratando-se dos benefícios de **auxílio-acidente e de pensão por morte**, não há necessidade de comprovação de carência, **quer sejam de origem acidentária, quer não** (art. 26, I, da Lei de Benefícios).

---

[24] "Art. 7º São direitos dos trabalhadores urbanos e rurais, além de outros que visem à melhoria de sua condição social: (...) XXVIII – Seguro contra acidentes de trabalho, a cargo do empregador, sem excluir a indenização a que este está obrigado, quando incorrer em dolo ou culpa."

Com relação à aposentadoria por invalidez (atual "aposentadoria por incapacidade permanente") e ao auxílio-doença (benefício por incapacidade temporária) decorrentes de *acidente de qualquer natureza*, que englobam as causas laborais ou extralaborais, também está afastada a exigência de comprovação de carência (art. 26, II, da Lei de Benefícios).

3. REFLEXOS TRABALHISTAS

FGTS. Uma vez caracterizado **acidente do trabalho** pelo INSS, **a empresa continua obrigada** a efetivar os depósitos mensais do **FGTS** enquanto o empregado usufruir de benefício acidentário: art. 15, § 5º, da Lei n. 8.036/90, e art. 28 do Decreto n. 99.684/90.

13º salário. A gratificação natalina é paga pelo INSS proporcionalmente aos meses de fruição do benefício por incapacidade. Terá direito o empregado a receber do empregador o décimo terceiro equivalente ao período de trabalho anterior e posterior ao afastamento para percepção benefício previdenciário.

Férias. Conforme preconiza o art. 133 da CLT, não terá direito a férias o empregado que, no curso do período aquisitivo tiver percebido da Previdência Social prestações de acidente de trabalho ou de auxílio-doença por mais de seis meses, embora descontínuos.

Aviso prévio indenizado. Efeitos. Superveniência de auxílio-doença no curso do aviso prévio. A Jurisprudência do TST, no enunciado 371, estabelece que no caso de concessão de auxílio-doença no curso do aviso prévio só se concretizam os efeitos da dispensa depois de expirado o benefício previdenciário.

3.1 Estabilidade no emprego – Acidente do trabalho

No que se refere à estabilidade de emprego, nos exatos termos trazidos pelo art. 118 da Lei n. 8.213/91, o segurado que sofreu acidente do trabalho tem garantido, pelo prazo **mínimo** de 12 meses, o seu contrato de trabalho junto **à empresa**, após a cessação do auxílio-doença acidentário, independentemente de percepção de auxílio-acidente.

Essa é, sem dúvida, uma garantia de relevo destacada pela lei em prol dos segurados enquadrados na categoria **EMPREGADO** que tenham sofrido acidentes laborais.

O direito à estabilidade no emprego não restou estendido ao trabalhador na categoria **EMPREGADO DOMÉSTICO**, uma vez que a LC n. 150/2015 não alterou a redação do art. 118, que ainda mantém sua redação original, atribuindo obrigação a ser suportada unicamente pela "empresa", sem referência a empregador doméstico.

Jurisprudência:

> Súmula 378 do TST. ESTABILIDADE PROVISÓRIA. ACIDENTE DO TRABALHO. ART. 118 DA LEI N. 8.213/1991.
> I – É constitucional o artigo 118 da Lei n. 8.213/1991 que assegura o direito à estabilidade provisória por período de 12 meses após a cessação do auxílio-doença ao empregado acidentado.
> II – São pressupostos para a concessão da estabilidade o afastamento superior a 15 dias e a consequente percepção do auxílio-doença acidentário, salvo se constatada, após a despedida, doença profissional que guarde relação de causalidade com a execução do contrato de emprego.
> III – O empregado submetido a contrato de trabalho por tempo determinado goza da garantia provisória de emprego decorrente de acidente de trabalho prevista no art. 118 da Lei n. 8.213/91.

À guisa de arremate, o Plenário do STF considerou constitucional, em 2-6-2005, o *caput* do art. 118 da Lei n. 8.213/91, ao apreciar a Ação Direta de Inconstitucionalidade 639, ajuizada pela Confederação Nacional da Indústria (CNI).

4. AÇÃO REGRESSIVA ACIDENTÁRIA

A definição de "ação regressiva acidentária", ditada pelo emérito professor Wladimir Novaes Martinez, assevera: "Direito do INSS de tentar reaver valores consumidos com prestações acidentárias deferidas quando caracterizada a negligência do empregador"[25].

Estribado no art. 120 da Lei n. 8.213/91, deve o INSS promover o ajuizamento de ação regressiva contra o tomador de serviço (empresa empregadora ou do empregador doméstico), para comprovar a ocorrência de culpa em relação aos acidentes ou às doenças ocupacionais a que foram vitimados os empregados-segurados.

Uma vez comprovada a culpa do tomador de serviço, a ação regressiva será julgada procedente obrigando o réu a ressarcir ao INSS todas as despesas (pretéritas, presentes e futuras) da Autarquia Previdenciária com benefícios previdenciários (por incapacidade ou de pensão) decorrentes de acidentes e doenças do trabalho aos segurados-acidentados e seus respectivos beneficiários.

Para ilustrar, cite-se o processo judicial 0000995-95.2012.4.03.6006, apreciado pelo TRF da 3ª Região. O INSS ajuizou a demanda aduzindo que no dia 13-7-2011, o segurado Sr. Francisco, empregado da empresa requerida, sofreu acidente de trabalho, que resultou, lamentavelmente, o óbito do trabalhador.

O empregado trabalhava em uma escavação (abertura de vala) para instalação de um poço de elevador de grãos, oportunidade em que ocorreu o desmoronamento das paredes da vala, causando seu soterramento e morte violenta. Em decorrência do acidente fatal acima narrado, o INSS concedeu o benefício de pensão por morte aos dependentes do segurado falecido. Afirmou o INSS que o óbito do segurado ocorreu por culpa da empresa-empregadora, que descumpriu uma série de normas-padrão de segurança e higiene do trabalho indicadas para a proteção individual e coletiva.

Foi proferida sentença de parcial procedência, reconhecendo a conduta culposa da ré, assegurando à Autarquia Previdenciária direito ao ressarcimento das despesas da Previdência em razão da manutenção do benefício de pensão por morte aos dependentes do falecido segurado, de modo a abarcar cada prestação mensal que a autarquia despendeu a esse título (vencidas e vincendas) até a cessação da benesse. Em grau recursal foi mantida a condenação fixada na sentença.

Cumpre esclarecer que a referida procedência não abala a continuidade do dever do INSS de pagar mensalmente o benefício de previdenciário de pensão por morte aos pensionistas.

Outra importante observação, fixada no art. 121 da Lei n. 8.213/91, é a de que o fato de a empresa ter sido condenada a ressarcir ao INSS os valores, vencidos e vincendos, relativos ao benefício previdenciário (de incapacidade ou de pensão por morte), não exclui a responsabilidade civil da empresa perante o empregado vitimado pelo acidente (ou de seus familiares).

Portanto, o tomador de serviço negligente nas normas de segurança e higiene do trabalho poderá vir a ser responsabilizado, desde que comprovada culpa, em duas frentes, sem que uma amenize ou compense o valor devido na outra:

a) indenizar o trabalhador vitimado pelo acidente (ação com trâmite perante a Justiça do Trabalho, tendo por autor o empregado-acidentado);

b) ressarcir ao INSS as despesas com o pagamento do benefício previdenciário decorrente do acidente ou doença que vitimou o segurado (Ação perante Justiça Federal Comum, tendo por autor o INSS).

---
[25] *Dicionário Novaes de direito previdenciário*. São Paulo: LTr, 2013.

Não é motivo para eximir a responsabilidade da empresa de ressarcir ao INSS o fato de o empregador recolher aos cofres da previdência mensalmente a contribuição previdenciária prevista no art. 22, II, da Lei n. 8.212/91, de Segurado de Acidente do Trabalho – SAT (ou RAT, com aplicação do FAP previsto na Lei n. 10.666/2003), uma vez que o art. 7º, XXVII, da Constituição, impõe o custeio de seguro contra acidentes de trabalho, sem excluir a indenização a que este está obrigado (quando incorrer em dolo ou em culpa), tornando válida a disposição do art. 120 da Lei n. 8.213/91.

Nesse sentido, é o pacífico entendimento do STJ: "É assente nesta Corte Superior que a contribuição ao SAT não exime o empregador da sua responsabilização por culpa em acidente de trabalho, conforme art. 120 da Lei n. 8.213/1991" (REsp 506.881/SC, Rel. Min. José Arnaldo da Fonseca, 5ª Turma, *DJ* 17-11-2003; EDcl no AgRg nos EDcl no REsp 973.379/RS, Rel. Min. Alderita Ramos de Oliveira, 6ª Turma, *DJe* 14-6-2013; AGARESP 201.300.322.334, Rel. Min. Herman Benjamin, 2ª Turma, *DJe* 22-4-2014).

Não havendo culpa do empregador, não será cabível reembolso ao INSS das despesas efetuadas com o pagamento de benefícios. Basta o tomador de serviço comprovar que forneceu equipamentos de proteção individual e coletivo contra agentes insalubres, bem como ter oferecido treinamento aos funcionários para operar o maquinário, ter programa de fiscalização e de reciclagem dos funcionários, comprovando sua efetiva atuação para evitar a ocorrência de acidentes de trabalho.

Nas situações comprovadas de culpa exclusiva do trabalhador, não haverá dever de a empresa ressarcir ao INSS, porém quando comprovada a culpa concorrente, a orientação predominante é da atribuição de responsabilidade ao empregador equivalente à metade dos valores pagos (e a pagar) pelo INSS a título de benefício previdenciário.

Nesse diapasão: "Restando comprovada a culpa concorrente da empresa ré e da empregada no acidente de trabalho, é de rigor a parcial procedência da ação" (TRF 3ª Região, 2ª Turma, ApCiv 0000718-09.2014.4.03.6136, Rel. Des. Federal Luiz Paulo Cotrim Guimaraes, j. 23-10-2019).

A competência jurisdicional da ação regressiva é da Justiça Federal comum, perante a qual o INSS, por intermédio da Procuradoria Federal, postula a condenação da ré (tomadora de serviço a quem se busca imputar culpa na ocorrência do acidente ou doença que vitimou o segurado) a ressarcir todos os valores gastos pela Autarquia Previdenciária com o pagamento de benefício por incapacidade (aposentadoria ou auxílio) ou de pensão por morte (STJ, Conflito de Competência 59.970).

Comprovação da culpa. O primeiro normativo da Justiça Laboral em apoio às ações regressivas ajuizadas pelo INSS foi editado no ano de 2007 pelo Tribunal Regional do Trabalho da Segunda Região (TRT-2), ao publicar a inédita RECOMENDAÇÃO CR n. 44/2007, subscrita pelo Nobre Juiz Décio Sebastião Daidone, à época Corregedor do TRT-2, que citava dentre os "considerandos": a) o recebimento do Ofício AGU/PGF/PFE-INSS/Regressivas n. 03/2007, de 9-4-2007, do à época Sr. Procurador Regional Federal da Procuradoria Federal Especializada-INSS, Dr. Hermes Arrais Alencar, no qual pedia a cooperação do TRT-2 no esforço que empreende INSS, em âmbito nacional, para ajuizar ações regressivas contra empresas causadoras de acidentes do trabalho e que tenham descumprido normas de segurança e higiene do trabalho; b) que tal cooperação serve ao propósito de ressarcir o INSS dos valores despendidos pela sociedade no pagamento dos benefícios previdenciários; e c) que o esforço empreendido pelo INSS depende, em grande parte, da cooperação entre órgãos públicos; RECOMENDOU aos Excelentíssimos Senhores Juízes do Trabalho de 1ª Instância que comunicassem, através de ofício, à Procuradoria Federal Especializada na Defesa do INSS, sempre que, nesse sentido concluírem nas suas sentenças, a responsabilidade subjetiva do empregador no descumprimento das normas de segurança e higiene do trabalho.

Diante da reconhecida importância desse ato proclamado pelo TRT-2, anos mais tarde, em 2011, o Egrégio TST deu abrangência nacional, publicando a RECOMENDAÇÃO CONJUNTA

GP.CGJT n. 2/2011/TST, de 3-11-2011, conclamando a todos os magistrados da Justiça Laboral que encaminhassem à Procuradoria Federal responsável pela defesa do INSS as sentenças (e/ou acórdãos) que reconheçam conduta culposa do empregador em acidente de trabalho, a fim de subsidiar eventual ajuizamento de Ação Regressiva pelo INSS, nos termos do art. 120 da Lei n. 8.213/91.

A partir dessa essencial colaboração da Justiça do Trabalho, a conhecida "ação regressiva acidentária" tornou-se efetiva em todo o país como instrumento punitivo-pedagógico contra as empresas que forem consideradas causadoras de danos em seus empregados vitimados por acidente ou doença relacionada ao ambiente do trabalho.

5. AÇÃO REGRESSIVA POR VIOLÊNCIA DOMÉSTICA

Proteção à mulher. No campo penal, o agressor da violência doméstica encontra reprimenda estabelecida na Lei n. 11.340/2006, que criou mecanismos para coibir a violência doméstica e familiar contra a mulher.

Essa lei possui a alcunha Lei Maria da Penha, por ser pautada na história infelizmente vivida por Maria da Penha Maia Fernandes que, no ano de 1983, foi vítima de dupla tentativa de feminicídio por parte de seu marido[26].

A segunda onda das ações regressivas digna de relevo é lastreada na pretensão de o INSS ser ressarcido pelos responsáveis por violência doméstica ocorridos no Brasil, sempre que a Autarquia previdenciária conceda benefício previdenciário à vítima por motivo de incapacidade, ou aos dependentes, quando verifica morte da mulher-segurada.

No ano de 2012, foi ajuizada "ação regressiva previdenciária por violência contra a mulher", Processo 5006374-73.2012.404.7114, em Lajeado, RS, na qual o INSS, na qualidade de autor, esclareceu que réu foi preso em flagrante delito logo após ter tirado a vida de sua ex-companheira, ação que tramitou em paralelo à ação penal.

Da petição inicial do INSS contra o homem-agressor, requereu a Autarquia previdenciária o ressarcimento das despesas relativas ao benefício de pensão por morte em favor dos filhos da segurada falecida, pagas desde o passamento, ocorrido no ano de 2009, requerendo ainda o ressarcimento das prestações futuras até o atingimento da maioridade dos filhos.

Ação foi à época fundamentada, dentre outros, no art. 927 do CC: "Aquele que, por ato ilícito (arts. 186 e 187), causar dano a outrem, fica obrigado a repará-lo".

Após sentença de parcial procedência, houve julgamento da ação regressiva pelo TRF da 4ª Região, que deu acolhida plena ao pedido do INSS:

> PROCESSUAL CIVIL, CIVIL E PREVIDENCIÁRIO. ASSASSINATO DE SEGURADA PELO EX-MARIDO. VIOLÊNCIA CONTRA A MULHER. RESPONSABILIDADE CIVIL DO AGENTE, QUE DEVERÁ RESSARCIR O INSS PELOS VALORES PAGOS A TÍTULO DE PENSÃO POR MORTE. CORREÇÃO MONETÁRIA. INCIDÊNCIA.
>
> 1. Cabe ao agente que praticou o ato ilícito que ocasionou a morte do segurado efetuar o ressarcimento das despesas com o pagamento do benefício previdenciário, ainda que não se trate de acidente de

---

[26] Primeiro, o marido deu um tiro nas costas de Maria da Penha enquanto ela dormia. Como resultado dessa agressão, ela ficou paraplégica devido a lesões irreversíveis na terceira e quarta vértebras torácicas, laceração na dura-máter e destruição de um terço da medula à esquerda. No entanto, Marco Antonio declarou à polícia que tudo não havia passado de uma tentativa de assalto, versão que foi posteriormente desmentida pela perícia. Quatro meses depois, quando Maria da Penha voltou para casa – após duas cirurgias, internações e tratamentos –, ele a manteve em cárcere privado durante 15 dias e tentou eletrocutá-la durante o banho. Fonte: http://www.institutomariadapenha.org.br.

trabalho. Hipótese em que se responsabiliza o autor do homicídio pelo pagamento da pensão por morte devida aos filhos, nos termos dos arts. 120 e 121 da Lei n. 8.213/91 c/c arts. 186 e 927 do Código Civil.

2. O ressarcimento deve ser integral por não estar comprovada a corresponsabilidade do Estado em adotar medidas protetivas à mulher sujeita à violência doméstica (TRF 4ª Região, Apelação/Reexame necessário 5006374-73.2012.404.7114, 3ª Turma, Des. Federal Carlos Eduardo Thompson Flores Lenz, por unanimidade, juntado aos autos em 9-5-2013).

O STJ apreciou a questão por força de recurso especial (REsp 1.431.150/RS), mantendo a condenação do réu a ressarcir integralmente o INSS. Esse recurso especial consiste decisão colegiada transitada em julgado que firmou importante jurisprudência da qual cabe destacar os itens 4 e 5 da ementa:

> No caso dos autos, o benefício é devido pela autarquia previdenciária aos filhos da vítima em razão da comprovada relação de dependência e das contribuições previdenciárias recolhidas pela segurada. Logo, o INSS possui legitimidade e interesse para postular o ressarcimento de despesas decorrentes da concessão de benefício previdenciário aos dependentes de segurado, vítima de assassinato.
>
> O agente que praticou o ato ilícito do qual resultou a morte do segurado deve ressarcir as despesas com o pagamento do benefício previdenciário, mesmo que não se trate de acidente de trabalho, nos termos dos arts. 120 e 121 da Lei n. 8.213/91, c/c os arts. 186 e 927 do Código Civil.

No ano de 2015, a Lei n. 13.104 trouxe a previsão do feminicídio como circunstância qualificadora do crime de homicídio (alterando o art. 121 do CP) e incluiu o feminicídio no rol dos crimes hediondos (modificando o art. 1º da Lei n. 8.072/90).

O crime de homicídio quando praticado contra a mulher por razões da condição de sexo feminino (feminicídio) terá a pena entre 12 e 30 anos de reclusão. Considera-se que há razões de condição de sexo feminino quando o crime envolve violência doméstica e familiar ou menosprezo ou discriminação à condição de mulher.

No ano de 2019, a Lei n. 13.846 deu nova redação ao art. 120 da Lei n. 8.213/91, autorizando o INSS a ajuizar ação regressiva contra os responsáveis por violência doméstica e familiar contra a mulher, nos termos da Lei n. 11.340/2006.

Ação regressiva. O condenado pelo crime, tentado ou consumado, de homicídio qualificado pelo feminicídio deve ressarcir ao INSS todas as despesas da Previdência decorrente do pagamento de benefícios previdenciários decorrente da agressão às vítimas de violência doméstica (despesas com pagamento de benefício por incapacidade temporária ou permanente e de pensão por morte), por intermédio de ação regressiva, conforme preceitua o art. 120, II, da Lei n. 8.213/91.

No campo patrimonial, importante anotar que o direito da Previdência não exime o agressor ou o autor do ato delitivo a indenizar a vítima e, no caso de óbito, aos seus familiares.

Digno de nota é o fato de a Lei n. 8.213/91 autorizar o cabimento da ação regressiva decorrente de violência doméstica independente do "trânsito em julgado" da sentença penal condenatória.

Eventual condicionante consistiria odiável retrocesso, na medida em que desautorizaria as ações regressivas ajuizadas em paralelo à tramitação da ação penal, a exemplo do citado Processo 5006374-73.2012.404.7114, na qual o INSS obteve acolhida de seu pedido na primeira e segunda instâncias (decisões confirmadas pelo STJ), sem que houvesse o trânsito em julgado da ação na esfera penal.

Nosso pensar é no sentido de que o ajuizamento da ação regressiva previdenciária não deve ficar atrelado ao trânsito em julgado da ação na esfera penal, posto que na seara criminal há garantias processuais que fazem o processo se arrastar por anos, por vezes décadas.

A independência das esferas civil e penal deve ser respeitada, máxime em face de marido/companheiro que tenha confessado ter praticado o crime, tenha sido preso em flagrante delito, bem como nas situações de haver contra si farta prova de ser ele o autor do homicídio doloso contra a mulher/esposa/companheira (feminicídio).

Não há ofensa ao postulado da presunção de inocência previsto no art. 5º, LVII, da CF, estabelecido como garantia na esfera penal, não podendo ser entendido como óbice à propositura de ações de indenização e ressarcimento no campo civil.

Por fim, anote-se que, em 1º novembro de 2023, foi publicada a Lei n. 14.717, que institui pensão especial aos filhos e dependentes menores de 18 anos de idade, órfãos da mulher vítima de feminicídio, cuja renda familiar mensal *per capita* seja igual ou inferior a 1/4 do salário mínimo. Trata-se de benefício assistencial, administrado pelo INSS.

6. JURISPRUDÊNCIA STJ

Auxílio-acidente

> STJ. Tema repetitivo 627. Tese firmada: O segurado especial, cujo acidente ou moléstia é anterior à vigência da Lei n. 12.873/2013, que alterou a redação do inciso I do art. 39 da Lei n. 8.213/91, não precisa comprovar o recolhimento de contribuição como segurado facultativo para ter direito ao auxílio-acidente. (Trânsito em julgado: 28-5-2018)

> STJ. Tema repetitivo 156. Tese firmada: Será devido o auxílio-acidente quando demonstrado o nexo de causalidade entre a redução de natureza permanente da capacidade laborativa e a atividade profissional desenvolvida, sendo irrelevante a possibilidade de reversibilidade da doença. (Trânsito em julgado: 22-3-2010)

> STJ. Tema repetitivo 18. Tese firmada: A majoração do auxílio-acidente, estabelecida pela Lei n. 9.032/95 (lei nova mais benéfica), que alterou o § 1º do art. 86 da Lei n. 8.213/91, deve ser aplicada imediatamente, atingindo todos os segurados que estiverem na mesma situação, seja referente aos casos pendentes de concessão ou aos benefícios já concedidos. (STF: Tema 388. Tese firmada: É inviável a aplicação retroativa da majoração prevista na Lei n. 9.032/95 aos benefícios de auxílio-acidente concedidos em data anterior à sua vigência. Transitado em julgado em 20-6-2011.)

> STJ. Tema repetitivo 22. Tese firmada: Comprovados o nexo de causalidade e a redução da capacidade laborativa, mesmo em face da disacusia em grau inferior ao estabelecido pela Tabela Fowler, subsiste o direito do obreiro ao benefício de auxílio-acidente. (Trânsito em julgado: 6-9-2010)

> STJ. Tema repetitivo 416. Tese firmada: Exige-se, para concessão do auxílio-acidente, a existência de lesão, decorrente de acidente do trabalho, que implique redução da capacidade para o labor habitualmente exercido. O nível do dano e, em consequência, o grau do maior esforço, não interferem na concessão do benefício, o qual será devido ainda que mínima a lesão. (Trânsito em julgado: 11-10-2010)

> STJ. Tema repetitivo 555. Tese firmada: A acumulação do auxílio-acidente com proventos de aposentadoria pressupõe que a eclosão da lesão incapacitante, apta a gerar o direito ao auxílio-acidente, e a concessão da aposentadoria sejam anteriores à alteração do art. 86, §§ 2º e 3º, da Lei n. 8.213/91, promovida em 11-11-97 pela Medida Provisória 1.596-14/97, posteriormente convertida na Lei n. 9.528/97. (Trânsito em julgado: 4-10-2012)

> STJ. Tema repetitivo 556. Tese firmada: Para fins de fixação do momento em que ocorre a lesão incapacitante em casos de doença profissional ou do trabalho, deve ser observada a definição do art. 23 da Lei n. 8.213/91, segundo a qual "considera-se como dia do acidente, no caso de doença profissional ou do trabalho, a data do início da incapacidade laborativa para o exercício da atividade habitual, ou o dia da segregação compulsória,

ou o dia em que for realizado o diagnóstico, valendo para este efeito o que ocorrer primeiro". (Trânsito em julgado: 4-10-2012)

STJ. Tema repetitivo 213. Tese firmada: Para a concessão de auxílio-acidente fundamentado na perda de audição (...), é necessário que a sequela seja ocasionada por acidente de trabalho e que acarrete uma diminuição efetiva e permanente da capacidade para a atividade que o segurado habitualmente exerce. (Trânsito em julgado: 8-9-2010)

STJ. Tema repetitivo 862. Tese firmada: O termo inicial do auxílio-acidente deve recair no dia seguinte ao da cessação do auxílio-doença que lhe deu origem, conforme determina o art. 86, § 2º, da Lei n. 8.213/91, observando-se a prescrição quinquenal da Súmula 85/STJ. (Trânsito em julgado: 15-9-2022)

CAPÍTULO 10
APOSENTADORIA PROGRAMÁVEL APÓS A REFORMA DA PREVIDÊNCIA DE 2019

1. INTRODUÇÃO

Ressalvada a aposentadoria por incapacidade permanente, todas as demais aposentadorias são benefícios programáveis.

As aposentadorias programáveis, nas suas diversas modalidades, exigem a comprovação do requisito da carência e serão devidas aos segurados da Previdência Social que comprovem, por regra de forma conjugada, tempo de contribuição e idade.

Por força da disposição contida na Lei n. 10.666/2003, as aposentadorias programáveis independem da manutenção da qualidade de segurado:

> Art. 3º A perda da qualidade de segurado não será considerada para a concessão das aposentadorias por tempo de contribuição e especial.
> § 1º Na hipótese de aposentadoria por idade, a perda da qualidade de segurado não será considerada para a concessão desse benefício, desde que o segurado conte com, no mínimo, o tempo de contribuição correspondente ao exigido para efeito de carência na data do requerimento do benefício.

Porém, a título de exceção, deve ser citada a aposentadoria por idade do trabalhador rural devida ao segurado especial, art. 39, I, da Lei n. 8.213/91 (que não contribui facultativamente, art. 39, II, da Lei de Benefícios), que deve ostentar a qualidade de segurado (estar no exercício da atividade rural) ou usufruindo do prazo de qualidade de segurado nesta categoria no momento do preenchimento dos requisitos necessários ao benefício pleiteado, ressalvado o direito adquirido.

A análise das aposentadorias programáveis deverá observar a regra vigente na data do requerimento, ressalvadas as hipóteses de direito adquirido.

A data de início do benefício será fixada:

I – para o segurado empregado, inclusive o doméstico:
   a) a partir da data do desligamento do emprego, quando requerida em até 90 dias depois dela; ou
   b) a partir da DER, quando não houver desligamento do emprego ou quando for requerida após o prazo apresentado na alínea anterior;

II – para os demais segurados, a partir da DER.

Com espeque na jurisprudência firmada pelo STF, havendo mais de uma possibilidade de cálculo do benefício, deve ser assegurado o mais vantajoso.

STF. Tema 334. Tese firmada: Para o cálculo da renda mensal inicial, cumpre observar o quadro mais favorável ao beneficiário, pouco importando o decesso remuneratório ocorrido em data posterior ao implemento das condições legais para a aposentadoria, respeitadas a decadência do direito à revisão e a prescrição quanto às prestações vencidas.

> **Atenção!** A aposentadoria com DER, a partir de 14 de novembro de 2019, concedida com a utilização de tempo de contribuição decorrente de cargo, emprego ou função pública, acarretará o rompimento do vínculo que gerou o referido tempo de contribuição, por força do disposto no § 14 do art. 37 da CF, com a redação dada pela EC n. 103/2019: "§ 14. A aposentadoria concedida com a utilização de tempo de contribuição decorrente de cargo, emprego ou função pública, inclusive do Regime Geral de Previdência Social, acarretará o rompimento do vínculo que gerou o referido tempo de contribuição".
>
> Por conseguinte, empregados públicos concursados para atuar em empresas públicas e em sociedades de economia mista (a exemplo do Banco do Brasil, Petrobras, Caixa Econômica Federal e os Correios), ao se aposentarem com a utilização de tempo de trabalho na Administração pública indireta privada posterior a 13-11-2019, terão seu vínculo rompido.

As aposentadorias programáveis concedidas pela previdência social são irreversíveis e irrenunciáveis.

Porém, ficando insatisfeito o segurado com o valor dos proventos (ou pretendendo manter o vínculo no cargo, emprego ou função pública) poderá desistir do seu pedido de aposentadoria (art. 181 do RPS) desde que manifeste essa intenção e requeira o arquivamento definitivo do pedido antes da ocorrência de um dos seguintes atos:

I – recebimento do primeiro pagamento do benefício; ou
II – efetivação do saque do FGTS ou do PIS.

Após a consolidação da aposentadoria (verificada após o transcurso do prazo assinalado para desistência prevista no art. 181-B do RPS), o INSS disponibilizará aos empregadores, mediante cadastro prévio específico, informações sobre o benefício concedido ao empregado, dentre as quais:

I – data de entrada do requerimento – DER;
II – data de despacho da concessão – DDB;
III – data de início do benefício – DIB; e
IV – data de cessação do benefício – DCB, se houver.

Para fins de concessão de aposentadoria, são considerados como trabalhadores rurais:

I – empregados rurais;
II – contribuintes individuais que prestam serviço de natureza rural a empresa(s), a outro contribuinte individual equiparado à empresa ou a produtor rural pessoa física;
III – contribuintes individuais garimpeiros, que trabalhem, comprovadamente, em regime de economia familiar;
IV – trabalhadores avulsos que prestam serviço de natureza rural; e
V – segurado especial.

Por outro lado, não são considerados trabalhadores rurais, para fins de concessão de aposentadoria:

I – empregados domésticos;
II – produtores rurais, proprietários ou não;

III – pescador profissional; e

IV – contribuintes individuais garimpeiros, que não comprovem atividade em regime de economia familiar.

A definição do segurado como trabalhador rural impacta no direito à aposentadoria por idade com requisito etário reduzido, nos moldes do art. 201, § 7º, da CF.

Promulgada a Emenda Constitucional da Reforma da Previdência, com vigência a partir da data de sua publicação, ocorrida em 13-11-2019, a EC n. 103 é o mais importante marco do Seguro Social no século XXI, por alterar, drasticamente, os requisitos e critérios não só para obtenção de aposentadoria e pensão, como também, dos parâmetros de apuração da renda mensal.

Antes da EC n. 103/2019, havia 4 espécies de aposentadorias:

a) aposentaria por invalidez;
b) aposentadoria por tempo de contribuição;
c) aposentadoria por idade;
d) aposentadoria especial.

A aposentadoria não programável é a aposentadoria por invalidez, na qual, como visto, a EC n. 103/2019 promoveu, basicamente, duas alterações:

a) nova nomenclatura, passa a ser chamada "aposentadoria por incapacidade permanente" e poderá ser concedida nas modalidades previdenciária e acidentária;
b) critério de cálculo. Deixou de ser 100% do SB para iniciar em 60% do SB, salvo se se tratar de incapacidade decorrente de causa relacionada ao ambiente de trabalho, que é de 100% do SB.

Com relação às outras espécies, foram transformadas em aposentadoria programável (aposentadoria voluntária), exigindo necessariamente o requisito idade mínima.

Com a vigência da EC n. 103/2019, as aposentadorias por idade e por tempo de contribuição foram substituídas por uma única espécie, a aposentadoria programada, serão desdobramentos dessa aposentadoria voluntária atrelada à idade mínima: a aposentadoria especial e a aposentadoria diferenciada do professor.

Atrelamento à idade mínima. A redação original da Constituição Federal de 1988 exigia tão só o implemento do tempo de 35 anos de tempo de serviço para o homem, e de 30 anos de tempo de serviço para a mulher (art. 202, II, redação original da CF), para que fizesse o segurado jus à aposentadoria por tempo de serviço integral. Não havia vinculação a limite mínimo de idade para a aposentadoria por tempo de serviço, bastava o implemento relativo ao tempo de serviço para assegurar o direito à aposentadoria.

Por ocasião da Primeira Reforma da Previdência, em 1998, o Governo pretendeu justamente impor por meio da CF a exigência de requisito etário para obtenção de aposentadoria voluntária, mas não obteve êxito junto ao Congresso Nacional, tendo a EC n. 20/98, alterado corpo permanente da CF apenas para substituir o requisito tempo "de serviço" para "de contribuição", sem exigir idade mínima.

Agora, com a Reforma de 2019, o Poder Executivo logrou êxito, tornando impositiva a comprovação de idade mínima para obtenção de aposentadoria programável.

Unicamente duas espécies de aposentadoria não sofreram alteração na Reforma da Previdência de 2019:

- a aposentadoria por idade rural, devida ao trabalhador rural; e
- a aposentadoria da pessoa com deficiência da LC n. 142/2013.

Esclareça-se, também, que o requisito carência não sofreu alteração, mantendo-se, assim, a exigência de 180 contribuições mensais para as aposentadorias programáveis e de 12 contribuições para a aposentadoria por incapacidade permanente previdenciária.

2. APOSENTADORIA POR IDADE APÓS A EC N. 103/2019

O inciso I do art. 201 garante proteção à idade avançada (origem biológica). Importante o registro quanto à nomenclatura contida na redação original do art. 201, antes da EC n. 20/98 a proteção recaía sobre a "velhice".

O signo "velhice" está intimamente atrelado à ideia de senilidade, degeneração progressiva das faculdades físicas e psíquicas decorrentes do transcurso do tempo. O estigma da senilidade está associado à perda da capacidade laborativa, atraindo a presunção de invalidez.

De outra margem, a expressão idade avançada atrai nova concepção do fenômeno em face da esperança de vida atual (a última etapa do ciclo vital situa-se na fase seguinte, a quarta idade), lastreado no conceito de ancianidade (esse signo avoca experiência, não incapacidade), o intento constitucional é garantir o direito ao descanso.

Natureza jurídica da aposentadoria por idade é de benefício previdenciário de prestação continuada, administrado pelo INSS.

A periodicidade é mensal e a hipótese de concessão é adimplir o requisito etário fixado em lei.

Beneficiário(s): todos os segurados (obrigatórios e facultativos).

A aposentadoria por idade foi pouco impactada pelas alterações constitucionais, antes da Reforma de 2019 era obtida quando o segurado preenchesse os requisitos:

- Idade: 65 anos, sexo masculino, e 60 anos, à segurada;
- Carência: 180 contribuições.

Agora, o inciso I do § 7º do art. 201 da CF traz a aposentaria programada ao segurado que comprove 65 anos de idade, se homem, e 62 anos de idade, se mulher, observado tempo mínimo de contribuição a ser previsto em lei.

Houve gravame à mulher, pela elevação da idade mínima de 60 para 62 anos.

Com relação ao tempo de contribuição necessário, a CF estabeleceu que essa exigência deverá ser prevista "em lei", mas "até que lei disponha sobre o requisito tempo de contribuição", a própria EC n. 103/2019 trouxe dois artigos de transição: o art. 19, endereçado aos novos filiados, e o art. 18, aos antigos filiados.

O art. 19 da EC n. 103/2019 permite a concessão de aposentadoria programável (antiga aposentadoria por idade) aos NOVOS FILIADOS (segurados filiados ao RGPS a partir de 13-11-2019), desde que preencham cumulativamente os seguintes requisitos:

I) IDADE: 62 anos, se mulher, e 65 anos, se homem;

II) TEMPO DE CONTRIBUIÇÃO: 15 anos de tempo de contribuição, se mulher, e 20 anos, se homem; e
III) CARÊNCIA: 180 meses de carência.

Para os ANTIGOS FILIADOS (segurados que se filiaram até 13-11-2019), o art. 18 da EC n. 103/2019 possibilita a concessão quando atendidos, cumulativamente, os requisitos:
I) IDADE: 60 anos da mulher e 65 do homem;
II) TEMPO DE CONTRIBUIÇÃO: 15 anos de tempo de contribuição; e
III) CARÊNCIA: 180 meses de carência.

Observações: a) o tempo de contribuição é de 15 anos independentemente do sexo; b) a idade para a segurada é menor do que a prevista no inciso I do § 7º do art. 201 da CF, mas a idade mínima exigida das mulheres será acrescida de 6 meses a cada ano, aplicando-se o primeiro acréscimo a partir de janeiro de 2020, até que se atinja 62 anos.

INÍCIO (INCLUSIVE)	FIM (INCLUSIVE)	SEXO FEMININO	SEXO MASCULINO
Da EC n. 103/2019	31-12-2019	60	65
1º-1-2020	31-12-2020	60,5	65
1º-1-2021	31-12-2021	61	65
1º-1-2022	31-12-2022	61,5	65
1º-1-2023	31-12-2023	62	65

Perda da qualidade de segurado (PQS). Após a edição da Lei n. 10.666/2003 (art. 3º, § 1º, da Lei n. 10.666/2003), o benefício de aposentadoria por idade **também** pode ser concedido **a quem não ostenta a qualidade de segurado** da previdência, desde que possua tempo de contribuição suficiente à comprovação da carência exigida para a aposentadoria por idade (que até a EC n. 103/2019 era de 180 meses).

Data de Início do Benefício (DIB): empregado regido pela CLT, na data do desligamento do emprego, se requerida até 90 dias da **data da entrada do requerimento,** quando não houver desligamento do emprego ou se for requerida após 90 dias do desligamento.

> **Atenção! Aposentadoria por idade compulsória:** espécie extraordinária de aposentadoria por idade, cabível apenas quando requerida pela empresa (é opção do empregador), e desde que o segurado empregado tenha cumprido a carência necessária e completado **70 anos, se homem, ou 65, se do sexo feminino**, a aposentadoria por idade será compulsória[1] para o segurado.
>
> A aposentadoria por idade, **uma vez requerida pela empresa, torna-se compulsória**, **não havendo como o empregado recusá-la**; gera, entretanto, em prol do segurado o direito à indenização prevista na legislação trabalhista.
>
> E considera-se como data da rescisão do contrato de trabalho a imediatamente anterior à do início da aposentadoria.
>
> Observação: essa aposentadoria por idade compulsória não se confunde com a aposentadoria compulsória do Regime Próprio de Previdência dos Servidores Públicos (art. 40, § 1º, II, da CF), que se opera de pleno direito mediante o implemento do requisito idade de **75 anos**, independentemente do sexo do servidor público, por força da LC n. 152/2015.

---

[1] Art. 51 da Lei n. 8.213/91.

3. APOSENTADORIA POR TEMPO DE CONTRIBUIÇÃO APÓS A EC N. 103/2019

A aposentadoria por tempo de contribuição, ressalvado o direito adquirido, poderá ser concedida aos antigos filiados (segurados filiados ao RGPS até 13-11-2019), mediante os requisitos fixados em quatro regras distintas de transição da EC n. 103/2019:

I) art. 15: aposentadoria por tempo de contribuição com idade mínima **redutível**. Aposentadoria de pontos (TC + Id);

II) art. 16: da aposentadoria por tempo de contribuição com idade mínima **progressiva**;

III) **art. 17:** proteção ao direito iminente **à aposentadoria (há menos de 2 anos). Aposentadoria sem atrelamento à idade mínima, com** período adicional **(pedágio) de 50%;** e

IV) art. 20: aposentadoria por tempo de contribuição com idade mínima e período adicional **(pedágio) de 100%**.

Essas modalidades (itens I a IV) serão analisadas nos subitens que seguem, mas convém pontuar que como regra todos os segurados (obrigatórios e facultativos) possuem direito, **à exceção:**

a) do **segurado especial**. O STJ emitiu a Súmula 272 sobre a questão: "O trabalhador rural, na condição de segurado especial, sujeito à contribuição obrigatória sobre a produção rural comercializada, somente faz jus à aposentadoria por tempo de serviço, se recolher contribuições facultativas";

b) do segurado **contribuinte individual**, que trabalhe por conta própria, sem relação de trabalho com empresa ou equiparado, e o **segurado facultativo** que aderirem à alíquota reduzida de 11% prevista no art. 21, § 2º, da Lei n. 8.212/91.

E ainda os autorizados a contribuir com a alíquota de 5% do salário mínimo: o contribuinte individual capitulado como MEI (microempreendedor individual) e o segurado facultativo que se dedique exclusivamente ao trabalho doméstico em sua residência e seja integrante de família de baixa renda.

Trata-se do Sistema Especial de Inclusão Previdenciária **(SEIPrev)**, previsto constitucionalmente no art. 201, §§ 12 e 13, e regulamentado pela LC n. 123, que incluiu o § 3º ao art. 18 da Lei n. 8.213/91, e a Lei n. 12.470/2011, que deu nova redação ao art. 21 da Lei n. 8.212/91.

Idade mínima: não havia qualquer vinculação à idade, conforme se depreende do art. 201, § 7º, da CF, na redação anterior à EC n. 103/2019.

Carência: regra – 180 contribuições; exceção – tabela progressiva do art. 142 da LB, trata-se de regra de transição aplicável àqueles que estavam inscritos na Previdência por ocasião da publicação da Lei n. 8.213/91 (24-7-1991).

Data de Início do Benefício (DIB): para o segurado empregado, inclusive o doméstico, a partir da **data do desligamento** do emprego, quando requerido até 90 dias após o desligamento. Para os demais segurados, a partir **da data da entrada do requerimento (DER)**.

Tempo de contribuição: a constituinte de 1988 exigia mero tempo de serviço para fins de aposentadoria. Com o advento da EC n. 20/98, tornou-se o tempo de serviço insuficiente à concessão do benefício em testilha. Exige-se tempo de "contribuição".

A LC n. 123/2006 promoveu a alteração da alínea *c* do item I do art. 18 da Lei de Benefícios, substituindo a nomenclatura da aposentadoria de "tempo de serviço" para "aposentadoria por tempo de contribuição".

A Previdência Social possui acervo de dados denominado Cadastro Nacional de Informações Sociais, conhecido pela sigla CNIS.

De acordo com o art. 29-A da Lei n. 8.213/91, o INSS utilizará as informações constantes no CNIS sobre os vínculos e as remunerações dos segurados, **para fins de** cálculo do salário de benefício, **comprovação de filiação ao Regime Geral de Previdência Social, tempo de contribuição e relação de emprego**.

Esse acervo objetiva tornar a contagem de tempo mais prática e rápida e garantir o sistema contra fraudes (adulteração ou preenchimento falso de CTPS, autenticação falsa de comprovantes de pagamentos, entre outros fatores).

Ao segurado empregado, a anotação na Carteira Profissional[2] vale para todos os efeitos como prova de filiação à Previdência Social, relação de emprego, tempo de serviço ou de contribuição e salários de contribuição e, quando for o caso, relação de emprego. Pode, em caso de dúvida, ser exigida pelo INSS a apresentação dos documentos que serviram de base à anotação (ficha de registro de empregado, por exemplo).

Ao segurado empregado rural, pode ser computado o tempo de serviço rural anterior à competência julho de 1991, desde que amparado por início de prova material, independentemente de pagamento de qualquer contribuição, em face da isenção contida no art. 55, § 2º, da Lei n. 8.213/91.

Para comprovação do trabalho rural, segundo a Súmula 149 do STJ, **não basta a prova exclusivamente testemunhal**, para efeito de obtenção de benefício previdenciário. Imprescindível a apresentação de início de prova material.

Considera-se também tempo de contribuição:

1) o período em que a segurada esteve recebendo salário-maternidade (razão pela qual incide, sobre o valor do benefício, contribuição previdenciária – § 2º do art. 28 da Lei n. 8.212/91: "§ 2º O salário-maternidade é considerado salário de contribuição");
2) o tempo de serviço público prestado à Administração federal direta e autarquias federais, bem como às estaduais, do Distrito Federal e municipais, quando aplicada a legislação que autorizou a **contagem recíproca de tempo de contribuição**.

TNU. **Tema 216.** Tese firmada: Para fins previdenciários, o cômputo do tempo de serviço **prestado como aluno-aprendiz** exige a comprovação de que, durante o período de aprendizado, houve simultaneamente: (i) retribuição consubstanciada em prestação pecuniária ou em auxílios materiais; (ii) à conta do Orçamento; (iii) a título de contraprestação por labor; (iv) na execução de bens e serviços destinados a terceiros (Proc. PEDILEF 0525048-76.2017.4.05.8100/CE, j. 14-2-2020).

4. REAFIRMAÇÃO DA DER

Tema de extrema importância é o da orientação administrativa firmada pelo INSS sob a alcunha "Reafirmação da DER".

---

[2] Súmula 225 do STF: "Não é absoluto o valor probatório das anotações da carteira profissional".

Por vezes, o INSS, ao analisar o requerimento de aposentadoria, constata que o segurado não possuía direito ao benefício no dia da Data da Entrada do Requerimento (DER), no entanto, observando o servidor público que os requisitos necessários foram satisfeitos até a data final da análise administrativa, é possível, mediante a expressa concordância do segurado, alterar o termo de início da concessão do benefício da DER para a data do implemento das condições necessárias.

Esta é a normatização prevista no art. 577, II, da Instrução Normativa do INSS/Pres. n. 128, de 2022:

> Art. 577. Por ocasião da decisão, em se tratando de requerimento de benefício, deverá o INSS:
> I – (...)
> II – verificar se, não satisfeito os requisitos para o reconhecimento do direito na data de entrada do requerimento do benefício, se estes foram implementados em momento posterior, antes da decisão do INSS, caso em que o requerimento poderá ser reafirmado para a data em que satisfizer os requisitos, exigindo-se, para tanto, a concordância formal do interessado, admitida a sua manifestação de vontade por meio eletrônico.

Para melhor elucidar, considere que João, segurado do INSS, acredita, pelas suas contas, que já tenha contribuído por 35 anos para a Previdência, e, em razão disso, deu entrada no seu requerimento de aposentadoria por tempo de contribuição em 1º de fevereiro de 2017.

O INSS leva quatro meses para analisar o pedido e constata que o Sr. João possuía apenas 34 anos e 10 meses na DER (data de entrada do requerimento).

A conclusão da análise administrativa deveria ser pelo indeferimento, no entanto, por força do art. 690 da IN n. 77 vigente à época dessa ilustração (atual art. 577, II, da IN n. 128), o servidor do INSS, constatando que o segurado continua contribuindo mensalmente e que, portanto, em abril de 2017 ele preencheu o requisito de 35 anos de tempo de contribuição, deverá cientificar o segurado de que na DER (1º-2-2017) ele não possuía o tempo necessário, mas em 1º de abril de 2017 é possível, mediante sua concordância, conceder a aposentadoria.

Esse procedimento denomina-se "reafirmação da DER".

STJ. Tema 955. Tese firmada: É possível a reafirmação da DER (Data de Entrada do Requerimento) para o momento em que implementados os requisitos para a concessão do benefício, mesmo que isso se dê no interstício entre o ajuizamento da ação e a entrega da prestação jurisdicional nas instâncias ordinárias, nos termos dos arts. 493 e 933 do CPC/2015, observada a causa de pedir.

Especial atenção deve ser dada aos efeitos financeiros nos casos aplicação judicial do Tema 995 do STJ, pois os juros de mora deverão ter início a partir do 46º dia a contar da intimação do INSS para implantação do benefício, além de não ser cabível a condenação da Autarquia Previdenciária em honorários advocatícios, uma vez que o direito ao benefício somente foi implementado após o ajuizamento da demanda.

5. APOSENTADORIA POR TEMPO DE CONTRIBUIÇÃO COM IDADE MÍNIMA REDUTÍVEL. APOSENTADORIA DE PONTOS (TC + ID). ART. 15 DA EC N. 103/2019

Por essa regra, o segurado do sexo masculino poderá se aposentar antes dos 65 anos previstos no inciso I do § 7º do art. 201 e nos arts. 18 e 19 da EC n. 103/2019, estudados no tópico anterior.

A concessão de aposentadoria por tempo de contribuição com pontuação obedece ao somatório da idade (Id) do requerente com o tempo de contribuição (TC), apurados na Data de Entrada do Requerimento (DER), sendo exigidos, cumulativamente:

I) TEMPO DE CONTRIBUIÇÃO: 30 anos de tempo de contribuição da mulher e 35 do homem; e
II) PONTOS: 86 pontos, se mulher, e 96 pontos, se homem.

A pontuação exigida será acrescida de um ponto a cada ano, aplicando-se o primeiro acréscimo a partir de janeiro de 2020, até que se atinjam 100 pontos para a mulher e 105 para o homem.

Requisitos Previsão Normativa	Aposentadoria por Tempo de Contribuição com Idade Mínima Redutível Previsão Constitucional			
	Idade (id)		Tempo de Contribuição (TC)	
	Homem	Mulher	Homem	Mulher
Art. 15 da EC n. 103/2019, ao segurado filiado até a data de entrada em vigor da EC n. 103/2019	Somatório da idade e do tempo de contribuição, incluídas as frações, equivalente a **96 pontos**	Somatório da idade e do tempo de contribuição, incluídas as frações, equivalente a **86 pontos**	No mínimo 35 anos de TC	No mínimo 30 anos de TC
	por exemplo: 61 anos de Id + 35 anos de TC; 60 anos de Id + 36 anos de TC; 59 anos de Id + 37 anos de TC	Por exemplo: 56 anos de Id + 30 anos de TC; 55 anos de Id + 31 anos de TC; 54 anos de Id + 32 anos de TC		
	A partir de 1º de janeiro de 2020, a pontuação será acrescida a cada ano de 1 ponto, até atingir o limite de 100 pontos, se mulher, e de 105 pontos, se homem.			
	2020 = 97 pontos 2021 = 98 pontos 2022 = 99 pontos 2023 = 100 pontos 2023 = 101 pontos **2024 = 102 pontos** **2025 = 103 pontos** **2026 =104 pontos** **2027 = 105 pontos**	2020 = 87 pontos 2021 = 88 pontos 2022 = 89 pontos 2023 = 90 pontos **2024 = 91 pontos** **2025 = 92 pontos** **2026 = 93 pontos** **2027 = 94 pontos** **2028 = 95 pontos** **2029 = 96 pontos** **2030 = 97 pontos** **2031 = 98 pontos** **2032 = 99 pontos** **2033 = 100 pontos**		
	O valor da aposentadoria concedida nos termos do disposto neste artigo **será apurado na forma da lei**.			

6. APOSENTADORIA POR TEMPO DE CONTRIBUIÇÃO COM IDADE MÍNIMA PROGRESSIVA. ART. 16 DA EC N. 103/2019

Ao segurado filiado ao RGPS até a data de entrada em vigor da EC n. 103/2019, foi assegurado o direito à aposentadoria por tempo de contribuição com atrelamento à idade mínima progressiva no tempo.

O segurado que venha a implementar os exatos 35 anos de TC, se homem, 30 anos de TC, se mulher, somente poderá se aposentar se possuir a idade válida para o ano de 2019 de 61 anos de idade, se do sexo masculino, e de 56 anos, se mulher.

Bem se observa que o requisito etário exigido pelo art. 16 é inferior ao fixado no inciso I do § 7º do art. 201, e nos arts. 18 e 19 da EC n. 103/2019.

De outra monta, o art. 16 exige maior número de contribuições previdenciárias (35 anos de TC aos homens, e 30 anos de TC às mulheres).

Requisitos Previsão Normativa	Aposentadoria por Tempo de Contribuição com Idade Mínima Progressiva Previsão Constitucional			
	Idade (id)		Tempo de Contribuição (TC)	
	Homem	Mulher	Homem	Mulher
Art. 16 da EC n. 103/2019, ao segurado filiado até a data de entrada em vigor da EC n. 103/2019	61 ano de Id.	56 anos de Id	35 anos de TC	30 anos de TC
	A partir de 1º de janeiro de 2020, a idade será acrescida de 6 meses a cada ano, até atingir 62 anos de idade, se mulher, e 65 anos de idade, se homem.			
	2020 = 61anos e 6meses 2021 = 62 anos 2022 = 62anos e 6 meses 2023 = 63 anos 2024 = 63anos e 6meses 2025 = 64 anos 2026 = 64 anos e 6 meses 2027 = 65 anos	2020 = 56 anos e 6 meses 2021 = 57 anos 2022 = 57 anos e 6 meses 2023 = 58 anos 2024 = 58 anos e 6 meses 2025 = 59 anos 2026 = 59 anos e 6 meses 2027 = 60 anos 2028 = 60 anos e 6 meses 2029 = 61 anos 2030 = 61 anos e 6 meses 2031 = 62 anos		
O valor da aposentadoria concedida nos termos do disposto neste artigo **será apurado na forma da lei.**				

7. PROTEÇÃO AO DIREITO IMINENTE À APOSENTADORIA (HÁ MENOS DE 2 ANOS). APOSENTADORIA SEM ATRELAMENTO À IDADE MÍNIMA. PEDÁGIO 50%. FILIADO ANTIGO. ART. 17 DA EC N. 103/2019

Essa regra tem como público os segurados que estão na iminência de se aposentar por tempo de contribuição quando promulgada a EC n. 103/2019, compreendidos como tais aqueles que já tenham contribuído por mais de 33 anos de tempo de contribuição, se do sexo masculino, ou por mais de 28 anos de TC, em se tratando de segurada.

Direito expectado. O foco deste artigo é amenizar o impacto das regras novas aos que tinham legítima expectativa de direito melhor, quer dizer, o segurado que ainda não tenha implementado todas as condições necessárias à obtenção do benefício de aposentadoria por tempo de contribuição na data da vigência da EC n. 103/2019.

Para amenizar o impacto severo da legislação nova, é praxe, a despeito de não estar o legislador a isso obrigado, a criação de regras de transição, com o desiderato de criar situação intermediária em prol dos antigos segurados.

A regra de transição torna-se terceira regra de aplicação restrita aos filiados antes da nova norma, norma do art. 17 da EC n. 103/2019 não é tão boa quanto a antiga que foi revogada (inciso I do § 7º do art. 201, na redação anterior à EC n. 103/2019), mas por outro lado não será tão severa como a recém-editada.

Não se exige o requisito etário, necessária a comprovação do tempo de contribuição que era exigido na redação anterior do inciso I do § 7º do art. 201: 35 anos de contribuição, se homem, e 30 anos de contribuição, se mulher.

O tempo faltante deverá ser complementado, aumento de tempo denominado pedágio de 50%.

Pedágio de 50%, significa dizer que, além do tempo mínimo de contribuição necessário (art. 201, § 7º, I, da CF), deverá trabalhar/contribuir por mais 50% do tempo que na data da publicação da EC n. 103/2019 faltava para atingir os 35 anos se homem e 30 se mulher.

Exemplo 1. Segurado (ou segurada) que na data da publicação da EC n. 103 (13-11-2019) faltava apenas dois anos para sua aposentadoria. Pela regra do art. 17, além dos dois anos faltantes, deverá trabalhar/contribuir por mais um ano (= 50% de dois anos), totalizando três anos:

ART. 17 DA EC N. 103/2019	SEGURADO	SEGURADA
TC completo na data da vigência da EC n. 103/2019	33 anos de TC e 1 dia	28 anos de TC e 1 dia
TC faltante na data da vigência da EC n. 103/2019	2 anos	2 anos
TC faltante com pedágio	3 anos	3 anos
TC total necessário para o B/42	36 anos de TC	31 anos de TC

Exemplo 2. Segurado (ou segurada) que na data da publicação da EC n. 103 (13-11-2019) faltava apenas um ano para sua aposentadoria. Pela regra do art. 17, além desse um ano faltante, deverá trabalhar/contribuir por mais seis meses (= 50% de um ano), totalizando um ano e seis meses:

ART. 17 DA EC N. 103/2019	SEGURADO	SEGURADA
TC completo na data da vigência da EC n. 103/2019	34 anos de TC	29 anos de TC
TC faltante na data da vigência da EC n. 103/2019	1 ano	1 ano
TC faltante com pedágio	1 ano e 6 meses	1 ano e 6 meses
TC total necessário para o B/42	35 anos e 6 meses de TC	30 anos e 6 meses de TC

Com relação ao cálculo, o art. 17 afirma que o benefício terá seu valor apurado de acordo com a média aritmética simples dos salários de contribuição e das remunerações calculada **na forma da lei**, multiplicada pelo **fator previdenciário**, calculado na forma do disposto nos §§ 7º a 9º do art. 29 da Lei n. 8.213/91.

Requisitos Previsão Normativa	Aposentadoria SEM atrelamento à Idade Mínima Previsão Constitucional			
	Homem	Mulher	Tempo de Contribuição	
			Homem	Mulher
Art. 17 da EC n. 103/2019, ao segurado filiado até a data de entrada em vigor da EC n. 103/2019	Desde que até a data de entrada em vigor da EC n. 103/2019 conte com mais 33 anos de contribuição, se homem	Desde que até a data de entrada em vigor da EC n. 103/2019 conte com mais de 28 anos de contribuição, se mulher	35 anos de TC + Pedágio	30 anos de TC + Pedágio
			Pedágio de 50% do tempo que, na data de entrada em vigor da EC n. 103/2019, faltaria para atingir 35 anos de contribuição, se homem	Pedágio de 50% do tempo que, na data de entrada em vigor da EC n. 103/2019, faltaria para atingir 30 anos de contribuição, se mulher
O benefício terá seu valor apurado de acordo com a média aritmética simples dos salários de contribuição e das remunerações calculada **na forma da lei**, multiplicada pelo **fator previdenciário**, calculado na forma do disposto nos §§ 7º a 9º do art. 29 da Lei n. 8.213/91.				

8. APOSENTADORIA POR TEMPO DE CONTRIBUIÇÃO COM IDADE MÍNIMA E PERÍODO ADICIONAL DE 100%. ART. 20 DA EC N. 103/2019

Essa regra é de aplicação restrita ao "antigo filiado", aquele que ingressou no RGPS antes da publicação da EC n. 103/2019. Exige-se:

a) IDADE: 60 anos, se homem, e 57, se do sexo feminino;
b) TEMPO DE CONTRIBUIÇÃO: 35 anos de homem ou 30 anos se mulher;
c) PEDÁGIO: equivalente a **100% do tempo faltante** na data da publicação da EC n. 103/2019.

Regra de transição bastante gravosa, máxime quando comparada com as regras de transição fixadas aos detentores de mandato eletivo, para os quais o generoso art. 14 da EC n. 103/2019 estabelece período adicional (pedágio) correspondente a **30%** do tempo de contribuição que faltaria para aquisição do direito à aposentadoria na data de entrada em vigor da referida Emenda.

Ao segurado do RGPS que ainda faltasse, na data da publicação da EC n. 103/2019, prazo de dois anos ou mais para obtenção de sua aposentadoria (ou seja, não incluído na regra do art. 17 da EC n. 103/2019) deverá contribuir pelo dobro do prazo faltante e ainda deverá atender ao requisito etário.

Imagine segurado do RGPS que na data da publicação da EC n. 103/2019 faltasse quatro anos para atingir os 35 anos de TC, ele deverá contribuir além desses quatro anos faltantes mais quatro anos a título de pedágio, portanto, TC + pedágio = 39 anos de TC, além do atendimento ao requisito etário (60 anos de Id, se homem, e 57 anos de Id, se mulher).

Requisitos Previsão Normativa	Aposentadoria B/42 com pedágio de 100% e Idade mínima (menor) Previsão Constitucional			
	Idade (Id)		Tempo de Contribuição (TC)	
	Homem	Mulher	Homem	Mulher
Art. 20 da EC n. 103/2019, ao segurado **filiado até a data de entrada em vigor** da EC n. 103/2019	60 anos	57 anos	35 anos de TC	30 anos de TC
			+ **pedágio**	
			Pedágio correspondente a 100% do tempo que, na data de entrada em vigor da EC n. 103/2019, falta para atingir o tempo mínimo de contribuição de 35 anos TC para homem e de 30 anos de TC para mulher	
O valor da aposentadoria será apurado **na forma da lei**.				

Outra importante diferença em prol da **Aposentadoria com pedágio de 100% e Idade mínima (menor)**, art. 20 da EC n. 103/2019, diz referência ao valor do benefício, **que será de 100% do salário de benefício**, ainda que tenha menos de 40 anos de TC, por força do art. 26, § 3º, da EC n. 103/2019.

9. APOSENTADORIA ESPECIAL APÓS A EC N. 103/2019

A natureza jurídica da aposentadoria especial é de benefício previdenciário de periodicidade mensal, administrado pelo INSS, tendo por hipótese de concessão: exercer durante 15, 20 ou 25 anos atividade laborativa sujeita a condições especiais, de forma permanente, não ocasional **nem intermitente**, que prejudiquem a saúde ou a integridade física do trabalhador.

Aposentadoria especial não traz diferenças em razão do sexo.

Independentemente de ser homem ou mulher, o segurado que exerça atividades de mineração de forma permanente no subterrâneo em frente de produção faz jus à aposentadoria com 15 anos de labor nessas condições prejudiciais à saúde.

O trabalhador exposto ao agente químico asbesto garante direito à aposentadoria após 20 anos.

Tem direito à aposentadoria especial o trabalhador exposto durante 25 anos a níveis de ruídos ocupacionais superiores a 85 dB(A).

Beneficiário(s): segurados: empregado, trabalhador avulso e contribuinte individual, este somente quando filiado à cooperativa de trabalho ou de produção (e para períodos posteriores à Lei n. 10.666/2003, que trouxe a permissão legal) que tenha trabalhado mediante exposição a agentes físicos, químicos ou biológicos prejudiciais à saúde ou à integridade física, durante pelo menos 15, 20 ou 25 anos.

Atividade especial: considera-se aquela na qual o trabalhador está efetivamente exposto, de forma permanente, não ocasional nem intermitente, a agentes nocivos químicos, físicos ou biológicos ou associação de agentes prejudiciais à saúde ou integridade física.

São considerados como período de trabalho sob condições especiais, para fins de benefícios do RGPS, o período de férias, bem como de benefício por incapacidade acidentária (auxílio-doença e aposentadoria por invalidez) e o período de percepção de salário-maternidade, desde que, à data do afastamento, o segurado estivesse exercendo atividade considerada especial.

A comprovação do exercício de atividade especial será feita pelo Perfil Profissiográfico Previdenciário (PPP), emitido pela empresa com base em Laudo Técnico de Condições Ambientais de Trabalho (LTCAT) expedido por médico do trabalho ou engenheiro de segurança do trabalho.

Trabalho permanente: compreende-se aquele em que o segurado, no exercício de todas as suas funções, **esteve efetivamente exposto a agentes nocivos** físicos, químicos, biológicos ou associação de agentes.

Trabalho não ocasional **nem intermitente**: é aquele em que, na jornada de trabalho, **não houve interrupção ou suspensão do exercício de atividade com exposição aos agentes nocivos**, ou seja, não foi exercida de forma alternada, atividade comum e especial.

Por agentes nocivos: entendem-se aqueles que possam trazer ou ocasionar danos à saúde, ou à integridade física do trabalhador nos ambientes de trabalho, em função de natureza, concentração, intensidade e fator de exposição.

Agentes físicos: são os ruídos, as vibrações, o calor, o frio, a umidade, a eletricidade, as pressões anormais, as radiações ionizantes, as radiações não ionizantes, entre outros.

Agentes químicos: são os manifestados por névoas, neblinas, poeiras, fumos, gases, vapores de substâncias nocivas presentes no ambiente de trabalho, absorvidos pela via respiratória, bem como aqueles que forem passíveis de absorção por meio de outras vias.

Agentes biológicos: são os micro-organismos como bactérias, fungos, parasitas, bacilos, vírus e rickettsias entre outros.

> **Atenção!** Para efeito de equilíbrio financeiro e atuarial, a exposição a agentes prejudiciais à saúde caracteriza a um só tempo direito em prol do segurado de aposentar-se com menor tempo de contribuição, bem como se constitui fato gerador do denominado adicional de aposentadoria especial, dever tributário do tomador de serviço. A cota patronal do tomador de serviços será acrescida da alíquota de 12, 9 ou 6 pontos percentuais, conforme a atividade exercida pelo segurado a serviço da empresa permita a concessão de aposentadoria especial após 15, 20 ou 25 anos de contribuição, respectivamente.

A EXPOSIÇÃO A AGENTES PREJUDICIAIS À SAÚDE CARACTERIZA:	
Direito ao segurado de aposentar-se:	Dever do tomador de serviço de contribuir sobre o valor da remuneração do trabalhador:
25 anos de atividade especial	6%
20 anos de atividade especial	9%
15 anos de atividade especial	12%

A correlação entre benefício e custeio faz surgir interesses opostos no trato do tema equipamento de proteção individual (EPI).

O empregador fornece EPI para efeito de neutralizar o agente agressivo, de modo a não mais ser obrigado a contribuir com o adicional de 6%, 9% ou 12%; por outro lado, confirmada a eficácia do EPI, o trabalhador não mais terá direito a aposentar-se com tempo reduzido, ficando sujeito à aposentadoria comum (35 anos de TC, se homem, 30 anos de TC, se mulher).

Sobre essa temática, o STF proferiu julgamento[3] sintetizado em duas premissas, a primeira (denominada premissa maior) afasta direito à aposentadoria especial se o EPI **for realmente** eficaz; a segunda conclusão (premissa menor) **não admite EPI eficaz** para o agente físico **ruído** (firmando direito à aposentadoria e o dever de a empresa contribuir):

Premissa maior: "O direito à aposentadoria especial pressupõe a efetiva exposição do trabalhador a agente nocivo a sua saúde, de modo que se o Equipamento de Proteção Individual (EPI) for realmente capaz de neutralizar a nocividade, não haverá respaldo à concessão constitucional de aposentadoria especial".

Premissa menor: "Na hipótese de exposição do trabalhador a ruído acima dos limites legais de tolerância, a declaração do empregador no âmbito do Perfil Profissiográfico Previdenciário (PPP), no sentido da eficácia do Equipamento de Proteção Individual (EPI), não descaracteriza o tempo de serviço especial para a aposentadoria".

A **EC n. 103/2019**, em sintonia com o novo regramento constitucional por ela trazido de atrelamento ao requisito etário para obtenção de aposentadoria programável, traz o § 1º permissão para que lei complementar possa estipular requisito de idade e de tempo de contribuição distintos daqueles fixados no § 7º do art. 201 aos demais segurados do RGPS, apenas em se tratando das duas exceções contempladas.

De acordo com o art. 201, § 7º, I, a aposentadoria programável será alcançada aos 65 anos de idade, se homem, e 62 anos de idade, se mulher, observado tempo mínimo de contribuição a ser fixado por lei, **portanto norma de eficácia limitada**.

O § 1º do art. 201 admite que lei complementar, **portanto norma de eficácia limitada**, estabeleça requisito etário e de tempo de contribuição diferenciado para a aposentadoria conhecida como APOSENTADORIA ESPECIAL ao segurado cujas atividades sejam exercidas com **efetiva exposição** a agentes químicos, físicos e biológicos **prejudiciais à saúde,** ou associação desses agentes, vedados a caracterização por categoria profissional ou ocupação.

Até que seja editada a lei exigida, a EC n. 103/2019 permite a concessão dessa modalidade de aposentadoria em prol do NOVO FILIADO quando preenchidos os requisitos exigidos no art. 19, § 1º, e para o ANTIGO FILIADO, na forma do art. 21 da emenda.

O art. 19, § 1º, da EC n. 103/2019 garante ao filiado após a data de entrada em vigor da EC n. 103/2019, o direito à APOSENTADORIA ESPECIAL com requisito etário inferior ao estabelecido

---

[3] Recurso Extraordinário com Agravo (ARE) 664.335, com repercussão geral reconhecida.

na norma permanente (art. 201, § 7º, I), **fixando idade** de 55, 58 ou de 60 anos aos que, na forma da Lei n. 8.213/91, tiverem direito, respectivamente, à aposentadoria especial aos 15, 20 ou 25 anos de atividade especial.

Há ainda o art. 21 da EC n. 103/2019, assegurando ao filiado antigo, considerado como tal aquele que ingressou no RGPS até a data de entrada em vigor da EC n. 103/2019, o direito à APOSENTADORIA ESPECIAL, quando o total da soma resultante da idade do segurado com o seu tempo de contribuição **atingir pontuação** de 66, 76, 86, aos que, na forma da Lei n. 8.213/93, tiverem direito, respectivamente, à aposentadoria especial aos 15, 20 ou 25 anos de atividade especial.

Requisitos Previsão Normativa	Aposentadoria Especial com Idade FIXA Previsão Constitucional	
Art. 19, § 1º, da EC n. 103/2019, ao segurado **filiado após** a entrada em vigor da EC n. 103/2019	Até que lei complementar disponha sobre a redução de idade mínima ou tempo de contribuição previsto no § 1º do art. 201 da CF, será concedida aposentadoria:	
	Segurados que comprovem exercício de atividades com efetiva exposição a agentes químicos, físicos e biológicos prejudiciais à saúde, ou associação desses agentes	
	Idade (Id)	Tempo de Contribuição (TC)*
	Homem ou Mulher	Homem ou Mulher
	55 anos de Id	15 anos de TC
	58 anos de Id	20 anos de TC
	60 anos de Id	25 anos de TC
		(*) nos termos do disposto nos arts. 57 e 58 da Lei n. 8.213/91
Norma de eficácia limitada	O valor da aposentadoria será apurado **na forma da lei**.	

Requisitos Previsão Normativa	Aposentadoria Especial com Idade Redutível (aposentadoria por pontos) Previsão Constitucional	
Art. 21 da EC n. 103/2019, ao segurado **filiado até** a data de entrada em vigor da EC n. 103/2019	Segurados que comprovem exercício de atividades com efetiva exposição a agentes químicos, físicos e biológicos prejudiciais à saúde, ou associação desses agentes poderão aposentar-se quando **o total da soma** resultante da sua idade e do tempo de contribuição e o tempo de efetiva exposição forem, respectivamente, de	
	Pontos (TC + Id)	Tempo de Contribuição **mínimo** (TC)*
	Homem ou Mulher	Homem ou Mulher
	66 pontos (por exemplo: 15 anos de TC + 51 anos de Id; 16 anos de TC + 50 anos de Id; 17 anos de TC + 49 anos de Id etc.)	15 anos de TC
	76 pontos (por exemplo: 20 anos de TC + 56 de Id; 21 anos de TC + 55 anos de Id; 22 anos de TC + 54 anos de Id etc.)	20 anos de TC
	86 pontos (por exemplo: 25 nos de TC + 61 anos Id; 26 anos de TC + 60 anos de Id; 27 anos de TC + 59 anos de Id etc.)	25 anos de TC
		(*) nos termos do disposto nos arts. 57 e 58 da Lei n. 8.213/91
Norma de eficácia limitada	O valor da aposentadoria será apurado **na forma da lei**.	

Para obtenção da pontuação exigida no art. 21 será considerado todo o tempo de contribuição, inclusive aquele não exercido em efetiva exposição a agentes nocivos.

A conversão do tempo especial em comum é permitida apenas para períodos trabalhados até 13-11-2019, vedada a conversão de períodos laborados após esta data, conforme § 3º do art. 10 e § 2º do art. 25, ambos da EC n. 103/2019.

Anote-se que este benefício nunca esteve sujeito à incidência **do fator previdenciário**.

Carência: regra – 180 contribuições; exceção – tabela progressiva do art. 142 da LB; trata-se de regra de transição aplicável àqueles que estavam inscritos na Previdência por ocasião da publicação da Lei n. 8.213 (24-7-1991).

Data de Início do Benefício (DIB): segurado empregado regido pela CLT, na data do desligamento do emprego, se requerida até 90 dias da **data da entrada do requerimento**, quando não houver desligamento do emprego ou se for requerida após 90 dias do desligamento.

Retorno do aposentado à atividade especial: o beneficiário de aposentadoria especial que retornar ao exercício de atividade laborativa que o exponha a agentes nocivos terá seu benefício automaticamente cancelado pelo INSS (arts. 57, § 8º, e 46 da Lei n. 8.213/91).

10. JURISPRUDÊNCIA STJ

ATIVIDADE ESPECIAL

STJ. Tema Repetitivo: 1083. Tese firmada: O reconhecimento do exercício de atividade sob condições especiais pela exposição ao agente nocivo ruído, quando constatados diferentes níveis de efeitos sonoros, deve ser aferido por meio do Nível de Exposição Normalizado (NEN). Ausente essa informação, deverá ser adotado como critério o nível máximo de ruído (pico de ruído), desde que perícia técnica judicial comprove a habitualidade e a permanência da exposição ao agente nocivo na produção do bem ou na prestação do serviço. (Trânsito em julgado: 12-8-2022)

STJ. Tema Repetitivo: 694. Tese firmada: O limite de tolerância para configuração da especialidade do tempo de serviço para o agente ruído deve ser de 90 dB no período de 6-3-97 a 18-11-2003, conforme Anexo IV do Decreto 2.172/97 e Anexo IV do Decreto 3.048/99, sendo impossível aplicação retroativa do Decreto 4.882/2003, que reduziu o patamar para 85 dB, sob pena de ofensa ao art. 6º da LINDB (ex-LICC). (Trânsito em julgado: 4-3-2015)

STJ. Tema Repetitivo: 998. Tese firmada: O Segurado que exerce atividades em condições especiais, quando em gozo de auxílio-doença, seja acidentário ou previdenciário, faz jus ao cômputo desse mesmo período como tempo de serviço especial. (Trânsito em julgado: 15-2-2022)

STJ Tema Repetitivo: 534. Tese firmada: As normas regulamentadoras que estabelecem os casos de agentes e atividades nocivos à saúde do trabalhador são exemplificativas, podendo ser tido como distinto o labor que a técnica médica e a legislação correlata considerarem como prejudiciais ao obreiro, desde que o trabalho seja permanente, não ocasional, nem intermitente, em condições especiais (art. 57, § 3º, da Lei n. 8.213/91). (Trânsito em julgado: 26-6-2013)

STJ. Tema Repetitivo: 1031 Tese firmada: É possível o reconhecimento da especialidade da atividade de Vigilante, mesmo após EC n. 103/2019, com ou sem o uso de arma de fogo, em data posterior à Lei n. 9.032/95 e ao Decreto 2.172/97, desde que haja a comprovação da efetiva nocividade da atividade, por qualquer meio de prova até 5-3-97, momento em que se passa a exigir apresentação de laudo técnico ou elemento material equivalente, para comprovar a permanente, não ocasional nem intermitente, exposição à atividade nociva, que coloque em risco a integridade física do Segurado. (Não transitado em julgado. STF, nos autos do RE n. 1.368.225-RG/RS, submeteu matéria em debate ao regime da repercussão geral. STF. Tema n. 1.209: Reconhecimento da atividade de vigilante como especial, com fundamento na exposição ao perigo, seja em período anterior ou posterior à promulgação da Emenda Constitucional n. 103/2019. STF Tema n. 1.209/STF ainda

CONVERSÃO DE TEMPO DE SERVIÇO

STJ. Tema Repetitivo: 546. Tese firmada: A lei vigente por ocasião da aposentadoria é a aplicável ao direito à conversão entre tempos de serviço especial e comum, independentemente do regime jurídico à época da prestação do serviço. (Trânsito em julgado: 8-1-2018)

STJ. Tema Repetitivo: 422. Tese firmada: Permanece a possibilidade de conversão do tempo de serviço exercido em atividades especiais para comum após 1998, pois a partir da última reedição da MP n. 1.663, parcialmente convertida na Lei n. 9.711/98, a norma tornou-se definitiva sem a parte do texto que revogava o referido § 5º do art. 57 da Lei n. 8.213/91. (Trânsito em julgado: 10-5-2011)

STJ. Tema Repetitivo: 423. Tese firmada: A adoção deste ou daquele fator de conversão depende, tão somente, do tempo de contribuição total exigido em lei para a aposentadoria integral, ou seja, deve corresponder ao valor tomado como parâmetro, numa relação de proporcionalidade, o que corresponde a um mero cálculo matemático e não de regra previdenciária. (Trânsito em julgado: 10-5-2011)

11. APOSENTADORIA DIFERENCIADA DE PROFESSOR APÓS A EC N. 103/2019

Direito adquirido antes da EC n. 103/2019. É assegurada a concessão da aposentadoria por tempo de contribuição de professor ao segurado que comprovar exclusivamente, até 13 de novembro de 2019, data da publicação da EC n. 103, 25 anos, se mulher, e 30 anos, se homem, de tempo de atividade exercida em funções de magistério no ensino básico, independentemente de idade mínima, desde que cumprida a carência exigida até aquela data.

Regra de transição da EC n. 20/98. O professor, inclusive o universitário, que não implementou as condições para aposentadoria por tempo de serviço de professor até 16 de dezembro de 1998, vigência da EC n. 20, poderá ter contado o tempo de atividade de magistério exercido até esta data, com acréscimo de 17% para o homem, e de 20% para a mulher, se optar por aposentadoria por tempo de contribuição, independentemente de idade e do período adicional, desde que cumpridos 35 anos de contribuição para o homem, e 30 anos para a mulher, exclusivamente em funções de magistério, respeitada a data-limite a que se refere o *caput*.

EC n. 103/2019. Regra atual. A EC n. 103/2019 deu nova redação ao § 8º do art. 201, para efeito de atrelar a aposentadoria por tempo de contribuição de professor ao **requisito de idade** a que se refere o inciso I do § 7º do art. 201, reduzido em cinco anos, para o professor que comprove tempo de efetivo exercício das funções de magistério na educação infantil e no ensino fundamental e médio **fixado em lei complementar**.

O inciso I do § 7º do art. 201 (na redação atribuída pela EC n. 103/2019) estabelece a aposentadoria aos 65 anos de idade, se homem, e 62 anos de idade, se mulher, observado tempo mínimo de contribuição a ser definido em lei ordinária.

Regra do art. 19 da EC n. 103/2019. O art. 19, II, da EC n. 103/2019, traz regra aplicável ao NOVO filiado, considerado como tal aquele que se filiar ao RGPS após a data da publicação da EC n. 103/2019.

Enquanto não editada a lei complementar que clama o § 8º do art. 201, o art. 19, II, admite a concessão de aposentadoria diferenciada ao docente desde que, independentemente do sexo, exerça por 25 anos suas funções de magistério exclusivamente na educação infantil e no ensino fundamental e médio.

Exige-se, ainda, o requisito etário fixo: idade mínima de 60 anos para o professor e de 57 anos de idade à professora.

Requisitos Previsão Normativa	Aposentadoria de Professor com Idade mínima fixa Previsão Constitucional		
Art. 19, II, da EC n. 103/2019, ao segurado filiado **após a entrada em vigor** da EC n. 103/2019	**Até que lei complementar** disponha sobre a redução de idade mínima ou tempo de contribuição prevista no § 8º do art. 201 da CF, será concedida aposentadoria:		
	Idade (Id)		Tempo de Contribuição (TC) exclusivamente em efetivo exercício das funções de magistério na educação infantil e no ensino fundamental e médio
	Professor	Professora	Homem ou Mulher
	60 anos de Id	57 anos de Id	25 anos de TC
O valor da aposentadoria será apurado **na forma da lei**.			

Regra do art. 15 da EC n. 103/2019. O art. 15 da EC n. 103/2019 é aplicável ao ANTIGO filiado e ecoa na sistemática de aposentadoria por pontos.

Ao professor filiado ao RGPS, até 13 de novembro de 2019, data da publicação da EC n. 103, fica assegurado o direito à aposentadoria por tempo de contribuição, cumprida a carência exigida, quando forem preenchidos, cumulativamente, os seguintes requisitos:

I – comprovar exclusivamente 25 anos de contribuição, se professora, e 30 anos de contribuição, se professor, em efetivo exercício das funções de magistério na educação infantil, no ensino fundamental ou no ensino médio; e

II – o somatório da idade e do tempo de contribuição, incluídas as frações, será equivalente a 81 pontos, se mulher, e 91 pontos, se homem.

A partir de 1º de janeiro de 2020, a pontuação a que se refere o inciso II *supra* será acrescida a cada ano de um ponto, até atingir o limite de 92 pontos, se mulher, e de 100 pontos, se homem.

Art. 15 da EC n. 103/2019, síntese:

Requisitos Previsão Normativa	Aposentadoria de Professor com Idade Mínima Redutível Previsão Constitucional			
	Professor	Professora	Tempo **mínimo** de contribuição de efetivo exercício das funções de magistério na educação infantil e no ensino fundamental e médio	
Art. 15, § 3º, da EC n. 103/2019, ao segurado filiado até a data de entrada em vigor da EC n. 103/2019	o somatório da idade e do tempo de contribuição, incluídas as frações, será equivalente a 91 pontos	o somatório da idade e do tempo de contribuição, incluídas as frações, será equivalente a 81 pontos	30 anos de TC	25 anos de TC
	por exemplo: 61 anos de Id + 30 anos de TC; 60 anos de Id + 31 anos de TC; 59 anos de Id + 32 anos de TC	por exemplo: 56 anos de Id + 25 anos de TC; 55 anos de Id + 26 anos de TC; 54 anos de Id + 27 anos de TC		
	a partir de 1º de janeiro de 2020, 1 (um) ponto a cada ano para o homem e para a mulher, até atingir o limite de 92 pontos, se mulher, e 100 pontos, se homem.			
	2020 = 92 pontos 2021 = 93 pontos 2022 = 94 pontos 2023 = 95 pontos 2024 = 96 pontos 2025 = 97 pontos 2026 = 98 pontos 2027 = 99 pontos 2028 = 100 pontos	2020 = 82 pontos 2021 = 83 pontos 2022 = 84 pontos 2023 = 85 pontos 2024 = 86 pontos 2025 = 87 pontos 2026 = 88 pontos 2027 = 89 pontos 2028 = 90 pontos 2029 = 91 pontos 2030 = 92 pontos		
O valor da aposentadoria concedida nos termos do disposto neste artigo **será apurado na forma da lei**.				

Regra do art. 16 da EC n. 103/2019. A regra de transição constante do art. 16, § 2º, da EC n. 103/2019, assegura a aposentaria ao professor filiado ao RGPS até 13 de novembro de 2019, data da publicação da EC n. 103/2019, fica assegurado o direito à aposentadoria por tempo de contribuição, cumprida a carência exigida, quando forem preenchidos, cumulativamente, os seguintes requisitos:

I – comprovar exclusivamente 25 anos de contribuição, se mulher, e 30 anos de contribuição, se homem, em efetivo exercício das funções de magistério na educação infantil, no ensino fundamental ou no ensino médio; e

II – idade de 51 anos, se mulher, e 56 anos, se homem.

Art. 16. Requisito etário é progressivo, inaugurando na promulgação da EC n. 103/2019 a exigência de 56 anos de idade ao professor e de 51 anos de idade à professora. A partir de 1º de janeiro de 2020, a idade a que se refere o inciso II *supra* será acrescida de seis meses a cada ano, até atingir 57 anos de idade, se mulher, e 60 anos de idade, se homem.

Art. 16. Síntese:

Requisitos Previsão Normativa	Aposentadoria de Professor com Idade Progressiva Previsão Constitucional			
	Professor	Professora		
	Idade		Tempo de contribuição de efetivo exercício das funções de magistério na educação infantil e no ensino fundamental e médio	
Art. 16, § 2º, da EC n. 103/2019, ao segurado filiado até a data de entrada em vigor da EC n. 103/2019	56 anos de Id	51 anos de Id	30 anos de TC	25 anos de TC
	a partir de 1º de janeiro de 2020, acrescidos seis meses, a cada ano, às idades, até atingirem 57 anos, se mulher, e 60 anos, se homem			
	2020 = 56 anos e 6 meses 2021 = 57 anos 2022 = 57 anos e 6 meses 2023 = 58 anos etc.	2020 = 51 anos e 6 meses 2021 = 52 anos 2022 = 52 anos e 6 meses 2023 = 53 anos etc.		
O valor da aposentadoria **será apurado na forma da lei**.				

Regra do art. 20 da EC n. 103/2019. O § 1º do art. 20 da EC n. 103/2019 possibilita aposentadoria ao professor da educação básica com a exigência de pedágio de 100% do tempo faltante na data da publicação da EC n. 103/2019.

Ao professor filiado ao RGPS até 13 de novembro de 2019, data da publicação da EC n. 103/2019, fica assegurado o direito à aposentadoria por tempo de contribuição, cumprida a carência exigida, quando forem preenchidos, cumulativamente, os seguintes requisitos:

I – 52 anos de idade, se mulher, e 55 anos de idade, se homem;

II – comprovar exclusivamente 25 anos de contribuição, se mulher, e 30 anos de contribuição, se homem, em efetivo exercício das funções de magistério na educação infantil, no ensino fundamental ou no ensino médio; e

III – período adicional correspondente a 100% do tempo que, na data de entrada em vigor da Emenda Constitucional, faltaria para atingir o tempo mínimo de contribuição referido no inciso II.

Regra de transição bastante gravosa, máxime quando comparada com as regras de transição fixadas aos detentores de mandato eletivo, para os quais o generoso art. 14 da EC n. 103/2019, estabelece período adicional (pedágio) correspondente a **30%** do tempo de contribuição que faltaria para aquisição do direito à aposentadoria na data de entrada em vigor da EC n. 103/2019.

Para melhor visualização da regra do art. 20, § 1º, imagine que na data da publicação da EC n. 103/2019 faltavam quatro anos para o professor atingir os 30 anos de TC, por isso, ele deverá contribuir além desses quatro anos faltantes mais o pedágio de 100% (ou seja, mais quatro anos). Portanto, TC + pedágio = 34 anos de TC, além da necessidade de satisfação do requisito etário fixo de 55 anos de Id, se homem, e 52 anos de Id, se mulher.

Art. 20. Síntese:

Requisitos Previsão Normativa	Aposentadoria de Professor com pedágio de 100% e idade mínima menor Previsão Constitucional			
Art. 20 da EC n. 103/2019, ao segurado **filiado até a data de entrada em vigor** da EC n. 103/2019	Idade (Id)		Tempo de Contribuição (TC) exclusivamente tempo de efetivo exercício das funções de magistério na educação infantil e no ensino fundamental e médio	
	Professor	Professora	Professor	Professora
	55 anos de Id	52 anos de Id	30 anos de Id	25 anos de Id
			+ **pedágio**	
			Pedágio correspondente a 100% do tempo que, na data de entrada em vigor EC n. 103/2019, falta para atingir o tempo mínimo de contribuição de 35 anos de TC para homem e de 30 anos de TC para mulher	
O valor da aposentadoria será apurado **na forma da lei**.				

Além da idade fixa e menor em comparação às outras regras transitórias, o grande atrativo desta regra do art. 20, § 1º, da EC n. 103/2019 é o fato de que o valor do benefício corresponderá a 100% da média aritmética dos salários de contribuição, conforme previsão do art. 26, § 3º, da EC n. 103/2019.

Regra do art. 17 da EC n. 103/2019. Inaplicável ao professor. Convém apontar que **o professor não está incluso na regra de transição do art. 17** da EC n. 103/2019, destinada aos que restam na data da publicação da EC n. 103/2019 menos de dois anos para o implemento da aposentadoria por tempo de contribuição (33 anos e um dia já cumpridos, se homem, ou 28 anos e um dia de TC, se segurada), para os quais o art. 17 fixou pedágio menor, de 50% do tempo faltante.

Disposições aplicáveis à aposentadoria de professor:

Carência: regra – 180 contribuições; exceção – tabela progressiva do art. 142 da LB, trata-se de regra de transição aplicável àqueles que estavam inscritos na Previdência por ocasião da publicação da Lei n. 8.213 (24-7-1991).

Data de Início do Benefício (DIB): a partir da data do desligamento do emprego, quando requerida até 90 dias após o desligamento. Ultrapassado esse prazo, é da data da entrada do requerimento.

Conversão do tempo: a aposentadoria especial de docentes possui assento constitucional desde a Emenda n. 18, de 1981.

A partir de então tornou-se **inadmissível a conversão do tempo de exercício de magistério com acréscimo ficto para obtenção de aposentadoria comum**, tendo em vista que a Emenda Constitucional retirou essa categoria profissional do quadro anexo ao Decreto n. 53.831/64 (atividade especial), para incluí-la em legislação específica, passando, portanto, a ser regida por legislação própria.

Atividade fora da sala de aula: a Lei Federal n. 11.301/2006 introduziu o § 2º ao art. 67 da Lei Federal n. 9.394/96, que estabelece as diretrizes e bases da educação nacional, com a seguinte redação:

> Para os efeitos do disposto no § 5º do art. 40 e no § 8º do art. 201 da Constituição Federal, são consideradas funções de magistério as exercidas por **professores e especialistas em educação** no desempenho de atividades educativas, quando exercidas em estabelecimento de educação básica em seus diversos níveis e modalidades, **incluídas**, além do exercício da docência, **as de direção de unidade escolar e as de coordenação e assessoramento pedagógico**.

A Lei n. 11.301/2006 define, para efeitos legais, "funções de magistério" como aquela exercida por **professores e especialistas em educação** compreendendo, além do exercício da docência, **as atividades de direção de unidade escolar e as de coordenação e assessoramento pedagógico**.

O conceito legal é diverso do até então consagrado pelo STF na Súmula 726: "Para efeito de aposentadoria especial de professores, **não se computa o tempo** de serviço **prestado fora da sala de aula**".

Houve a apresentação de ADI, sob o n. 3.772, diante da referida Lei, tendo o STF declarado constitucional a norma legal. Resta claro que a definição legal ampliativa é aplicável somente após sua vigência[4]. Períodos laborais anteriores à Lei n. 11.301/2006 permanecem sob o manto da autoridade da Súmula 726 do STF.

12. APOSENTADORIA POR IDADE RURAL APÓS A EC N. 103/2019

Com relação ao trabalhador rural, a essência do texto do inciso II do § 7º do art. 201 **foi mantida** pela EC n. 103/2019.

Redação inciso II do § 7º do art. 201 ANTES da EC n. 103/2019	Redação inciso II do § 7º do art. 201 DEPOIS da EC n. 103/2019
Art. 201. § 7º (...)	Art. 201. § 7º (...)
II – sessenta e cinco anos de idade, se homem, e sessenta anos de idade, se mulher, reduzido em cinco anos o limite para os trabalhadores rurais de ambos os sexos e para os que exerçam suas atividades em regime de economia familiar, nestes incluídos o produtor rural, o garimpeiro e o pescador artesanal.	II – 60 (sessenta) anos de idade, se homem, e 55 (cinquenta e cinco) anos de idade, se mulher, para os trabalhadores rurais e para os que exerçam suas atividades em regime de economia familiar, nestes incluídos o produtor rural, o garimpeiro e o pescador artesanal.

Os trabalhadores rurais foram retirados da regra de transição, uma vez que mantidas as regras atuais.

Valor. A aposentadoria por idade do trabalhador rural para os segurados especiais que não contribuem facultativamente terá a RMI fixada no valor certo de um salário mínimo.

Cálculo. Para os demais trabalhadores rurais, bem como para o segurado especial que contribua facultativamente (art. 39, II, da Lei n. 8.213/91), a aposentadoria por idade rural corresponderá a 70% do salário de benefício, com acréscimo de 1% para cada ano de contribuição.

13. APOSENTADORIA HÍBRIDA

Com previsão legal no art. 48, § 3º, da Lei n. 8.213/91, os trabalhadores rurais que não atendam às condições para obtenção da aposentadoria por idade rural (art. 201, § 7º, II, da CF), mas que

---

[4] Diz o art. 2º da Lei n. 11.301/2006: "Esta Lei entra em vigor na data de sua publicação". O texto de lei foi publicado no *DOU* de 11-5-2006.

satisfaçam o requisito da carência e o tempo de contribuição exigidos computando-se os períodos de contribuição sob outras categorias, inclusive urbanas, farão jus ao benefício de aposentadoria por idade, porém com requisito etário mais elevado.

A denominada aposentadoria híbrida será deferida quando preenchidos, cumulativamente os seguintes requisitos:

I – 62 anos de idade, se do sexo feminino, e 65 anos de idade, se do sexo masculino; e
II – 15 anos de tempo de contribuição, se mulher, e 20 anos de tempo de contribuição, se homem.

O cálculo da aposentadoria híbrida é diferente do cálculo da aposentadoria por idade rural:

APOSENTADORIA HÍBRIDA	APOSENTADORIA POR IDADE RURAL
Cálculo: 60% do salário de benefício, com acréscimo de 2 pontos percentuais para cada ano de contribuição que exceder o tempo de 15 anos de contribuição, se mulher, e 20 anos de contribuição, se homem.	Cálculo: Para os trabalhadores rurais (à exceção do segurado especial), a aposentadoria por idade rural corresponderá a 70% do salário de benefício, com acréscimo de 1% para cada ano de contribuição.

Para facilitar a compreensão quanto ao valor do benefício, imagine trabalhador rural, cuja média dos salários de contribuição seja de R$ 5.000,00 que ao completar 60 anos de idade consiga comprovar 15 anos de atividade como empregado rural devidamente registrada no CNIS.

Nessa situação, terá direito à aposentadoria por idade rural, que terá coeficiente de cálculo de 85%, uma vez que os 15 anos de tempo de contribuição válidos para a carência são considerados na elevação do percentil (70% + 1% para cada ano de contribuição).

Sua aposentadoria por idade será de R$ 4.250,00.

Agora, considere outro trabalhador rural, que ao adimplir os 60 anos de idade comprove apenas cinco anos de labor rural.

Não poderá se aposentar por idade rural.

Poderá se aposentar aos 65 anos de idade, comprovando tempo total de 20 anos, podendo, para tanto, considerar os anos de labor rural juntamente com o período de trabalho urbano.

Considere que, ao adimplir os 65 anos de idade, tenha exatamente os 20 anos de TC (urbano + rural), e que sua média dos salários de contribuição seja de R$ 5.000,00.

Nessa ilustração, o segurado terá direito à aposentadoria híbrida, com coeficiente de cálculo de apenas 60% (pois não possui anos contributivos além dos 20 anos, assim, não haverá acréscimo dos "2%").

O valor de sua aposentadoria será de R$ 3.000,00 equivalente a 60% do salário de benefício.

> **Atenção!** Por força de decisão judicial transitada em julgado, proferida nos autos da ACP 5038261-15.2015.4.04.7100/RS, para requerimentos com DER a partir de 5 de janeiro de 2018, fica assegurado o direito à aposentadoria por idade na modalidade híbrida, independentemente:
>
> I – de qual tenha sido a última atividade profissional desenvolvida (rural ou urbana) ao tempo do requerimento administrativo ou do implemento dos requisitos; e
>
> II – da efetivação de contribuições relativas ao tempo de atividade comprovada como trabalhador rural.

Para fazer jus à aposentadoria por idade híbrida, o beneficiário deverá comprovar sua condição de segurado do RGPS na DER ou na data da implementação dos requisitos, cabendo o reconhecimento a esse benefício, inclusive quando a qualidade de segurado for em razão de percepção de benefício concedido em decorrência de qualidade de segurado resultante do exercício de atividade de natureza urbana.

Na concessão da aposentadoria híbrida, os períodos de atividade rural anteriores a 1º de novembro de 1991 são computados como carência.

STJ. **Tema 1.007.** Tese firmada: O tempo de serviço rural, ainda que remoto e descontínuo, anterior ao advento da Lei n. 8.213/91, pode ser computado para fins da carência necessária à obtenção da aposentadoria híbrida por idade, ainda que não tenha sido efetivado o recolhimento das contribuições, nos termos do art. 48, § 3º, da Lei n. 8.213/91, seja qual for a predominância do labor misto exercido no período de carência ou o tipo de trabalho exercido no momento do implemento do requisito etário ou do requerimento administrativo.

14. APOSENTADORIA DIFERENCIADA DO SEGURADO PESSOA COM DEFICIÊNCIA (PcD) APÓS A EC N. 103/2019

Nos termos do § 1º do art. 201, com a redação atribuída pela EC n. 103/2019, nos termos de lei complementar, há possibilidade de previsão de idade e tempo de contribuição distintos da regra geral para concessão de aposentadoria aos segurados com deficiência, previamente submetidos à avaliação biopsicossocial realizada por equipe multiprofissional e interdisciplinar.

Trata-se de **norma de eficácia limitada**, de aplicabilidade mediata por ser dependente da edição de lei complementar.

Por corolário lógico, permanece operante a aposentadoria prevista na LC n. 142/2013.

Nessa esteira, aliás, é o texto expresso do art. 22 da EC n. 103/2019:

REQUISITOS PREVISÃO NORMATIVA	APOSENTADORIA SEGURADO PESSOA COM DEFICIÊNCIA PREVISÃO CONSTITUCIONAL
Art. 22 da EC n. 103/2019. Segurado pessoa com deficiência	**Até que lei discipline** o inciso I do § 1º do art. 201 da CF, a aposentadoria da pessoa com deficiência segurada do Regime Geral de Previdência Social será concedida na forma da LC n. 142/2013, **inclusive quanto aos critérios de cálculo dos benefícios.**

Editada com amparo no art. 201, § 1º, da CF, a LC n. 142/2013 define pessoa com deficiência (PcD) como aquela que tem impedimentos de longo prazo de natureza física, mental, intelectual ou sensorial, os quais, em interação com diversas barreiras, podem obstruir sua participação plena e efetiva na sociedade em igualdade de condições com as demais pessoas.

A LC n. 142/2013 trouxe em favor dos segurados da Previdência que sejam PcD direito à aposentadoria por tempo de contribuição, no valor de 100% do salário de benefício, sem qualquer exigência de idade mínima, e com aplicação **facultativa** do fator previdenciário, desde que satisfeito o tempo de contribuição:

APOSENTADORIA POR TEMPO DE CONTRIBUIÇÃO DO SEGURADO PCD	TEMPO DE CONTRIBUIÇÃO (TC) LC N. 142/2013	
	AO SEGURADO	À SEGURADA
se a deficiência for grave	após 25 anos	após 20 anos
se a deficiência for moderada	após 29 anos	após 24 anos
se a deficiência for leve	após 33 anos	após 28 anos

Com relação ao segurado que seja pessoa com deficiência, por exemplo, trabalhador com problemas visuais severos (cegueira), desde o nascimento, não fará jus à aposentadoria por invalidez, por ser o mal preexistente à filiação ao RGPS, mas em seu favor, desde a edição da LC n. 142/2013, tem direito à aposentadoria por tempo de contribuição diferenciada, desde que cumprida a carência, que tenha contribuído na qualidade de segurado empregado, inclusive o doméstico, trabalhador avulso, contribuinte individual e facultativo, se atendidos os requisitos legais.

A LC n. 142/2013 também trouxe em favor dos segurados da Previdência que sejam PcD o direito à **aposentadoria por idade** aos **60 anos de idade, se homem, e 55 anos de idade, se mulher**, independentemente do grau de deficiência, desde que cumprido tempo mínimo de contribuição de 15 anos e comprovada a existência de deficiência durante igual período.

Recomendação de leitura: arts. 70-A a 70-I do Decreto n. 3.048/99.

15. TEMPO DE CONTRIBUIÇÃO E A REFORMA DA PREVIDÊNCIA DE 2019

A EC n. 103/2019 introduziu o § 14 ao art. 195 da CF, que assera:

Art. 195. (...)
§ 14. O segurado **somente terá reconhecida** como **tempo de contribuição** ao Regime Geral de Previdência Social a competência cuja **contribuição seja igual ou superior** à contribuição **mínima mensal exigida** para sua categoria, assegurado o agrupamento de contribuições.

Somente será computada como tempo de contribuição a competência cujo recolhimento seja igual ou superior à contribuição mínima mensal exigida para sua categoria.

Essa nova norma possui efeito prospectivo, ou seja, aplica-se aos períodos contributivos a partir de novembro de 2019, para os segurados nas categorias: empregado, empregado doméstico e de trabalhador avulso.

Desse modo, o tempo de contribuição até 13 de novembro de 2019 (publicação da EC n. 103) será contado **de data a data**, desde o início da atividade até a data do desligamento, pouco importando se em determinado mês houve contribuição com base de cálculo inferior a um salário mínimo.

Por exemplo: Empregado teve sua primeira contribuição relativa ao primeiro mês de trabalho no ano de 2016 paga com a base de cálculo inferior a um salário mínimo, porque foi admitido dia 29 de janeiro, tendo recebido salário proporcional aos três dias trabalhados. Esses três dias serão considerados por serem anteriores a 13-11-2020.

Para os períodos posteriores à EC n. 103/2019, somente as competências em que o salário de contribuição mensal tenha **sido igual ou superior ao limite mínimo** serão computadas integralmente como tempo de contribuição, independentemente do número de dias trabalhados, ou seja, os períodos serão computados por mês, independentemente do início ou fim da atividade ocorrido dentro da competência.

Para o contribuinte individual já havia idêntica disposição na Lei n. 10.666/2003:

Art. 5º O contribuinte individual a que se refere o art. 4º é **obrigado a complementar**, diretamente, a contribuição **até o valor mínimo mensal do salário de contribuição**, quando as remunerações recebidas no mês, por serviços prestados a pessoas jurídicas, **forem inferiores** a este.

A Portaria n. 450/2020, do Ministério da Economia, busca regulamentar a novel disposição constitucional e traz entendimento do Poder Executivo (ainda não analisado pelo Poder Judiciário), no art. 28, no sentido de que a:

competência cujo recolhimento seja inferior à contribuição mínima mensal **não será computada** para nenhum fim, ou seja, para o cálculo do valor do benefício, **para a carência, para a manutenção da qualidade de segurado, além do tempo de contribuição**.

16. CÁLCULO DO VALOR DA APOSENTADORIA APÓS A REFORMA DA PREVIDÊNCIA DE 2019

Nos termos do art. 26 da EC n. 103/2019, o Período Básico de Cálculo (PBC) é composto por 100% dos salários de contribuição (SC) a **partir de julho de 1994** ou **desde o início das contribuições**, para a hipótese de o segurado ter iniciado sua vida contributiva posteriormente ao Plano Real.

O Salário de Benefício (SB) é a **média aritmética simples dos valores de contribuições integrantes do PBC** e **será limitado ao valor máximo do salário de contribuição** do RGPS, conforme § 1º do art. 26 da EC n. 103/2019.

Na apuração do SB das **aposentadorias programáveis**, o § 6º do art. 26 da Emenda da Reforma **permite a exclusão quaisquer contribuições** que resultem **em redução** do valor do benefício, **desde que** mantido o tempo mínimo de contribuição exigido (inclusive a quantidade de contribuições equivalentes ao período de carência).

> **Atenção! É vedada a utilização do tempo excluído** para qualquer finalidade, inclusive para:
> a) o acréscimo do percentual da renda mensal, de 2% ao ano (que será visto adiante);
> b) a averbação em outro regime previdenciário;
> c) a obtenção dos proventos de inatividade das atividades de que tratam os arts. 42 (dos militares dos Estados, do Distrito Federal e dos territórios) e 142 (das Forças Armadas) da CF;
> d) o somatório de pontos das aposentadorias por tempo de contribuição e especial;
> e) atingir o período adicional exigido para as aposentadorias por tempo de contribuição.

A fixação da Renda Mensal Inicial (RMI) decorre da aplicação de coeficiente (%) de cálculo sobre o SB, conforme as regras estabelecidas para cada aposentadoria.

Para a **aposentadoria por incapacidade permanente** previdenciária, a RMI será apurada mediante a aplicação de 60% sobre o SB, acrescidos de 2% para cada ano de contribuição que exceder 15 anos de contribuição, no caso da mulher, e 20, no caso do homem, nos termos do art. 26 da EC n. 103/2019.

Para a **aposentadoria por incapacidade permanente acidentária**, a RMI será 100% do SB.

A RMI das **aposentadorias programáveis** corresponderá a 60% do SB, **acrescido de 2%** para cada ano de contribuição que exceder o tempo de 15 anos de contribuição para a mulher, e 20 anos para o homem, conforme § 2º do art. 26 da EC n. 103/2019.

Para a aposentadoria especial, ou sua regra de transição, **quando exigidos 15 anos de contribuição**, o acréscimo de 2% será aplicado a cada ano que **exceder esse tempo de 15 anos**, inclusive para o homem, conforme estabelecido pelo § 5º do art. 26 da EC n. 103/2019.

A aposentadoria por tempo de contribuição **com período adicional (pedágio) de 50%** terá RMI igual ao SB, que equivale a 100% da média, **multiplicado pelo fator previdenciário**, nos termos do parágrafo único do art. 17 da EC n. 103/2019.

A aposentadoria por tempo de contribuição com idade e **período adicional (pedágio) de 100%** terá **RMI igual ao SB, que equivale a 100%** da média, na forma do inciso II do § 2º do art. 20 da EC n. 103/2019.

O valor da aposentadoria programada do professor com tempo de contribuição, idade e **período adicional (pedágio) de 100%,** corresponde a 100% do SB, conforme inciso II do § 2º do art. 20 da EC n. 103/2019.

17. DIREITO ADQUIRIDO. ART. 3º DA EC N. 103/2019

Como não poderia deixar de ser, a bandeira do direito adquirido está alocada no art. 3º da Emenda da Reforma de 2019:

> Art. 3º A concessão de aposentadoria ao servidor público federal vinculado a regime próprio de previdência social e ao segurado do Regime Geral de Previdência Social e de pensão por morte aos respectivos dependentes será assegurada, a qualquer tempo, **desde que tenham sido cumpridos os requisitos para obtenção desses benefícios até a data de entrada em vigor** desta Emenda Constitucional, **observados os critérios da legislação vigente na data em que foram atendidos os requisitos para a concessão da aposentadoria ou da pensão por morte**.

Em conclusão, o segurado que preencheu todos os requisitos previstos na lei, ainda que não exerça seu direito no momento que foi adquirido, está protegido contra leis futuras (*tempus regit actum*).

Em atenção ao direito adquirido, subsiste a ultratividade das normas contidas na Lei n. 8.213/91, de modo que, por força do art. 3º da EC n. 103/2019, continuam plenamente aplicáveis as regras de aposentadoria voluntária que existiam antes da Reforma da Previdência em prol daqueles que preencheram todos os requisitos até, **inclusive, dia 13-11-2019**.

A data da apresentação do requerimento junto a Administração Pública não traz relevo, de importância salutar é a demonstração do implemento de todos os requisitos necessários à obtenção de aposentadoria pelas regras anteriores à Reforma da Previdência.

CAPÍTULO 11
BENEFÍCIOS DECORRENTES DE ENCARGOS FAMILIARES

1. SALÁRIO-MATERNIDADE

Natureza jurídica: benefício previdenciário devido pelo prazo de 120 dias ao segurado do INSS, **independentemente do sexo**, na ocorrência do fato gerador: parto, adoção, ou guarda judicial para fins de adoção, de criança (até 12 anos de idade).

Hipótese de concessão: benefício devido a todos os segurados e independentemente do sexo.

Na hipótese de parto, é devido em favor da segurada que seja mãe biológica, e no caso de morte desta, devido pelo período restante em prol do pai do neonato (ou companheiro/a), **desde que seja segurado** do INSS.

No caso de adoção, ou guarda judicial para fins de adoção, de criança (até 12 anos de idade) é devido ao segurado-adotante, ainda que do sexo masculino, pelo prazo de 120 dias.

Duração: pelo prazo de 120 dias, devido inclusive na eventualidade de a criança nascer sem vida (natimorto), e no caso de adoção, ou guarda judicial para fins de adoção (GJPFA), de criança (até 12 anos de idade).

Duração: **aborto (interrupção da gestação antes da 23ª semana), desde que não criminoso**, enseja duas semanas de fruição de salário-maternidade.

Duração: a Lei n. 13.985/2020 assegurou direito a salário-maternidade por 180 dias às seguradas mães de crianças nascidas até 31-12-2019 acometidas por sequelas neurológicas decorrentes da Síndrome Congênita do Zika Vírus.

O STF, na ADI 6.327 convertida em Arguição de Descumprimento de Preceito Fundamental (ADPF), referendou a liminar que havia sido deferida pelo relator para assentar a necessidade de prorrogar o benefício de salário-maternidade nos casos de PARTO PREMATURO, bem como considerar como termo inicial da licença-maternidade e do respectivo salário-maternidade a alta hospitalar do recém-nascido e/ou de sua mãe, o que ocorrer por último, quando o período de internação exceder as duas semanas previstas no art. 392, § 2º, da CLT, e no art. 93, § 3º, do Decreto n. 3.048/99 (STF, Plenário, Sessão Virtual de 27-3-2020 a 2-4-2020).

Com essa decisão liminar, o STF garante proteção à segurada nos casos de necessidade de internações mais longas, como ocorrem especialmente com crianças nascidas prematuramente, antes das 37 semanas de gestação.

HOMEM. O direito ao segurado do sexo masculino ao benefício (pai biológico na ocorrência de óbito da genitora, bem como no caso de adoção ou GJPFA), com prazo único de 120 dias de duração, surgiu com a Lei n. 12.873/2013[1].

---

[1] Antes da Lei n. 12.873/2013, os direitos eram mais restritos: a) o homem não fazia jus, em hipótese alguma, ao salário-maternidade; b) o prazo de duração no caso de adoção ou GJPFA (efetivada por segurada) era escalonado de 30, 60 ou 120 dias, a depender da idade da criança adotada; c) era limitado o direito ao salário-maternidade apenas nos casos de adoção ou GJPFA de criança até 8 anos de idade. Essas três limitações não mais subsistem desde 2013.

Reforma Trabalhista. A Lei n. 13.467/2017 deu nova redação ao art. 394-A, § 3º, da CLT, estatuindo ampliação do direito previdenciário. Assevera a norma: "quando não for possível que a gestante ou a lactante (...) exerça suas atividades em local salubre na empresa, a hipótese será considerada como **gravidez de risco** e ensejará a percepção de salário-maternidade, nos termos da Lei n. 8.213, durante todo o período de afastamento".

Em razão dessa autorização legal, o prazo do salário-maternidade será ampliado, podendo ultrapassar os 120 dias fixados na Lei n. 8.213/91.

Exemplo é a comissária de bordo que, não conseguindo a empresa aérea remanejá-la durante o período de gravidez para exercício de atividade salubre, terá direito à percepção de salário-maternidade antes do parto, enquadramento como a situação "gravidez de risco" como fato gerador do benefício.

Valor do benefício: conforme a categoria de segurada, difere o critério de apuração:

- corresponde à **remuneração integral** para a segurada empregada e para a segurada trabalhadora avulsa, **limitado ao subsídio mensal do ministro do STF** (art. 72, § 1º, da Lei n. 8.213/91);
- ao valor correspondente ao do **último salário de contribuição**, para a segurada empregada doméstica, limitado ao teto ordinário do RGPS;
- à segurada especial, será equivalente ao valor fixo de um salário mínimo;
- e, finalmente, a 1/12 da soma dos 12 últimos salários de contribuição, apurados em um período não superior a 15 meses, para o contribuinte individual, facultativo **e à desempregada por força da Lei n. 13.846/2019 (desde que mantida a qualidade de segurada).**

Operacionalização do pagamento: o salário-maternidade será pago diretamente pela Previdência Social (INSS).

Há uma única exceção, em se tratando de **segurada empregada**, e desde que **seja mãe biológica**, terá o seu salário-maternidade operacionalizado pela própria empresa (portanto é a única que não precisa se dirigir até uma agência do INSS para requerer o salário-maternidade), conforme dispõe o art. 72, § 1º, da Lei n. 8.213/91.

A empresa tem direito de compensar os valores pagos quando do recolhimento das contribuições previdenciárias devidas pela empresa.

Carência: 10 contribuições para a segurada facultativa e contribuinte individual.

Da segurada especial exige-se apenas comprovação do trabalho rural pelo prazo de dez meses no período imediatamente anterior ao termo inicial do benefício.

Às demais seguradas (empregada, trabalhadora avulsa e empregada doméstica) **não se exige carência**.

Data de Início do Benefício (DIB): até 28 dias antes do parto.

Atividades concomitantes: a segurada que tem empregos concomitantes, ou exerce atividades simultâneas tem direito a um salário-maternidade para cada emprego/atividade.

Contribuição previdenciária: durante o período de fruição do salário-maternidade, ocorrerá a incidência da contribuição previdenciária a cargo do segurado, a teor do art. 28, § 2º, da Lei n. 8.212/91, Lei de Custeio.

Não incide cota patronal, por força da decisão proferida pelo STF no **Tema 72**. Tese firmada: É inconstitucional a incidência de contribuição previdenciária **a cargo do empregador** sobre o salário-maternidade.

Cessação do benefício:

1) após transcorrido o período de 120 dias; ou
2) pelo falecimento do segurado.

Recomendação de leitura: arts. 71 a 73 da Lei n. 8.213/91.

1.1 Compreensão

Responda[2]: (38º EXAME OAB. FGV. julho – 2023) Maria, empregada doméstica, deu à luz um menino. No mês em que seu filho nasceu, foram contabilizadas sete contribuições mensais feitas por ela para o Regime Geral de Previdência Social. Em relação ao salário-maternidade solicitado por Maria, assinale a afirmativa correta.

A) Ela tem direito, pois a concessão desse benefício para as empregadas domésticas independe de carência.
B) Ela terá direito, desde que contribua por mais três meses para o Regime Geral de Previdência Social.
C) Ela não tem direito, já que não cumpriu o período de carência para a concessão do benefício.
D) Ela não tem direito, pois as empregadas domésticas não podem gozar desse benefício.

2. SALÁRIO-FAMÍLIA

Natureza jurídica: benefício previdenciário de periodicidade mensal pago em **cota(s) conforme a quantidade de filhos de até 14 anos ou inválidos**, em prol de segurado **de baixa renda**, administrado pelo INSS com pagamento operacionalizado, conforme o caso, pela empresa ou pelo **empregador doméstico** (doméstico passou a ter direito após a LC n. 150/2015).

Hipótese de concessão: ter filho ou equiparado de qualquer condição, de **até 14 anos** de idade, ou filho inválido de qualquer idade.

Filho com 14 anos completos gera ou não direito à mãe (empregada de baixa renda) à percepção do salário-família? A resposta está no art. 66 da Lei n. 8.213/91, que é por sua vez regulamentado pelo art. 88 do Decreto 3.048/99, que diz que o direito ao salário-família cessa automaticamente "quando o filho ou equiparado **completar quatorze anos de idade**, salvo se inválido, a contar do mês seguinte ao da data do aniversário".

2.1 Compreensão

Responda[3]: (ANALISTA DE CONTROLE EXTERNO – COORDENADORIAS TÉCNICO – FCC – TCE-SE – 2011) Flora, Fauna, Sol e Primavera são irmãs e empregadas da empresa "X". Flora possui um filho de quatorze anos de idade completos. Fauna possui dois filhos, um com quinze anos e outro com dezesseis anos. Sol possui um filho excepcional, inválido, com vinte anos de idade, e Primavera possui um filho com doze anos completos. Nestes casos, terão direito ao benefício previdenciário do salário-família apenas:

(A) Fauna, Sol e Primavera.
(B) Flora, Sol e Primavera.

---

[2] Resposta: Letra "A".

[3] Resposta: Letra "E".

(C) Flora e Sol.
(D) Fauna e Primavera.
(E) Sol e Primavera.

2.2 Operacionalização

As cotas do salário-família serão pagas pela empresa ou pelo empregador doméstico, mensalmente, junto com o salário, efetivando-se a compensação quando do recolhimento das contribuições previdenciárias devidas pelo tomador de serviço.

Beneficiário(s): segurados: **apenas o empregado, inclusive o doméstico (novidade trazida pela LC n. 150/2015), e trabalhador avulso**, desde que sejam segurados de baixa renda.

Segurado de baixa renda. O art. 13 da EC n. 20/98 dizia que o salário-família seria devido apenas àqueles que tivessem renda bruta mensal igual ou inferior a R$ 360,00, em 1998, valor esse que deveria ser corrigido monetariamente pelos mesmos índices aplicados aos benefícios do RGPS.

A Reforma da Previdência de 2019 revogou expressamente o art. 13 da EC n. 20/98.

O art. 27 da EC n. 103/2019 trouxe os contornos necessários à definição do signo "baixa renda", adjetivando essa expressão àquele que, à época da emenda, tenham renda bruta mensal igual ou inferior a R$ 1.364,43, **montante reajustável periodicamente pelos mesmos índices dos demais benefícios previdenciários**.

A Portaria Interministerial MPS/MF n. 26 reajustou o valor do critério de baixa renda para R$ 1.754,00.

Em 2024, a Portaria Interministerial MPS/MF n. 2, de 11-1-2024, fixou em R$ 1.819,26 (um mil oitocentos e dezenove reais e vinte e seis centavos) o valor do critério de baixa renda para efeito de percepção de cotas de salário-família e de auxílio-reclusão.

Importante anotar que esse critério de "baixa renda" não se confunde com o critério de "família de baixa renda" fixado na Lei de Custeio (Lei n. 8.212), art. 21, § 2º, I, *b*, e §4º (que se refere à possibilidade de o segurado facultativo contribuir com alíquota reduzida de 5%).

O aposentado por invalidez ou por idade e os demais aposentados com 65 anos, ou mais, de idade, se do sexo masculino, ou 60 anos, ou mais, desde que caracterizados como segurado de baixa renda, também fazem jus ao benefício.

Beneficiário(s): pais. Tratando-se de pai e mãe segurados empregados ou trabalhadores avulsos, se ambos forem de baixa renda, ambos têm direito ao salário-família (ainda que seja um único filho!).

Beneficiário(s): **pais separados:** tendo havido divórcio, separação judicial ou de fato, dos pais, ou em caso de abandono legalmente caracterizado, ou perda do poder familiar, **o salário-família passará a ser pago diretamente àquele que permanecer com o encargo de sustento do menor**.

Valor: trata-se de cota mensal, em montante **inferior ao salário mínimo**. Uma cota por filho. Além da percepção do salário-família, o segurado permanece recebendo sua remuneração frente ao empregador. **Por não possuir caráter substitutivo da renda do trabalho, este benefício pode ser concedido em valor inferior ao salário mínimo**.

Reforma da Previdência. A EC n. 103/2019 estabeleceu no art. 27, § 2º, que até que lei discipline o valor do salário-família, de que trata o inciso IV do art. 201 da CF, seu valor será de R$ 46,54. A Portaria Interministerial MPS/MF n. 26 reajustou o valor da cota do salário família para R$ 59,82. Por força da Portaria Interministerial MPS/MF n. 2, de 11-1-2024, o valor da cota do salário-família, a partir de 1º de janeiro de 2024, é de R$ 62,04 (sessenta e dois reais e quatro centavos) para o segurado com remuneração mensal não superior a R$ 1.819,26 (um mil oitocentos e dezenove reais e vinte e seis centavos).

Carência: não há.

Data de Início do Benefício (DIB): a partir do instante em que forem apresentados os documentos necessários à concessão e à manutenção do benefício.

Documentos necessários:

1) certidão de nascimento do filho ou termo de tutela;
2) atestado de vacinação obrigatória, quando menor de 7 anos (deve ser apresentado anualmente);
3) comprovante de frequência à escola, a partir dos 7 anos, que deve ser apresentado semestralmente.

Houve a apresentação de ADI, sob o n. 2.110, na qual o STF considerou **constitucional** a exigência de apresentação de atestado de vacinação e de frequência escolar para efeito de percepção da cota do salário-família.

Empregado doméstico. De acordo com a LC n. 150/2015, o empregado doméstico deve apresentar apenas a certidão de nascimento.

Cessação do benefício:

1) por morte do filho ou equiparado, a contar do mês seguinte ao do óbito;
2) à exceção do filho inválido, quando o filho ou equiparado completar 14 anos de idade, a contar do mês seguinte ao da data do aniversário;
3) pela recuperação da capacidade do filho ou equiparado inválido, a contar do mês seguinte ao da cessação da incapacidade;
4) **pela situação de desemprego do segurado.**

Súmula 344 do TST: "O salário-família é devido aos trabalhadores rurais somente após a vigência da Lei n. 8.213, de 24-7-1991".

2.2.1 Compreensão

Responda[4]: (39º EXAME OAB. FGV. novembro – 2023) Marina, empregada doméstica, é casada com Pedro, trabalhador avulso. Ambos são pessoas de baixa renda. O casal possui 2 (dois) filhos, um com 7 (sete) anos e outro com 15 (quinze) anos, sendo este inválido. Marina contribui para a Previdência Social há 2 (dois) anos, e Pedro iniciou a contribuição há 4 (quatro) meses. Diante do caso narrado, assinale a afirmativa correta.

A) Pedro não possui a carência mínima para receber o benefício do salário-família.
B) Marina e Pedro não fazem jus ao salário-família por possuírem um filho maior de 14 (quatorze) anos.
C) Marina e Pedro têm direito ao benefício do salário-família, na proporção do respectivo número de filhos.
D) Pedro, na qualidade de trabalhador avulso, não possui direito ao benefício do salário-família.

---

[4] Resposta: "C". RGPS – Salário-Família: Não exige carência – Tem Direito: Empregado, Doméstico e Trabalhador Avulso, desde que de baixa renda – Filho até 14 anos, salvo se inválido.

CAPÍTULO 12
BENEFÍCIOS DEVIDOS A DEPENDENTES

1. PENSÃO POR MORTE

Natureza jurídica: benefício previdenciário, administrado pelo INSS, de periodicidade mensal **devido a dependente** de segurado.

Fato gerador: óbito de segurado, de aposentado (art. 15, I, da Lei n. 8.213/91) ou de pessoa que (art. 102, § 2º, da Lei n. 8.213/91), mesmo tendo perdido a qualidade de segurado, tivesse ainda em vida adquirido (e não exercido) direito à obtenção de qualquer aposentadoria do RGPS.

Beneficiário(s): pessoa qualificada pelo art. 16 da Lei de Benefícios como dependente do segurado falecido. O art. 16 agrupa os dependentes em três classes, a saber:

- CLASSE I: o cônjuge, a companheira, o companheiro e o filho **não emancipado,** de qualquer condição, menor de 21 anos ou inválido ou que tenha deficiência intelectual ou mental ou deficiência grave;
- CLASSE II: os pais;
- CLASSE III: o irmão **não emancipado**, de qualquer condição, menor de 21 anos ou inválido ou que tenha deficiência intelectual ou mental **ou deficiência grave**.

Preferência entre classes: para fins de percepção de pensão por morte, existindo dependentes na classe I, afastam-se os das classes II e III.

Somente farão jus os da classe III na ausência dos dependentes das classes I e II[1].

Nesse contexto, os pais e os irmãos (classes II e III) deverão, para fins de concessão de pensão por morte, comprovar a inexistência de dependentes preferenciais, mediante declaração firmada perante o INSS.

Presunção de dependência: apenas a classe I possui a dependência econômica presumida por lei, incumbindo aos integrantes das demais classes, quando chamados (ou seja, na inexistência de dependentes da classe anterior), comprová-la.

Presunção RELATIVA. A jurisprudência do STJ caminha no sentido de não ser absoluta a presunção de dependência econômica dos integrantes da classe I.

Estabelece o STJ que o cônjuge, a companheira e o companheiro ostentam **presunção relativa,** porque a legislação admite prova em contrário.

Nos termos do art. 76, § 2º, da Lei n. 8.213/91, o cônjuge divorciado ou separado judicialmente ou de fato, como regra, faz jus à pensão previdenciária **se recebesse pensão alimentícia** do falecido segurado.

Do contrário, o cônjuge divorciado, separado judicialmente ou de fato, tem a presunção de dependência afastada e deixa de integrar o inciso I do art. 16 da Lei n. 8.213/91.

---
[1] Art. 16, § 1º, da Lei de Benefícios.

O STJ também firmou a ressunção relativa com relação ao "filho inválido" (REsp 1.567.171, j. 7-5-2019).

Do art. 16, § 2º, há permissão de inclusão do enteado e o menor tutelado na classe I, na qualidade de **equiparado a filho**, desde que haja:

a) declaração do segurado; e
b) desde que **comprovada a dependência** econômica.

A lógica sistêmica é no sentido de que o enteado não é filho do segurado, portanto, como regra não integra a classe I.

O enteado será dependente de seu genitor não do atual marido de sua mãe (padrasto). Todavia, comprovado que o segurado na condição de padrasto é quem efetivamente sustenta o enteado (fornece: alimento, vestuário, escola, convenio médico etc.), haverá comprovação de dependência econômica, de modo a, mediante declaração, ser o enteado equiparado a filho, concorrendo em igualdade de condições com os demais dependentes da classe I.

O mesmo raciocínio se aplica ao menor sob tutela. Ambos (enteado e menor sob tutela) não estão na classe I, porém podem ingressar, desde que haja a satisfação dos requisitos legais: declaração do segurado e comprovação de dependência econômica.

Companheirismo homossexual: não há previsão expressa na Lei n. 8.213/91. O direito à pensão por morte em favor do companheiro nas relações homoafetivas decorre de entendimento jurisprudencial pacificado.

Por força de decisão proferida nos autos da Ação Civil Pública 2000.71.00.009347-0/RS, com abrangência nacional e ratificada pelo STF, restou garantido o direito à pensão por morte ao companheiro homossexual (masculino ou feminino).

Viúva que contrai novas núpcias: permanece incólume o direito ao benefício de pensão por morte. A viúva pensionista continuará recebendo a pensão ainda que venha a casar, **uma vez que o casamento, antes da Lei n. 13.183/2015 (que deu nova redação ao inciso II do § 2º do art. 77 da Lei n. 8.213/91), somente era causa de cessação da pensão por morte para os filhos menores,** pois casamento é causa de emancipação.

> **Atenção!** Emancipação deixou de ser causa de cessação da pensão (art. 77, § 2º, II, da Lei n. 8.213/91).

Lei n. 13.135/2015. Perde o direito à pensão por morte o cônjuge, o companheiro ou a companheira **se comprovada, a qualquer tempo, simulação ou fraude** no casamento ou na união estável, ou a formalização desses com o fim exclusivo de constituir benefício previdenciário, **apuradas em processo judicial** no qual será assegurado o direito ao contraditório e à ampla defesa.

Lei n. 13.846/2019. Perde o direito à pensão por morte o **condenado criminalmente** por sentença **com trânsito em julgado**, como autor, **coautor ou partícipe** de homicídio **doloso**, ou de tentativa desse crime, cometido contra a pessoa do segurado, ressalvados os absolutamente incapazes e os inimputáveis.

Essa importante regra de perda do direito à pensão por morte surgiu com a Lei n. 13.135/2015, e foi aprimorada pela Lei n. 13.846/2019.

No âmbito do Regime Próprio Federal a Lei n. 8.112/90 estabelece no art. 220 que perde o direito à pensão por morte: "I – após o trânsito em julgado, o beneficiário condenado pela prática de crime de que tenha dolosamente resultado a morte do servidor".

> **Atenção!**
> a) **condenado criminalmente.** Deve haver condenação na esfera penal, não havendo impeditivo do direito à pensão ter sido o dependente condenado na esfera civil.
> b) **trânsito em julgado.** O processo penal deve estar encerrado, não havendo mais prazo para recurso, a decisão condenatória deve ser definitiva. O oposto significa dizer, ainda há prazo para recurso, a decisão ainda pode ser modificada/reformada pelo tribunal.
> c) homicídio **doloso. Dolo é vontade, desejo de ocorrência do resultado ou a sua aceitação (exemplo: filho mata pai com cinco tiros no peito).** Não confundir com homicídio "culposo", que é sem vontade, sem desejo, a morte ocorreu por negligência, imprudência ou imperícia (por exemplo, acidente de trânsito. Filho dirigindo carro ultrapassa farol vermelho e bate em caminhão, vindo a falecer o seu pai que estava em seu veículo).

A Lei n. 13.876/2019 permitiu a SUSPENSÃO PROVISÓRIA antes do trânsito em julgado da sentença penal condenatória, **se houver fundados indícios** de autoria, coautoria ou participação de dependente, ressalvados os absolutamente incapazes e os inimputáveis, **em homicídio, ou em tentativa** desse crime, cometido **contra a pessoa do segurado.**

Nessa hipótese, será possível a suspensão provisória **de sua parte no benefício de pensão por morte**, mediante processo administrativo próprio, respeitados a ampla defesa e o contraditório, e serão devidas, **em caso de absolvição**, todas as parcelas corrigidas desde a data da suspensão, bem como a reativação imediata do benefício.

1.1 Duração de quatro meses de pensão por morte (Regra 1)

A Lei n. 13.135/2015 fixou **duração limitada a apenas quatro meses para a pensão por morte com relação a cota devida a "cônjuge ou companheiro"**. O direito à percepção de cada cota individual **cessará para cônjuge ou companheiro em quatro meses**, se:

a) o óbito ocorrer **sem que o segurado tenha pago ao menos 18 contribuições mensais**, ou
b) se o casamento ou a união estável tiverem sido iniciados **em menos de dois anos antes do óbito** do segurado.

Verificada qualquer uma das duas situações ("a" ou "b"), o cônjuge ou companheiro somente receberá quatro meses de pensão por morte.

Exemplos:

a) Pedro descobre que está doente e que possui apenas seis meses de vida, passado o choque, resolve tornar-se pela primeira vez segurado do INSS, iniciando sua vida contributiva, no intento de, depois de sua morte, sua esposa (com quem é casado há 20 anos) receba pensão por morte. Nessa situação, se na data do falecimento constar menos de 18 contribuições, a viúva receberá apenas quatro meses de pensão por morte;
b) João é segurado facultativo do INSS há 20 anos, no ano de 2019 contrai matrimônio, vindo a falecer por motivo de doença três meses depois do casamento. Nessa situação, a viúva terá direito apenas a quatro meses de pensão por morte.

1.2 Duração limitada da pensão por morte (Regra 2)

O direito à percepção de cada cota individual **cessará para cônjuge ou companheiro** transcorridos os seguintes períodos, estabelecidos de acordo com a idade do beneficiário na data de óbito do segurado, se o óbito ocorrer **depois de vertidas 18 contribuições mensais** e **pelo menos dois anos após** o início do casamento ou da união estável:

Cota individual da pensão por morte DURAÇÃO (Regra 2) para cônjuge ou companheiro	
Duração	Idade do beneficiário na data de óbito do segurado
3 anos	menos de 21 anos de idade
6 anos	entre 21 e 26 anos de idade
10 anos	entre 27 e 29 anos de idade
15 anos	entre 30 e 40 anos de idade
20 anos	entre 41 e 43 anos de idade
vitalícia	44 anos de idade ou mais
desde que: (a) o óbito do segurado tenha ocorrido **depois de** vertidas **(pagas) 18 contribuições mensais**; + (b) **estivessem casados (ou união estável) há dois anos ou mais.**	

A tabela acima está prevista na Lei n. 8.213/91, porém, a Portaria ME n. 424 fixou novas idades para os beneficiários que têm direito a cotas de pensão por morte. As regras da Portaria se aplicam aos óbitos ocorridos desde 1º de janeiro de 2021:

Períodos:

I – três anos, com menos de vinte e dois anos de idade;

II – seis anos, entre vinte e dois e vinte e sete anos de idade;

III – dez anos, entre vinte e oito e trinta anos de idade;

IV – quinze anos, entre trinta e um e quarenta e um anos de idade;

V – vinte anos, entre quarenta e dois e quarenta e quatro anos de idade;

VI – vitalícia, com quarenta e cinco ou mais anos de idade.

Lei n. 13.135/2015. **Duração limitada da pensão por morte**. Não se aplica a Regra 1 (duração de quatro meses) da pensão por morte **para cônjuge ou companheiro** se o óbito do segurado decorrer de acidente de qualquer natureza ou de doença profissional ou do trabalho, independentemente do recolhimento de 18 contribuições mensais ou da comprovação de dois anos de casamento ou de união estável, nesta situação aplica-se a Regra 2.

Lei n. 13.135/2015. O tempo de contribuição a Regime Próprio de Previdência Social (RPPS) será considerado na contagem das 18 contribuições mensais referidas nas **Regras 1 e 2**.

Duração. Cônjuge (ou companheiro) inválido ou com deficiência. Duração limitada da pensão por morte.

Respeitado o prazo mínimo previsto nas Regras 1 e 2, conforme o caso (18 meses de contribuição e dois anos de casamento/união), a cessação da pensão por morte **para cônjuge ou companheiro considerado inválido ou com deficiência** somente se dará pela cessação da invalidez ou pelo afastamento da deficiência.

2. COEFICIENTE DE CÁLCULO DA PENSÃO POR MORTE

1) Antes da EC n. 103/2019: era de 100% **do valor da aposentadoria a que o segurado recebia ou da que teria direito** na data de seu falecimento **se estivesse aposentado por invalidez**.

A MP n. 664, de 30-12-2014, havia reduzido o coeficiente de cálculo da pensão por morte, malgrado isso, o Congresso Nacional **não aprovou a modificação**, tendo sido editada a Lei n. 13.135/2015, determinando que atos praticados com base em dispositivos da MP n. 664 sejam revistos pelo INSS, de modo que permaneceu o coeficiente de cálculo de 100%.

2) Depois da Reforma da Previdência de 2019: a pensão por morte concedida a dependente de segurado do RGPS será equivalente a:

a) uma cota familiar de 50%;
b) acrescida de cotas de 10 pontos percentuais por dependente.

O coeficiente será de no máximo 100% e incidirá sobre o valor:

- da aposentadoria recebida pelo segurado; ou
- que teria direito **se fosse aposentado por incapacidade permanente** na data do óbito.

Atente-se que, se o falecido não estava aposentado, haverá duplo redutor, porque a base de cálculo será o valor da "aposentadoria por incapacidade permanente" a qual o falecido "teria" direito.

O novo critério de cálculo da aposentadoria estabelecido no § 2º do art. 26 da EC n. 103/2019 consagra o coeficiente de cálculo de 60% da média aritmética de todo período contributivo, com acréscimo de dois pontos percentuais para cada ano de contribuição que exceder o tempo de 20 anos de contribuição (ou 15 anos de contribuição para as seguradas, cf. § 5º do art. 26 da EC n. 103/2019) nos casos de aposentadoria por incapacidade permanente aos segurados do RGPS.

Para melhor compreensão considere o óbito de:	
(A) aposentado que recebia proventos no valor de R$ 5.000,00	(B) segurado há 20 anos, com média contributiva de R$ 5.000,00
Nas duas situações, considere que há apenas um dependente. Qual será o valor da pensão por morte?	
(A) Coeficiente de cálculo = 60% (cota familiar de 50% + 1 cota individual)	(A) Coeficiente de cálculo = 60% (cota familiar de 50% + 1 cota individual)
(A) base de cálculo = valor da aposentadoria recebida pelo segurado 60% de R$ 5.000,00 = **R$ 3.600,00**	(B) base de cálculo = valor que teria direito **se fosse aposentado por incapacidade permanente.** 1) aposentadoria por incapacidade (art. 26, § 2º, da EC n. 103/2019) seria de 60% (sem nenhum acréscimo de 2%, porque não há anos de contribuição após o 20º ano). Valor da aposentadoria seria = R$ 5.000,00 x 60% = R$ 3.600,00. 2) coeficiente de cálculo pensão x valor que teria direito se fosse aposentado 60% x R$ 3.600,00 = **R$ 1.800,00**

Cota: havendo mais de um dependente na respectiva classe, procede-se ao rateio, e o valor do benefício é dividido entre todos, em partes iguais.

O STF, no julgamento da Ação Direta de Inconstitucionalidade (ADI) 7.051, entendeu constitucional o novo critério de cálculo da pensão por morte.

3. DIREITO DE ACRESCER

1. **Antes da EC n. 103/2019:** se um dos dependentes perdia o direito ao benefício (exemplo, filho pensionista atinge os 21 anos de idade), a parte que ele recebia era revertida em favor dos demais dependentes remanescentes da mesma classe.
2. **Depois da Reforma da Previdência de 2019:** o **direito de acrescer** encontra barreira construída no § 1º do art. 23 da EC n. 103/2019, patenteando **a irreversibilidade da cota individual**, de modo que no recálculo do benefício em favor dos dependentes que sobejarem não haverá o acréscimo da "cota de 10% cessada".

Art. 23. (...)
§ 1º As cotas por dependente cessarão com a perda dessa qualidade e não serão reversíveis aos demais dependentes, preservado o valor de 100% da pensão por morte quando o número de dependentes remanescente for igual ou superior a 5.

Exemplo. Aposentado que recebe proventos no valor de R$ 5.000,00 falece, deixando dois filhos menores.

O coeficiente da pensão será de 70% (50% de cota familiar + 10% por dependente) sobre o valor dos proventos do falecido = 70% x 5.000,00 = R$ 3.500,00, que será dividido em 2 cotas iguais de R$ 1.750,00 para cada um dos filhos.

Quando um dos filhos deixar de ser pensionista em razão de completar 21 anos de idade, remanescerá apenas um pensionista.

Será refeito o cálculo, considerando o coeficiente da pensão de 60% (50% de cota familiar + 10% por dependente) sobre os proventos de aposentadoria do falecido = 60% x 5.000,00 = R$ 3.000,00, esse será o valor da cota quando houve um único pensionista.

4. VALOR DA PENSÃO. PENSIONISTA INVÁLIDO OU COM DEFICIÊNCIA INTELECTUAL, MENTAL OU GRAVE

O § 2º do art. 23 da EC n. 103/2019 estabelece que na hipótese de existir dependente inválido ou com deficiência intelectual, mental ou grave, o valor da pensão por morte será equivalente a 100% da aposentadoria recebida pelo segurado ou daquela a que teria direito se fosse aposentado por incapacidade permanente na data do óbito.

Em outras palavras, se dentre o rol de pensionistas houve a presença de pessoa inválida ou com deficiência intelectual, mental ou grave, **não se aplica a regra da cota familiar de 50% e da cota individual de 10 pontos percentuais**, fixando-se o percentil máximo de 100%.

A partir do instante que referido pensionista tiver sua cota cessada (por falecimento, por exemplo), o(s) pensionistas que sobejarem terão recálculo do coeficiente de cálculo, considerando a regra ordinária (50% de cota familiar + 10% de cota individual, conforme a quantidade de dependentes).

Exemplo: Aposentado que recebe proventos no valor de R$ 5.000,00 falece deixando dois filhos menores, sendo um deles pessoa com deficiência.

O coeficiente da pensão será de 100% sobre o valor dos proventos do falecido = 100% x 5.000,00 = R$ 5.000,00, que será dividido em duas cotas iguais de R$ 2.500,00 para cada um dos filhos.

Situação 1: Se o filho com deficiência vier a falecer, remanescerá apenas um pensionista.

Será refeito o cálculo, considerando o coeficiente da pensão de 60% (50% de cota familiar + 10% por dependente) sobre os proventos de aposentadoria do falecido = 60% x 5.000,00 = R$ 3.000,00, este será o valor da cota quando houve um único pensionista.

Situação 2: O filho não deficiente atinge maioridade, deixando de ser pensionista, remanescerá apenas a pessoa com deficiência como dependente, que receberá R$ 5.000,00 (coeficiente permanece em 100%).

5. CARÊNCIA

O benefício de pensão por morte não exige satisfação de requisito carência (isento).

A MP n. 664, de 30-12-2014, havia criado o requisito carência para a pensão por morte, malgrado isso, o Congresso Nacional **não aprovou a modificação**, tendo sido editada a Lei n. 13.135/2015, determinando que atos praticados com base em dispositivos da MP n. 664 sejam revistos pelo INSS, de modo que **permanece a inexistência de requisito carência** para a pensão por morte.

> **Atenção!** O requisito carência corresponde a número mínimo de contribuições necessárias à concessão do benefício (art. 24 da Lei n. 8.213/91).
>
> Quando exigido por lei, e **não comprovada a carência, o resultado é o indeferimento do benefício**.
>
> Desse modo, fica claro que a exigência de 18 contribuições, contida no art. 77, § 2º, V, da Lei n. 8.213/91 (trazida pela Lei n. 13.135/2015), **não é carência**, pois esse requisito não interfere na concessão/negativa do benefício de pensão, mas apenas influi na duração do benefício para o dependente na qualidade de cônjuge ou companheiro(a).

6. QUALIDADE DE SEGURADO DO FALECIDO

A regra é no sentido de que a morte tenha ocorrido enquanto presente a qualidade de segurado, exceto no caso de o falecido ter em vida adquirido, porém não exercido, o direito a uma das aposentadorias da Previdência Social.

Art. 102, § 2º, da Lei n. 8.213/91 e Súmula 416 do STJ: "É devida a pensão por morte aos dependentes do segurado que, apesar de ter perdido essa qualidade, preencheu os requisitos legais para a obtenção de aposentadoria até a data do seu óbito".

7. DATA DE INÍCIO DO BENEFÍCIO (DIB)

A Lei n. 13.846/2019 deu nova redação ao art. 74 da Lei n. 8.213/91, para estabelecer que a pensão por morte será devida a contar:

a) do óbito, quando requerida **em até 180 dias** após o óbito, **para os filhos menores de 16 anos**; ou
b) até **90 dias após o óbito**, para os **demais dependentes**.

Se os referidos prazos não forem observados, a pensão por morte será devida a partir da data do requerimento administrativo.

Exemplo: Segurado falece em janeiro de 2020 deixando como único dependente filho com cinco anos de idade.

O menor deixa de observar o prazo de 180 dias contados da data do óbito, vindo a ser efetivado requerimento por representante legal junto ao INSS apenas em novembro de 2020.

Receberá o benefício de pensão por morte decorrente de óbito de seu genitor a partir de novembro de 2020 (data do requerimento), restando perdidos os meses entre o óbito e a véspera do requerimento (nesse exemplo de janeiro a outubro de 2020).

7.1 Morte presumida

Nas situações de desaparecimento do segurado, por exemplo provável morte sem localização de corpo em consequência de acidente, desastre ou catástrofe, os dependentes poderão, depois de seis meses de ausência, requerer judicialmente seja decretada a "morte presumida" do segurado.

Nessa situação, a DIB será da **decisão judicial** (e não a data do acidente, catástrofe que resultou o desaparecimento).

Verificado o reaparecimento do segurado, o pagamento da pensão, por óbvio, **cessará imediatamente**, desobrigados os dependentes da reposição dos valores recebidos, **salvo má-fé**.

7.2 Habilitação tardia

A concessão da pensão por morte não será protelada pela falta de habilitação de **outro possível** dependente, e qualquer inscrição ou **habilitação posterior** que importe em exclusão ou inclusão de dependente **só produzirá efeito a contar da data da inscrição ou habilitação**.

Toda vez que se apresentar perante o INSS um dependente de segurado falecido, o INSS deve conceder o benefício na sua integralidade, não pode o ente público reservar metade do valor do benefício para aguardar a eventual vinda de outro possível dependente. Passa meses, ou anos, quando vier outro dependente, este receberá a pensão com efeitos *ex nunc*, a partir de então, não haverá efeitos retroativos.

A habilitação tardia sempre foi alvo de diversos embates judiciais, culminando na quase totalidade com enormes prejuízos ao INSS.

Exemplo: Segurado casado falece, o INSS concede pensão à viúva, eis que surge companheira reivindicando também pensão por morte, o INSS indefere e continua pagando a totalidade da pensão à esposa do falecido.

A companheira ingressa judicialmente requerendo cota de pensão, o processo tramita por oito anos, ao final a companheira tem ganho de causa.

Nessas situações, o Poder Judiciário determina que o INSS pague todos os valores referentes à cota de pensão reconhecida judicialmente relativa a esses últimos oito anos para a companheira, pouco importando o fato de o INSS, por força de lei, ter pago o valor integral do benefício à esposa que é habilitada à pensão.

Para resolver esse problema, a Lei n. 13.846/2019 estabeleceu:

a) **ajuizada a ação judicial** para reconhecimento da condição de dependente, este poderá requerer a sua habilitação provisória ao benefício de pensão por morte, exclusivamente para fins de rateio dos valores com outros dependentes, vedado o pagamento da respectiva cota até o trânsito em julgado da respectiva ação, ressalvada a existência de decisão judicial em contrário;

b) nas ações em que o INSS for parte, este poderá proceder de ofício à **habilitação excepcional da referida pensão**, apenas para **efeitos de rateio,** descontando-se os valores referentes a esta habilitação das demais cotas, **vedado o pagamento da respectiva**

cota até o trânsito em julgado da respectiva ação, ressalvada a existência de decisão judicial em contrário;

c) julgada improcedente a ação prevista nos itens acima, o valor retido será corrigido pelos índices legais de reajustamento e será pago de forma proporcional aos demais dependentes, de acordo com as suas cotas e o tempo de duração de seus benefícios;

d) em qualquer caso, fica assegurada ao INSS a cobrança dos valores indevidamente pagos em função de nova habilitação.

7.3 Aplicação da lei mais benéfica

Em face do julgamento do RE 416.827 (Rel. Min. Gilmar Mendes), em fevereiro de 2007, a Suprema Corte concluiu no sentido da não aplicação da Lei n. 9.032/95 aos benefícios de pensão por morte deferidos anteriormente à edição da referida lei.

Inaplicável, em face disso, a lei mais benéfica aos benefícios de pensão por morte cujo óbito tenha ocorrido antes da promulgação da Lei nova.

Melhor explicando, antes da Lei n. 9.032/95 o coeficiente de cálculo da pensão era inferior a 100%, buscou-se então pela via judicial a elevação do coeficiente de cálculo das pensões concedidas antes da Lei inovadora, buscou-se a retroatividade mínima, de modo a fazer valer a lei inclusive para as pensões em manutenção na data da publicação da referida lei.

Em decisão de forte repercussão nacional, o **STF não acolheu essa tese**, afirmando que a Lei n. 9.032/95 não contempla dispositivo prevendo o alcance do aumento do coeficiente de cálculo para as pensões deferidas antes do advento da lei, tornando indevida a interpretação ampliativa, em face do que preceitua a **regra da contrapartida** contida no art. 195, § 5º, da CF: "Nenhum benefício ou serviço da seguridade social poderá ser criado, majorado ou estendido sem a correspondente fonte de custeio total".

Em suma, a lei aplicável à concessão de pensão previdenciária por morte é aquela vigente na data do óbito do segurado, de tal modo que, se na data do falecimento a lei dizia que o benefício era de 60% e depois surja uma lei elevando para 100%, a lei nova não será aplicável aos óbitos ocorridos antes de sua vigência, que permanecerão com o coeficiente de 60%.

7.4 Competência jurisdicional

Art. 109, I, §§ 3º e 4º, da CF. **Justiça Federal**, salvo se a comarca onde esteja domiciliado o segurado não seja sede de Vara Federal, nesse particular, a competência, se delegada para a Justiça Estadual de primeiro grau de jurisdição eventual recurso voluntário ou de remessa obrigatória, deverá ser sempre efetuada pelo Tribunal Regional Federal e não pelo Tribunal Estadual local.

Tratando-se de ação de valor inferior a 60 salários mínimos, a competência na Justiça Federal será do Juizado Especial Federal.

Não se admite, em hipótese alguma, trâmite perante o Juizado Especial Estadual.

Tratando-se de óbito decorrente de doença ou acidente relacionado ao ambiente de trabalho, a **competência será da Justiça Estadual**.

Nesse tema, merece registro o fato de que o STJ havia expressado entendimento no sentido de a competência ser da Justiça Federal em se tratando de pensão por morte (mesmo que fundada em óbito do segurado por acidente do trabalho).

Conflitos de Competência 89.282/RS, 62.531/RJ, 89.382/SP. Tema inclusive indagado no Concurso da CESPE/UnB – 2011, para ingresso na Magistratura Federal – TRF/3ª Região, prova na qual a questão n. 13 teve como alternativa **correta** a assertiva: "Consoante jurisprudência do STJ, compete à justiça federal processar e julgar as ações em que se pleiteie pensão por morte decorrente de falecimento do segurado em razão de acidente de trabalho".

> **Atenção!** Em 2012, a orientação do STJ mudou, a competência para apreciar processos que envolvam pedido de pensão por morte decorrente de acidente de trabalho **é da Justiça estadual**, conforme o julgado STJ no Conflito de Competência 121.385/SP, publicado em 16-4-2012. Jurisprudência reafirmada pelo STJ no Conflito de Competência 134.396, julgado em 16-12-2014.

Jurisprudência. Súmula 336 do STJ: "A mulher que renunciou aos alimentos na separação judicial tem direito à pensão previdenciária por morte do ex-marido, comprovada a necessidade econômica superveniente".

Jurisprudência. Súmula 340 do STJ: "A lei aplicável à concessão de pensão previdenciária por morte é aquela vigente na data do óbito do segurado".

8. CESSAÇÃO

A pensão por morte, havendo mais de um pensionista, o direito à cota individual da pensão cessará:

I – pela morte do pensionista;
II – para o filho, a pessoa a ele equiparada ou o irmão, de ambos os sexos, ao completar vinte e um anos de idade, salvo se for inválido ou tiver deficiência intelectual ou mental ou deficiência grave;
III – para filho ou irmão **inválido**, pela cessação da invalidez;
IV – para filho ou irmão que tenha **deficiência** intelectual ou mental ou deficiência grave, pelo afastamento da deficiência, nos termos do regulamento;
V – pela condenação criminal por sentença com trânsito em julgado, como autor, coautor ou partícipe de homicídio doloso contra o segurado instituidor da pensão;
VI – para o cônjuge, companheiro ou companheira, pelo decurso do prazo de recebimento de pensão conforme as Regras 1 e 2 apresentadas;
VII – o cônjuge, o companheiro ou a companheira se comprovada, a qualquer tempo, simulação ou fraude no casamento ou na união estável, ou a formalização desses com o fim exclusivo de constituir benefício previdenciário, apuradas em processo judicial no qual será assegurado o direito ao contraditório e à ampla defesa.

A redação atual do inciso II do § 2º do art. 77 da Lei n. 8.213/91, dada pela Lei n. 13.183/2015, com vigência a partir de 3 de janeiro de 2016, deixou de trazer a ocorrência de "**emancipação**" como causa de cessação da cota individual.

O art. 77, § 2º, trata daqueles que **já são pensionistas**, e define quando a respectiva cota de pensão por morte irá cessar. Sempre houve sintonia entre o art. 16 e o art. 77, § 2º, da Lei n. 8.213/91.

A condição para ser dependente sempre foi a mesma condição exigida para continuar recebendo a pensão por morte.

Porém, com a edição da Lei n. 13.135/2015, seguida da Lei n. 13.183/2015, houve modificação do art. 77, § 2º, II, da Lei n. 8.213/91. Assim, hoje existe a dicotomia:

a) filho (ou irmão) EMANCIPADO não é dependente do segurado (art. 16, I e III, da Lei n. 8.213/91), por conseguinte, filho ou irmão emancipado não terá direito a receber pensão por morte;

b) filho (ou irmão) PENSIONISTA (que esteja recebendo a pensão por morte) QUE VIER posteriormente a EMANCIPAR-SE (por exemplo, pelo casamento), o que não é mais causa para **cessar a cota da pensão** por morte, foi justamente essa a alteração feita no art. 77, § 2º, II, da Lei n. 8.213/91.

8.1 Dependente com deficiência e a atividade remunerada

A Lei n. 13.183/2015 trouxe importante regra no art. 77, § 6º, estabelecendo que o exercício de atividade remunerada, inclusive na condição de microempreendedor individual, não impede a concessão ou manutenção da parte individual da pensão do dependente com deficiência intelectual ou mental ou com deficiência grave.

8.2 Compreensão

Responda[2]: (39º EXAME OAB. FGV. novembro – 2023) Henrique e Amanda foram casados por 30 anos. Em 2-3-2022, Amanda, que era segurada obrigatória do Regime Geral de Previdência Social, veio a óbito. Henrique fez o requerimento de pensão por morte ao INSS no dia 2-5-2022. Segundo a Lei n. 8.213/91, assinale a afirmativa que indica a data a partir da qual Henrique terá direito ao benefício.

A) Do requerimento, já que foi requerido 60 dias após o óbito.

B) Do óbito, já que foi requerido em até 90 dias após o óbito.

C) Da decisão judicial, já que Henrique perdeu o prazo para requerer o benefício administrativamente.

D) Do óbito, independentemente da data em que foi feito o requerimento.

9. AUXÍLIO-RECLUSÃO

Natureza jurídica: benefício previdenciário administrado pelo INSS de periodicidade mensal, que exige a título de carência o **prévio recolhimento de 24 contribuições** previdenciárias, **devido** nas mesmas condições da pensão por morte, **aos dependentes** do segurado qualificado como de **baixa renda** que tenha sido recolhido à **prisão em regime fechado** e que **não receba remuneração** da empresa **nem estiver em gozo de**:

- auxílio-doença;
- pensão por morte (**novidade** trazida pela Lei n. 13.846/2019);
- salário-maternidade (**novidade** trazida pela Lei n. 13.846/2019);
- aposentadoria; ou
- de "abono de permanência em serviço" (essa espécie de benefício foi extinta em 1994, pela Lei n. 8.870/91).

FATO GERADOR: ser o segurado qualificado como de baixa renda e ter sido recolhido à prisão, cumprindo pena em regime fechado (com a Lei n. 13.846/2019, não se admite mais a concessão do benefício se o segurado estiver em regime semiaberto), deixando de receber remuneração da

---

[2] Resposta: "B". RGPS – Pensão por Morte – Termo inicial. Art. 74 da Lei n. 8.213/91.

empresa, desde que não esteja em gozo de auxílio-doença, pensão por morte, salário-maternidade, não esteja aposentado ou em fruição do benefício extinto de abono de permanência em serviço.

BENEFICIÁRIO: dependente previsto no art. 16 da Lei n. 8.213/91.

> **Atenção!** Se a realização do casamento ou constituição de união estável ocorrer durante o recolhimento do segurado à prisão, o auxílio-reclusão não será devido, considerando a dependência superveniente ao fato gerador (não havia dependência econômica na data da prisão).

PROVA. O requerimento a ser apresentado ao INSS deve ser instruído com certidão judicial que ateste o recolhimento efetivo à prisão, **e será obrigatória a apresentação de prova de permanência** na condição de presidiário para a manutenção do benefício.

A Lei n. 13.846/2019 autoriza:

a) o INSS a celebrar convênios com os órgãos públicos responsáveis pelo cadastro dos presos para obter informações sobre o recolhimento à prisão;

b) que a certidão judicial e a prova de permanência na condição de presidiário possam ser substituídas pelo acesso à base de dados, por meio eletrônico, a ser disponibilizada pelo Conselho Nacional de Justiça, com dados cadastrais que assegurem a identificação plena do segurado e da sua condição de presidiário.

9.1 Baixa renda

Conceito de segurado de baixa renda foi criado pela EC n. 20/98.

Desde o advento do art. 13 da EC n. 20/98, o auxílio-reclusão era devido apenas aos dependentes de segurado de baixa renda, compreendido como tal aquele que tinha renda bruta mensal igual ou inferior a R$ 360,00, que seriam corrigidos pelos mesmos índices aplicados aos benefícios do RGPS.

O art. 35 da EC n. 103/2019 revogou o art. 13 da EC n. 20/98, e no art. 27 da Reforma da Previdência de 2019 ficou estabelecido que:

> **Art. 27. Até que lei discipline** o acesso ao salário-família e **ao auxílio-reclusão** de que trata o inciso IV do art. 201 da Constituição Federal, esses benefícios serão concedidos apenas àqueles que tenham **renda bruta mensal igual** ou inferior a **R$ 1.364,43**, que serão **corrigidos pelos mesmos índices** aplicados aos **benefícios do Regime Geral** de Previdência Social.

A Portaria Interministerial MPS/MF n. 26, de 2023, reajustou o valor do critério de baixa renda para R$ 1.754, a partir de 1º de janeiro de 2023.

Em 2024, a Portaria Interministerial MPS/MF n. 2, de 11-1-2024, fixou em R$ 1.819,26 (um mil oitocentos e dezenove reais e vinte e seis centavos) o valor do critério de baixa renda para efeito de percepção de cotas de salário-família e de auxílio-reclusão.

Importante anotar que esse critério de "baixa renda" não se confunde com o critério de "família de baixa renda" fixado na Lei de Custeio (Lei n. 8.212), art. 21, § 2º, I, *b*, e §4º (que se refere à possibilidade de o segurado facultativo contribuir com alíquota reduzida de 5%).

A exigência de baixa renda foi questionada no RE 486.413 (j. 25-3-2009), no qual o STF declarou constitucional a exigência, firmando-se que a qualificação "baixa renda" a ser comprovada é a do "**segurado**", e não do **dependente**. Não se exige, portanto, seja o dependente de baixa renda, mas sim que **o segurado seja de baixa renda**!

STJ. Tema 896. Tese firmada: Para a concessão de auxílio-reclusão (art. 80 da Lei n. 8.213/91), o critério de aferição de **renda do segurado** que não exerce atividade laboral remunerada **no momento** do recolhimento à prisão **é a ausência de renda** e não o último salário de contribuição.

O entendimento do STJ afastou os dizeres do Decreto n. 3.048/99, que no art. 116 determina a caracterização como segurado de baixa renda "desde que o seu último salário de contribuição seja inferior ou igual a R$...", assim, pela norma administrativa, se o preso estava desempregado na data da prisão, dever-se-ia retroceder no tempo até encontrar o valor do último salário de contribuição.

Para compreender a diferença prática decorrente de cada um dos entendimentos, considere que um gerente de banco com remuneração mensal de R$ 20.000,00 perde o emprego em janeiro de 2018, desempregado há quatro meses é preso (continua sendo segurado porque está no período de graça, art. 15 da Lei n. 8.213/91), pelos termos do Decreto n. 3.048/99, os seus dependentes não têm direito ao auxílio-reclusão, porque com base no "último salário de contribuição" o preso não é caracterizado como segurado de baixa renda, ao passo que com o Tema 896, firmada pelo STJ, esses dependentes terão direito ao benefício, pois, se estava desempregado no mês da prisão significa inexistência de renda, enquadrando-se assim como segurado de baixa renda.

Para contornar o entendimento jurisprudencial trazido pelo STJ no Tema 896, houve a edição da MP n. 871, de 18-1-2019, convertida na Lei n. 13.846, de 18-6-2019, que, dando nova redação à Lei n. 8.213/91, trouxe a forma de aferição do critério de baixa renda diversa daquela estabelecida pelo STJ, fixando que a "aferição da renda mensal bruta para enquadramento do segurado como de baixa renda **ocorrerá pela média dos salários de contribuição apurados no período de 12 meses anteriores** ao mês do recolhimento à prisão" (art. 80, § 4º, Lei n. 8.213/91).

Portanto, estando desempregado no ato da prisão e comprovado estar no período de graça (art. 15 da Lei n. 8.213/91), dever-se-á localizar os imediatamente anteriores 12 salários de contribuição e efetivar a média aritmética simples, por fim coteja o resultado dessa média com a cifra fixada como parâmetro de trabalhador de baixa renda fixado no mês da prisão.

> **Atenção!** A Lei n. 13.846/2019 dispôs que se o segurado tiver recebido benefícios por incapacidade no período dos 12 meses anteriores à prisão, sua duração será contada **considerando-se como salário de contribuição** no período **o salário de benefício que serviu de base para o cálculo da renda mensal**, reajustado na mesma época e com a mesma base dos benefícios em geral, não podendo ser inferior ao valor de um salário mínimo.
>
> Exemplificando: Segurado recebeu auxílio-doença entre os meses de janeiro a dezembro de 2020, o valor do benefício foi de R$ 1.400,00 mensais (que correspondiam a 91% do salário de benefício de R$ 1.538,46). Supondo que esse segurado seja preso em 1º janeiro de 2021, para saber se ele é ou não trabalhador de "baixa renda", devem ser localizados todos os 12 salários de contribuição anteriores à prisão. Dentro desses 12 salários estarão os meses de janeiro a dezembro de 2020, nos quais recebeu auxílio-doença, mas observe-se que não será considerado o valor recebido de R$ 1.400,00, mas sim a base de cálculo para chegar a esse valor, ou seja, R$ 1.538,46 (R$ 1.538,46 x 91% = R$ 1.400,00).
>
> A média, considerando o salário de benefício, é obviamente maior em comparação à média que resultaria se fossem consideradas as rendas mensais do benefício por incapacidade.

O exercício de **atividade remunerada do segurado recluso**, em cumprimento de pena em regime fechado, **não acarreta a perda do direito** ao recebimento do auxílio-reclusão para seus dependentes.

Em caso de morte de segurado recluso que tenha contribuído para a previdência social durante o período de reclusão, o valor da pensão por morte será calculado levando-se em consideração o tempo de contribuição adicional e os correspondentes salários de contribuição, **facultada a opção** pelo valor do auxílio-reclusão.

9.2 Coeficiente de cálculo

Deve ser o mesmo critério estabelecido para a pensão por morte (50% cota familiar + 10% cota individual, limitada a 100%).

Valor. Um salário mínimo. A Reforma da Previdência de 2019 estabeleceu no art. 27, § 1º, que: "**Até que lei discipline o valor do auxílio-reclusão**, de que trata o inciso IV do art. 201 da Constituição Federal, seu cálculo será realizado na forma daquele aplicável à pensão por morte, **não podendo exceder o valor de 1 (um) salário mínimo**".

Curiosamente, determina que o cálculo deve seguir o mesmo ritual de apuração fixado para o benefício de pensão por morte, mas aniquila esse critério ao fixar ao auxílio-reclusão valor máximo idêntico ao valor mínimo (art. 201, § 2º, da CF), ambos de um salário mínimo.

Por conseguinte, o valor do auxílio-reclusão tornou-se fixo no importe exato de um salário mínimo (tornando-se fase folclórica "cálculo será realizado na forma daquele aplicável à pensão por morte").

9.3 Carência

Carência: 24 contribuições mensais. Essa exigência surgiu com o advento da Lei n. 13.846/2019.

Data de Início do Benefício (DIB): **data do efetivo recolhimento** do segurado à prisão, desde que seja requerido no mesmo prazo fixado ao benefício de pensão por morte (por aplicação subsidiária). Assim, o auxílio-reclusão é devido a contar:

a) da prisão, quando requerido **em até 180 dias** após o recolhimento carcerário, **para os filhos menores de 16 anos**; ou
b) em até **90 dias após a prisão**, para os **demais dependentes**.

Se referidos prazos não forem observados, o auxílio-reclusão **será devido a partir da data do requerimento administrativo.**

Cabe realçar que com relação ao filho nascido durante o recolhimento do segurado à prisão o direito ao benefício de auxílio-reclusão será **a partir da data do seu nascimento** (desde que o requerimento seja efetivado em até 180 dias do nascimento).

Suspensão: não apresentação trimestral de atestado firmado pela autoridade competente provando a permanência da reclusão do segurado.

Anote-se, por fim, que também é causa de suspensão do pagamento do auxílio-reclusão.

Cessação: o auxílio-reclusão cessará:

I) pela soltura do segurado;
II) pela morte do detento (nessa hipótese, os dependentes passarão a usufruir pensão por morte);
III) se o segurado, ainda que privado de sua liberdade ou recluso, passar a receber aposentadoria;

IV) fuga do recluso. **Evadindo-se o segurado da prisão**, o fato, além de constituir falta grave[3], caracteriza **causa para cessar o benefício, caracterizando-se a captura como novo fato gerador para requerimento do benefício;**
V) a **progressão de regime (para semiaberto ou aberto)**, caracterizando-se a **regressão de regime** como novo fato gerador para requerimento do benefício;
VI) extinção da última cota individual, cabendo observar que a cota cessa nos mesmos moldes definidos pela pensão por morte (aplicação subsidiária):
   a) pela morte do beneficiário;
   b) para o filho, a pessoa a ele equiparada ou o irmão, de ambos os sexos, ao completar vinte e um anos de idade, salvo se for inválido ou tiver deficiência intelectual ou mental ou deficiência grave;
   c) para filho ou irmão inválido, pela cessação da invalidez;
   d) para filho ou irmão que tenha deficiência intelectual ou mental ou deficiência grave, pelo afastamento da deficiência, nos termos do regulamento;
   e) para o cônjuge, companheiro ou companheira, pelo decurso do prazo de recebimento, conforme as Regras 1 e 2 apresentadas no benefício de pensão por morte.

---

[3] Lei de Execução Penal – Lei n. 7.210, de 11-7-1984, art. 50, II.

CAPÍTULO 13
SEGURO-DESEMPREGO

Natureza jurídica: **benefício previdenciário**, o seguro-desemprego é direito pessoal e intransferível do trabalhador.

> **Atenção!** A despeito de competir à Previdência Social proteger o trabalhador durante a situação de desemprego involuntário (no art. 201, III, da CF)[1], como regra **não é administrado pelo INSS**, tendo por exceção o seguro-desemprego devido ao segurado especial pescador artesanal durante o período de defeso (art. 2º da Lei n. 10.779/2003, com redação dada pela Lei n. 13.134/2015).

Período de graça. O questionamento sobre a natureza jurídica reside na aplicação do art. 15, I, da Lei n. 8.213/91, ou seja, se acolhida a natureza previdenciária haverá a extensão manutenção do período de graça durante a percepção de seguro-desemprego.

Administrativamente, a natureza jurídica de benefício previdenciário foi afirmada pelo Parecer/Conjur/MTE/n. 256/2010, relativo ao Processo n. 47625.000214/2010-82, acolhido pelo Advogado-Geral da União e pela jurisprudência[2].

Em 2019, houve a publicação do PARECER n. 00003/2019/CCONTBEN/PFE-INSS-SEDE/PGF/AGU, colimando retirar a natureza jurídica de benefício previdenciário do seguro-desemprego (para que não garantisse a qualidade de segurado durante sua fruição), buscando firmar a natureza jurídica de direito trabalhista por força do art. 7º, II, da CF:

> Art. 7º **São direitos dos trabalhadores urbanos e rurais**, além de outros que visem à melhoria de sua condição social:
> (...)
> **II – seguro-desemprego, em caso de desemprego involuntário**.

Ato contínuo, a Consultoria Jurídica de Direito Trabalhista do Ministério da Economia emitiu o Parecer n. 00106/2019/CONJUR-MTB/CGU/AGU reiterando o entendimento no sentido de que o benefício de seguro-desemprego possui natureza previdenciária, opinando pela manutenção do entendimento esboçado pelo PARECER/CONJUR/MTE/ n. 256/2010.

Note-se que há julgados que consideram *bis in idem*, e consequentemente não permitido, a utilização do período de fruição de seguro-desemprego para manutenção da qualidade de segurado (art. 15, I) com a hipótese de prorrogação do período de graça anotada no § 2º do mesmo art. 15 da Lei n. 8.213/91:

---

[1] "Art. 201. A previdência social será organizada sob a forma do Regime Geral de Previdência Social, de caráter contributivo e de filiação obrigatória, observados critérios que preservem o equilíbrio financeiro e atuarial, e atenderá, na forma da lei, a: (...) III – proteção ao trabalhador em situação de desemprego involuntário".

[2] *Vide* Proc. 0009564-65.2010.4.03.6100, TRF-3. Ementa: III – O seguro-desemprego consta do rol dos benefícios a serem pagos pela Previdência Social, nos termos do art. 201, III, da Constituição Federal. Assim, nada obstante estar elencado entre os direitos do trabalhador (art. 7º, II, da CF), tem nítido caráter previdenciário.

(...) 3. A **percepção de seguro-desemprego não prorroga o período de graça previsto no inciso I, do art. 15** da Lei n. 8.213/91, **apenas serve como prova do desemprego para fins de prorrogação** de 12 (doze) meses prevista no art. 15, § 2º, da Lei de Benefícios. 4. O reconhecimento da **natureza previdenciária do seguro-desemprego não implica**, na possibilidade de **percepção cumulativa e sucessiva das regras dos incisos I e II do art. 15 da Lei n. 8.213/91, seguidas da prorrogação do § 2º** do mesmo dispositivo (PEDILEF 00011987420114019360, Juíza Federal Ana Beatriz Vieira da Luz Palumbo, TNU, *DOU* de 31-5-2013) 5. Honorários advocatícios majorados, de ofício (TRF da 4ª Região, AC 50017062720184049999 5001706-27.2018.4.04.9999, Rel. Luiz Fernando Wowk Penteado, j. 8-10-2018, Turma Regional Suplementar do PR).

Em 11-11-2019, foi publicada a MP n. 905. Essa normatização acolheu a natureza previdenciária e admitiu fosse considerado o seguro-desemprego como fator de manutenção do período de graça ao dar nova redação ao inciso II do art. 15 da Lei de Benefícios.

Contudo, a referida MP n. 905/2019 não teve sua votação ultimada pelo Congresso Nacional, tendo o Poder Executivo no último dia do prazo constitucional de eficácia da medida provisória, dia 20-4-2020, publicado a MP n. 955, revogando a MP n. 905, anunciando o Governo que apresentaria a matéria novamente em momento oportuno.

Cabe realçar que a finalidade da MP n. 955 ao revogar a MP n. 905 no seu último dia de eficácia é de buscar contornar a vedação anotada no § 10 do art. 62 da CF: "É vedada a reedição, na mesma sessão legislativa, de medida provisória que tenha sido **rejeitada** ou que tenha **perdido sua eficácia** por decurso de prazo".

Em suma, **a natureza jurídica de benefício previdenciário está pacificada**, no entanto, reside divergência com relação ao termo inicial do período de graça, se passa a fluir com o desemprego do segurado ou do término da percepção do seguro-desemprego (nas duas situações observando-se o critério de contagem na forma do § 4º do art. 15 da Lei n. 8.213/91).

Hipótese de concessão: **situação de desemprego involuntário (art. 201, III, da CF)**.

Incumbência: Ministério do Trabalho e Emprego, tendo a CAIXA como agente pagador do seguro-desemprego, cujos recursos são custeados pelo Fundo de Assistência ao Trabalhador (FAT), nos termos da Lei n. 7.998/90.

Beneficiário(s): segurado empregado e o trabalhador avulso[3].

O benefício do seguro-desemprego será concedido ao trabalhador desempregado, conforme previsto na Lei n. 7.998/90, com as alterações efetivadas pela Lei n. 13.134/2015, por período máximo **variável de três a cinco meses**, de forma contínua ou alternada, a cada período aquisitivo, contados da data de dispensa que deu origem à última habilitação.

O trabalhador dispensado sem justa causa terá direito ao seguro-desemprego, de valor não inferior ao valor do salário mínimo, desde que comprove ter recebido salários de pessoa jurídica ou de pessoa física a ela equiparada, relativos a:

- pelo menos 12 meses nos últimos 18 meses imediatamente anteriores à data de dispensa, quando da **primeira solicitação**;
- pelo menos 9 meses nos últimos 12 meses imediatamente anteriores à data de dispensa, quando da **segunda solicitação**; e

---

[3] Requerimento pode ser efetivado: pelo aplicativo da Carteira de Trabalho Digital, o qual pode ser baixado gratuitamente nas lojas de aplicativo, por meio da internet, no Portal de governo https://www.gov.br/pt-br, onde a solicitação do seguro-desemprego encontra-se com destaque logo na entrada da página, e pelo telefone 158.

- cada um dos 6 meses imediatamente anteriores à data de dispensa, quando das **demais solicitações**.

Beneficiário: **Empregado doméstico.** Com o advento da EC n. 72/2013, que deu nova redação ao parágrafo único do art. 7º da CF, foram assegurados direitos constantes do art. 7º da CF à categoria dos trabalhadores domésticos, desde que atendidas as condições estabelecidas em lei e observada a simplificação do cumprimento das obrigações tributárias.

Os direitos referidos no art. 7º da CF são, entre outros, os expressos nos incisos:

- II (seguro-desemprego, em caso de desemprego involuntário);
- III (FGTS);
- XII (salário-família pago em razão do dependente do trabalhador de baixa renda); e
- XXVIII (seguro contra acidentes de trabalho, a cargo do empregador), bem como a sua integração à Previdência Social.

Em atenção à EC n. 72/2013, foi editada a LC n. 150/2015, dispondo:

Art. 26. O empregado doméstico que for dispensado sem justa causa fará jus ao benefício de seguro-desemprego, na forma da Lei n. 7.998, de 1990, **no valor de 1 (um) salário mínimo**, por período **máximo de 3 (três) meses**, de forma contínua ou alternada.

O seguro-desemprego deverá **ser requerido de 7 a 90 dias contados da data de dispensa**.

Para se habilitar ao benefício do seguro-desemprego, o trabalhador doméstico **deverá apresentar** ao órgão competente do Ministério do Trabalho e Emprego:

I – CTPS, na qual deverão constar a anotação do contrato de trabalho doméstico e a data de dispensa, de modo a comprovar o vínculo empregatício, como empregado doméstico, durante **pelo menos 15 meses** nos últimos 24 meses;
II – termo de rescisão do contrato de trabalho;
III – declaração de que não está em gozo de benefício de prestação continuada **da Previdência Social, exceto auxílio-acidente e pensão por morte**; e
IV – declaração de que **não possui renda própria** de qualquer natureza suficiente à sua manutenção e de sua família.

Beneficiário(s): **segurado especial**.

A Lei n. 10.779/2003, alterada pela Lei n. 13.134/2015, concedeu ao **pescador artesanal**, desde que exerça sua atividade profissional ininterruptamente, de forma artesanal e individualmente ou em regime de economia familiar, o benefício do seguro-desemprego, **no valor de um salário mínimo mensal**, durante o período de defeso, considerado como tal a **época vedada à atividade pesqueira** para a preservação da espécie.

A Lei n. 13.134/2015 limitou o período de recebimento do benefício a no máximo cinco meses (art. 1º, § 8º, da Lei n. 10.779/2003).

Cabe ao Instituto Nacional do Seguro Social (INSS) receber e processar os requerimentos e habilitar os beneficiários.

Somente terá direito ao seguro-desemprego o segurado especial pescador artesanal que não disponha de outra fonte de renda diversa da decorrente da atividade pesqueira.

O pescador profissional artesanal não fará jus, no mesmo ano, a mais de um benefício de seguro-desemprego decorrente de defesos relativos a espécies distintas.

Para fazer jus ao benefício, o pescador não poderá estar em gozo de nenhum benefício decorrente de benefício previdenciário ou assistencial de natureza continuada, exceto pensão por morte e auxílio-acidente.

Beneficiário(s): o trabalhador que vier a ser identificado como submetido a regime de **trabalho forçado ou reduzido a condição análoga à de escravo**, em decorrência de ação de fiscalização do Ministério do Trabalho (Lei n. 10.608/2002), será dessa situação resgatado e terá direito à percepção de três parcelas de seguro-desemprego no valor de um salário mínimo cada (art. 2-C da Lei n. 7.998/90).

Valor e duração:

- um salário mínimo por no máximo três meses: de empregado doméstico e trabalhador resgatado de regime de trabalho forçado ou reduzido a condição análoga à de escravo;
- um salário mínimo por mês durante o período de defeso, limitado ao máximo de cinco meses, em se tratando de segurado especial que exerça atividade de pescador artesanal;
- para o segurado empregado e avulso, o valor do seguro-desemprego será obtido pela média das últimas três remunerações percebidas, não podendo ser inferior a um salário mínimo, pelo período de três a cinco meses.

Competência: compete à Justiça do Trabalho o julgamento de demanda entre empregado e empregador tendo por objeto indenização **pelo não fornecimento das guias de seguro-desemprego**.

Súmula 389 do TST: Seguro-desemprego – Competência da Justiça do Trabalho – Direito à Indenização por Não Liberação de Guias. I – Inscreve-se na competência material da Justiça do Trabalho a lide entre empregado e empregador tendo por objeto indenização pelo não fornecimento das guias do seguro-desemprego. II – O não fornecimento pelo empregador da guia necessária para o recebimento do seguro-desemprego dá origem ao direito à indenização.

Competência: compete à Justiça Federal Comum processar e julgar ações contra a União tendo por objeto pedido de reforma do ato administrativo de negativa de concessão do seguro-desemprego (nesse sentido: TRF 3ª Região, Proc. 0009564-65.2010.4.03.6100).

Adesão ao PDV: a adesão a Plano de Demissão Voluntária ou similar **não dará direito ao benefício**, por não caracterizar demissão involuntária.

> **Atenção!** A percepção de benefício previdenciário **impede a concessão e percepção de seguro-desemprego**, **com exceção** dos benefícios de auxílio-acidente e pensão por morte (art. 124, parágrafo único, da Lei n. 8.213/91).
>
> O Decreto n. 3.048/99 admite, no § 2º do art. 167, o recebimento conjunto de seguro-desemprego e auxílio-reclusão.

> **MEMORIZE**
> Situações positivas (boas) trazem como consequência a suspensão do benefício, por outro lado situações negativas (ruins) geram o cancelamento do seguro-desemprego.
> **Cancelamento**: art. 8º da Lei n. 7.998/90, o benefício do seguro-desemprego será cancelado em virtude de causas negativas:

a) **pela recusa, por parte do trabalhador desempregado, de outro emprego** condizente com sua qualificação e remuneração anterior;
b) por comprovação de **falsidade na prestação das informações** necessárias à habilitação;
c) por comprovação **de fraude visando à percepção indevida** do benefício do seguro-desemprego; ou
d) por **morte** do segurado.

Suspensão: art. 7º da Lei n. 7.998/90 traz causas que surtem efeito de suspender o pagamento do seguro-desemprego. São causas positivas:
a) admissão do trabalhador em **novo emprego**;
b) início de **percepção de benefício previdenciário**, exceto o auxílio-acidente, pensão por morte (art. 124, parágrafo único, da Lei n. 8.213/91), auxílio-reclusão (nos termos de Decreto n. 3.048/99, no § 2º do art. 167), e dos benefícios extintos: o auxílio suplementar e o abono de permanência em serviço;
c) início de **percepção de auxílio-desemprego**.

> **Atenção!** A Lei n. 13.134/2015 trouxe (quebrando a lógica firmada: ações positivas suspendem e negativas cancelam o seguro-desemprego) a recusa injustificada por parte do trabalhador desempregado em participar de ações de recolocação de emprego, conforme regulamentação do Codefat, como causa de suspensão do benefício.

CAPÍTULO 14
SERVIÇO PREVIDENCIÁRIO

1. REABILITAÇÃO PROFISSIONAL

Natureza jurídica: serviço previdenciário (obrigação de fazer do ente público), isento de carência, administrado pelo INSS, de caráter obrigatório aos segurados, inclusive aposentados e, na medida das possibilidades do órgão da Previdência Social, aos seus dependentes.

Periodicidade: não definida.

Objetivo do serviço: a assistência (re)educativa e de (re)adaptação profissional, instituída sob a denominação genérica habilitação e reabilitação profissional, visa proporcionar aos beneficiários, incapacitados parcial ou totalmente para o trabalho, em caráter obrigatório, independentemente de carência, e às **pessoas portadoras de deficiência**, os meios indicados para proporcionar o (re) ingresso no mercado de trabalho e no contexto em que vivem.

Beneficiário(s): segurados, inclusive aposentados, e dependentes.

Beneficiário. O **aposentado** pelo RGPS que permanecer em atividade sujeita a este Regime, ou a ele retornar, **não fará jus a prestação alguma** da Previdência Social em decorrência do exercício dessa atividade, **exceto** ao salário-família e **à reabilitação profissional, quando empregado**.

Carência: não há.

A Lei n. 8.213/91 estabelece que:

a) o benefício de aposentadoria por incapacidade permanente será devido ao segurado que for considerado incapaz e **insusceptível de reabilitação** para o exercício de atividade que lhe garanta a subsistência;
b) o segurado em gozo de auxílio-doença, insusceptível de recuperação para sua atividade habitual, **deverá submeter-se a processo de reabilitação profissional** para o exercício de outra atividade;
c) o auxílio-doença será mantido até que o segurado seja **considerado reabilitado** para o desempenho de atividade que lhe garanta a subsistência ou, quando considerado **não recuperável**, seja aposentado por incapacidade permanente;
d) **a alteração das atribuições** e responsabilidades do segurado **compatíveis com a limitação** que tenha sofrido em sua capacidade física ou mental **não configura desvio de cargo ou função** do segurado **reabilitado** ou que estiver **em processo de reabilitação profissional** a cargo do INSS.

O atendimento aos beneficiários, seus dependentes e as Pessoas com Deficiência, passíveis de reabilitação profissional, será descentralizado e funcionará nas Agências da Previdência Social, conduzido por equipes multiprofissionais, com atribuições de execução das funções básicas e demais funções afins ao processo de Reabilitação Profissional:

I – avaliação do potencial laborativo;

II – orientação e acompanhamento do programa profissional;

III – articulação com a comunidade, inclusive mediante celebração de convênio para reabilitação integral, restrita às pessoas que cumpriram os pressupostos de elegibilidade ao Programa de Reabilitação Profissional, com vistas ao reingresso no mercado de trabalho;

IV – acompanhamento e pesquisa de fixação no mercado de trabalho; e

V – certificar ou homologar o processo de Habilitação e Reabilitação Profissional.

A reabilitação profissional compreende:

a) o fornecimento de aparelho de prótese, órtese e instrumentos de auxílio para locomoção quando a perda ou redução da capacidade funcional puder ser atenuada por seu uso e dos equipamentos necessários à habilitação e reabilitação social e profissional;

b) a reparação ou a substituição dos aparelhos mencionados no item anterior, desgastados pelo uso normal ou por ocorrência estranha à vontade do beneficiário;

c) o transporte do acidentado do trabalho, quando necessário.

Será concedido, no caso de habilitação e reabilitação profissional, **auxílio para tratamento ou exame fora do domicílio** do beneficiário.

Concluído o processo de reabilitação profissional, o Instituto Nacional do Seguro Social emitirá **certificado individual indicando a função** para a qual o reabilitando foi **capacitado profissionalmente**, sem prejuízo do exercício de outra para a qual se julgue capacitado.

A empresa com **cem ou mais empregados está obrigada a preencher de 2% a 5%** de seus cargos com beneficiários reabilitados ou pessoas portadoras de deficiência, habilitadas, na seguinte proporção:

I – até 200 empregados, 2%;

II – de 201 a 500 empregados, 3%;

III – de 501 a 1.000 empregados, 4%; ou

IV – mais de 1.000 empregados, 5%.

2. SERVIÇO SOCIAL

Natureza jurídica: serviço previdenciário (obrigação de fazer do ente público), prestado pelo INSS, que proporciona o acesso ao reconhecimento dos direitos aos cidadãos e os meios de exercê-los.

Periodicidade: não definida.

Objetivo do serviço: prestar ao beneficiário orientação e apoio no que concerne à solução dos problemas pessoais e familiares e à melhoria da sua relação com a previdência social. Apresentar solução a questões referentes a benefícios, bem como, quando necessário, à obtenção de outros recursos sociais da comunidade.

O Serviço Social terá como diretriz a participação do beneficiário na implementação e no fortalecimento da política previdenciária, em articulação com as associações e entidades de classe.

As ações do Serviço Social no INSS são realizadas **pelos Assistentes Sociais** e desenvolvidas em consonância com as diretrizes e objetivos estratégicos adotados pela instituição.

O Serviço Social executará ações profissionais em conjunto com outras áreas do INSS, com organizações da sociedade civil que favoreçam o acesso da população aos benefícios e aos serviços do RGPS, e com organizações que favoreçam a participação do usuário na implementação e no fortalecimento da política previdenciária e de assistência social, com base nas demandas locais e nas diretrizes estabelecidas pela Diretoria de Saúde do Trabalhador.

Os recursos técnicos utilizados pelo Assistente Social são, entre outros:

a) **parecer social**, que consiste no pronunciamento profissional do Assistente Social, com base no estudo de determinada situação, podendo ser emitido na fase de concessão, manutenção, recurso de benefícios ou para embasar decisão médico-pericial, por solicitação do setor respectivo ou por iniciativa do próprio Assistente Social;

b) **pesquisa social**, que se constitui recurso técnico fundamental para a realimentação do saber e do fazer profissional, voltado para a busca do conhecimento crítico e interpretativo da realidade, favorecendo a identificação e a melhor caracterização das demandas do INSS e do perfil socioeconômico-cultural dos beneficiários como recursos para a qualificação dos serviços prestados;

c) **estudo exploratório dos recursos sociais**, que consiste em instrumento facilitador da necessária articulação da política previdenciária com a rede socioassistencial para o desenvolvimento do trabalho do Serviço Social e atendimento aos usuários da Previdência Social;

d) **avaliação social** da pessoa com deficiência aos requerentes do Benefício de Prestação Continuada BPC/LOAS, estabelecida pelo Decreto n. 6.214/2007, e **a avaliação social** da pessoa com deficiência em cumprimento ao disciplinado na LC n. 142/2013.

É instrumento destinado à caracterização da deficiência e considerará os fatores ambientais, sociais, pessoais, bem como a limitação do desempenho de atividades e a restrição da participação social dos requerentes do BPC da Assistência Social.

O Serviço Social, considerando a universalização da Previdência Social, prestará assessoramento técnico aos Estados e Municípios na elaboração e implantação de suas propostas de trabalho.

Beneficiário(s): segurados e dependentes.

> **Atenção!** Diz a Lei n. 8.213/91 que será dada **prioridade** aos segurados em **benefício por incapacidade temporária** e **atenção especial** aos aposentados e pensionistas.

Carência: não há.

Por fim, anote-se que a Medida Provisória n. 905/2019, excluiu do rol de serviços da Previdência o "serviço social". Ocorre que a MP n. 905/2019 foi revogada pela MP n. 955/2020, de modo que o "serviço social" retornou ao catálogo de serviços do INSS.

CAPÍTULO 15
CUMULAÇÃO DE BENEFÍCIOS

1. INTRODUÇÃO

Reforma da Previdência. A EC n. 103/2019 introduziu o § 15 ao art. 201 da CF, dispondo que **lei complementar** estabelecerá vedações, regras e condições para a acumulação de benefícios previdenciários.

Enquanto não editada a espécie normativa exigida pelo novo Texto Constitucional (lei complementar), permanecem válidas as hipóteses de vedação à cumulação de benefícios constantes da legislação ordinária, tais quais: arts. 18, § 2º, 80, 86, § 1º, e 124 da Lei n. 8.213/91, e § 4º do art. 20 da Lei n. 8.742/93.

As proibições de recebimento conjunto de benefício não se presumem, de modo que, não havendo norma contrária, é lícita a percepção de mais de uma espécie de benefício previdenciária.

Exceto na hipótese de direito adquirido, da legislação observa-se não ser permitido o recebimento conjunto dos seguintes benefícios do RGPS, inclusive quando decorrentes de acidente do trabalho:

I – aposentadoria com auxílio por incapacidade temporária;
II – mais de uma aposentadoria, exceto com DIB anterior a janeiro de 1967, de acordo com o Decreto-Lei n. 72, de 21 de novembro de 1966;
III – aposentadoria com abono de permanência em serviço;
IV – salário-maternidade com auxílio por incapacidade temporária ou aposentadoria por incapacidade permanente;
V – mais de um auxílio-acidente;
VI – auxílio-acidente com qualquer aposentadoria, quando a consolidação das lesões decorrentes de acidentes de qualquer natureza ou o início da aposentadoria sejam posteriores às alterações inseridas no § 2º do art. 86 da Lei n. 8.213/91, pela Medida Provisória no 1.596-14, de 1997, convertida na Lei n. 9.528/97;
VII – auxílio-acidente com auxílio por incapacidade temporária, do mesmo acidente ou da mesma doença que o gerou;
VIII – mais de uma pensão deixada por cônjuge e companheiro ou companheira (fica facultado ao dependente optar pela pensão mais vantajosa, exceto para óbitos ocorridos até 28 de abril de 1995, véspera da publicação da Lei n. 9.032, situação na qual será permitida a acumulação);
IX – pensão mensal vitalícia de seringueiro (soldado da borracha), com qualquer outro Benefício de Prestação Continuada de natureza assistencial operacionalizado pela Previdência Social;

X – renda mensal vitalícia com qualquer benefício de qualquer regime, exceto se o beneficiário tiver ingressado no regime do extinto INPS após completar 60 anos, quando será possível também receber o pecúlio de que trata o § 3º do art. 5º da Lei n. 3.807, de 1960;

XI – mais de um auxílio por incapacidade temporária, inclusive acidentário;

XII – benefício de prestação continuada da Lei n. 8.742, de 1993, ou indenizações pagas pela União em razão de decisão judicial pelos mesmos fatos com pensão especial destinada a crianças com Síndrome Congênita do Zika Vírus;

XIII – pensão por morte deixada por cônjuge ou companheiro com auxílio-reclusão de cônjuge ou companheiro, para evento ocorrido a partir de 29 de abril de 1995, data da publicação da Lei n. 9.032/95, facultado o direito de opção pelo mais vantajoso;

XIV – mais de um auxílio-reclusão de instituidor cônjuge ou companheiro, para evento ocorrido a partir de 29 de abril de 1995, data da publicação da Lei n. 9.032/95, facultado o direito de opção pelo mais vantajoso;

XV – auxílio-reclusão pago aos dependentes, com auxílio por incapacidade temporária, aposentadoria ou abono de permanência em serviço ou salário-maternidade do segurado recluso (para fatos geradores ocorridos antes de 18 de janeiro de 2019, data da publicação da Medida Provisória n. 871, convertida na Lei n. 13.846/2019, era permitida a opção entre os benefícios de auxílio-reclusão e auxílio por incapacidade temporária);

XVI – benefício assistencial com benefício da Previdência Social ou de qualquer outro regime previdenciário; e

XVII – auxílio-suplementar com aposentadoria ou auxílio por incapacidade temporária, observado, quanto ao auxílio por incapacidade temporária, a exceção se se tratar de acidente/males distintos.

Comprovada ser a acumulação indevida, deverá ser mantido o benefício concedido de forma regular e cessados ou suspensos os benefícios irregulares, adotando-se as providências necessárias quanto à regularização e à cobrança dos valores recebidos indevidamente, observada a prescrição quinquenal.

Na restituição de valores pagos indevidamente em benefícios, não será observado o prazo prescricional quando comprovada má-fé.

É permitida a acumulação dos benefícios previstos no Regulamento da Previdência Social, concedidos a partir de 11 de dezembro de 1997, data de publicação da Lei n. 9.528, com a Pensão Especial aos Portadores da Síndrome da Talidomida, que não poderá ser reduzida em razão de eventual aquisição de capacidade laborativa ou de redução de incapacidade para o trabalho ocorrida após a sua concessão.

Pelo entendimento exarado no Parecer n. 175/CONJUR-2003, de 2003, do Ministério da Defesa, ratificado pela Nota CJ/MPS n. 483, de 2007, os benefícios de ex-combatente podem ser acumulados com a pensão especial instituída pela Lei n. 8.059/90.

As pensões especiais de ex-combatentes concedidas com base no art. 53 do ADCT e na Lei n. 8.059/90 são acumuláveis com os benefícios previdenciários.

O recebimento da pensão especial hanseníase não impede o recebimento de qualquer benefício previdenciário, podendo ser acumulada inclusive com a complementação paga nas aposentadorias concedidas e mantidas aos ferroviários admitidos até 31 de outubro de 1969, na Rede Ferroviária Federal S/A, bem como com os seguintes benefícios:

I – amparo previdenciário por invalidez – trabalhador rural (espécie 11), amparo previdenciário por idade – trabalhador rural (espécie 12), renda mensal vitalícia por incapacidade (espécie 30) e renda mensal vitalícia por idade (espécie 40), instituídas pela Lei n. 6.179/74, dada a natureza mista, assistencial e previdenciária desses benefícios;

II – pensão especial devida aos portadores da síndrome de talidomida (espécie 56); e

III – amparo social à pessoa portadora de deficiência (espécie 87) e amparo social ao idoso (espécie 88) – benefícios assistenciais previstos na Lei Orgânica da Assistência Social.

O titular de Benefício de Prestação Continuada que requerer benefício previdenciário deverá optar expressamente por um dos dois benefícios, cabendo ao servidor do INSS prestar as informações necessárias para subsidiar a decisão do beneficiário sobre qual o benefício mais vantajoso.

Ao titular de benefício previdenciário de auxílio-acidente (ou de cota de pensão por morte) que se enquadrar no direito ao recebimento de benefício assistencial será facultado o direito de renúncia acompanhada de opção pelo mais vantajoso.

Salvo nos casos de aposentadoria por incapacidade permanente ou especial, o retorno do aposentado à atividade não prejudica o recebimento de sua aposentadoria, que será mantida no seu valor integral.

2. AUXÍLIO-DOENÇA (AUXÍLIO POR INCAPACIDADE TEMPORÁRIA)

Vedada a percepção de mais de um auxílio-doença, inclusive acidentário.

O benefício de auxílio-doença não pode ser recebido cumulativamente com qualquer aposentaria (quer por incapacidade permanente, quer por aposentadoria programável).

A segurada enquanto perceber **salário-maternidade não poderá** usufruir auxílio-doença.

A segurada em gozo de auxílio-doença, inclusive o decorrente de acidente de trabalho, terá o benefício suspenso administrativamente enquanto perdurar a fruição do salário-maternidade, devendo o benefício por incapacidade ser restabelecido a contar do primeiro dia seguinte ao término do período de 120 dias, caso a data de cessação do benefício do auxílio-doença tenha sido fixada em data posterior ao período de percepção do salário-maternidade.

O **auxílio-reclusão** somente será deferido aos dependentes se o segurado **não estiver usufruindo auxílio-doença**.

O **segurado recluso** em cumprimento de pena **em regime aberto ou semiaberto terá direito ao auxílio-doença**, mas o segurado **recluso "em regime fechado"** não terá direito ao benefício de auxílio-doença.

O segurado em gozo de auxílio-doença na data do recolhimento à prisão **terá o benefício suspenso** por até 60 dias, contados da data do recolhimento à prisão.

Cabe observar que:

a) na hipótese de o segurado ser colocado em liberdade antes dos 60 dias, o benefício **será restabelecido** a partir da data da soltura;

b) permanecendo a prisão, após os 60 dias, o auxílio-doença **será cessado**.

Obviamente, caso a prisão declarada ilegal, o segurado terá direito à percepção do benefício de auxílio-doença por todo o período devido.

Não é cabível a simultaneidade de auxílio-acidente com auxílio-doença oriundos de mesma doença/acidente.

No caso de reabertura de auxílio-doença decorrente de incapacidade que tenha dado ensejo (mesma causa) à concessão de auxílio-acidente, este deverá ser suspenso até a cessação do auxílio-doença reaberto (momento no qual o auxílio-acidente deverá ser reativado).

O fundamento da suspensão do auxílio-acidente é o fato de que uma única causa (acidente) não pode ensejar a um único beneficiário dois benefícios previdenciários.

Se em razão de qualquer outro acidente ou doença o segurado fizer jus a auxílio por incapacidade temporária, o auxílio-suplementar ou auxílio-acidente será mantido, concomitantemente com o auxílio por incapacidade temporária e, quando da cessação deste será:

I – mantido, se não for concedido novo benefício; ou
II – cessado, se concedido auxílio-acidente ou aposentadoria.

Não é permitida a concessão de benefício assistencial (BPC da LOAS) a quem usufrua auxílio-doença (benefício previdenciário).

É vedado o recebimento conjunto do auxílio-doença com o seguro-desemprego[1].

3. AUXÍLIO-ACIDENTE

Não é permitida a **concessão de benefício assistencial** (BPC da LOAS) a quem usufrua auxílio-acidente (benefício previdenciário).

Vedada a **percepção de mais de um auxílio-acidente**. Quando o segurado em gozo de auxílio-acidente fizer jus a um novo auxílio-acidente, em decorrência de outro acidente ou de doença, serão comparadas as rendas mensais dos dois benefícios e mantido o benefício mais vantajoso.

De anotar que o STJ tem determinado na atualidade a aplicação do vetusto enunciado 146, que foi edificado com base na legislação anterior à Constituição Federal de 1988: Lei n. 6.367/76, art. 6º, § 1º; Decreto n. 79.037/76, art. 41, III, e Decreto n. 83.080/79, art. 261, parágrafo único, III.

Súmula 146 do STJ: "O segurado, vítima de novo infortúnio, faz jus a um único benefício somado ao salário de contribuição vigente no dia do acidente".

Com todas as vênias, o enunciado da Súmula 146 STJ não é compatível com o regramento atual, consistindo manifesta contrariedade à Lei n. 8.213/91 a determinação de ser "somado ao salário de contribuição vigente no dia do acidente".

O procedimento correto, de acordo com o art. 86 da Lei de Benefícios é apurar a RMI com base em 50% do salário de benefício.

Ocorrendo novo infortúnio, deve ser repetido idêntico procedimento (50% do salário de benefício), fazendo jus o segurado ao auxílio-acidente de valor mais vantajoso.

Auxílio-acidente e auxílio-doença, por regra é permitida a cumulação, a exceção ocorre quando se tratar do mesmo mal/acidente.

Não convivem os benefícios de auxílio-acidente e aposentadoria.

Determina o art. 86, § 1º, da Lei n. 8.213/91 que auxílio-acidente será devido **até a data do início de qualquer aposentadoria**.

Cabendo observar que o valor mensal do auxílio-acidente (que será cessado pela concessão de aposentadoria) integra o salário de contribuição, para fins de cálculo do salário de benefício de qualquer aposentadoria.

---

[1] Art. 124, parágrafo único, da LB.

O art. 18, § 2º, da Lei n. 8.213/91 impede aos já aposentados **que retornem ou se mantenham em atividade** remunerada de serem beneficiados pelo auxílio-acidente; no mesmo sentido, o art. 86, § 2º, veda o deferimento de auxílio-acidente a quem já esteja aposentado.

A percepção de **seguro-desemprego juntamente com** benefício de auxílio-acidente é permitida pelo art. 124 da Lei n. 8.213/91.

4. APOSENTADORIAS

Não é permitida a **concessão de benefício assistencial** (BPC da LOAS) a quem usufrua aposentadoria (benefício previdenciário).

Por força do que dispõe o art. 124 da Lei de Benefícios, não é admitida a percepção conjunta de **aposentadoria com qualquer outra aposentadoria** (por incapacidade ou programável).

> **Atenção!** Perfeitamente possível a cumulação de pensão por morte e aposentadoria. A pensão por morte a pessoa recebe pelo fato de ser dependente de segurado falecido, e o benefício de aposentadoria recebe fundado no motivo de ser segurado da Previdência. Não havendo, portanto, óbice algum à percepção conjunta.

Reforma da Previdência. O art. 24 da EC n. 103/2019 permite a percepção conjunta de aposentadoria com o benefício de pensão por morte, no entanto, determina a redução do valor do benefício de menor valor, assegurando o recebimento integral do benefício mais vantajoso.

É vedado o recebimento conjunto de aposentadoria com auxílio-acidente, auxílio-doença e com seguro-desemprego[2].

> **Atenção!** É admitida a percepção conjunta de aposentadoria e salário-maternidade, em se tratando de **aposentada que se mantém ou retorna** a atividade remunerada (art. 103 do Decreto n. 3.048/99).

Proibida a cumulação de **seguro-desemprego com aposentadoria**.

5. PENSÃO POR MORTE

Não é permitida a **concessão de benefício assistencial** (BPC da LOAS) a quem usufrua pensão por morte (benefício previdenciário).

A teor do art. 124 da Lei de Benefícios, com a redação determinada pela Lei n. 9.032/95, o benefício de pensão por morte **comporta apenas uma incompatibilidade de percepção conjunta**.

A restrição é com relação à fruição de **mais de uma pensão, dentro do RGPS, desde que deixada por cônjuge ou companheiro**.

Resguarda a Lei n. 8.213/91 direito de opção pela pensão **mais vantajosa**.

Antes da Lei n. 13.135/2015, a definição da pensão "mais vantajosa" era sinônima de "maior expressão monetária".

Desde 2015 a duração do benefício de pensão por morte deixada por cônjuge ou companheiro(a) foi impactada pela Lei n. 13.135, que estabeleceu duração a alguns casos de apenas quatro meses (art. 77, § 2º, V, *b*, da Lei n. 8.213/91), e por exceção à forma vitalícia (art. 77, § 2º, V, *b*, da Lei n. 8.213/91).

---

[2] Art. 124, parágrafo único, da LB.

Diante desse contexto, é mais vantajosa a permanência de pensão por morte vitalícia no valor de um salário mínimo recebida desde antes de 2015, do que a pensão por morte deixada pelo falecimento em 2020 do atual marido, ainda que no valor-teto, mas com duração restrita a quatro meses.

Com relação à pensão deixada a "filho" (classe I), a pais (classe II) ou a irmão (classe III) é plenamente permitida a cumulação de pensões por morte, não há vedação!

Assim, o filho pode receber duas pensões deixadas em razão do óbito dos pais (ambos segurados da previdência); a mãe pode, em tese, receber três pensões por morte: uma deixada pelo seu falecido marido, e outras duas deixadas por óbito de dois filhos (que eram segurados e não tinham ninguém da classe I), desde que comprovada a dependência econômica.

A Lei n. 13.846/2019 vedou a concessão de auxílio-reclusão a quem usufrua pensão por morte.

Permitida a percepção de **seguro-desemprego** com pensão por morte (art. 124, parágrafo único, da Lei n. 8.213/91).

6. ACUMULAÇÃO DO VALOR DA PENSÃO POR MORTE COM PENSÃO E APOSENTADORIA (EC N. 103/2019)

Reforma da Previdência. O art. 24 da EC n. 103/2019, em sua primeira parte, reproduz a vedação já existente no inciso VI do art. 124 da Lei n. 8.213/91, vedando a acumulação de mais de uma pensão por morte deixada por cônjuge ou companheiro, **no âmbito do mesmo** regime de previdência social.

O art. 24 da EC n. 103/2019 **permite a percepção** de aposentadoria com pensão, traz, no entanto, **redutor ao valor do benefício de menor valor**, assegurando o valor integral do benefício mais vantajoso.

Diante do novo regramento de *status* constitucional, a acumulação da pensão por morte com outro benefício do mesmo titular ensejará **a redução do valor do benefício menos vantajoso** nas seguintes hipóteses:

I – pensão por morte mantida no RGPS, instituída por cônjuge ou companheiro, **acumulada com pensão por morte mantida por outro regime** de previdência social, **também instituída por cônjuge ou companheiro**, inclusive as decorrentes das atividades militares; e

II – pensão por morte instituída por cônjuge ou companheiro, de qualquer regime de previdência social, inclusive as decorrentes das atividades militares, **acumuladas com aposentadorias concedidas** por qualquer regime de previdência social ou com proventos de inatividade decorrentes das atividades militares.

> **Atenção!** As regras de acumulação acima anunciadas são aplicáveis apenas:
> I – às pensões instituídas por cônjuge ou companheiro, ex-cônjuge e ex-companheiro; e
> II – às hipóteses em que o fato gerador ou preenchimento dos requisitos de qualquer dos benefícios **seja posterior a 14 de novembro de 2019**, independentemente do início dos demais.

Verificada uma das hipóteses de acumulação, por força da disposição contida no § 2º do art. 24 da EC n. 103/2019, **será mantido o valor integral** do benefício **mais vantajoso** e, para **os demais benefícios**, é garantido o valor de um salário mínimo e, caso supere esse valor, será acrescido de:

I – **60% do valor que exceder um salário mínimo**, até o limite de dois salários mínimos;

II – **40% do valor que exceder dois salários mínimos**, até o limite de três salários mínimos;

III – **20% do valor que exceder três salários mínimos**, até o limite de quatro salários mínimos; e

IV – **10% do valor que exceder quatro salários mínimos**.

Para ilustrar a aplicação dessa nova regra trazida pela Reforma da Previdência de 2019, suponha que no início do ano de 2020 segurado do INSS venha a se aposentar, recebendo R$ 3.000,00, alguns meses depois, torna-se pensionista pela ocorrência do falecimento de sua esposa, que era segurada do INSS, passaria a ter direito a receber a renda de R$ 4.000,00, porém, por força da regra de redução trazida pela EC n. 103/2019, o valor do benefício "menos vantajoso" será assim equacionado:

1) percepção do **valor integral do benefício mais vantajoso**;
   Nessa ilustração = pensão por morte R$ 4.000,00.
2) o benefício **menos vantajoso com redução**, nesse caso "aposentadoria", que seria de R$ 3.000,00, mas diante da acumulação com outro benefício sofrerá redutor e receberá R$ 2.036,00:

Redutor	Valor do benefício menos vantajoso
100% de um salário mínimo (R$ 1.045,00)	R$ 1.045,00
60% do valor que exceder um salário mínimo (R$ 1.045,00), **até o limite** de dois salários mínimos (R$ 2.090,00)	R$ 627,00
40% do valor que exceder dois salários mínimos (R$ 2.090,00), **até o limite** de três salários mínimos (R$ 3.135,00)	R$ 364,00
Valor total	R$ 2.036,00

O titular do benefício reduzido poderá, **a qualquer tempo**, solicitar a revisão do benefício que sofreu redução, se houver alteração em algum dos benefícios, nos termos do § 3º do art. 24 da EC n. 103/2019.

No exemplo dado acima, o benefício "mais vantajoso" era de pensão por morte (R$ 4.000,00) que se posteriormente vier a ser cessado pelo atingimento do seu tempo de duração, não haverá mais acumulação, devendo restabelecer, a partir de então, o valor de sua aposentadoria, em redutores (R$ 3.000,00).

Anote-se, por fim, que se o benefício menos vantajoso for de pensão por morte, e havendo mais de um dependente para o mesmo benefício (filho, por exemplo), o valor da pensão por morte a ser considerado para efeito de aplicação das regras de acumulação será apenas o referente à cota parte do cônjuge ou companheiro (ex-cônjuge ou ex-companheiro) sujeito à regra de redução.

7. AUXÍLIO-RECLUSÃO

Não é permitida a **concessão de benefício assistencial** (BPC da LOAS) a quem usufrua auxílio-reclusão (benefício previdenciário).

A partir de 13 de dezembro de 2002, data da publicação da MP n. 83, convertida na Lei n. 10.666/2003, o segurado recluso, que contribuir na forma do § 6º do art. 116 do RPS, não faz jus aos benefícios de auxílio por incapacidade temporária e de aposentadoria durante a percepção pelos dependentes do auxílio-reclusão, sendo permitida a opção, desde que manifestada também pelos dependentes, pelo benefício mais vantajoso.

O segurado recluso em regime fechado a partir de 18 de janeiro de 2019, data da publicação da MP n. 871/2019, não terá o direito aos benefícios de salário-maternidade e de aposentadoria reconhecido durante a percepção, pelos dependentes, do benefício de auxílio-reclusão, exceto se manifestada a opção pelo benefício mais vantajoso também pelos dependentes.

A Lei n. 13.846/2019 vedou a coexistência do auxílio-reclusão com auxílio-doença, pensão por morte, salário-maternidade, aposentadoria (e ao benefício extinto em 1994 de abono de permanência em serviço).

O Decreto n. 3.048/99 admite, no § 2º do art. 167, o recebimento conjunto de seguro-desemprego e auxílio-reclusão.

8. BENEFÍCIO ASSISTENCIAL DE PRESTAÇÃO CONTINUADA

A Lei n. 8.742/93, no art. 20, § 4º, estabelece que o benefício de prestação continuada da assistência social (art. 203, V, da CF) não pode ser acumulado pelo beneficiário **com qualquer outro no âmbito da seguridade social** ou de outro regime, **salvo o da assistência médica e da pensão especial de natureza indenizatória**.

Desse modo, o idoso ou deficiente que recebe, por exemplo, **benefício previdenciário**, qualquer que seja (auxílio-acidente, pensão por morte, aposentadoria, por exemplo) não pode receber o benefício assistencial.

Nos casos de benefício assistencial concedido a partir de 7 de julho de 2011, data de publicação da Lei n. 12.435, de 6 de julho de 2011, será admitida sua acumulação com as seguintes prestações de natureza indenizatória:

I – espécie 54 – Pensão Indenizatória a Cargo da União;

II – espécie 56 – Pensão Especial aos Deficientes Físicos Portadores da Síndrome da Talidomida – Lei n. 7.070, de 1982;

III – espécie 60 – Benefício Indenizatório a Cargo da União;

IV – espécie 89 – Pensão Especial aos Dependentes das Vítimas da Hemodiálise – Caruaru-PE – Lei n. 9.422/96; e

V – espécie 96 – Pensão Especial (Hanseníase) – Lei n. 11.520/2007.

9. REGRAS CONSTITUCIONAIS DO ART. 201 DA CF

DA PREVIDÊNCIA SOCIAL

Art. 201. A previdência social será organizada sob a forma do Regime Geral de Previdência Social, de caráter contributivo e de filiação obrigatória, observados critérios que preservem o equilíbrio financeiro e atuarial, e atenderá, na forma da lei, a:

I – cobertura dos eventos de incapacidade temporária ou permanente para o trabalho e idade avançada;

II – proteção à maternidade, especialmente à gestante;

III – proteção ao trabalhador em situação de desemprego involuntário;

IV – salário-família e auxílio-reclusão para os dependentes dos segurados de baixa renda;

V – pensão por morte do segurado, homem ou mulher, ao cônjuge ou companheiro e dependentes, observado o disposto no § 2º.

§ 1º É vedada a adoção de requisitos ou critérios diferenciados para concessão de benefícios, ressalvada, nos termos de lei complementar, a possibilidade de previsão de idade e tempo de contribuição distintos da regra geral para concessão de aposentadoria exclusivamente em favor dos segurados:

I – com deficiência, previamente submetidos a avaliação biopsicossocial realizada por equipe multiprofissional e interdisciplinar;

II – cujas atividades sejam exercidas com efetiva exposição a agentes químicos, físicos e biológicos prejudiciais à saúde, ou associação desses agentes, vedada a caracterização por categoria profissional ou ocupação.

§ 2º Nenhum benefício que substitua o salário de contribuição ou o rendimento do trabalho do segurado terá valor mensal inferior ao salário mínimo.

§ 3º Todos os salários de contribuição considerados para o cálculo de benefício serão devidamente atualizados, na forma da lei.

§ 4º É assegurado o reajustamento dos benefícios para preservar-lhes, em caráter permanente, o valor real, conforme critérios definidos em lei.

§ 5º É vedada a filiação ao regime geral de previdência social, na qualidade de segurado facultativo, de pessoa participante de regime próprio de previdência.

§ 6º A gratificação natalina dos aposentados e pensionistas terá por base o valor dos proventos do mês de dezembro de cada ano.

§ 7º É assegurada aposentadoria no regime geral de previdência social, nos termos da lei, obedecidas as seguintes condições:

I – 65 anos de idade, se homem, e 62 anos de idade, se mulher, observado tempo mínimo de contribuição;

II – 60 anos de idade, se homem, e 55 anos de idade, se mulher, para os trabalhadores rurais e para os que exerçam suas atividades em regime de economia familiar, nestes incluídos o produtor rural, o garimpeiro e o pescador artesanal.

§ 8º O requisito de idade a que se refere o inciso I do § 7º será reduzido em 5 anos, para o professor que comprove tempo de efetivo exercício das funções de magistério na educação infantil e no ensino fundamental e médio fixado em lei complementar.

§ 9º Para fins de aposentadoria, será assegurada a contagem recíproca do tempo de contribuição entre o Regime Geral de Previdência Social e os regimes próprios de previdência social, e destes entre si, observada a compensação financeira, de acordo com os critérios estabelecidos em lei.

§ 9º-A. O tempo de serviço militar exercido nas atividades de que tratam os arts. 42, 142 e 143 e o tempo de contribuição ao Regime Geral de Previdência Social ou a regime próprio de previdência social terão contagem recíproca para fins de inatividade militar ou aposentadoria, e a compensação financeira será devida entre as receitas de contribuição referentes aos militares e as receitas de contribuição aos demais regimes.

§ 10. Lei complementar poderá disciplinar a cobertura de benefícios não programados, inclusive os decorrentes de acidente do trabalho, a ser atendida concorrentemente pelo Regime Geral de Previdência Social e pelo setor privado.

§ 11. Os ganhos habituais do empregado, a qualquer título, serão incorporados ao salário para efeito de contribuição previdenciária e consequente repercussão em benefícios, nos casos e na forma da lei.

§ 12. Lei instituirá sistema especial de inclusão previdenciária, com alíquotas diferenciadas, para atender aos trabalhadores de baixa renda, inclusive os que se encontram em situação de informalidade, e àqueles sem renda própria que se dediquem exclusivamente ao trabalho doméstico no âmbito de sua residência, desde que pertencentes a famílias de baixa renda.

§ 13. A aposentadoria concedida ao segurado de que trata o § 12 terá valor de 1 (um) salário mínimo.

§ 14. É vedada a contagem de tempo de contribuição fictício para efeito de concessão dos benefícios previdenciários e de contagem recíproca.

§ 15. Lei complementar estabelecerá vedações, regras e condições para a acumulação de benefícios previdenciários.

§ 16. Os empregados dos consórcios públicos, das empresas públicas, das sociedades de economia mista e das suas subsidiárias serão aposentados compulsoriamente, observado o cumprimento do tempo mínimo de contribuição, ao atingir a idade máxima de que trata o inciso II do § 1º do art. 40, na forma estabelecida em lei.

CAPÍTULO 16
COMPETÊNCIA PARA APRECIAR AÇÕES JUDICIAIS

Conforme decidido em 2014 pelo STF (Recurso Extraordinário 631.240, com repercussão geral reconhecida), o segurado (ou dependente) somente poderá ingressar com ação judicial contra o INSS se antes tiver efetivado o **prévio requerimento administrativo** perante uma das agências da Previdência Social.

A prévia postulação administrativa é uma das condições da ação: o interesse processual. Em seu voto, o ministro Relator enfatiza:

> Não há como caracterizar lesão ou ameaça de direito sem que tenha havido um prévio requerimento do segurado. O INSS não tem o dever de conceder o benefício de ofício. Para que a parte possa alegar que seu direito foi desrespeitado é preciso que o segurado vá ao INSS e apresente seu pedido.

Atenção! Não há exigência de esgotamento da via administrativa. Diante da primeira negativa de concessão do benefício pela agência do seguro social, ou ausência de resposta por mais de 45 dias, poderá o segurado ajuizar ação contra o INSS.

Quanto à competência para apreciação no âmbito judicial, nos termos do art. 109 da CF, **compete à Justiça Federal** apreciar a matéria previdenciária, sempre que o INSS for parte interessada na condição de autora, ré, assistente ou oponente, ao passo que as causas de benefícios fundadas em **acidente do trabalho são da competência da Justiça Estadual**.

As ações judiciais nas quais o autor postule benefício previdenciário de aposentadoria por tempo de contribuição, aposentadoria especial, aposentadoria por idade, salário-família, salário-maternidade e auxílio-reclusão (depois de satisfeito o prévio requerimento administrativo) será da alçada da Justiça Federal Comum, admitida a competência delegada prevista nos §§ 3º e 4º do art. 109 da CF (*vide* Lei n. 13.876/2019).

Existem também benefícios previdenciários **por incapacidade laborativa**, nominados auxílio-acidente, auxílio-doença (auxílio por incapacidade temporária), aposentadoria por incapacidade permanente, e, no caso de morte do segurado, pensão por morte.

Esses benefícios são deferidos quer sejam decorrentes ou não de acidente ou doença **relacionada com o ambiente de trabalho**.

Caso a doença ou acidente que fundamente a incapacidade (ou morte) não tiver liame causal com o trabalho os benefícios serão nominados **previdenciários em sentido estrito**.

De outra toada, serão chamados de **benefícios acidentários** aqueles nos quais a causa da incapacidade (ou morte) do segurado possua nexo causal com o ambiente de trabalho.

Competência – Regra 1: Ações previdenciárias em sentido estrito (significa dizer, sem qualquer relação com acidente ou doença relacionada com o ambiente de trabalho).

Competência: **Justiça Federal**, salvo se quando a Comarca de domicílio do segurado estiver localizada a mais de 70 km de Município sede de Vara Federal, regramento estabelecido pela Lei n. 13.876/2019 (que deu nova redação à Lei n. 5.010/66).

Nesse caso, a competência para apreciação do feito, a teor do art. 109, § 3º, será da Justiça Estadual **(denominada competência delegada)**.

Essa disposição do art. 109, § 3º, **apenas** permite que **a competência em primeiro grau de jurisdição** seja delegada para a Justiça Estadual.

A apreciação de recurso voluntário, ou de remessa obrigatória (reexame necessário: art. 496 do CPC de 2015), deverá ser **sempre efetuada pelo Tribunal Regional Federal**, e não pelo Tribunal Estadual local.

Competência – Regra 2: Ações pleiteando proteção previdenciária tendo como causa de pedir a ocorrência de **Acidente do Trabalho**.

Competência: Justiça Estadual.

> **Atenção!** Recurso voluntário ou reexame necessário sempre para o Tribunal de Justiça.

A existência de relação causal com o labor produz efeitos, o primeiro deles é a respeito da competência jurisdicional, se se tratar de benefício acidentário (Regra 2) o juiz federal será absolutamente incompetente para processar e julgar a ação, sendo competente o juiz estadual (de primeira e segunda instância).

Tratando-se de benefício estritamente previdenciário (Regra 1) a competência será do juiz federal, admitindo a CF a delegação (apenas em primeira instância) dessa competência ao juiz estadual do foro de domicílio do segurado (desde que a Comarca de domicílio do segurado esteja localizada a mais de 70 km de Município sede de Vara Federal – Lei n. 13.876/2019).

A competência delegada existe para facilitar o acesso à jurisdição.

Nas ações previdenciárias *stricto sensu*, conforme orientação sumular do STF, n. 689, o segurado pode ajuizar ação contra a instituição previdenciária perante o juízo federal do seu domicílio ou nas varas federais da capital do estado-membro.

> **Atenção!** Proposta a demanda previdenciária em subseção diversa da do domicílio do segurado ou da subseção da capital, **é defeso ao magistrado federal, de ofício, declinar a competência**, nos moldes da Súmula 23 do E. TRF da 3ª Região: "É territorial e não funcional a divisão da **Seção Judiciária** de São Paulo **em Subseções. Sendo territorial, a competência é relativa**, não podendo ser declinada de ofício, conforme dispõe o art. 112 do CPC e Súmula 33 do STJ".

A título de exceção, nas comarcas que não sejam sede de Vara Federal, os beneficiários[1] da previdência (segurados[2] e dependentes) poderão (trata-se de faculdade colocada à disposição do beneficiário da Previdência Social) ajuizar as demandas previdenciárias na Justiça Estadual contra o INSS (competência delegada) sempre que a Comarca de domicílio do segurado estiver localizada a mais de 70 km de Município sede de Vara Federal (Lei n. 13.876/2019).

Registre-se que no âmbito da Justiça Federal as ações previdenciárias em sentido estrito cujo valor da causa seja de até 60 salários mínimos terão curso perante o Juizado Especial Federal[3], hi-

---

[1] Súmula 22 do TRF 3ª Região (PRSU 2005.03.00.021046-4): "É extensível aos beneficiários da Assistência Social (inciso V do art. 203 da CF) a regra de delegação de competência do § 3º do art. 109 da Constituição Federal, sendo exclusiva a legitimidade passiva do INSS".

[2] Súmula 20 do TRF 3ª Região (PRSU 2002.03.00.052631-4): "A regra do § 3º do art. 109 da Constituição Federal abrange não só os segurados e beneficiários da Previdência Social, como também aqueles que pretendem ver declarada tal condição".

[3] Lei n. 10.259/2001.

pótese inocorrente na Justiça Estadual, uma vez que a Lei n. 9.099[4] expressamente excluiu as causas de acidente de trabalho da Justiça Especial Estadual.

O INSS possui prazo em dobro para todas as suas manifestações processuais, cuja contagem terá início a partir da intimação pessoal (art. 183 do CPC).

A intimação da Autarquia Previdenciária será realizada perante o órgão de Advocacia Pública responsável por sua representação judicial: Procuradoria Federal, órgão integrante da Advocacia Geral da União (art. 269, § 3º, do CPC).

Tanto na Justiça Estadual quanto na Federal, os prazos recursais do INSS têm início com a **intimação pessoal de seus procuradores federais**[5], em consonância com o art. 17 da Lei n. 10.910/2004.

Com relação aos processos em meio físico, ocorrida a intimação pessoal, o prazo recursal passa a fluir a partir do momento **da juntada do mandado** devidamente cumprido aos autos.

A questão jurídica em debate foi pacificada pela Corte Especial do E. STJ que, por maioria, em 2005, no julgamento do EREsp n. 601.682/RJ, da relatoria do Ministro José Delgado.

Com o advento dos processos digitais, considera-se como data de publicação o primeiro dia útil seguinte ao da disponibilização da informação no *Diário da Justiça eletrônico*.

A competência da Justiça Estadual para apreciar as ações de acidente do trabalho, fundadas no direito especial (Lei n. 8.213/91), propostas em face da autarquia federal (INSS) não sofreu abalo com a vinda da EC n. 45/2004.

Referida emenda deslocou à Justiça do Trabalho as ações de indenização por dano moral ou patrimonial, decorrentes da relação de trabalho **(reclamatórias trabalhistas)**, ajuizadas pelo (ex) empregado-acidentado contra o (ex)empregador (reclamação trabalhista, art. 114, VI[6], da CF, e Súmula Vinculante 22: "A Justiça do Trabalho é competente para processar e julgar as ações de indenização por danos morais e patrimoniais decorrentes de acidente de trabalho propostas por empregado contra empregador").

COMPETÊNCIA	Justiça Estadual (art. 109, I, da CF)	Justiça do Trabalho (art. 114, VI, da CF)
PARTE	Autor: segurado	Autor: (ex)empregado
	Réu INSS	Réu: (ex)Empregador
CAUSA DE PEDIR	Incapacidade decorrente de acidente ou doença relacionada com o trabalho	
PEDIDO	Benefício Previdenciário	Indenização
LEGISLAÇÃO	Art. 201, I, da CF Lei n. 8.213/91	Art. 7º, XXVII, da CF Art. 927 do CC

---

[4] "Art. 3º (...) § 2º Ficam excluídas da competência do Juizado Especial as causas de natureza alimentar, falimentar, fiscal e de interesse da Fazenda Pública, e também as relativas a acidentes de trabalho, a resíduos e ao estado e capacidade das pessoas, ainda que de cunho patrimonial."

[5] Por força da Lei n. 9.469/97, art. 9º, a representação judicial das autarquias e fundações públicas por seus procuradores federais, ocupantes de cargos efetivos dos respectivos quadros, independe da apresentação do instrumento de mandato. **Súmula 644 do STF: "Ao procurador autárquico não é exigível a apresentação de instrumento de mandato para representá-la em juízo".**

[6] "Art. 114. Compete à Justiça do Trabalho processar e julgar: (...) VI – as ações de indenização por dano moral ou patrimonial, decorrentes da relação de trabalho; (...)."

> **Atenção!** A competência nas ações de mandado de segurança não é aferida em razão da matéria, mas em atenção à pessoa da autoridade citada como coatora. Desse modo, qualquer mandado de segurança impetrado diante de autoridade administrativa do INSS é de competência da justiça federal, ainda que verse sobre benefício decorrente de acidente do trabalho.

Subsiste, por fim, a ação regressiva acidentária, alicerçada no art. 120 da Lei n. 8.213/91, estabelecendo o cabimento:

1) nos casos de negligência quanto às normas padrão de segurança e higiene do trabalho indicados para a proteção individual e coletiva, a Previdência Social proporá ação regressiva contra os responsáveis; e

2) violência doméstica e familiar contra a mulher, nos termos da Lei n. 11.340/2006 **(novidade trazida pela Lei n. 13.846/2019)**.

É dever do INSS propor ação regressiva acidentária sempre que constatar conduta culposa do empregador na ocorrência do acidente e a demonstração da conduta dolosa do agressor.

Nessa ação, o INSS será autor, enquanto a empresa-empregadora (e o homem agressor) será parte ré, o pedido é de ser condenada a empresa-ré a ressarcir aos cofres públicos todos os valores pagos e aqueles que o INSS ainda pagará ao segurado a título de benefício (sem prejuízo da continuidade dos pagamentos mensais do benefício pelo INSS ao segurado). A justiça competente[7] para processar e julgar a ação regressiva é **a Justiça Federal**.

Para melhor compreensão:

1) Empregado perde a mão ou braço na prensa da fábrica durante o horário de trabalho; nessa situação fará jus a benefício acidentário (poderá ser auxílio-acidente; auxílio-doença ou aposentadoria por invalidez e, no caso de morte do segurado, o dependente fará jus a pensão por morte).

Caso o INSS negue a concessão do benefício (prévio requerimento), haverá interesse de agir, significa dizer, poderá o segurado ajuizar ação perante a **Justiça Estadual** contra o INSS para obter o **benefício acidentário** (Regra 2, conforme exceção prevista no inciso I do art. 109 da CF).

2) O pagamento, pela Previdência Social, das prestações por acidente do trabalho não exclui a responsabilidade civil da empresa (art. 121 da Lei n. 8.213/91).

Esse mesmo empregado acidentado, caso o acidente tenha decorrido de culpa do empregador (por exemplo, não fornecimento de capacitação para o empregado operar o maquinário), poderá ajuizar ação para obter **indenização** por danos morais e materiais contra a empresa-empregadora; nesta hipótese a ação deverá ser proposta perante a **Justiça do Trabalho**.

3) Ao verificar que o acidente com a prensa da fábrica decorreu de conduta culposa do empregador, deverá o INSS propor ação regressiva acidentária contra a empresa perante a **Justiça Federal**.

A Lei n. 13.846/2019 possibilitou ao INSS ajuizar **ação regressiva contra o Titular do Cartório de Registro Civil de Pessoas Naturais** que descumprir a obrigação de remeter (ou fornecer informação inexata) ao INSS, **em até um dia útil,** pelo Sistema Nacional de Informações de Registro Civil (SIRC), a relação dos nascimentos, dos natimortos, dos casamentos, dos óbitos, das averbações, das anotações e das retificações registradas na serventia.

Nessa ação regressiva, o notário/tabelião deverá ressarcir os danos sofridos pelo INSS.

---

[7] A matéria é pacífica perante o STJ (*vide* Conflito de Competência n. 140.071: ação regressiva ajuizada pelo INSS. Art. 120 da Lei n. 8.213/91. Competência da Justiça Federal). Perante o STF há Recurso Extraordinário com repercussão geral reconhecida ainda pendente de julgamento.

Exemplo, o cartório descumpre a obrigação legal de comunicar a ocorrência de óbito, o INSS sem essa informação continuou efetivando o pagamento de benefício por mais 3 meses além do falecimento, e o valor depositado entre o óbito e a efetiva cessação tenha sido "sacado" por pessoa não identificada que possuía cartão bancário e senha do falecido. Esse prejuízo poderá ser exigido pelo INSS, em ação regressiva, do Titular do Cartório de Registro Civil de Pessoas Naturais.

1. JURISPRUDÊNCIA

Ação acidentária

STJ. Tema repetitivo 1053. Tese firmada: Os Juizados Especiais da Fazenda Pública não têm competência para o julgamento de ações decorrentes de acidente de trabalho em que o Instituto Nacional do Seguro Social figure como parte. (Trânsito em julgado: 24-8-2021)

STJ. Tema repetitivo 1044. Tese firmada: Nas ações de acidente do trabalho, os honorários periciais, adiantados pelo INSS, constituirão despesa a cargo do Estado, nos casos em que sucumbente a parte autora, beneficiária da isenção de ônus sucumbenciais, prevista no parágrafo único do art. 129 da Lei n. 8.213/91. (Trânsito em julgado: 16-5-2022)

Ação previdenciária

STJ. Tema repetitivo 1105. Tese firmada: Continua eficaz e aplicável o conteúdo da Súmula 111/STJ (com a redação modificada em 2006), mesmo após a vigência do CPC/2015, no que tange à fixação de honorários advocatícios.

Benefícios previdenciários

STJ. Tema repetitivo 692. Tese firmada: A reforma da decisão que antecipa os efeitos da tutela final obriga o autor da ação a devolver os valores dos benefícios previdenciários ou assistenciais recebidos, o que pode ser feito por meio de desconto em valor que não exceda 30% (trinta por cento) da importância de eventual benefício que ainda lhe estiver sendo pago.

STJ. Tema repetitivo 1018. Tese firmada: O Segurado tem direito de opção pelo benefício mais vantajoso concedido administrativamente, no curso de ação judicial em que se reconheceu benefício menos vantajoso. Em cumprimento de sentença, o segurado possui o direito à manutenção do benefício previdenciário concedido administrativamente no curso da ação judicial e, concomitantemente, à execução das parcelas do benefício reconhecido na via judicial, limitadas à data de implantação daquele conferido na via administrativa.

STJ. Tema repetitivo 979. Tese firmada: Com relação aos pagamentos indevidos aos segurados decorrentes de erro administrativo (material ou operacional), não embasado em interpretação errônea ou equivocada da lei pela Administração, são repetíveis, sendo legítimo o desconto no percentual de até 30% (trinta por cento) de valor do benefício pago ao segurado/beneficiário, ressalvada a hipótese em que o segurado, diante do caso concreto, comprova sua boa-fé objetiva, sobretudo com demonstração de que não lhe era possível constatar o pagamento indevido. (Trânsito em julgado: 17-6-2021)

STJ. Tema repetitivo 660. Tese firmada: "(...) a concessão de benefícios previdenciários depende de requerimento administrativo", conforme decidiu o Plenário do Supremo Tribunal Federal, no julgamento do RE 631.240/MG, sob o rito do art. 543-B do CPC, observadas "as situações de ressalva e fórmula de transição a ser aplicada nas ações já ajuizadas até a conclusão do aludido julgamento (3-9-2014)". (Trânsito em julgado: 4-3-2015)

STF. Tema RG 350. Tese firmada: I – A concessão de benefícios previdenciários depende de requerimento do interessado, não se caracterizando ameaça ou lesão a direito antes de sua apreciação e indeferimento pelo INSS, ou se excedido o prazo legal para sua análise. É bem de ver, no entanto, que a exigência de prévio requerimento não se confunde com o exaurimento das vias administrativas; II – A exigência de prévio requerimento administrativo não deve prevalecer quando o entendimento da Administração for notória e reiteradamente contrário à postulação do segurado; III – Na hipótese de pretensão de revisão, restabelecimento ou manutenção de benefício anteriormente concedido, considerando que o INSS tem o dever legal de conceder a prestação mais vantajosa possível, o pedido poderá ser formulado diretamente em juízo – salvo se depender da análise de matéria de fato ainda não levada ao conhecimento da Administração –, uma vez que, nesses casos, a conduta do INSS já configura o não acolhimento ao menos tácito da pretensão; IV – Nas ações ajuizadas antes da conclusão do julgamento do RE 631.240/MG (3-9-2014) que não tenham sido instruídas por prova do prévio requerimento administrativo, nas hipóteses em que exigível, será observado o seguinte: (a) caso a ação tenha sido ajuizada no âmbito de Juizado Itinerante, a ausência de anterior pedido administrativo não deverá implicar a extinção do feito; (b) caso o INSS já tenha apresentado contestação de mérito, está caracterizado o interesse em agir pela resistência à pretensão; e (c) as demais ações que não se enquadrem nos itens (a) e (b) serão sobrestadas e baixadas ao juiz de primeiro grau, que deverá intimar o autor a dar entrada no pedido administrativo em até 30 dias, sob pena de extinção do processo por falta de interesse em agir. Comprovada a postulação administrativa, o juiz intimará o INSS para se manifestar acerca do pedido em até 90 dias. Se o pedido for acolhido administrativamente ou não puder ter o seu mérito analisado devido a razões imputáveis ao próprio requerente, extingue-se a ação. Do contrário, estará caracterizado o interesse em agir e o feito deverá prosseguir; V – Em todos os casos acima – itens (a), (b) e (c) –, tanto a análise administrativa quanto a judicial deverão levar em conta a data do início da ação como data de entrada do requerimento, para todos os efeitos legais.

STJ. Tema repetitivo 995. Tese firmada: É possível a reafirmação da DER (Data de Entrada do Requerimento) para o momento em que implementados os requisitos para a concessão do benefício, mesmo que isso se dê no interstício entre o ajuizamento da ação e a entrega da prestação jurisdicional nas instâncias ordinárias, nos termos dos arts. 493 e 933 do CPC/2015, observada a causa de pedir. (Trânsito em julgado: 29-10-2020)

STJ. Tema repetitivo 1013. Tese firmada: No período entre o indeferimento administrativo e a efetiva implantação de auxílio-doença ou de aposentadoria por invalidez, mediante decisão judicial, o segurado do RPGS tem direito ao recebimento conjunto das rendas do trabalho exercido, ainda que incompatível com sua incapacidade laboral, e do respectivo benefício previdenciário pago retroativamente. (Trânsito em julgado: 25-3-2021)

Desistência de ação

STJ. Tema repetitivo 524. Tese firmada: Após o oferecimento da contestação, não pode o autor desistir da ação, sem o consentimento do réu (art. 267, § 4º, do CPC), sendo que é legítima a oposição à desistência com fundamento no art. 3º da Lei n. 9.469/97, razão pela qual, nesse caso, a desistência é condicionada à renúncia expressa ao direito sobre o qual se funda a ação. (Trânsito em julgado: 10-9-2012)

STF. Tema RG. 100. Tese firmada: 1) é possível aplicar o art. 741, parágrafo único, do CPC/73, atual art. 535, § 5º, do CPC/2015, aos feitos submetidos ao procedimento sumaríssimo, desde que o trânsito em julgado da fase de conhecimento seja posterior a 27-8-2001; 2) é admissível a invocação como fundamento da inexigibilidade de ser o título judicial fundado em 'aplicação ou interpretação tida como incompatível com a Constituição' quando houver pronunciamento jurisdicional, contrário ao decidido pelo Plenário do Supremo Tribunal Federal, seja no controle difuso, seja no controle concentrado de constitucionalidade; 3) o art. 59 da Lei n. 9.099/95 não impede a desconstituição da coisa julgada quando o título executivo judicial se amparar em contrariedade à interpretação ou sentido da norma conferida pela Suprema Corte, anterior ou posterior ao trânsito em julgado, admitindo, respectivamente, o manejo (i) de impugnação ao cumprimento de sentença ou (ii) de simples petição, a ser apresentada em prazo equivalente ao da ação rescisória.

ANEXOS

1. SÚMULAS DO STF

Súmula Vinculante 8
São inconstitucionais o parágrafo único do art. 5º do Decreto-lei n. 1.569/77 e os arts. 45 e 46 da Lei n. 8.212/91, que tratam de prescrição e decadência de crédito tributário.

Súmula Vinculante 17
Durante o período previsto no § 1º do art. 100 da Constituição, não incidem juros de mora sobre os precatórios que nele sejam pagos.

Súmula Vinculante 22
A Justiça do Trabalho é competente para processar e julgar as ações de indenização por danos morais e patrimoniais decorrentes de acidente de trabalho propostas por empregado contra empregador, inclusive aquelas que ainda não possuíam sentença de mérito em primeiro grau quando da promulgação da Emenda Constitucional n. 45/2004.

Súmula Vinculante 24
Não se tipifica crime material contra a ordem tributária, previsto no art. 1º, I a IV, da Lei n. 8.137/90, antes do lançamento definitivo do tributo.

Súmula Vinculante 28
É inconstitucional a exigência de depósito prévio como requisito de admissibilidade de ação judicial na qual se pretenda discutir a exigibilidade de crédito tributário.

Súmula Vinculante 33
Aplicam-se ao servidor público, no que couber, as regras do regime geral da previdência social sobre aposentadoria especial de que trata o art. 40, § 4º, III, da Constituição Federal, até a edição de lei complementar específica.

Súmula Vinculante 50
Norma legal que altera o prazo de recolhimento de obrigação tributária não se sujeita ao princípio da anterioridade.

Súmula Vinculante 53
A competência da Justiça do Trabalho prevista no art. 114, VIII, da Constituição Federal alcança a execução de ofício das contribuições previdenciárias relativas ao objeto da condenação constante das sentenças que proferir e acordos por ela homologados.

Súmula 225
Não é absoluto o valor probatório das anotações da carteira profissional.

Súmula 235
É competente para a ação de acidente do trabalho a Justiça Cível Comum, inclusive em segunda instância, ainda que seja parte autarquia seguradora.

Súmula 644
Ao titular do cargo de Procurador de Autarquia não se exige a apresentação de instrumento de mandato para representá-la em juízo.

Súmula 687
A revisão de que trata o art. 58 do Ato das Disposições Constitucionais Transitórias não se aplica aos benefícios previdenciários concedidos após a promulgação da Constituição de 1988.

Súmula 688
É legítima a incidência da contribuição previdenciária sobre o 13º salário.

Súmula 689
O segurado pode ajuizar ação contra a instituição previdenciária perante o Juízo Federal do seu domicílio ou nas Varas Federais da capital do Estado-Membro.

Súmula 726
Para efeito de aposentadoria especial de professores, não se computa o tempo de serviço prestado fora da sala de aula.

Súmula 729
A decisão na Ação Direta de Constitucionalidade n. 4 não se aplica à antecipação de tutela em causa de natureza previdenciária.

Súmula 730
A imunidade tributária conferida a instituições de assistência social sem fins lucrativos pelo art. 150, VI, c, da Constituição, somente alcança as entidades fechadas de previdência social privada se não houver contribuição dos beneficiários.

Súmula 732
É constitucional a cobrança da contribuição do salário-educação, seja sob a carta de 1969, seja sob a Constituição Federal de 1988, e no regime da Lei n. 9.424/96.

2. SÚMULAS DO STJ

Súmula 15
Compete à Justiça Estadual processar e julgar os litígios decorrentes de acidente do trabalho.

Súmula 24
Aplica-se ao crime de estelionato, em que figure como vítima entidade autárquica da previdência social, a qualificadora do § 3º do art. 171 do Código Penal.

Súmula 44
A definição, em ato regulamentar, de grau mínimo de disacusia, não exclui, por si só, a concessão do benefício previdenciário.

Súmula 62
Compete à Justiça Estadual processar e julgar o crime de falsa anotação na carteira de trabalho e previdência social, atribuído à empresa privada.

Súmula 65
O cancelamento, previsto no art. 29 do Decreto-lei n. 2.303, de 21-11-86, não alcança os débitos previdenciários.

Súmula 89
A ação acidentária prescinde do exaurimento da via administrativa.

Súmula 107
Compete à Justiça Comum Estadual processar e julgar crime de estelionato praticado mediante falsificação das guias de recolhimento das contribuições previdenciárias, quando não ocorrente lesão à autarquia federal.

Súmula 110
A isenção do pagamento de honorários advocatícios, nas ações acidentárias, é restrita ao segurado.

Súmula 111
Os honorários advocatícios, nas ações previdenciárias, não incidem sobre as prestações vencidas após a sentença.

Súmula 146
O segurado, vítima de novo infortúnio, faz jus a um único benefício somado ao salário de contribuição vigente no dia do acidente.

Súmula 148
Os débitos relativos a benefício previdenciário, vencidos e cobrados em juízo após a vigência da Lei n. 6.899/81, devem ser corrigidos monetariamente na forma prevista nesse diploma legal.

Súmula 149
A prova exclusivamente testemunhal não basta à comprovação da atividade rurícola, para efeito da obtenção de benefício previdenciário.

Súmula 159
O benefício acidentário, no caso de contribuinte que perceba remuneração variável, deve ser calculado com base na média aritmética dos últimos doze meses de contribuição.

Súmula 175
Descabe o depósito prévio nas ações rescisórias propostas pelo INSS.

Súmula 178
O INSS não goza de isenção do pagamento de custas e emolumentos, nas ações acidentárias e de benefícios, propostas na Justiça Estadual.

Súmula 204
Os juros de mora nas ações relativas a benefícios previdenciários incidem a partir da citação válida.

Súmula 226
O Ministério Público tem legitimidade para recorrer na ação de acidente do trabalho, ainda que o segurado esteja assistido por advogado.

Súmula 242
Cabe ação declaratória para reconhecimento de tempo de serviço para fins previdenciários.

Súmula 272
O trabalhador rural, na condição de segurado especial, sujeito à contribuição obrigatória sobre a produção rural comercializada, somente faz jus à aposentadoria por tempo de serviço, se recolher contribuições facultativas.

Súmula 310
O auxílio-creche não integra o salário de contribuição.

Súmula 336
A mulher que renunciou aos alimentos na separação judicial tem direito à pensão previdenciária por morte do ex-marido, comprovada a necessidade econômica superveniente.

Súmula 340
A lei aplicável à concessão de pensão previdenciária por morte é aquela vigente na data do óbito do segurado.

Súmula 351
A alíquota de contribuição para o Seguro de Acidente do Trabalho (SAT) é aferida pelo grau de risco desenvolvido em cada empresa, individualizada pelo seu CNPJ, ou pelo grau de risco da atividade preponderante quando houver apenas um registro.

Súmula 416
É devida a pensão por morte aos dependentes do segurado que, apesar de ter perdido essa qualidade, preencheu os requisitos legais para a obtenção de aposentadoria até a data do seu óbito.

Súmula 423
A Contribuição para Financiamento da Seguridade Social – Cofins incide sobre as receitas provenientes das operações de locação de bens móveis.

Súmula 425
A retenção da contribuição para a seguridade social pelo tomador do serviço não se aplica às empresas optantes pelo Simples.

Súmula 428
Compete ao Tribunal Regional Federal decidir os conflitos de competência entre juizado especial federal e juízo federal da mesma seção judiciária.

Súmula 456
É incabível a correção monetária dos salários de contribuição considerados no cálculo do salário de benefício de auxílio-doença, aposentadoria por invalidez, pensão ou auxílio-reclusão concedidos antes da vigência da CF/88.

Súmula 458
A contribuição previdenciária incide sobre a comissão paga ao corretor de seguros.

Súmula 468
A base de cálculo do PIS, até a edição da MP n. 1.212/95, era o faturamento ocorrido no sexto mês anterior ao do fato gerador.

Súmula 469
Aplica-se o Código de Defesa do Consumidor aos contratos de plano de saúde.

Súmula 507
A acumulação de auxílio-acidente com aposentadoria pressupõe que a lesão incapacitante e a aposentadoria sejam anteriores a 11-11-97, observado o critério do art. 23 da Lei n. 8.213/91 para definição do momento da lesão nos casos de doença profissional ou do trabalho.

Súmula 508
A isenção da Cofins concedida pelo art. 6º, II, da LC n. 70/91 às sociedades civis de prestação de serviços profissionais foi revogada pelo art. 56 da Lei n. 9.430/96.

Súmula 557
A renda mensal inicial (RMI) alusiva ao benefício de aposentadoria por invalidez precedido de auxílio-doença será apurada na forma do art. 36, § 7º, do Decreto n. 3.048/99, observando-se, porém, os critérios previstos no art. 29, § 5º, da Lei n. 8.213/91, quando intercalados períodos de afastamento e de atividade laboral.

Súmula 576
Ausente requerimento administrativo no INSS, o termo inicial para a implantação da aposentadoria por invalidez concedida judicialmente será a data da citação válida.

Súmula 577
É possível reconhecer o tempo de serviço rural anterior ao documento mais antigo apresentado, desde que amparado em convincente prova testemunhal colhida sob o contraditório.

Súmula 597

A cláusula contratual de plano de saúde que prevê carência para utilização dos serviços de assistência médica nas situações de emergência ou de urgência é considerada abusiva se ultrapassado o prazo máximo de 24 horas contado da data da contratação.

Súmula 608

Aplica-se o Código de Defesa do Consumidor aos contratos de plano de saúde, salvo os administrados por entidades de autogestão.

Súmula 612

O certificado de entidade beneficente de assistência social (CEBAS), no prazo de sua validade, possui natureza declaratória para fins tributários, retroagindo seus efeitos à data em que demonstrado o cumprimento dos requisitos estabelecidos por lei complementar para a fruição da imunidade.

2.1 STJ. Súmulas. Previdência privada

Súmula 289

A restituição das parcelas pagas a plano de previdência privada deve ser objeto de correção plena, por índice que recomponha a efetiva desvalorização da moeda.

Súmula 290

Nos planos de previdência privada, não cabe ao beneficiário a devolução da contribuição efetuada pelo patrocinador.

Súmula 291

A ação de cobrança de parcelas de complementação de aposentadoria pela previdência privada prescreve em cinco anos.

Súmula 321 (Cancelada)

Súmula 427

A ação de cobrança de diferenças de valores de complementação de aposentadoria prescreve em cinco anos contados da data do pagamento.

Súmula 505

A competência para processar e julgar as demandas que têm por objeto obrigações decorrentes dos contratos de planos de previdência privada firmados com a Fundação Rede Ferroviária de Seguridade Social – REFER é da Justiça estadual.

Súmula 563

O Código de Defesa do Consumidor é aplicável às entidades abertas de previdência complementar, não incidindo nos contratos previdenciários celebrados com entidades fechadas.

3. SÚMULAS DA ADVOCACIA-GERAL DA UNIÃO[1]

Súmula 12
É facultado ao segurado ajuizar ação contra a instituição previdenciária perante o Juízo Federal do seu domicílio ou nas Varas Federais da capital do Estado-Membro.

Súmula 15
A suspeita de fraude na concessão de benefício previdenciário não enseja, de plano, a sua suspensão ou cancelamento, mas dependerá de apuração em procedimento administrativo, observados os princípios do contraditório e da ampla defesa.

Súmula 18
Da decisão judicial que determinar a concessão de Certidão Negativa de Débito (CND), em face da inexistência de crédito tributário constituído, não se interporá recurso.

Súmula 25
Será concedido auxílio-doença ao segurado considerado temporariamente incapaz para o trabalho ou sua atividade habitual, de forma total ou parcial, atendidos os demais requisitos legais, entendendo-se por incapacidade parcial aquela que permita sua reabilitação para outras atividades laborais.

Súmula 26
Para a concessão de benefício por incapacidade, não será considerada a perda da qualidade de segurado decorrente da própria moléstia incapacitante.

Súmula 27
Para concessão de aposentadoria no RGPS, é permitido o cômputo do tempo de serviço rural exercido anteriormente à Lei n. 8.213, de 24 de julho de 1991, independente do recolhimento das contribuições sociais respectivas, exceto para efeito de carência.

Súmula 29
Atendidas as demais condições legais, considera-se especial, no âmbito do RGPS, a atividade exercida com exposição a ruído superior a 80 decibéis até 5-3-97, superior a 90 decibéis desta data até 18-11-2003, e superior a 85 decibéis a partir de então.

Súmula 31
É cabível a expedição de precatório referente a parcela incontroversa, em sede de execução ajuizada em face da Fazenda Pública.

Súmula 32
Para fins de concessão dos benefícios dispostos nos arts. 39, inciso I e seu parágrafo único, e 143 da Lei n. 8.213, de 24 de julho de 1991, serão considerados como início razoável de prova material documentos públicos e particulares dotados de fé pública, desde que não contenham ra-

---

[1] Leitura recomendada aos que almejam as carreiras integrantes da AGU – Advogado da União, Procurador Federal e Procurador da Fazenda.

suras ou retificações recentes, nos quais conste expressamente a qualificação do segurado, de seu cônjuge, enquanto casado, ou companheiro, enquanto durar a união estável, ou de seu ascendente, enquanto dependente deste, como rurícola, lavrador ou agricultor, salvo a existência de prova em contrário.

Súmula 38
Incide a correção monetária sobre as parcelas em atraso não prescritas, relativas aos débitos de natureza alimentar, assim como aos benefícios previdenciários, desde o momento em que passaram a ser devidos, mesmo que em período anterior ao ajuizamento de ação judicial.

Súmula 39
São devidos honorários advocatícios nas execuções, não embargadas, contra a Fazenda Pública, de obrigações definidas em lei como de pequeno valor (art. 100, § 3º, da Constituição Federal).

Súmula 45
Os benefícios inerentes à Política Nacional para a Integração da Pessoa Portadora de Deficiência devem ser estendidos ao portador de visão monocular, que possui direito de concorrer, em concurso público, à vaga reservada aos deficientes.

Súmula 51
Falta de prévia designação da(o) companheira(o) como beneficiária(o) da pensão vitalícia de que trata o art. 217, I, *c*, da Lei n. 8.112, de 11 de dezembro de 1990, não impede a concessão desse benefício, se a união estável restar devidamente comprovada por meios idôneos de prova.

Súmula 57
São devidos honorários advocatícios pela Fazenda Pública nas execuções individuais de sentença proferida em ações coletivas, ainda que não embargadas.

Súmula 59
O prazo prescricional para propositura da ação executiva contra a Fazenda Pública é o mesmo da ação de conhecimento.

Súmula 60
Não há incidência de contribuição previdenciária sobre o vale-transporte pago em pecúnia, considerando o caráter indenizatório da verba.

Súmula 64
As contribuições sociais destinadas às entidades de serviço social e formação profissional não são executadas pela Justiça do Trabalho.

Súmula 69
A partir da edição da Lei n. 9.783/99, não é devida pelo servidor público federal a contribuição previdenciária sobre parcela recebida a título de cargo em comissão ou função de confiança.

Súmula 74
Na Reclamação Trabalhista, quando o acordo for celebrado e homologado após o trânsito em julgado, a contribuição previdenciária incidirá sobre o valor do ajuste, respeitada a proporcionalidade das parcelas de natureza salarial e indenizatória deferidas na decisão condenatória.

Súmula 75
Para a acumulação do auxílio-acidente com proventos de aposentadoria, a consolidação das lesões decorrentes de acidentes de qualquer natureza, que resulte sequelas definitivas, nos termos do art. 86 da Lei n. 8.213/91, e a concessão da aposentadoria devem ser anteriores às alterações inseridas no art. 86, § 2º, da Lei n. 8.213/91, pela Medida Provisória n. 1.596-14, convertida na Lei n. 9.528/97.

4. SÚMULAS DA TURMA NACIONAL DE UNIFORMIZAÇÃO – TNU

Súmula 1
DJ de 8-10-2002. A conversão dos benefícios previdenciários em URV, em março/94, obedece às disposições do art. 20, incisos I e II, da Lei n. 8.880/94 (MP n. 434/94).

Súmula 2
DJ de 13-3-2003. Os benefícios previdenciários, em maio de 1996, deverão ser reajustados na forma da Medida Provisória 1.415, de 29 de abril de 1996, convertida na Lei n. 9.711, de 20 de novembro de 1998.

Súmula 3
Cancelada em 30-9-2003.

Súmula 4
DJ de 23-6-2003. Não há direito adquirido à condição de dependente de pessoa designada, quando o falecimento do segurado deu-se após o advento da Lei n. 9.032/95.

Súmula 5
DJ de 25-9-2003. A prestação de serviço rural por menor de 12 a 14 anos, até o advento da Lei n. 8.213, de 24 de julho de 1991, devidamente comprovada, pode ser reconhecida para fins previdenciários.

Súmula 6
DJ de 25-9-2003. A certidão de casamento ou outro documento idôneo que evidencie a condição de trabalhador rural do cônjuge constitui início razoável de prova material da atividade rurícola.

Súmula 8
DJ de 5-11-2003. Os benefícios de prestação continuada, no regime geral da Previdência Social, não serão reajustados com base no IGP-DI nos anos de 1997, 1999, 2000 e 2001.

Súmula 9
DJ de 5-11-2003. O uso de Equipamento de Proteção Individual (EPI), ainda que elimine a insalubridade, no caso de exposição a ruído, não descaracteriza o tempo de serviço especial prestado.

Súmula 10
DJ de 3-12-2003. O tempo de serviço rural anterior à vigência da Lei n. 8.213/91 pode ser utilizado para fins de contagem recíproca, assim entendida aquela que soma tempo de atividade privada, rural ou urbana, ao de serviço público estatutário, desde que sejam recolhidas as respectivas contribuições previdenciárias.

Súmula 11
Cancelada em 24-4-2006.

Súmula 14
DJ de 24-5-2004. Para a concessão de aposentadoria rural por idade, não se exige que o início de prova material corresponda a todo o período equivalente à carência do benefício.

Súmula 15
Cancelada em 26-3-2007.

Súmula 16
Cancelada em 27-3-2009.

Súmula 17
DJ de 24-5-2004. Não há renúncia tácita no Juizado Especial Federal, para fins de competência.

Súmula 18
(Alterada na sessão de 14-2-2020) Para fins previdenciários, o cômputo do tempo de serviço prestado como aluno-aprendiz exige a comprovação de que, durante o período de aprendizado, houve simultaneamente: (i) retribuição consubstanciada em prestação pecuniária ou em auxílios materiais; (ii) à conta do Orçamento; (iii) a título de contraprestação por labor; (iv) na execução de bens e serviços destinados a terceiros.

Súmula 19
DJ de 7-10-2004. Para o cálculo da renda mensal inicial do benefício previdenciário, deve ser considerada, na atualização dos salários de contribuição anteriores a março de 1994, a variação integral do IRSM de fevereiro de 1994, na ordem de 39,67% (art. 21, § 1º, da Lei n. 8.880/94).

Súmula 20
DJ de 7-10-2004. A Lei n. 8.112, de 11 de dezembro de 1990, não modificou a situação do servidor celetista anteriormente aposentado pela Previdência Social Urbana.

Súmula 21
DJ de 7-10-2004. Não há direito adquirido a reajuste de benefícios previdenciários com base na variação do IPC (Índice de Preço ao Consumidor), de janeiro de 1989 (42,72%) e abril de 1990 (44,80%).

Súmula 22
DJ de 7-10-2004. Se a prova pericial realizada em juízo dá conta de que a incapacidade já existia na data do requerimento administrativo, esta é o termo inicial do benefício assistencial.

Súmula 24

DJ de 10-3-2005. O tempo de serviço do segurado trabalhador rural anterior ao advento da Lei n. 8.213/91, sem o recolhimento de contribuições previdenciárias, pode ser considerado para a concessão de benefício previdenciário do Regime Geral de Previdência Social (RGPS), exceto para efeito de carência, conforme a regra do art. 55, § 2º, da Lei n. 8.213/91.

Súmula 25

DJ de 22-6-2005. A revisão dos valores dos benefícios previdenciários, prevista no art. 58 do ADCT, deve ser feita com base no número de salários mínimos apurado na data da concessão, e não no mês de recolhimento da última contribuição.

Súmula 26

DJ de 22-6-2005. A atividade de vigilante enquadra-se como especial, equiparando-se à de guarda, elencada no item 2.5.7. do Anexo III do Decreto n. 53.831/64.

Súmula 27

DJ de 22-6-2005. A ausência de registro em órgão do Ministério do Trabalho não impede a comprovação do desemprego por outros meios admitidos em Direito.

Súmula 30

DJ de 13-2-2006. Tratando-se de demanda previdenciária, o fato de o imóvel ser superior ao módulo rural não afasta, por si só, a qualificação de seu proprietário como segurado especial, desde que comprovada, nos autos, a sua exploração em regime de economia familiar.

Súmula 31

DJ de 13-2-2006. A anotação na CTPS decorrente de sentença trabalhista homologatória constitui início de prova material para fins previdenciários.

Súmula 32

Cancelada em 9-10-2013.

Súmula 33

DJ de 4-8-2006. Quando o segurado houver preenchido os requisitos legais para concessão da aposentadoria por tempo de serviço na data do requerimento administrativo, esta data será o termo inicial da concessão do benefício.

Súmula 34

DJ de 4-8-2006. Para fins de comprovação do tempo de labor rural, o início de prova material deve ser contemporâneo à época dos fatos a provar.

Súmula 36

DJ de 6-3-2007. Não há vedação legal à cumulação da pensão por morte de trabalhador rural com o benefício da aposentadoria por invalidez, por apresentarem pressupostos fáticos e fatos geradores distintos.

Súmula 37
DJ de 20-6-2007. A pensão por morte, devida ao filho até os 21 anos de idade, não se prorroga pela pendência do curso universitário.

Súmula 38
DJ de 20-6-2007. Aplica-se subsidiariamente a Tabela de Cálculos de Santa Catarina aos pedidos de revisão de RMI – OTN/ORTN, na atualização dos salários de contribuição.

Súmula 41
DJ de 3-3-2010. A circunstância de um dos integrantes do núcleo familiar desempenhar atividade urbana não implica, por si só, a descaracterização do trabalhador rural como segurado especial, condição que deve ser analisada no caso concreto.

Súmula 44
DOU de 14-12-2011. Para efeito de aposentadoria urbana por idade, a tabela progressiva de carência prevista no art. 142 da Lei n. 8.213/91 deve ser aplicada em função do ano em que o segurado completa a idade mínima para concessão do benefício, ainda que o período de carência só seja preenchido posteriormente.

Súmula 45
DOU de 14-12-2011. Incide correção monetária sobre o salário-maternidade desde a época do parto, independentemente da data do requerimento administrativo.

Súmula 46
DOU de 15-3-2012. O exercício de atividade urbana intercalada não impede a concessão de benefício previdenciário de trabalhador rural, condição que deve ser analisada no caso concreto.

Súmula 47
DOU de 15-3-2012. Uma vez reconhecida a incapacidade parcial para o trabalho, o juiz deve analisar as condições pessoais e sociais do segurado para a concessão de aposentadoria por invalidez.

Súmula 48
(Alterada na sessão de 25-4-2019). Para fins de concessão do benefício assistencial de prestação continuada, o conceito de pessoa com deficiência, que não se confunde necessariamente com situação de incapacidade laborativa, exige a configuração de impedimento de longo prazo com duração mínima de 2 anos, a ser aferido no caso concreto, desde o início do impedimento até a data prevista para a sua cessação.

Súmula 49
DOU de 15-3-2012. Para reconhecimento de condição especial de trabalho antes de 29-4-1995, a exposição a agentes nocivos à saúde ou à integridade física não precisa ocorrer de forma permanente.

Súmula 50
DOU de 15-3-2012. É possível a conversão do tempo de serviço especial em comum do trabalho prestado em qualquer período.

Súmula 51
Cancelada em 30-8-2017.

Súmula 52
DOU de 18-4-2012. Para fins de concessão de pensão por morte, é incabível a regularização do recolhimento de contribuições de segurado contribuinte individual posteriormente a seu óbito, exceto quando as contribuições devam ser arrecadadas por empresa tomadora de serviços.

Súmula 53
DOU de 7-5-2012. Não há direito a auxílio-doença ou a aposentadoria por invalidez quando a incapacidade para o trabalho é preexistente ao reingresso do segurado no Regime Geral de Previdência Social.

Súmula 54
DOU de 7-5-2012. Para a concessão de aposentadoria por idade de trabalhador rural, o tempo de exercício de atividade equivalente à carência deve ser aferido no período imediatamente anterior ao requerimento administrativo ou à data do implemento da idade mínima.

Súmula 55
DOU de 7-5-2012. A conversão do tempo de atividade especial em comum deve ocorrer com aplicação do fator multiplicativo em vigor na data da concessão da aposentadoria.

Súmula 57
DOU de 24-5-2012. O auxílio-doença e a aposentadoria por invalidez não precedida de auxílio-doença, quando concedidos na vigência da Lei n. 9.876/99, devem ter o salário de benefício apurado com base na média aritmética simples dos maiores salários de contribuição correspondentes a 80% do período contributivo, independentemente da data de filiação do segurado ou do número de contribuições mensais no período contributivo.

Súmula 60
Cancelada em 16-3-2016.

Súmula 61
Cancelada em 11-10-2013.

Súmula 62
DOU de 3-7-2012. O segurado contribuinte individual pode obter reconhecimento de atividade especial para fins previdenciários, desde que consiga comprovar exposição a agentes nocivos à saúde ou à integridade física.

Súmula 63
DOU de 23-8-2012. A comprovação de união estável para efeito de concessão de pensão por morte prescinde de início de prova material.

Súmula 64
Cancelada em 18-6-2015.

Súmula 65
DOU de 24-9-2012. Os benefícios de auxílio-doença, auxílio-acidente e aposentadoria por invalidez concedidos no período de 28-3-2005 a 20-7-2005 devem ser calculados nos termos da Lei n. 8.213/1991, em sua redação anterior à vigência da Medida Provisória n. 242/2005.

Súmula 66
DOU de 24-9-2012. O servidor público ex-celetista que trabalhava sob condições especiais antes de migrar para o regime estatutário tem direito adquirido à conversão do tempo de atividade especial em tempo comum com o devido acréscimo legal, para efeito de contagem recíproca no regime previdenciário próprio dos servidores públicos.

Súmula 67
DOU de 24-9-2012. O auxílio-alimentação recebido em pecúnia por segurado filiado ao Regime Geral da Previdência Social integra o salário de contribuição e sujeita-se à incidência de contribuição previdenciária.

Súmula 68
DOU de 24-9-2012. O laudo pericial não contemporâneo ao período trabalhado é apto à comprovação da atividade especial do segurado.

Súmula 69
DOU de 13-3-2013. O tempo de serviço prestado em empresa pública ou em sociedade de economia mista por servidor público federal somente pode ser contado para efeitos de aposentadoria e disponibilidade.

Súmula 70
DOU de 13-3-2013. A atividade de tratorista pode ser equiparada à de motorista de caminhão para fins de reconhecimento de atividade especial mediante enquadramento por categoria profissional.

Súmula 71
DOU de 13-3-2013. O mero contato do pedreiro com o cimento não caracteriza condição especial de trabalho para fins previdenciários.

Súmula72
DOU de 13-3-2013. É possível o recebimento de benefício por incapacidade durante período em que houve exercício de atividade remunerada quando comprovado que o segurado estava incapaz para as atividades habituais na época em que trabalhou.

Súmula 73
DOU de 13-3-2013. O tempo de gozo de auxílio-doença ou de aposentadoria por invalidez não decorrentes de acidente de trabalho só pode ser computado como tempo de contribuição ou para fins de carência quando intercalado entre períodos nos quais houve recolhimento de contribuições para a previdência social.

Súmula 74
DOU de 22-5-2013. O prazo de prescrição fica suspenso pela formulação de requerimento administrativo e volta a correr pelo saldo remanescente após a ciência da decisão administrativa final.

Súmula 75
DOU de 13-6-2013. A Carteira de Trabalho e Previdência Social (CTPS) em relação à qual não se aponta defeito formal que lhe comprometa a fidedignidade goza de presunção relativa de veracidade, formando prova suficiente de tempo de serviço para fins previdenciários, ainda que a anotação de vínculo de emprego não conste no Cadastro Nacional de Informações Sociais (CNIS).

Súmula 76
DOU de 14-8-2013. A averbação de tempo de serviço rural não contributivo não permite majorar o coeficiente de cálculo da renda mensal inicial de aposentadoria por idade previsto no art. 50 da Lei n. 8.213/91.

Súmula 77
DOU de 6-9-2013. O julgador não é obrigado a analisar as condições pessoais e sociais quando não reconhecer a incapacidade do requerente para a sua atividade habitual.

Súmula 78
DOU de 17-9-2014. Comprovado que o requerente de benefício é portador do vírus HIV, cabe ao julgador verificar as condições pessoais, sociais, econômicas e culturais, de forma a analisar a incapacidade em sentido amplo, em face da elevada estigmatização social da doença.

Súmula 79
DOU de 24-4-2015. Nas ações em que se postula benefício assistencial, é necessária a comprovação das condições socioeconômicas do autor por laudo de assistente social, por auto de constatação lavrado por oficial de justiça ou, sendo inviabilizados os referidos meios, por prova testemunhal.

Súmula 80
DOU de 24-4-2015. Nos pedidos de benefício de prestação continuada (LOAS), tendo em vista o advento da Lei n. 12.470/11, para adequada valoração dos fatores ambientais, sociais, econômicos e pessoais que impactam na participação da pessoa com deficiência na sociedade, é necessária a realização de avaliação social por assistente social ou outras providências aptas a revelar a efetiva condição vivida no meio social pelo requerente.

Súmula 81
DOU de 24-6-2015. A impugnação de ato de indeferimento, cessação ou cancelamento de benefício previdenciário não se submete a qualquer prazo extintivo, seja em relação à revisão desses atos, seja em relação ao fundo de direito.

Súmula 82
(Alterada em 9-12-2020) O código 1.3.2 do quadro anexo ao Decreto n. 53.831/64, além dos profissionais da área da saúde, contempla os trabalhadores que exercem atividades de serviços gerais em limpeza e higienização de ambientes hospitalares.

Súmula 83
DOU de 21-3-2016. A partir da entrada em vigor da Lei n. 8.870/94, o décimo terceiro salário não integra o salário de contribuição para fins de cálculo do salário de benefício.

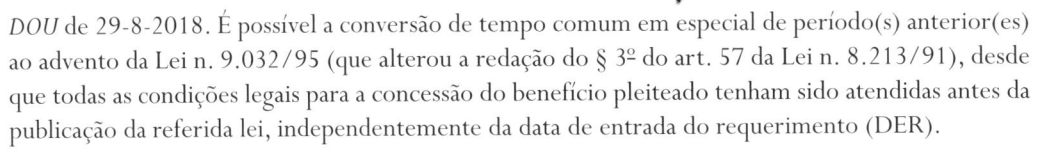

Súmula 85
DOU de 29-8-2018. É possível a conversão de tempo comum em especial de período(s) anterior(es) ao advento da Lei n. 9.032/95 (que alterou a redação do § 3º do art. 57 da Lei n. 8.213/91), desde que todas as condições legais para a concessão do benefício pleiteado tenham sido atendidas antes da publicação da referida lei, independentemente da data de entrada do requerimento (DER).

Súmula 87
DOU de 26-02-2019. A eficácia do EPI não obsta o reconhecimento de atividade especial exercida antes de 3-12-1998, data de início da vigência da MP 1.729/98, convertida na Lei n. 9.732/98.

5. ENUNCIADOS APROVADOS NA I JORNADA DE DIREITO DA SEGURIDADE SOCIAL, REALIZADO PELO CJF EM 22 E 23 DE JUNHO DE 2023

ENUNCIADO 1: Considerando a importância da inclusão no sistema de proteção previdenciária, é indicada a aplicação de técnicas validadas de economia comportamental nas políticas públicas, buscando aprimorar o desenho dos programas previdenciários, visando incentivar a adesão, compreensão e participação ativa dos cidadãos.

ENUNCIADO 2: A averbação automática do tempo de serviço público celetista, contribuído concomitantemente com o tempo de serviço privado, em razão de dupla atividade que ocorreu antes da instituição do Regime Jurídico Único (Lei n. 8.112/90), não ofende o disposto no art. 4º, inciso IV, da Lei n. 6.226/75, bem como o art. 96, inciso III, da Lei n. 8.213/91, podendo os períodos ser fracionados ou segregados e utilizados para concessão de benefício previdenciário pelo RGPS ou pelo RPPS.

ENUNCIADO 3: Para os fins do art. 16, § 5º, da Lei n. 8.213/91, a declaração de união estável registrada em cartório anteriormente aos 24 meses da data do óbito do segurado não precisa ser renovada periodicamente.

ENUNCIADO 4: As contribuições do contribuinte individual empresário não se presumem descontadas e recolhidas na forma do art. 4º da Lei n. 10.666/2003, relativamente à atividade exercida na empresa da qual seja titular, sócio-gerente, administrador ou diretor não empregado.

ENUNCIADO 5: Para os fins do art. 27, inciso II, da Lei n. 8.213/91, o atraso do pagamento da contribuição previdenciária não impede a consideração deste para efeito de carência, desde que o recolhimento da contribuição seja realizado dentro do período de graça.

ENUNCIADO 6: No RGPS, na vigência da Lei n. 8.213/91, o novo matrimônio ou união estável não gera perda do direito à pensão por morte.

ENUNCIADO 7: No RGPS, é possível cumulação de pensão por morte de cônjuge ou companheiro e de filho.

ENUNCIADO 8: No cancelamento de benefício previdenciário, deve ser observado o princípio constitucional do devido processo legal.

ENUNCIADO 9: As alterações salariais registradas na Carteira de Trabalho e Previdência Social (CTPS) podem ser utilizadas no cálculo de revisão de benefício previdenciário.

ENUNCIADO 10: Na revisão da Vida Inteira pode ser adotada a execução invertida, caso em que o INSS pode apresentar os cálculos.

ENUNCIADO 11: Mantém-se a qualidade de segurado no período de gozo do auxílio por incapacidade temporária por força de decisão judicial, ainda que posteriormente revogada.

ENUNCIADO 12: O segurado facultativo está inserido na proteção previdenciária por incapacidade, considerando-se atividade eventualmente exercida, possibilidade de ingresso no mercado de trabalho ou atividades domésticas.

ENUNCIADO 13: Nos benefícios programáveis da Previdência Social, será observada a identidade de gênero comprovada no momento da DER para as pessoas transgêneras, transexuais e travestis.

ENUNCIADO 14: Para os segurados inscritos no Regime Geral de Previdência Social até 24/7/91, sujeitos à regra de transição do art. 142 da Lei n. 8.213/91, o número de meses necessários ao atendimento do requisito "carência" observará a data do implemento do requisito etário, quer as contribuições vertidas pelo segurado sejam anteriores ou posteriores à vigência da mencionada lei ou da Emenda Constitucional n. 103/2019.

ENUNCIADO 15: O contribuinte individual, mesmo não cooperado, tem direito à aposentadoria especial, se comprovada efetiva exposição a agentes nocivos, prejudiciais à saúde.

ENUNCIADO 16: São admissíveis outros meios de prova, além do PPP (Perfil Profissiográfico Previdenciário), para demonstrar a eficácia ou ineficácia do EPI (Equipamento de Proteção Individual).

ENUNCIADO 17: É devido o auxílio-acidente quando, após consolidação das sequelas resultantes de acidente, o segurado ficar incapacitado para desempenhar a atividade que exercia à época do infortúnio, conquanto possa ou venha efetivamente a ser reabilitado para o exercício de atividade laborativa diversa.

ENUNCIADO 18: O tempo laborado em condições especiais até o advento da EC n. 103/2019 poderá ser transportado, em contagem recíproca de tempo de contribuição, para ulterior conversão, perante o regime de destino, do tempo especial em comum majorado.

ENUNCIADO 19: O ônus previsto no art. 117, §1º, do Decreto n. 3.048/99 para o beneficiário de auxílio-reclusão não tem o condão de alterar as regras de direito intertemporal aplicáveis ao benefício, tendo em vista a garantia constitucional do direito adquirido (CRFB, art. 5º, XXXVI).

ENUNCIADO 20: Em homenagem aos princípios da concessão do benefício mais vantajoso e fungibilidade, é possível o reconhecimento judicial do direito ao benefício de auxílio acidente, mesmo quando não haja pedido específico, desde que tenha havido requerimento administrativo para concessão de benefício por incapacidade laboral.

ENUNCIADO 21: Quando demonstrada a presença de várias patologias, a circunstância de individualmente não serem consideradas incapacitantes não afasta a possibilidade de, numa visão sistêmica, conduzirem à impossibilidade, temporária ou definitiva, do desempenho de atividade laborativa.

ENUNCIADO 22: Caberá a revisão da renda mensal inicial dos benefícios previdenciários mediante a inclusão no salário de benefício dos valores pagos habitualmente em pecúnia a título de auxílio-alimentação, respeitados os prazos decadenciais e prescricionais.

ENUNCIADO 23: A partir de 6-3-97 (Decreto n. 2.172/97), a menção genérica, no PPP ou LTCAT, a "hidrocarbonetos", "óleos", "graxas" e "poeiras", ainda que de origem mineral, não comprova a nocividade da exposição, sendo indispensável a especificação do agente químico e a superação de eventual limite de tolerância, possibilitada produção de prova complementar.

ENUNCIADO 24: A indicação do NEN no item 2.0.1 do Anexo ao Decreto n. 3.048/99 não exige que conste a NHO-01 no campo "técnica de aferição" do Perfil Profissiográfico Previdenciário.

ENUNCIADO 25: A exposição permanente (não ocasional e nem intermitente) está relacionada à atividade (profissiografia) do segurado e não é necessário que essa informação conste, expressamente, no PPP, por inexistir campo próprio no formulário

ENUNCIADO 26: A concessão de pensão por morte a filho maior exige a comprovação da invalidez ou deficiência anterior ao óbito do segurado instituidor, sendo irrelevante a idade em que a condição foi adquirida.

ENUNCIADO 27: Com base no princípio da precaução, entendendo o perito que há riscos ocupacionais suscetíveis de agravar a condição clínica do segurado e riscos potenciais para este e para terceiros, caso seja mantido o labor, deve considerá-lo incapaz para fins previdenciários.

ENUNCIADO 28: A incapacidade para fins previdenciários é aquela em relação à atividade habitual do municiado, devendo o perito fazer o registro das informações declaradas pelo segurado de forma a caracterizar adequadamente a rotina de trabalho, suas tarefas e exigências profissionais inerentes.

ENUNCIADO 29: Na análise judicial acerca da eficácia do programa de reabilitação profissional concluído na via administrativa pelo INSS, além da realização da perícia médica para verificar a compatibilidade da atividade para a qual o segurado foi reabilitado com as limitações físicas existentes, as condições pessoais e sociais deverão ser avaliadas para que se verifique se o segurado tem efetivas condições de reingresso no mercado de trabalho.

ENUNCIADO 30: Nos pedidos de benefício por incapacidade em que a filiação ocorre quando o segurado é portador de doença ou lesão, o segurado poderá demonstrar o agravamento ou progressão da enfermidade por meio de exames ou relatórios médicos anteriores e posteriores à filiação.

ENUNCIADO 31: A visão monocular, por si só, não enseja a concessão de benefício de prestação continuada da assistência social, sendo necessária a verificação da existência de impedimento de longo prazo que, em interação com uma ou mais barreiras, possa obstruir a participação plena e efetiva na sociedade em igualdade de condições com as demais pessoas, nos termos do art. 40-B da Lei n. 8.742/93.

ENUNCIADO 32: Nos processos que têm por objetivo a concessão de benefício de prestação continuada da Assistência Social à pessoa com deficiência, a prova pericial deve ser produzida levando-se em consideração a definição do art. 2º da Lei n. 13.146/2015 e do art. 40-B da Lei n. 8.742/93, com os critérios definidos na Portaria Conjunta MDS/INSS n. 2/2015 (critério biopsicossocial) ou outro instrumento que o substitua, a qual não se confunde com incapacidade laborativa previdenciária.

ENUNCIADO 33: É incabível a concessão de mais de um benefício de seguro-defeso do pescador artesanal, ainda que em decorrência de defesos relativos a espécies distintas, nos termos do §5º do art. 1º da Lei n. 10.779/2003.

ENUNCIADO 34: Não é possível ao juiz condicionar a concessão do benefício assistencial à interdição da pessoa com deficiência, nos termos do inciso II do § 2º do art. 7º da Portaria Conjunta MDS/INSS n. 3/2018.

ENUNCIADO 35: Para fins de interpretação do §1º do art. 20 da Lei n. 8.742/1993, o filho ou o enteado que seja divorciado, viúvo, separado de fato ou convivente em união estável, ainda que viva sob o mesmo teto do requerente, não compõe o núcleo familiar (art. 8º da Portaria Conjunta MDS/INSS n. 3/2018).

ENUNCIADO 36: A data de início do benefício assistencial é a data do requerimento administrativo (DER), quando nela já estiverem presentes os requisitos legais, independentemente de a propositura da ação ter ocorrido após ultrapassado o prazo bienal de revisão do art. 21 da Lei n. 8.742/93.

ENUNCIADO 37: É recomendável a construção de quesitação padronizada para a realização de perícia judicial biopsicossocial nas ações que versam sobre benefício de prestação continuada da Assistência Social.

ENUNCIADO 38: A apresentação do requerimento administrativo garante ao requerente os direitos previstos no art. 3º da Lei n. 9.784/99 e no art. 6º da Lei n. 13.460/2017.

ENUNCIADO 39: Nos termos do art. 21, § 5º, da Lei n. 8.212/91, é dever do INSS intimar o segurado, antes do indeferimento do benefício, para complementar as contribuições de segurado facultativo de baixa renda não validadas, sob pena de nulidade da decisão administrativa.

ENUNCIADO 40: A revisão da vida toda (Tema 1.102 do STF) não depende de prévio requerimento administrativo, conforme estabelecido pelo Tema 350 do STF. Desse modo, o segurado/beneficiário poderá ingressar diretamente com ação judicial para a revisão do cálculo do benefício previdenciário, sem necessidade de solicitar o pedido pela via administrativa, em razão de ser notória e reiterada a negativa do pedido pelo INSS.

ENUNCIADO 41: Nos Juizados Especiais Federais, nas demandas de natureza previdenciária e assistencial, o magistrado deve assegurar às partes, antes de proferir a sentença, a oportunidade de se manifestarem sobre o laudo pericial e/ou o estudo socioeconômico anexado aos autos.

ENUNCIADO 42: A prova oral colhida em audiência é meio hábil para comprovação do estado de desemprego, para fins de prorrogação da qualidade de segurado prevista no art. 15, § 2º, da Lei n. 8.213/91.

ENUNCIADO 43: Nas demandas de natureza previdenciária ou assistencial, cabe ao juízo, ainda que na própria sentença, apreciar motivadamente o(s) pedido(s) das partes para realização de nova perícia ou para que o perito médico preste esclarecimentos sobre algum aspecto relevante do laudo pericial.

ENUNCIADO 44: Tratando-se de ação judicial previdenciária ou assistencial em que se discuta a condição de pessoa com deficiência da parte autora, seja como dependente (pensão por morte) seja como segurada (aposentadoria de pessoa com deficiência e benefício assistencial de prestação continuada), o ato pericial deve dar-se nos termos da avaliação biopsicossocial contida no art. 2º, § 1º, da Lei n. 13.146/2015, realizada por equipe multiprofissional e interdisciplinar, não se podendo limitar à avaliação da capacidade ou incapacidade para o trabalho, sob pena de nulidade.

ENUNCIADO 45: Nos processos previdenciários e assistenciais, quando, comprovadamente, pessoas integrantes de grupos vulneráveis não possuam condições de acesso aos meios tecnológicos necessários para a efetiva participação em audiências de conciliação ou instrução, telepresenciais ou por videoconferência, deve ser disponibilizada sala física pelo Poder Judiciário.

ENUNCIADO 46: O adiantamento dos honorários periciais, mediante depósito direto do INSS, só se aplica às demandas acidentárias, na forma do art. 1º, § 7º, I e II, da Lei n. 13.876/2019.

ENUNCIADO 47: Em ações judiciais que versem sobre benefícios previdenciários, especialmente quando figurarem no polo ativo mulheres seguradas trabalhadoras rurais, donas de casa, empregadas domésticas e faxineiras, na valoração da prova, inclusive de laudos médicos, além da observância do Protocolo para Julgamento com Perspectiva de Gênero do Conselho Nacional de Justiça, previsto na Resolução CNJ n. 492/2023, as julgadoras e os julgadores devem rechaçar conclusões que tratem das atividades domésticas e de cuidado como improdutivas ou como tarefas leves, isto é, como se não demandassem esforço físico médio ou intenso.

ENUNCIADO 48: A ausência de comprovante de residência de concessionária de serviço público ou equivalente não pode ser óbice ao acesso à justiça no âmbito dos Juizados Especiais Federais, notadamente em relação às pessoas em estado de vulnerabilidade social cujas demandas envolvam o mínimo existencial, podendo tal comprovação ser realizada mediante declaração de órgão ou entidade pública da área da assistência social.

ENUNCIADO 49: O direito de regresso da autarquia previdenciária fundado na comprovação da negligência por parte do empregador quanto às normas de padrão de segurança e higiene do trabalho não se confunde com a proteção coberta pelo Seguro de Acidentes do Trabalho (SAT).

ENUNCIADO 50: É possível a reafirmação da DER (Data de Entrada do Requerimento) para o momento em que implementados os requisitos para a concessão do benefício, mesmo que isso se dê em embargos declaratórios, desde que opostos nas instâncias ordinárias, conforme uniformizado pelo Repetitivo n. 995 do STJ.

ENUNCIADO 51: As súmulas, temas fixados pelo STJ pelo rito de recursos repetitivos, de assunção de competência ou de resolução de demandas repetitivas, por serem jurisprudência dominante, aplicam-se no âmbito dos Juizados Especiais Federais, em demandas previdenciárias e assistenciais, independentemente de pedido de uniformização de interpretação de lei.

ENUNCIADO 52: Inaplicável a remessa necessária dos autos quando, ainda que, hipoteticamente, o segurado receba o teto previdenciário e o valor não alcance os limites previstos no § 3º do art. 496 do CPC, mesmo que a sentença seja ilíquida.

ENUNCIADO 53: A instalação de pontos de inclusão digital, de unidades de atendimento avançado e de Juizados Especiais Federais virtuais, com a realização de perícias médicas descentralizadas, é medida que favorece o acesso do jurisdicionado à Justiça Federal, permitindo a análise de pedidos de benefícios sem a necessidade de longos deslocamentos pela população.

REFERÊNCIAS

AITH, Fernando Mussa Abujamra. Consolidação do direito sanitário no Brasil. In: BERNARDINO COSTA, Alexandre et al. (Org.). *O direito achado na rua:* introdução crítica ao direito da saúde. Brasília: CEAD/UnB, 2008.

ALENCAR, Hermes Arrais. *Reforma da previdência*. São Paulo: Saraiva, 2020.

_____. *Cálculo de benefícios previdenciários:* teses revisionais. Da teoria à prática. 14. ed. São Paulo: SaraivaJur, 2024.

_____. *Benefícios previdenciários*. 4. ed. São Paulo: Leud, 2009.

_____. *Lei de benefícios previdenciários:* anotada: Lei n. 8.213, de 24 de julho de 1991: Regime Geral de Previdência Social. São Paulo: Leud, 2008.

ALVES, Antônio Augusto Catão et al. A previdência social em juízo. In: MONTEIRO, Meire Lucia (Coord.). *Introdução ao direito previdenciário*. São Paulo: LTr, 1998.

AMARO, Luciano. *Direito tributário brasileiro*. São Paulo: Saraiva, 1997.

BALERA, Wagner. *A seguridade social na Constituição de 1988*. São Paulo: RT, 1989.

_____. *Noções preliminares de direito previdenciário*. São Paulo: Quartier Latin, 2004.

_____. *Sistema de seguridade social*. 3. ed. São Paulo: LTr, 2003.

_____. O valor social do trabalho. *Revista LTr*, v. 58, n. 10, São Paulo, out. 1994. p. 1176.

_____. *O direito dos pobres*. São Paulo: Paulinas, 1982.

_____. Contrato de trabalho e aposentadoria. *Revista de Direito Social*, ano 5, n. 20, Porto Alegre, out./dez. 2005. p. 15.

_____. Introdução à seguridade social. In: MONTEIRO Meire Lucia Gomes (Coord.). *Introdução ao direito previdenciário*. São Paulo: LTr, 1998.

_____. Sobre reformas e reformas previdenciárias. *Revista de Direito Social*, v. 3, n. 12, Sapucaia do Sul, 2003.

BASTOS, Celso Ribeiro. *Curso de direito constitucional*. 21. ed. São Paulo: Saraiva, 2000.

BERBEL, Fábio Lopes Vilela. *Teoria geral da previdência social*. São Paulo: Quartier Latin, 2005.

BEVERIDGE, Willian. *Relatório sobre o seguro social e serviços afins, apresentado ao parlamento Britânico em novembro de 1942*. Trad. Almir de Andrade. Rio de Janeiro: José Olympio, 1943.

BIANCO, José Francisco. As contribuições para a Seguridade Social. *Revista Fórum de Direito Tributário (RFDT)*, n. 8, p. 27, mar./abr., Rio de Janeiro, 2004.

BRAMANTE, Ivani Contini. Desaposentação e nova aposentadoria. *Revista de Previdência Social*, n. 244, p. 150-155.

CARRAZZA, Roque Antonio. *Curso de direito constitucional tributário*. 13. ed. São Paulo: Malheiros, 1999.

CASSONE, Vitorio. *Direito Tributário*. 20. ed. São Paulo: Atlas, 2009.

CASTRO, Carlos Alberto Pereira de; LAZZARI, João Batista. *Manual de Direito Previdenciário*. 23. ed. Rio de Janeiro: Forense, 2020.

COELHO, Hamilton Antônio. Desaposentação: um novo instituto? *Revista de Previdência Social*, ano XXIII, n. 228, nov., São Paulo, 1999.

COIMBRA, José dos Reis Feijó. *Direito previdenciário brasileiro*. 6. ed. Rio de Janeiro: Edições Trabalhistas, 1996.

_____. *Direito previdenciário brasileiro*. 11. ed. Rio de Janeiro: Edições Trabalhistas, 2001.

CUTAIT NETO, Michel (Org.). *Contribuições sociais em debate*. Leme: Mizuno, 2003.

DELGADO, Maurício Goldinho. *Curso de direito do trabalho*. 3. ed. São Paulo: LTr, 2004.

DERZI, Heloisa Hernandez. *Os beneficiários da pensão por morte*. São Paulo: Lex, 2004.

DI PIETRO, Maria Sylvia Zanella. *Direito administrativo*. 13. ed. São Paulo: Atlas, 2001.

FORTES, Simone Barbisan. A reforma previdenciária e seu reflexo na sistemática de cálculo da renda mensal inicial dos benefícios previdenciários. In: ROCHA, Daniel Machado da et al. (Coord.). *Temas atuais de direito previdenciário e assistência social*. Porto Alegre: Livraria do Advogado, 2003.

FREITAS, Vladimir Passos de (Coord.). *Direito previdenciário*: aspectos materiais, processuais e penais. 2. ed. Porto Alegre: Livraria do Advogado, 1999.

FREUDENTHAL, Sérgio Pardal. A previdência social dos servidores públicos. *Revista de Previdência Social*, n. 236, jul. São Paulo, 2000. p. 685-689.

HORVATH JÚNIOR, Miguel. *Direito previdenciário*. 4. ed. São Paulo: Quartier Latin, 2004.

IBRAHIM, Fábio Zambitte. *Curso de Direito Previdenciário*. 22. ed. Rio de Janeiro: Impetus, 2016.

KELSEN, Hans. *Teoria pura do direito*. São Paulo: Martins Fontes, 1985.

KERTZMAN, Ivan. *Curso Prático de Direito Previdenciário*. 14. ed. Salvador: JusPodivm, 2016.

LEITÃO, André Studart. *Aposentadoria especial*. São Paulo: Quartier Latin, 2007.

_____; DI PIETRO, Maria Sylvia Zanella. *Direito administrativo*. 13. ed. São Paulo: Atlas, 2001.

MACHADO, Hugo de Brito (Coord.). *As contribuições no sistema tributário brasileiro*. São Paulo: Dialética, 2003.

MACHADO SEGUNDO, Hugo de Brito. *Manual de direito tributário*. 11. ed. São Paulo: Atlas, 2019.

MARMELSTEIN, George. *Curso de direitos fundamentais*. 2. ed. São Paulo: Atlas, 2009.

MARTINEZ, Wladimir Novaes. Direito do homossexual à pensão por morte. *Revista de Previdência Social*, n. 236, São Paulo, jul. 2000. p. 683-684.

_____. *Curso de direito previdenciário*. (T. 1. Noções de direito previdenciário.) 2. ed. São Paulo: LTr, 2001.

_____. *Dicionário Novaes de Direito Previdenciário*. São Paulo: LTr, 2013.

MARTINS, Ives Gandra da Silva (Coord.). *Curso de direito tributário*. 8. ed. São Paulo: Saraiva, 2001.

MARTINS, Sergio Pinto. *Direito da seguridade social*. 36. ed. São Paulo: Saraiva, 2016.

MELLO, Celso Antônio Bandeira de. *Curso de direito administrativo*. 13. ed. São Paulo: Malheiros, 2001

MIRANDA, Jediael Galvão. *Direito da Seguridade Social*. Rio de Janeiro: Elsevier, 2007.

MIRANDA, Henrique Savonitti. *Curso de direito constitucional*. Brasília: Senado Federal, 2004.

MONTEIRO, Washington de Barros. *Curso de direito civil*: parte geral. v. 1. 33. ed. São Paulo: Saraiva, 1995.

MORAES, Alexandre de. *Direito constitucional*. 9. ed. São Paulo: Atlas, 2001.

MORHY, Lauro. *Reforma da previdência em questão*. Brasília: Universidade de Brasília, 2003.

NERY JUNIOR, Nelson; NERY, Rosa Maria Andrade. *Código de Processo Civil comentado e legislação processual civil extravagante em vigor*. 4. ed. São Paulo: RT, 1999.

OLIVEIRA, José de. *Acidentes do trabalho*. 3. ed. São Paulo: Saraiva, 1997.

_____. *Reforma previdenciária:* Lei de Benefícios comentada – doutrina e jurisprudência. São Paulo: Saraiva, 1999.

ORIONE, Marcus; CORREIA, Érica Paula Barcha. *Curso de Direito de seguridade Social.* 3. ed. São Paulo. Saraiva, 2007.

PEDROTTI, Irineu Antonio; PEDROTTI, William Antonio. *Acidentes do trabalho.* 4. ed. São Paulo: Leud, 2003.

PERELMAN, Chaim. *Ética e direito* [Éthique et droit]. Trad. Maria Ermantina G. G. Pereira. São Paulo: Martins Fontes, 1996.

SARAIVA FILHO, Oswaldo Othon de Pontes. COFINS e os questionamentos acerca da não cumulatividade e do aumento de alíquota. *Revista Fórum de Direito Tributário (RFDT)*, n. 7, jan. 2004.

SÜSSEKIND, Arnaldo. *A jurisprudência social brasileira.* Rio de Janeiro: Freitas Bastos, 1955.

TEIXEIRA, Aloísio. *A previdência social e a revisão constitucional:* debates. v. II. Brasília: MPS, 1994.